中国高级工商管理丛书

CEO
财务分析与决策

（第三版）

吴世农 吴育辉 ◎编著

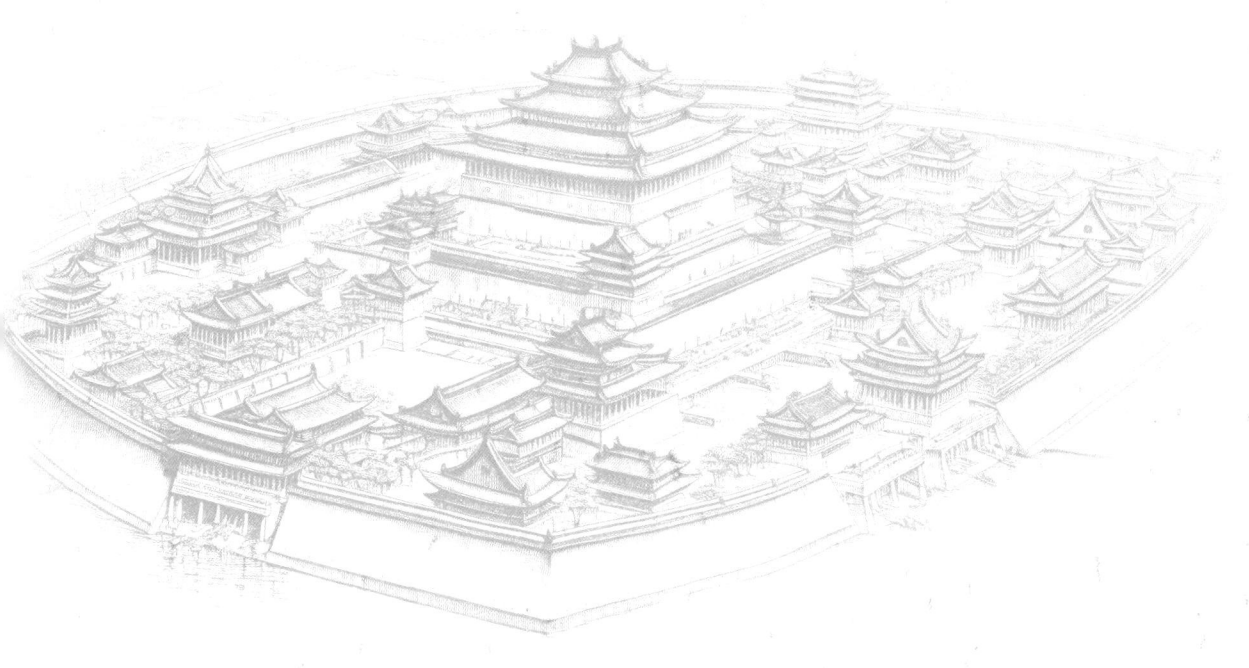

北京大学出版社
PEKING UNIVERSITY PRESS

图书在版编目(CIP)数据

CEO 财务分析与决策 / 吴世农, 吴育辉编著. —3 版. —北京: 北京大学出版社, 2024.2
(中国高级工商管理丛书)
ISBN 978-7-301-34745-4

Ⅰ.①C… Ⅱ.①吴… ②吴… Ⅲ.①企业管理—会计分析②企业管理—经营决策 Ⅳ.①F275.2②F272.3

中国国家版本馆 CIP 数据核字(2024)第 004743 号

书　　　名	CEO 财务分析与决策(第三版) CEO CAIWU FENXI YU JUECE(DI-SAN BAN)
著作责任者	吴世农　吴育辉　编著
责 任 编 辑	黄炜婷
标 准 书 号	ISBN 978-7-301-34745-4
出 版 发 行	北京大学出版社
地　　　址	北京市海淀区成府路 205 号　100871
网　　　址	http://www.pup.cn
微信公众号	北京大学经管书苑(pupembook)
电 子 邮 箱	编辑部 em@pup.cn　总编室 zpup@pup.cn
电　　　话	邮购部 010-62752015　发行部 010-62750672　编辑部 010-62752926
印 刷 者	河北博文科技印务有限公司
经 销 者	新华书店
	787 毫米×1092 毫米　16 开本　30.25 印张　702 千字 2008 年 3 月第 1 版　2013 年 1 月第 2 版 2024 年 2 月第 3 版　2024 年 10 月第 2 次印刷
定　　　价	85.00 元

未经许可, 不得以任何方式复制或抄袭本书之部分或全部内容。
版权所有, 侵权必究
举报电话: 010-62752024　电子邮箱: fd@pup.cn
图书如有印装质量问题, 请与出版部联系, 电话: 010-62756370

前 言

《CEO财务分析与决策》自2008年出版发行,至今已经15年了。2013年经修订后出版发行第二版,至今也已过去10年了。十五年来,本书一直深受广大读者,特别是EMBA和MBA研究生、EDP学员以及企业CEO、CFO和"董监高"的欢迎与好评。但随着全球的科技进步以及我国经济和产业结构的调整,一些新兴行业和企业异军突起,驰骋商场,星光四射;一些企业将旧业务吐故纳新,拓展新业务,焕发青春;一些企业固守本行,做精业务,深耕细作;一些企业却在发展和转型中深陷财务困境,最终被淘汰出局。

商场即赛场,商场更如战场!

党的二十大报告提出"高质量发展是全面建设社会主义现代化国家的首要任务"。为此,我国"要着力提高全要素生产率,着力提升产业链供应链韧性和安全水平"以及"加快建设世界一流企业"。显然,企业高质量发展是经济高质量发展的基础,立足本土、面向世界、结合国情探究世界一流企业的财务特征和财务绩效的评价标准,探究企业经营财务绩效、财务政策和财务行为及其影响因素,探究企业经营财务绩效、财务政策、财务行为与供应链安全之间的关系,探究企业微观财务风险与金融市场安全及宏观经济发展质量的关系,具有特别重要的理论价值和现实意义。

最近三十年,企业财务绩效的评价标准、企业的财务管理决策及其行为、中长期的财务政策和财务战略,以及资本市场上投资者的交易策略和投资行为等,都发生了一系列明显的变化。在全球经济增长的大潮退去之后,一些昔日的明星企业黯然离场,高杠杆、缺现金的企业轰然倒下,要利润、要现金、要生存的呼声重现。在历史发展的长河中,总有一些片段再度上演。此时此刻,细细品味财务管理的一句至理名言,即美国著名财务学家罗伯特·希金斯所说的,"不完全懂得会计和财务的经营管理者,就好像是一个只会投篮但不能得分的球员!"

这不禁使人再度深思:企业管理的宗旨到底是什么?

仅仅是为了股东利益和"企业价值最大化"吗?如果不是,那么如何度量企业的社会价值或社会贡献值?如果是,那么企业价值的影响因素是什么?企业的社会价值与股东价值及债权人价值之间是什么关系?企业价值最大化是否会导致企业管理者和投资者都过度看重股票价格的变化而轻视企业基本面的变化?如何使企业保持基业长青?如何保障企业资金链的安全?公司治理、外部的正式制度(法律和规制等)和非正式制度(文化和惯例等)是否以及如何影响企业的财务行为?

一个会计问题可能只有一个解，一个财务问题却可能存在N+1个解。这正是财务管理的挑战、奥妙和有趣之处！

在《CEO财务分析与决策》第一版与第二版的框架、体系和内容的基础上，本着写一本"立足中国，面向世界"的财务管理教材，写一本"理论联系实际"的财务管理教材，写一本对有实践经验的企业CEO、高管和董事会成员来说"简明、易学、实用"的财务管理教材，写一本"学以致用、学以至道"的财务管理教材，我们谨遵"止于至善"之古训，进行了第三次全面修改、调整与充实，力求"信、达、雅"。

在《CEO财务分析与决策》第三版的修订过程中，我们针对第二版存在的不足之处以及近年来的理论研究成果和企业管理实践，继续修改和完善教材，修订和补充相关案例。历经一年多的精心编撰，《CEO财务分析与决策》（第三版）终于脱稿，即将与读者见面。

我们从三个方面进一步修订和完善本书：

第一，由于企业的发展犹如大浪淘沙，新旧更替；恰似激流之舟，不进则退。为此，我们系统地修订和更新了大部分案例，使用最新的财务数据和行业数据，同时增加新的案例，分析和研究近年来苹果、沃尔玛、好市多、可口可乐、柯达、药明康德、迈瑞医疗、福耀玻璃、贵州茅台、五粮液、海天味业、伊利股份、李宁、安踏、美的、格力、恒大等公司的经营与财务管理之道、成功经验和失败教训等，使得本书所阐述的原理、理论与财务管理实践密切结合，同时让读者能够及时掌握企业财务管理实务的发展动态与现状。

第二，随着近年来财务管理理论和分析方法研究的不断深入，特别是负债理论、利润分配理论和财务绩效评价理论等取得了一系列的新进展，本书增加了动态资本结构理论、基于心理行为偏差的股利政策理论、财务绩效评价和商业模式评价方法等，简要地介绍了新的研究成果及其现实意义和应用价值。

第三，修改了文字表述，调整和充实了内容及其结构，增加了一些现实的财务管理实例，修改和增补了习题与案例，并修订了"战略性财务分析指标体系"中各指标的计算公式等。

在《CEO财务分析与决策》（第三版）全面修订的过程中，我们更加注重中国国情的背景，注重理论联系实际，从中国企业财务管理面临的内外部环境，重新探索和阐述财务理论在中国情境下的实践，包括企业面临的问题及其成因与解决的思路和方案。在此要特别感谢国家自然科学基金委员会管理科学部资助我们于2018—2022年开展"基于中国情景的会计审计与公司财务关键科学问题研究"（71790600）这一重大项目的研究。项目从构思、设计、立项、申请、批准、研究到结题，历经七年多的时间，使得我们有机会重新审视和深入解决"中国制度和文化背景下公司财务政策的理论与实践研究"（71790601）所面临的问题，并将一些研究成果和思考写入本书，希望与读者共同深入探讨具有中国特色的财务管理问题。

《CEO财务分析与决策》（第三版）是第一版和第二版的延续，我们再次感谢世界银行和厦门国家会计学院资助我们撰写本书的第一版！感谢厦门国家会计学院原院长黄世忠教授的精心指导！感谢福耀玻璃及其董事长曹德旺先生对我们早年构思、撰写本书的支持和资助！

我要再次感谢厦门大学管理学院财务系主任吴育辉教授为本书第三版的修订工作付出的精力和努力！

感谢我们的母校、家人、同事、朋友和学生。感谢厦门大学管理学院沈艺峰、李常青、吴超鹏、屈文洲、王志强、肖珉等老师的建议和鼓励！感谢张华玉、刘晓玲、张欢、张腾、田亚男、莫一帆、唐浩博、吴伟、王鹤璇、关玉真、张韵、王建勇、陈韬妍、杨玲玲、周昱成、陈锦昌等同学参与本书第三版的资料收集、整理和分析工作！感谢我们家人的理解、宽容、关心和支持，使得我们能安心地开展研究和教学工作！感谢所有帮助我们完成本书的同仁！

还是那句老话：教师以教书育人为己任，总希望能把终身积累的知识传承下去，而传承知识最好的载体之一就是书籍。光阴荏苒，世事变迁。当一辈子教书匠，写一本好教材，著几篇好论文，教一批好学生。"三好"是我终身追求，如能遂愿，此生足矣。

2024年2月6日
于厦门大学校园

目　录

第一章　解读企业财务报表 ··· 001
　第一节　解读财务报表的战略意义 ··· 003
　第二节　解读资产负债表 ··· 005
　第三节　解读利润表 ··· 008
　第四节　解读现金流量表 ··· 011
　第五节　解读财务报表之间的关系 ··· 020
　案例分析　解读迈瑞医疗2017—2021年度财务报表 ······················· 022
　本章小结 ·· 032
　专业术语 ·· 033
　思考与练习 ··· 034
　微案例分析 ··· 035

第二章　CEO解读企业财务报表 ··· 041
　第一节　CEO解读资产负债表 ·· 043
　第二节　CEO解读利润表 ·· 048
　第三节　CEO解读现金流量表 ·· 057
　第四节　协调发展和可持续增长 ·· 059
　案例分析　解读贵州茅台和五粮液的财务报表 ······························ 062
　本章小结 ·· 082
　专业术语 ·· 083
　思考与练习 ··· 083
　微案例分析 ··· 085

第三章　分析企业财务报表 ··· 089
　第一节　财务报表的分析体系 ··· 091
　第二节　财务报表的三维分析：以李宁和安踏为例 ······················· 094
　第三节　财务指标的比率分析：以李宁和安踏为例 ······················· 108
　本章小结 ·· 131
　专业术语 ·· 131

思考与练习 ……………………………………………………………… 132
　　微案例分析 ……………………………………………………………… 134

第四章　商业模式的财务分析与评价 ……………………………………… 135
　　第一节　商业模式及其财务特征 ……………………………………… 137
　　第二节　创利模式的分析与评价 ……………………………………… 144
　　第三节　创现模式的分析与评价 ……………………………………… 150
　　第四节　创值模式的分析与评价 ……………………………………… 154
　　第五节　风险管控模式的分析与评价 ………………………………… 165
　　第六节　成长模式的分析与评价 ……………………………………… 172
　　第七节　财务战略矩阵分析：增长和价值管理 ……………………… 179
　　本章小结 ………………………………………………………………… 184
　　专业术语 ………………………………………………………………… 185
　　思考与练习 ……………………………………………………………… 185
　　微案例分析 ……………………………………………………………… 188

第五章　营运资本管理与决策 ……………………………………………… 191
　　第一节　营运资本管理思想的演变 …………………………………… 193
　　第二节　现代营运资本管理核心："三控两抓"政策 ………………… 201
　　第三节　现代营运资本管理与现金管理 ……………………………… 215
　　案例分析　海天味业的营运资本管理 ………………………………… 224
　　本章小结 ………………………………………………………………… 233
　　专业术语 ………………………………………………………………… 234
　　思考与练习 ……………………………………………………………… 235
　　微案例分析 ……………………………………………………………… 236

第六章　投资项目管理与决策 ……………………………………………… 241
　　第一节　投资项目的可行性研究、论证和管理 ……………………… 243
　　第二节　资本成本和货币时间价值 …………………………………… 250
　　第三节　投资项目的财务报表编制及财务效益和风险评价 ………… 261
　　第四节　投资项目财务效益评价的若干理论和实践问题 …………… 284
　　案例分析　A公司投资项目的效益和风险评价 ……………………… 291
　　本章小结 ………………………………………………………………… 300
　　专业术语 ………………………………………………………………… 300
　　思考与练习 ……………………………………………………………… 301
　　微案例分析 ……………………………………………………………… 303

第七章　负债管理理论与实践 ······ 305
第一节　负债管理的理论问题 ······ 307
第二节　负债管理的实践问题 ······ 321
第三节　财务困境的分析与预测 ······ 330
案例分析　恒大集团的财务困境 ······ 344
本章小结 ······ 355
专业术语 ······ 355
思考与练习 ······ 356
微案例分析 ······ 358

第八章　股利政策理论与实践 ······ 367
第一节　股利政策的主要理论 ······ 369
第二节　股利政策的主要形式 ······ 377
第三节　股利政策管理的实践问题 ······ 383
案例分析　福耀玻璃的现金股利政策 ······ 400
本章小结 ······ 407
专业术语 ······ 408
思考与练习 ······ 408
微案例分析 ······ 410

第九章　证券投资估值分析与应用 ······ 411
第一节　债券投资的估值方法与实践应用 ······ 413
第二节　股票投资的估值方法与实践应用 ······ 429
案例分析　伊利股份的投资估值分析 ······ 443
本章小结 ······ 459
专业术语 ······ 460
思考与练习 ······ 460
微案例分析 ······ 462

附录　战略性财务分析指标体系 ······ 463

参考文献 ······ 473

第一章 解读企业财务报表

第一节 解读财务报表的战略意义

第二节 解读资产负债表

第三节 解读利润表

第四节 解读现金流量表

第五节 解读财务报表之间的关系

案例分析 解读迈瑞医疗2017—2021年度财务报表

本章小结

专业术语

思考与练习

微案例分析

导 言

认真研读企业的财务报表,正确分析和理解其中的财务信息,是企业领导者的基本功。面对由成堆枯燥无味的数字构成的财务报表,面对拗口的财务概念和繁复的财务公式,企业的董事长和总裁等高层管理者常常自认为难以应付,因此不愿多花点时间去学习和理解。实际上,在这些枯燥无味的数字背后隐含着极其丰富的经营和管理信息,包括企业董事会或高层管理者过去正确和错误决策所导致的结果,包括反映企业未来兴衰存亡或命运趋势的信息,具有极其重要的战略意义。在本章,我们将介绍企业财务报表的基本框架,并从企业发展战略和竞争战略的视角,解读资产负债表、利润表和现金流量表中的基本财务原理,以及财务报表中各种数据背后的含义,使得没有会计或财务专业背景的高层管理者可以通过解读财务报表来初步了解企业的财务状况、存在的问题和解决问题的思路。简言之,三表入手,由表及里,基于战略管理思维的角度研读财务报表及其数据,管理者可以逐步深入了解企业面临的问题和导因,并思考应采取的对策。

第一节　解读财务报表的战略意义

一、财务报表及其使用者

所谓的财务报表,主要是指资产负债表、利润表和现金流量表,俗称"三表"。① 它们是企业按照国家或国际会计准则编制出来的,向股东、债权人、董事会、管理者和政府有关部门(如税务局)等相关利益主体报告企业在过去某一时点(季度末、半年末、年末)财务状况和过去一段时期企业的经营与财务业绩的正式文件,是企业进行经营管理决策的重要依据。企业的董事会和高层管理者可以依据财务报表,评价企业过去一段时期的经营与财务业绩表现,调整和制定企业下一时期的经营计划、经营政策和财务政策,分析和评判高层管理者的业绩以及对应的薪酬激励合理性等;银行或债权人可以根据企业提供的财务报表,分析和评判企业的负债程度与偿债能力,评价和确定企业的信用等级,决定是否批准企业的贷款申请或者考虑是提前收回贷款还是继续提供贷款;投资者可以依据企业披露的财务报表信息,分析企业股票或债券的投资价值,判断企业未来的财务状况和业绩是否足以支撑其股票或债券价格,并根据企业的股票或债券价格是否高于或低于应有的内在价值来决定买卖股票或债券;政府的税务部门可以根据企业的财务报表,计算企业应交所得税等各种税费,判断企业是否足额纳税;国有资产管理部门可以根据其控股或参股企业提供的财务报表,分析企业的经营业绩和财务绩效,判断国有资产是否减值、保值或增值,决定对企业经营管理者的奖惩方案。

二、解读财务报表的重要意义

一个国家企业财务报表的核算时间,一般分为"自然会计年度"和"自选会计年度"两类。前者如我国的企业,统一以每年12月31日为"会计年度"截止日;后者如美国的企业,可以自行选择某个时间作为"会计年度"截止日。例如,苹果公司就是以每年9月最后一个星期六作为"会计年度"截止日。每年的3—9月,也就是各个国家的大多数公司上一年度财务报表正式披露结束之后,财经媒体进入一年中最繁忙的季节,各式各样的排名榜单接踵而来。有按营业收入排名的榜单,比如2021年8月《财富》发布的世界500强排行榜②,沃尔玛、国家电网和亚马逊位列前三,营业收入分别达到5 592亿美元、3 866亿美元和3 861亿美元。有按利润排名的榜单,比如同样来自2021年8月《财富》发布的世界500强中最赚钱50家公司排行榜,苹果公司2020年以574亿美元的净利润高居榜首③,沙特阿美和软银集团紧随其后,利润分别达到493亿美元和471亿美元。

---

① 除了"三表",上市公司还会披露"所有者权益变动表"。由于所有者权益变动表与企业经营管理的关系相对较弱,因此本书不对该表进行专门的解读和分析。
② 《财富》2021年8月公布的企业排行榜是依据企业2020年度的财务数据。
③ 根据苹果公司2021年9月和2022年9月公布的年报,其营业收入分别是3 658亿美元和3 943亿美元,净利润分别是947亿美元和998亿美元。

也有综合考虑企业销售额、利润、资产和市值的排行榜,比如2021年7月《福布斯》发布的全球企业2000强榜单,中国共有395家企业登陆当年榜单,刷新历史纪录。其中,中国工商银行连续第九年蝉联榜首,美国的摩根大通名列第二,伯克希尔-哈撒韦公司位居第三。还有按股票市值排名的榜单,比如普华永道(PwC)根据全球上市公司2021年3月31日的股票市值,排出"2021全球市值100强上市公司",其中苹果公司位列榜首,沙特阿美排名第二,排名第三至第五的分别是微软、亚马逊和谷歌母公司Alphabet。

在这些令人眼花缭乱的排行榜中,同一企业的排名差异巨大。例如,2020年全球营业收入最高的沃尔玛,市值仅有3 830亿美元,甚至没有进入全球企业市值排行榜的前10名;而苹果公司2020年的营业收入虽然只有2 745亿美元,市值却高达2万亿美元,是沃尔玛的5倍多;特斯拉2021年的营业收入只有538亿美元,净利润更是只有区区55亿美元,市值却高达6 410亿美元,远远高于沃尔玛。还有一些企业,曾经辉煌一时,最终却陷入财务困境甚至破产。例如,曾是全球最大汽车制造公司的通用汽车,2009年6月正式向美国政府申请破产保护;拥有132年历史的柯达公司,也于2012年1月向美国纽约州提出破产保护申请;昔日互联网的代名词、曾经最大的网站公司——雅虎,自2008年以来表现一蹶不振,股票市值大幅缩水,并最终在2017年将其核心网络业务出售给美国电信巨头Verizon。2019年中国民营企业500强第二、年营业收入高达6 183亿元的海航集团有限公司,在2021年1月因未能清偿到期债务而官司缠身,被相关债权人申请破产重整;号称中国地产业航母的中国恒大,无论总资产、营业收入或土地储备近年来都位居第一,且自2009年上市至2021年6月30日从未发生亏损,在2019年却债务缠身,市值开始暴跌,并最终于2022年1月宣布停牌,给股东或股票投资者、银行和非银行金融机构以及债券投资者等债权人、供应商、客户造成巨大损失,自身则声誉扫地。

面对这些成功和失败的案例,我们不能让某些"简单的排名"或某些"片面的财经报道"主导我们的看法、评论和行动。财务分析是一项比较专业的工作,任何涉及企业财务状况的评价,都应该基于科学的分析,而不是对表层现象的简单叙述。企业经营失败的惨痛教训反复地告诫我们:无论是企业的高层管理者、股东、债权人还是政府的财经官员,都必须学会读懂公司的财务报表。美国著名财务学家罗伯特·希金斯(Robert Higgins, 2003)有如是说法:不完全懂得会计和财务的经营管理者,就好像是一个只会投篮而不能得分的球员。总之,"自己动手,丰衣足食"。假如你是公司的高层管理者、董事会成员、银行家、政府的财经官员或投资者,学会自己研读、看懂、理解、分析公司的财务报表,必将终身受益。

当你学会和掌握了分析企业财务报表的基本方法,以你亲身的管理经验和管理实践,潜心研究经营管理决策与财务报表及其业绩之间的关系,根据企业长期发展战略的目标,调整与制定相对正确的经营政策和财务政策,体会研读财务报表后进行战略决策的价值,其乐无穷!更重要的是,通过分析和研究自己所管理的企业的财务报表,你将正确地理解经营管理决策可能给企业财务状况带来的后果,有助于避免盲目或错误的决策。读懂财务报表,你可以成功地经营和管理一家企业,你也可以更加自信地去拯救一家身处困境的企业!

第二节　解读资产负债表

一、资产负债表简介

资产负债表是一张反映公司资本来源和资本使用状况的报表,它表明公司在某一个特定时点的各种资本来源和与之对应的全部资产,或者说所拥有的全部资产和与之对应的全部要求权。编制资产负债表依据的基本公式是:

$$资产 = 负债 + 所有者权益 \tag{1-1}$$

为了理解资产负债表的原理和含义,让我们设想创办一家新公司的情形。通过市场调查,2022年年末,王先生和李先生等5人决定每人出资100万元创办ABC护肤洗涤用品制造公司(以下简称"ABC公司"),这样5人共出资500万元形成了公司的"所有者权益"或"权益资本"。公司推举王先生为董事长,李先生为总经理。李先生招聘了分管投资、技术、生产、采购、人事、财务和营销等七个部门的经理,公司召开了第一次经营管理会议,决定向董事会提出申请银行贷款的计划——贷款500万元,其中短期贷款200万元,长期贷款300万元。董事会研究后批准了管理层的贷款计划,银行也批准了公司的贷款申请。这样ABC公司就形成了500万元的"负债",即来自银行贷款的资本——"债务资本"500万元。结果是,公司的资本来源共计1 000万元,其中所有者权益为500万元,负债为500万元,即

$$\begin{aligned}总资本 &= 权益资本 + 债务资本 \\ &= 500 + (200 + 300) \\ &= 1\ 000(万元)\end{aligned} \tag{1-2}$$

首次债务筹资后,李总经理开始布置工作,各部门经理开始分工合作。首先,分管投资的经理将700万元用于厂房建设和设备采购安装,于是形成了700万元的"固定资产";其次,分管采购的经理将200万元用于采购原材料、配件和能源,其中150万元形成了"存货",剩下的50万元形成了"预付账款";最后,财务经理经过核算,将剩余的100万元存入银行,于是形成了100万元的"银行存款"。结果是,公司的总资产1 000万元中:"非流动资产"或"固定资产"700万元;"流动资产"300万元,包括银行存款(报表科目体现为"货币资金")100万元、预付账款50万元、存货150万元。

$$\begin{aligned}总资产 &= 非流动资产 + 流动资产 \\ &= 700 + (100 + 50 + 150) \\ &= 1\ 000(万元)\end{aligned} \tag{1-3}$$

事实上,我们已经编制出ABC公司的第一张资产负债表,即2022年年末资本来源和资本使用状况(见表1-1)。

表 1-1 ABC 公司 2022—2023 年资产负债表   单位：万元

总资产	2022年年末	2023年年末	总资本	2022年年末	2023年年末
货币资金	100	150	短期借款	200	200
应收账款	0	100	应付账款	0	50
预付账款	50	0	流动负债合计	200	250
存货	150	200	长期借款	300	300
流动资产合计	300	450	非流动负债合计	300	300
固定资产原值	700	700	负债合计	500	550
减：累计折旧	0	50	股本	500	500
固定资产净值	700	650	资本公积	0	0
无形资产	0	0	盈余公积	0	15
其他资产	0	0	未分配利润	0	35
非流动资产合计	700	650	所有者权益合计	500	550
资产总计	1 000	1 100	负债和所有者权益总计	1 000	1 100

二、解读资产负债表

经过一年的生产经营，到 2023 年年末，ABC 公司披露其资产负债表（见表 1-1）。表 1-1 表明了 ABC 这家新创公司从首次筹资到首期投资，再到生产经营一年后的全部资本来源和资产使用状况。在解读和分析资产负债表时，我们必须注意以下几个问题：

第一，资产负债表的表格形式可以是"直列式"，也可以是"并列式"。为了便于阅读和学习，在教学讲解时通常使用并列式资产负债表，但实践中大多使用直列式资产负债表。无论是并列式还是直列式，二者只是表格形式不同，内容和含义完全相同。

第二，在并列式的资产负债表中，报表右边表明资本的来源，即资本来自负债和所有者权益，反映了公司的筹资政策和效果；报表左边表明资本的使用结果，即资本的使用形成了流动资产和非流动资产，反映了公司的投资政策和资产配置的效果。或者说，左边反映了公司的全部资产，右边反映了与公司全部资产对应的所有要求权或索取权。

第三，在资产负债表中有三种重要的结构。一是"资本结构"，反映各种资本的来源及其比例关系，例如负债和所有者权益的比例关系、长期负债和所有者权益的比例关系、总负债与总资产的比例关系等；二是"债务结构"，反映流动负债与非流动负债的比例关系、有息负债（如银行借贷、债券）与无息负债（预收账款和应付账款）的比例关系、流动负债中各类负债的比例关系、非流动负债中各类负债的比例关系等；三是"资产结构"，反映公司各类资产之间的比例关系，例如流动资产与非流动资产的比例关系、流动资产中各项资产的比例关系、非流动资产中各项资产的比例关系、流动资产中现金资产与非现金资产的比例关系等。

第四,在流动资产这一栏目,流动资产的各项资产通常按其变现能力,从高到低依序逐项排列。首先是货币资金(即现金和银行存款),其变现能力最强;其次是交易性金融资产;再次是应收票据和应收账款以及预付账款;最后是存货,其变现能力最弱。这样一种排序,有助于管理者和银行观察分析公司流动资产的变现能力。特别是对银行来说,当其给予公司短期贷款时,总是希望公司的流动资产越多越好且超过其短期贷款金额,变现能力越强越好,以便当公司无力按期偿付银行短期债务时,银行能够将公司的流动资产拍卖变现抵偿其拖欠的短期贷款。因此,分析、比较流动资产与流动负债之间的关系,可以反映公司流动资产的变现能力和短期债务的偿还能力。

第五,当企业开始正式生产和销售时,就不可避免地产生应收应付款和预收预付款。应收账款和预付账款的总额超过应付账款和预收账款的总额,说明企业的资本(金)被他人(客户或供应商)无偿占用了,从而增加了企业总的资本占用;应收账款和预付账款的总额少于应付账款和预收账款的总额,说明企业无偿地占用了他人(客户或供应商)的资本(金),从而减少了企业总的资本占用。需要指出的是,企业的占用资本不一定等于企业的总资产;企业的投入资本也不一定等于企业的负债和所有者权益之和。所谓的"占用资本"或"投入资本"(Invested Capital),是指企业需要支付成本的资本,不需要支付成本的资本往往不计算在内。当企业被他人占用了资本时,其需要投入的资本就会增加;当企业占用了他人的资本时,其需要投入的资本就会减少。换言之,当企业使用的债务全部是有息负债时,其投入资本等于总资产;当企业使用的债务部分是有息负债、部分是无息负债时,其投入资本小于总资产;当企业使用的债务全部是无息负债时,其投入资本等于权益资本(或所有者权益)。

第六,在中国,权益资本除了"股本"和"未分配利润",还有"资本公积"和"盈余公积"。未分配利润、资本公积和盈余公积三者之和,可视为国外的"留存利润"或"留存收益"。其中,盈余公积又分为"法定盈余公积"和"任意盈余公积",法定盈余公积按照公司税后利润的10%提取,法定盈余公积累计额达到注册资本的50%时可以不再提取。法定盈余公积主要用于弥补未来企业可能发生的亏损或转增股本。上市公司按照股东大会的决议提取任意盈余公积。

第七,资产负债表中的所有数据都是"时点数据",表明在某一特定时点,如年末(12月31日)或上半年末(6月30日),公司的资本来源和资本使用状况,但不能反映公司一年期间或半年期间的资本来源和资本使用状况,是一种"静态数据"或"静态信息"。正因为如此,资产负债表的数据一般会做"平均化"处理,这样才能反映公司在一年期间或半年期间的资本来源和资本使用状况。[①] 例如,ABC公司2022年年末的总资产为1 000万元,2023年年末的总资产为1 100万元,则公司过去一年的平均总资产为1 050万元[(1 000+1 100)/2]。

---

① 在有些情况下,为了方便起见,一些财务指标(如净资产收益率等)也可以直接用资产负债表期初或期末的数据来计算。

第三节 解读利润表

一、利润表简介

利润表又称损益表,是一张反映公司营业收入、成本、费用、所得税和利润关系的报表,它表明公司在过去一段时期,如一个季度、半年或一年,通过销售产品或提供服务所确认或获得的营业收入和与之对应的成本及利润。编制利润表依据的基本公式是:

净利润 = 营业收入 - 营业成本 - 税金及附加 - (销售费用 + 管理费用 + 财务费用 + 研发费用) + 其他收益 + 投资收益 + 公允价值变动收益 - 信用减值损失 - 资产减值损失 + 资产处置收益 + 营业外收入 - 营业外支出 - 所得税费用

(1-4)①

为了进一步理解利润表的原理和含义,我们再次演绎 ABC 公司的利润表。ABC 公司成立后,便开始生产和销售。1 年后的 2023 年年末,经会计核算,公司 2023 年的营业收入达到 1 000 万元,其中 90% 的营业收入是现金,10% 的营业收入是应收账款;实现这 1 000 万元营业收入的总成本是 800 万元,其中营业成本(包括直接材料、直接人工和制造费用)是 400 万元,税金及附加是 50 万元,销售费用是 150 万元,管理费用是 150 万元,财务费用是 50 万元。这样,如果公司的所得税税率是 25%②,那么 ABC 公司的净利润是 150 万元。事实上,我们也已经编制出 ABC 公司 2023 年度利润表(见表 1-2)。

表 1-2 ABC 公司 2023 年度利润表　　　　　　　　　　单位:万元

项目	金额
一、营业收入	1 000
减:营业成本	400
税金及附加	50
销售费用	150
管理费用	150
财务费用	50
研发费用	0
加:其他收益	0
投资收益(损失以"-"号填列)	0
公允价值变动收益(损失以"-"号填列)	0
信用减值损失(损失以"-"号填列)	0

---

① 公式(1-4)中的信用减值损失和资产减值损失为绝对值。
② 根据 2018 年修订的《中华人民共和国企业所得税法》,我国一般企业所得税的税率为 25%。

(单位:万元) (续表)

项目	金额
资产减值损失(损失以"-"号填列)	0
资产处置收益(损失以"-"号填列)	0
二、营业利润	200
加:营业外收入	0
减:营业外支出	0
三、利润总额	200
减:所得税费用	50
四、净利润	150
加:年初未分配利润	0
五、可供分配的利润	150
减:提取公积金	15
六、可供股东分配的利润	135
减:普通股股利	100
七、未分配利润	35

注:假定现金股利已经在2022年年末发放。数值四舍五入取整。

二、解读利润表

表1-2反映了ABC公司自成立投产后1年来的经营成果——收入、成本、费用、所得税和利润。在解读和分析公司的利润表时,我们应注意以下几个问题:

第一,利润表反映了公司的总收入、总成本(包含各项成本费用)和利润之间的关系。当总收入高于总成本时,企业就有盈利;反之,当总收入低于总成本时,企业就发生亏损。

第二,利润表反映了股东和债权人之间的风险与收益关系,也反映了企业和政府之间的关系。在利润表中,债权人拥有对公司的债权,由此获得"利息"作为所拥有债权的回报;政府为企业提供公共管理服务而获得"税收";股东获得公司最后的"剩余收益",即"净利润"。这种制度安排表明:债权人因拥有债权而获得的利息在"税前"开支,优先于股东获得回报;股东虽然拥有股权,但所获得的利润是"税后"的剩余收益。由此可见,同是"出资人",债权人的收益是税前所得,而股东的收益是税后所得,即股东承担的风险高于债权人承担的风险。

第三,在利润表中,公司的盈利状况可以表现为多个不同的盈利能力指标,其中:(1)营业利润等于公司的营业收入减去营业成本、税金及附加、"四项费用"——销售费用、管理费用、研发费用和财务费用,以及信用减值损失和资产减值损失,再加上其他收益、投资收益、公允价值变动收益和资产处置收益;(2)利润总额即税前利润,等于公司的营业利润加上营业外收入再减去营业外支出;(3)息税前利润(Earnings Before Interest & Taxes,

EBIT),等于公司的利润总额加上财务费用;(4)税后 EBIT,等于息税前利润乘以(1-所得税税率)= EBIT×(1-T),实际上等于公司的税后利润加上税后财务费用;(5)净利润即税后利润,等于利润总额减去所得税费用;(6)对于固定资产投资额巨大的基础设施企业,如水、电、路、桥、通信等公用服务企业,这类企业每年的折旧和摊销费用巨大,而折旧和摊销费用是企业的"非付现成本",其作为成本的一部分计入产品总成本,但又通过营业收入转化为"现金"回到企业,是企业"经营净现金"的重要组成部分,因此需要计算另一个重要而特殊的盈利能力指标——"息税折旧摊销前利润"(Earnings Before Interest & Taxes plus Depreciation & Amortization,EBITDA),俗称"现金利润"。以 ABC 公司为例,假设固定资产每年的折旧额为 50 万元,以上各种盈利能力指标及其与营业收入的比例关系如表 1-3 所示。

表 1-3　ABC 公司的各项盈利能力指标

盈利能力指标	营业收入	营业利润	税前利润	EBIT	EBIT×(1-T)	净利润	EBITDA
金额(万元)	1 000	200	200	250	187.50	150	300
利润率(%)	—	20	20	25	18.75	15	30

第四,在利润表中,企业的利润受到如何确认营业收入的影响。由于采用"权责发生制"确认公司的营业收入,一旦商品的控制权发生转移或者劳务已经真实提供,就可以根据相关数额确认营业收入,并结转对应的营业成本。所确认的营业收入扣除与之配比的成本后,就是利润。但是,若出现赊销,ABC 公司作为卖方就会产生应收账款,而购买者作为买方则出现应付账款,结果 ABC 公司的"营业收入"就不等于"销售商品、提供劳务收到的现金"。同理,若 ABC 公司在购买其他公司的产品作为原材料时也可能进行赊购,则其作为买方就会产生应付账款,而供货商作为卖方则产生应收账款,结果 ABC 公司的"营业成本"也不等于"采购商品、接受劳务支出的现金"。可见,上述情况将导致公司的"净利润"不完全是"经营净现金"。一般来说,ABC 公司的 EBITDA 小于"经营净现金",说明公司收回了客户的资金导致应收账款减少,或者占用了供应商的资金导致应付账款增加,或者销售了更多的产品导致存货减少;反之,ABC 公司的 EBITDA 大于"经营净现金",说明公司被客户占用了更多资金导致应收账款增加,或者偿还了供应商的资金导致应付账款减少,或者增加了存货导致资金被占用更多。

第五,在利润表中,企业的利润还受到如何计提固定资产年折旧费用的影响。固定资产折旧费用是企业过去的固定资产投资总额在之后各年内的分摊,虽然折旧是企业的成本,但由于企业在过去购买固定资产时已经发生了现金支出,因此将每年的折旧费用计入总成本中并不会导致企业发生现金流出,我们称之为"非付现成本"。折旧费用通过营业收入以"现金"形式返回企业,成为企业"经营净现金"的一个组成部分。在确定某项特定固定资产的年折旧额时,受到三个因素的影响:一是固定资产的使用年限,许多资产的物理生命周期长于其经济生命周期;二是固定资产的残值,即折旧年限到期后资产的剩余价值;三是固定资产年折旧费用的计算方法。年折旧费用通常有两种基本计算方法:一是直线折旧法,即年平均折旧费用=(资产的原值-预计净残值)/资产预计使用年限;二是加速折旧法,具体有很多计算方法,但总的思路是一样的,即在资产使用年限内,前面年份计提的折旧额较多,以后年份计提的折旧额随着时间的推移而逐年减少直至等于资产的残值。

第四节 解读现金流量表

一、现金流量表简介

企业的董事会、管理层、投资者和债权人通过资产负债表和利润表,掌握了企业某一时点的资产、负债和所有者权益的状况以及某一期间的收入、成本和利润的状况。那么,为什么还要编制现金流量表呢?

简单地说,在编制利润表时,由于现行的会计制度采取的不是"现金收付制",而是"权责发生制",即企业根据商品控制权是否转移或劳务是否提供来确认营业收入,而非根据是否收到现金来确认营业收入,这就可能导致企业的营业收入不等于现金收入,净利润不等于经营净现金。此外,固定资产折旧和无形资产摊销的费用计入成本,实际上并没有支出现金,属于"非付现成本"——这部分成本是总成本的一部分,通过营业收入又以现金的形式回到企业。在实践中,我们常常可以看到一些企业有利润而无现金,而另一些企业则有现金而无利润。那些有利润而没有现金的企业往往因现金短缺,无力付息还本而陷入财务困境甚至破产;而那些有现金而没有利润或利润很低的企业,由于有现金用于付息还本,短期内一般不会破产。同样,资产负债表只反映企业的资本来源和资本使用状况,并在资产负债表的流动资产中以"货币资金"栏目反映企业总的现金存量,但没有反映现金具体的收支状况。可见,无论是利润表还是资产负债表,都没有反映企业具体的现金收支状况。但是,往往是被忽视的现金收支状况成为决定企业未来生存与发展的关键因素。实际上,现金比利润更加重要,企业必须重视现金,故有"现金为王"(Cash is King)之说!

企业的现金来源和去向与企业的经营、投资和筹资活动相关。根据企业现金的来源进行分类,企业的现金流入主要有:一是"经营活动产生的现金流入",二是"投资活动产生的现金流入",三是"筹资活动产生的现金流入"。根据企业现金的去向进行分类,企业的现金流出也主要有:一是"经营活动产生的现金流出",二是"投资活动产生的现金流出",三是"筹资活动产生的现金流出"。① 因此,企业的现金流量净额简称现金净流量或净现金流量,其计算公式如下:

企业当年现金及其等价物净增加额 = 经营活动产生的现金流量净额 + 投资活动产生的现金流量净额 + 筹资活动产生的现金流量净额

(1-5)

---

① 若企业有国际业务,则其现金还可能受到汇率变动的影响。在此,我们忽略这一影响。

企业现金及其等价物年末余额 = 企业现金及其等价物年初余额 +
企业当年现金及其等价物净增加额 　　　（1-6）

图 1-1 表明了企业经营活动、投资活动和筹资活动的现金流入、现金流出与现金净流量的关系。企业现金流量表的设计和编制正是基于这样一个框架。

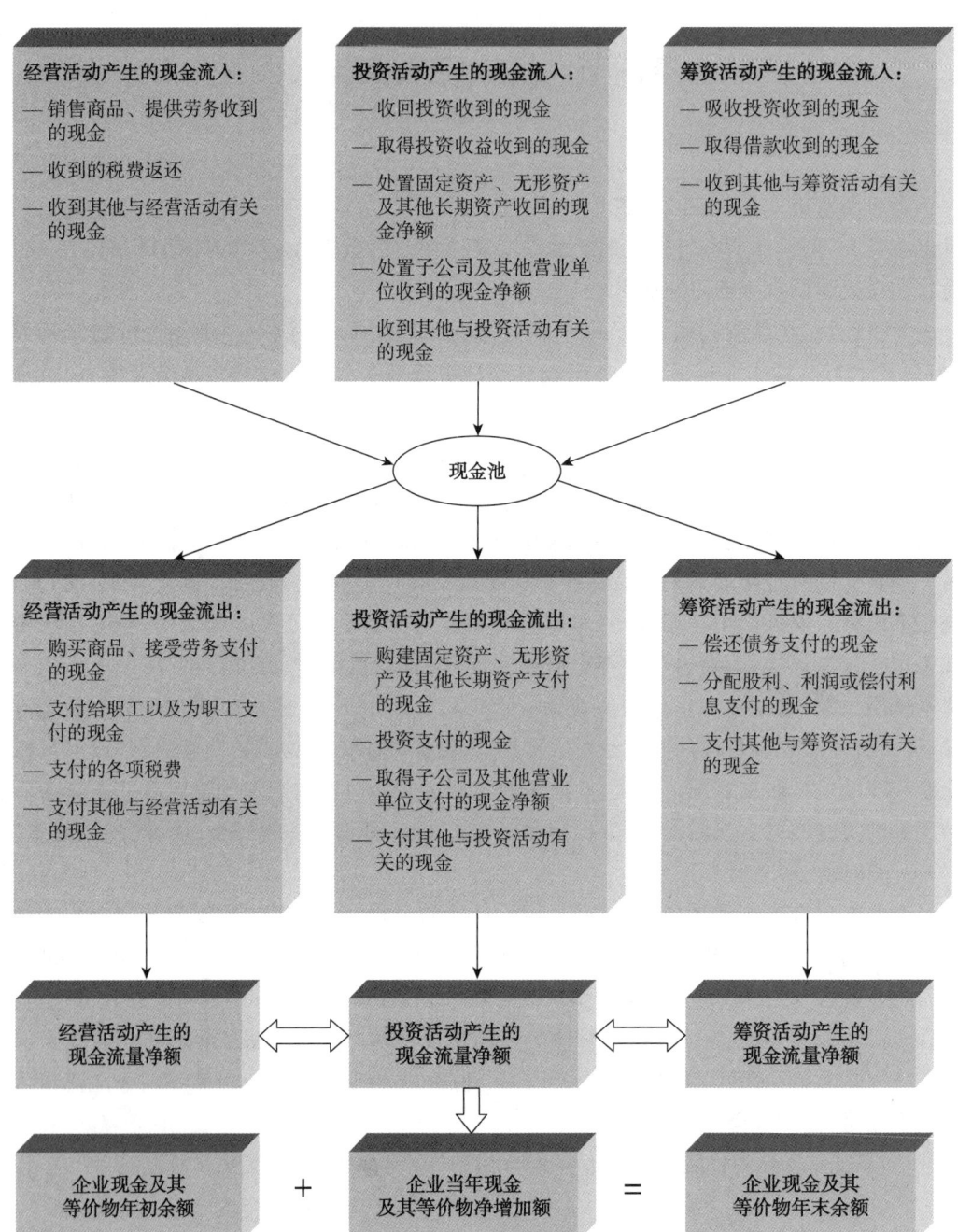

图 1-1　企业经营活动、投资活动和筹资活动的现金流量

二、解读经营活动产生的现金流量

经营活动产生的现金流量是指企业在经营活动过程中形成的现金流入、现金流出和现金净流量。现金流入主要包括：销售商品、提供劳务收到的现金；收到的税费返还；收到的其他与经营活动有关的现金等。现金流出主要包括：购买商品、接受劳务支付的现金；支付给职工以及为职工支付的现金；支付的各项税费；支付的其他与经营活动有关的现金等。经营活动产生的现金流量净额就是流入与流出之差：

经营活动产生的现金流量净额＝经营活动产生的现金流入－经营活动产生的现金流出　（1-7）

经营活动产生的现金流量净额又简称"经营净现金"。如何计算经营净现金呢？有两种计算方法，一种是"间接法"，另一种是"直接法"。① 对于非财务专业的CEO和高级管理人员，按照"间接法"计算经营净现金更直观、更易于理解和接受。因此，我们先讨论间接法。

从理论上说，如果一个企业生产出来的所有产品都卖出去了，或库存为零，且企业不欠别人的钱，别人也不欠企业的钱，那么这个企业的所有税后利润都是现金。然而，在企业的产品成本构成中有一类特殊的成本——固定资产折旧、无形资产和长期待摊费用的摊销等。这一类成本之所以"特殊"，在于它们属于"非付现成本"。顾名思义，它们是企业成本的组成部分，但并没有"支付现金"。为什么呢？因为它们来自企业的固定资产和无形资产，而固定资产和无形资产是企业的一次性投资，然后从运营年份起，每年从中计提的折旧费用和摊销费用。换言之，这些成本在投资时已经一次性支出现金，以后分年度再计入企业的成本或费用。因此，当企业将产品或服务出售后，形成了营业收入，实际上这些折旧费用和摊销费用又通过营业收入以现金的形式收回来了。可见，折旧和摊销这些非付现成本也是现金。②

此外，企业支付的利息费用，在利润表中作为扣减项减少了利润，而利息费用并不属于经营活动产生的费用，而属于筹资活动产生的费用，因此在计算"经营净现金"时，应将利息费用重新加回利润中。

基于上述逻辑关系，我们可以在利润、折旧和利息等数据的基础上，间接地计算出"应得经营净现金"。所谓的"应得经营净现金"，就是在"理想经营状态"下，买卖双方以现金交易——生产出来的产品或提供的服务全部以现金形式售出且存货为零的环境下，企业应该获得的经营净现金，其计算公式如下③：

应得经营净现金 ＝ 净利润 ＋ 利息 ＋ 折旧 ＋ 摊销　（1-8）

遗憾的是，公式(1-8)描述的是"理想经营状态"下企业的经营净现金。在实践中，

---

① 《企业会计准则第31号——现金流量表》明确规定，企业应当采用直接法列示经营活动产生的现金流量；但是在其他很多国家和地区，则要求企业采用间接法编制现金流量表。
② 资产减值损失也属于非付现成本，但与折旧和摊销不同的是，资产减值损失根据资产是否存在发生减值的迹象来计提，不一定每年都需要计提。
③ 在实践中，企业计提的坏账准备、存货跌价准备等导致的资产减值损失也属于非付现成本，也属于应得经营净现金部分。

企业的营业收入不一定能收到等额的现金,企业的成本和费用也不一定全是现金支出,因此"应得经营净现金"不等于实际的"经营净现金"。正如前面所说的,现有企业的利润表编制方法不是采用"现金收付制",而是采取"权责发生制",因此需要编制现金流量表作为利润表的补充,从而说明利润的质量——企业所实现的利润是否有现金保障。此外,债权人的利息是否有现金保障?股东和债权人的本金(折旧和摊销)能否以现金的形式回收?总之,企业是否将应该获取的经营净现金如数收回?企业是否因竞争劣势而被他人多占用现金或因库存激增而导致经营净现金减少?那么,如何在"理想经营状态"企业的经营净现金基础上,调整计算企业实际的经营净现金呢?

首先,区别于"现金收付制","权责发生制"在确认营业收入时,基于商品的控制权是否发生转移,而非买方是否向买方支付货款。因此,这就导致企业的营业收入不一定等于现金收入。显然,如果出现买方拖欠货款,卖方企业的现金收入就会小于营业收入,从而形成"应收账款"。如果出现买方预付货款,卖方企业在发货之前就有现金收入,从而形成"预收账款"或"合同负债"。其次,企业的成本费用不一定等于现金支出。显然,如果企业购买货物拖欠卖方的货款,买方企业的现金支出就小于成本费用,从而形成"应付账款"。如果企业预先支付货款,其现金支出就会大于成本费用,从而形成"预付账款"或"合同资产"。最后,如果企业生产出来的产品或提供的服务卖不出去,就形成了"存货",而存货占用了企业的现金,导致其现金净流量减少。由此可以推导出:

(1)若企业应收账款增加,则其经营净现金减少,反之增加;
(2)若企业预付账款增加,则其经营净现金减少,反之增加;
(3)若企业存货增加,则其经营净现金减少,反之增加;
(4)若企业应付账款增加,则其经营净现金增加,反之减少;
(5)若企业预收账款增加,则其经营净现金增加,反之减少。

因此,对于"常规经营状态"的企业,其实际获得的经营净现金的计算公式如下:

$$\text{实际经营净现金} = \text{净利润} + \text{利息} + \text{折旧} + \text{摊销} - \text{应收账款增加额} - \text{预付账款增加额} - \text{库存增加额} + \text{应付账款增加额} + \text{预收账款增加额} \tag{1-9}$$

因此,我们可以在应得经营净现金(净利润+利息+折旧+摊销)的基础上,调整计算企业实际经营净现金,如表1-4所示。根据 ABC 公司利润表中的净利润和财务费用等数据以及资产负债表中的存货、应收账款、应付账款、预收账款和预付账款等数据,我们可以计算公司2023年的经营净现金为200万元。

表1-4 间接法计算 ABC 公司 2023 年的经营活动产生的现金流量　　　单位:万元

将净利润调节为经营活动产生的现金流量	金额
净利润	150
加:资产减值准备	0
信用减值损失	0
固定资产折旧、油气资产折耗、生产性生物资产折旧	50
使用权资产摊销	0

(单位:万元) (续表)

将净利润调节为经营活动产生的现金流量	金额
无形资产摊销	0
长期待摊费用摊销	0
处置固定资产、无形资产和其他长期资产的损失(收益以"-"号填列)	0
固定资产报废损失(收益以"-"号填列)	0
公允价值变动损失(收益以"-"号填列)	0
财务费用(收益以"-"号填列)	50
投资损失(收益以"-"号填列)	0
递延所得税资产减少(增加以"-"号填列)	0
递延所得税负债增加(减少以"-"号填列)	0
存货的减少(增加以"-"号填列)	-50
经营性应收项目的减少(增加以"-"号填列)	-100
经营性应付项目的增加(减少以"-"号填列)	100
递延收益摊销	0
经营活动产生的现金流量净额	**200**

同理,根据利润表和资产负债表的数据,我们可以推算出基于直接法的经营净现金。根据公式(1-7),按照直接法计算经营净现金的过程可参照表1-5。根据ABC公司2023年度利润表和资产负债表中的数据,我们同样可以基于经营活动中的现金收支项目,计算出公司2023年的实际经营净现金为200万元。

表1-5 直接法计算ABC公司2023年的经营活动产生的现金流量 单位:万元

经营净现金	金额
经营活动产生的现金流入:	
销售商品、提供劳务收到的现金	900
收到的税费返还	0
收到其他与经营活动有关的现金	0
现金流入小计	900
经营活动产生的现金流出:	
购买商品、接受劳务支付的现金	350
支付给职工以及为职工支付的现金	250
支付的各项税费	100
支付其他与经营活动有关的现金	0
现金流出小计	700
经营活动产生的现金流量净额	200

我们进一步用实际经营净现金和应得经营净现金这两个指标的比值来反映公司的盈利质量,并将该指标称为获现率,用公式表示如下:

$$获现率 = 实际经营净现金 / 应得经营净现金 \qquad (1-10)$$

在实际计算获现率指标时,我们还需要调整除财务费用之外的其他非经营性收益对净利润的影响,如处置固定资产等长期资产的损失、投资收益、公允价值变动损失等。这些将影响公司的应得经营净现金和实际经营净现金,并最终影响获现率。

经营净现金是企业通过日常经营活动获得的现金,企业每天的经营活动都会发生现金的流入和流出,具有频发性的特点。若经营净现金为正,则说明企业可以为未来的经营与发展提供稳定的现金支持,如增加投资、偿还负债或增加分红等,使企业得以持续健康发展;若经营净现金为负,则企业可能需要不断地筹资或减少投资以弥补经营活动所需的现金,如增加负债、增发新股、减少投资、减少分红等。若企业丧失举债和增资扩股的条件,则可能导致企业经营规模不断萎缩,甚至发生债务危机。如果说"现金为王",那么经营活动产生的净现金就是"王中王"(King of Kings),是企业生存和发展的血脉!正因为如此,从功能上看,我们称经营净现金是"造血型现金"。当然,还有一些企业常年的经营净现金为负数,这说明企业不仅无法通过经营活动创造经营净现金,即无法"造血",反而会通过经营活动失去经营净现金,即"失血",我们称这类企业为"失血型公司"。

三、解读投资活动产生的现金流量

投资活动产生的现金流量是指企业通过投资活动形成的现金流入、现金流出和现金净流量。现金流入包括:收回投资收到的现金;取得投资收益收到的现金;处置固定资产、无形资产及其他长期资产收回的现金净额;处置子公司及其他营业单位收到的现金净额;收到其他与投资活动有关的现金。现金流出包括:购建固定资产、无形资产及其他长期资产支付的现金;投资支付的现金;取得子公司及其他营业单位支付的现金净额;支付其他与投资活动有关的现金。投资活动产生的现金流量净额就是流入与流出之差:

$$投资活动产生的现金流量净额 = 投资活动产生的现金流入 - 投资活动产生的现金流出 \qquad (1-11)$$

投资活动产生的现金流量净额简称"投资净现金",其计算方法如表1-6所示。由ABC公司2023年的利润表和资产负债表可知,因为ABC公司在2023年没有发生任何的投资活动现金流出或现金流入,所以其投资净现金等于0。

表1-6 ABC公司2023年的投资活动产生的现金流量 单位:万元

投资净现金	金额
投资活动产生的现金流入:	
收回投资收到的现金	0
取得投资收益收到的现金	0
处置固定资产、无形资产及其他长期资产收回的现金净额	0

(单位:万元) (续表)

投资净现金	金额
处置子公司及其他营业单位收到的现金净额	0
收到其他与投资活动有关的现金	0
现金流入小计	0
投资活动产生的现金流出:	
购建固定资产、无形资产及其他长期资产支付的现金	0
投资支付的现金	0
取得子公司及其他营业单位支付的现金净额	0
支付其他与投资活动有关的现金	0
现金流出小计	0
投资活动产生的现金流量净额	0

不同的企业在不同的发展阶段可能表现出不同的投资净现金。对于正在通过投资扩张的初创企业或快速成长的企业,由于投资多、回收少,投资净现金通常是负数;对于成熟甚至开始衰退的企业,由于投资少、回收多,投资净现金可能是正数。一般来说,随着产业生命周期越来越短,企业必须不断去寻找新的投资机会,因此多数企业的投资净现金是负数。正因为如此,从功能上看,我们又称投资净现金为"放血型现金"。当然,还有一些企业因经营管理不善,经营净现金严重短缺,同时失去举债和增资扩股的条件,不得不拍卖企业现有的资产或子公司股权来获得投资净现金,此时其投资净现金为正数,我们称这类企业为"吸血型公司"。

四、解读筹资活动产生的现金流量

筹资活动产生的现金流量是指企业通过筹集资金形成的现金流入、现金流出和现金净流量。现金流入包括:吸收投资收到的现金;取得借款收到的现金;收到其他与筹资活动有关的现金。现金流出包括:偿还债务支付的现金;分配股利、利润或偿付利息支付的现金;支付其他与筹资活动有关的现金。筹资活动产生的现金流量净额就是流入与流出之差:

筹资活动产生的现金流量净额 = 筹资活动产生的现金流入 − 筹资活动产生的现金流出

(1−12)

筹资活动产生的现金流量净额简称"筹资净现金",其计算方法如表 1−7 所示。根据 ABC 公司 2023 年的利润表和资产负债表,ABC 公司在 2023 年发生利息费用 50 万元和支付股利 100 万元,所以其筹资净现金为−150 万元。

表1-7 ABC公司2023年的筹资活动产生的现金流量　　　　　　　单位:万元

筹资净现金	金额
筹资活动产生的现金流入:	
吸收投资收到的现金	0
取得借款收到的现金	0
收到其他与筹资活动有关的现金	0
现金流入小计	0
筹资活动产生的现金流出:	
偿还债务支付的现金	0
分配股利、利润或偿付利息支付的现金	150
支付其他与筹资活动有关的现金	0
现金流出小计	150
筹资活动产生的现金流量净额	−150

由表1-7可知,筹资活动现金流入的来源主要是"权益筹资"和"债务筹资",其选择结果将影响到企业的所有者权益与负债的比例,即负债状况。筹资活动的现金流出主要是偿还到期债务和支付各项筹资费用、利息、股利等。值得注意的是:企业筹集的现金优先用于投资和增加营运过程所需的资金,若投资后经营活动能够产生足够的经营净现金,则企业将步入良性发展轨道;若投资后经营活动不能产生足够的经营净现金,则企业将可能陷入财务危机——无力还本付息和给予股东必要的回报。此外,股利的支付情况反映出企业的分红政策,而分红政策的实施不仅受到企业盈利能力的影响,还受到企业现金创造能力的影响。对于有利润而无现金的企业,支付利息和股利意味着现金流出,这部分现金流出一般依赖于经营净现金;若经营净现金为负数,则只能依赖于投资净现金;若投资净现金也为负数,则只能依赖于筹资净现金,从而将出现用"股东本金和银行贷款"支付"股利和利息"的异常现象。长此以往,股东和债权人必将停止为企业提供权益资本与贷款,企业也就难以为继。由此可见,筹资净现金实际上是权益筹资和债务筹资过程中发生的现金收入与现金支出的差额,而股东和债权人只愿意为有盈利且经营活动现金创造能力强的企业提供权益资本和债务资本,所以筹资净现金又称"输血型现金"。当然,少数优秀企业的盈利能力强且经营净现金多,其创造的经营净现金用于投资、分红、偿债后还有剩余,可以继续还债,使得企业负债率相当低,期末结余的现金十分丰厚,结果是分红派息和偿债所支出的现金多于增资扩股和举债的现金,这类企业的筹资净现金为负数,属于"献血型公司"。

五、解读企业当年现金及其等价物净增加额

企业当年的现金流量净额由四大部分构成,从总体上反映了企业当年现金流入、现

金流出和现金净流量的状况。首先,企业当年的现金净流量主要由经营净现金、投资净现金和筹资净现金三大部分组成。此外,由于企业在国际经营活动中受汇率变动影响而导致现金流入或现金流出发生变化,形成"汇率变动对现金产生的影响额",也是影响企业当年现金净流量的主要因素之一。因此,企业当年的现金净流量又称"现金及其等价物净增加额",等于经营净现金、投资净现金、筹资净现金和汇率变动对现金影响额这四个项目的总和。表1-8是企业当年总的现金流量计算表。根据表1-5至表1-7的资料,2023年ABC公司总现金净流入量为50万元。这50万元增加的现金也反映在2023年ABC公司资产负债表中流动资产的第一项"货币资金",即ABC公司的现金从2022年年末的100万元增加到2023年年末的150万元,净增加50万元的现金。

表1-8 ABC公司2023年现金及其等价物净增加额　　　　　　　单位:万元

总的现金流量	金额
一、经营活动产生的现金流量净额	200
经营活动产生的现金流入小计	900
经营活动产生的现金流出小计	700
二、投资活动产生的现金流量净额	0
投资活动产生的现金流入小计	0
投资活动产生的现金流出小计	0
三、筹资活动产生的现金流量净额	-150
筹资活动产生的现金流入小计	0
筹资活动产生的现金流出小计	150
四、汇率变动对现金产生的影响额	0
五、现金及其等价物净增加额	50
六、加:年初现金余额	100
七、年末现金余额	150

资产负债表现金栏目的数据是企业年末的现金余额,反映了企业在年末所拥有的现金存量,是企业可以随时动用的现金。企业年末现金余额等于企业年初现金余额,加上企业当年增加的现金净流量。显然,若企业当年增加的现金净流量为正数,则企业当年末的现金会增加;反之,若企业增加的现金净流量为负数,则企业当年末的现金会减少。绩优公司的现金管理具有一个显著的特点:长期来看,公司年末结余的现金逐年增加,且主要来自经营净现金的结余,最终越来越多。绩差公司的现金管理的特点则相反:公司年末结余的现金逐年减少,即使年末有结余现金,也主要是来自举债或增资扩股的现金,且最终越来越少。

第五节　解读财务报表之间的关系

在解读了资产负债表、利润表和现金流量表之后,我们知道三张财务报表从不同角度反映了企业的资本来源和资本使用状况以及经营成果和资金循环状况,它们之间存在密切的联系,如图 1-2 所示。

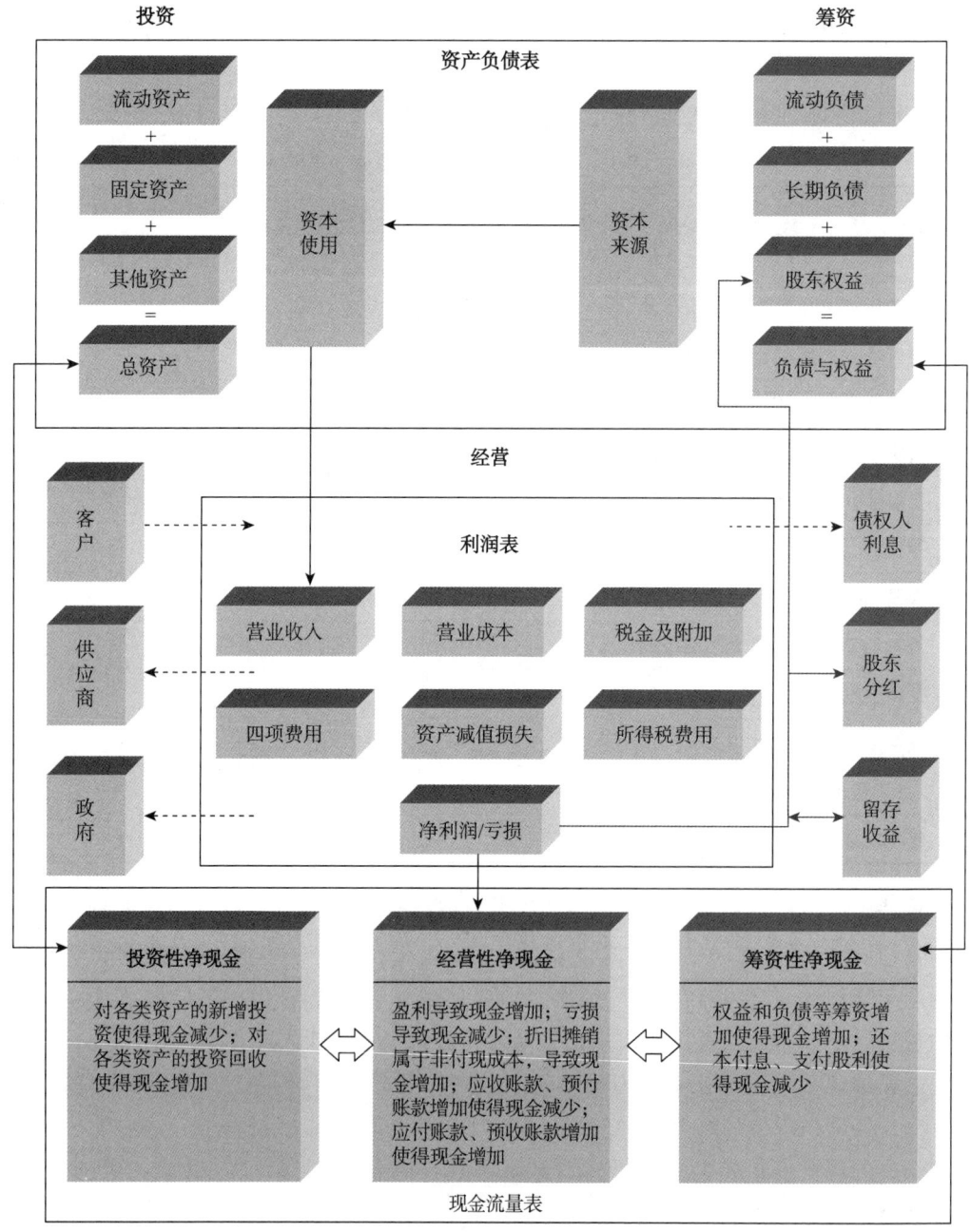

图 1-2　企业三张财务报表之间的联系

第一,我们来分析资本是如何转化为资产的。企业通过向股东发行股票或受让股份获取权益资本,通过向债权人借款或发行债券获取债务资本,形成资产负债表右边所反映的企业资本来源或筹资的结果,即来自股东的权益资本和来自债权人的负债。由于企业高层管理者受托管理企业,负责将筹集的资本转化为资产,形成资产负债表左边所反映的企业资本的使用去向,表现为各种各样的资产,包括流动资产、固定资产和其他资产。

第二,我们来分析资产是如何转化为营业收入和利润的。企业高层管理者受托管理和经营资产负债表左边的资产,生产并出售产品或提供服务,从而给企业带来营业收入(即利润表中的第一行),其受产品价格和销售量的影响。按照目前中国的企业会计准则,利润表就是在营业收入的基础上,扣除营业成本、税金及附加、四项费用(销售费用、管理费用、研发费用和财务费用)、信用减值损失、资产减值损失,加上其他收益、投资收益、公允价值变动收益和资产处置收益,就得到营业利润;营业利润加上营业外收入,扣除营业外支出,就得到利润总额,再扣除所得税费用就是净利润。我们可以将"营业利润"调整为"息税前利润",其将在政府、债权人和股东之间进行分配,其中政府获得所得税,债权人获得利息,股东获得净利润。

第三,我们再来分析收入和利润是如何转化为经营净现金的。我国的企业会计准则规定,企业采用"权责发生制"会计,即以取得收取款项的权利或支付款项的义务为标志来确定本期的收入和费用。因此,本期的营业收入未必是现金收入,本期的营业成本和费用的开支也未必有真正的现金支出,这样本期的净利润未必就是净现金,从而造成"有利润但未必有现金"的结果。为了解决这一问题,各国先后推出"现金流量表",我国也在1998年开始推行现金流量表制度。现金流量表中最为重要的一个指标是"经营净现金",它是企业按现金收付制会计核算出来的"经营成果"。将"经营净现金"与利润表中的"净利润"相比较,可以体现出重要的经济含义:一是企业获得债权人的债务资本,必须为债权人赚取真金白银的利息;二是企业获得股东的权益资本,必须为股东赚取真金白银的净利润;三是企业必须为股东和债权人收回其投资的真金白银的本金,即每期的"折旧和摊销"。可见,企业每一期的经营净现金必须覆盖"当期股东权益资本所赚取的净利润""当期债权人债务资本所赚取的利息"和"当期股东和债权人所收回投资的本金"。

(1)经营净现金≥(净利润+利息+折旧+摊销),意味着股东的净利润、债权人的利息、股东和债权人投资收回的本金都有现金保障。

(2)0<经营净现金<(净利润+利息+折旧+摊销),意味着股东的净利润、债权人的利息、股东和债权人投资收回的本金无现金保障。

(3)经营净现金<0,意味着股东的净利润、债权人的利息、股东和债权人投资收回的本金无现金保障,企业还为此"倒贴"现金!

第四,我们再来分析筹资(资产负债表的右边)、投资(资产负债表的左边)与经营活动(利润表)如何影响企业的现金流入和现金流出,从而形成企业总的现金流量。

(1)当企业的权益资本或债务资本增加时,企业筹资性现金随之增加;反之,当企业分配经营利润(即向债权人付息还本或支付股利给股东)时,其筹资性现金随之减少。

(2)当企业投资增加时,其长期性资产增加,投资性现金将随之减少;反之,当企业收回投资或获得投资分红时,其长期性资产减少,但产生现金流入,由此投资性现金增加。

(3)当企业获得经营利润后,加上折旧和摊销,其经营性现金将增加;若亏损,则其经营性现金将减少。

(4)当企业的营运资本需求量(应收款+预付款+存货-应付款-预收款)增加时,经营性现金将减少;反之,则经营性现金将增加。

案例分析　解读迈瑞医疗2017—2021年度财务报表

一、案例背景:迈瑞医疗的基本情况

深圳迈瑞生物医疗电子股份有限公司(以下简称"迈瑞医疗")前身为开曼迈瑞医疗电子(深圳)有限公司(以下简称"迈瑞有限"),由迈瑞(开曼)有限公司于1999年出资设立。2001年10月18日,迈瑞有限股东会做出决议,同意以发起设立方式将迈瑞有限变更为股份有限公司。2005年迈瑞国际成立,2006年迈瑞国际的ADS(美国存托股份)正式在美国纽约证券交易所上市交易。2015—2016年,迈瑞国际完成私有化并从纽约证券交易所下市。在拆除境外上市架构并进行相关资产重组之后,迈瑞医疗于2018年10月16日正式在深圳证券交易所创业板发行上市,股票代码为300760,公司的实际控制人为李西廷和徐航。

迈瑞医疗主要从事医疗器械的研发、制造、营销及服务,始终以客户需求为导向,致力于为全球医疗机构提供优质产品和服务。公司总部设在中国深圳,截至在创业板上市之时,迈瑞医疗在北美、欧洲、亚洲、非洲、拉美等的30多个国家和地区设有39家境外子公司;在中国设有17家子公司,超过40家分支机构。公司产品及解决方案已经应用于全球190多个国家和地区,形成了庞大的全球化研发、制造、营销及服务网络。

在业绩方面,迈瑞医疗的营业收入稳步增长,从2015年的80.13亿元增长到2021年的252.70亿元,涨幅达到215.36%;净利润更是大幅增长,从2015年的9.41亿元增长到2021年的80.04亿元,增长了750.58%。历经多年的发展,迈瑞医疗已经成为中国最大、全球领先的医疗器械及解决方案供应商,产品覆盖生命信息与支持、体外诊断、医学影像三大主要领域,拥有国内同行业中最全的产品线,以安全、高效、易用的"一站式"整体解决方案满足临床需求。不仅如此,迈瑞医疗已经从医疗器械领域的跟随者,成长为强有力的挑战者,并自2021年开始向行业引领者进发。

二、案例分析:解读迈瑞医疗的财务报表[①]

(一)解读迈瑞医疗的利润表

迈瑞医疗自创业板上市以来,一直保持快速健康发展(见表1-9)。营业收入从

---

① 迈瑞医疗各财务报表以亿元为单位取整列示各项数据,计算结果可能存在进位误差,复核后按实际数值列示,不再予以调整。

2017年的111.74亿元增长到2021年的252.70亿元,年均复合增长率超过22%。在收入保持快速增长的同时,公司维持了较高的毛利率,2017—2021年,公司的毛利率稳定为65%—67%。在产品结构方面,公司主要聚焦于生命信息与支持类产品、体外诊断类产品和医学影像类产品,三类产品的收入占公司营业收入的99%。与此同时,公司的营业利润和净利润也都保持快速增长,分别从2017年的28.80亿元和26.01亿元增至2021年的90.66亿元和80.04亿元,年均复合增长率分别达到33.20%和32.45%。

表1-9 迈瑞医疗2017—2021年利润表　　　　　　　　　　　　　　　　单位:亿元

项目	2017年	2018年	2019年	2020年	2021年
营业总收入	111.74	137.53	165.56	210.26	252.70
营业收入	111.74	137.53	165.56	210.26	252.70
营业总成本	85.23	98.69	113.96	139.01	166.68
营业成本	36.84	45.97	57.55	73.66	88.43
税金及附加	1.48	1.92	2.12	2.18	2.82
销售费用	27.27	32.02	36.06	36.12	39.99
管理费用	16.65	7.15	7.65	8.97	11.06
研发费用	0.00	12.67	14.66	18.69	25.24
财务费用	2.67	-1.56	-4.08	-0.61	-0.86
加:其他收益	3.28	3.97	3.85	4.76	5.75
投资净收益	0.09	-1.13	0.00	-0.04	0.01
公允价值变动净收益	-1.11	1.13	0.00	0.00	0.10
资产减值损失	0.32	0.51	-1.57	-1.10	-1.32
信用减值损失	0.00	0.00	-0.09	-0.30	0.06
资产处置收益	0.04	-0.03	-0.01	-0.02	0.04
营业利润	28.80	42.78	53.79	74.55	90.66
加:营业外收入	0.70	0.27	0.39	0.54	0.23
减:营业外支出	0.18	0.66	0.50	0.70	0.72
利润总额	29.31	42.38	53.68	74.38	90.17
减:所得税费用	3.30	5.13	6.83	7.79	10.13
净利润	26.01	37.26	46.85	66.60	80.04
持续经营净利润	26.01	37.26	46.85	66.60	80.04
终止经营净利润	0.00	0.00	0.00	0.00	0.00
减:少数股东损益	0.12	0.07	0.04	0.02	0.02
归属于母公司所有者的净利润	25.89	37.19	46.81	66.58	80.02
加:其他综合收益	-0.51	0.11	-0.19	-1.21	-2.87
综合收益总额	25.50	37.37	46.65	65.38	77.17
减:归属于少数股东的综合收益总额	0.12	0.07	0.04	0.02	0.02

(单位:亿元) (续表)

项目	2017年	2018年	2019年	2020年	2021年
归属于母公司普通股股东的综合收益总额	25.38	37.30	46.61	65.36	77.14
每股收益(元)					
基本每股收益	2.37	3.34	3.85	5.48	6.59
稀释每股收益	2.37	3.34	3.85	5.48	6.59

注:2017年之前,研发费用并入管理费用;2018年之后,研发费用单独列示。从迈瑞医疗的报表附注可以看出,其2017年研发费用为10.18亿元,说明扣除研发费用的管理费用实际支出为6.47亿元。营业利润=营业总收入-营业成本-税金及附加-销售费用-管理费用-研发费用-财务费用+其他收益+投资净收益+公允价值变动净收益-资产减值损失-信用减值损失+资产处置收益;营业总成本=营业成本+税金及附加+销售费用+管理费用+研发费用+财务费用+资产减值损失+信用减值损失。资产减值损失为负数意味着资产价值回升,不包含在营业总成本的范围内。

从行业比较来看,我们选取了医疗器械行业的另外两家A股上市公司新华医疗和乐普医疗与迈瑞医疗进行比较分析。由于这两家公司除医疗器械之外,还有其他业务(如制药装备、医疗服务、医疗商贸等),我们只比较医疗器械部分的收入和毛利率。从表1-10可知,新华医疗的收入居中,但其毛利率在25%以下,无法与其他两家公司相提并论;乐普医疗的毛利率可以与迈瑞医疗相媲美,但收入只有迈瑞医疗的1/4不到;迈瑞医疗的收入规模超过两家可比公司的总和,且其收入持续稳定增长,毛利率维持高位,在三家公司的竞争中稳居"一哥"地位。

表1-10 迈瑞医疗与同行业上市公司的医疗器械收入及毛利率比较分析

公司简称	2017年		2018年		2019年		2020年		2021年	
	收入(亿元)	毛利率(%)	收入(亿元)	毛利率(%)	收入(亿元)	毛利率(%)	收入(亿元)	毛利率(%)	收入(亿元)	毛利率(%)
迈瑞医疗	111.32	67.06	137.10	66.57	165.20	65.23	209.81	64.97	252.58	65.02
新华医疗	83.05	19.81	85.83	19.58	69.42	23.33	72.36	24.24	73.59	24.96
乐普医疗	25.21	67.01	29.07	68.41	36.23	68.03	34.00	64.62	61.69	58.31

我们进一步比较三家公司2017—2021年四项期间费用占营业收入的比重情况(见表1-11)。由于2017年的研发费用包含在管理费用中,从可比性角度考虑,我们调阅三家公司2017年年报的报表附注,将研发费用从管理费用中分离出来并单独列示。第一,从销售费用来看,2017—2021年,迈瑞医疗和乐普医疗的平均销售费用占比在20%以上,但基本呈现下降趋势;而新华医疗的销售费用占比远远低于另外两家竞争对手,甚至不及营业收入的10%。当然,这与新华医疗的一大部分营业收入来自医疗贸易有关。第二,从管理费用来看,2017—2021年,迈瑞医疗和新华医疗的管理费用占比相当,为营业收入的5%左右;反观乐普医疗,其管理费用占比达到7%—8%。第三,从研发费用来看,

迈瑞医疗的研发费用占比基本上稳定在9%左右;乐普医疗也重视研发活动,其投入研发的费用支出占营业收入的比重从5.18%大幅升至2021年的8.52%;而新华医疗的研发费用占比最低,最高也只占营业收入的3%左右,表明其研发投入力度较小。结合前文的毛利率分析也就不难理解为什么新华医疗在医疗器械上的毛利率要远低于迈瑞医疗和乐普医疗了。第四,从财务费用来看,迈瑞医疗在2018年上市之前,其财务费用占比与乐普医疗相当;但随着迈瑞医疗成功上市并募集资金58亿元,2018—2021年迈瑞医疗的财务费用占比为负,表明其利息收入高于利息支出,手上富余大量现金。反观新华医疗和乐普医疗,财务费用占比都为正,表明两家公司都需要通过外部债务融资来募集资金以发展业务。第五,将四项期间费用加总并进行比较分析可知,新华医疗在期间费用上的投入远远低于迈瑞医疗和乐普医疗,这也在一定程度上导致新华医疗的产品竞争力不足,毛利率低于另外两家竞争对手。反观迈瑞医疗,由于其在产品研发(即研发费用)和市场推广(即销售费用)方面都舍得投入,其产品在毛利率和市场份额方面都占有较大优势;不仅如此,随着迈瑞医疗的市场份额和品牌知名度的不断提升,反过来又会发挥规模效应优势,从而降低其期间费用占营业收入的比重。可以看出,2017—2021年,迈瑞医疗的期间费用占比从2017年最高的41.70%逐年降至2021年的29.85%,这也提升了公司的销售净利率。

表1-11　迈瑞医疗与同行业上市公司期间费用的比较分析　　　单位:%

公司	2017年	2018年	2019年	2020年	2021年
A:销售费用占比					
迈瑞医疗	24.40	23.28	21.78	17.18	15.83
新华医疗	7.75	8.27	10.63	9.90	9.51
乐普医疗	23.40	29.41	27.86	22.88	19.78
B:管理费用占比					
迈瑞医疗	5.79	5.20	4.62	4.27	4.38
新华医疗	4.73	4.59	4.70	4.31	4.45
乐普医疗	8.33	8.32	7.52	7.55	7.02
C:研发费用占比					
迈瑞医疗	9.11	9.21	8.85	8.89	9.99
新华医疗	1.57	1.22	1.87	2.16	3.12
乐普医疗	5.18	5.92	6.98	9.16	8.52
D:财务费用占比					
迈瑞医疗	2.39	-1.13	-2.46	-0.29	-0.34
新华医疗	1.80	1.86	1.88	1.33	0.67
乐普医疗	2.36	3.56	3.59	3.32	1.61

(单位:%) (续表)

公司	2017年	2018年	2019年	2020年	2021年
E:四项期间费用合计占比					
迈瑞医疗	41.70	36.56	32.79	30.04	29.85
新华医疗	15.86	15.94	19.08	17.70	17.76
乐普医疗	39.27	47.20	45.95	42.90	36.93

(二)解读迈瑞医疗的资产负债表

接下来,我们解读迈瑞医疗的资产负债表(见表1-12)。

(1)从资本结构来看,公司的总负债从2017年的77.84亿元增长到2021年的111.35亿元,增长幅度为43.05%;而公司的所有者权益则从2017年的66.54亿元增长到2021年的269.68亿元,增长幅度高达305.29%。所有者权益的大幅增长使得公司的资产负债率和净负债率[①]均大幅下降,资产负债率从2017年的53.91%降至2021年的29.22%,而净负债率也从2017年的46.02%降至22.90%,这说明公司的偿债风险呈现明显的下降趋势。导致这一变化的主要原因有三个:一是公司2018年在创业板上市融资,募集资金高达58亿元;二是公司上市后没有新增银行借款或发行债券,反而偿还了2017年的12.47亿元银行短期借款;三是公司近五年的业绩持续增长,尤其是净利润大幅增长,而现金分红比例每年都低于60%,导致未分配利润逐年增加,进一步降低了公司的资产负债率和净负债率。

表1-12 迈瑞医疗2017—2021年资产负债表 单位:亿元

项目	2017年12月31日	2018年12月31日	2019年12月31日	2020年12月31日	2021年12月31日
流动资产:					
货币资金	52.70	115.44	142.73	158.65	153.61
交易性金融资产	0.25	0.00	0.00	0.00	0.00
衍生金融资产	0.00	0.00	0.00	0.00	0.10
应收票据	0.00	0.55	0.28	0.96	1.32
应收账款	14.23	15.73	16.68	14.43	16.59
预付款项	1.07	1.22	1.37	2.06	2.38
其他应收款	1.50	1.35	2.45	2.95	1.26
存货	15.67	16.99	22.65	35.41	35.65
一年内到期的非流动资产	0.18	0.17	0.20	0.24	0.26

① 净负债率=(总负债-预收款项-合同负债)/总资产。

(单位:亿元)（续表）

项目	2017年12月31日	2018年12月31日	2019年12月31日	2020年12月31日	2021年12月31日
其他流动资产	0.30	0.49	0.89	1.63	2.18
流动资产合计	85.91	151.92	187.24	216.32	213.35
非流动资产：					
长期应收款	0.25	0.09	0.16	0.03	0.35
长期股权投资	0.00	0.00	0.05	0.26	0.26
投资性房地产	0.45	0.39	0.69	0.61	0.45
固定资产	24.96	25.71	26.84	31.99	37.72
在建工程	6.10	8.37	9.75	9.30	11.26
使用权资产	0.00	0.00	0.00	0.00	2.33
无形资产	8.49	9.01	9.53	11.45	20.61
研发支出	1.10	1.36	1.46	1.74	1.40
商誉	13.21	13.76	13.01	12.25	42.18
长期待摊费用	0.20	0.23	0.21	0.30	0.84
递延所得税资产	2.82	4.20	4.57	5.02	5.96
其他非流动资产	0.91	1.23	2.82	43.80	44.30
非流动资产合计	58.48	64.35	69.10	116.75	167.68
资产总计	144.38	216.27	256.34	333.06	381.03
流动负债：					
短期借款	18.01	0.00	0.00	0.00	0.00
交易性金融负债	1.39	0.00	0.00	0.00	0.00
应付票据	0.29	0.06	0.02	0.00	0.00
应付账款	9.70	9.35	12.42	15.00	22.81
预收款项	11.40	10.03	9.88	32.93	24.08
应付职工薪酬	8.85	11.28	13.11	15.17	17.71
应交税费	2.00	4.16	2.91	3.47	4.74
其他应付款	8.86	9.37	10.38	12.39	13.09
一年内到期的非流动负债	0.43	0.00	0.00	0.00	0.85
其他流动负债	1.43	1.67	1.72	3.40	3.01
流动负债合计	62.36	45.92	50.43	82.36	86.29
非流动负债：					
长期借款	0.00	0.00	0.00	0.00	0.00

（单位：亿元）（续表）

项目	2017年12月31日	2018年12月31日	2019年12月31日	2020年12月31日	2021年12月31日
应付债券	0.00	0.00	0.00	0.00	0.00
租赁负债	0.00	0.00	0.00	0.00	1.52
长期应付职工薪酬	11.54	14.93	14.24	13.89	18.12
预计负债	0.59	0.85	1.12	1.45	1.87
递延所得税负债	0.78	0.69	0.57	0.47	2.00
递延收益——非流动负债	2.52	2.02	3.80	1.57	1.05
其他非流动负债	0.06	0.06	0.02	0.42	0.50
非流动负债合计	15.48	18.57	19.74	17.80	25.06
负债合计	77.84	64.49	70.17	100.16	111.35
所有者权益（或股东权益）：					
实收资本（或股本）	10.94	12.16	12.16	12.16	12.16
资本公积金	25.85	81.71	81.71	81.53	81.53
减：库存股	0.00	0.00	0.00	0.00	10.00
其他综合收益	0.07	0.18	−0.01	−1.23	−4.10
盈余公积金	5.47	6.08	6.08	6.08	6.08
未分配利润	23.87	51.45	86.00	134.24	183.86
归属于母公司所有者权益合计	66.20	151.58	185.93	232.78	269.53
少数股东权益	0.34	0.20	0.24	0.13	0.15
所有者权益合计	66.54	151.78	186.17	232.90	269.68
负债和所有者权益总计	144.38	216.27	256.34	333.06	381.03

（2）从资产结构来看，公司总资产从2017年的144.38亿元增长到2021年的381.03亿元。其中，流动资产占总资产比重从2017年的59.50%上升到2019年的73.04%，再下降到2021年的55.99%，这表明公司资产的整体流动性较好。在流动资产中，货币资金占总资产比重最高，从2017年的36.50%增长到2019年的55.68%，然后降至2021年的40.31%。2020—2021年货币资金占流动资产比重的下降主要是由于公司为了获得更高的利息收入，自2020年起将40亿元货币资金转为1年期以上的银行定期存款，记录在"其他非流动资产"项目。如果将其调整回来，那么公司2020年和2021年的实际可支配资金达到近200亿元，其占总资产比重也分别达到60.78%和51.94%，这也表明公司的现金十分充裕。

除了货币资金，公司在应收账款及应收票据、预付款项和存货方面的表现堪称优秀。

应收账款及应收票据反映公司与客户之间的谈判议价能力,应收账款及应收票据越多,表明客户的谈判议价能力越强;反之,则表明公司的谈判议价能力越强。2017—2021 年,公司的应收账款及应收票据控制在 20 亿元以内,其占总资产比重从 9.86%下降到 4.70%,表明公司对客户的谈判议价能力越来越强。预付款项反映公司与供应商之间的谈判议价能力,预付款项越多,表明供应商的谈判议价能力越强;反之,则表明公司的谈判议价能力越强。2017—2021 年,公司的预付款项不超过 3 亿元,其占总资产比重不足 1%,表明公司对供应商有着很强的谈判议价能力,无须提前支付货款。对于大部分企业而言,存货一般不宜过多,过多的存货不仅会增加管理成本,发生存货的跌价、损毁、变质等问题,还会占用企业资金,降低企业的资金使用效率。2017—2021 年,公司的存货虽然从 15.67 亿元增至 35.65 亿元,但其占总资产比重基本上维持在 10%左右。这个比重对制造业企业而言是非常理想的状态。

在非流动资产中,固定资产规模较大,但其占总资产比重逐年下降,从 2017 年的 17.29%降至 2021 年的 10%以内。需要关注的是,2021 年商誉激增 30 亿元左右,主要是由公司购买境外公司 Hytest Invest Oy(海肽生物)及其下属子公司的评估增值所致。由于 Hytest Invest Oy 为迈瑞医疗的上游供应商,此项收购将有助于迈瑞医疗实现供应链的垂直整合。但是如果后期对并购公司整合不力,或者没有实现预期效果,此项商誉将有可能出现减值,对迈瑞医疗未来的利润造成影响。

(3)从负债结构来看,公司的流动负债占总负债的比重为 70%—80%,非流动负债仅占 20%—30%。在流动负债中,一方面,应付票据及应付账款、预收款项及合同负债较多,合计占总资产的比重平均在 12%左右,这表明公司对供应商有着较强的谈判议价能力,可以延迟付款形成应付票据及应付账款;同时公司对客户有着较强的谈判议价能力,可以要求客户提前支付订金,从而形成预收款项及合同负债。另一方面,除 2017 年上市前有约 18 亿元的短期借款之外,公司在其他年份均没有短期借款。进一步考察公司的长期负债,我们发现公司也没有任何长期借款或应付债券,再结合前文分析的公司货币资金非常充裕,这说明公司没有必要进行有息负债融资,2018—2021 年有息负债率均为 0。由此可见,公司无论是短期的偿债能力还是长期的偿债能力都极强。此外,我们还关注到,负债结构中的应付职工薪酬和长期应付职工薪酬占总资产的比重都较高,二者加总累计占总资产比重达到 10%以上,这说明公司每年末都预提了不少员工薪酬和奖金,有利于员工忠诚度和长期稳定的维护。

(三)解读迈瑞医疗的现金流量表

从迈瑞医疗的现金流量表来看(见表 1-13),其销售商品、提供劳务收到的现金从 2017 年的 125.30 亿元稳步增至 2021 年的 261.36 亿元,累计增长 108.59%,年均复合增长率达到 20.18%。不仅如此,我们将其与利润表的营业收入相比(见表 1-14),可以发现迈瑞医疗 2017—2021 年 5 年从销售商品、提供劳务收到的现金都高于营业收入,说明其营业收入都收到应有的现金,营业收入的现金保障程度高。

表 1-13 迈瑞医疗 2017—2021 年现金流量表　　　　　　　　　单位：亿元

项目	2017年	2018年	2019年	2020年	2021年
经营活动产生的现金流量：					
销售商品、提供劳务收到的现金	125.30	149.95	184.57	251.83	261.36
收到的税费返还	2.40	4.22	3.82	6.47	4.91
收到其他与经营活动有关的现金	1.89	2.23	4.45	6.11	7.92
经营活动现金流入小计	129.59	156.41	192.84	264.41	274.19
购买商品、接受劳务支付的现金	47.24	55.29	67.85	91.78	86.76
支付给职工以及为职工支付的现金	24.19	29.85	38.76	46.09	53.49
支付的各项税费	11.63	14.37	20.26	22.51	25.60
支付其他与经营活动有关的现金	13.52	16.55	18.75	15.33	18.35
经营活动现金流出小计	96.58	116.06	145.63	175.70	184.20
经营活动产生的现金流量净额	**33.00**	**40.35**	**47.22**	**88.70**	**89.99**
投资活动产生的现金流量：					
收回投资收到的现金	27.12	0.00	0.00	0.00	0.00
取得投资收益收到的现金	0.11	0.00	0.00	0.00	0.00
处置固定资产、无形资产及其他长期资产收回的现金净额	0.11	0.03	0.04	0.03	0.22
处置子公司及其他营业单位收到的现金净额	0.01	0.00	0.00	0.00	0.00
收到其他与投资活动有关的现金	0.00	0.95	0.00	0.09	1.40
投资活动现金流入小计	27.35	0.98	0.04	0.12	1.62
购建固定资产、无形资产及其他长期资产支付的现金	4.67	6.78	7.77	11.83	14.02
投资支付的现金	21.61	0.00	0.05	0.20	0.00
取得子公司及其他营业单位支付的现金净额	0.00	0.00	0.00	0.00	35.20
支付其他与投资活动有关的现金	0.95	1.13	0.00	40.00	0.52
投资活动现金流出小计	27.22	7.91	7.82	52.03	49.74
投资活动产生的现金流量净额	**0.13**	**-6.93**	**-7.78**	**-51.91**	**-48.12**
筹资活动产生的现金流量：					
吸收投资收到的现金	0.00	57.96	0.00	0.00	0.00
取得借款收到的现金	3.39	0.00	0.00	0.00	0.00
收到其他与筹资活动有关的现金	0.00	0.00	0.00	0.00	0.00

(单位:亿元)（续表）

项目	2017年	2018年	2019年	2020年	2021年
发行债券收到的现金	0.00	0.00	0.00	0.00	0.00
筹资活动现金流入小计	3.39	57.96	0.00	0.00	0.00
偿还债务支付的现金	20.23	18.66	0.00	0.00	4.41
分配股利、利润或偿付利息支付的现金	6.14	9.49	12.16	18.24	30.39
支付其他与筹资活动有关的现金	1.54	0.89	0.26	0.30	11.25
筹资活动现金流出小计	27.91	29.04	12.42	18.53	46.05
筹资活动产生的现金流量净额	−24.53	28.92	−12.42	−18.53	−46.05
汇率变动对现金的影响	−1.56	1.84	0.24	−1.97	−1.71
现金及现金等价物净增加额	7.05	64.18	27.26	16.28	−5.90
期初现金及现金等价物余额	42.45	49.50	113.68	140.94	157.23
期末现金及现金等价物余额	**49.50**	**113.68**	**140.94**	**157.23**	**151.33**

（1）在经营活动产生的现金流量方面,迈瑞医疗从2017年的33.00亿元增长到2021年的89.99亿元,累计增长172.70%,年均复合增长率达到28.51%,这表明迈瑞医疗的经营管理活动具有良好的现金创造能力。将经营净现金与利润表的净利润相比（见表1-14）,可以发现迈瑞医疗2017—2021年每年从经营活动获得的净现金都高于净利润,这表明迈瑞医疗的净利润也有很高的现金保障程度,公司整体的盈利质量很高。将经营净现金与息税折旧摊销前利润（EBITDA）相比,可以发现二者相当,说明经营活动产生的现金流量不仅可以满足净利润的现金需求,而且基本满足利息、折旧、摊销的收回需求,公司的获现率接近100%。

表1-14 迈瑞医疗2017—2021年盈利质量分析　　　　　　　　　单位:亿元

	2017年	2018年	2019年	2020年	2021年
销售商品、提供劳务收到的现金	125.30	149.95	184.57	251.83	261.36
营业收入	111.74	137.53	165.56	210.26	252.70
经营活动产生的现金流量净额	33.00	40.35	47.22	88.70	89.99
净利润	26.01	37.26	46.85	66.60	80.04
息税折旧摊销前利润（EBITDA）	32.99	45.29	54.42	75.36	93.35

（2）在投资活动产生的现金流量方面,迈瑞医疗除2017年上市前的金额为0.13亿元之外,其他几年都是负值,且从2018年的−6.93亿元负增长到2021年的−48.12亿元。需要指出的是,这里的投资活动包括项目投资、证券理财投资和并购投资。具体而言,购建固定资产、无形资产及其他长期资产支付的现金从2017年的4.67亿元增加到2021年的

14.02亿元,增长幅度达到200%,这表明公司为了维持业务的持续增长而不断地加大项目投资力度。2020年支付的其他与投资活动有关的现金为40亿元,这是公司购买的一年以上定期存款,属于理财投资;同样,2017年收回投资收到的现金达到27.12亿元,也是由公司部分银行理财产品到期收回导致。2021年,公司收购上游原料公司 Hytest Invest Oy 及其下属子公司100%股权,支付现金5.32亿欧元,体现在现金流量表中取得子公司及其他营业单位支付的现金净额一栏。总体而言,迈瑞医疗2017—2021年仍然在加大投资力度和扩大产业布局,同时公司也有较多暂时闲置的资金用于银行理财,从而保障了公司未来的资金需求。

(3)在筹资活动产生的现金流量方面,除上市前的2017年公司进行了3.39亿元的银行借款之外,后续几年公司再无任何银行借款行为。2018年公司上市融资了57.96亿元,此后也再无其他股权融资行为。不仅如此,公司还主动偿还了不少银行借款,在2017年、2018年和2021年分别偿还债务20.23亿元、18.66亿元和4.41亿元,这表明公司有充足的现金,不需要向银行借款。同时,分配股利、利润或偿付利息支付的现金从2017年的6.14亿元增加到2021年的30.39亿元,这也表明公司业绩表现良好,能够给投资者带来稳定且持续增长的投资回报。

三、结论和启示

总体而言,从迈瑞医疗2017—2021年的三张报表来看,可以发现这是一家财务状况健康、经营业绩优秀的上市公司。新冠疫情不仅没有对其业务造成负面影响,反而还促进了公司业绩的增长。公司股价也从上市发行价格48.80元/股一路上涨,最高突破500元/股,股票市值曾突破6 000亿元。当然,公司也不是没有任何风险。其一,由于新冠疫情期间全球各国普遍实施宽松的货币政策,导致货币超发和一定程度的通货膨胀,原材料价格持续上涨,这有可能提高公司的成本、降低毛利率。当然,如果公司的产品也可以提价,就可以对冲原材料价格上涨的负面影响,甚至进一步提升毛利率。其二,近几年医药行业集采政策已经逐步从药品推广到部分医疗器械,未来也可能对公司的产品价格和毛利率产生冲击,进而影响公司的盈利水平。其三,新冠疫情虽然对公司业务有一定的促进作用,但疫情已经过去,这部分的业绩也将回落,公司需要考虑疫情之后如何更好地拓展其他业务,以维持可持续增长。

本章小结

三表入手,由表及里。企业的财务分析和财务管理,离不开三张财务报表。因此,本章重点介绍三张财务报表的格式框架和基本原理,为相关人员掌握财务分析方法和财务管理理论奠定基础。财务报表涉及四大使用者:股东、债权人、管理者和政府。

资产负债表是一张反映企业资本来源和资本使用状况的财务报表,其基于"总资产=负债+所有者权益"这一平衡式来编制。资产负债表表明企业的资本来源有两类:一是来自股东的权益资本,二是来自债权人的债务资本。经营管理者将这些资本转化为资产,包括流动资产、固定资产和无形资产等。

利润表是一张反映企业的收入、成本、费用、所得税和利润关系的财务报表,其说明了企业经营管理者使用股东与债权人的资本所形成的资产带来的营业收入和利润,是一张反映企业经营成果的财务报表。

现金流量表是一张反映企业现金流入和现金流出的财务报表,按照现金的来源和去向,其包括三类现金的流入和流出情况——来自经营活动的现金流入和现金流出,来自投资活动的现金流入和现金流出,来自筹资活动的现金流入和现金流出。在权责发生制下,由于企业的营业收入不等于现金收入,成本费用不等于现金流出,加上企业有折旧和摊销之类的非付现成本,因此需要编制现金流量表来反映企业的现金变动情况。在实践中,有利润而没有现金的企业往往容易陷入财务危机甚至破产,利润低而现金充裕的企业则可安然生存甚至发展前景良好。由此可见,企业的生产经营活动应体现"现金为王"!在三类现金中,若经营净现金为正值,则说明企业的经营活动带来了现金;反之,若经营净现金为负值,则说明企业在经营活动中损失了现金。若企业在经营活动中不能带来正的经营性现金,其最终将失去投资机会和筹资机会,因此"经营净现金是王中王"!

三张财务报表具有重要的联系,它们从不同层面反映企业的资本—资产—收入—利润—现金的关系,从而全面、客观地揭示企业实际的经营和财务状况。

专业术语

资产负债表(Balance Sheet)
利润表(Income Statement)
现金流量表(Cash Flow Statement)
资产(Assets)
负债(Liabilities)
所有者权益(Owner's Equities)
流动资产(Current Assets)
流动负债(Current Liabilities)
应收账款(Account Receivables)
应付账款(Account Payables)
预付账款(Advance Payments)
预收账款(Advance Receipts)
存货(Inventories)
固定资产(Fixed Assets)
折旧(Depreciation)
摊销(Amortization)
收入(Revenues)

成本(Costs of Goods Sold)
毛利(Gross Profit)
营业利润(Operating Profit)
息税前利润(Earnings Before Income & Taxes, EBIT)
息税折旧摊销前利润(Earnings Before Income, Taxes, Depreciation & Amortization, EBITDA)
税后利润(净利润)(Net Income)
经营净现金(Net Cash Flows from Operating Activities)
投资净现金(Net Cash Flows from Investing Activities)
筹资净现金(Net Cash Flows from Financing Activities)

思考与练习

（一）单项选择题

1. A公司的短期负债为3 000万元，长期负债为2 000万元，所有者权益资本为5 000万元，各项长期资产为6 000万元。公司的流动资产为（　　）。
   a. 5 000万元　　b. 4 000万元　　c. 3 000万元　　d. 2 000万元

2. 流动资产不包括（　　）。
   a. 现金　　　　b. 应收账款　　　c. 应付账款　　　d. 存货

3. 流动负债不包括（　　）。
   a. 应付账款　　b. 1年期银行贷款　c. 应付票据　　　d. 应收账款

4. 流动资产中流动性最强的资产为（　　）。
   a. 现金　　　　b. 有价证券　　　c. 应收账款　　　d. 存货

5. 以下哪项成本属于非付现成本？（　　）
   a. 销售费用　　b. 利息费用　　　c. 折旧和摊销　　d. 维修费用

6. A公司的营业收入为3 000万元，营业成本与税金及附加为1 600万元，销售费用为400万元，管理费用为300万元，财务费用为300万元，折旧为300万元。公司的营业利润为（　　）。
   a. 1 400万元　b. 1 000万元　　c. 700万元　　　d. 100万元

7. 根据第6题的资料，若A公司的所得税税率为30%，则公司的税后利润为（　　）。
   a. 980万元　　b. 700万元　　　c. 490万元　　　d. 70万元

8. M公司的总资产为8 000万元，固定资产为4 000万元，长期负债为3 000万元，短期负债为2 000万元。公司的所有者权益资本为（　　）。
   a. 4 000万元　b. 5 000万元　　c. 3 000万元　　d. 6 000万元

9. W公司本年度经营净现金为2 500万元，投资净现金为-3 500万元，筹资净现金为500万元。上年末公司的现金余额为1 000万元。公司本年末的现金余额是多少？（　　）
   a. -500万元　　b. 500万元　　　c. 3 000万元　　d. 4 000万元

10. 根据第9题的资料，W公司本年度的现金（　　）。
    a. 减少500万元　b. 增加500万元　c. 减少1 000万元　d. 增加1 000万元

11. 本年度T公司的净利润为1 500万元，利息支出为500万元，折旧和摊销为1 500万元，存货增加300万元，应收账款增加500万元，预付款增加200万元，应付账款增加1 000万元，预收款增加500万元。T公司的经营净现金为（　　）。
    a. 2 000万元　b. 3 000万元　　c. 3 500万元　　d. 4 000万元

12. 在其他条件不变的情况下，当一家公司的存货增加时，其（　　）。
    a. 经营净现金增加　　　　　　　b. 投资净现金增加
    c. 经营净现金减少　　　　　　　d. 投资净现金减少

13. 以下哪个表述是正确的？（ ）
    a. 流动资产=流动负债
    b. 权益资本+流动负债=流动资产+长期资产
    c. 权益资本=总资产+负债
    d. 权益资本+流动负债+长期负债=流动资产+长期资产
14. 当公司的应收账款增加后，会导致公司的( )。
    a. 经营净现金增加　　　b. 利润增加　　　c. 经营净现金减少　　　d. 利润减少
15. 在什么条件下，公司的经营净现金=净利润+利息+折旧+摊销？（ ）
    a. 应收账款+存货+预付款=应付账款+预收款
    b. 应付账款+存货+预收款=应付账款+预付款
    c. 应收账款+存货+预收款=应付账款+预付款
    d. 应付账款+存货+预付款=应收账款+预收款

（二）简述题

1. 简述资产负债表、利润表和现金流量表的作用及其相互关系。
2. 为什么要编制现金流量表？
3. 根据利润表，企业的净利润受哪些因素的影响？
4. 根据现金流量表，企业年末的现金余额和当年经营净现金分别受哪些因素的影响？
5. 资产负债表上的哪些项目将影响企业的经营净现金？如何影响？

微案例分析

药明康德集团成立于2000年12月，是中国医药行业最大的CRO（研发型合约组织）公司，目前拥有两家上市公司：药明康德（603259.SH）和药明生物（2269.HK）。其中，药明康德2018年5月在上海证券交易所主板上市，其为全球生物医药行业提供一体化、端到端的新药研发和生产服务，服务范围涵盖化学药研发和生产、生物学研究、临床前测试和临床试验研发、细胞及基因疗法研发、测试和生产等领域。公司拥有36 000多名研发人员，为全球超过5 950多家客户提供研发服务，主要客户涵盖世界前20大药企和各新药研发组织；拥有上海、苏州、天津、武汉、常州，美国的费城、圣保罗、亚特兰大、圣地亚哥，德国慕尼黑等36个营运与研发基地。2022年年末，药明康德市值达到2 369亿元。请你解读药明康德的资产负债表（见表1-15）、利润表（见表1-16）和现金流量表（见表1-17），并分析与简述以药明康德为代表的CRO公司的商业模式和财务特征。

注意：以下报表项目为节选，并未列出所有项目。

表1-15　2018—2022年药明康德资产负债表　　　　　　　　　　　　单位：百万元

项目	2018年12月31日	2019年12月31日	2020年12月31日	2021年12月31日	2022年12月31日
流动资产：					
货币资金	5 760.60	5 227.24	10 237.17	8 238.77	7 985.74

(单位:百万元) (续表)

项目	2018年12月31日	2019年12月31日	2020年12月31日	2021年12月31日	2022年12月31日
交易性金融资产	2 125.33	1 701.64	4 617.72	527.29	2.00
衍生金融资产	37.05	36.76	562.82	229.14	135.64
应收票据及应收账款	1 997.40	2 961.28	3 667.29	4 667.55	6 047.40
预付款项	78.28	92.16	175.73	302.91	290.61
其他应收款	89.33	30.89	33.92	339.58	169.31
存货	952.47	1 742.49	2 685.86	5 905.01	5 668.59
合同资产	384.53	379.40	541.95	773.43	1 048.16
一年内到期的非流动资产					1 427.79
其他流动资产	381.60	491.19	536.87	1 001.97	1 221.98
流动资产合计	11 806.60	12 663.03	23 059.34	21 985.65	23 997.23
非流动资产:					
其他非流动金融资产	2 079.31	4 009.08	6 717.21	8 714.10	8 954.33
长期股权投资	655.56	793.51	764.83	678.30	1 202.93
固定资产	3 491.18	4 332.72	5 710.07	8 553.88	14 171.33
在建工程	1 526.98	2 091.67	3 086.12	5 771.79	7 473.31
生产性生物资产		360.25	418.87	733.51	937.99
使用权资产		1 142.27	1 107.52	1 069.57	998.98
无形资产	626.49	918.04	997.66	1 599.75	1 784.83
商誉	1 144.08	1 362.18	1 391.76	1 925.56	1 822.10
长期待摊费用	1 039.58	1 253.83	1 357.52	1 539.45	1 810.85
递延所得税资产	250.17	262.22	300.90	389.85	492.11
其他非流动资产	47.25	50.33	1 379.37	2 165.97	1 044.33
非流动资产合计	10 860.60	16 576.10	23 231.83	33 141.74	40 693.10
资产总计	**22 667.20**	**29 239.13**	**46 291.17**	**55 127.39**	**64 690.33**
流动负债:					
短期借款	120.00	1 604.26	1 230.01	2 261.48	3 874.12
交易性金融负债			19.50	16.51	
衍生金融负债	153.29	86.38	0.86	3.65	115.44
应付票据及应付账款	398.72	592.19	941.38	1 931.01	1 659.31
合同负债	681.86	897.14	1 580.98	2 986.38	2 496.64
应付职工薪酬	548.39	758.38	1 139.561	580.45	1 913.15
应交税费	203.92	281.85	378.66	536.01	882.05

(单位：百万元)（续表）

项目	2018年12月31日	2019年12月31日	2020年12月31日	2021年12月31日	2022年12月31日
其他应付款	1 418.05	2 045.67	2 454.57	3 289.19	3 331.22
一年内到期的非流动负债	234.81	348.10	177.44	396.42	227.43
其他流动负债	3.01	0.94	0.38		
流动负债合计	3 762.06	6 634.39	7 920.34	12 984.59	14 499.36
非流动负债：					
长期借款	15.00	762.40			279.09
应付债券		1 874.91	1 819.03	607.14	501.99
租赁负债		1 104.69	1 067.10	1 018.98	983.82
递延所得税负债	111.75	231.10	282.99	324.13	440.46
递延收益（非流动负债）	418.84	667.38	682.03	770.60	910.92
其他非流动负债	194.32	554.55	1 801.18	664.49	148.01
非流动负债合计	739.91	5 195.04	5 652.33	3 385.33	3 264.29
负债合计	4 501.97	11 829.42	13 572.67	16 369.93	17 763.65
所有者权益（或股东权益）：					
实收资本（或股本）	1 164.74	1 651.13	2 441.68	2 955.83	2 960.53
资本公积金	11 977.42	10 287.64	22 678.18	25 731.89	26 511.51
减：库存股	285.99	705.82	1 189.92	2459.22	2 745.25
其他综合收益	56.29	156.25	236.94	−271.42	24.00
盈余公积金	87.71	146.22	238.90	408.36	702.68
未分配利润	4 687.85	5 776.84	8 087.97	12 126.08	19 136.48
归属于母公司所有者权益合计	17 688.02	17 312.26	32 493.74	38 491.51	46 589.95
少数股东权益	477.21	97.45	224.75	265.95	336.72
所有者权益合计	18 165.23	17 409.71	32 718.49	38 757.46	46 926.67
负债和所有者权益总计	22 667.20	29 239.13	46 291.17	55 127.39	64 690.33

表1-16 2018—2022年药明康德利润表 单位：百万元

项目	2018年	2019年	2020年	2021年	2022年
营业总收入	9 613.68	12 872.21	16 535.43	22 902.39	39 354.78
营业收入	9 613.68	12 872.21	16 535.43	22 902.39	39 354.78
营业总成本	7 823.50	10 421.69	13 928.30	18 574.52	29 800.81
营业成本	5 820.98	7 858.30	10 253.28	14 592.26	24 677.22
税金及附加	28.56	28.16	34.50	53.58	200.47

(单位:百万元)(续表)

项目	2018年	2019年	2020年	2021年	2022年
销售费用	337.88	438.54	588.46	698.97	731.59
管理费用	1 130.80	1 482.35	1 839.00	2 203.39	2 825.55
研发费用	436.53	590.39	693.26	942.24	1 613.95
财务费用	56.21	23.96	519.80	84.08	−247.97
其中:利息费用	92.41	82.34	141.83	68.11	107.50
减:利息收入	12.19	88.21	92.36	191.69	190.85
加:其他收益	107.11	146.22	206.81	247.78	442.27
投资净收益	79.64	47.55	606.23	1 356.27	187.95
公允价值变动净收益	606.44	−259.26	52.27	−93.39	770.08
资产减值损失	2.01	−1.43	−62.64	−33.06	−175.95
资产处置收益	1.33	0.50	−7.69	263.87	−11.16
营业利润	2 584.70	2 340.92	3 389.48	6 037.73	10 652.25
加:营业外收入	10.09	6.65	5.45	10.71	9.65
减:营业外支出	13.97	10.61	25.56	32.83	43.42
利润总额	2 580.82	2 336.97	3 369.38	6 015.61	10 618.48
减:所得税	247.14	425.56	383.13	879.66	1 715.87
净利润	2 333.68	1 911.41	2 986.25	5 135.95	8 902.61
持续经营净利润	2 333.68	1 911.41	2 986.25	5 135.95	8 902.61
终止经营净利润					
减:少数股东损益	73.161	56.86	26.01	38.79	88.90
归属于母公司所有者的净利润	2 260.52	1 854.55	2 960.24	5 097.16	8 813.71
加:其他综合收益	1.22	108.82	87.65	−510.89	293.11
综合收益总额	2 334.90	2 020.23	3 073.90	4 625.06	9 195.72
减:归属于少数股东的综合收益总额	67.17	65.73	32.97	36.27	86.58
归属于母公司普通股东综合收益总额	2 267.73	1 954.50	3 040.93	4 588.79	9 109.14
每股收益:					
基本每股收益(元)	2.23	1.14	1.27	1.75	3.01
稀释每股收益(元)	2.21	1.12	1.25	1.73	2.82

表 1-17　2018—2022年药明康德现金流量表　　　　　　　　　　　　单位：百万元

项目	2018年	2019年	2020年	2021年	2022年
经营活动产生的现金流量：					
销售商品、提供劳务收到的现金	9 269.73	12 475.87	16 864.40	23 543.07	39 962.16
收到的税费返还	297.23	341.06	527.94	730.90	2 133.22
收到其他与经营活动有关的现金	261.25	519.33	350.45	512.03	770.08
经营活动现金流入小计	9 828.21	13 336.26	17 742.79	24 786.01	42 865.46
购买商品、接受劳务支付的现金	3 858.24	4 608.71	6 950.67	10 744.61	18 165.84
支付给职工以及为职工支付的现金	2 778.23	4 305.14	5 021.48	7 086.77	10 044.73
支付的各项税费	488.05	463.30	575.86	896.45	2 335.44
支付其他与经营活动有关的现金	1 063.27	1 043.08	1 221.05	1 468.89	1 703.42
经营活动现金流出小计	8 187.79	10 420.23	13 769.06	20 196.72	32 249.43
经营活动产生的现金流量净额	1 640.43	2 916.03	3 973.73	4 589.29	10 616.03
投资活动产生的现金流量：					
收回投资收到的现金	79.95	554.78	894.49	5 586.10	1 533.47
取得投资收益收到的现金	104.86	118.32	70.77	187.38	78.80
处置固定资产、无形资产及其他长期资产收回的现金净额	9.47	15.85	8.59	1.81	297.64
处置子公司及其他营业单位收到的现金净额	23.79				
投资活动现金流入小计	218.06	688.95	973.85	5 775.29	1 909.90
投资支付的现金	3 122.11	2 347.17	6 532.53	2 820.47	1 451.83
购建固定资产、无形资产及其他长期资产支付的现金	2 248.89	2 531.80	3 031.04	6 936.09	9 965.69
取得子公司及其他营业单位支付的现金净额	123.72	784.77	186.05	857.69	161.48
支付其他与投资活动有关的现金					21.19
投资活动现金流出小计	5 494.72	5 663.75	9 749.62	10 614.25	11 600.19
投资活动产生的现金流量净额	-5 276.66	-4 974.80	-8 775.77	-4 838.95	-9 690.29
筹资活动产生的现金流量：					
吸收投资收到的现金	9 252.06	769.30	13 162.17	104.30	149.63
其中：子公司吸收少数股东投资收到的现金	25.87	25.67	113.45		
取得借款收到的现金	1 465.53	2 847.94	1 692.14	2 280.86	3 332.00

第一章　解读企业财务报表　039

(单位:百万元）（续表）

项目	2018 年	2019 年	2020 年	2021 年	2022 年
发行债券收到的现金		2 079.46			
筹资活动现金流入小计	10 717.59	5 696.70	14 854.30	2 385.16	3 481.64
偿还债务支付的现金	2 983.58	417.00	2 975.69	1 209.54	1 664.05
分配股利、利润或偿付利息支付的现金	102.55	730.48	638.12	916.14	1 598.43
支付其他与筹资活动有关的现金	647.30	2 991.36	1 352.45	1 983.38	1 496.97
筹资活动现金流出小计	3 733.43	4 138.84	4 966.26	4 109.07	4 759.45
筹资活动产生的现金流量净额	6 984.16	1 557.86	9 888.05	-1 723.91	-1 277.81
汇率变动对现金的影响	-56.38	-33.49	-81.24	-79.14	160.63
现金及现金等价物净增加额	3 291.55	-534.40	5 004.76	-2 052.72	-191.43
期初现金及现金等价物余额	2 466.14	5 757.69	5 223.29	10 228.06	8 175.34
期末现金及现金等价物余额	5 757.69	5 223.29	10 228.06	8 175.34	7 983.90

第二章　CEO解读企业财务报表

第一节　CEO 解读资产负债表

第二节　CEO 解读利润表

第三节　CEO 解读现金流量表

第四节　协调发展和可持续增长

案例分析　解读贵州茅台和五粮液的财务报表

本章小结

专业术语

思考与练习

微案例分析

导 言

作为公司的董事长、总经理或其他高层管理者,当你拿到公司的季报、半年报或年报时,如何在短时间之内,从企业战略和财务政策的角度,迅速了解公司整体的财务状况及其变化趋势,把握公司经营业绩、存在问题及其主要成因呢?调研中发现,企业管理者在获取财务报表之后,思考的问题通常就是:企业的业绩是否上升了?业绩比上年好还是比上年差?业绩比竞争对手好还是比竞争对手差?传统的业绩评价标准的重要指标是盈利能力,特别是ROE(净资产收益率)。但是过去五十余年,企业的业绩评价标准实际上发生了重要的变化,并非所有ROE高的企业都是绩优公司。夏新电子的ROE在2002年曾高达68.25%,名列中国上市公司"最创值企业"第九,但七年之后这家公司宣布破产。恒大集团自2009年上市到2021年6月退市前,从未发生亏损,简单平均后其毛利率为29.20%,营业利润率为16.60%,销售净利率为9.97%,ROE高达22.80%,最终却陷入财务危机。为什么呢?因为这两家公司忽略了对财务政策与财务战略的管理。可见,夏新电子和恒大集团的危机不但暴露了以利润为中心的传统业绩评价体系存在的重大缺陷,而且反映了其财务政策和财务战略管理中的重大失误。

通过学习第一章的内容,我们已经理解了资产负债表、利润表和现金流量表的基本构架、主要内容、项目及其主要含义。在本章,我们将从公司高层管理者和财务战略管理的角度,进一步讨论和概括企业CEO解读财务报表中的财务战略管理要点,为企业高层管理者提供通过解读财务报表探讨企业财务战略的便捷工具。

第一节　CEO 解读资产负债表

一、营运资本管理与 OPM 战略

CEO 解读资产负债表，首先应该关注公司的营运资本管理与 OPM 战略。所谓的"OPM"，就是"Other People's Money"的简称，中文可以译为"无本经营战略"。实际上，OPM 是一种基于营运资本管理战略（Working Capital Management Strategy）的企业经营模式。学者对过去几十年经营极其成功的企业进行系统研究，发现它们成功的一个共同特点是对"营运资本进行有效的管理"。零售业巨子沃尔玛、家具之王宜家、曾位列全球规模最大的计算机制造商之一戴尔、当今的苹果公司和特斯拉，都是营运资本管理和 OPM 战略的典范。在中国，贵州茅台、五粮液、格力电器、美的集团、宁德时代和比亚迪等，堪称制造业中 OPM 战略的典范；万科、保利发展等，堪称房地产业中 OPM 战略的典范；天虹股份与永辉超市等，堪称零售业中 OPM 战略的典范。那么，什么是"营运资本"呢？为什么对营运资本进行有效管理可以取得经营上的成功呢？我们先来看一个简单的营运资本需求量（Working Capital Requirement，WCR）的计算公式：

$$WCR = 应收账款 + 存货 - 应付账款 \qquad (2-1)$$

从公式（2-1）可知，WCR 主要受应收账款、存货和应付账款的影响。当公司应收账款和存货增加而应付账款减少时，WCR 随之增加，表明公司的资金被客户和存货占用，自身却无法占用供应商的资金。此时，为了自身的发展，公司只能另想办法筹集资金以满足生产经营活动的需要。当公司的应收账款和存货减少而应付账款增加时，公司的 WCR 将随之减少，表明公司实施了有效的 OPM 战略，不仅减少了被客户和存货占用的资金，还有效地占用了供应商的资金。此时，公司现有的资金既能够满足公司生产经营活动的需要，还有富余的资金用于投资短期融资工具或者扩大生产经营规模，从而提高公司的绩效。

为了便于加强营运资本的管理，一些知名公司编制了另外一种资产负债表——管理资产负债表。根据第一章的表 1-1，我们可以编制 ABC 公司 2022—2023 年的管理资产负债表，结果如表 2-1 所示。可见，管理资产负债表的原理与标准资产负债表无异。但是，管理资产负债表的右边合计数是"占用资本"或"吸收资本"，表示企业资本的来源；左边合计数是"投入资本"或"资产净值"，表示资本的使用。在流动资产项下，增加了一个项目——营运资本需求量（WCR）。这样，高层管理者可以快捷地了解公司本年度营运资本需求量的变化趋势。若公司本年度的 WCR 增加，则说明其存货增加，或应收账款增加，或应付账款减少，或兼而有之，公司在生产、销售、采购三大环节的管理可能出现问题，值得关注；若公司本年度的 WCR 减少，则说明其存货减少，或应收账款减少，或应付账款增加，或兼而有之，公司在生产、销售、采购环节的管理成效显著，前景可喜。

表 2-1　ABC 公司 2022—2023 年管理资产负债表　　　　　　单位：万元

投入资本	2022 年	2023 年	占用资本	2022 年	2023 年
流动资产			流动负债		
货币资金	100	150	短期借款	200	200
WCR*	200	250	其他流动负债	—	—
非流动资产			非流动负债		
固定资产净值	700	650	长期借款	300	300
无形资产	—	—	其他非流动负债	—	—
其他非流动资产	—	—	所有者权益	500	550
资产净值	1 000	1 050	吸收资本	1 000	1 050

注：*预付账款也会占用公司的资金，导致 WCR 增加。

从表 2-1 来看，对比 2022 年度，ABC 公司在 2023 年度的 WCR 从 200 万元增加到 250 万元。其中，应收账款从 0 增加到 100 万元，存货从 150 万元增加到 200 万元，预付账款从 50 万元下降到 0 万元，应付账款从 0 增加到 50 万元。因此，2022 年和 2023 年 ABC 公司的 WCR 为：

2022 年度 WCR = 应收账款 + 预付账款 + 存货 - 应付账款 - 预收账款[①]

$$= 0 + 50 + 150 - 0 - 0 = 200（万元）$$

2023 年度 WCR = 应收账款 + 预付账款 + 存货 - 应付账款 - 预收账款

$$= 100 + 0 + 200 - 50 - 0 = 250（万元）$$

2023 年度 WCR 净增加额 = 250 - 200 = 50（万元）

上述结果表明：对比 2022 年度，2023 年度 ABC 公司的应收账款和存货增加了 150 万元，但预付账款减少了 50 万元，应付账款增加了 50 万元，因此 WCR 净增加了 50 万元。可见，ABC 公司今后应关注应收账款和存货的变化趋势，防止"货卖出去而钱没有收回"导致应收账款增加，或者"产量增加但货卖不出去"导致存货增加。

关于营运资本需求量的计算，公式(2-1)并不是一个"唯一解"的公式，每个公司可以根据自身营运资本管理的要求进行调整。在管理实践中，常用的计算公式为：

$$WCR = 应收账款 + 预付账款 + 存货 - 应付账款 - 预收账款 \qquad (2-2)$$

由公式(2-2)可知：一般而言，公司的 WCR 增加，意味着其应收账款、预付账款、存货等增加，应付账款和预收账款等减少，从而导致公司经营净现金减少，竞争力减弱，财务状况转差；反之，公司的 WCR 减少，意味着其应收账款、预付账款、存货等减少，应付账款和预收账款等增加，从而导致公司经营净现金增加，竞争力增强，财务状况转好。

[①] 2017 年修订的收入准则增加了合同资产(与预付账款类似)和合同负债(与预收账款类似)科目，为方便读者更好地理解，本书仍然使用预付账款和预收账款这两个科目。

营运资本管理效率高的公司,通常极具竞争力。这些公司通过实施OPM战略,不仅做到"无本经营",还做到"无本赚息",同时增强其经营净现金创造能力。归纳起来,成功实施OPM战略公司的财务报表主要存在如下特征:

第一,从利润表来看,财务费用下降,甚至为负数。具体表现为:一方面,财务费用占比指标(财务费用/营业收入)逐年下降或为负数;另一方面,利息收入对利润的贡献程度(税前利润/息税前利润)逐年上升,甚至大于1。

第二,从资产负债表来看,WCR减少。具体表现为:一方面,从流动资产看,应收账款少,预付账款少,存货少,货币资金多;另一方面,从流动负债看,短期借款少,预收账款多,应付账款多,货币资金少。

第三,从现金流量表来看,其"销售商品、提供劳务收到的现金"逐年增加,"经营活动产生的现金流量净额"也会逐年增加。具体表现为:一方面,收入获现率(销售商品、提供劳务收到的现金/营业收入)逐年提升,甚至大于1;另一方面,利润获现率(经营活动产生的现金流量净额/净利润)也会逐年提升,甚至大于1。

那么,哪些公司可以成功实施OPM战略呢?归纳起来,全球有四类公司可以成功实施OPM战略:一是具有强大的技术优势和产品优势,例如美国的苹果公司,中国的贵州茅台、五粮液等;二是把持零售渠道形成竞争优势的连锁零售商业模式,例如欧美的沃尔玛、家乐福、宜家、百安居、中国的阿里巴巴、拼多多等;三是"规模+渠道"的制造业经营模式,例如美国的戴尔公司,中国的格力电器、美的集团等;四是垄断企业,例如中国的石油公司和三大电信运营商等。

随着企业社会责任的兴起和供应链安全问题的提出,OPM战略存在较大争议。一方面,实施OPM战略是企业竞争力的体现,提高了龙头企业的财务绩效;但另一方面,从商业伦理和供应链安全的角度看,实施OPM战略实际上是龙头企业挤占了中小供应商和经销商的资金,提高了中小企业的融资成本,甚至可能导致其陷入财务困境,并威胁供应链安全。因此,从遵守商业道德和维护供应链安全的角度出发,越来越多的国内外大企业提出在与供应商和经销商的交易中遵守商业道德的倡议!

二、资产流动性和"三控两抓"政策

资产流动性是指一家公司使用流动资产保障其流动负债的程度。当流动资产大于流动负债时,说明公司流动负债的保障能力强;当流动资产小于流动负债时,说明公司流动负债的保障能力弱。由此可见,这是一个基于保护短期债权人利益的思路——流动资产必须超过流动负债。银行作为债权人,在是否批准企业的短期贷款上尤其重视流动资产与流动负债的比例关系。银行希望这一比例越高越好,因为当流动资产大大超过流动负债时,银行的短期贷款保障程度就能大大提高。从防范短期债务危机的角度看,这是对的;但是从企业营运资本管理效率的角度看,这种传统的看法未必正确,正面临现实问题的挑战!沃尔玛和戴尔成功的经验表明:流动资产占比越小,特别是其中的应收款项、预付款项和存货占比越小,营运资本需求量就越小,企业被他人拖欠和被存货占用的资金也越少,营运资本管理效率就越高。因此,我们必须辩证地、一分为二地看待资产流动性。

值得注意的是,在资产负债表的流动资产栏目中,流动资产的各个项目是按照"资产可变现性或流动性"从高到低依序排列的。可变现性或流动性最高的流动资产首先是"货币资金",其次是"交易性金融资产",再次是"各种应收款项",最后是"存货"。因此,高层管理者必须充分地认识到:(1)维持公司资产一定的流动性是必要的,但这并不意味着流动资产越多越好,关键是保证流动资产的质量,公司最有价值的流动资产是货币资金和交易性金融资产;(2)为了提高流动资产的质量,公司必须注意实行严格的"三控两抓"政策。这一政策是指:在销售环节严格控制应收账款,抓好预收账款;在采购环节严格控制预付账款,抓好应付账款;在生产环节严格控制多余或不必要的存货。

三、负债状况与适度负债政策

资产负债表右边的栏目反映了公司的资本来源——来自债务的资本和来自股权的资本。这两种资本之间的关系反映出公司的财务状况,即股权资本是否大于债务资本。一般来说,在讨论股权资本与债务资本的关系时,有三种主要的比例关系具有重要的现实意义,值得高层管理者密切关注。

第一,股权资本与债务资本的比例关系。通常而言,当股权资本大于债务资本时,债权人会认为公司股东的资本超过自己借给公司的资本,债权的安全性有一定保障;反之,债权的安全保障不足。

第二,股权资本与长期债务资本的比例关系。在实践中,一般认为公司的债务可分为"短期债务"和"长期债务"。由于股权资本是一种长期资本,因此其与公司长期债务的比例关系更值得债权人和高层管理者予以关注。通常而言,当股权资本/长期债务资本这一比例小于1时,说明一旦公司发生财务危机进入清算程序,按照"账面价值",债权人的长期债权将无法如数通过股权处置得到补偿,除非股权在处置过程中产生"溢价"(高于账面价值);若股权在处置过程中产生"折价"(低于账面价值),则债权人的长期债权更加没有保障。反之,相对来说,债权人的长期债权能够得到较好的保障。

第三,债务资本与资产的比例关系。企业的债务资本来源主要有:(1)银行长期借款,(2)发行长期债券,(3)银行短期借款,(4)发行短期债券,(5)应付账款和预收账款等经营性负债或"无息负债"。其一,由于应付账款和预收账款属于"流动负债"的一部分,是本公司商业信用形成的拖欠其他公司的短期债务,可以认为其会被其他公司拖欠本公司的应收账款和预付账款抵消。其二,短期债券和银行短期借款属于"流动负债"的一部分,可以认为其会由"流动资产"中的货币资金、交易性金融资产、存货等来保障。简言之,如果公司的流动负债由流动资产来保障,长期债务就只能由长期资产来保障了。

长期以来,企业家和管理者形成了比较一致的认识——适度负债。许多企业遵循"适度负债"原则来管理负债。所谓的"适度负债",也就是告诫高层管理者,不要使公司的负债达到极限,也不要不负债。一方面,若"负债至极限",一旦公司经营困难,就容易发生债务危机;另一方面,若"零负债",公司就不能利用成本较低的债务资本来谋求增长,容易失去发展机会。因此,公司要适度负债,总结成一句话就是:不负债是傻瓜,但过度负债是大傻瓜!

为什么呢？在理论上，Durand(1952)的研究发现：首先，当公司的息税前利润(EBIT)处于稳定状态时，其权益资本成本或股东要求的收益率随着负债比例的提高呈现先下降后上升的趋势，而其债务资本成本或债权人要求的收益率则随着负债比例的提高呈现先平稳后上升的趋势。因此，公司的加权平均资本成本(Weighted Average of Capital Costs, WACC)[①]会随着公司负债比例的提高呈现先下降后上升的趋势。公司总价值(V)的计算公式为：

$$V = \text{EBIT}(1-T)/\text{WACC} \tag{2-3}$$

由于WACC随着负债比例的提高呈现先下降后上升的趋势，公司价值将随着负债比例的提高呈现先上升后下降的趋势，即倒U形状态。这说明存在一个适度的负债比例，使得公司的WACC最小，公司价值最大。

在实践中，公司的负债比例容易受到各种因素的影响，包括公司的盈利能力、现金创造能力、成长机会、公司规模、信用等级、股权结构、所得税税率、所属行业及其特征、行业未来发展前景、宏观经济变化等。遗憾的是，至今我们仍然不知道一家公司确切的"适度负债区间"应该是多少。作为公司的高层管理者，如何把握"适度负债"呢？实践中一般用"行业或先进企业的平均负债比例"($\bar{X}$)作为基准，结合公司的实际情况，将公司主要的负债比例划分为"五个负债区间"：一是"低度负债区间"，二是"中度负债区间"，三是"适度负债区间"，四是"高度负债区间"，五是"过度负债区间"。五个负债区间可以通过近似的统计估计得出，方法如表2-2所示。

表2-2 公司五个负债区间的估计

负债区间	统计估计方法	长短期债务/总资产的经验值*	统计分布**
低度负债区间	($\bar{X}$−3标准差)～($\bar{X}$−2标准差)	45%以下	
中度负债区间	($\bar{X}$−2标准差)～($\bar{X}$−1标准差)	45%—50%	
适度负债区间	$\bar{X}$±1标准差	50%—60%	
高度负债区间	($\bar{X}$+1标准差)～($\bar{X}$+2标准差)	60%—65%	
过度负债区间	($\bar{X}$+2标准差)～($\bar{X}$+3标准差)	65%以上	

注：*某大型汽车配件制造商的经验值，长短期债务不包括"应付账款和预收账款"。**很多行业的负债比例是偏态分布而非正态分布。

在"适度负债区间"的基础上，高层管理者可以根据自己公司的实际情况进行适当调整，最终决定本公司的负债比例。一般来说，处于朝阳产业的企业，其收入和利润呈上升趋势，可以实行"适度偏高"的负债政策；反之，处于夕阳产业的企业，其收入和利润呈下降趋势，可以实行"适度偏低"的负债政策。

---

① WACC等于公司权益资本比例(W_s)乘以权益资本成本(K_s)，再加上债务资本比例(W_d)乘以税后债务资本成本[$K_d(1-T)$]。

第二节 CEO解读利润表

一、会计利润和经济利润

盈利能力实际上是一个容易引起联想和混淆的概念。当我们问及："贵公司的收益率或利润率是多少？"答案往往很多且令人不解！问题在于：如何衡量一个公司的盈利能力或利润率？从理论上说，盈利能力的度量指标至少有三类：(1) 基于收入的利润率，例如营业利润占营业收入的比例，净利润占营业收入的比例等；(2) 基于资产的利润率，例如 EBIT 与总资产的比率，净利润与所有者权益的比率等；(3) 基于资本的利润率，例如 EBIT 与投入资本的比率，税后 EBIT 与投入资本的比率等。其中，投入资本来自"管理资产负债表"，是指公司占用或投入的"需要支付成本的资本"，有两种计算方法：

第一，从管理资产负债表的右边看，

$$投入资本 = 付息流动负债① + 非流动负债 + 所有者权益 \qquad (2-4)$$

第二，从管理资产负债表的左边看，

$$投入资本 = 货币资金 + 交易性金融资产 + WCR + 非流动资产 \qquad (2-5)$$

在诸多盈利能力评价指标中，如何判断公司的盈利能力是否达到应有的水平？一般认为，高层管理者首先要关注四个基本的利润率：(1) 销售净利率（净利润/营业收入），反映净利润占营业收入的比例；(2) 净资产收益率（净利润/所有者权益），简称 ROE（Return on Equity），反映股东的权益资本收益程度；(3) 投入资本收益率[EBIT(1-T)/投入资本]，反映所有需要支付成本的资本（权益资本和有息负债）获得收益的能力；(4) 总资产收益率（EBIT/总资产），反映全部资产的盈利能力。

此外，利润表经由法律制度和财务制度，规定了股东、债权人和政府应得收益的先后顺序。债权人和股东同是资本的提供者，债权人的收益在财务费用的"利息支出"中列支，在所得税前就获得了补偿；而股东的收益是"剩余收益"，即"净利润"，在所得税后才获得补偿。事实上，股东得到的"净利润"是在营业收入基础上扣除各项成本和费用（包括财务费用），然后再扣除所得税后的剩余收益。有鉴于此，人们常说：股东头上压着"三座大山"——由管理者控制的"成本"、由债权人控制的"利息"、由政府控制的"税收"。可见，股东承担的风险比债权人承担的风险大。按照"高风险，高收益"的原则，股东要求的预期收益率（K_s）必须高于债权人要求的预期收益率（K_d）。

"股东的收益率应该等于多少"是个充满争议的问题，我们可以从两个角度判断一家公司的 ROE 是否达到应有的水平：一是会计利润（Accounting Profit），二是经济利润（Economic Profit）。

经济利润与会计利润的差别在于：会计利润仅仅告诉股东"赚钱了没有"，而经济利润则告诉股东"赚够了没有"。换言之，公司使用了股东 500 万元的权益资本，结果每年

---

① 付息流动负债包括短期借款、其他流动负债中的短期融资券或超短期融资券、一年内到期的长期负债等需要支付利息的流动负债。

只给股东赚取10万元,会计利润显示盈利了,管理层为股东赚钱了!但经济利润显示亏损了,管理层给股东的盈利只有2%,低于股东的预期收益率(或者说机会成本,假设为5%),因此损害了股东的价值!以第一章提到的ABC公司为例,股东2022年投资于公司500万元,若当年公司的净利润为100万元,则权益资本收益率是20%(ROE=100/500)。如果股东的预期收益率高于20%,就说明ABC公司使用股东的权益资本但实际收益低于股东的预期收益,结果损害了股东的价值;反之,如果股东的预期收益率低于20%,就说明ABC公司使用股东的权益资本且实际收益高于股东的预期收益,结果增加了股东的价值。那么,如何计算一家公司的经济利润呢?经济利润又称经济增加值(Economic Value Added,EVA),其一般计算公式为:

$$\text{EVA} = \text{EBIT}(1-T) - \text{WACC} \times \text{投入资本} = (\text{ROIC} - \text{WACC}) \times \text{投入资本} \quad (2\text{-}6)$$

其中,EBIT(1-T)表示企业经营管理者为债权人和股东创造的收益;WACC为加权平均资本成本,表示经营管理者每使用一元资本(包括债权人的资本和股东的资本)所要支付的成本;投入资本是股东和债权人投入企业且要求得到回报的资本;ROIC为投入资本回报率或收益率,表示每一元投入资本所获得的回报。

关于WACC的计算公式,目前常用的有两个:一是以企业市场价值为分母计算的WACC,如公式(2-7)所示;二是以投入资本为分母计算的WACC,如公式(2-8)所示。前者主要用于发行股票的上市公司,后者主要用于非上市公司。

$$\text{WACC} = \frac{\text{负债价值}}{\text{企业价值}} \times K_D(1-T) + \frac{\text{权益价值}}{\text{企业价值}} \times K_S \quad (2\text{-}7)$$

$$\text{WACC} = \frac{\text{有息负债}}{\text{投入资本}} \times K_D(1-T) + \frac{\text{权益资本}}{\text{投入资本}} \times K_S \quad (2\text{-}8)$$

由此可见:若EBIT(1-T)>(WACC×投入资本),或ROIC>WACC,则EVA>0,说明经营管理者为企业创造了价值;反之,若EBIT(1-T)<(WACC×投入资本),或ROIC<WACC,则EVA<0,说明经营管理者损害了企业的价值。[1]

基于会计利润,尽管只要企业的利润大于零就说明公司盈利了,但是从股东的角度看,股东的ROE必须至少大于银行的长期存款利率。因此,当企业的ROE小于或等于银行长期存款利率时,可以说这家企业的股东所获得的收益偏低;而当企业的ROE大于银行长期存款利率时,可以说这家企业的股东所获得的收益相对正常。显然,企业的ROE超过银行长期存款利率越多,说明公司的盈利能力越强。

基于经济利润,企业的ROE不应低于"股东的预期收益率",即"无风险收益率"加上股东承担风险所应得到的"风险补偿"。因此,当企业ROE低于股东的预期收益率时,表明ROE没有达到股东的最低要求,企业损害了股东的价值;当企业ROE高于股东的预期收益率时,表明ROE超过股东的最低要求,企业为股东创造了价值。表2-3给出了企业ROE正常状态的基本判断标准。

---

[1] 关于经济利润或经济增加值(EVA)的问题,将在下一章进一步讨论。

表 2-3 企业 ROE 正常状态的判断

判断	ROE 的水平	盈利能力	基本判断
会计利润方法	0<ROE<银行长期存款利率	收益与风险不匹配:高风险,低收益	盈利能力严重偏低
	银行长期存款利率<ROE<银行长期贷款利率	若企业风险大于银行风险,则收益与风险不匹配:高风险,低收益	盈利能力偏低
		若企业风险小于银行风险,则收益与风险基本匹配:高风险,高收益	盈利能力比较正常
	ROE>银行长期贷款利率	若企业风险大于银行风险,则收益与风险基本匹配:高风险,高收益	盈利能力比较正常
		若企业风险小于银行风险,则收益与风险不匹配:低风险,高收益	盈利能力偏高
经济利润方法	ROE < $K_s = R_f+\beta(R_m - R_f)$	股东的收益低于其承担的风险,股东没有获得相应的收益,价值受到损害	股东价值损失
	ROE = $K_s = R_f+\beta(R_m - R_f)$	收益与风险匹配:股东的收益等于国债收益加上其承担风险所应得到的风险补偿	股东价值正常
	ROE > $K_s = R_f+\beta(R_m - R_f)$	股东的收益高于其承担的风险,股东获得相应的收益,价值得到提升	股东价值增加

根据财务学的基本原理——资本资产定价模型（Capital Asset Pricing Model，CAPM）：对于企业来说，股东要求的收益率（K_s）也是权益资本的成本，取决于"无风险利率"加上其承担的风险所应得到的"风险补偿"（Risk Premium），即

$$K_s = R_f + \beta(R_m - R_f) \tag{2-9}$$

其中，R_f 是国债的到期收益率；R_m 是资本市场上的资本平均收益率；β 是公司的系统性风险系数，简称"贝塔系数"。显然，当 $\beta>1$ 时，$K_s>R_f$，表明股东承担的风险大于市场的平均风险，故股东要求的收益率>国债的到期收益率；当 $\beta=1$ 时，$K_s=R_m$，表明股东承担的风险等于市场的平均风险，故股东要求的收益率=市场的资本平均收益率；当 $\beta=0$ 时，$K_s=R_f$，表明股东承担的风险等于零，故股东要求的收益率=国债的到期收益率。表 2-4 给出了美国主要公司 2022 年 5 月 26 日的收盘价及其最近一年的贝塔系数。

表 2-4 美国主要公司 2022 年 5 月 26 日的收盘价和最近一年的贝塔系数（β）

低风险			中低风险			中高风险		
公司	β	股价（美元/股）	公司	β	股价（美元/股）	公司	β	股价（美元/股）
沃尔玛	0.30	123.37	微软	1.24	262.52	亚马逊	1.53	2 135.50
可口可乐	0.48	64.07	谷歌	1.27	2 116.10	特斯拉	1.84	658.80
麦当劳	0.62	244.01	苹果	1.28	140.52	英伟达	2.36	169.75

资料来源：Wind 数据库。

有些公司没有上市,无法计算所谓的贝塔系数,但可借鉴同行业上市公司的贝塔系数进行估算。此外,根据一些主要市场化国家的历史数据,可以估算出股票收益率与国债收益率之差,即"风险溢价"。这样,我们就可以在国债收益率的基础上,加上风险溢价,近似获得股东要求的收益率或回报率。表 2-5 是美国 1926—2019 年的大公司股票收益率、小公司股票收益率、长期公司债券收益率、长期政府债券收益率、中期政府债券收益率、短期国债收益率和通货膨胀率,据此可以计算出此期间,大公司股票收益率与长期政府债券收益率之差(风险溢价)为 5.39%(11.03%-5.64%),与长期公司债券收益率之差为 4.92%(11.03%-6.11%);而小公司股票收益率与长期政府债券收益率之差为 5.59%(11.23%-5.64%),与长期公司债券收益率之差为 5.12%(11.23%-6.11%)。

表 2-5　1926—2019 年美国各类投资收益率和通货膨胀率　　　　单位:%

项目	1926—1929 年	1930—1939 年	1940—1949 年	1950—1959 年	1960—1969 年	1970—1979 年	1980—1989 年	1990—1999 年	2000—2009 年	2010—2019 年	简单平均
大公司股票收益率	19.20	-0.10	9.20	19.40	7.80	5.90	17.60	18.20	-0.90	14.00	11.03
小公司股票收益率	-4.50	1.40	20.70	16.90	15.50	11.50	15.80	15.10	6.30	13.60	11.23
长期公司债券收益率	5.20	6.90	2.70	1.00	1.70	6.20	13.00	8.40	7.60	8.40	6.11
长期政府债券收益率	5.00	4.90	3.20	-0.10	1.40	5.50	12.60	8.80	7.70	7.40	5.64
中期政府债券收益率	4.20	4.60	1.80	1.30	3.50	7.00	11.90	7.20	6.20	3.30	5.10
短期国债收益率	3.70	0.60	0.40	1.90	3.90	6.30	8.90	4.90	2.80	0.60	3.40
通货膨胀率	-1.10	-2.00	5.40	2.20	2.50	7.40	5.10	2.90	2.50	1.80	2.67

资料来源:2012 年 6 月 27 日研究报告: The Longest Pictures by Michael Hartnett, Kate Moore, Brian Leung, Swathi Putcha,美国银行美林全球权益战略部,以及 Portfolio Visualizer(https://www.portfoliovisualizer.com/historical-asset-class-returns)。

总之,股东投入的权益资本需要得到回报。作为企业,从股东那里筹资需要支付成本,这不是"免费的午餐"。进而,由于股东的风险高于债权人的风险,股东所要求的回报率就要高于债权人所要求的回报率。可见,目前利润表中的"净利润"并非企业的"纯利",还必须在净利润基础上扣除股东投资的机会成本或股东的预期收益之后,剩余的那部分才是"纯利",即 EVA(经济增加值)。EVA 由美国学者 Stewart 提出,并由美国思腾与思特咨询公司(Stern Stewart & Co.)注册推广,在 20 世纪 90 年代风靡欧美。实际上,EVA 就是一种"超额利润"的概念,即企业管理团队不仅要经营一家能够赚取会计利润的企业,更重要的是要经营一家能够赚取超额利润的企业,即赚取的会计利润要超过股东的预期收益!我国国资委 2010 年修订的《中央企业负责人经营业绩考核暂行办法》,首次引入 EVA 作为中央企业绩效考核的核心指标之一,表明我国已接受 EVA 的管理思想,要求中央企业的负责人在面对全球化和激烈的国际国内市场竞争时,不仅要赚取会计利润,更要赚取超额利润,为股东创造财富和价值。

二、负债的节税效应和杠杆效应

前面我们已经讨论过,企业要适度负债。有人认为零负债表示企业资金实力雄厚,还有人认为低负债表明企业财务状况健康或稳健。从财务的保守主义角度看,这些观点无可厚非。实际上,负债是把"双刃剑",有利也有弊。恰到好处地使用负债,使负债发挥积极的作用,是企业高层管理者面临的挑战。在这里,我们要回答关于负债的三个问题:负债为什么可以节税?负债为什么可以提高股东的收益?负债的风险是如何形成的?

由利润表我们知道,企业的财务费用属于所得税前的成本。这种制度安排形成了一种重要的现象:企业负债数额越大,财务费用就越高,所得税税前成本越大,税前利润越少,所得税费用也就越低。从扣除所得税后的角度看,实际的债务资本成本或银行贷款利息率是:

$$实际的债务资本成本 = 银行贷款利息率 \times (1 - 所得税税率) \qquad (2-10)$$

例如,当银行贷款利息率为5%、企业所得税税率为25%时,实际的债务资本成本或税后的银行贷款利息率为3.75%。

假设两家不同的企业,营业利润和总资产都相同,一家企业负债高,另一家企业负债低。那么,高负债企业的ROE将显著高于低负债企业的ROE。对于同一家企业,在其他条件不变的情况下,其ROE也将随负债比例的提高而提高。可见,负债可以节税,并提高企业的ROE。

举个例子,我们假设一家企业的总资本为1.0亿元,全部是所有者权益,没有负债。每年营业收入为1.0亿元,利润表和资产负债表的主要数据如表2-6所示。可见:当企业的负债比例从0%上升到50%的时候,虽然净利润从900万元减少到750万元,但ROE却从9%上升到15%。

表2-6 负债比例与盈利能力(ROE)的关系   单位:万元

项目	负债比例0%	负债比例50%
营业收入	10 000	10 000
减:营业成本、税金及附加	8 000	8 000
营业利润	2 000	2 000
减:管理费用、销售费用和财务费用 其中:财务费用200万元(利率4%)	800	1 000
税前利润	1 200	1 000
减:所得税(所得税税率为25%)	300	250
税后利润	900	750
总资本	10 000	10 000

(单位:万元) (续表)

项目	负债比例0%	负债比例50%
其中:债务	0	5 000
权益	10 000	5 000
ROE	**900/10 000=9%**	**750/5 000=15%**

值得一提的是,负债有利有弊。一方面,负债可以节税,并提高企业的盈利能力或ROE;另一方面,负债也可能给企业带来财务负担,甚至使企业陷入困境或财务危机,特别是当企业过度负债或负债后债务资本闲置不用的时候。我们知道,当企业的负债增加而权益资本不变时,其负债比例提高且总资本增加。这样,当资产负债表右边的总资本增加时,若企业没有投资,则其资产负债表右边的总资本增加将表现为资产负债表左边的"现金或银行存款"增加。显然,由于企业的贷款利率超过存款利率,这是一种"利不抵息"的错误决策,最终将增加企业的财务负担,减少企业的利润,导致其盈利能力下降。因此,当企业的负债增加时,CEO必须将总资本的增加转化为产品或服务的增加,而不是现金和银行存款的增加,并利用增加的产品或服务使利润表中营业收入和利润增加。不仅如此,这种营业收入和利润增加必须有相应的现金保障,即现金流量表中的经营净现金必须相应地增加;否则,企业就可能陷入盈利增加但现金减少,或二者同时减少的局面。可见,企业的债务增加意味着资产增加,资产增加意味着收入必须增加,收入增加意味着利润必须增加,利润增加意味着现金必须增加。这是一个从"资产负债表右边"到"资产负债表左边",再到"利润表",最后到"现金流量表"环环相扣的资金循环,任何一个环节出了问题,都可能导致企业陷入财务困境或财务危机。

值得注意的是,并非所有增加负债的公司都能获得节税效益,其中的原因在于利率市场化。也就是说,随着企业的负债率越来越高,债权人觉得自身承担的风险越来越大,其要求的回报率越来越高,企业所要承担的利率就会越来越高。一旦企业的利率高于其投资的回报率,若其他条件不变,不仅企业举债的节税效益会消失,而且股东要求的回报率(ROE)将越来越低,甚至可能导致企业财务状况恶化。

三、成本管理和控制

企业的高管中,很少有人了解企业成本的基本构成和内容。比如,企业成本应该包括哪些项目?当企业增加某项开支后将对企业成本乃至财务报表产生什么影响?难怪有人说:"成本是个大箩筐,七七八八往里装。"实际上,成本管理和控制具有重要的战略意义。

成本管理和控制是企业克敌制胜、提高竞争力的法宝。为什么在同行业中,有些企业盈利而有些企业亏损?尽管原因很多,但最重要的因素是"成本失控"。企业任何决策错误最终都表现为成本的增加。不重视成本管理和控制的企业,其竞争力将丧失殆尽。

通过成本管理和控制提高企业竞争力的案例不胜枚举。晨光生物(股票代码为300138)通过推进全方位精细化管理,充分发挥低成本工业化生产优势,其核心产品的成本低于同行5%—10%。牧原股份(股票代码为002714)采用自繁自养一体化的养殖模式,严格把控各个环节的成本支出,通过成本优势进一步提高盈利能力。紫金矿业(股票代码为601899)通过控制投资成本,缩短建设周期,使其保有领先的低成本运营优势。

低价竞争是近年来商界重要的竞争武器,而低成本是低价竞争战略的基础。但是,低价并不意味着低利润,更不意味着无利可图。一系列"价格屠夫"以"低价保质"的面目出现,打破了商界原有的定价规则。例如,沃尔玛2020—2022年的销售净利率仅有2.4%—2.9%,ROE却达到16%—20%。好市多(Costco)的销售净利率与沃尔玛相差无几,但其ROE更高,达到22%—29%。戴尔(Dell)通过外包、代工、减少研发投入来降低产品成本,保持了较长一段时间的成长。美国西南航空的票价比长途汽车的票价更低,却曾经连续几十年保持盈利。在中国,春秋航空自己开发管理软件和自设销售系统,彻底摆脱了传统的民航机票销售系统,此项措施节约了9%的成本。Motel 168创办经济型连锁酒店,注重细节管理,节约每一分成本,其每间客房复员数为0.4人/天,而同类三星级酒店为1.1人/天。凡此种种低价战略,无不是在保证基本质量的前提下采取的成本节约措施,如通过省去"名牌产品高昂的广告费用",通过削减"不实用功能所带来的高昂费用",通过减少"高昂的研发投入",通过OPM战略节约"资金占用成本",通过直销"减少中间环节的流通成本",等等。

那么,CEO该如何有效控制成本呢?

第一,作为CEO,必须掌握企业成本的基本构成,了解某项成本的变化对利润表等财务报表短期乃至长期的影响。图2-1是一个典型的企业总成本的基本构成。由图2-1可见,一家企业的总成本由营业成本和期间费用两大部分构成。营业成本包括:(1)人工和材料等直接费用,这些是"看得见的成本"(Visible Costs);(2)一系列发生在生产环节的制造费用,包括车间管理人员的工资福利、生产性固定资产折旧、车间的维修、办公、水电、劳保等费用,其需要在企业所生产的各个产品中合理分摊。期间费用是发生在销售、管理、财务和研发层面的费用,其需要在各个分公司或管理部门之间合理分摊,具体主要包括销售费用、管理费用、财务费用和研发费用。因此,企业的成本构成可以被看作一个"一分为二、二分为六"或"2+4"的系统,即总成本分为营业成本和期间费用,而营业成本可分为人工和材料等直接费用和制造费用,期间费用可分为销售费用、管理费用、财务费用和研发费用。

第二,作为CEO,必须了解成本的特性。企业的总成本按照其与业务量的关系,可以分为变动成本和固定成本。变动成本与企业的产量或销量的变化有关,随着企业产量或销量的变化而变化。例如,直接费用以及部分管理费用和销售费用中与产量或销量直接相关的成本,随产量或销量的增加而增加(或减少而减少)。固定成本与企业的业务量无关,在一定的产能范围内,无论企业的产量或销量如何变化,其总要发生。例如,固定资产折旧、无形资产摊销、固定工资和固定福利等一些与产量或销量变化无关的成本,无论企业的业务量是增加还是减少,产能是达到100%还是0%,这些成本都要发生且不会变化。

为什么要将成本分为固定成本和变动成本呢?我们进一步分析可以发现:企业总变

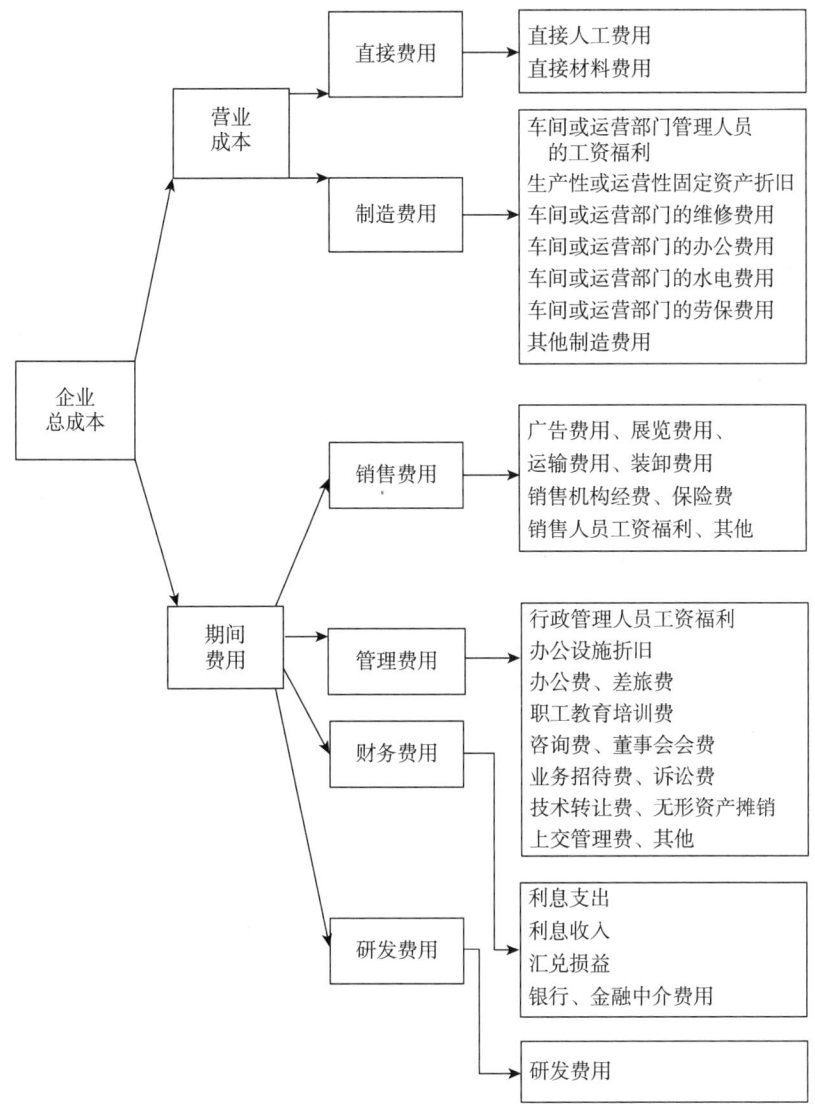

图 2-1　企业总成本的基本构成

动成本随着业务量的增加而增加,但将总变动成本除以业务量而得到的"平均变动成本"或"单位变动成本"则与业务量无关。企业总固定成本随着业务量的增加而不变,但将总固定成本除以业务量而得到的"平均固定成本"或"单位固定成本"则随着业务量的增加而减少。由此可知,了解成本性态有助于企业高层管理者控制和降低成本。

第三,作为 CEO,必须了解关闭亏损子公司、部门或生产线可能给企业利润带来的影响。我们知道,一家企业一般会生产多种产品或提供多种服务。在企业总成本中,一部分成本与某产品或服务直接相关,是"看得见"或"直接"的成本;另一部分成本则与某产品或服务间接相关,是"公共成本"。在公共成本中,一部分是公共制造或运营成本,与企业生产制造或运营直接相关,必须在各种产品或服务中分摊;另一部分是期间费用,与整个企业的经营和管理相关,必须分摊到各个部门,然后再分摊到各种产品和服务中。由此可知,一条生产线、一个部门或分公司的成本高低取决于自身的直接成本、分摊的公共制造或运营成本和分摊的期间费用的综合水平。

在实践中,有些企业决定关闭一些长期亏损的子公司、部门或生产线,结果整个公司的净利润不但没有增加反而减少。为什么?问题在于:如果关闭某个亏损部门或停止生产某种亏损产品,相关变动成本就相应地减少了,但企业的固定成本并没有因此而等比例减少。例如,UF 公司生产 A、B、C 三种产品,根据上年度资料(见表 2-7),A 产品处于亏损状态,每年亏损 100 万元。那么,A 产品是否应该停产?表 2-7 的测算表明:A 产品为企业每年分摊或承担 600 万元固定成本和 300 万元固定经营费用,结果亏损 100 万元。但是,如果停止生产 A 产品,企业总的固定成本和固定费用并不会因此而等比例消失,假设只是各减少 100 万元,这样 B 产品和 C 产品就必须多承担 700 万元原来由 A 产品承担的固定成本和固定费用,结果企业整体的经营利润从 2 400 万元下降到 1 800 万元。由此可见:虽然 A 产品亏损,但它在承担和分摊企业固定成本和固定费用中发挥了重要作用,从而支撑了企业的整体利润水平。所以,A 产品不宜停产!

表 2-7 UF 公司停产 A 产品对企业整体利润的影响的测算　　　　单位:万元

项目	A 产品	B 产品	C 产品	合计	若 A 产品停产
营业收入	2 000	4 000	5 000	11 000	9 000
减:营业成本					
变动成本	1 000	1 500	1 500	4 000	3 000
固定成本	600	1 000	1 000	2 600	2 500
营业成本合计	1 600	2 500	2 500	6 600	5 500
毛利	400	1 500	2 500	4 400	3 500
减:经营费用					
变动部分	200	300	400	900	700
固定部分	300	400	400	1 100	1 000
经营费用合计	500	700	800	2 000	1 800
经营利润	-100	800	1 700	2 400	1 800

第四,收入的分配分为五大部分:一是支付变动成本,二是承担固定成本,三是支付财务费用,四是贡献税收,五是为股东赚取利润。由此可知:(1)在变动成本既定的前提下,固定成本占营业收入的比重越高,公司支付财务费用和贡献利税的空间越小,盈利空间越小,经营风险越高;反之经营风险越低。(2)在变动成本和固定成本既定的前提下,财务费用占营业收入的比重越高,公司贡献利税的空间越小,盈利空间越小,财务风险越高;反之财务风险越低。作为公司高层管理者,在经营管理决策中,既要控制公司的固定成本,又要控制公司的财务费用,如此才能降低公司的整体风险。

第三节　CEO解读现金流量表

一、现金为王

"现金为王"之说至少体现在四个方面:一是经营净现金的充裕程度体现企业盈利的质量,即利润是否有经营净现金作保障?二是经营净现金的充裕程度反映了企业的竞争力或竞争优势。真正有竞争力的企业,其经营净现金应该是充裕的。三是现金标志着企业是否具备正常的偿债能力。从防范财务危机的角度看,现金比利润更加重要,企业一旦失去现金流入就失去了偿债能力,等于步入了死亡陷阱,哪怕这个企业还有利润。四是总体现金流量状况体现了企业投融资渠道的畅通程度。若经营净现金显著增加,筹资活动现金充裕且成本低,则说明企业现金充裕、融资渠道畅通;反之,则说明企业现金不足、融资渠道不畅。

作为CEO,首先要了解企业整体的现金流量状况,即企业当年的净现金流量或净增加的总现金,包括经营净现金、筹资净现金和投资净现金。相对而言,若企业当年的净现金流量大于零,则说明企业整体现金状况较好;若企业当年的净现金流量等于零,则说明企业整体现金状况一般;若企业当年的净现金流量小于零,则说明企业整体现金状况不好。此外,我们还可以把企业年初的现金余额加上本年的净现金流量,与预计的下年到期本息进行比较,观察企业的还本付息能力。企业能否按期还本付息,取决于其是否有现金,而不取决于其是否有利润。正如表2-8所示:(1)当企业本年现金余额低于预计的下年到期的债务本息时,说明其下年到期的债务本息没有相应的现金保障,企业还本付息能力很低;(2)当企业本年的现金余额等于下年到期的债务本息时,说明其下年到期的债务本息有相应的现金保障,企业还本付息能力正常;(3)当企业本年的现金余额超过下年到期的债务本息时,说明其下年到期的债务本息有相应的现金保障,企业还本付息能力强。

表2-8　企业利润质量和经营净现金的正常程度分析判断

指标	系数值	分析和说明	正常等级
1. 净利润的现金保障系数			
经营净现金/净利润	<1	净利润没有相应的现金保障,盈利质量较低;经营净现金严重不正常	较差
经营净现金/净利润	=1	净利润有相应的现金保障,盈利质量正常;经营净现金不正常	正常
经营净现金/净利润	>1	净利润有充分的现金保障,盈利质量较高;尚不能判断经营净现金是否正常	不确定
2. 经营净现金正常系数			
经营净现金/EBITDA	<1	经营净现金低于应有水平,部分EBITDA没有相应的现金保障	较差
经营净现金/EBITDA	=1	经营净现金等于应有水平,EBITDA有相应的现金保障	正常

(续表)

指标	系数值	分析和说明	正常等级
经营净现金/EBITDA	>1	经营净现金超过应有水平,EBITDA有相应的现金保障,总体上现金有保障且有结余	良好
3. 还本付息能力系数			
年末货币资金余额/到期本息	<1	到期的债务本息没有相应的现金保障,还本付息能力很低	较差
年末货币资金余额/到期本息	=1	到期的债务本息有相应的现金保障,还本付息能力基本正常	正常
年末货币资金余额/到期本息	>1	到期的债务本息有相应的现金保障,还本付息能力较强	良好
4. 债务筹资能力系数			
贷款利率/基准利率	<1	企业的贷款利率低于银行的基准利率,说明其竞争力较强,投资项目的风险较低、效益较高	良好
贷款利率/基准利率	=1	企业的贷款利率等于银行的基准利率,说明其竞争力一般,投资项目的风险一般、效益正常	正常
贷款利率/基准利率	>1	企业的贷款利率高于银行的基准利率,说明其竞争力较弱,投资项目的风险较高、效益较低	较差

在实践中,我们经常听到"庞氏型融资公司"之说法,其标志或特征是什么?由于经营净现金+筹资净现金+投资净现金=当年增加或减少的现金,当年增加或减少的现金+年初结余现金=年末结余现金。年末结余现金转入资产负债表的现金项目,成为公司现金资产的一部分。在实践中,我们可以看到三类公司:一是现金资产可满足未来经营、还债、投资、分红所需的现金,而且还有剩余,此乃"健康型融资公司";二是现金资产可满足经营和还债的需求后还有些剩余,但不能满足投资和分红所需的现金,此乃"择机型或投机型融资公司";三是现金资产不仅不能满足经营和还债的需求,更谈不上满足投资和分红所需的现金,此乃"庞氏型融资公司"。从现金管理的角度看,要避免出现"庞氏融资",企业账上的结余现金至少要能满足经营和还债所需的现金。

二、经营净现金是"王中王"

为什么经营净现金如此重要呢?在三类现金中,经营净现金是唯一由企业自身创造的,是企业现金最重要的来源。我们知道,对于一般企业而言,为了维持持续增长,投资净现金通常为负数。虽然企业可以通过银行或股东筹资,但也需要企业自身具备持续创造经营净现金的能力;否则,一旦融资渠道不畅,企业就很容易陷入财务困境。

作为CEO,如何衡量和判断企业的经营净现金是否处于正常状态?如何利用经营净现金来衡量和判断企业盈利质量?如何衡量和判断企业的筹资和投资是否正常且有效益?总而言之,如何度量企业的经营净现金创造能力?

首先,比较和分析"经营净现金"与"净利润"的关系。(1)当企业的经营净现金小于净利润时,表明净利润没有相应的现金保障,说明企业盈利质量很差,且经营净现金严重不正常;(2)当企业的经营净现金等于净利润时,说明净利润有相应的现金保障,企业盈利质量正常,但经营净现金不正常,因为企业的折旧和摊销没有收回现金;(3)当企业的经营净现金大于净利润时,说明净利润有相应的现金保障,企业盈利质量良好,但还不能说明其经营净现金是否正常,需要进一步分析企业的折旧和摊销是否收回相应的现金。

其次,比较和分析"经营净现金"与 EBITDA(净利润+利息+税收+折旧+摊销)[①]的关系。(1)当经营净现金大于净利润但小于 EBITDA 时,说明虽然净利润有现金保障,但折旧和摊销没有现金保障,经营净现金仍然不正常,低于企业应该获得的经营净现金;(2)当企业的经营净现金等于 EBITDA 时,说明不但净利润有现金保障,而且折旧和摊销也有现金保障,经营净现金处于正常状态;(3)当企业的经营净现金大于 EBITDA 时,说明不仅净利润有现金保障,折旧和摊销也有现金保障,而且企业还从营运资本管理中赚取现金而产生"现金保障结余",此时经营净现金处于充裕状态。据此,我们可用该比值(也称"获现率")判断企业现金状况。

再次,比较和分析企业年末货币资金余额(年初货币资金余额+当年净现金流量)与到期本息的关系。企业年末货币资金余额体现了企业偿还到期债务本金和利息的能力。因此,企业年末货币资金与到期本息的比值越大,说明企业的还本付息能力越强;反之越弱。

最后,竞争力强和发展前景良好的企业,其筹资渠道畅通,风险相对较低,无论是股东还是债权人都更愿意提供资金,企业筹资成本较低。在中国,银行对于竞争力较强的企业和风险相对较低、投资效益好的项目,贷款利率在基准利率基础上可适当下调;对于竞争力较弱的企业和风险相对较高、投资效益较低的项目,贷款利率则要在基准利率基础上适当上浮。因此,当一家公司的债务筹资成本(贷款利率)低于银行的基准利率时,说明其竞争力较强,投资项目的风险较低、效益较高;反之,当一家公司的债务筹资成本(贷款利率)大幅高于银行的基准利率时,说明其竞争力较弱,投资项目的风险较高、效益较低。同理,当一家公司的权益筹资成本(股东要求的收益率)低于同行业平均 ROE 时,说明其竞争力较强,投资项目的风险较低、效益较高;反之,当一家公司的权益筹资成本(股东要求的收益率)高于同行业平均 ROE 时,说明其竞争力较弱,投资项目的风险较高、效益较低。

第四节 协调发展和可持续增长

一、协调发展

在解读企业资产负债表、利润表和现金流量表的过程中,我们发现资产—收入—成

---

① 若有流动资产减值损失,则可再加上去。因为若企业计提流动资产减值损失,则会增加企业的成本,减少其利润,但会相应增加经营净现金。此原理类似折旧和摊销。

本—利润—现金之间存在内在的联系,环环相扣。一般来说,正常企业的资产、收入、成本、利润和现金的增长具有一致性与稳定性的特征。

第一,CEO应该关注资产和营业收入的关系。(1)当资产增长使得营业收入同步增长时,资产周转速度(营业收入/总资产)处于稳定状态,资产使用效率稳定;(2)当营业收入的增长速度高于资产的增长速度时,资产周转速度处于上升状态,资产使用效率好转;(3)当资产的增长速度高于营业收入的增长速度,甚至资产增长但营业收入出现下降时,资产周转速度处于下降状态,资产使用效率转差。

第二,CEO应该关注资产和利润的关系。(1)当资产增长导致EBIT同步增长时,总资产收益率(ROA=EBIT/总资产)处于稳定状态,资产盈利能力保持不变;(2)当EBIT的增长速度高于资产的增长速度时,总资产收益率处于上升状态,资产盈利能力增强;(3)当资产的增长速度高于EBIT的增长速度,甚至资产增长但EBIT下降时,总资产收益率处于下降状态,资产盈利能力转差。

第三,CEO应该关注收入、成本和利润之间的关系。(1)当企业收入、成本、利润同步增长时,说明企业的盈利能力保持稳定;(2)当企业收入的增长速度超过成本的增长速度且利润的增长速度超过收入的增长速度时,说明企业的盈利能力增强;(3)当企业收入的增长速度低于成本的增长速度且利润的增长速度低于收入的增长速度时,说明企业的盈利能力转差。

第四,CEO应该关注利润和现金的关系。当企业的经营净现金与净利润的比值上升,说明企业的经营性现金创造能力增强;反之,说明企业的经营性现金创造能力下降。关于这一问题,我们在前面已经多次讨论且反复强调。总之,企业的经营净现金不应低于净利润。

第五,CEO应该关注资产负债表中营运资本需求量的相关项目与资产及营业收入的比例关系。这些比例关系也是考察企业的经营是否处于正常状态的重要因素之一。若上述相关项目与营业收入或总资产的比例上升,则说明企业被无效资产占用的资金越来越多,企业的经营状况正在逐渐转差;反之,则说明企业的经营状况正在逐渐转好。

二、可持续增长

企业如何实现可持续增长呢？如何成长为百年老店甚至千年老店呢？具有悠久历史的柯达因忽略数码技术的发展而亏损严重并最终破产,诸如此类的现象比比皆是。企业的可持续增长,至少有三个层面的含义:

第一,整体可持续增长。从外部因素来看,未来市场的需求与增长是驱动企业可持续增长的外在动力;从内部因素来看,企业的发展战略和投资机会是其可持续增长的内在动力。内外部动力共同推动企业的整体增长。但是,要使企业实现整体可持续增长,其营业收入、利润和现金必须同步增长。一家企业,若营业收入增长,利润不增长,经营净现金也不增长,则营业收入的增长实际上是一种"无效的增长";若营业收入增长,利润也增长,但经营净现金不增长,则营业收入和利润的增长实际上是"白条利润的增长";若营业收入增长,利润增长,经营净现金也增长,这才是"有效增长",才是"真金白银的增长"。可见,企业的整体可持续增长取决于有发展潜力的市场需求、有远见的发展战略和成功的投资项目,并能在此基础上实现营业收入、利润和经营净现金这三大指标的同步增长。

第二,自我可持续增长。所谓的自我可持续增长能力,是指企业在内外部环境不变、不改变负债结构、不改变分红比例、不增资扩股的情况下,运用自身留存利润或留存收益(当年净利润-当年现金分红)的资金,加上按照既定负债比例配套的债务资本投入经营,企业所能实现的收入、利润、现金、资产、负债、权益的增长速度。其简单的计算公式为:

$$自我可持续增长率 = ROE \times 留存收益比例 \qquad (2-11)$$

企业通常根据市场需求预计未来营业收入的增长速度,以决定是否新增投资。当未来预计的营业收入增长率等于企业的自我可持续增长率时,说明企业没有额外的投资需求,处于"资金平衡"状态,不需要通过增减外部股权筹资(增减股份)、内部筹资(增减股利)来满足投资需求,就可以实现与预计营业收入增长相匹配的稳定增长;当未来预计的营业收入增长率大于企业现有的自我可持续增长率时,说明企业有额外的投资需求,处于"资金短缺"状态,需要通过增加外部筹资(增加负债或增资扩股)和内部筹资(减少股利)来新增投资,以实现与预计营业收入增长相应的增长;当未来预计的营业收入增长率小于企业现有的自我可持续增长率时,说明企业不仅没有投资需求,而且处于"资金剩余"状态,在没有其他高收益投资机会的条件下,企业可以通过减少外部筹资(减少负债或回购股份)和内部筹资(增加股利)来控制投资或减少资金剩余,防止过度投资和无效的营业收入增长。

第三,资金可持续增长。为防止出现现金危机或枯竭而失去发展机遇,CEO应关注现金收支情况,包括经营性现金流入与现金流出的关系,投资性现金流入与现金流出的关系,筹资性现金流入与现金流出的关系。一般来说:(1)当企业有高效的投资机会但投资净现金为负数时,意味着企业有投资需求,需要向股东和债权人发出融资信号,通过筹资净现金和经营净现金来满足投资所需的资金;(2)当企业的负债比例偏高,债权人和股东担心企业陷入债务困境而不愿投资时,筹资净现金可能不足,甚至可能由于向债权人付息还本或/和向股东支付股利超过向他们募集到的资金而导致"负筹资",企业新增投资所需的资金就需要由当年经营净现金和期初结余现金来支撑;(3)一旦经营净现金连年出现负数且账上结余现金十分有限,就可能导致股东和债权人对新增投资项目持谨慎及怀疑态度而不愿意参与企业的资金募集,企业只能被迫放弃新增投资,最终失去增长的机会。因此,CEO应关注经营净现金、投资净现金和筹资净现金三者之间的平衡关系,一方面保证企业资金循环正常和资金链的安全,另一方面保障企业具备募集资金的能力以满足新增投资所需的资金。

案例分析 解读贵州茅台和五粮液的财务报表

一、案例背景

(一) 贵州茅台

贵州茅台酒股份有限公司(以下简称"贵州茅台")是根据贵州省人民政府黔府函〔1999〕291号文《关于同意设立贵州茅台酒股份有限公司的批复》,由中国贵州茅台酒厂(集团)有限责任公司作为主发起人并联合另外七家单位共同发起设立的股份有限公司,成立于1999年11月20日。2001年,贵州茅台在上海证券交易所上市,股票代码为600519。2014年,贵州茅台获"布鲁塞尔国际烈酒大赛金奖"及"杰出绿色健康食品奖"。2021年,贵州茅台以1 093.3亿美元的品牌价值排"Brand Z 最具价值全球品牌排行榜"第11位,成为全球最具价值的酒类品牌之一。

贵州茅台的主要业务是茅台酒及系列酒的生产与销售,主导产品"贵州茅台酒"是我国大曲酱香型白酒的鼻祖和典型代表,被誉为"世界三大名酒"之一。公司销售模式为:产品通过直销和批发代理渠道进行销售。在竞争优势方面,公司拥有著名的品牌、独特的环境、悠久的文化、特殊的工艺等核心竞争力。2021年,贵州茅台的营业收入突破千亿元,达到约1 062亿元;实现净利润557亿元;公司经营净现金为640亿元;总资产为2 552亿元,其中现金性资产为1 869亿元;总负债为582亿元,其中有息负债仅为1.04亿元。这些财务指标与往年相比均继续增长,综合实力再上新台阶。

(二) 五粮液

宜宾五粮液股份有限公司(以下简称"五粮液")是1997年8月19日经四川省人民政府以川府函〔1997〕295号文批准,由四川省宜宾五粮液酒厂独家发起,采取募集方式设立的股份有限公司。1998年,五粮液在深圳证券交易所上市,股票代码为000858。2022年,根据《Brand Finance 2022年度全球最具价值烈酒品牌50强》报告,五粮液品牌价值大幅提升至287亿美元,品牌实力指数(Brand Strength Index,BSI)得分为89.4分,品牌评级达AAA级,以最高的品牌实力指数成为全球最强烈酒品牌之一。

五粮液的主要业务是白酒的生产和销售,主导产品"五粮液酒"历史悠久,文化底蕴深厚,是我国浓香型白酒的典型代表,多次荣获"国家名酒"称号,并首批入选中欧地理标志协定保护名录。同时,公司根据生产工艺特点开发了五粮春、五粮醇等品类齐全、层次清晰的系列酒产品,满足了不同层次消费者的多样化需求。公司销售模式为:产品通过经销和直销渠道进行销售。国内市场覆盖七大营销大区、21个营销战区、58个营销基地;国外市场在欧洲、美洲、亚太等多地设立国际营销中心,产品直接销往国外56个免税店,分销业务覆盖100多个国家和地区。2021年,五粮液的营业收入达662亿元,实现净利润245亿元;公司经营净现金为268亿元;总资产为1 356亿元,其中现金性资产为823亿元;总负债为342亿元,其中有息负债仅约为3.6亿元。这些财务指标与往年相比均继续增长,但对比10年前的五粮液销售收入规模超过茅台,现在五粮液难以再与贵州茅台分庭抗争、一比高下了。① 尽管如此,五粮液仍是我国一家优秀且独具特色的白酒酿造企业。

二、案例分析:贵州茅台与五粮液的财务报表分析

2020年左右,在外部贸易环境发生深刻变化以及新冠疫情的冲击下,白酒行业总体上发展依然较为平稳。从行业格局来看,强势品牌占据了白酒市场的大部分收入和利润,市场集中度进一步提升。由表2-9可知,2017—2021年,贵州茅台和五粮液的营业收入均实现了稳步增长,分别由582.18亿元和301.87亿元增至1 061.90亿元和662.09亿元,年均增长率分别达到16.48%和21.70%。由于基数较大,贵州茅台的营业收入增长速度略逊于五粮液。从销售数量看,尽管贵州茅台的茅台酒和其他系列酒的累计销售吨数低于五粮液的商品酒,但由于有着较高的单价,使得其在营业收入方面表现得更加出色。从毛利率来看,贵州茅台的毛利率从2017年的89.80%增至2021年的91.54%,五粮液的毛利率从2017年的72.01%增至75.35%。贵州茅台五年的平均毛利率(平均为91.04%)明显高于五粮液(平均为73.96%),这也反映了作为白酒行业龙头企业的贵州茅台在产品市场上的优势地位。

表2-9 贵州茅台和五粮液的销售数量、营业收入和毛利率比较

年份	贵州茅台			五粮液		
	销售数量(吨)	营业收入(亿元)	毛利率(%)	销售数量(吨)	营业收入(亿元)	毛利率(%)
2017	60 108	582.18	89.80	180 007	301.87	72.01
2018	62 238	736.39	91.14	191 596	400.30	73.80
2019	64 645	854.30	91.30	165 411	501.18	74.46
2020	64 056	949.15	91.41	160 443	573.21	74.16
2021	66 439	1 061.90	91.54	181 775	662.09	75.35

注:贵州茅台销售数量为茅台酒和其他系列酒的累计销售吨数,五粮液销售数量为商品酒的销售吨数。

(一) OPM战略与"三控两抓"政策

从两家公司的营运资本管理政策和OPM战略的实施情况来看,贵州茅台由于具有更大的市场份额和更高的市场地位,在与客户和供应商的谈判中议价能力更强,无偿占有供应商和客户资金的能力也更强,其营运资本管理水平和OPM战略执行效果也相对更好。根据表2-10的数据,贵州茅台2017—2021年的平均营运资本需求量(WCR1)为

---

① 2011年,五粮液的销售收入超贵州茅台:五粮液的营业收入为204亿元,净利润为64亿元;贵州茅台的营业收入为184亿元,净利润为93亿元。

135.76亿元,而五粮液同期的平均营运资本需求量(WCR1)达到164.42亿元,高出贵州茅台28.66亿元。但是,贵州茅台的营运资本需求量在这几年快速增长,到了2021年,两家公司的营运资本需求量已经相差无几。究其原因,一方面,自2019年年末暴发的新冠疫情,使得全国各地的防控措施不断趋严,商务宴请、朋友聚会、走亲访友等消费断崖式下跌,对高端白酒的消费可能造成一定影响,导致贵州茅台和五粮液的存货总体上都在增加;另一方面,酱香型白酒存在"越储藏价值越高"的说法,更大规模的存货增加也可能是由贵州茅台的产能扩张所致,是贵州茅台的一种主动经营策略①。为了真实反映两家公司的OPM战略,我们计算了剔除存货后的营运资本需求量(WCR2)。可以发现,贵州茅台的应收账款、预付账款之和要远低于应付账款和预收账款之和,五年平均营运资本需求量(WCR2)为-130.46亿元。这意味着在扣除了应收账款、预付账款占用的资金后,贵州茅台还无偿占用了供应商和客户的大量资金,充分体现了其在供应链上的议价地位。反观五粮液,其五年平均应收账款规模为169.74亿元、预付账款规模为2.19亿元、应付账款规模为42.87亿元、预收账款规模为91.19亿元,营运资本需求量(WCR2)为37.86亿元。这意味着五粮液被应收款项占用了更多资金,而且其无偿占用供应商和客户的资金无法抵消被应收款项无偿占用的资金,其在供应链中的地位和议价权相较贵州茅台更弱一些。

进一步比较两家公司的"三控两抓"政策(见表2-11),贵州茅台的应收账款、预付账款占总资产比重整体上较低,2021年应收账款、预付账款占总资产比重之和仅为0.15%。这充分反映了贵州茅台在供应链上的地位和品牌优势,也就是对客户而言"要拿货先付款",对供应商而言则是"先发货后付款"。相比而言,五粮液的应收账款占总资产比重则维持相对较高的水平,五年平均比例达到16.54%,远高于贵州茅台;五粮液预付账款占总资产比重则保持相对低的水平。从存货占总资产比重来看,贵州茅台从2017年的16.39%降至2021年的13.09%,五粮液从2017年的14.89%降至2021年的10.33%。但对于白酒行业,尤其是酱香型白酒存在"越储藏价值越高"说法,例如贵州茅台的一条经营理念就是"贮足陈酿,不卖新酒"。因此,大额的存货并不一定意味着产品滞销。从应付账款、预收账款占总资产比重之和来看,贵州茅台从2017年的11.46%降至2021年的5.77%,而五粮液则从2017年的11.86%升至2021年的14.27%。这表明贵州茅台无偿占用供应商和客户资金的能力有一定程度的降低,五粮液则有一定的提升。接着分析扣除存货后的营运资本需求量(WCR2/总资产),尽管五粮液有较大比例的应付账款和预收账款,但其应收账款占总资产比重较高,导致其应付账款和预收账款不能抵消被无偿占用的应收账款和预付账款。反观贵州茅台,尽管应付账款和预收账款占总资产比重要低于五粮液,但由于应收账款和预付账款占总资产比重较低,导致其无偿占用供应商和客户的净资金占总资产的比重维持相对较高的水平。综上所述,鉴于品牌优势和市场地位,贵州茅台营运资本管理的执行效果更好,五粮液在未来还可以进一步加强对营运资本和"三控两抓"政策的管理。

---

① 根据贵州茅台2021年度财务报告,茅台酒从生产到出厂至少需要五年。

表 2-10 贵州茅台和五粮液的 OPM 战略比较分析

单位：亿元

年份	应收账款 贵州茅台	应收账款 五粮液	预付账款 贵州茅台	预付账款 五粮液	存货 贵州茅台	存货 五粮液	应付账款 贵州茅台	应付账款 五粮液	预收账款 贵州茅台	预收账款 五粮液	WCR1 贵州茅台	WCR1 五粮液	WCR2 贵州茅台	WCR2 五粮液
2017	12.22	112.98	7.91	1.98	220.57	105.58	9.92	37.68	144.29	46.46	86.49	136.40	-134.08	30.82
2018	5.64	162.62	11.82	2.21	235.07	117.95	11.78	35.66	135.77	67.07	104.98	180.05	-130.09	62.10
2019	14.63	147.77	15.49	2.32	252.85	136.80	15.14	36.77	137.40	125.31	130.43	124.81	-122.42	-11.99
2020	15.33	186.09	8.98	2.47	288.69	132.28	13.42	41.47	133.22	86.43	166.36	192.94	-122.33	60.66
2021	0.00	239.23	3.89	1.96	333.94	140.15	20.10	62.76	127.18	130.70	190.55	187.88	-143.39	47.73

注：WCR1＝应收账款＋预付账款＋存货－应付账款－预收账款；WCR2＝应收账款＋预付账款－应付账款－预收账款（含合同负债）。

表 2-11 贵州茅台和五粮液"三控两抓"政策比较分析

单位：%

年份	应收账款/总资产 贵州茅台	应收账款/总资产 五粮液	预付账款/总资产 贵州茅台	预付账款/总资产 五粮液	存货/总资产 贵州茅台	存货/总资产 五粮液	应付账款/总资产 贵州茅台	应付账款/总资产 五粮液	预收账款/总资产 贵州茅台	预收账款/总资产 五粮液	WCR1/总资产 贵州茅台	WCR1/总资产 五粮液	WCR2/总资产 贵州茅台	WCR2/总资产 五粮液
2017	0.91	15.93	0.59	0.28	16.39	14.89	0.74	5.31	10.72	6.55	6.43	19.23	-9.96	4.35
2018	0.35	18.89	0.74	0.26	14.71	13.70	0.74	4.14	8.49	7.79	6.57	20.91	-8.14	7.21
2019	0.80	13.89	0.85	0.22	13.81	12.86	0.83	3.46	7.51	11.78	7.13	11.73	-6.69	-1.13
2020	0.72	16.34	0.42	0.22	13.53	11.61	0.63	3.64	6.24	7.59	7.80	16.94	-5.73	5.33
2021	0.00	17.64	0.15	0.14	13.09	10.33	0.79	4.63	4.98	9.64	7.47	13.85	-5.62	3.52

（二）资产流动性

从资产的流动性来看（见表2-12），贵州茅台2017—2021年的货币资金总额①稳步增长，从2017年的878.69亿元增至2021年的1 868.77亿元，货币资金占总资产比重由65.28%升至73.24%。五粮液表现出类似的增长趋势，货币资金总额从2017年的405.92亿元增长至2021年的823.36亿元，货币资金占总资产比重由57.23%升至60.71%。在金融市场投资方面，贵州茅台和五粮液这五年均没有配置交易性金融资产。相比较而言，无论是绝对数量还是相对比例，贵州茅台的货币资金量均明显高于五粮液，贵州茅台的资产流动性显然更强。

从流动资产来看，贵州茅台的流动资产从2017年的1 122.49亿元增至2021年的2 207.66亿元，增长幅度高达96.68%；流动资产占总资产比重从2017年的83.39%升至2021年的86.52%。五粮液的流动资产从2017年的632.80亿元增至2021年的1 221.38亿元，增长幅度为93.01%，略低于贵州茅台的增幅；但其流动资产占总资产比重较贵州茅台更高，2017年为89.22%，2021年升至90.06%。从流动比率（流动资产/流动负债）来看，两家上市公司2017—2021年的流动比率基本保持在较高水平，贵州茅台平均为358.10%，五粮液平均为370.81%，都能很好地保障流动负债的偿付。进一步从速动比率（扣除存货后的流动资产/流动负债）来看，两家公司的速动比率也都保持很高水平，贵州茅台平均为299.11%，五粮液平均为318.52%，明显高于经验值100%。从流动比率和速动比率来看，五粮液的资产流动性优于贵州茅台。但需要注意的是，五粮液流动资产中存在约20%的应收款项（主要是应收票据），这也在一定程度上影响了五粮液流动资产的质量。从现金比率（货币资金/流动负债）来看，贵州茅台从2017年的227.79%上升到2021年的322.68%，而五粮液则从2017年的254.21%略微下降到2021年的244.93%。整体而言，两家公司都保持了很好的资产流动性，五粮液稍逊一筹。

表2-12 贵州茅台和五粮液的流动性比较分析

	年份	(1)货币资金（亿元）	(2)存货（亿元）	(3)流动资产（亿元）	(4)流动负债（亿元）	现金比率 (1)/(4)	速动比率 [(3)-(2)]/(4)	流动比率 (3)/(4)
贵州茅台	2017	878.69	220.57	1 122.49	385.75	227.79	233.81	290.99
	2018	1 120.75	235.07	1 378.62	424.38	264.09	269.46	324.86
	2019	1 306.30	252.85	1 590.24	410.93	317.89	325.45	386.99
	2020	1 542.91	288.69	1 856.52	456.74	337.81	343.27	406.47
	2021	1 868.77	333.94	2 207.66	579.14	322.68	323.53	381.20

---

① 2019年开始，贵州茅台将原计入货币资金的"存放同业款项"调整至拆出资金（主要来自控股子公司贵州茅台集团财务有限公司）项目列示。考虑到资金性质，我们将拆出资金（其他金融类流动资产）也划分为货币资金。

(续表)

	年份	(1)货币资金(亿元)	(2)存货(亿元)	(3)流动资产(亿元)	(4)流动负债(亿元)	现金比率(1)/(4)	速动比率[(3)-(2)]/(4)	流动比率(3)/(4)
五粮液	2017	405.92	105.58	632.80	159.68	254.21	330.17	396.29
	2018	489.60	117.95	781.10	207.08	236.43	320.24	377.20
	2019	632.39	136.80	966.27	300.35	210.55	276.17	321.71
	2020	682.10	132.28	1 023.56	258.79	263.57	344.40	395.52
	2021	823.36	140.15	1 221.38	336.16	244.93	321.64	363.33

(三) 负债状况

从负债状况来看(见表2-13), 2017—2021年, 贵州茅台的总资产负债率保持较低水平, 五年平均值为24.38%; 从变化趋势来看, 总资产负债率从28.67%下降到22.81%。负债中基本上是流动负债, 占比几乎达到100%; 流动负债中, 预收账款占流动负债比重平均达到30.79%, 这在一定程度上反映了公司未来强劲的销售能力。若剔除预收账款, 则公司的资产负债率还会更低。此外, 公司的有息负债几乎为0, 没有短期借款, 也没有长期借款和长期债券, 财务风险很低。五粮液的总资产负债率也相对较低, 五年平均值为24.79%; 但从变化趋势来看, 五粮液的资产负债率有一定的提升, 从2017年的22.91%上升到2021年的25.24%。与贵州茅台类似, 五粮液的负债绝大部分也来自流动负债, 但其流动资产也同样足以偿还流动负债; 同样, 五粮液的有息负债也非常少, 仅2021年有3.6亿元, 占总负债比重仅为1.05%, 比例很低。总体上看, 两家上市公司的财务状况都非常好, 手上现金非常充裕, 无须依靠银行进行贷款融资, 也无须发行债券进行融资。

表2-13 贵州茅台和五粮液的负债状况比较分析

公司	年份	总资产(亿元)	总负债(亿元)	流动负债(亿元)	非流动负债(亿元)	有息负债(亿元)	总负债/总资产(%)	流动负债/总负债(%)
贵州茅台	2017	1 346.10	385.90	385.75	0.16	0	28.67	99.96
	2018	1 598.47	424.38	424.38	0	0	26.55	100.00
	2019	1 830.42	411.66	410.93	0.73	0	22.49	99.82
	2020	2 133.96	456.75	456.74	0.01	0	21.40	100.00
	2021	2 551.68	582.11	579.14	2.96	1.04	22.81	99.49
五粮液	2017	709.23	162.48	159.68	2.80	0	22.91	98.28
	2018	860.94	209.75	207.08	2.67	0	24.36	98.73
	2019	1 063.97	303.01	300.35	2.66	0	28.48	99.12
	2020	1 138.93	261.35	258.79	2.56	0	22.95	99.02
	2021	1 356.21	342.29	336.16	6.13	3.60	25.24	98.21

（四）会计盈利与股东价值

从会计盈利状况来看（见表2-14），贵州茅台整体的营业收入规模更大，2017—2021年营业收入一直保持对五粮液的优势，并且这一优势不断扩大。2017年贵州茅台的营业收入为582.18亿元，比五粮液高出280.31亿元；但到了2021年，贵州茅台的营业收入增至1 061.90亿元，高出五粮液399.81亿元。贵州茅台不仅扩大了与五粮液营业收入的差距，在利润方面也具有相当大的优势。无论是营业利润、EBIT还是净利润，贵州茅台的表现都要优于五粮液，这主要得益于贵州茅台更高的毛利率。贵州茅台的五年平均毛利率达到91.04%，而五粮液五年平均毛利率只有73.96%，二者相差17.08个百分点。除了毛利率，在EBIT利润率和净利率方面，贵州茅台在2017—2021年的表现也全面优于五粮液，贵州茅台五年平均的EBIT利润率和净利率达到68.62%和51.46%，而五粮液分别为44.50%和35.67%。整体而言，贵州茅台的会计盈利能力相较于五粮液更胜一筹。

表2-14 贵州茅台和五粮液的会计盈利比较分析

	年份	营业收入（亿元）	营业成本（亿元）	营业利润（亿元）	EBIT（亿元）	净利润（亿元）	毛利率（%）	EBIT利润率（%）	净利率（%）
贵州茅台	2017	582.18	59.40	389.40	386.84	290.06	89.80	66.45	49.82
	2018	736.39	65.23	513.43	508.24	378.30	91.14	69.02	51.37
	2019	854.30	74.30	590.41	587.9	439.70	91.30	68.82	51.47
	2020	949.15	81.54	666.35	659.62	495.23	91.41	69.50	52.18
	2021	1 061.90	89.83	747.51	735.94	557.21	91.54	69.30	52.47
五粮液	2017	301.87	84.50	133.75	125.01	100.86	72.01	41.41	33.41
	2018	400.30	104.87	187.18	175.22	140.39	73.80	43.77	35.07
	2019	501.18	128.02	242.46	226.75	182.28	74.46	45.24	36.37
	2020	573.21	148.12	278.26	261.92	209.13	74.16	45.69	36.48
	2021	662.09	163.19	325.52	307.18	245.07	75.35	46.40	37.01

进一步对两家上市公司的经济利润进行比较分析。由表2-15可知，由于贵州茅台和五粮液的有息负债都很少，两家公司的加权平均资本成本（WACC）与权益资本成本基本相当。因此，如果权益资本成本（股东要求的投资回报率）为10%，那么贵州茅台2017—2021年的投入资本回报率都远远大于其加权平均资本成本（WACC），五年平均超出20.25个百分点，表明贵州茅台能够为股东创造可观的经济利润；五粮液也能够为股东创造不错的经济利润，但相较于贵州茅台则逊色一些。当权益资本成本为10%时，五粮液2017—2021年的投入资本回报率（ROIC）超过加权平均资本成本（WACC）的幅度平均为10.95个百分点。从变化趋势来看，贵州茅台为股东创造经济利润的能力有一定程度

的减弱，其投入资本回报率（ROIC）超过加权平均资本成本（WACC）的幅度由 2017 年的 20.22 个百分点降至 2021 年的 18.01 个百分点，而五粮液为股东创造经济利润的能力则有一定程度的增强，其投入资本回报率（ROIC）超过加权平均资本成本（WACC）的幅度由 2017 年的 7.15 个百分点提升至 2021 年的 12.66 个百分点。

表 2-15　贵州茅台和五粮液的经济利润比较分析

	年份	有息负债（亿元）	负债资本成本（%）	所得税税率（%）	权益资本（亿元）	权益资本成本（%）	投入资本（亿元）	EBIT（亿元）	WACC（%）	ROIC（%）
贵州茅台	2017	0	4.61	25	960.20	10	960.20	386.84	10.00	30.22
	2018	0	4.61	25	1 174.08	10	1 174.08	508.24	10.00	32.47
	2019	0	4.61	25	1 418.76	10	1 418.76	587.9	10.00	31.08
	2020	0	4.61	25	1 677.21	10	1 677.21	659.62	10.00	29.50
	2021	1.04	4.61	25	1 969.58	10	1 970.62	735.94	10.00	28.01
五粮液	2017	0	4.61	25	546.74	10	546.74	125.01	10.00	17.15
	2018	0	4.61	25	651.19	10	651.19	175.22	10.00	20.18
	2019	0	4.61	25	760.96	10	760.96	226.75	10.00	22.35
	2020	0	4.61	25	877.58	10	877.58	261.92	10.00	22.38
	2021	3.60	4.61	25	1 013.92	10	1 017.52	307.18	9.98	22.64

注：负债资本成本统一使用中国人民银行公布的 2021 年全年企业贷款加权平均利率（4.61%）；按照企业 2021 年度财务报告，两家上市公司的所得税税率（T）均为 25%；权益资本成本即股东要求的投资回报率，统一假设为 10%；投入资本 = 有息负债 + 权益资本；WACC 采用公式（2-8）计算得出；ROIC = EBIT(1-T)/投入资本。

（五）成本管理和控制

成本管理和控制方面的成效是贵州茅台净利润超过五粮液的一大功臣。从表 2-16 来看，其一，贵州茅台营业成本占营业收入比重五年平均仅为 8.96%，并且还有持续下降的趋势，从 2017 年的 10.20% 降至 2021 年的 8.46%，降低了 1.74 个百分点。正是得益于营业成本的有效控制，使得贵州茅台 2021 年能够实现高达 91.54% 的毛利率。五粮液营业成本占营业收入比重五年平均则达到 26.04%，尽管逐年也有一定程度的下降，但仍然远高于贵州茅台，这也导致其五年平均毛利率为 73.96%，相比于贵州茅台的五年平均毛利率低了 17.08 个百分点。其二，在销售费用和管理费用方面，贵州茅台也略微胜出。贵州茅台 2017—2021 年的平均销售费用和管理费用占营业收入比重分别为 3.54% 和 7.53%，而五粮液同期平均销售费用和管理费用占营业收入比重则为 10.19% 和 5.52%。其三，由于两家公司均几乎没有有息负债，因此财务费用相对很少，甚至因大量的银行存款而产生净利息收入。其四，在营业利润率表现方面，贵州茅台的营业利润率从 2017 年的 66.89% 上升到 2021 年的 70.39%，五年平均为 69.26%；而五粮液的营业利润率则从

2017 年的 44.31%上升到 2021 年的 49.17%,五年平均为 47.43%。可见,贵州茅台的平均营业利润率高出五粮液 21.83 个百分点。

表 2-16 贵州茅台和五粮液的成本管理和控制比较分析　　　　　　　　　单位:%

	年份	营业成本占比	营业税金占比	销售费用占比	管理费用占比	财务费用占比	资产减值占比	所得税占比	营业利润率
贵州茅台	2017	10.20	14.44	5.13	8.11	-0.10	-0.01	16.72	66.89
	2018	8.86	15.33	3.49	7.23	-0.01	0.00	17.65	69.72
	2019	8.70	14.90	3.84	7.22	0.01	0.00	17.34	69.11
	2020	8.59	14.63	2.68	7.15	-0.25	0.00	17.57	70.20
	2021	8.46	14.41	2.58	7.96	-0.88	0.00	17.71	70.39
五粮液	2017	27.99	11.58	12.01	7.52	-2.95	0.02	10.95	44.31
	2018	26.20	14.76	9.44	5.85	-2.71	0.03	11.41	46.76
	2019	25.54	13.94	9.95	5.30	-2.86	-0.01	11.73	48.38
	2020	25.84	14.12	9.73	4.55	-2.59	-0.02	11.80	48.54
	2021	24.65	14.79	9.82	4.38	-2.62	-0.01	12.00	49.17

(六)现金管理

从表 2-17 来看,2017—2021 年,贵州茅台累计创造了 2 244.47 亿元的经营净现金,其中用于投资活动的净现金流出为 132.83 亿元,而用于筹资活动(主要是现金股利分配)的净现金流出则达到 953.16 亿元。总体而言,贵州茅台五年累计产生的净现金流量为 1 158.46 亿元。相比较而言,五粮液同期累计产生的经营净现金为 866.68 亿元,仅为贵州茅台的 38.61%,其投资活动的净现金流出为 53.68 亿元,是贵州茅台的 40.41%,而用于筹资活动(主要是现金股利分配)的净现金流出为 349.91 亿元,是贵州茅台的 36.71%。总体而言,五粮液五年累计的净现金流量为 463.09 亿元,是贵州茅台的 39.97%。公司经营净现金远高于投资净现金流出和筹资净现金流出的后果就是大量现金及现金等价物的增加。尽管现金及现金等价物具有良好的变现能力,有助于提升公司资产的流动性,但现金持有回报率通常偏低,无法为股东带来更大的收益。因此,贵州茅台和五粮液都需要思考如何提高现金使用效率,以进一步最大化股东价值。

接着分析两家公司的盈利质量。2017—2021 年,贵州茅台的经营净现金从 2017 年的 221.53 亿元增至 2021 年的 640.29 亿元;应得净现金(净利润+利息+折旧+摊销)从 2017 年的 301.32 亿元增至 2021 年的 572.15 亿元。获现率(经营净现金/应得净现金)从 2017 年的 73.52%升至 2021 年的 111.91%。五粮液的经营净现金从 2017 年的 97.66 亿元增至 2021 年的 267.75 亿元;应得净现金(净利润+利息+折旧+摊销)从 2017 年的 106.36 亿元增至 2021 年的 251.00 亿元;获现率(经营净现金/应得净现金)从 2017 年的

91.82%升至2021年的106.67%。两家公司的获现率都稳步提升,且到2021年两家公司的获现率都超过100%,表明其获得的经营净现金超过应得净现金,两家公司的现金管理水平都非常不错。

表2-17 贵州茅台和五粮液的现金流量比较分析　　　　　　　　　　　单位:亿元

年份	经营净现金		投资净现金		筹资净现金		现金及现金等价物增加		应得净现金(净利润+利息+折旧+摊销)	
	贵州茅台	五粮液	贵州茅台	五粮液	贵州茅台	五粮液	贵州茅台	五粮液	贵州茅台	五粮液
2017	221.53	97.66	-11.21	-2.01	-88.99	-36.39	121.33	59.26	301.32	106.36
2018	413.85	123.17	-16.29	-3.32	-164.41	-36.18	233.15	83.68	390.05	146.02
2019	452.11	231.12	-31.66	-16.16	-192.84	-72.52	227.61	142.44	452.13	187.17
2020	516.69	146.98	-18.05	-17.22	-241.28	-92.13	257.37	37.63	508.40	214.25
2021	640.29	267.75	-55.62	-14.97	-265.64	-112.69	319.00	140.08	572.15	251.00

(七)协调发展和可持续增长

从贵州茅台和五粮液2017—2021年的财务数据看(见表2-18),贵州茅台的总资产由2017年的1 346.10亿元增至2021年的2 551.68亿元,年平均增长17.91%。类似的计算可得,贵州茅台的营业收入年平均增长16.48%,但营业成本年平均仅增长10.25%。从利润来看,贵州茅台净利润年平均增长18.42%,略高于营业收入增长率。五粮液的总资产由2017年的709.23亿元增至2021年的1 356.21亿元,年平均增长18.24%,与贵州茅台差异不大。五粮液的营业收入、营业成本、净利润年平均增长率分别为21.70%、18.62%、28.60%。整体而言,贵州茅台和五粮液的资产—收入—成本—利润基本呈现同步增长的态势。从经营净现金来看,贵州茅台呈现稳步增长的趋势;五粮液则在2020年出现明显的减少①,但随后出现反弹,具有一定的波动性。从所有者权益增长来看,贵州茅台所有者权益从2017年的960.20亿元增至2021年的1 969.58亿元,年平均增长21.02%;五粮液所有者权益由2017年的546.74亿元增至2021年的1 013.92亿元,年均增长17.09%。2017—2021年,贵州茅台的ROE有一定程度的下降,但依然维持较高的水平,五年平均为30.25%;五粮液的ROE五年平均为22.39%,要低于贵州茅台,但呈现上升趋势。综合而言,两家公司在可持续增长方面的表现都较好。

从资产周转率(营业收入/总资产)来看,贵州茅台的五年平均值为44.42%,五粮液则为47.06%,这说明五粮液的资产使用效率优于贵州茅台的资产使用效率。从两家公司

---

① 五粮液2020年度财务报告中对此进行了解释,指出2020年经营净现金的减少主要是由第一季度部分销售回款体现在上年末及缴纳的税金增加等因素综合影响所致。

总资产和营业收入的增长率也可以看出,贵州茅台五年间营业收入平均增长率(16.48%)低于总资产平均增长率(17.91%);五粮液则相反,五年间营业收入平均增长率(21.70%)超过总资产平均增长率(18.24%)。

表 2-18 贵州茅台和五粮液的协调发展和可持续增长比较分析

	年份	总资产（亿元）	营业收入（亿元）	营业成本（亿元）	净利润（亿元）	经营净现金（亿元）	所有者权益（亿元）	营业收入/总资产（%）	ROE（%）
贵州茅台	2017	1 346.10	582.18	59.40	290.06	221.53	960.20	43.25	30.21
	2018	1 598.47	736.39	65.23	378.30	413.85	1 174.08	46.07	32.22
	2019	1 830.42	854.30	74.30	439.70	452.11	1 418.76	46.67	30.99
	2020	2 133.96	949.15	81.54	495.23	516.69	1 677.21	44.48	29.53
	2021	2 551.68	1 061.90	89.83	557.21	640.29	1 969.58	41.62	28.29
五粮液	2017	709.23	301.87	84.50	100.86	97.66	546.74	42.56	18.45
	2018	860.94	400.30	104.87	140.39	123.17	651.19	46.50	21.56
	2019	1 063.97	501.18	128.02	182.28	231.12	760.96	47.10	23.95
	2020	1 138.93	573.21	148.12	209.13	146.98	877.58	50.33	23.83
	2021	1 356.21	662.09	163.19	245.07	267.75	1 013.92	48.82	24.17

三、案例分析结论

我们收集了贵州茅台和五粮液2017—2021年的资产负债表(见表2-19和表2-23)、利润表(见表2-20和表2-24)和现金流量表(见表2-21、表2-22、表2-24和表2-25),并从OPM战略、资产流动性、负债政策、会计盈利与股东价值、成本管理和控制、现金管理、协调发展和可持续增长等角度对两家公司进行比较分析。我们发现,贵州茅台在营业收入规模、成本管理、OPM战略执行效果、盈利能力等方面的表现优于五粮液,但其资产使用效率则略逊一筹;两家公司的资产流动性都很高,债务风险也非常小。在此提出的建议是:对于贵州茅台,需要思考如何改善资产使用效率;对于五粮液,则需要在成本及费用管理、供应链管理等方面缩小与贵州茅台的差距。

表 2-19 贵州茅台 2017—2021 年资产负债表　　　　　　　　　　　单位:亿元

项目	2017 年	2018 年	2019 年	2020 年	2021 年
流动资产:					
货币资金	878.69	1 120.75	132.52	360.91	518.10
应收票据	12.22	5.64	14.63	15.33	0.00
应收账款	0.00	0.00	0.00	0.00	0.00
预付款项	7.91	11.82	15.49	8.98	3.89

(单位:亿元) (续表)

项目	2017 年	2018 年	2019 年	2020 年	2021 年
其他应收款	2.73	3.94	0.77	0.34	0.33
存货	220.57	235.07	252.85	288.69	333.94
其他流动资产	0.38	1.40	0.21	0.27	0.72
其他流动资产(金融类)			1 173.78	1 182.00	1 350.67
流动资产合计	1 122.49	1 378.62	1 590.24	1 856.52	2 207.66
非流动资产:					
发放贷款及垫款	0.33	0.36	0.49	29.53	34.25
债权投资				0.20	1.70
可供出售金融资产	0.29	0.29			
其他非流动金融资产			3.20	0.10	
投资性房地产					0.05
固定资产	152.44	152.49	151.44	162.25	174.72
在建工程	20.16	19.54	25.19	24.47	23.22
使用权资产					3.63
无形资产	34.59	34.99	47.28	48.17	62.08
长期待摊费用	1.78	1.68	1.58	1.48	1.39
递延所得税资产	14.02	10.49	11.00	11.23	22.37
其他非流动资产					20.60
非流动资产合计	223.61	219.85	240.18	277.44	344.03
资产总计	1 346.10	1 598.47	1 830.42	2 133.96	2 551.68
流动负债:					
应付账款	9.92	11.78	15.14	13.42	20.10
预收款项	144.29	135.77	137.40		
合同负债				133.22	127.18
应付职工薪酬	19.02	20.35	24.45	29.81	36.78
应交税费	77.26	107.71	87.56	89.20	119.80
其他应付款	30.63	34.05	35.90	32.57	41.24
一年内到期的非流动负债					1.04
其他流动负债				16.10	15.36
其他金融类流动负债	104.63	114.73	110.49	142.42	217.64
流动负债合计	385.75	424.38	410.93	456.74	579.14

(单位:亿元)（续表）

项目	2017 年	2018 年	2019 年	2020 年	2021 年
非流动负债：					
租赁负债					2.96
长期应付款	0.16				
递延所得税负债			0.73	0.01	
非流动负债合计	0.16		0.73	0.01	2.96
负债合计	385.90	424.38	411.66	456.75	582.11
所有者权益（或股东权益）：					
实收资本（或股本）	12.56	12.56	12.56	12.56	12.56
资本公积金	13.75	13.75	13.75	13.75	13.75
其他综合收益	−0.07	−0.07	−0.07	−0.05	−0.13
盈余公积金	82.16	134.44	165.96	201.75	251.43
一般风险准备	6.01	7.88	8.98	9.28	10.62
未分配利润	800.11	959.82	1 158.92	1 375.94	1 607.17
归属于母公司所有者权益合计	914.52	1 128.39	1 360.10	1 613.23	1 895.39
少数股东权益	45.68	45.70	58.66	63.98	74.18
所有者权益合计	960.20	1 174.08	1 418.76	1 677.21	1 969.58
负债和所有者权益总计	1 346.10	1 598.47	1 830.42	2 133.96	2 551.68

表 2-20　贵州茅台 2017—2021 年利润表　　　　　　单位:亿元

项目	2017 年	2018 年	2019 年	2020 年	2021 年
营业总收入	610.63	771.99	888.54	979.93	1 094.64
营业收入	582.18	736.39	854.30	949.15	1 061.90
其他类金融业务收入	28.45	35.61	34.25	30.78	32.74
营业总成本	221.23	258.66	298.12	313.05	347.77
营业成本	59.40	65.23	74.30	81.54	89.83
税金及附加	84.04	112.89	127.33	138.87	153.04
销售费用	29.86	25.72	32.79	25.48	27.37
管理费用	47.21	53.26	61.68	67.90	84.50
研发费用			0.22	0.49	0.50	0.62
财务费用	−0.56	−0.04	0.07	−2.35	−9.35
其中:利息费用					0.14
减:利息收入		0.14	0.21	2.79	9.45

(单位:亿元) (续表)

项目	2017年	2018年	2019年	2020年	2021年
其他业务成本(金融类)	1.35	1.36	1.46	1.11	1.74
加:其他收益		0.10	0.19	0.13	0.21
投资净收益				0.00	0.58
公允价值变动净收益			-0.14	0.05	-0.02
资产减值损失	-0.08	0.01			
信用减值损失			-0.05	-0.71	-0.13
资产处置收益			0.00		
营业利润	389.40	513.43	590.41	666.35	747.51
加:营业外收入	0.12	0.12	0.09	0.11	0.69
减:营业外支出	2.12	5.27	2.68	4.49	2.92
利润总额	387.40	508.28	587.83	661.97	745.28
减:所得税	97.34	129.98	148.13	166.74	188.08
净利润	290.06	378.30	439.70	495.23	557.21
持续经营净利润	290.06	378.30	439.70	495.23	557.21
减:少数股东损益	19.27	26.26	27.64	28.26	32.60
归属于母公司所有者的净利润	270.79	352.04	412.06	466.97	524.60
加:其他综合收益	0.04	0.00	0.00	0.02	-0.08
综合收益总额	290.10	378.30	439.70	495.25	557.13
减:归属于少数股东综合收益总额	19.27	26.26	27.64	28.26	32.60
归属于母公司普通股东综合收益总额	270.83	352.04	412.06	466.99	524.52
每股收益:					
基本每股收益(元)	21.56	28.02	32.80	37.17	41.76
稀释每股收益(元)	21.56	28.02	32.80	37.17	41.76

表2-21 贵州茅台2017—2021年现金流量表(直接法)　　　　单位:亿元

项目	2017年	2018年	2019年	2020年	2021年
经营活动产生的现金流量:					
销售商品、提供劳务收到的现金	644.21	842.69	949.80	1 070.24	1 193.21
收到其他与经营活动有关的现金	5.42	6.22	12.34	2.21	16.44
经营活动现金流入(金融类)	24.06	44.55	32.30	62.65	106.57
经营活动现金流入小计	673.69	893.46	994.44	1 135.11	1 316.21
购买商品、接受劳务支付的现金	48.76	52.99	55.22	72.31	77.46

(单位:亿元) (续表)

项目	2017年	2018年	2019年	2020年	2021年
支付给职工以及为职工支付的现金	54.90	66.53	76.70	81.62	100.61
支付的各项税费	230.66	320.32	398.41	416.23	446.10
支付其他与经营活动有关的现金	29.40	29.36	53.15	40.47	43.69
经营活动现金流出(金融类)	88.45	10.41	-43.15	5.80	12.07
经营活动现金流出差额(特殊报表科目)				2.00	-4.00
经营活动现金流出小计	452.16	479.60	542.34	618.42	675.92
经营活动产生的现金流量净额	221.53	413.85	452.11	516.69	640.29
投资活动产生的现金流量:					
收回投资收到的现金				3.15	0.06
取得投资收益收到的现金					0.01
处置固定资产、无形资产及其他长期资产收回的现金净额	0.00		0.00	0.00	0.02
收到其他与投资活动有关的现金	0.21	0.11	0.07	0.07	0.10
投资活动现金流入小计	0.21	0.11	0.07	3.22	0.19
购建固定资产、无形资产及其他长期资产支付的现金	11.25	16.07	31.49	20.90	34.09
投资支付的现金				0.20	21.50
支付其他与投资活动有关的现金	0.17	0.33	0.24	0.18	0.23
投资活动现金流出小计	11.42	16.40	31.73	21.27	55.82
投资活动产生的现金流量净额	-11.21	-16.29	-31.66	-18.05	-55.62
筹资活动产生的现金流量:					
吸收投资收到的现金	0.06		8.33		
其中:子公司吸收少数股东投资收到的现金	0.06		8.33		
筹资活动现金流入小计	0.06		8.33		
分配股利、利润及偿付利息支付的现金	89.05	164.41	201.17	240.91	264.76
其中:子公司支付给少数股东的股利、利润	3.79	26.24	18.54	27.04	22.40
支付其他与筹资活动有关的现金				0.37	0.88
筹资活动现金流出小计	89.05	164.41	201.17	241.28	265.64
筹资活动产生的现金流量净额	-88.99	-164.41	-192.84	-241.28	-265.64
汇率变动对现金的影响	0.00	0.00	0.00	0.00	-0.02
现金及现金等价物净增加额	121.33	233.15	227.61	257.37	319.00
期初现金及现金等价物余额	627.95	749.28	982.43	1 210.04	1 467.41
期末现金及现金等价物余额	749.28	982.43	1 210.04	1 467.41	1 786.41

表 2-22　贵州茅台 2017—2021 年经营现金流量表（间接法）　　　　单位：亿元

项目	2017 年	2018 年	2019 年	2020 年	2021 年
净利润	290.06	378.30	439.70	495.23	557.21
加：资产减值准备	-0.08	0.01	0.05		
固定资产折旧、油气资产折耗、生产性生物资产折旧	10.35	10.85	11.50	11.96	13.45
无形资产摊销	0.81	0.80	0.83	1.10	1.24
长期待摊费用摊销	0.10	0.10	0.10	0.11	0.11
处置固定资产、无形资产及其他长期资产的损失			0.00		
固定资产报废损失	0.03	0.02	0.00	0.00	0.12
公允价值变动损失			0.14	-0.05	0.02
财务费用					0.14
投资损失				0.00	-0.58
递延所得税资产减少	3.44	3.53	-0.51	-0.23	-11.14
递延所得税负债增加			-0.04	-0.71	-0.01
存货的减少	-14.35	-14.49	-17.78	-35.84	-45.25
经营性应收项目的减少	-4.59	5.26	34.25	-5.04	5.04
经营性应付项目的增加	-64.24	29.48	-16.15	49.45	118.81
（间接法）经营活动产生的现金流量净额	221.53	413.85	452.11	516.69	640.29

表 2-23　五粮液 2017—2021 年资产负债表　　　　单位：亿元

项目	2017 年	2018 年	2019 年	2020 年	2021 年
流动资产：					
货币资金	405.92	489.60	632.39	682.10	823.36
应收票据	111.88	161.35	146.43	185.68	238.59
应收账款	1.10	1.27	1.34	0.41	0.64
应收款项融资			34.50	20.24	16.42
预付款项	1.98	2.21	2.32	2.47	1.96
其他应收款	6.34	8.72	12.49	0.36	0.26
存货	105.58	117.95	136.80	132.28	140.15
流动资产合计	632.80	781.10	966.27	1 023.56	1 221.38
非流动资产：					
可供出售金融资产	0.01	0.01			

(单位:亿元)（续表）

项目	2017 年	2018 年	2019 年	2020 年	2021 年
其他非流动金融资产			0.01	0.01	0.01
长期股权投资	8.63	9.19	10.22	18.50	19.11
固定资产	52.93	52.62	61.09	58.67	56.10
在建工程	2.73	3.52	8.12	14.82	26.46
使用权资产					6.98
无形资产	3.99	4.13	4.10	4.34	5.56
商誉	0.02	0.02	0.02	0.02	0.02
长期待摊费用	1.32	1.12	0.92	1.23	1.56
递延所得税资产	6.80	8.72	11.57	14.86	16.84
其他非流动资产		0.51	1.65	2.93	2.19
非流动资产合计	76.43	79.84	97.70	115.37	134.83
资产总计	709.23	860.94	1 063.97	1 138.93	1 356.21
流动负债：					
应付票据	6.30	4.14	4.19	7.64	8.72
应付账款	31.38	31.52	32.58	33.83	54.04
预收款项	46.46	67.07	125.31	0.24	0.11
合同负债				86.19	130.59
应付职工薪酬	25.67	27.69	35.95	36.30	33.36
应交税费	26.45	50.80	79.39	55.42	51.92
其他应付款	23.43	25.85	22.93	28.01	36.94
一年内到期的非流动负债					3.60
其他流动负债				11.17	16.88
流动负债合计	159.68	207.08	300.35	258.79	336.16
非流动负债：					
租赁负债					3.55
递延收益(非流动负债)	2.80	2.67	2.66	2.56	2.58
非流动负债合计	2.80	2.67	2.66	2.56	6.13
负债合计	162.48	209.75	303.01	261.35	342.29
所有者权益(或股东权益)：					
实收资本(或股本)	37.96	38.82	38.82	38.82	38.82
资本公积金	9.53	26.83	26.83	26.83	26.83

(单位:亿元)（续表）

项目	2017 年	2018 年	2019 年	2020 年	2021 年
盈余公积金	109.10	131.20	160.92	196.99	238.66
未分配利润	376.75	438.03	516.34	594.43	686.38
归属于母公司所有者权益合计	533.34	634.87	742.91	857.06	990.68
少数股东权益	13.40	16.32	18.05	20.52	23.23
所有者权益合计	546.74	651.19	760.96	877.58	1 013.92
负债和所有者权益总计	709.23	860.94	1 063.97	1 138.93	1 356.21

表 2-24　五粮液 2017—2021 年利润表　　　　　　　　　　　　单位:亿元

项目	2017 年	2018 年	2019 年	2020 年	2021 年
营业总收入	301.87	400.30	501.18	573.21	662.09
营业收入	301.87	400.30	501.18	573.21	662.09
营业总成本	169.54	215.24	261.23	297.39	339.58
营业成本	84.50	104.87	128.02	148.12	163.19
税金及附加	34.95	59.08	69.84	80.92	97.90
销售费用	36.25	37.78	49.86	55.79	65.04
管理费用	22.69	23.40	26.55	26.10	29.00
研发费用		0.84	1.26	1.31	1.77
财务费用	-8.91	-10.85	-14.31	-14.86	-17.32
其中:利息费用					0.69
减:利息收入		10.82	14.16	15.22	18.01
加:其他收益	0.70	1.06	1.60	1.62	2.16
投资净收益	0.68	1.01	0.93	0.94	0.97
资产减值损失	0.06	0.11	-0.03	-0.14	-0.08
信用减值损失			-0.01	0.01	-0.03
资产处置收益	0.04	0.05	0.03	0.01	-0.02
营业利润	133.75	187.18	242.46	278.26	325.52
加:营业外收入	0.45	0.44	0.30	0.41	0.52
减:营业外支出	0.28	1.55	1.70	1.89	1.54
利润总额	133.92	186.07	241.06	276.78	324.50
减:所得税	33.06	45.68	58.78	67.65	79.43
净利润	100.86	140.39	182.28	209.13	245.07
持续经营净利润	100.86	140.39	182.28	209.13	245.07

（单位：亿元）（续表）

项目	2017年	2018年	2019年	2020年	2021年
减：少数股东损益	4.12	6.54	8.26	9.59	11.30
归属于母公司所有者的净利润	96.74	133.84	174.02	199.55	233.77
综合收益总额	100.86	140.39	182.28	209.13	245.07
减：归属于少数股东综合收益总额	4.12	6.54	8.26	9.59	11.30
归属于母公司普通股东综合收益总额	96.74	133.84	174.02	199.55	233.77
每股收益：					
基本每股收益(元)	2.55	3.47	4.48	5.14	6.02
稀释每股收益(元)	2.55	3.47	4.48	5.14	6.02

表2-25　五粮液2017—2021年现金流量表（直接法）　　　　　　　单位：亿元

项目	2017年	2018年	2019年	2020年	2021年
经营活动产生的现金流量：					
销售商品、提供劳务收到的现金	357.54	460.31	631.11	626.68	809.53
收到的税费返还	0.50	0.18	0.29	0.57	0.25
收到其他与经营活动有关的现金	12.72	12.37	14.64	22.44	20.46
经营活动现金流入小计	370.75	472.86	646.05	649.68	830.23
购买商品、接受劳务支付的现金	126.23	138.66	168.58	173.41	191.38
支付给职工以及为职工支付的现金	34.95	48.24	56.34	57.41	72.41
支付的各项税费	91.02	133.09	156.35	232.28	250.85
支付其他与经营活动有关的现金	20.89	29.70	33.66	39.60	47.86
经营活动现金流出小计	273.09	349.69	414.92	502.70	562.48
经营活动产生的现金流量净额	97.66	123.17	231.12	146.98	267.75
投资活动产生的现金流量：					
收回投资收到的现金			0.08		
取得投资收益收到的现金			0.36		0.42
处置固定资产、无形资产及其他长期资产收回的现金净额	0.15	0.06	0.92	0.06	0.06
投资活动现金流入小计	0.15	0.50	0.92	0.06	0.48
购建固定资产、无形资产及其他长期资产支付的现金	2.16	3.81	16.99	9.94	15.39
投资支付的现金			0.10	7.35	0.06
投资活动现金流出小计	2.16	3.81	17.08	17.28	15.45
投资活动产生的现金流量净额	-2.01	-3.32	-16.16	-17.22	-14.97

(单位：亿元)（续表）

项目	2017年	2018年	2019年	2020年	2021年
筹资活动产生的现金流量：					
吸收投资收到的现金		18.14		0.15	
其中：子公司吸收少数股东投资收到的现金		0.01			
收到其他与筹资活动有关的现金	4.91				
筹资活动现金流入小计	4.91	18.14		0.15	
分配股利、利润及偿付利息支付的现金	36.18	54.10	72.52	92.28	108.74
其中：子公司支付给少数股东的股利、利润	2.01	3.63	6.53	6.89	8.60
支付其他与筹资活动有关的现金	5.13	0.22			3.95
筹资活动现金流出小计	41.30	54.32	72.52	92.28	112.69
筹资活动产生的现金流量净额	-36.39	-36.18	-72.52	-92.13	-112.69
汇率变动对现金的影响	0.00	0.00	0.00	0.00	0.00
现金及现金等价物净增加额	59.26	83.68	142.44	37.63	140.08
期初现金及现金等价物余额	346.66	405.92	489.60	632.04	669.67
期末现金及现金等价物余额	405.92	489.60	632.04	669.67	809.75

表 2-26　五粮液 2017—2021 年经营现金流量表（间接法）　　　　　单位：亿元

项目	2017年	2018年	2019年	2020年	2021年
净利润	100.86	140.39	182.28	209.13	245.07
加：资产减值准备	0.05	-0.04	0.03	0.06	0.06
固定资产折旧、油气资产折耗、生产性生物资产折旧	4.75	4.85	4.18	4.36	4.27
无形资产摊销	0.14	0.15	0.19	0.28	0.38
长期待摊费用摊销	0.61	0.63	0.52	0.48	0.58
处置固定资产、无形资产及其他长期资产的损失	-0.04	-0.05	-0.03	-0.01	0.02
固定资产报废损失		0.02	0.04	0.06	0.22
财务费用	0.00	0.00	0.00	0.00	0.70
投资损失	-0.68	-1.01	-0.93	-0.94	-0.97
递延所得税资产减少	-0.62	-1.92	-2.86	-3.29	-1.98
存货的减少	-12.97	-12.26	-18.86	4.45	-7.91
经营性应收项目的减少	-15.51	-52.28	-23.55	-21.22	-50.11
经营性应付项目的增加	21.06	44.71	90.08	-46.38	73.48
（间接法）经营活动产生的现金流量净额	97.66	123.17	231.12	146.98	267.75

本章小结

本章从企业战略的角度解读财务报表,为企业高层管理者提供了进一步理解和认识企业财务状况、经营绩效与现金流量的关键方法。

(1) 根据资产负债表。第一,企业高层管理者必须关注流动资产与流动负债的关系,要注意资产的两面性:流动资产越多,说明企业资产的安全性越高,但同时也可能说明企业的盈利能力偏弱,同时占用现金导致现金创造能力下降。因此,企业要注意流动资产中应收款、存货和预付款的管理。第二,企业高层管理者要提高资产流动性,实施"三控两抓"政策,即控制应收款、存货和预付款,抓好预收款和应付款。第三,注意负债管理,了解负债的利弊,实行适度负债的政策;企业高层管理者还要力争构建技术、经营和财务竞争优势,加强营运资本管理,实施OPM战略,增强无息负债能力,提高现金创造能力。

(2) 根据利润表。第一,企业高层管理者应注意财务管理的目标并非会计利润,而是经济利润或价值创造。经济利润或经济增加值(EVA)是衡量企业是否创造了价值的重要指标。第二,企业应适度负债,因为负债可以节税,进而提高净资产收益率;但负债率要适度,以防止出现财务危机。第三,企业要加强成本管理,尤其要控制固定成本和财务费用,力求降低公司的经营风险、财务风险和总风险;同时,注意节约管理费用、销售费用等期间费用,这也成为当前企业实施低价策略的重要手段。

(3) 根据现金流量表。第一,企业高层管理者一定要坚持"现金为王"的财务管理政策,并关注和认识到在三类现金中,经营净现金是"王中王",是企业生存与发展的血脉。第二,在经营过程中,企业高层管理者应关注销售、资产和资本创造经营净现金的能力。第三,企业高层管理者应关注"获现率"指标,力求"经营净现金"接近、等于或超过"应得经营净现金",使得实际赚取的经营净现金可以覆盖股东的净利润、债权人的利息和折旧摊销所需的现金。简言之,企业尽可能赚取更多的经营净现金。

此外,企业高层管理者要注意企业协调发展和可持续增长。协调发展是指企业要关注资产、收入、成本、利润、现金之间的比例关系和增长关系。可持续增长是指企业要从不同的视角关注三类可持续增长:一是企业的整体可持续增长,二是企业的自我可持续增长,三是资金可持续增长。

总之,作为企业的高层管理者或董事会成员,要学会客观、公正和全面地评价企业的经营管理和财务绩效,遵循"创利—创现—创值—风险—成长"五大标准,做到不仅要创造利润,更要创造经营净现金,创造超额利润,增强风险控制能力,提高公司的成长性!

专业术语

无本经营战略(Other People's Money, OPM)
资产流动性(Assets Liquidity)
现金为王(Cash is King)
节税效应(Effect of Taxes Saving)
资本资产定价模型(Capital Asset Pricing Model, CAPM)
贝塔系数(Coefficient of Beta, β)
经济增加值(Economic Value Added, EVA)
净现金流量(Net Cash Flow, NCF)
获现率(Rate of Real NCF from Operation to Expected NCF from Operation)
风险补偿(Risk Premium)
收入获现率(Rate of NCF from Operation Created by Sales)
资产创现率(Rate of NCF from Operation Created by Total Assets)
投入资本创现率(Rate of NCF from Operation Created by Invested Capital)
权益资本创现率(Rate of NCF from Operation Created by Equity Capital)
自我可持续增长率(Self-substantial Growth Rate)

思考与练习

(一) 单项选择题

1. A公司是制造类企业,近年来的综合平均利息率为6%,净资产收益率不超过5%,而行业的净资产收益率为6.2%。你认为A公司的净资产收益率(　　)。
   a. 很高　　　　　　b. 一般　　　　　　c. 很低　　　　　　d. 无法确定

2. 根据第1题的资料,你认为A公司的收益与风险的关系(　　)。
   a. 匹配　　　　　　b. 基本匹配　　　　c. 不匹配　　　　　d. 无法判断

3. 以下哪项措施不属于公司的"三控"政策?(　　)
   a. 减少应收账款　　b. 减少存货　　　　c. 增加应付账款　　d. 增加长期贷款

4. A公司2023年的息税前利润(EBIT)为2 000万元,财务费用为500万元,所得税税率为30%,加权平均资本成本(WACC)为15%,投入资本为10 000万元。从经济利润的角度看,A公司(　　)。
   a. 盈利2 000万元　b. 盈利105万元　　c. 亏损100万元　　d. 无法判断

5. 一家财务状况良好的企业,其必须满足(　　)。
   a. 利润>0
   b. 经营性现金净流入量>0
   c. 利润>0且经营性现金净流入量>0
   d. EVA>0且经营性现金净流入量>0

6. "现金为王"本质上是指企业拥有充足的(　　)。
   a. 投资性现金净流入量
   b. 筹资性现金净流入量
   c. 经营性现金净流入量
   d. 利润

7. 当一个部门亏损的时候,要关闭这一部门必须考虑该部门(　　)。
   a. 发生的投资性现金净流入量
   b. 发生的筹资性现金净流入量
   c. 发生的总变动成本
   d. 承担的固定成本和期间费用

8. 下表是同行业中 A、B、C 三家公司的每股收益(EPS)和每股经营净现金(NCFPS),三家公司均处于稳态阶段,哪一家公司的现金状况比较健康或正常?（   ）

公司	A	B	C
EPS	2 元/股	1.5 元/股	1.2 元/股
NCFPS	1 元/股	1.5 元/股	1.8 元/股

  a. A 公司   b. B 公司   c. C 公司   d. 都正常

9. 在其他条件不变的情况下,提高企业的负债比例可以提高企业的盈利能力,即提高(   )。

  a. 销售利润率 b. 毛利率 c. 总资产收益率 d. 净资产收益率

10. A 公司 2020 年开业,3 年来的现金流情况如下表,A 公司哪一年的现金减少?

年份	EBITDA-税收	经营净现金	投资净现金	筹资净现金	本年增加现金	年末现金余额
2020	1 000	1 200	-1 000	500	?	?
2021	1 500	1 000	-1 200	0	?	?
2022	1 600	800	0	-500	?	?

  a. 2020 年   b. 2021 年   c. 2022 年   d. 2021 年和 2022 年

11. 根据第 10 题的资料,你认为 A 公司的财务状况(   )。

  a. 很好   b. 一般   c. 不好   d. 难以判断

12. 根据第 10 题的资料,2022 年年末 A 公司的现金余额为(   )。

  a. 1 700 万元 b. 2 000 万元 c. 2 400 万元 d. 800 万元

13. A 公司的贝塔系数是 1.2,资本市场的平均年收益率是 12%,3 个月期国债的年收益率是 5%。A 公司的权益资本成本是多少?(   )

  a. 17%   b. 6%   c. 14.4%   d. 13.4%

14. 2021 年与 2020 年相比,A 公司的总资产增长 10%,营业收入增长 5%,利润增长 3%,经营净现金增长 1%。根据这些资料,你认为 A 公司的成本增长(   )。

  a. 高于营业收入的增长   b. 高于总资产的增长

  c. 低于利润的增长   d. 低于经营净现金的增长

15. 根据第 14 题的资料,你认为 A 公司的总体财务绩效(   )。

  a. 提高   b. 下降   c. 不变   d. 不好判断

（二）简述题

1. 公司应该从哪些方面加强对资产负债表的管理?
2. 为什么说"流动资产具有两面性"?如何合理判断流动资产的质量?
3. 为什么提高负债比例可以提高净资产收益率?这是否意味着负债比例越高,企业的净资产收益率就越高?
4. 为什么说"现金为王","经营净现金是王中王"?
5. 会计利润和经济利润有什么区别?

6. 简述企业"协调发展"的含义。
7. 简述企业"自我可持续增长"的假设和含义。

微案例分析

　　一百多年来,可口可乐这一"软饮料"几乎无人不知且长盛不衰,成为全世界民众最喜爱的饮料之一,被称为"神奇之水"或"魔水"。可口可乐的诞生充满传奇性。1886年春天在美国佐治亚州亚特兰大,当地一名药剂师约翰·潘伯顿(John Pemberton)在家中后院研究一种有医药用途且入口美味的水剂。他在40加仑的大铜锅内,搅拌出只要加碳酸水就能在苏打水饮品店出售的深色糖浆,这就是可口可乐的原型。此后,经由合伙人弗兰克·罗宾逊(Frank Robinson)加以包装,这一水剂就变成了史上最成功的饮料"可口可乐"(Coca-Cola)。1886年初创阶段,可口可乐只能在亚特兰大几家饮料店买到,每杯虽然只售5美分,但并不受欢迎,罗宾逊并不气馁。1887年,他加强宣传并说服阿沙·肯德勒(Asha Candler)买下全部股权,自己负责公司运营,几经周折,可口可乐终于沿着正确的方向逐步走上成功的发展之路。

　　可口可乐的成功,与之坚持不懈的"广告宣传"手段和独具匠心的"运动饮品"定位分不开。首先,资助和参与奥运会各项活动是可口可乐公司最重要的营销手段之一。自1928年至今,可口可乐公司始终是奥运会的赞助商,公司通过制作和分发带有"可口可乐"标志的纪念品、T袖衫、夹克、遮阳帽、音乐唱片、运动会导游手册、纪念章等,以及资助建立奥林匹克纪念馆和圣火传递等各项相关活动,使可口可乐赢得充满活力的运动饮品之称。其次,利用驻外美军向海外市场扩张,使得这种美式饮料成为全球性饮品。1937年可口可乐公司成为美国境内的大企业,并企图向世界各国进军,可是成绩不尽如人意。可口可乐公司的全球大发展,源于第二次世界大战。公司几经游说,使可口可乐成为"军用物资",随美军走向世界各地;公司还建立生产线,而售价仍不变,5美分一杯,有时会赔本,却赢得了"爱国的称号",而那些生产线在战后仍继续运作,令可口可乐赢得了海外市场。美国海外驻军无形中成了可口可乐最好的国际推销员,是他们把可口可乐带向世界各地!再次,根据市场需求变化及时调整口味。1985年,"新世代"可口可乐面世,但受到全美传统消费者的反对,其市场占有率下降,股价暴跌。可口可乐在美国本土的市场占有率一度低于竞争对手百事可乐。意识到问题的严重性,可口可乐公司立即推出"经典"可口可乐(Classic Coke),还原"经典口味",最终使其销量重登榜首,夺回市场份额。此外,可口可乐公司还推出"低糖"可口可乐,迎合相应消费群体的需求。现在,可口可乐在全世界超过198个国家和地区销售,而且仍是最畅销的软饮料之一。

　　由于可口可乐在全球范围内树立了知名品牌声誉,占有巨大的市场份额,其始终保持良好的经营和财务业绩。可口可乐公司的股价从2003年的每股30多美元不断上涨,2022年6月其股价在每股63美元左右。请你根据可口可乐公司2017—2021年的资产负债表(见表2-27)、利润表(见表2-28)和现金流量表(见表2-29),解读这五年来可口可乐公司的三张财务报表,并简要讨论、分析和总结其财务特征。

表 2-27 可口可乐公司 2017—2021 年资产负债表　　　　　　单位：百万美元

项目	2017 年	2018 年	2019 年	2020 年	2021 年
流动资产：					
现金及现金等价物	6 006	8 926	6 480	6 795	9 684
交易性金融资产	348	392	412	505	609
其他短期投资	14 374	6 716	4 319	3 751	2 525
应收款项合计	5 614	5 288	5 821	4 923	6 313
应收账款及票据	3 667	3 396	3 971	3 144	3 512
其他应收款	1 947	1 892	1 850	1 779	2 801
存货	2 655	2 766	3 379	3 266	3 414
其他流动资产	7 548	6 546			
流动资产合计	36 545	30 634	20 411	19 240	22 545
非流动资产：					
固定资产净值	8 203	8 232	10 838	10 777	9 920
权益性投资	20 856	19 407	19 025	19 273	17 598
其他长期投资	1 124	867	854	812	818
商誉及无形资产	16 636	17 270	26 766	28 550	34 613
其他非流动资产	4 532	6 806	8 487	8 644	8 860
非流动资产合计	51 351	52 582	65 970	68 056	71 809
总资产	87 896	83 216	86 381	87 296	94 354
流动负债：					
应付账款及应付票据	2 288	2 498	3 804	3 517	4 602
应交税费	757	693	856	1 231	686
交易性金融负债	77	149	52	56	40
短期借贷及长期借贷当期到期部分	16 503	18 191	15 247	2 668	4 645
其他流动负债	7 569	7 692	7 014	7 129	9 977
流动负债合计	27 194	29 223	26 973	14 601	19 950
非流动负债：					
长期借贷	31 182	25 364	27 516	40 125	38 116
其他非流动负债	10 543	9 571	10 794	11 286	11 428
非流动负债合计	41 725	34 935	38 310	51 411	49 544
总负债	68 919	64 158	65 283	66 012	69 494
股东权益：					
普通股股本	1 760	1 760	1 760	1 760	1 760

(单位：百万美元)（续表）

项目	2017年	2018年	2019年	2020年	2021年
储备	76 294	79 754	83 009	84 156	87 210
库存股	50 677	51 719	52 244	52 016	51 641
其他综合性收益	-10 305	-12 814	-13 544	-14 601	-14 330
普通股权益总额	17 072	16 981	18 981	19 299	22 999
归属于母公司股东权益	17 072	16 981	18 981	19 299	22 999
少数股东权益	1 905	2 077	2 117	1 985	1 861
股东权益合计	18 977	19 058	21 098	21 284	24 860
总负债和股东权益	87 896	83 216	86 381	87 296	94 354

表2-28 可口可乐公司2017—2021年利润表　　　　　　单位：百万美元

项目	2017年	2018年	2019年	2020年	2021年
营业总收入	35 410	31 856	37 266	33 014	38 655
主营业务收入	35 410	31 856	37 266	33 014	38 655
营业总支出	25 752	22 077	26 722	23 164	27 501
营业成本	13 256	11 770	14 619	13 433	15 357
营业费用	12 496	10 307	12 103	9 731	12 144
营业利润	9 658	9 779	10 544	9 850	11 154
加：利息收入	677	682	563	370	276
减：利息支出	841	919	946	1 437	1 597
加：权益性投资损益	1 071	1 008	1 049	978	1 438
其他非经营性损益	-1 666	-1 121	34	841	2 000
非经常项目前利润	8 899	9 429	11 244	10 602	13 271
加：非经常项目损益	-2 157	-1 079	-458	-853	-846
税前利润	6 742	8 350	10 786	9 749	12 425
减：所得税	5 560	1 623	1 801	1 981	2 621
少数股东损益	35	42	65	21	33
持续经营净利润	1 147	6 685	8 920	7 747	9 771
加：非持续经营净利润	101	-251			
净利润	1 248	6 434	8 920	7 747	9 771
归属于普通股股东净利润	1 248	6 434	8 920	7 747	9 771
综合收益	2 221	4 429	8 864	6 558	9 941

表 2-29　可口可乐公司 2017—2021 年现金流量表　　　　　　单位：百万美元

项目	2017 年	2018 年	2019 年	2020 年	2021 年
将净利润调整为经营活动产生的现金流量：					
净利润	1 248	6 434	8 920	7 747	9 771
加：折旧与摊销	1 260	1 086	1 365	1 536	1 452
营运资本变动	3 529	-1 202	366	690	1 325
其他非现金调整	1 069	1 309	-180	-129	77
经营活动产生的现金流量净额	7 106	7 627	10 471	9 844	12 625
投资活动：					
出售固定资产收到的现金	104	245	978	189	108
减：资本性支出	1 675	1 347	2 054	1 177	1 367
投资减少	15 911	14 977	6 973	13 835	7 059
减：投资增加	16 520	7 789	4 704	13 583	6 030
其他投资活动产生的现金流量净额	-270	-159	-5 169	-741	-2 535
投资活动产生的现金流量净额	-2 450	5 927	-3 976	-1 477	-2 765
筹资活动：					
债务增加	29 857	27 339	23 009	26 934	13 094
减：债务减少	28 768	30 568	24 850	28 796	12 866
股本增加	1 595	1 476	1 012	647	702
减：股本减少	3 682	1 912	1 103	118	111
支付的股利合计	6 320	6 644	6 845	7 047	7 252
其他筹资活动产生的现金流量净额	-129	-38	-227	310	-353
筹资活动产生的现金流量净额	-7 447	-10 347	-9 004	-8 070	-6 786
现金净流量：					
汇率变动的影响	242	-262	-72	76	-159
现金及现金等价物净增加额	-2 549	2 945	-2 581	373	2 915
现金及现金等价物期初余额	8 555	5 981	9 061	6 422	6 769
现金及现金等价物期末余额	6 006	8 926	6 480	6 795	9 684

第三章　分析企业财务报表

第一节　财务报表的分析体系
第二节　财务报表的三维分析：以李宁和安踏为例
第三节　财务指标的比率分析：以李宁和安踏为例
本章小结
专业术语
思考与练习
微案例分析

导　言

　　许多成功的企业家或高层管理者虽然并非财务专业人士，却精通经营、财务和投资之道，从而引领企业持续发展，这得益于他们敏锐的战略眼光、卓越的领导才能以及深谙企业财务报表。财务报表犹如名贵香水，只能细细品味，不能囫囵吞枣。系统地分析企业的财务报表，有助于了解企业的财务状况和经营绩效，揭示企业面临的各种问题和风险，并判断企业采取的各项对策是否有效。在本章，我们将讨论如何设计和构造财务指标体系，系统地反映企业在盈利能力、资产流动性或资产变现能力、负债管理能力、资产运营效率、现金创造能力、创值能力、资本市场表现等方面的表现和潜在问题，探讨企业财务绩效和风险的主要影响因素，为企业高层管理者树立"利润—现金—价值—风险—成长"的财务管理理念，并为其战略、经营和财务决策提供系统且科学的依据。

第一节　财务报表的分析体系

一、财务报表分析的重要性

作为CEO,当你拿到公司的财务报表时,你最想知道的无非是这样一些问题:(1)公司盈利了吗?(2)公司面临哪些风险,包括经营和财务方面的风险?(3)从中长期来看,公司应该如何调整财务政策以应对及控制所面临的问题和风险?(4)公司是否有充裕的资金以实施新增投资项目?从短期与中长期相结合,战略、经营和财务相结合的角度看,盈利、风险、调控、增长是公司高层管理者在分析财务报表时要了解的四大问题。盈利是当前的成绩,风险是面临的问题,调控是行动的手段,增长是最终的目的!

一般来说,财务报表分析的目的在于了解企业的财务和经营状况,从中发现存在的问题,为战略、经营和财务决策提供系统而科学的依据。

作为一名CEO或企业高层管理者,分析自己所在企业的财务报表有四大作用:一是评价企业的经营业绩,了解企业销售的盈利能力、资产的盈利能力和资本的盈利能力,并分析盈利能力的影响因素。二是诊断企业的经营和财务状况,一方面通过分析企业的收入、成本、利润状况,判断其经营能力或经营风险;另一方面通过了解企业的负债状况,判断其是否具有偿债能力或财务风险。三是评价、调整和规划企业的财务政策,包括融资政策、投资政策、营运资本管理政策、股利政策等。四是通过财务报表分析,全面了解企业的财务经营状况、面临的经营环境和内外部问题、竞争优劣势,从而制定和调整企业的发展战略,把握企业的发展机遇,维持企业的可持续发展。

股东或债权人与CEO或高层管理者一样,也必须了解企业总体的财务状况,但股东更加关注的是企业的盈利能力和自身的利益。那么,公司高层管理者是否为股东赚取了最大收益?换言之,股东最为关心的是公司高层管理者是在为股东创造价值还是在损害股东价值?因此,作为权益资本提供者和公司所有者的股东,十分关注权益资本的收益状况、股东的财富和公司的财务风险等。作为公司的债权人,在决定是否批准企业的贷款申请和签订借贷合同时,必须分析企业的财务报表,在分析和把握企业总体财务状况的基础上,重点关注、评价和判断企业未来还本付息的能力及其影响因素,包括企业目前的负债状况、资产的流动性、盈利能力、现金创造能力和未来发展前景,以保证贷款或债权的安全性和获利性。

二、财务报表分析体系的基本框架

作为CEO、股东、债权人和相关政府部门,都需要分析和评价企业整体的财务状况、存在的问题和未来的发展趋势,但他们各自关注的重点、分析的角度和深度有所不同。因此,构造一个系统的财务指标体系,使之能够综合考虑各类财务报表使用者的需要,特别是满足企业高层管理者的需要,以便高层管理者能够全面而深入地分析和评价企业的财务绩效,及时发现企业面临的问题及其成因,并为解决这些问题提供科学的决策依据,就显得十分必要了。

企业高层管理者在拿到财务报表时,首先应该对报表进行"三维分析",即结构分析、趋势分析和比较分析。所谓"结构分析",就是以报表的某一个会计科目为基准,将其他会计科目除以该科目,得到一个结构性比例关系。以资产负债表为例,结构分析就是以企业的总资产为基准,将资产负债表的其他科目除以总资产,得到其占总资产的比重。结构分析的主要目的在于找出报表中最重要的一些会计科目,并在后续对其进行重点分析。所谓"趋势分析",是指将财务报表的会计科目和财务指标进行历史比较分析或纵向比较分析,研究报表会计科目或财务指标在过去几年的变化趋势。趋势分析往往在结构分析之后,重点对主要的会计科目或财务指标的增减变化进行分析,并寻找背后的成因。所谓"比较分析",就是将研究对象与行业竞争对手的相同会计科目或财务指标进行对比分析,研究二者之间的差异以及差异的成因。竞争对手可以是行业标杆企业,也可以是企业最直接的竞争对手。

在三维分析之后,一般进行财务指标体系分析或财务比率分析。目前,财务指标体系有三种基本的设计思路,但结果大同小异。一是按照财务报表使用者来分类,可以分为高层管理者使用的指标、股东使用的指标和债权人使用的指标;二是按照财务管理的三大功能来分类,可以分为经营类指标、投资类指标、筹资或融资类指标;三是按照财务报表之间的相互关系及其与企业价值的相互关系来分类,可以分为盈利能力指标、资产流动性指标、负债管理能力指标、资产运营效率指标、现金创造能力指标、创值能力指标,以及上市公司的资本市场表现指标。

作为高层管理者,必须全面把握企业的财务状况,了解债权人和股东的要求,并按照财务报表之间的相互关系来设置企业财务指标体系(见图3-1),这更有助于高层管理者和董事会成员进行科学的决策。这是因为这种财务指标体系的设置框架实际上更加深入地反映了企业在经营、投资、筹资三个方面的绩效和存在的问题,并有利于高层管理者从股东、债权人、管理者等多个视角分析企业的财务状况。详细的财务指标体系及其计算公式可参阅附录中的附表1。

第一,盈利能力指标。盈利能力指标用于反映公司的利润与收入、资产和资本之间的比例关系,可以分为三类:(1)反映利润与收入之间比例关系的指标,(2)反映利润与资产之间比例关系的指标,(3)反映利润与资本之间比例关系的指标。

第二,资产流动性指标。资产流动性指标用于反映公司的流动资产与流动负债之间的比例关系,可以分为两类:(1)反映流动负债偿还能力的短期偿债能力指标,(2)反映营运资本管理水平的营运资本管理能力指标。

第三,负债管理能力指标。负债管理能力指标用于反映公司的负债管理状况,可以分为两类:(1)反映公司负债程度的指标,(2)反映公司偿债能力或还本付息能力的指标。

第四,资产运营效率指标。资产运营效率指标用于反映公司使用资产的效率或管理水平,可以分为三类:(1)反映总资产运营效率的指标,(2)反映短期资产运营效率的指

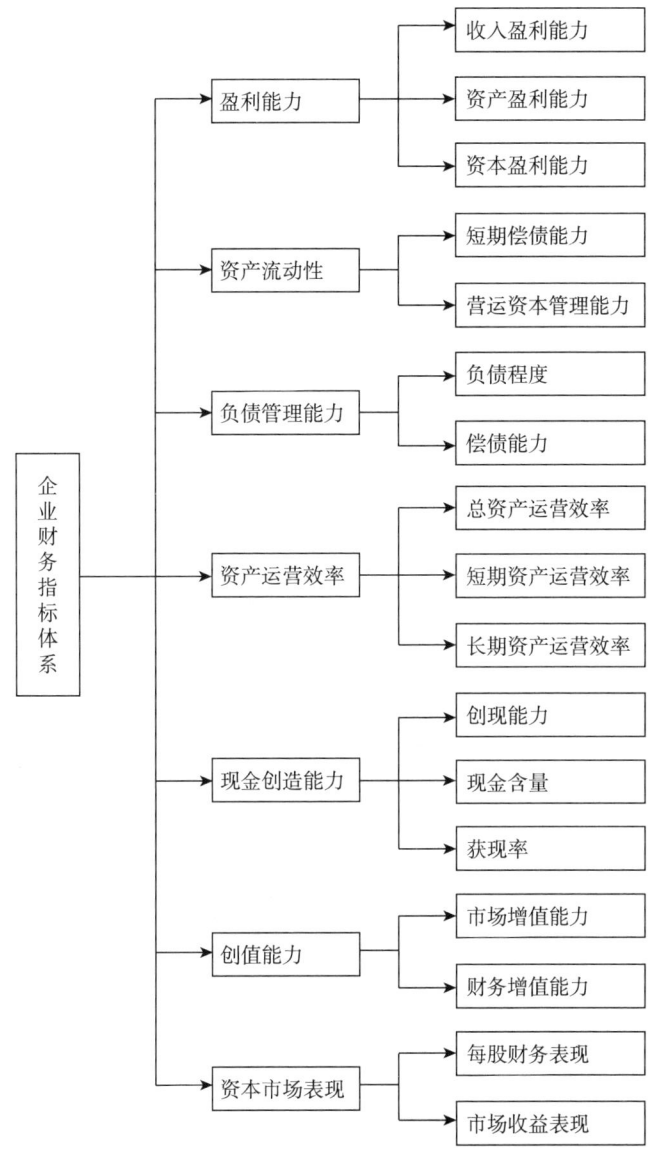

图3-1 企业财务指标体系的基本框架

标,(3)反映长期资产运营效率的指标。

第五,现金创造能力指标。现金创造能力指标用于反映公司的收入和利润所带来的现金,可以分为三类:(1)反映资产、资本与现金之间关系的创现能力指标,(2)反映收入、利润与现金关系的现金含量指标,(3)反映实际现金与应得现金之间关系的获现率指标。

第六,创值能力指标。创值能力指标用于反映公司是否为股东创造财富,可以分为两类:(1)从资本市场投资的角度衡量和反映股东财富是否增值的指标,(2)从公司财务管理的角度衡量和反映股东财富是否增值的指标。

第七,资本市场表现指标。资本市场表现指标用于反映股东持有公司股份所获得的收益或拥有的财富,可以分为两类:(1)基于账面价值计算的收益或财富类指标(如每股收益、每股净资产、每股经营净现金、每股现金分红等),(2)基于股票价格计算的收益或财富类指标(如市盈率、股利收益率、资本利得率等)。

第二节 财务报表的三维分析：以李宁和安踏为例

进行财务指标体系的三维分析——结构分析、趋势分析和比较分析,把握主要会计科目和各种财务指标的结构、变化趋势和相互关系,是了解公司财务状况的基本方法。为了理论联系实际、学以致用,本章以李宁和安踏为例,运用财务报表的三维分析方法,对其2017—2021年的资产负债表、利润表和现金流量表进行比较分析。

一、公司背景简介

(一) 李宁公司

1989年,20世纪最佳运动员之一李宁先生提出"李宁"品牌的概念。同年,健力宝集团成立广东李宁,制造并销售"李宁"品牌运动服装,我国第一个国家级运动品牌由此诞生。1997年8月,上海李宁成立,注册资本为50万元人民币。李宁公司为中国领先的体育品牌企业之一,拥有品牌营销、研发、设计、制造、经销及零售能力,产品主要包括自有李宁品牌之运动及休闲鞋类、服装、配件和器材产品,主要采用外包生产和外包经销的模式,并已建立庞大的(国内)供应链管理体系以及分销和零售网络。

2004年,李宁公司以国际配售及香港公开发售的方式在香港联合交易所主板上市。2008年,在李宁悬空奔跑点燃了奥运火炬之后,"李宁"品牌的知名度达到了空前的高度。2010年,李宁公司调整营销策略,对品牌进行重新定位,将口号由"一切皆有可能"改为"Make the Change",并邀请林志玲担任新品牌代言人。2011年开始,在行业竞争加剧的环境下,由于无效的国际化举措、运营和管理效率低下,加上过度扩张导致渠道库存积压过量,导致李宁公司的经营财务状况转差,2011年营业收入为89.29亿元,但净利润大幅下降,仅为4.11亿元,经营净现金只有1 600万元。此后连续三年亏损,2012—2014年累计亏损34亿元,其中2012年度亏损近20亿元。2012年,公司引入战略投资者TPG公司,并开启全方位的变革计划,从传统批发式运营转变为以零售及体育营销为导向的运营模式,历经一系列管理改革、资产出售、销售模式变革后,公司的整体运营能力和财务状况在2017年之后明显好转。

2016年,李宁公司针对童装业务重新规划发展策略,推出青少年品牌"李宁YOUNG"。2018年,公司又推出新的运动时尚系列——中国李宁,并成功登陆国际时装周进行产品推广。2019年,国潮的崛起助力"中国李宁"产品系列的销售实现爆发式增长。在新冠疫情扰动下,公司2020年业务受到一定影响,但在2021年重拾增长势头,并开启新一轮扩张期,截至2021年,李宁公司共有门店7 137家。

(二) 安踏公司

安踏体育用品有限公司(以下简称"安踏公司")创建于1994年,是国内规模较大的集设计、生产、开发、制造与营销导向于一体的综合性体育用品企业。2000年全国制鞋工业信息中心的数据显示,安踏运动鞋在同类产品中市场综合占有率居全国第二,"安踏"已经跻身为中国市场四大运动品牌之一。2001年开始,安踏公司启动产品的多元化和品牌的国际化进程,开始向运动服、配件等服饰系列产品领域拓展。公司发展至今,由于品牌形象好,价格适中,"安踏"已成为大众市场比较受欢迎的品牌。公司鞋类生产设施位于福建省晋江市,设有15条生产线生产"安踏"鞋类产品以及长汀的服装生产基地以充分提升产能及效率。

安踏公司2007年7月10日在香港联合交易所上市,保荐人为摩根士丹利。"安踏"成为海外资本市场募集资金规模最大、备受海内外投资者青睐的民族体育品牌,自此跨入新的发展历程。2009年,安踏公司成为中国奥委会合作伙伴,并代理"FILA"品牌。2010年,安踏公司代理"卡宾"品牌,其净利润位居本土品牌第一。2011年,公司营业收入为89.05亿元,净利润高达17.31亿元,经营净现金为14.48亿元。2012年,公司率先走出运动服饰行业低谷,并反超李宁公司成为国产体育运动产品的龙头企业。

2016年,安踏公司相继收购Descente、Kolon Sport、Amer Sports等国际运动品牌/集团,形成多品牌布局,助力集团高质量增长。2020年,公司针对"安踏"品牌进行DTC(Direct to Consumer,直面消费者)改革和数字化转型,在中国11个省市共3 500多家安踏门店率先开展混合运营模式,其中60%由公司直营、40%由加盟商按安踏运营标准运营,打通"人、货、场",以更有效的方式直面消费者。截至2021年上半年,安踏公司已建立完整的DTC模式、零售流程及运营标准,品牌运营效率不断提升。2021年12月,安踏公司发布新十年战略"单聚焦、多品牌、全球化",继续"单聚焦"体育用品赛道,以"多品牌"匹配市场需求,深化"全球化"布局。

(三)李宁和安踏2017—2021年的财务报表

2017年之后,李宁重新回到正常的增长轨道。尽管此时李宁的规模和效益均大幅落后于安踏,但其发展后劲也不容小觑。两家公司之间的较量与竞争,再度引发社会和消费者的关注。为此,我们选择李宁与安踏2017—2021年的财务报表进行比较分析(见表3-1至3-6)。[①]

表3-1 李宁公司2017—2021年资产负债表　　　　　　　　　　单位:亿元

项目	2017年12月31日	2018年12月31日	2019年12月31日	2020年12月31日	2021年12月31日
流动资产					
货币资金	25.29	36.72	59.61	71.87	147.45
应收账款	11.38	9.29	6.87	6.59	9.03

---

① 李宁和安踏都是香港上市公司,其财务报表披露格式与中国内地上市公司的财务报表披露格式不同。为便于更好地理解和比较,我们按照中国内地的财务报表披露格式对其财务报表各项目进行适当重分类调整。

（单位：亿元）（续表）

项目	2017年12月31日	2018年12月31日	2019年12月31日	2020年12月31日	2021年12月31日
其他应收款	3.23	0.37	1.18	3.23	10.76
存货	11.03	12.40	14.07	13.46	17.73
其他流动资产	0.18	5.09	3.66	2.62	1.75
流动资产合计	**51.10**	**63.86**	**85.39**	**97.77**	**186.72**
非流动资产					
固定资产	8.38	8.30	10.39	10.65	16.26
权益性投资	6.89	7.28	10.57	11.01	12.67
可供出售投资	0.14				
其他长期投资			1.19	3.70	53.55
商誉及无形资产	2.58	2.34	11.75	12.57	15.20
土地使用权	0.76	0.74	0.72	1.66	1.63
其他非流动资产	3.36	4.74	5.47	8.58	16.72
非流动资产合计	**22.11**	**23.41**	**40.08**	**48.17**	**116.03**
资产总计	**73.21**	**87.27**	**125.47**	**145.94**	**302.75**
流动负债					
应付账款	11.45	11.33	13.48	12.27	15.99
应交税费	1.37	2.23	6.10	7.33	14.96
交易性金融负债			0.02	0.09	0.09
其他流动负债	8.46	14.21	27.56	30.46	45.99
流动负债合计	**21.28**	**27.77**	**47.17**	**50.15**	**77.04**
非流动负债					
其他非流动负债	1.20	1.30	7.07	8.89	14.67
非流动负债合计	**1.20**	**1.30**	**7.07**	**8.89**	**14.67**
总负债	**22.48**	**29.08**	**54.23**	**59.04**	**91.71**
股东权益					
普通股股本	2.03	2.04	2.14	2.28	2.39
储备	48.67	56.10	69.03	84.79	208.86
其他综合性收益	0.01	0.02	0.05	-0.21	-0.23
少数股东权益	0.03	0.03	0.03	0.03	0.03
股东权益合计	**50.74**	**58.20**	**71.24**	**86.89**	**211.04**
负债与股东权益总计	**73.21**	**87.27**	**125.47**	**145.94**	**302.75**

表 3-2　李宁公司 2017—2021 年利润表　　　　　　　　　　　　　　　单位:亿元

项目	2017 年	2018 年	2019 年	2020 年	2021 年
营业收入	88.74	105.11	138.70	144.57	225.72
营业成本	46.97	54.58	70.64	73.63	106.03
销售费用	32.73	37.08	44.45	44.25	61.38
管理费用	5.01	6.80	9.68	8.05	11.11
财务费用	−0.18	−0.10	0.30	0.32	−0.33
其中:利息支出	0.26	0.14	0.59	0.66	1.12
投资收益	0.74	0.64	3.43	0.83	1.59
金融资产减值损失转回(净额)		0.18	0.12	−0.30	0.16
营业利润	4.94	7.56	17.18	18.86	49.28
营业外收支	0.44	0.95	1.39	3.62	4.00
税前利润	5.38	8.50	18.57	22.48	53.28
所得税	0.22	1.35	3.57	5.49	13.17
净利润	5.15	7.15	14.99	16.98	40.11
少数股东损益	0.00	0.00	0.00	0.00	0.00
归属于母公司股东的净利润	5.15	7.15	14.99	16.98	40.11

表 3-3　李宁公司 2017—2021 年现金流量表　　　　　　　　　　　　　单位:亿元

项目	2017 年	2018 年	2019 年	2020 年	2021 年
将净利润调整为经营活动产生的现金流量					
净利润	5.15	7.15	14.99	16.98	40.11
加:折旧与摊销	3.63	4.10	8.18	10.09	11.38
营运资本变动	3.51	4.48	11.76	1.42	8.26
其他非现金调整	−0.70	0.99	0.10	−0.85	5.50
经营活动产生的现金流量净额	11.59	16.72	35.03	27.63	65.25
投资活动					
出售固定资产收到的现金	0.04	0.04	0.04	0.08	0.06
减:资本性支出	4.28	6.01	6.86	7.46	18.03
投资减少		0.11	67.49	103.74	98.40
减:投资增加	0.00	0.10	67.72	104.49	133.83
其他投资活动产生的现金流量净额	0.82	1.13	1.32	−1.79	−11.98
投资活动产生的现金流量净额	−3.43	−4.83	−5.73	−9.92	−65.39

(单位:亿元) (续表)

项目	2017 年	2018 年	2019 年	2020 年	2021 年
筹资活动					
债务增加	0.02				
减:债务减少	2.02		3.26	3.25	5.01
股本增加	0.17	0.51	0.56	1.89	86.12
减:支付的股利			2.15	3.78	5.15
其他筹资活动产生的现金流量净额	-0.50	-1.17	-1.63		
筹资活动产生的现金流量净额	-2.32	-0.66	-6.49	-5.13	75.96
现金净流量					
汇率变动的影响	-0.09	0.19	0.08	-0.33	-0.25
现金及现金等价物净增加额	5.76	11.42	22.90	12.26	75.58
现金及现金等价物期初余额	19.54	25.29	36.72	59.61	71.87
现金及现金等价物期末余额	25.29	36.72	59.61	71.87	147.45

表 3-4　安踏公司 2017—2021 年资产负债表　　　　　　　　　单位:亿元

项目	2017 年 12 月 31 日	2018 年 12 月 31 日	2019 年 12 月 31 日	2020 年 12 月 31 日	2021 年 12 月 31 日
流动资产					
货币资金	69.68	92.84	82.21	153.23	175.92
应收账款	20.89	25.05	38.96	37.31	32.96
其他应收款	16.44	21.33	24.10	23.73	32.80
存货	21.55	28.92	44.05	54.86	76.44
其他流动资产	25.86	24.70	43.89	58.04	80.90
流动资产合计	154.42	192.84	233.21	327.17	399.02
非流动资产					
固定资产	19.09	25.36	25.69	27.29	37.79
权益性投资		5.07	105.51	96.58	90.27
持有至到期投资	1.03	1.08			
可供出售投资	0.49	0.64	0.64		
其他长期投资				0.70	7.22
商誉及无形资产	7.05	6.85	39.15	56.87	67.30
土地使用权	4.47	7.47	0.03	0.03	14.15
其他非流动资产	4.20	4.44	7.97	10.03	10.93
非流动资产合计	36.32	50.90	178.98	191.50	227.66
资产总计	190.74	243.74	412.18	518.67	626.68

(单位:亿元)（续表）

项目	2017年12月31日	2018年12月31日	2019年12月31日	2020年12月31日	2021年12月31日
流动负债					
短期借款	1.48	12.44	13.59	19.68	17.48
应付账款	14.47	22.62	41.63	23.76	31.46
应交税费	5.45	8.84	17.20	19.78	25.47
交易性金融负债		0.02		0.17	
其他流动负债	23.57	31.59	51.70	53.76	85.02
流动负债合计	44.98	75.48	124.12	117.15	159.43
非流动负债					
长期借贷		0.70	66.44	124.56	114.25
其他非流动负债	2.15	2.36	11.02	18.72	36.37
非流动负债合计	2.15	3.06	77.46	143.28	150.62
总负债	**47.14**	**78.54**	**201.57**	**260.43**	**310.05**
股东权益					
普通股股本	2.59	2.59	2.61	2.61	2.61
储备	140.75	159.32	201.71	241.46	293.97
其他综合性收益	-6.28	-4.14	-3.50	-3.94	-7.35
少数股东权益	6.54	7.43	9.79	18.11	27.40
股东权益合计	**143.61**	**165.20**	**210.61**	**258.24**	**316.63**
负债与股东权益总计	**190.74**	**243.74**	**412.18**	**518.67**	**626.68**

表3-5　安踏公司2017—2021年利润表　　　　　　　　　　　　　　　　　单位:亿元

项目	2017年	2018年	2019年	2020年	2021年
营业收入	166.92	241.00	339.28	355.12	493.28
营业成本	84.51	114.13	152.69	148.61	189.24
销售费用	38.09	65.25	97.21	107.66	177.53
管理费用	9.01	12.23	13.13	21.22	29.28
财务费用	-3.22	-0.68	0.53	4.62	-3.32
其中:利息支出	0.16	0.50	2.78	4.07	4.43
投资收益			-6.33	-6.01	-0.81
营业利润	38.53	50.07	69.39	67.00	99.74
营业外收支	4.58	7.60	10.70	13.89	12.66

(单位：亿元)（续表）

项目	2017年	2018年	2019年	2020年	2021年
税前利润	43.11	57.67	80.08	80.89	112.40
所得税	11.52	15.33	23.84	25.20	30.21
净利润	31.59	42.34	56.24	55.69	82.19
少数股东损益	0.71	1.31	2.80	4.07	4.99
归属于母公司股东的净利润	30.88	41.03	53.44	51.62	77.20

表3-6　安踏公司2017—2021年现金流量表　　　　　　　　　　单位：亿元

项目	2017年	2018年	2019年	2020年	2021年
将净利润调整为经营活动产生的现金流量					
净利润	31.59	42.34	56.24	55.69	82.19
加：折旧与摊销	2.50	3.42	14.69	20.79	32.66
营运资本变动	-3.81	-4.44	-8.02	-22.12	-2.82
其他非现金调整	1.53	3.08	11.94	20.22	6.58
经营活动产生的现金流量净额	31.81	44.40	74.85	74.58	118.61
投资活动					
出售固定资产收到的现金					
减：资本性支出	5.85	8.08	10.87	8.51	14.93
投资减少	45.62	52.75	32.93	126.20	173.49
减：投资增加	56.08	39.73	167.50	137.45	205.82
其他投资活动产生的现金流量净额	0.53	-16.95	14.79	0.53	0.57
投资活动产生的现金流量净额	-15.79	-12.01	-130.65	-19.23	-46.69
筹资活动					
债务增加	1.48	16.35	84.64	96.40	6.52
减：债务减少	15.75	2.73	24.58	62.06	34.85
股本增加	34.35	0.04	7.09	0.21	
减：支付的股利	19.37	24.25	14.17	14.04	24.11
其他筹资活动产生的现金流量净额	-0.73	-0.77	-6.29	-8.22	2.97
筹资活动产生的现金流量净额	-0.02	-11.36	46.70	12.29	-49.47
现金净流量					
汇率变动的影响	-4.63	2.14	-1.53	3.38	0.24
现金及现金等价物净增加额	11.38	23.16	-10.63	71.02	22.69
现金及现金等价物期初余额	58.30	69.68	92.84	82.21	153.23
现金及现金等价物期末余额	69.68	92.84	82.21	153.23	175.92

二、结构分析

结构分析是以总资产为基数,分析资产负债表中各项目占总资产的比重,找出主要的资产负债项目;以营业收入为基数,分析利润表中各项目占营业收入的比重,计算企业的各项盈利能力指标;以年末现金余额为基数,分析现金流量表中的经营净现金、投资净现金、筹资净现金和年初现金余额占年末现金余额的比例关系,了解企业不同现金来源对年末现金余额的贡献程度;等等。结构分析的目的在于找到重要的报表项目,并揭示这些项目之间的结构关系。

首先,以李宁公司和安踏公司利润表的结构分析为例(见表3-7)。由表3-7可知:(1)两家公司的营业成本占营业收入的比重均呈稳定下降趋势,其中李宁公司的营业成本占营业收入比重基本上保持在47%—53%,下降趋势较为缓慢,而安踏公司营业成本占营业收入比重的下降趋势更为明显,从2017年的50.63%下降为2021年的38.36%,平均为44.64%。这意味着李宁公司2017—2021年的平均毛利率为49.26%,而安踏公司的平均毛利率达到55.36%,高出李宁公司6.1个百分点。这主要是由于安踏公司毛利率较高的FILA收入占比逐年攀升,并且Descente和Kolon Sport品牌定位高端,毛利率也相对较高,加之DTC模式创造了更高的毛利率,均使得安踏公司毛利率显著更高。(2)安踏公司对期间费用特别是销售费用的控制更为出色。2017—2021年,安踏公司销售费用占营业收入比重平均仅为28.97%,而李宁公司销售费用占营业收入比重为32.40%,高出安踏公司3.43个百分点;管理费用方面,安踏公司管理费用占营业收入比重平均为5.25%,而李宁公司管理费用占营业收入比重平均为5.92%,两家公司差异不大。(3)对期间费用的良好控制,使得安踏公司的营业利润率(营业利润/营业收入)明显高于李宁公司。但是,李宁公司2017—2021年的营业利润率显著提升,由2017年的5.57%提高到2021年的21.83%;而安踏公司的营业利润率略有下降,从2017年的23.08%下降到2021年的20.22%。在EBIT和税后利润占营业收入比重方面,与营业利润率相比,两家公司的趋势对比情况也基本类似。

表3-7 李宁公司和安踏公司2017—2021年利润表的结构分析　　　　单位:%

公司	项目	2017年	2018年	2019年	2020年	2021年	均值
李宁	营业收入	100.00	100.00	100.00	100.00	100.00	100.00
	营业成本	52.94	51.93	50.93	50.93	46.97	50.74
	销售费用	36.89	35.28	32.05	30.61	27.19	32.40
	管理费用	5.65	6.47	6.98	5.57	4.92	5.92
	财务费用	−0.20	−0.09	0.22	0.22	−0.14	0.00
	营业利润	5.57	7.19	12.38	13.05	21.83	12.00

(单位:%) (续表)

公司	项目	2017年	2018年	2019年	2020年	2021年	均值
李宁	EBIT	5.85	8.00	13.60	15.77	23.46	13.34
	税前利润	6.06	8.09	13.39	15.55	23.61	13.34
	净利润	5.81	6.80	10.81	11.75	17.77	10.59
安踏	营业收入	100.00	100.00	100.00	100.00	100.00	100.00
	营业成本	50.63	47.36	45.00	41.85	38.36	44.64
	销售费用	22.82	27.07	28.65	30.32	35.99	28.97
	管理费用	5.40	5.07	3.87	5.98	5.94	5.25
	财务费用	-1.93	-0.28	0.16	1.30	-0.67	-0.28
	营业利润	23.08	20.78	20.45	18.87	20.22	20.68
	EBIT	23.90	23.65	23.76	24.08	22.11	23.50
	税前利润	25.82	23.93	23.60	22.78	22.79	23.78
	净利润	18.92	17.57	16.58	15.68	16.66	17.08

其次,我们对李宁公司和安踏公司的资产负债表结构进行分析(见表3-8),整体而言,李宁公司和安踏公司资产的流动性和变现能力较为接近。(1)从资产结构来看,2017—2021年,李宁公司流动资产和非流动资产占总资产比重平均分别为67.94%和32.06%;流动资产中货币资金占总资产比重为44.42%,应收账款和存货合计占总资产比重为18.94%。安踏公司同期流动资产占总资产比重略高于李宁公司,平均为68.68%,而非流动资产占总资产比重略低于李宁公司,平均为31.32%;但其流动资产中货币资金占总资产比重略低,平均为30.44%,而应收账款和存货合计占总资产比重为19.96%。这表明李宁公司的变现能力略优于安踏公司。(2)从负债结构来看,2017—2021年,李宁公司负债占总资产比重平均仅为35.60%,其中绝大部分为流动负债中的应付账款,占比高达10.61%。李宁公司自2017年以来没有发生任何有息负债,意味着公司近年来的财务政策极为保守,这有助于李宁公司保障财务安全,但在一定程度上会削弱资产的盈利能力。反观安踏公司,同期负债占总资产比重高达41.11%,其中流动负债中应付账款占总资产比重为7.31%,有息负债占总资产比重为14.88%。有息负债的增加主要是由于安踏公司近年来采取的并购扩张战略,借助债务融资收购Descente、Kolon Sport、Amer Sports等国际运动品牌/集团所致。(3)从流动比率(流动资产/流动负债)来看,2017—2021年李宁公司平均流动比率为2.15倍,而安踏公司同期的平均流动比率为2.59倍,两家公司的流动性都非常不错,但安踏公司略优。

表 3-8　李宁公司和安踏公司 2017—2021 年资产负债表的结构分析　　　　单位:%

公司	项目	2017 年	2018 年	2019 年	2020 年	2021 年	均值
李宁	流动资产	69.80	73.18	68.06	66.99	61.67	67.94
	货币资金	34.55	42.07	47.51	49.25	48.70	44.42
	应收账款	15.54	10.64	5.47	4.51	2.98	7.83
	存货	15.06	14.21	11.22	9.22	5.86	11.11
	非流动资产	30.20	26.82	31.94	33.01	38.33	32.06
	总负债	30.70	33.32	43.22	40.46	30.29	35.60
	流动负债	29.06	31.83	37.59	34.36	25.45	31.66
	应付账款	15.64	12.99	10.74	8.41	5.28	10.61
	非流动负债	1.64	1.49	5.63	6.09	4.85	3.94
	有息负债	0.00	0.00	0.00	0.00	0.00	0.00
	所有者权益	69.30	66.68	56.78	59.54	69.71	64.40
	投入资本	69.30	66.68	56.78	59.54	69.71	64.40
	总资产	100.00	100.00	100.00	100.00	100.00	100.00
安踏	流动资产	80.96	79.12	56.58	63.08	63.67	68.68
	货币资金	36.53	38.09	19.94	29.54	28.07	30.44
	应收账款	10.95	10.28	9.45	7.19	5.26	8.63
	存货	11.30	11.87	10.69	10.58	12.20	11.33
	非流动资产	19.04	20.88	43.42	36.92	36.33	31.32
	总负债	24.71	32.22	48.90	50.21	49.48	41.11
	流动负债	23.58	30.97	30.11	22.59	25.44	26.54
	应付账款	7.58	9.28	10.10	4.58	5.02	7.31
	非流动负债	23.58	30.97	30.11	22.59	25.44	26.54
	有息负债	0.78	5.39	19.41	27.81	21.02	14.88
	所有者权益	75.29	67.78	51.10	49.79	50.52	58.89
	投入资本	76.06	73.17	70.51	77.60	71.55	73.78
	总资产	100.00	100.00	100.00	100.00	100.00	100.00

最后,我们分析李宁公司和安踏公司的现金流量表结构(见表 3-9)。从表 3-9 可知:(1)从五年均值来看,李宁公司经营活动产生的净现金占年末现金余额的 46.57%,投资活动净现金支出占年末现金余额的 -18.89%,这主要是在国潮文化驱动下,公司在 2021 年开启了新一轮的投资扩张;而安踏公司经营活动产生的净现金占年末现金余额的 60.13%,投资活动净现金支出占年末现金余额的 -46.72%,这与安踏公司自 2016 年以来相继收购 Descente、Kolon Sport、Amer Sports 等国际运动品牌/集团以及进行 DTC 改革和数字化转型紧密相关。(2)李宁公司筹资活动产生的净现金占年末现金余额的 4.50%,

这主要是由公司在2021年发行新股融资带来的,其他年度筹资活动的现金流支出主要是发放股利;安踏公司筹资活动产生的净现金占年末现金余额的4.89%,其中2019年和2020年主要是由于获得银行贷款以及发行可转债带来筹资净现金的流入,其他年度则是由于发放股利以及偿还利息等导致筹资净现金流出。(3)李宁公司每年现金增加平均为32.12%,安踏公司每年现金增加平均为17.52%。这表明两家公司经营活动产生的净现金基本上可以保障投资和筹资活动产生的净现金支出,带来当年净现金的增加。

表3-9 李宁公司和安踏公司2017—2021年现金流量表的结构分析　　单位:%

公司	项目	2017年	2018年	2019年	2020年	2021年	均值
李宁	经营净现金	45.83	45.54	58.77	38.45	44.25	46.57
	投资净现金	-13.54	-13.15	-9.62	-13.80	-44.35	-18.89
	筹资净现金	-9.19	-1.79	-10.88	-7.14	51.52	4.50
	本年现金增减	22.76	31.11	38.41	17.05	51.26	32.12
	年初现金余额	77.24	68.89	61.59	82.95	48.74	67.88
	年末现金余额	100.00	100.00	100.00	100.00	100.00	100.00
安踏	经营净现金	45.66	47.82	91.05	48.67	67.42	60.13
	投资净现金	-22.66	-12.94	-158.93	-12.55	-26.54	-46.72
	筹资净现金	-0.03	-12.24	56.80	8.02	-28.12	4.89
	本年现金增减	16.33	24.95	-12.93	46.35	12.90	17.52
	年初现金余额	83.67	75.05	112.93	53.65	87.10	82.48
	年末现金余额	100.00	100.00	100.00	100.00	100.00	100.00

三、趋势分析

趋势分析是将财务报表的主要会计科目和财务指标进行历史比较分析或纵向比较分析,从而揭示企业主要财务数据和财务指标的发展与变化趋势。趋势分析有助于企业高层管理者分析企业的经营和财务发展趋势,并从动态的角度观察企业主要经营和财务数据的变化及其影响因素。

趋势分析的主要方法是计算财务报表各财务数据的变动百分比或增长率,通过表格的形式,以数量变动值显示企业财务数据的变化趋势。例如,表3-10、表3-11和表3-12分别反映了李宁公司和安踏公司2018—2021年的利润表、资产负债表和现金流量表主要项目的财务数据变动情况。

从表3-10可知:(1)除2020年受新冠疫情影响外,李宁公司和安踏公司在2018—2021年均保持较快的发展速度,取得较好的经营绩效。李宁公司2018—2021年营业收入、EBIT和净利润的年均增长率分别达到26.29%、78.68%和67.04%;安踏公司同期营业收入、EBIT和净利润的年均增长率也达到31.11%、28.60%和27.01%。安踏公司营业收入增长率高于李宁公司,但李宁公司 EBIT 和净利润的增长率却远高于安踏公司。(2)具体到各年的发展趋势,除 2020 年之外,李宁公司的增长速度呈现逐年递增的变化趋势,而安踏公司的增长速度有所减缓。李宁公司的营业收入增长率由 2018 年的 18.45% 提高到 2021 年的 56.13%,EBIT 增长率由 2018 年的 61.85% 提高到 2021 年的 132.32%,净利润增长率由 2018 年的 38.84% 提高到 2021 年的 136.15%;而安踏公司的增长速度呈现缓慢下降的趋势,其营业收入增长率由 2018 年的 44.38% 下降到 2021 年的 38.91%。李宁公司各项经营指标的快速增长反映出通过推出"李宁 YOUNG"和"中国李宁"以及受国潮文化驱动,公司重拾增长势头,开启新一轮的扩张。而安踏公司的增长速度虽然有所趋缓,但增长率仍然处于行业领先水平。(3)2018—2021 年,李宁公司平均的营业成本、销售费用和管理费用的增长率与营业收入的增长率基本同步,安踏公司的营业成本的增长速度低于营业收入的增长速度,但销售费用和管理费用的增长速度基本上高于营业收入的增长速度,三者整体上与营业收入的增长速度也比较匹配。这表明两家公司对成本和费用的控制都比较强。

表 3-10 李宁公司和安踏公司 2018—2021 年利润表的趋势分析　　单位:%

公司	项目	2018 年增长率	2019 年增长率	2020 年增长率	2021 年增长率	年均增长率
李宁	营业收入	18.45	31.95	4.23	56.13	26.29
	营业成本	16.19	29.42	4.22	44.01	22.57
	销售费用	13.29	19.86	-0.46	38.72	17.02
	管理费用	35.69	42.42	-16.86	37.96	22.02
	营业利润	53.03	127.28	9.80	161.29	77.73
	税前利润	58.19	118.33	21.08	137.04	77.44
	EBIT	61.85	124.39	20.82	132.32	78.68
	净利润	38.84	109.59	13.30	136.15	67.04
安踏	营业收入	44.38	40.78	4.67	38.91	31.11
	营业成本	35.04	33.79	-2.67	27.34	22.33
	销售费用	71.29	48.99	10.75	64.90	46.93
	管理费用	35.69	7.36	61.66	37.98	34.26
	营业利润	29.97	38.57	-3.44	48.87	26.85
	税前利润	33.80	38.86	1.01	38.95	27.07
	EBIT	42.90	41.44	6.07	27.56	28.60
	净利润	32.87	30.25	-3.41	49.55	27.01

注:年均增长率使用几何平均数。

对两家公司资产负债表的变化趋势(见表 3-11)进行分析后可知:(1)两家公司的总

资产、总负债和所有者权益都表现出逐年增长的态势,并且李宁公司的总资产增长速度更快,这主要是由于在2021年,李宁公司的总资产增长速度明显提升并显著高于安踏公司。2018—2021年,李宁公司的年均总资产增长速度高达42.60%,而安踏公司只有34.63%。(2)李宁公司总资产的快速增长,更多体现在非流动资产的快速增长上。2018—2021年李宁公司非流动资产的年均增长率高达51.35%,而流动资产的年均增长率仅为38.26%。类似地,安踏公司的非流动资产和流动资产的年均增长率分别为58.23%和26.79%。(3)2018—2021年,李宁公司总负债和所有者权益的年均增长率分别为42.12%和42.81%;安踏公司总负债的年均增长率高达60.15%,所有者权益的年均增长率仅为21.86%。这说明安踏公司的规模扩张战略更多地依靠负债的扩张而非所有者权益的扩张。(4)从各年度的变化趋势来看,两家公司资产负债表主要项目的年增长率波动较大,这主要是受2020年新冠疫情的影响。除安踏公司流动资产的增长率在2020年呈现上升趋势外,两家公司的总资产、流动资产、非流动资产、总负债以及所有者权益的增长率在2020年均出现显著下降。

表3-11 李宁公司和安踏公司2018—2021年资产负债表的趋势分析　　　单位:%

公司	项目	2018年增长率	2019年增长率	2020年增长率	2021年增长率	年均增长率
李宁	流动资产	24.97	33.71	14.49	90.99	38.26
	货币资金	45.16	62.37	20.56	105.16	55.39
	应收账款	-18.38	-26.08	-4.05	37.05	-5.62
	存货	12.44	13.51	-4.39	31.75	12.61
	非流动资产	5.88	71.21	20.19	140.86	51.35
	总负债	29.36	86.51	8.87	55.32	42.12
	流动负债	30.53	69.82	6.33	53.61	37.94
	应付账款	-1.03	18.96	-8.98	30.33	8.71
	非流动负债	8.59	442.57	25.86	64.93	87.01
	所有者权益	14.70	22.42	21.97	142.87	42.81
	投入资本	14.70	22.42	21.97	142.87	42.81
	总资产	19.20	43.77	16.31	107.45	42.60
安踏	流动资产	24.88	20.93	40.29	21.96	26.79
	货币资金	33.24	-11.45	86.39	14.81	26.05
	应收账款	19.92	55.55	-4.24	-11.66	12.08
	存货	34.21	52.30	24.53	39.34	37.23
	非流动资产	40.13	251.63	7.00	18.88	58.23
	总负债	66.63	156.64	29.20	19.05	60.15
	流动负债	67.79	64.44	-5.61	36.09	37.21

(单位:%)（续表）

公司	项目	2018年增长率	2019年增长率	2020年增长率	2021年增长率	年均增长率
安踏	应付账款	56.33	84.06	-42.92	32.41	21.44
	非流动负债	42.34	2427.22	84.98	5.12	189.20
	所有者权益	15.04	27.49	22.61	22.61	21.86
	投入资本	22.92	62.97	38.48	11.40	32.59
	总资产	27.79	69.11	25.83	20.82	34.63

注：年均增长率使用几何平均数。

进一步对两家公司的现金流量表的变化趋势（见表3-12）进行分析可知：(1)除2020年受新冠疫情影响外，两家公司的经营净现金都表现出逐年上升的趋势。李宁公司的经营净现金增长率从2018年的44.23%升至2021年的136.14%；安踏公司的经营净现金增长率从2018年的39.55%升至2021年的59.04%。这表明虽然受到疫情影响，但两家公司的经营活动仍然呈现较强的增长态势。(2)两家公司的投资净现金表现迥异。李宁公司在营业收入和经营活动快速增长的同时，保持投资现金支出逐年递增；安踏公司的投资现金支出波动幅度较大，2019年的投资净现金支出增长率达到峰值，为987.76%。(3)在筹资行为方面，李宁公司2018—2020年保持筹资活动的现金净流出，这主要是对股东的现金股利支付，其在2021年通过发行新股产生大量的筹资净现金流入；安踏公司则在2019年和2020年通过银行贷款和发行可转债融入大量现金，其他年度由于发放股利以及支付利息等支出大量现金。(4)安踏公司2019年的现金余额为负，这与其当年大规模的投资有关；但公司在其他年度均保持大量的现金余额，这反映出公司平时保持较为稳健的财务政策，并在合适机会敢于投资。李宁公司的年末现金余额尽管逐年增加，但与安踏公司相比，除2021年发行新股外，其他年度的年末现金余额仍然较低。

表3-12 李宁公司和安踏公司2018—2021年现金流量表的趋势分析   单位:%

公司	项目	2018年增长率	2019年增长率	2020年增长率	2021年增长率	年均增长率
李宁	经营净现金	44.23	109.55	-21.13	136.14	54.03
	投资净现金	41.00	18.72	72.94	559.44	109.03
	筹资净现金	-71.77	888.11	-20.83	-1 579.32	—
	本年现金增减	98.45	100.46	-46.48	516.67	90.35
	年初现金余额	29.47	45.16	62.37	20.56	38.49
	年末现金余额	45.16	62.37	20.56	105.16	55.39
安踏	经营净现金	39.55	68.59	-0.36	59.04	38.95
	投资净现金	-23.91	987.76	-85.28	142.80	31.14
	筹资净现金	46 722.50	-510.93	-73.68	-502.52	571.92
	本年现金增减	103.59	-145.89	-768.15	-68.05	18.84

(单位:%) (续表)

公司	项目	2018 年增长率	2019 年增长率	2020 年增长率	2021 年增长率	年均增长率
安踏	年初现金余额	19.51	33.24	-11.45	86.39	27.33
	年末现金余额	33.24	-11.45	86.39	14.81	26.05

注:年均增长率使用几何平均数。

四、比较分析

比较分析就是将企业的主要财务数据或财务比率与同行业竞争对手进行横向对比,以反映企业的财务状况与竞争对手之间的差异。比较分析可以将企业的主要财务数据或财务比率与竞争对手的平均数进行对比分析,反映企业的财务状况与竞争对手一般状况之间的差距;也可以将企业的主要财务数据或财务比率与同行业先进企业的财务数据或财务比率进行对比分析,揭示企业的财务状况与同行业先进企业的财务状况之间的差距。例如,在 2000 年前后,李宁公司一直是国内运动品牌的领跑者,但安踏公司自 2007 年上市以来发展迅速,两家公司之间的竞争日趋白热化。通过比较分析,企业高层管理者可以了解本企业在同行业竞争中的地位,把握本企业与竞争对手在经营和财务方面的优势与劣势,揭示企业的经营和财务状况及其发展态势。因此,在财务管理实践中,比较分析具有极其重要的现实意义。李宁公司和安踏公司的主要财务数据比较已经体现在前文的结构分析和趋势分析中,这里不再赘述。

第三节 财务指标的比率分析:以李宁和安踏为例

根据图 3-1 有关企业财务指标体系的设计思路和基本框架,我们逐一介绍和讨论企业的财务比率或财务指标体系,包括其含义、计算公式和需要注意的问题。同时,我们以李宁公司和安踏公司 2017—2021 年的财务数据为例,运用财务比率分析方法分别计算两家公司的各项财务比率。

一、盈利能力指标

反映企业营业收入盈利能力的指标主要有毛利率、营业利润率、EBIT 利润率和净利率;反映企业资产盈利能力的指标主要有总资产利润率,包括三种衡量方式,即净利润、EBIT 和 EBIT(1−T) 分别与总资产的比值;反映企业投入资本盈利能力的指标主要有 ROE 和投入资本回报率。

1. 毛利率

毛利率是企业一定时期(如年度、半年度、季度)的毛利占当期营业收入的比重,表明企业每一元营业收入所产生的毛利。该指标值越大,说明企业营业收入的盈利能力越强;反之越弱。毛利率的计算公式为:

$$毛利率 = \frac{营业收入 - 营业成本}{营业收入} \tag{3-1}$$

2021 年李宁公司的毛利率 = 119.69/225.72 = 53.03%

2021 年安踏公司的毛利率 = 304.04/493.28 = 61.64%

2. 营业利润率

营业利润率是企业一定时期(如年度、半年度、季度)的营业利润占当期营业收入的比重,表明企业每一元营业收入所产生的营业利润。该指标值越大,说明企业营业收入的盈利能力越强;反之越弱。营业利润率的计算公式为:

$$营业利润率 = \frac{营业利润}{营业收入} \tag{3-2}$$

2021 年李宁公司的营业利润率 = 49.28/225.72 = 21.83%

2021 年安踏公司的营业利润率 = 99.74/493.28 = 20.22%

3. EBIT 利润率

EBIT 利润率是企业一定时期(如年度、半年度、季度)的息税前利润(EBIT)占当期营业收入的比重,表明企业每一元营业收入所产生的利息、税收和净利润。该指标值越大,说明企业营业收入的盈利能力越强;反之越弱。EBIT 利润率的计算公式为:

$$EBIT\ 利润率 = \frac{息税前利润}{营业收入} = \frac{EBIT}{营业收入} \tag{3-3}$$

2021 年李宁公司的 EBIT 利润率 = 52.96/225.72 = 23.46%

2021 年安踏公司的 EBIT 利润率 = 109.08/493.28 = 22.11%

4. 净利率

净利率是企业一定时期(如年度、半年度、季度)的净利润占当期营业收入的比重,表明企业每一元营业收入所产生的净利润(包含少数股东权益)。该指标值越大,说明企业营业收入的盈利能力越强;反之越弱。净利率的计算公式为:

$$净利率 = \frac{净利润}{营业收入} \tag{3-4}$$

2021 年李宁公司的净利率 = 40.11/225.72 = 17.77%

2021 年安踏公司的净利率 = 82.19/493.28 = 16.66%①

5. 总资产净利率

总资产净利率是企业一定时期(如年度、半年度、季度)的净利润除以企业总资产,反映企业净利润与总资产之间的比例关系②,表明企业每一元总资产所产生的净利润。该指标值越大,说明企业总资产的盈利能力越强;反之越弱。总资产净利率的计算公式为:

---

① 安踏公司每年均存在少数股东损益,作为持续性的投资收益,公司实现的净利润=账面净利润+少数股东损益。

② 在使用资产负债表数据计算财务比率时,既可以使用资产负债表本期的期末数据,也可以使用资产负债表上期末和本期末的平均数据。只要在分析过程中保持一贯性,两种方法对企业财务状况的分析结果不会有太大的出入。本书在计算财务比率时,统一采用资产负债表本期末数据。

$$总资产净利率 = \frac{净利润}{总资产} \qquad (3-5)$$

2021年李宁公司的总资产净利率 = 40.11/302.75 = 13.25%

2021年安踏公司的总资产净利率 = 82.19/626.68 = 13.12%

6. 总资产利润率

总资产利润率又称基础盈利能力(Basic Earning Power, BEP),反映企业一定时期(如年度、半年度、季度)的息税前利润与总资产之间的比例关系,表明企业每一元总资产所产生的利息、所得税和净利润。其中,利息属于债权人,税收属于政府,净利润属于股东。该指标值越大,说明企业总资产的基础盈利能力越强;反之越弱。总资产利润率的计算公式为:

$$总资产利润率 = \frac{息税前利润}{总资产} = \frac{EBIT}{总资产} \qquad (3-6)$$

2021年李宁公司的总资产利润率 = 52.96/302.75 = 17.49%

2021年安踏公司的总资产利润率 = 109.08/626.68 = 17.41%

7. 净资产收益率

净资产收益率又称权益收益率(Return on Equity, ROE),反映企业一定时期(如年度、半年度、季度)的净利润与期末权益资本(或期末净资产)之间的比例关系,表明股东资本的盈利能力,即企业使用每一元股东资本所产生的净利润,是从企业会计利润的角度反映股东回报水平的指标。该指标值越大,说明企业权益资本的盈利能力越强,股东的收益越高;反之越低。净资产收益率的计算公式为:

$$净资产收益率 = \frac{净利润}{权益资本} = \frac{净利润}{净资产} \qquad (3-7)$$

2021年李宁公司的净资产收益率 = 40.11/211.04 = 19.01%

2021年安踏公司的净资产收益率 = 82.19/316.63 = 25.96%

值得注意的是,在现行会计制度下,ROE比较好地反映了股东资本的投资回报,但也存在一定的局限性。一是ROE是基于会计利润计算的权益资本收益率,并非基于经济利润计算的权益资本收益率,因此ROE实际上并未考虑股东资本的机会成本,并不是股东获得的超过权益资本机会成本的回报率。尽管有些企业的ROE大于零,但当ROE低于股东权益资本的机会成本时,股东实际上并未盈利,而是亏损。二是在权责会计制的条件下,企业的净利润并不一定有相应的现金作为保障,企业的经营净现金可能小于净利润,因此ROE并不能反映权益资本的现金收益。三是ROE实际上受营业利润率、企业资产周转速度、负债程度、利率高低和所得税税率等的影响。企业可以通过提高营业利润率、资产周转率、负债率或享受税收优惠政策来提高ROE。

8. 投入资本回报率

投入资本回报率(Return on Invested Capital, ROIC)反映企业一定时期(如年度、季度)的息前税后利润与当期投入资本之间的比例关系,表明企业每投入一元权益资本和债务资本(银行长期和短期借款、企业发行的长期和短期债券)——企业"所有需要支付成本的资本"——所产生的利息和净利润。其中,利息归债权人所有,净利润归股东所有。因此,该指标反映了股东和有息债权人的投入资本所获得的税后综合回报。该指标值越大,说明企业投入资本的盈利能力越强;反之越弱。投入资本回报率的计算公式为:

$$投入资本回报率 = 息前税后利润/投入资本 = EBIT(1-T)/投入资本 \quad (3-8)$$

2021 年李宁公司的投入资本回报率 = 52.96×(1-25%)/211.04 = 18.82%

2021 年安踏公司的投入资本回报率 = 109.08×(1-25%)/448.36 = 18.25%

ROIC 的意义或应用价值在于其与加权平均资本成本(WACC)的关系,可用于判断企业是否创值。WACC 的计算公式为:

$$WACC = \frac{负债价值}{企业总价值} \times K_D(1-T) + \frac{权益价值}{企业总价值} \times K_S \quad (3-9)$$

其中,K_D 表示企业需要付息的债务资本平均成本;K_S 表示企业的权益资本成本;企业总价值=负债价值+权益价值,一般指市场价值,但在没有公允市场价值信息的情况下,可以采用调整的账面价值或重估价值代替。

我们也可以使用投入资本的比例来计算 WACC,即

$$WACC = \frac{各类需要付息的负债}{投入资本} \times K_D(1-T) + \frac{权益资本}{投入资本} \times K_S \quad (3-10)$$

可见,WACC 实际上代表着股东和债权人预期的平均税后综合收益,或企业使用股东的权益资本和有息债权人的债务资本所要支付的平均综合成本。因此,当 ROIC > WACC 时,说明企业投入资本的收益超过投入资本的成本,超过股东和债权人的平均预期收益,企业为股东创造了价值,是个"创值型公司";当 ROIC < WACC 时,说明企业投入资本的收益不足以弥补投入资本的成本,低于股东和债权人的平均预期收益,企业损害了股东的价值,是个"损值型公司"。

我们利用李宁公司和安踏公司 2017—2021 年的财务数据,运用财务比率分析方法分别计算反映两家公司盈利能力的各项财务比率,如表 3-13 所示。

表 3-13 李宁公司和安踏公司 2017—2021 年盈利能力的主要财务指标   单位:%

公司	项目	2017 年	2018 年	2019 年	2020 年	2021 年	均值
李宁	毛利率	47.06	48.07	49.07	49.07	53.03	49.26
	营业利润率	5.57	7.19	12.38	13.05	21.83	12.00
	EBIT 利润率	5.85	8.00	13.60	15.77	23.46	13.34
	净利率	5.81	6.80	10.81	11.75	17.77	10.59
	总资产净利率	7.04	8.20	11.95	11.64	13.25	10.41
	总资产利润率	7.10	9.63	15.04	15.62	17.49	12.98
	净资产收益率	10.15	12.29	21.04	19.55	19.01	16.41
	投入资本回报率	7.68	10.84	19.86	19.67	18.82	15.37

(单位:%) (续表)

公司	项目	2017年	2018年	2019年	2020年	2021年	均值
安踏	毛利率	49.37	52.64	55.00	58.15	61.64	55.36
	营业利润率	23.08	20.78	20.45	18.87	20.22	20.68
	EBIT利润率	23.90	23.65	23.76	24.08	22.11	23.50
	净利率	18.92	17.57	16.58	15.68	16.66	17.08
	总资产净利率	16.56	17.37	13.64	10.74	13.12	14.29
	总资产利润率	20.91	23.38	19.56	16.49	17.41	19.55
	净资产收益率	22.00	25.63	26.70	21.57	25.96	24.37
	投入资本回报率	20.62	23.97	20.80	15.93	18.25	19.91

注:EBIT=净利润+所得税+财务费用,其中所得税税率按25%计;香港上市公司的营业利润构成与A股上市公司的营业利润构成不同。投入资本回报率=EBIT(1−T)/(短期借款+长期借款+股东权益)。

二、资产流动性指标

1. 流动比率

流动比率反映了流动资产与流动负债的比例关系,表明了企业以流动资产偿还流动负债的能力,实际上也表明了企业流动资产的变现能力。该指标值越大,说明企业短期偿债能力越强;反之越弱。流动比率的计算公式为:

$$流动比率 = \frac{流动资产}{流动负债} \tag{3-11}$$

2021年李宁公司的流动比率=186.72/77.04=2.42

2021年安踏公司的流动比率=399.02/159.43=2.50

2. 速动比率

速动比率反映了企业"变现能力较强的流动资产"与流动负债的比例关系,表明了企业以有较强变现能力的流动资产抵偿流动负债的能力。一般而言,流动资产中变现能力最差的是存货。当企业陷入财务困境或破产时,存货往往无法变现,所谓"变现能力较强的流动资产"通常指扣除存货之外的流动资产。速动比率的计算公式为:

$$速动比率 = \frac{流动资产 - 存货}{流动负债} \tag{3-12}$$

2021年李宁公司的速动比率=(186.72−17.73)/77.04=2.19

2021年安踏公司的速动比率=(399.02−76.44)/159.43=2.02

3. 现金比率

现金比率反映了企业"变现能力最强的流动资产"与流动负债的比例关系,表明了企业以现金或银行存款抵偿流动负债的能力。现金比率的计算公式为:

$$现金比率 = \frac{货币资金}{流动负债} \tag{3-13}$$

2021年李宁公司的现金比率 = 147.45/77.04 = 1.91

2021年安踏公司的现金比率 = 175.92/159.43 = 1.10

4. 营运资本需求量比率

营运资本需求量比率反映了企业营运资本需求量与总资产的比例关系，即营运资本需求量占总资产的比重，表明了企业超过流动负债的流动资产占总资产的比重。该指标值越大，说明企业流动资产的"超额变现能力"越强；反之越弱。营运资本需求量比率的计算公式为：

$$营运资本需求量比率 = \frac{营运资本需求量}{总资产} = \frac{流动资产 - 流动负债}{总资产} \quad (3-14)$$

2021年李宁公司的营运资本需求量比率 = (186.72-77.04)/302.75 = 0.36

2021年安踏公司的营运资本需求量比率 = (399.02-159.43)/626.68 = 0.38

5. 营运资本比率

营运资本比率反映了企业经营性流动资产（非收息流动资产）与经营性流动负债（非付息流动负债）的比例关系。非收息流动资产表示企业的存货和应收账款等被他人占用的资本，非付息流动负债表示企业占用他人的资本。因此，企业充分利用非付息流动负债进行经营，就等于减少使用股东或债权人的资本来购买流动资产，从而降低企业的资本成本。该指标值越小，说明企业运用非付息流动负债来经营的能力越强，企业的资本成本越低，营运资本管理水平越高；反之，说明企业运用非付息流动负债来经营的能力越弱，企业的资本成本越高，营运资本管理水平越低。营运资本比率的计算公式为：

$$营运资本比率 = \frac{非收息流动资产}{非付息流动负债} \quad (3-15)$$

其中，非收息流动资产主要包括各类应收款、存货和预付款，非付息流动负债主要包括各类应付款和预收款以及合同负债和其他应付款。

2021年李宁公司的营运资本比率 = 39.27/77.04 = 0.51

2021年安踏公司的营运资本比率 = 223.10/141.95 = 1.57

我们利用李宁公司和安踏公司2017—2021年的财务数据，运用财务比率分析方法分别计算反映两家公司资产流动性的各项财务比率，如表3-14所示。

表3-14　李宁公司和安踏公司2017—2021年资产流动性的主要财务指标

公司	项目	2017年	2018年	2019年	2020年	2021年	均值
李宁	流动比率	2.40	2.30	1.81	1.95	2.42	2.18
	速动比率	1.88	1.85	1.51	1.68	2.19	1.82
	现金比率	1.19	1.32	1.26	1.43	1.91	1.42
	营运资本需求量比率	0.41	0.41	0.30	0.33	0.36	0.36
	营运资本比率	1.21	0.98	0.55	0.52	0.51	0.75

(续表)

公司	项目	2017年	2018年	2019年	2020年	2021年	均值
安踏	流动比率	3.43	2.55	1.88	2.79	2.50	2.63
	速动比率	2.95	2.17	1.52	2.32	2.02	2.20
	现金比率	1.55	1.23	0.66	1.31	1.10	1.17
	营运资本需求量比率	0.57	0.48	0.26	0.40	0.38	0.42
	营运资本比率	1.95	1.59	1.37	1.78	1.57	1.65

三、负债管理能力指标

1. 总资产负债率

总资产负债率反映了企业总负债（包括流动负债和非流动负债）与总资产的比例关系，表明了企业总资产中负债所占的比重。该指标值越大，说明企业的负债比例越高，企业的债务风险越大，债权人的债权资本在企业破产清算时受保护程度越低；反之，企业的负债比例越低，企业的债务风险越小，债权人的债权资本在企业破产清算时受保护程度越高。总资产负债率的计算公式为：

$$总资产负债率 = \frac{总负债}{总资产} \tag{3-16}$$

值得注意的是：首先，企业的总资产负债率并非越低越好，也并非越高越好，企业的负债比例因行业和企业特征而异，负债管理的关键问题是适度负债。其次，总资产负债率的分子包括流动负债，流动负债中包括"非付息流动负债"，非付息流动负债越多说明企业营运资本管理能力越强或管理水平越高，但是企业的总资产负债率也会越高。因此，企业在使用总资产负债率考核高层管理者业绩或评价企业负债状况时，应该注意这一问题。最后，总资产包括负债总额和权益资本总额，如何计算总资产的价值是个有争议的问题。一些专家认为应该按市场价值计算总资产的价值，但由于负债的市场价值比较难计量，而权益的市场价值易计量，可令总资产的市场价值＝（负债总额＋股份数×每股价格），即总资产等于负债的账面价值与权益的市场价值之和。

2021年李宁公司的总资产负债率＝91.71/302.75＝30.29%

2021年安踏公司的总资产负债率＝310.05/626.68＝49.48%

2. 权益乘数

权益乘数反映了企业总资产与权益资本（净资产）的比例关系，表明了每一元权益资本所支撑或带来的总资产。权益乘数越高，说明企业的权益资本占总资产的比重越低，负债比例越高；反之，说明企业的权益资本占总资产的比重越高，负债比例越低。

$$权益乘数 = 总资产/权益资本 \tag{3-17}$$

2021年李宁公司的权益乘数＝302.75/211.04＝1.43

2021年安踏公司的权益乘数＝626.68/316.63＝1.98

3. 权益长债比

权益长债比是企业权益资本与长期负债之比,反映了作为企业长期资本的权益资本与长期负债之间的比例关系。该指标值越大,说明企业长期资本中来自股东的权益资本越多,而来自债权人的长期负债越少,企业长期负债相对于权益资本越少,长期债务的保障程度越高;反之,长期债务的保障程度越低。权益长债比的计算公式为:

$$权益长债比=权益资本/长期负债 \qquad (3-18)$$

2021 年李宁公司的权益长债比 = 211.04/14.67 = 14.39

2021 年安踏公司的权益长债比 = 316.63/150.62 = 2.10

4. 利息保障倍数

利息保障倍数反映了企业可用于支付利息的利润(EBIT)、现金流量(经营净现金)或现金资产(货币资金)与利息支出之间的比例关系,表明了企业支付利息能力的高低。该指标值越大,说明企业利息支付能力越强;反之越弱。需要注意的是,利润和现金在衡量企业付息能力时有何不同呢?在权责会计制的条件下,企业的 EBIT 并不一定是现金,因此在计算利息保障倍数时,既要考虑企业使用 EBIT 付息的能力,也要考虑企业使用现金流量和现金资产付息的能力。在实践中,企业分析评价现金的付息能力比利润的付息能力更加重要。因此,我们可以根据利息保障倍数计算公式的分子是使用利润还是现金,将其分为"基于 EBIT 的利息保障倍数""基于现金流量的利息保障倍数"和"基于现金资产的利息保障倍数":

$$基于 EBIT 的利息保障倍数 = EBIT/年应付利息 \qquad (3-19)$$

$$基于现金流量的利息保障倍数 = 经营净现金/年应付利息 \qquad (3-20)$$

$$基于现金资产的利息保障倍数 = 货币资金/年应付利息 \qquad (3-21)$$

2021 年李宁公司基于 EBIT 的利息保障倍数 = 52.96/1.12 = 47.09(倍)[①]

2021 年李宁公司基于现金流量的利息保障倍数 = 65.25/1.12 = 58.02(倍)

2021 年李宁公司基于现金资产的利息保障倍数 = 147.45/1.12 = 131.11(倍)

2021 年安踏公司基于 EBIT 的利息保障倍数 = 109.08/4.43 = 24.62(倍)

2021 年安踏公司基于现金流量的利息保障倍数 = 118.61/4.43 = 26.77(倍)

2021 年安踏公司基于现金资产的利息保障倍数 = 175.92/4.43 = 39.71(倍)

5. 本息保障倍数

本息保障倍数反映了企业以可用于付息还本的利润(EBITDA)、现金流量(经营净现金)或现金资产(货币资金)与利息支出和当年应还本金之间的比例关系,表明了企业的付息还本能力。与利息保障倍数的计算原理相似,该指标值越大,说明企业的还本付息能力越强;反之越弱。根据计算公式的分子是使用利润还是现金,分为"基于 EBITDA 的

---

① 因 2021 年李宁公司没有有息负债,故利息保障倍数这一指标对李宁公司没有实际意义。该指标对重资产、高负债企业比较适用。此外,这里的年应付利息简单用利息支出来度量。但对于利息资本化程度较高的公司而言,应该把利息支出和资本化的利息费用加总计算应付利息。

本息保障倍数""基于现金流量的本息保障倍数"和"基于现金资产的本息保障倍数":

基于EBITDA的本息保障倍数=EBITDA/(利息支出+当年应还本金) （3-22）

基于现金流量的本息保障倍数=经营净现金/(利息支出+当年应还本金) （3-23）

基于现金资产的本息保障倍数=货币资金/(利息支出+当年应还本金) （3-24）

2021年李宁公司基于EBITDA的本息保障倍数 = 64.34/(1.12+0) = 57.21(倍)①

2021年李宁公司基于现金流量的本息保障倍数 = 65.25/(1.12+0) = 58.02(倍)

2021年李宁公司基于现金资产的本息保障倍数 = 147.45/(1.12+0) = 131.11(倍)

2021年安踏公司基于EBITDA的本息保障倍数 = 141.74/(4.43+17.48) = 6.47(倍)

2021年安踏公司基于现金流量的本息保障倍数 = 118.61/(4.43+17.48) = 5.41(倍)

2021年安踏公司基于现金资产的本息保障倍数 = 175.92/(4.43+17.48) = 8.03(倍)

我们基于李宁公司和安踏公司2017—2021年的财务数据,运用财务比率分析方法分别计算反映两家公司负债管理能力的各项财务比率,如表3-15所示。

表3-15 李宁公司和安踏公司2017—2021年负债管理能力的主要财务指标

公司	项目	2017年	2018年	2019年	2020年	2021年	均值
李宁	总资产负债率(%)	30.70	33.32	43.22	40.46	30.29	35.60
	权益乘数	1.44	1.50	1.76	1.68	1.43	1.56
	权益长债比	42.30	44.68	10.08	9.77	14.39	24.24
	基于EBIT的利息保障倍数(倍)	20.34	60.64	31.97	34.41	47.09	38.89
	基于现金流量的利息保障倍数(倍)	45.39	120.58	59.38	41.71	58.02	65.02
	基于现金资产的利息保障倍数(倍)	99.04	264.81	101.03	108.49	131.11	140.90
	基于EBITDA的本息保障倍数(倍)	34.57	90.20	45.84	49.63	57.21	55.49
	基于现金流量的本息保障倍数(倍)	45.39	120.58	59.38	41.71	58.02	65.02
	基于现金资产的本息保障倍数(倍)	99.04	264.81	101.03	108.49	131.11	140.90
安踏	总资产负债率(%)	24.71	32.22	48.90	50.21	49.48	41.11
	权益乘数	1.33	1.48	1.96	2.01	1.98	1.75
	权益长债比	66.69	53.90	2.72	1.80	2.10	25.44
	基于EBIT的利息保障倍数(倍)	256.69	114.16	29.04	21.01	24.62	89.10
	基于现金流量的利息保障倍数(倍)	204.74	88.92	26.96	18.32	26.77	73.14
	基于现金资产的利息保障倍数(倍)	448.39	185.93	29.61	37.65	39.71	148.26
	基于EBITDA的本息保障倍数(倍)	25.93	4.67	5.82	4.48	6.47	9.47
	基于现金流量的本息保障倍数(倍)	2.53	3.15	3.33	3.46	5.41	3.58
	基于现金资产的本息保障倍数(倍)	42.63	7.18	5.02	6.45	8.03	13.86

① 由于2021年李宁公司没有有息负债,故本息保障倍数这一指标对李宁公司同样没有实际意义。该指标对重资产、高负债企业比较适用。

四、资产运营效率指标

1. 总资产周转率

总资产周转率反映企业一定时期的营业收入与其所使用总资产的比例关系,表明当期企业使用每一元总资产所创造的营业收入。该指标值越大,说明企业总资产的使用效率越高;反之越低。总资产周转率的计算公式为:

$$总资产周转率 = \frac{营业收入}{总资产} \quad (3-25)$$

2021 年李宁公司的总资产周转率 = 225.72/302.75 = 0.75(次)

2021 年安踏公司的总资产周转率 = 493.28/626.68 = 0.79(次)

与总资产周转率对应的指标是总资产周转天数,反映按照目前的情况,企业总资产需要多长时间才能回收一次。该指标值越大,表明企业总资产的使用效率越低;反之越高。总资产周转天数的计算公式为:

$$总资产周转天数 = \frac{365}{总资产周转率} = \frac{365}{营业收入/总资产} \quad (3-26)$$

2021 年李宁公司的总资产周转天数 = 365/(225.72/302.75) = 489.55(天)

2021 年安踏公司的总资产周转天数 = 365/(493.28/626.68) = 463.71(天)

2. 流动资产周转率

流动资产周转率反映企业一定时期的营业收入与其所使用流动资产的比例关系,表明当期企业使用每一元流动资产所创造的营业收入。该指标值越大,说明企业流动资产的使用效率越高;反之越低。流动资产周转率的计算公式为:

$$流动资产周转率 = \frac{营业收入}{流动资产} \quad (3-27)$$

2021 年李宁公司的流动资产周转率 = 225.72/186.72 = 1.21(次)

2021 年安踏公司的流动资产周转率 = 493.28/399.02 = 1.24(次)

与流动资产周转率对应的指标是流动资产周转天数,反映按照目前的情况,企业流动资产需要多长时间才能回收一次。该指标值越大,表明企业流动资产的使用效率越低;反之越高。流动资产周转天数的计算公式为:

$$流动资产周转天数 = \frac{365}{流动资产周转率} = \frac{365}{营业收入/流动资产} \quad (3-28)$$

2021 年李宁公司的流动资产周转天数 = 365/(225.72/186.72) = 301.93(天)

2021 年安踏公司的流动资产周转天数 = 365/(493.28/399.02) = 295.25(天)

3. 存货周转率

存货周转率反映企业一定时期的营业收入或营业成本与存货的比例关系[1],表明当

---

[1] 一些教科书中用营业收入与存货的比值计算存货周转率。本书在计算存货周转率和存货周转天数时,统一使用主营业务成本。

期企业存货转化为营业成本的效率。该指标值越大,说明企业存货的使用效率越高;反之越低。存货周转率的计算公式为:

$$存货周转率 = \frac{营业成本}{存货} \quad (3-29)$$

2021年李宁公司的存货周转率 = 106.03/17.73 = 5.98(次)

2021年安踏公司的存货周转率 = 189.24/76.44 = 2.48(次)

与存货周转率对应的指标是存货周转天数,表明企业的存货从取得到消耗并最终转化为营业成本所需要的时间(天数)。该指标值越大,说明企业存货转化为营业成本的时间越长,存货周转速度越慢,存货管理效率越低;反之,说明企业存货转化为营业成本的时间越短,存货周转速度越快,存货管理效率越高。存货周转天数的计算公式为:

$$存货周转天数 = \frac{365}{存货周转率} = \frac{365}{营业成本/存货} \quad (3-30)$$

2021年李宁公司的存货周转天数 = 365/(106.03/17.73) = 61.03(天)

2021年安踏公司的存货周转天数 = 365/(189.24/76.44) = 147.44(天)

4. 应收账款周转率

应收账款周转率反映企业一定时期的营业收入与应收账款的比例关系,表明当期企业使用每一元应收账款所创造的营业收入,或企业应收账款转换为现金的次数。该指标值越大,说明企业应收账款的使用效率越高;反之越低。应收账款周转率的计算公式为:

$$应收账款周转率 = \frac{营业收入}{应收账款} \quad (3-31)$$

2021年李宁公司的应收账款周转率 = 225.72/9.03 = 25.00(次)

2021年安踏公司的应收账款周转率 = 493.28/32.96 = 14.97(次)

与应收账款周转率对应的指标是应收账款周转天数,反映企业收回应收账款所需要的时间(天数)。该指标值越大,说明企业收回应收账款的时间越长,应收账款周转速度越慢,应收账款管理效率越低;反之,说明企业收回应收账款的时间越短,应收账款周转速度越快,应收账款管理效率越高。应收账款周转天数的计算公式为:

$$应收账款周转天数 = \frac{365}{应收账款周转率} = \frac{365}{营业收入/应收账款} \quad (3-32)$$

2021年李宁公司的应收账款周转天数 = 365/(225.72/9.03) = 14.60(天)

2021年安踏公司的应收账款周转天数 = 365/(493.28/32.96) = 24.39(天)

5. 固定资产周转率

固定资产周转率反映企业一定时期的营业收入与其所使用固定资产的比例关系,表明当期企业使用每一元固定资产所创造的营业收入。该指标值越大,说明企业固定资产使用效率越高;反之越低。固定资产周转率的计算公式为:

$$固定资产周转率 = \frac{营业收入}{固定资产} \qquad (3-33)$$

2021年李宁公司的固定资产周转率 = 225.72/16.26 = 13.88(次)
2021年安踏公司的固定资产周转率 = 493.28/37.79 = 13.05(次)

与固定资产周转率对应的指标是固定资产周转天数,反映按照目前的情况,企业固定资产需要多长时间才能回收一次。该指标值越大,表明企业固定资产使用效率越低;反之越高。固定资产周转天数的计算公式为:

$$固定资产周转天数 = \frac{365}{固定资产周转率} = \frac{365}{营业收入/固定资产} \qquad (3-34)$$

2021年李宁公司的固定资产周转天数 = 365/(225.72/16.26) = 26.29(天)
2021年安踏公司的固定资产周转天数 = 365/(493.28/37.79) = 27.96(天)

6. 应付账款周转率

应付账款周转率反映企业一定时期的营业成本与应付账款的比例关系,表明当期企业应付账款转化为营业成本的效率。该指标值越大,说明企业应付账款使用效率越高;反之越低。应付账款周转率的计算公式为:

$$应付账款周转率 = \frac{营业成本}{应付账款} \qquad (3-35)$$

2021年李宁公司的应付账款周转率 = 106.03/15.99 = 6.63(次)
2021年安踏公司的应付账款周转率 = 189.24/31.46 = 6.02(次)

与应付账款周转率对应的指标是应付账款周转天数,表明企业的应付账款从取得到偿还并最终转化为营业成本所需要的时间(天数)。该指标值越大,说明企业应付账款转化为营业成本的时间越长,应付账款周转速度越慢,应付账款管理效率越低;反之,说明企业应付账款转化为营业成本的时间越短,应付账款周转速度越快,应付账款管理效率越高。应付账款周转天数的计算公式为:

$$应付账款周转天数 = \frac{365}{应付账款周转率} = \frac{365}{营业成本/应付账款} \qquad (3-36)$$

2021年李宁公司的应付账款周转天数 = 365/(106.03/15.99) = 55.05(天)
2021年安踏公司的应付账款周转天数 = 365/(189.24/31.46) = 60.68(天)

7. 营运资本周转天数

营运资本周转天数反映企业一定时期的营运资本管理水平。该指标值越大,说明企业无偿占用供货商的资金越少,或企业被应收账款和存货占用的资金越多,企业营运资本管理水平越低;反之,说明企业无偿占用供货商的资金越多,或企业被应收账款和存货占用的资金越少,企业营运资本管理水平越高。计算营运资本周转天数的一种简单方法是:

营运资本周转天数 = 应收账款周转天数 + 存货周转天数 − 应付账款周转天数

(3-37)

2021年李宁公司的营运资本周转天数 = 14.60+61.03−55.05 = 20.57(天)

2021年安踏公司的营运资本周转天数 = 24.39+147.44−60.68 = 111.14(天)

我们基于李宁公司和安踏公司2017—2021年的财务数据,使用财务比率分析方法分别计算反映两家公司资产运营效率的各项财务比率,如表3-16所示。

表3-16 李宁公司和安踏公司2017—2021年资产运营效率的主要财务指标

公司	项目	2017年	2018年	2019年	2020年	2021年	均值
李宁	总资产周转率(次)	1.21	1.20	1.11	0.99	0.75	1.05
	总资产周转天数(天)	301.14	303.06	330.21	368.46	489.55	358.48
	流动资产周转率(次)	1.74	1.65	1.62	1.48	1.21	1.54
	流动资产周转天数(天)	210.20	221.77	224.72	246.83	301.93	241.09
	存货周转率(次)	4.26	4.40	5.02	5.47	5.98	5.03
	存货周转天数(天)	85.67	82.90	72.71	66.70	61.03	73.80
	应收账款周转率(次)	7.80	11.32	20.20	21.94	25.00	17.25
	应收账款周转天数(天)	46.81	32.26	18.07	16.63	14.60	25.67
	固定资产周转率(次)	10.59	12.66	13.35	13.57	13.88	12.81
	固定资产周转天数(天)	34.48	28.83	27.33	26.89	26.29	28.76
	应付账款周转率(次)	4.10	4.82	5.24	6.00	6.63	5.36
	应付账款周转天数(天)	88.98	75.79	69.66	60.83	55.05	70.06
	营运资本周转天数(天)	43.50	39.37	21.12	22.50	20.57	29.41
安踏	总资产周转率(次)	0.88	0.99	0.82	0.68	0.79	0.83
	总资产周转天数(天)	417.08	369.15	443.43	533.10	463.71	445.29
	流动资产周转率(次)	1.08	1.25	1.45	1.09	1.24	1.22
	流动资产周转天数(天)	337.66	292.07	250.89	336.27	295.25	302.43
	存货周转率(次)	3.92	3.95	3.47	2.71	2.48	3.30
	存货周转天数(天)	93.08	92.51	105.31	134.74	147.44	114.61
	应收账款周转率(次)	7.99	9.62	8.71	9.52	14.97	10.16
	应收账款周转天数(天)	45.67	37.94	41.92	38.35	24.39	37.65
	固定资产周转率(次)	8.75	9.50	13.21	13.01	13.05	11.50
	固定资产周转天数(天)	41.73	38.41	27.63	28.05	27.96	32.76
	应付账款周转率(次)	5.84	5.05	3.67	6.25	6.02	5.37
	应付账款周转天数(天)	62.48	72.33	99.51	58.36	60.68	70.67
	营运资本周转天数(天)	76.28	58.11	47.72	114.73	111.14	81.60

五、现金创造能力指标

1. 销售创现率

销售创现率又称销售的现金含量,反映企业的经营净现金与营业收入的比例关系,表明企业实现每一元营业收入所带来的经营净现金。该指标值越大,说明企业营业收入的现金含量越高;反之越低。销售创现率的计算公式为:

$$销售创现率 = \frac{经营净现金}{营业收入} \tag{3-38}$$

2021 年李宁公司的销售创现率 = 65.25/225.72 = 28.91%

2021 年安踏公司的销售创现率 = 118.61/493.28 = 24.05%

2. 总资产创现率

总资产创现率反映企业的经营净现金与总资产的比例关系,表明企业使用每一元总资产所创造的经营净现金。该指标值越大,说明企业每一元总资产所创造的经营净现金越多,总资产的获现能力越强;反之越弱。总资产创现率的计算公式为:

$$总资产创现率 = \frac{经营净现金}{总资产} \tag{3-39}$$

2021 年李宁公司的总资产创现率 = 65.25/302.75 = 21.55%

2021 年安踏公司的总资产创现率 = 118.61/626.68 = 18.93%

3. 投入资本创现率

投入资本创现率反映企业的经营净现金与投入资本(权益资本、长短期银行借款、长短期企业债券)的比例关系,表明企业每投入一元需要支付成本的资本所创造的经营净现金。该指标值越大,说明企业每一元投入资本所创造的经营净现金越多,投入资本的获现能力越强;反之越弱。投入资本创现率的计算公式为:

$$投入资本创现率 = \frac{经营净现金}{投入资本} \tag{3-40}$$

2021 年李宁公司的投入资本创现率 = 65.25/211.04 = 30.92%

2021 年安踏公司的投入资本创现率 = 118.61/448.36 = 26.45%

4. 权益资本创现率

权益资本创现率反映企业的经营净现金与权益资本的比例关系,表明股东每投入一元资本所创造的经营净现金。该指标值越大,说明企业权益资本所创造的经营净现金越多,权益资本的获现能力越强;反之越弱。权益资本创现率的计算公式为:

$$权益资本创现率 = \frac{经营净现金}{权益资本} \tag{3-41}$$

2021 年李宁公司的权益资本创现率 = 65.25/211.04 = 30.92%

2021 年安踏公司的权益资本创现率 = 118.61/316.63 = 37.46%

5. 利润现金含量[①]

利润现金含量反映企业的经营净现金与净利润的比例关系,表明每一元净利润所拥有的经营净现金。该指标值越大,说明企业净利润的现金含量越高;反之越低。利润现金含量的计算公式为:

$$利润现金含量 = \frac{经营净现金}{净利润} \tag{3-42}$$

2021 年李宁公司的利润现金含量 = 65.25/40.11 = 162.69%

2021 年安踏公司的利润现金含量 = 118.61/82.19 = 144.31%

6. 获现率

获现率反映企业实际经营净现金与应得经营净现金的比例关系,表明企业获取的经营净现金占应得经营净现金的比例。其中,应得经营净现金 = 净利润+折旧+摊销+利息。该指标值越大,说明企业获取经营净现金的能力越强;反之弱。获现率的计算公式为:

$$获现率 = \frac{实际经营净现金}{应得经营净现金} \tag{3-43}$$

2021 年李宁公司的获现率 = 65.25/(40.11+11.38-0.33) = 127.54%

2021 年安踏公司的获现率 = 118.61/(82.19+32.66-3.32) = 106.35%

鉴于我国企业主要使用银行承兑汇票,同时会计政策规定企业对不良资产(如不良应收账款、无法出售的存货等)计提资产减值损失,企业处置固定资产等其他资产可能产生非经营性损益,因此(应收票据变动额-应付票据变动额)相当于一部分实际经营净现金。当(应收票据变动额-应付票据变动额)>0 时,相当于企业实际经营净现金将增加;反之,当(应收票据变动额-应付票据变动额)<0 时,相当于企业实际经营净现金将减少;而计提的资产减值损失等于增加企业应得经营净现金;处置固定资产的净损失不属于经营净现金,应该加回。因此,我们必须根据上述财务管理的实践调整获现率指标的计算,调整获现率的计算公式为:

$$调整获现率 = \frac{实际经营净现金 + 应收票据变动额 - 应付票据变动额}{净利润 + 折旧 + 摊销 + 利息 + 资产减值损失 + 处置资产净损失} \tag{3-44}$$

由于李宁公司和安踏公司没有披露应收票据和应付票据的具体金额,我们将应收票据变动额与应付票据变动额的差额视为零。另外,由于两家公司也没有披露资产减值损失和处置资产净损失等详细数据,分母直接用现金流量表的"净利润+折旧与摊销+其他非现金调整"来替代。因此,两家公司 2021 年的调整获现率分别为:

2021 年李宁公司的调整获现率 = 65.25/(40.11+11.38+5.50) = 114.50%

2021 年安踏公司的调整获现率 = 118.61/(82.19+32.66+6.58) = 97.68%

[①] 当经营净现金和净利润同时为负时,这一指标没有意义。

我们基于李宁公司和安踏公司2017—2021年的财务数据,运用财务比率分析方法分别计算反映两家公司现金创造能力的各项财务比率,如表3-17所示。

表3-17 李宁公司和安踏公司2017—2021年现金创造能力的主要财务指标　　　单位:%

公司	项目	2017年	2018年	2019年	2020年	2021年	均值
李宁	销售创现率	13.06	15.91	25.26	19.11	28.91	20.45
	总资产创现率	15.83	19.16	27.92	18.93	21.55	20.68
	投入资本创现率	22.85	28.73	49.18	31.80	30.92	32.69
	权益资本创现率	22.85	28.73	49.18	31.80	30.92	32.69
	利润现金含量	225.01	233.74	233.70	162.69	162.69	203.57
	获现率	134.71	149.87	149.25	100.90	127.54	132.45
	调整获现率	143.42	136.59	150.56	105.40	114.50	130.09
安踏	销售创现率	19.06	18.42	22.06	21.00	24.05	20.92
	总资产创现率	16.68	18.21	18.16	14.38	18.93	17.27
	投入资本创现率	21.93	24.90	25.75	18.53	26.45	23.51
	权益资本创现率	22.15	26.87	35.54	28.88	37.46	30.18
	利润现金含量	100.71	104.85	133.09	133.92	144.31	123.38
	获现率	103.05	98.47	104.74	91.96	106.35	100.91
	调整获现率	89.31	90.90	90.32	77.13	97.68	89.07

六、创值能力指标

1. 市值与面值比

市值与面值比又称市场价值与账面价值比(Market Value to Book Value),简称M/B,即企业股票市场价值与净资产账面价值之比,反映企业股票市场价值与净资产账面价值的比例关系。当股票交易价格超过净资产账面价值时,说明投资者愿意支付比净资产账面价值更高的价格来买卖股票,股票增值;反之,股票贬值。由此可见,该指标从资本市场投资的角度反映企业能否为股东创造或增加价值。市值与面值比的计算公式为:

$$市值与面值比 = \frac{股票市场价值}{净资产账面价值} \tag{3-45}$$

需要注意的是,一般来说,企业的市值与面值比受到企业财务、经营状况和成长性以及投资者情绪等的影响。第一,企业的市值与面值比大于1,可能是因为企业资产的公允价值高于账面价值。第二,若企业的市值与面值比高,则说明企业的经营状况好,成长性高;反之,则说明企业的经营状况不好,成长性低。第三,若企业的市值与面值比太高,则可能意味着股票市场"太热",股票可能被高估,股价存在泡沫。

从图3-2和图3-3可知,李宁公司和安踏公司2021年年末的股价分别为85.35港元/股和 116.90 港元/股,2021 年年末的权益账面价值分别为 8.07 元/股和 11.71 元/股[①],2021 年年末的港币与人民币的汇率为 100 港元兑换 81.73 元人民币,因此,

2021 年李宁公司的市值与面值比 = (85.35×0.8173)/8.07 = 8.65(倍)

2021 年安踏公司的市值与面值比 = (116.90×0.8173)/11.71 = 8.16(倍)

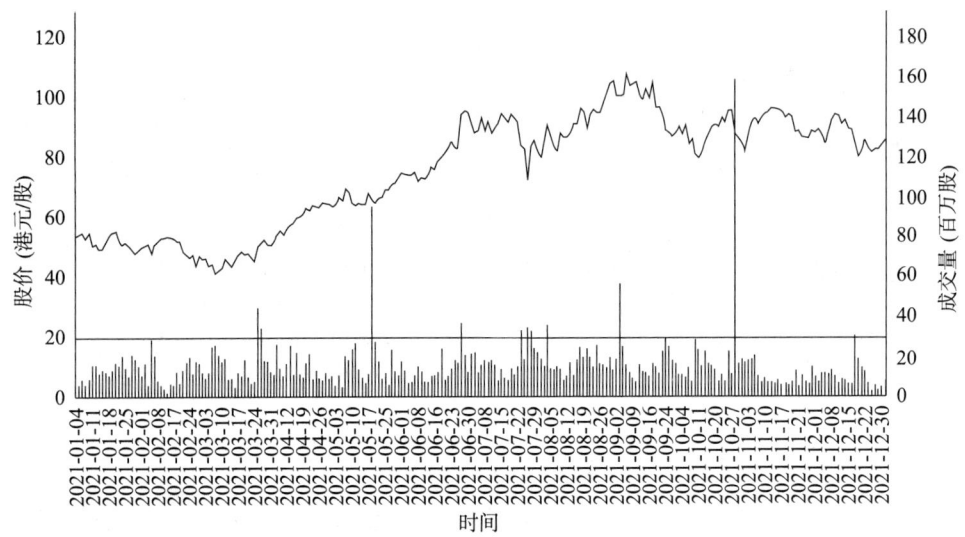

图 3-2 李宁公司 2021 年股价表现

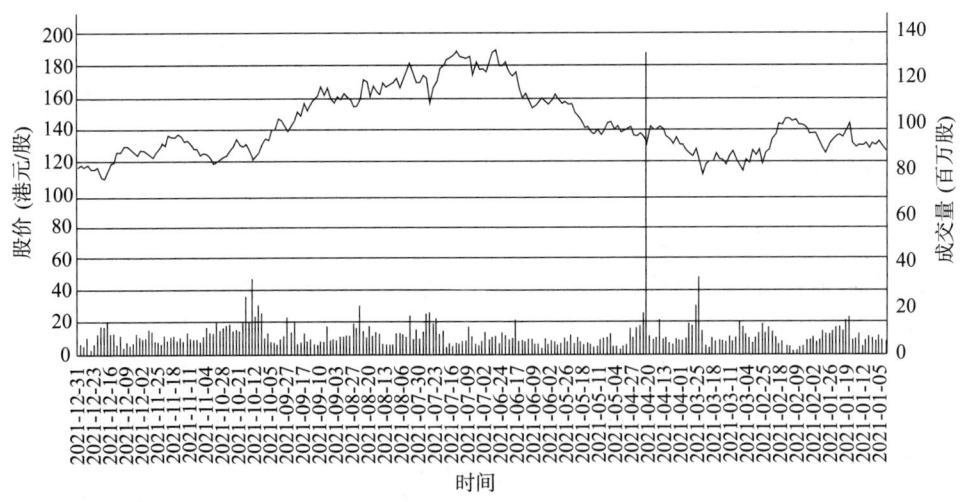

图 3-3 安踏公司 2021 年股价表现

2. 经济增加值

经济增加值(EVA)又称经济利润(Economic Profit),是指扣除股东和债权人投入资本所要求的收益之后,公司创造出来的价值。若 EVA>0,则表明企业在满足权益所有者

---

① 根据李宁公司和安踏公司 2021 年度财务报告的数据,计算出李宁公司每股权益账面价值 = 21 104 107/2 616 545.825 = 8.07(元/股),安踏公司每股权益账面价值 = 31 663 000/2 703 329 = 11.71(元/股)。

和债权人应得的收益之后,还存在"超额收益",这就是企业为权益所有者创造的价值,即为股东"增值"或"创值";若EVA<0,则表明企业使用投入资本所创造的收益不足以补偿权益所有者和债权人应得的收益,结果损害了股东的价值,即给股东带来"负值"或"损值"。EVA的计算公式为:

$$EVA = EBIT(1-T) - 投入资本 \times WACC$$
$$= 投入资本 \times (ROIC - WACC) \qquad (3-46)$$

EVA是个极其重要的财务经济学概念。分解EVA的计算公式后可知:一方面,投入资本是指股东和债权人共同投入的资本,包括权益资本、长短期的银行贷款和债券,这些资本需要支付给股东报酬(净利润)和债权人报酬(利息);WACC是加权平均资本成本,即企业使用每一元投入资本(部分权益资本和部分负债资本)所必须支付的成本。两者的乘积(投入资本×加权平均资本成本)表示企业使用一定量的投入资本所必须支付给权益所有者和债权人的总成本。另一方面,EBIT(1-T)是税后营业利润,包含归股东所有的净利润和归债权人所有的利息,表示企业使用一定量的投入资本所产生的总收益。因此,EVA就是企业使用投入资本所产生的总收益与企业使用投入资本所必须支付的总成本的差额。

借鉴华泰证券2022年3月21日对李宁公司的研究报告以及2022年3月23日对安踏公司的研究报告:假设李宁公司的无风险利率为3.2%,贝塔系数为0.9,风险溢价为8.3%,则李宁公司的权益资本成本为10.67%;假设安踏公司的无风险利率为3.0%,贝塔系数为0.9,风险溢价为9.0%,则安踏公司的权益资本成本为11.10%。也就是说,投资者对两家公司要求的投资回报率分别为10.67%和11.10%。此外,假设两家公司的税前债务资本成本均为5.0%,根据两家公司2021年的财务数据,李宁公司和安踏公司适用的所得税税率均为25%,权益资本占投入资本比重分别为100%和70.62%,因此,

2021年李宁公司的WACC = 100%×10.67%+(1-100%)×5.0%×(1-25%)= 10.67%

2021年安踏公司的WACC = 70.62%×11.10%+(1-70.62%)×5.0%×(1-25%)= 8.94%

2021年李宁公司的EVA = 211.04×(18.82%-10.67%)= 17.20(亿元)

2021年安踏公司的EVA = 448.36×(18.25%-8.94%)= 41.72(亿元)

3. 销售创值率

销售创值率反映企业经济增加值与营业收入的比例关系,表明每一元营业收入所创造的经济利润。该指标值越大,说明营业收入的创值效率越高;反之越低。销售创值率的计算公式为:

$$销售创值率 = \frac{EVA}{营业收入} \qquad (3-47)$$

2021年李宁公司的销售创值率 = 17.20/225.72 = 7.62%

2021年安踏公司的销售创值率 = 41.72/493.28 = 8.46%

4. 资产创值率

资产创值率反映企业经济增加值与总资产的比例关系,表明每一元总资产所创造的

经济利润。该指标值越大,说明总资产的创值效率越高;反之越低。资产创值率的计算公式为:

$$资产创值率 = \frac{EVA}{总资产} \qquad (3-48)$$

2021 年李宁公司的资产创值率 = 17.20/302.75 = 5.68%

2021 年安踏公司的资产创值率 = 41.72/626.68 = 6.66%

5. 权益创值率

权益创值率反映企业经济增加值与权益资本的比例关系,表明每一元权益资本所创造的经济利润。该指标值越大,说明权益资本的创值效率越高;反之越低。权益创值率的计算公式为:

$$权益创值率 = \frac{EVA}{权益资本} \qquad (3-49)$$

2021 年李宁公司的权益创值率 = 17.20/211.04 = 8.15%

2021 年安踏公司的权益创值率 = 41.72/316.63 = 13.18%

6. 资本创值率

资本创值率反映企业经济增加值与投入资本的比例关系,表明每一元投入资本所创造的经济利润。该指标值越大,说明投入资本的创值效率越高;反之越低。资本创值率的计算公式为:

$$资本创值率 = EVA/投入资本 = ROIC - WACC \qquad (3-50)$$

2021 年李宁公司的资本创值率 = 18.82% - 10.67% = 8.15%

2021 年安踏公司的资本创值率 = 18.25% - 8.94% = 9.31%

我们基于李宁公司和安踏公司 2017—2021 年的财务数据,运用财务比率分析方法分别计算反映两家公司创值能力的各项财务比率,如表 3-18 所示。

表 3-18 李宁公司和安踏公司 2017—2021 年创值能力的主要财务指标

公司	项目	2017 年	2018 年	2019 年	2020 年	2021 年	均值
李宁	市值与面值比(倍)	2.26	2.77	6.79	12.87	8.65	6.67
	经济增加值(亿元)	-1.52	0.10	6.55	7.82	17.20	6.03
	销售创值率(%)	-1.71	0.09	4.72	5.41	7.62	3.23
	资产创值率(%)	-2.07	0.11	5.22	5.36	5.68	2.86
	权益创值率(%)	-2.99	0.17	9.19	9.00	8.15	4.70
	资本创值率(%)	-2.99	0.17	9.19	9.00	8.15	4.70
安踏	市值与面值比(倍)	5.52	5.35	8.00	10.85	8.16	7.58
	经济增加值(亿元)	13.92	23.92	34.08	30.06	41.72	28.74
	销售创值率(%)	8.34	9.92	10.05	8.46	8.46	9.05
	资产创值率(%)	7.30	9.81	8.27	5.80	6.66	7.75

(续表)

公司	项目	2017年	2018年	2019年	2020年	2021年	均值
安踏	权益创值率(%)	9.69	14.48	16.18	11.64	13.18	13.03
	资本创值率(%)	9.59	13.41	11.73	7.47	9.31	10.30

七、资本市场表现指标

1. 每股收益

每股收益又称每股净利润或每股盈利(Earning per Share, EPS),反映企业归属于母公司股东的净利润与发行在外股份数的比例关系,表明投资者每持有企业一份股票所获得的净利润。该指标值越大,说明企业每股的盈利能力越强;反之越弱。每股收益的计算公式为:

$$EPS = \frac{归属于母公司股东的净利润}{发行在外股份数} \qquad (3-51)$$

2021年李宁公司的每股收益 = 40.11/26.17 = 1.53(元/股)[①]

2021年安踏公司的每股收益 = 77.20/27.03 = 2.86(元/股)

2. 每股经营净现金

每股经营净现金(Net Cash Flow From Operation per Share)反映企业经营净现金与发行在外股份数的比例关系,表明投资者每持有企业一份股票所获得的经营净现金。该指标值越大,说明企业每股的现金收益能力越强;反之越弱。每股经营净现金的计算公式为:

$$每股经营净现金 = \frac{经营净现金}{发行在外股份数} \qquad (3-52)$$

2021年李宁公司的每股经营净现金 = 65.25/26.17 = 2.49(元/股)

2021年安踏公司的每股经营净现金 = 118.61/27.03 = 4.39(元/股)

3. 每股分红

每股分红即每股现金红利(Dividend per Share, DPS),反映企业净利润中支付给股东的现金股利与发行在外股份数的比例关系,表明投资者持有企业一份股票所能获得的现金股利。该指标值越大,说明投资者以现金方式从企业分得的净利润越多;反之越少。一般认为,每股分红的高低反映企业财务和经营状况的好坏,因此企业宣布增加每股分红通常使得股票价格上涨。但实际上,每股分红受到多种因素的影响,包括企业的财务和经营状况、负债状况、现金充裕程度、投资需求、公司治理模式等,最佳分红方案迄今为

[①] 该指标与公司年报披露的指标略有差异,主要原因是年报披露的每股收益是考虑了期初和期末发行在外股份数之后的加权平均发行在外股份数,而本书为了方便,只考虑期末发行在外股份数。

止仍是一个"难解之谜"。每股分红的计算公式为:

$$DPS = \frac{现金股利}{发行在外股份数} \qquad (3-53)$$

2021年李宁公司的每股分红 = 5.15/26.17 = 0.20(元/股)

2021年安踏公司的每股分红 = 24.11/27.03 = 0.89(元/股)

4. 市盈率

市盈率(Price Earnings Ratio,P/E)反映企业股票价格与每股净利润的比例关系,即每股价格与每股收益(EPS)的倍数关系,表明每一元净利润支撑多少元的股票价格,或投资者愿意以多少元的股票价格购买企业每一元的净利润。一般来说,市盈率的高低取决于企业及其所处行业的发展前景,以及企业未来的收益和风险。市盈率越高,说明投资者愿意为企业的每一元利润支付更高的价格,企业前景较好,增长潜力较大;反之前景较差,增长潜力较小。但需要注意的是,超过正常水平的市盈率也有可能是由投资者非理性预期、市场投机者炒作股票造成的;而市盈率较低则可能是投资者尚未对企业的发展前景或财务状况做出合理预期。因此,市盈率的分析和解读比较复杂,使用者必须谨慎对待。市盈率的计算公式为:

$$市盈率 = \frac{每股价格}{每股收益} \qquad (3-54)$$

根据李宁公司2022年4月11日公布的2021年度财务报告,其每股收益为1.53元/股,当天公司股票收盘价为57.00港元/股,当天港币与人民币的汇率中间价为100港元兑换81.27元人民币,因此

李宁公司的市盈率 P/E = (57.00×0.8127)/1.53 = 30.22(倍)

同理,根据安踏公司2022年3月30日公布的2021年度财务报告,其每股收益为2.86元/股,当天公司股票收盘价为100.50港元/股,当天港币与人民币的汇率中间价为100港元兑换81.16元人民币,因此

安踏公司的市盈率 P/E = (100.50×0.8116)/2.86 = 28.56(倍)

5. 股价与现金比

股价与现金比又称股价与现金流比率(Price-Cash Flow Ratio),反映股票价格与每股经营净现金的比例关系,即股票价格与每股经营净现金的倍数关系,表明每一元经营净现金支撑多少元的股票价格,或投资者愿意以多少元的股票价格购买企业每一元的经营净现金。实际上,现金对股票价格的影响比利润更加显著,因此股价与现金比指标比市盈率更加重要。该指标值越大,说明投资者愿意以更高的股票价格购买每一元的经营净现金,企业前景较好;反之前景较差。股价与现金比的计算公式为:

$$股价与现金比 = \frac{每股价格}{每股经营净现金} \qquad (3-55)$$

根据前面的数据,

李宁公司的股价与现金比 =（57.00×0.8127）/2.49 = 18.58（倍）
安踏公司的股价与现金比 =（100.50×0.8116）/4.39 = 18.59（倍）

6. 股票收益率

投资者在持有股票期间所获得的收益包括来自公司的分红和来自资本市场的股票增值（资本利得）。股票收益率反映投资者所投入资本的投资收益与股票价格的比例关系，表明投资者持有股票期间的获利程度。该指标值越大，说明投资者持股期间的收益越高；反之越低。股票收益率的计算公式为：

$$\text{股票收益率} = \frac{\text{股票收益}}{\text{股票期初价格}}$$

$$= \frac{\text{股票期末价格} - \text{股票期初价格}}{\text{股票期初价格}} + \frac{\text{每股现金分红}}{\text{股票期初价格}} \quad (3-56)$$

$$= \text{资本利得收益率} + \text{现金股利收益率}$$

李宁公司2021年年初的股价为53.30港元/股，年末的股价为85.35港元/股，2021年分派的现金股利为0.20元/股；安踏公司2021年年初的股价为127.00港元/股，年末的股价为116.90港元/股，2021年分派的现金股利为0.89元/股。2021年1月4日港币与人民币的汇率中间价为100港元兑换83.36元人民币，因此

2021年李宁公司的股票收益率 =（85.35−53.30）/53.30 + 0.20/（53.30×0.8336）= 60.57%
2021年安踏公司的股票收益率 =（116.90−127.00）/127.00 + 0.89/（127.00×0.8336）= −7.11%

我们基于李宁公司和安踏公司2017—2021年的财务数据，运用财务比率分析方法分别计算反映两家公司资本市场表现的各项财务比率，如表3-19所示。

表3-19 李宁公司和安踏公司2017—2021年资本市场表现的主要财务指标

公司	项目	2017年	2018年	2019年	2020年	2021年	均值
李宁	每股收益（元/股）	0.24	0.33	0.65	0.68	1.53	0.69
	每股经营净现金（元/股）	0.53	0.76	1.51	1.11	2.49	1.28
	每股分红（元/股）	0.00	0.00	0.09	0.15	0.20	0.09
	市盈率（倍）	31.19	34.91	34.33	69.62	30.22	40.05
	股价与现金比（倍）	13.86	14.94	14.69	42.79	18.58	20.97
	股票收益率（%）	28.66	30.03	179.57	131.97	60.57	86.16
安踏	每股收益（元/股）	1.15	1.53	1.98	1.91	2.86	1.88
	每股经营净现金（元/股）	1.19	1.65	2.77	2.76	4.39	2.55
	每股分红（元/股）	0.72	0.90	0.52	0.52	0.89	0.71
	市盈率（倍）	28.06	26.40	23.68	57.81	28.56	32.90
	股价与现金比（倍）	27.24	24.40	16.91	40.01	18.59	25.43
	股票收益率（%）	55.93	9.61	93.53	76.15	−7.11	45.62

八、财务比率分析的局限性

基于公司的财务报表数据,计算各种财务比率,并对公司的财务状况进行系统分析,分别揭示公司在盈利能力、资产流动性或资产变现能力、负债管理能力、资产运营效率、现金创造能力、创值能力、资本市场表现等方面的表现,是财务报表分析的基本方法。这对高层管理者、股东、债权人等分析和判断公司的财务状况具有重要的作用。但是,财务比率分析具有一定的局限性,具体包括:

第一,静态性。财务比率都是基于财务报表数据计算而得出的,反映企业在某一时点或某一期间的经营和财务状况,具有静态性的特征。事实上,企业的经营和财务状况随着时间的推移而变化,只有根据企业若干年的财务指标构造一个时间序列,才能反映企业经营和财务状况的动态变化过程与趋势,揭示更多关于企业经营和财务状况的变化信息。例如,一个成长中企业的财务绩效呈逐年上升趋势;而一个衰退中企业的财务绩效呈逐年下降趋势。此外,企业的财务指标实际上还受到企业的产品生命周期、行业变化趋势、经济周期等变化的影响。

第二,含义多重性。如何判断某一财务比率或财务指标的高低或好坏,这是财务分析的一个难题。尽管我们曾经分别讨论每个财务指标高低和方向变化的基本含义,但是很多财务指标的高低和方向变化具有特殊的成因与特定的含义,具有"多重含义"。例如,流动比率越高表示企业资产变现能力越强,或者表示企业短期偿债能力越强,但是流动比率太高还意味着企业流动资产太多,资金占用不合理,或者资金被客户或供应商占用。又如,固定资产周转速度快表明企业资产使用效率高,但可能隐含着企业缺乏资金,对设备等固定资产投入不足。

第三,孤立性。每一个财务指标都仅仅从某一方面或某一角度反映企业的经营和财务状况,而实际上,各个财务指标之间存在特定的因果关系、依存关系或相关关系。例如,资产周转速度的提高可以提高企业的 ROE;而负债比例的下降则将导致 ROE 下降。又如,企业存货或应收账款周转速度提高将减少企业资金占用,增加经营净现金;而企业负债比例的提高意味着权益资本比例的下降。

第四,可操纵性。其一,各个国家或地区的会计准则不同,而每个国家或地区的会计准则在应用中又有一定的弹性。例如,选择不同的固定资产折旧方法将影响财务报表中的某些数据,从而影响公司的盈利水平和资产周转速度。又如,选择不同的存货估价方法也会影响公司财务报表中的某些数据,从而影响存货成本、存货周转速度或盈利水平。其二,存在人为因素,财务报表中的某些数据可能受高层管理者的操纵。例如,企业可以在本期末偿还债务以降低负债比例,而在下期初重新负债。又如,企业可以通过发货速度的调整安排各期的营业收入和利润,或通过延期付款增加当期的现金存量。

无论是企业的高层管理者还是股东或债权人,了解财务比率分析的四大局限性具有重要的现实意义。那么,如何克服财务比率分析的局限性呢?一是进行财务指标体系的结构分析、趋势分析和比较分析,即"三维分析",把握各种财务指标的结构、变化趋势和相互关系;二是进行重要财务指标的因素分解分析,了解影响这些指标的重要因素;三是进行会计政策选择的分析,了解企业所选择的会计政策及其对企业经营和财务状况的潜在影响。

本章小结

本章重点讨论企业的财务报表分析问题,一是如何分析企业的财务报表,即财务报表分析方法;二是如何评判企业的财务状况,即财务指标及财务指标体系的设计和计算。财务报表分析方法包括:

一是"三维分析",即对财务报表和主要财务指标进行结构分析、趋势分析和比较分析。结构分析是以报表的某一个会计科目为基准,将其他会计科目除以该科目,得到一个结构性比例指标。趋势分析是将财务报表的会计科目和财务指标进行历史比较分析或纵向比较分析,探究报表会计科目或财务指标在过去几年的变化趋势。趋势分析往往在结构分析之后,重点对主要的会计科目或财务指标的增减变动进行分析,并寻找背后的成因。比较分析是将研究对象与同行业竞争对手的相同会计科目或财务指标进行对比分析,研究两者之间的差异以及差异的成因。竞争对手可以是行业标杆企业,也可以是企业最直接的竞争对手。

二是财务比率分析,即根据财务报表数据计算财务指标,并进行分析评判。目前,财务指标体系有三种基本的设计思路:一是按照财务报表使用者来分类,可以分为高层管理者使用的指标、股东使用的指标和债权人使用的指标;二是按照财务管理的三大功能来分类,可以分为经营类指标、投资类指标和筹资类指标;三是按照财务报表之间的相互关系及其与公司价值的相互关系来分类,可以分为盈利能力指标、资产流动性指标、负债管理能力指标、资产运营效率指标、现金创造能力指标、创值能力指标以及上市公司的资本市场表现指标。本章基于李宁公司和安踏公司的财务数据,按照第三种分类方法,展示其主要财务指标的计算公式及计算过程。

专业术语

财务指标体系(Financial Index System)
财务指标或财务比率(Financial Ratios)
盈利能力(Profitability)
资产运营效率(Assets Operating Efficiency)
现金创造(Cash Generation)
创值或财富增值(Capacity of Value-added)
资本市场表现(Capital Market Performance)
毛利率(Gross Profit Margin)
销售净利率(Net Income to Total Revenues)

营业利润率(Operating Profit to Total Revenues)
总资产净利率(Net Income to Total Assets)
总资产利润率或基础盈利能力(Basic Earning Power)
权益资本利润率或净资产收益率(Return on Equity, ROE)
投入资本回报率(Return on Invested Capitals, ROIC)

流动比率(Current Ratio)
速动比率(Quick Ratio)
现金比率(Cash Ratio)
营运资本需求量比率(Working Capital Requirements to Total Assets)
营运资本比率(Working Capital Ratio)
总资产负债率(Debt Ratio)
权益乘数(Equity to Assets)
权益长债比(Equity to Long Debt)
利息保障倍数(Coverage for Interests)
本息保障倍数(Coverage for Interests and Principals)
流动资产周转率(Turnover Ratio for Current Assets)
存货周转率(Turnover Ratio for Inventories)
应收账款周转率(Turnover Ratio for Receivables)
固定资产周转率(Turnover Ratio for Fixed Assets)
应付账款周转率(Turnover Ratio for Payables)
营运资本周转天数(Turnover Days for Working Capital)

总资产周转率(Turnover Ratio for Total Assets)
销售创现率(Net Cash Flows to Revenues)
总资产创现率(Net Cash Flows to Assets)
投入资本创现率(Net Cash Flows to Invested Capitals)
权益资本创现率(Net Cash Flows to Equity)
收入现金含量(Cash Received from Sales of Goods and Services to Revenues)
利润现金含量(Net Cash Flows to Profits)
获现率(Cash Obtained Ratio)
市值与面值比(Market Value to Book Value)
资本创值率(EVA to Invested Capitals)
销售创值率(EVA to Revenues)
资产创值率(EVA to Asses)
权益创值率(EVA to Equity)
每股收益(Earnings per Share)
每股经营净现金(Net Cash Flows per Share)
每股分红(Dividends per Share)
市盈率(Price Earning Ratio)
股价与现金比(Price-Cash Flow Ratio)
股票收益率(Stock Yield)

思考与练习

(一) 单项选择题

1. 下表为 A 公司和 B 公司的营业收入、EBIT、净利润、总资产、净资产的数据。A 公司的净利润和净资产收益率(净利润/净资产)比 B 公司更高是因为其(　　)。

单位:万元

公司	营业收入	EBIT	净利润	总资产	净资产
A	5 000	2 300	1 200	5 000	2 000
B	5 000	2 000	1 000	5 000	3 000

a. 成本较低且负债比例较高　　b. 成本较高且负债比例较低
c. 成本较低且负债比例较低　　d. 成本较高且负债比例较高

2. A 公司的利息率为 10%，所得税税率为 30%，权益资本预期收益率为 20%，负债比例为 50%；平均投入资本为 5 000 万元，息税前利润（EBIT）为 1 000 万元。A 公司的 EVA 为（　　）。
   a. 100 万元　　　　b. 50 万元　　　　c. 25 万元　　　　d. -25 万元

3. 如果 S 公司 2023 年度的销售净利率（净利润/营业收入）是 10%，总资产周转率（营业收入/总资产）是 1.5 次，净资产比例（净资产/总资产）是 50%，则 S 公司的净资产收益率是（　　）。
   a. 7.5%　　　　　b. 15%　　　　　c. 30%　　　　　d. 40%

4. 沃尔玛和戴尔等企业在财务管理上取得成功的主要因素是（　　）。
   a. 提高负债比例　　　　　　　　b. 提高销售的盈利水平
   c. 减少营运资本需求量　　　　　d. 增加营运资本需求量

5. 对比会计利润，EVA 由于（　　）而成为更科学的评价企业经营业绩的指标。
   a. 不考虑权益资本的机会成本，但考虑债务资本的成本
   b. 不考虑债务资本的成本，也不考虑权益资本的机会成本
   c. 考虑权益资本的机会成本，但不考虑债务资本的成本
   d. 既考虑债务资本的成本，又考虑权益资本的机会成本

6. 某公司的营业收入为 5 000 万元，EBIT 为 2 000 万元，所得税税率为 30%，总资产为 10 000 万元，负债比例为 50%，平均利息率为 5%。该公司的净利润为（　　）。
   a. 1 750 万元　　　　　　　　　b. 1 500 万元
   c. 1 225 万元　　　　　　　　　d. 1 000 万元

7. A 公司 2022 年度和 2023 年度的有关财务数据如下表。根据这些数据，你认为 A 公司的规模增长使得其（　　）。

单位：万元

公司	营业收入	EBIT	净利润	总资产	净资产	经营净现金
2022 年	5 000	2 000	1 000	5 000	2 000	1 500
2023 年	8 000	3 000	1 500	10 000	3 500	1 200

   a. 效益同步增长　　　　　　　　b. 效益相对上升
   c. 效益更快上升　　　　　　　　d. 效益更快下降

8. 根据第 7 题的资料，以下哪个证据不支持你的结论？（　　）
   a. 资产扩张太快　　　　　　　　b. 资产周转速度下降
   c. 经营净现金减少　　　　　　　d. 盈利能力下降

9. 根据第 7 题的资料，A 公司经营净现金减少的主要原因是（　　）。
   a. 总资产增加　　b. 净资产减少　　c. 应收账款增加　　d. 应付账款增加

（二）简述题

1. 作为企业的 CEO 或高管，你认为企业应制定哪些主要财务政策。请从实践的角度阐述这些财务政策管理的核心问题。

2. 如何运用财务报表分析方法,系统地分析和评价企业的财务状况?
3. 简要阐述 EVA 的利与弊。
4. 收集贵公司的财务报表和财务数据,从各类指标中选择三个关键指标计算公司的指标值,并根据计算结果进行简要分析,结合工作实践,指出公司财务状况的基本特征和面临的问题,并简述你将采取哪些措施来加强财务管理。

 微案例分析

A 公司和 B 公司为两大连锁零售商,市场占有率分别为 40% 和 35%。下表是两家公司 2022—2023 年的主要资产、销售和利润数据:

单位:百万元

A 公司	营业收入	平均总资产	平均净资产	息税前利润	税前利润	税后利润	平均投入资本
2022 年	45 000	30 000	15 000	6 000	5 500	3 850	20 000
2023 年	50 000	30 000	15 000	6 300	6 600	4 620	21 000
B 公司	营业收入	平均总资产	平均净资产	息税前利润	税前利润	税后利润	平均投入资本
2022 年	30 000	25 000	15 000	4 000	3 800	2 850	18 000
2023 年	35 000	28 000	16 800	5 200	5 000	3 750	20 000

(1) 计算 2022 年与 2023 年 A 公司和 B 公司的净资产收益率(ROE)。
(2) 计算 2022 年与 2023 年 A 公司和 B 公司的总资产净利率(ROA)。
(3) 计算 2022 年与 2023 年 A 公司和 B 公司的投入资本回报率(ROIC)。
(4) 计算 2022 年与 2023 年 A 公司和 B 公司的息税前利润率(EBIT/营业收入)。
(5) 计算 2022 年与 2023 年 A 公司和 B 公司的销售净利率(税后利润/营业收入)。
(6) 比较分析与综合评价 2022 年与 2023 年 A 公司和 B 公司的盈利能力状况。

第四章　商业模式的财务分析与评价

第一节　商业模式及其财务特征
第二节　创利模式的分析与评价
第三节　创现模式的分析与评价
第四节　创值模式的分析与评价
第五节　风险管控模式的分析与评价
第六节　成长模式的分析与评价
第七节　财务战略矩阵分析：增长和价值管理
本章小结
专业术语
思考与练习
微案例分析

导 言

　　随着企业商业模式的变革和金融工具的创新,传统的财务分析面临诸多挑战:一是分析结果具有多面性,难以准确分析与评价企业的财务绩效和财务状况;二是分析结果出现发散性,难以准确发现企业关键财务指标的影响因素。例如,运用传统的财务分析发现,恒大(03333,HK)自2009年在港交所上市以来,净资产收益率(ROE)最高是2010年的45.31%,最低是2020年的5.52%。2009—2020年,恒大的年均ROE为24%;而同期万科的年均ROE仅为20%。换言之,截至2020年,恒大从未发生亏损。即使在恒大面临重大的财务危机被迫退市之前,其2021年半年报仍然显示其营业收入高达2 241亿元,净利润143.8亿元。一系列问题或谜团由此产生:一个从未亏损过的企业为何竟然因财务危机或资金链断裂而退市了?一个一直为股东创造相当丰厚利润的公司为何会陷入破产风险?从财务管理的角度,如何更加科学地评价一个企业的财务绩效及其影响因素?2009年恒大在香港联合交易所成功上市后,风光一时,曾有诸多专家和媒体认为,恒大集团依靠不同阶段的战略和七大核心竞争优势,成为"以住宅为主业,集商业物业、旅游综合体、体育及文化产业于一体的特大型企业集团",实施"大规模储备+大规模开发+大规模销售"的组合策略,实现战略布局从区域到全国的急速扩张,从"规模取胜战略"→"规模+品牌战略"→"规模+品牌+标准化战略",其发展战略和商业模式俱佳,并将恒大"成功"的商业模式归纳为合适的战略、大规模土地储备+大规模开发+大规模销售、多元化融资、产品标准化、集权管理五个方面。那么,企业商业模式与其财务管理之间存在什么关系?从财务分析与管理的角度,如何分析、判断和评价企业的商业模式和经营绩效呢?

第一节 商业模式及其财务特征

一、商业模式的定义和含义

近年来,商业模式一词极其流行。何谓商业模式?商业模式的思想可以追溯到20世纪50年代初麦当劳的经营模式。1954年,雷·克罗克(Ray Kroc)发现麦当劳在高速公路沿线开快餐店,不但具有"质量可控、可标准化、干净卫生、快速服务"(Quality, Standard, Clean, Fast)的特点,而且具有"可复制"(Reproducible)的特点,随即说服麦当劳兄弟,从中购得特许加盟权,最终大获成功。当时,这种独特的经营模式引起了企业界和学术界的关注。1960年,雷·克罗克正式将"Dick and Mac McDonald"餐厅更名为"McDonald's";1961年,雷·克罗克以270万美元收购麦当劳兄弟的餐厅。从此,麦当劳不但在全美开设分店,而且迅速走向全球。

实际上,在1970—1979年这10年间,《哈佛商业评论》只有6篇文章提到"商业模式",而在接下来的1980—1989年这10年间,也只有11篇文章提到"商业模式",商业模式的概念一直处于休眠状态(博克等,2020),并非管理领域的研究热点。进入20世纪90年代,关于商业模式的研究迅速兴起,但关于何谓商业模式的定义颇多,争议不断。斯蒂文·穆奇(Steven Muegge,2012)就列出了2001—2011年对商业模式的13种定义。简言之,商业模式就是一种"赚钱的模式",但任何一种能持续赚钱的商业模式都是由客户价值、企业资源和能力、盈利方式构成的三维立体模式。2008年12月《哈佛商业评论》发表了马克·约翰逊(Mark Johnson)、克莱顿·克里斯坦森(Clayton Christensen)和孔翰宁(Henning Kagermann)共同撰写的"Reinventing Your Business Model"一文,给商业模式下了一个简单而清晰的定义:商业模式是企业在一定的盈利水平状态下将价值传递给客户的方式。他们把上述三个要素概括为:客户价值主张,指在一个既定价格上企业向客户或消费者提供服务或产品时所要完成的任务;资源和生产过程,指支持客户价值主张和盈利模式的具体经营管理模式;盈利模式,指企业为股东创造价值的模式。换言之,可以简单将商业模式拆分为:客户价值主张模式+经营管理模式+股东价值创造模式。

在众多的商业模式理论研究中,有关商业模式定义和模型构建中最有实践意义的当属"商业模式画布",它被世界范围内的很多组织机构使用和检验,深受实践者与咨询公司的好评。商业模式画布是亚历山大·奥斯特瓦德(Alexander Osterwalder)和伊夫·皮尼厄(Yves Pigneur)共同创建的,他们在2005年对商业模式给出的定义是:商业模式是一种包含了一系列要素及其关系的概念性工具,用来阐明某个特定企业的商业逻辑,它描述了公司能为客户提供的价值,以及公司的内部结构、合作伙伴网络和关系资本等用于实现(创造、推销和交付)这一价值并产生可持续盈利和营业收入的要素。他们提出一个包含九个要素的"商业模式参考模型",这九个要素分别为重要合作、关键业务、核心资源、价值主张、客户关系、渠道通路、客户细分、成本结构和收入来源(见表4-1)。他们在2011年撰写了《商业模式新生代》(*Business Model Generation*),引用了一种可视化工具——商业模式画布,进一步描述、分析和设计商业模式。书中将商业模式画布作为工具,并提出一系列使用该工具的方法,例如客户洞察、创意构思、情境推测、可视思考等,进而把企业需求的战略发展、流程再造等关联起来,图形与文字相互结合,大大提高了其在实际应用中的可操作性。商业模式画布推动商业模式研究与应用向前迈进了十分重要的一步。

表4-1 商业模式画布

重要合作	关键业务	价值主张	客户关系	客户细分
	核心资源		渠道通路	
成本结构(全部成本)			收入来源(现金收益)	

二、企业的商业模式与财务特征

商业模式多种多样,不同企业的商业模式各不相同。哪怕是同一行业,同类企业的商业模式也不尽相同。奥利弗·加斯曼(Oliver Gassmann)、卡洛琳·弗兰肯伯格(Karolin Frankenberger)和米凯拉·奇克(Michaela Csik)撰写的《商业模式创新设计大全》(The Business Model Navigator)(2017)指出,普遍使用的商业模式多达55种。然而,从财务管理的角度来看,无论哪一种商业模式,都是在通过高效的经营管理为客户提供有价值的商品和服务的同时,实现为股东赚钱的目的。那么,何谓"赚钱"呢?换言之,如果说"商业模式是企业赚钱的模式",在设计商业模式的同时,就会面临两个关键问题:一是如何分析和评价一种商业模式的财务绩效?如果一种商业模式是优秀的,那么其财务绩效也应该是优秀的,即能够为企业创造利润、创造现金、创造价值、控制风险、推动成长。二是在分析和评价企业商业模式及其财务绩效的同时,如何究其成因,揭示其重要的影响因素,以扬长避短,采取有针对性的管理措施,进一步改进企业的商业模式并提高其财务绩效呢?

当我们纵观全球顶级或世界一流企业的财务报表并分析其财务特征时,就会发现:无论是美国的苹果、微软、谷歌、脸书、美光科技、亚马逊、沃尔玛、好市多或星巴克等,还是中国的腾讯、阿里、宁德时代、福耀玻璃、美的、茅台、华为、格力等,其财务表现具有一些共同特征。首先,这些公司不仅创造利润,而且创造了经营净现金,还创造了价值(EVA);不仅较好地控制了风险,而且实现了收入、利润和经营净现金的稳步增长。其次,这些公司中多数的总资产负债率不低,但净负债率①和有息负债率很低,且账上的现金资产持有比例较高或较稳定。这意味着这类公司拥有大量的预收款和应付款,且存货占总资产的比重较低或较稳定。再次,多数公司的经营净现金不仅大大超过净利润,而且可以覆盖净利润、利息、折旧、摊销及资产减值。最后,无论这些公司的股价或市值如何变化,其均呈现出创造利润、创造现金、创造价值(EVA)、风险较低、成长性较高的特征。这意味着除了ROE,财务绩效的评价思想和标准在企业管理实践中正在或已经发生

---

① 净负债率=(总负债−预收款项−合同负债)/总资产,表明企业需要支出的应付款项和付息还本的有息负债之和占总资产的比重,也即,净负债率=(应付款项+有息负债)/总资产。

重大变革。我们常年依照会计和财务管理教科书中所讲授的财务绩效评价理论和方法,似乎变得落伍或正在被淘汰。事实上,ROE在企业财务绩效评价中的地位越来越低了,取而代之的是一种全新的财务绩效评价思想和理论体系。在基于大量的案例研究并加以理论归纳总结之后,我们称之为PCVRG的财务绩效评价体系(见图4-1)。看来,管理理论有时会滞后于管理实践!

图4-1 企业财务绩效的评价体系

所谓的"P",即"Profit",就是创造利润,拥有优秀商业模式的公司的销售利润率、资产利润率、资本利润率等指标应呈现上升与平稳特征;所谓的"C",即"Cash",就是创造现金,拥有优秀商业模式的公司应该表现出经营净现金不仅大于净利润,而且基本上能覆盖利息、折旧、摊销及资产减值;所谓的"V",即"Value",就是创造价值,拥有优秀商业模式的公司的ROE必须超过股东预期的回报率,或税后ROIC必须大于加权平均资本成本(WACC),或经济增加值(EVA)大于零;所谓的"R",即"Risk",就是控制风险,拥有优秀商业模式的公司的固定成本占营业收入比重及财务费用占营业收入比重往往都比较低,或呈现基本稳定态势,此外,虽然总资产负债率较高,但其有息负债率较低,现金持有比例较高;所谓的"G",即"Growth",就是持续增长,拥有优秀商业模式的公司一般会实现营业收入、净利润和经营净现金三大指标的同步增长,且经营净现金不仅大于净利润,而且足够覆盖利息、折旧、摊销及资产减值。

我们选择了中国和美国一些具有代表性的公司进行验证,如表4-2和表4-3所示。由表4-2和表4-3可知,尽管行业不同,但无论在中国或美国,这些样本公司都具有如下共同的特征:一是虽然总资产负债率较高,但有息负债率低;二是账上结存大量的现金,现金资产占比高,且主要来自经营净现金的结余;三是大多数公司呈现营业收入、净利润和经营净现金同步增长,仅个别公司(如IBM)这三大指标的成长性较差;四是除少数公司(如2017年和2022年的贵州茅台、2022年的中兴通讯、2017年处于创业时期的宁德时代和拼多多等)的经营净现金小于净利润之外,多数公司的经营净现金均大于净利润,说明其净利润质量较高。在表4-2和表4-3数据的基础上,简单平均后的结果如表4-4所示。虽然仅是抽样的案例分析结果,但中美这些知名样本公司的主要财务指标具有明显的创造利润、创造现金、创造价值、风险较低、成长性较高的财务特征。由此可见,评价企

表 4-2 美国 18 家知名公司 2017 年和 2021 年的主要财务数据

金额单位:亿美元

排序	公司(年份)	营业收入	毛利	净利润	经营净现金	总资产	总负债	有息债务	现金资产	市值	市盈率(倍)
1	苹果(2021)	3 658	1 528	974	1 040	3 510	2 879	1 247	1 906*	26 870	26
	苹果(2017)	2 292	882	484	636	3 753	2 413	1 157	2 683*		
2	微软(2021)	1 680	1 158	613	767	3 338	1 818	581	1 303	21 687	30
	微软(2017)	900	557	212	395	2 411	1 687	762	1 329		
3	谷歌(2021)	2 576	1 467	760	916	3 593	1 076	148	1 397	16 143	22
	谷歌(2017)	1 109	772	307	371	1 973	448	37	1 018		
4	亚马逊(2021)	1 779	660	30	41	1 313	1 036	379	310	12 812	60
	亚马逊(2017)	4 698	1 975	334	463	4 206	2 823	487	960		
5	特斯拉(2021)	538	136	55	115	621	305	68	177	9 869	118
	特斯拉(2017)	118	23	−20	−0.61	287	230	102	34		
6	脸书(2021)	1 179	952	394	577	1 660	411	0	470	6 046	16
	脸书(2017)	407	352	159	242	845	102	0	417		
7	甲骨文(2021)	405	NA	138	159	1 311	1 256	843	465	2 007	27
	甲骨文(2017)	377	NA	93	141	1 350	808	579	661		
8	英特尔(2021)	790	448	199	300	1 684	730	381	284	1 903	7.7
	英特尔(2017)	628	392	96	221	1233	534	268	140		
9	思科(2021)	498	317	106	155	975	562	115	245	2 143	18
	思科(2017)	480	312	96	139	1 298	637	337	705		
10	辉瑞(2022)	813	505	220	326	1 815	1 040	387	315	2 793	11
	辉瑞(2017)	526	413	213	165	1 718	1 001	435	200		

(续表)

(金额单位:亿美元)

排序	公司(年份)	营业收入	毛利	净利润	经营净现金	总资产	总负债	有息债务	现金资产	市值	市盈率(倍)
11	默克(2022)	487	351	124	141	1 057	674	325	86	2 238	16
	默克(2017)	401	269	24	65	879	533	244	182		
12	高通(2021)	336	193	90	105	412	313	157	124	1 669	15
	高通(2017)	223	125	25	47	655	347	219	373		
13	德州仪器(2021)	183	123	78	88	247	113	78	97	1 625	20
	德州仪器(2017)	150	96	37	54	176	73	41	45		
14	IBM(2021)	574	315	57	128	1 320	1 130	517	153	1 236	22
	IBM(2017)	799	383	58	167	1 254	1 076	468	155		
15	洛西(2021)	607	NA	63	92	509	399	117	36	1 186	19
	洛西(2017)	511	NA	20	65	465	471	143	29		
16	3M(2021)	354	166	59	75	471	320	175	48	878	16
	3M(2017)	317	157	49	62	380	264	140	41		
17	美光(2021)	277	104	59	125	589	149	82	114*	822	9.1
	美光(2017)	203	84	51	82	353	159	112	60		
18	沃尔玛(2021)	5 728	1 438	138	242	2 449	1 530	428	148	4 210	31
	沃尔玛(2017)	4 859	1 246	136	315	1 988	1 183	459	69		

注:*包括长期资产中的现金投资。股票市值和市盈率的取样时间为2022年5—6月。

表 4-3 中国 15 家知名公司 2017 年和 2022 年的主要财务数据

金额单位：亿元

排序	公司（年份）	营业收入	毛利	净利润	经营净现金	总资产	总负债	有息债务	现金资产	市值	市盈率（倍）
1	阿里巴巴（2022）	8 530	3 135	775	1 428	16 956	6 133	1 413	4 451	17 357 亿港元 或 2 235 亿美元	21.2
	阿里巴巴（2017）	1 583	988	461.5	803	5 068	1 827	917	1 518		
2	腾讯控股（2022）	5 546	2 388	1 886.7	1 461	15 781	7 953	3 239	2 920	31 641 亿港元	14.5
	腾讯控股（2017）	2 380	1 172	724.6	1 061	5 547	2 776	1 272	2 706		
3	迈瑞医疗（2022）	303	194	96	121	468	148	2.4	232	3 637	36.1
	迈瑞医疗（2017）	112	75	26	33	144	78	18	53		
4	药明康德（2022）	394	148	89	106	647	178	50	81	1 889	20.5
	药明康德（2017）	78	33	13	66	126	58	16	25		
5	拼多多（2022）	1 306	991	315	485	2 371	1 194	255	1 494	904	16.8
	拼多多（2017）	17	10	−5	3	133	121	0	31		
6	宁德时代（2022）	3 286	665	335	612	6 010	4 240	1 004	1 936	9 640	24.7
	宁德时代（2017）	200	73	42	23	497	232	48	141		
7	比亚迪（2022）	4 241	723	177	1 408	4 939	3 724	218	721	7 233	38.1
	比亚迪（2017）	1 059	201	49	64	1 781	1 181	566	99		
8	中芯国际（2022）	495	189	147	366	3 051	1 034	610	785	2 201	39.3
	中芯国际（2017）	214	53	9	78	779	340	220	187		
9	中兴通讯（2022）	1 230	458	78	76	1 810	1 214	453	561	1 573	19.7
	中兴通讯（2017）	1 088	338	54	72	1 440	986	216	305		
10	福耀玻璃（2022）	281	96	48	59	508	218	117	170	822	17.8
	福耀玻璃（2017）	187	80	32	48	317	127	79	68		

(续表)

(金额单位:亿元)

排序	公司（年份）	营业收入	毛利	净利润	经营净现金	总资产	总负债	有息债务	现金资产	市值	市盈率（倍）
11	美的集团（2022）	3 457	852	298	347	4 226	2 706	663	592	3 807	12.5
	美的集团（2017）	2 419	614	186	244	2 481	1 652	403	486		
12	紫金矿业（2022）	2 703	425	247	287	3 060	1 816	1 246	253	2 937	15.5
	紫金矿业（2017）	946	133	33	98	893	517	372	85		
13	安踏体育（2022）	538	325	76	122	692	314	127	283	2 358	27.8
	安踏体育（2017）	167	82	31	32	191	47	1.5	94		
14	贵州茅台（2022）	1 276	1 175	654	367	2 544	494	4.4	583	20 941	31.6
	贵州茅台（2017）	611	551.6	290	222	1 346	386	0	879		
15	海天味业（2022）	256	91	62	38	340	72	1	243	2 750	45.2
	海天味业（2017）	146	67	35	47	163	46	0	56		

注：市值和市盈率的统计时间为2023年6月6日。2021年的经营净现金，贵州茅台为640亿元，中兴通讯为157亿元，海天味业为63亿元，2022年虽大幅下降，但从6年累计经营净现金来看，它们的表现都较好。

表4—4 中美样本公司主要财务指标均值（简单平均）

项目	毛利率（%）	净利率（%）	净现金/收入（%）	净现金/总资产（%）	NCF/净利润（%）	ROE（%）	ROA（%）	现金资产占比（%）	资产负债率（%）	有息负债率（%）	总资产周转率（次）
2017年和2021年美国18家公司均值	51.24	19.43	28.53	17.10	158.51	40.80	11.66	27.24	58.93	25.54	0.61
2017年和2022年中国15家公司均值	43.04	17.32	26.98	14.72	186.32	17.23	10.18	30.06	48.12	14.89	0.73

业的财务绩效不再是传统的以利润为中心的绩效评价体系,实践中正在形成一种新的综合性的财务绩效评价思想或理论体系——PCVRG。

根据以上分析,我们可以将企业视为一种商业模式,并从财务管理的视角分析和评价商业模式的财务绩效。换言之,一个企业的商业模式,应该由五个财务子模式构成(见图4-2):①创造利润的模式,简称创利模式;②创造现金的模式,简称创现模式;③创造价值的模式,简称创值模式;④风险管控的模式,简称风控模式;⑤持续增长的模式,简称成长模式。通过分析这五个子模式,我们可以解构和探究企业创利、创现、创值、风控、成长的主要影响因素,为管理决策提供更加科学的依据。

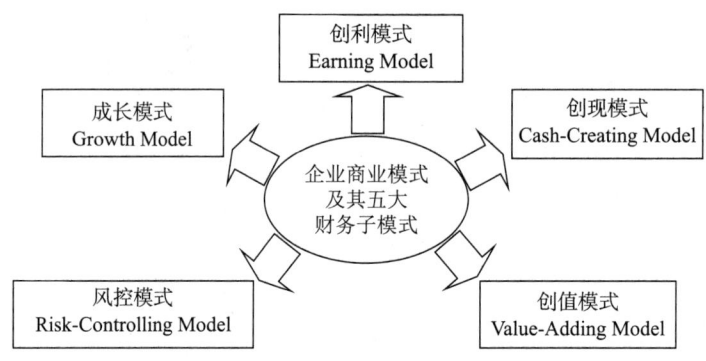

图4-2 企业的商业模式及其五大财务子模式

第二节 创利模式的分析与评价

一、创利模式的分析与评价:ROE的影响因素分解分析

创利模式,又称盈利模式,即如何为股东创造利润的模式。在实践中,企业家经常使用毛利率衡量企业的盈利模式。为什么巴菲特认为毛利率高的企业具有一定的投资价值呢?因为毛利率高一方面意味着企业的营业成本低,承担销售费用、管理费用、研发费用和财务费用的空间大,抗风险能力强;另一方面也表明企业净利润的空间大,销售净利率可能较高。2011—2021年,可口可乐的毛利率稳定在60%左右;而贵州茅台同期的毛利率基本维持在90%以上;手机网络游戏研发运营公司吉比特的毛利率更是最高达到97.69%,最低也有84.88%。2020—2022年,不少企业受新冠疫情影响业绩下滑,而天齐锂业的毛利率却从2020年的41.49%升至2022年的89.80%。

值得指出的是,当我们把企业毛利率作为盈利模式的评价指标时,不要忽略企业资产或资本的周转速度。将毛利率和资产周转速度组合后,我们发现企业的盈利模式实际上主要是由毛利率和资产(如总资产或存货)周转速度两个指标构成的"二维的创利模型",如图4-3所示。

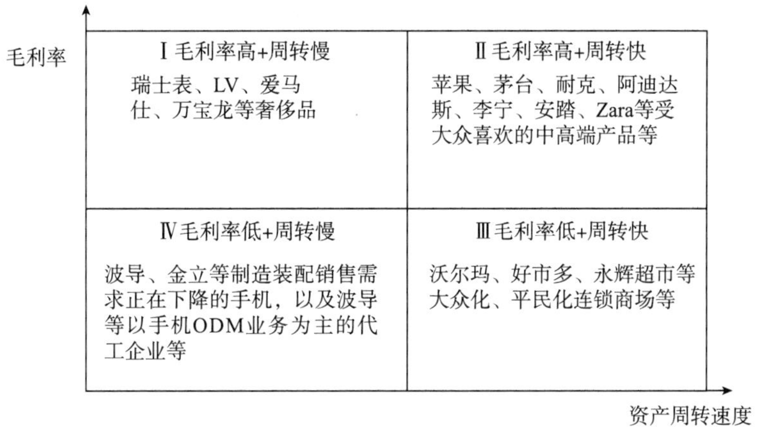

毛利率		
	Ⅰ 毛利率高+周转慢 瑞士表、LV、爱马仕、万宝龙等奢侈品	Ⅱ 毛利率高+周转快 苹果、茅台、耐克、阿迪达斯、李宁、安踏、Zara等受大众喜欢的中高端产品等
	Ⅳ 毛利率低+周转慢 波导、金立等制造装配销售需求正在下降的手机，以及波导等以手机ODM业务为主的代工企业等	Ⅲ 毛利率低+周转快 沃尔玛、好市多、永辉超市等大众化、平民化连锁商场等

资产周转速度

图4-3 二维的创利模型

事实上，股东是承受企业最后风险的投资者或出资人，因此企业的股东或投资者最关心的是投资一元钱，企业能够为股东赚多少钱。这就是所谓的净资产收益率（ROE）或权益资本回报率。除了关注企业的毛利率，巴菲特选股还十分看重企业的ROE，原则上ROE必须大于15%。2013—2022年，可口可乐公司的加权平均ROE除了2017年为6.22%，其他年份都为20%—50%，2019年最高达到49.61%。苹果公司的加权平均ROE在2006—2009年维持在20%—30%；2010—2018年升至30%—50%；2019年突破50%，达到55.92%；此后3年，苹果公司的加权平均ROE更是快速增长，2020年、2021年和2022年分别高达73.69%、147.44%和175.46%。与此同时，苹果公司在营业收入、净利润和经营净现金持续增长的同时，毛利率从2005年的不到30%，稳步上升到2022年的43.31%。这也是苹果公司股价一路高歌猛进的主要原因。2020—2021年，沃尔玛的销售利润率仅为2.43%—2.45%，但其ROE高达15%—20%。那么，ROE受什么因素的影响呢？ROE与其他盈利能力指标和财务指标之间是否存在某种联系呢？凡此种种，都要求企业的高层管理者考虑一个问题，哪些原因导致你所管理企业的ROE比竞争对手低或高？换言之，如何提高你所管理企业的ROE？

现在，我们通过分解ROE来揭开影响ROE的主要因素，从而揭示企业的盈利模式及其影响因素，为企业高层管理者提高ROE提供理论依据，同时为投资者正确认识ROE的利弊提供理论依据。这也有助于企业高层管理者分析所管理企业的盈利模式及其影响因素，了解企业ROE的形成及驱动其变化的原因，把握企业盈利能力的竞争优势和劣势。

$$\begin{aligned}\text{ROE} &= \frac{\text{税后利润（净利润）}}{\text{权益资本}} \\ &= \frac{\text{税后利润}}{\text{税前利润}} \times \frac{\text{税前利润}}{\text{EBIT}} \times \frac{\text{EBIT}}{\text{营业收入}} \times \frac{\text{营业收入}}{\text{总资产}} \times \frac{\text{总资产}}{\text{权益资本}} \\ &= (1-\text{实际所得税税率}) \times \left(1-\frac{\text{财务费用}}{\text{EBIT}}\right) \times \text{EBIT利润率} \times \text{总资产周转率} \times \text{权益乘数}\end{aligned}$$

(4-1)

可见，若以 ROE 作为企业盈利模式的标识，则通过 ROE 的分解式(4-1)可发现：企业 ROE 的高低受到五个因素的影响，具体包括所得税税负效应（税后利润/税前利润）、财务费用负担效应（税前利润/EBIT）、EBIT 利润率（EBIT/营业收入）、总资产周转速度即次数（营业收入/总资产）和权益乘数（总资产/权益资本）。

第一，所得税税负效应，反映企业所得税的税负程度，表明企业支付的所得税占税前利润（EBT）的比重；或者说，反映企业税后利润（EAT）占税前利润（EBT）的比重。当所得税税率为25%时，税负效应为75%；当所得税税率为12.5%时，税负效应为87.5%。该指标值越大，说明企业的所得税税率越低，税负效应越强，ROE 越高；反之越低。例如，为什么一些高新技术企业的 ROE 比较高呢？因为高新技术企业享受所得税减免的优惠政策。在减税期间，高新技术企业的所得税税率为15%，税负效应为85%；而一般企业的所得税税率为25%，税负效应为75%。可见，ROE 与所得税税率成反比；或者说，ROE 与税负效应成正比。

第二，财务费用负担效应，反映企业财务费用的负担程度，表明企业因债务融资所要支付的利息和融资费用占 EBIT 的比重。当税前利润/息税前利润或 EBT/EBIT 为80%时，表明财务费用占 EBIT 的比重为20%；当 EBT/EBIT 为90%时，表明财务费用占 EBIT 的比重为10%；对于一些实施 OPM 战略的企业，其 EBT/EBIT 可能大于100%。该指标值越大，表明企业财务费用占 EBIT 的比重越低，或者说 EBT/EBIT 的值越大，因此 ROE 越高；反之越低。可见，ROE 与财务费用负担程度成反比；或者说，ROE 与 EBT/EBIT 成正比。

第三，EBIT 利润率，反映基于营业收入的盈利能力，表示每一元营业收入所带来的利息、税收和净利润。当 EBIT 利润率为15%时，说明企业每一元营业收入中，利息、所得税和净利润占15%；当 EBIT 利润率为25%时，说明企业每一元营业收入中，利息、所得税和净利润占25%。该指标值越大，表明 EBIT 利润率越高，ROE 越高；反之越低。可见，ROE 与 EBIT 利润率成正比。

第四，总资产周转速度（即总资产周转次数或周转率），反映企业资产的使用效率，表明在一定时期内每一元资产所带来的营业收入。当总资产周转速度为1时，说明每一元总资产每年带来一元的营业收入；当总资产周转速度为0.5时，说明每一元总资产每年只带来0.5元的营业收入。该指标值越大（即周转次数越多），表明总资产周转速度越快，ROE 越高；反之越低。可见，ROE 与总资产周转速度成正比，提高企业的资产周转速度可以提高 ROE。

第五，权益乘数，反映企业的负债程度，表明每一元权益资本支撑的总资产。当总资产负债率为50%时，权益乘数为2；当总资产负债率为66.7%时，权益乘数为3。该指标值越大，说明企业的负债程度越高，ROE 越高；反之越低。可见，ROE 与权益乘数成正比；或者说，ROE 与负债比例成正比，提高企业的负债比例可以提高 ROE。

同理，为了反映投入资本对 ROE 的影响，我们也可以用投入资本替代总资产，这样可以更加清晰地反映有息负债和无息负债在其中发挥的作用，因此 ROE 还可以分解为：

$$\begin{aligned}
\text{ROE} &= \frac{\text{税后利润(净利润)}}{\text{权益资本}} \\
&= \frac{\text{税后利润}}{\text{税前利润}} \times \frac{\text{税前利润}}{\text{EBIT}} \times \frac{\text{EBIT}}{\text{营业收入}} \times \frac{\text{营业收入}}{\text{投入资本}} \times \frac{\text{投入资本}}{\text{权益资本}} \\
&= (1-\text{实际所得税税率}) \times \left(1-\frac{\text{财务费用}}{\text{EBIT}}\right) \times \text{EBIT 利润率} \times \text{投入资本周转率} \times \text{权益乘数}
\end{aligned}$$

(4-2)

二、李宁与安踏的创利模式比较分析

现在，我们利用李宁和安踏这两家体育用品公司2017—2021年的财务数据，通过分析其 ROE 的影响因素，探究安踏和李宁的创利模式或盈利模式，找出哪些重要因素在驱动其为股东赚取利润。这两家公司的 ROE 及其影响因素分解结果如表4-5和图4-4所示。从2017—2021年 ROE 影响因素的变动情况来看：第一，安踏的 EBIT 利润率总体平稳但略有下降；李宁的 EBIT 利润率低于安踏，但呈现稳步上升趋势，2021年略高于安踏。第二，两家公司的投入资本周转率均先后呈现略升后下降的趋势，尽管前四年安踏的投入资本周转率低于李宁，但最后一年明显回升，李宁继续下滑，最终安踏的投入资本周转率略高于李宁。第三，安踏的权益乘数呈现上升趋势且高于李宁，即安踏的有息负债占投入资本的比重或资本的有息负债率高于李宁。第四，从财务费用负担程度来看，李宁和安踏前两年利息收入超过利息支出；随后两年随着有息负债比例的上升，其利息收入小于利息支出，即需要支付利息；2021年其利息收入再次超过利息支出；第五，两家公司所得税的税负均有所上升，其中李宁的所得税税率明显逐年上升，安踏也略有上升，但总体而言李宁的实际所得税税率低于安踏。

表4-5　2017—2021年李宁和安踏的创利模式及其影响因素的分解分析

安踏	计算公式	2017年	2018年	2019年	2020年	2021年	五年平均
ROE	净利润/权益资本(%)	22.00	25.63	26.70	21.57	25.96	24.37
所得税税负效应	税后利润/税前利润(%)	73.28	73.42	70.23	68.85	73.12	71.78
财务费用负担程度	税前利润/EBIT	1.08	1.01	0.99	0.95	1.03	1.01
EBIT 利润率	EBIT/营业收入(%)	23.90	23.65	23.76	24.08	22.11	23.50
投入资本周转率	营业收入/投入资本(次)	1.15	1.35	1.17	0.88	1.10	1.13
权益乘数	投入资本/权益资本	1.01	1.08	1.38	1.56	1.42	1.29
李宁	计算公式	2017年	2018年	2019年	2020年	2021年	五年平均
ROE	净利润/权益资本(%)	10.15	12.29	21.04	19.55	19.01	16.41
所得税税负效应	税后利润/税前利润(%)	95.84	84.12	80.75	75.56	75.28	82.31

(续表)

李宁	计算公式	2017年	2018年	2019年	2020年	2021年	五年平均
财务费用负担程度	税前利润/EBIT	1.03	1.01	0.98	0.99	1.01	1.00
EBIT利润率	EBIT/营业收入（%）	5.85	8.00	13.60	15.77	23.46	13.34
投入资本周转率	营业收入/投入资本（次）	1.75	1.81	1.95	1.66	1.07	1.65
权益乘数	投入资本/权益资本	1.00	1.00	1.00	1.00	1.00	1.00

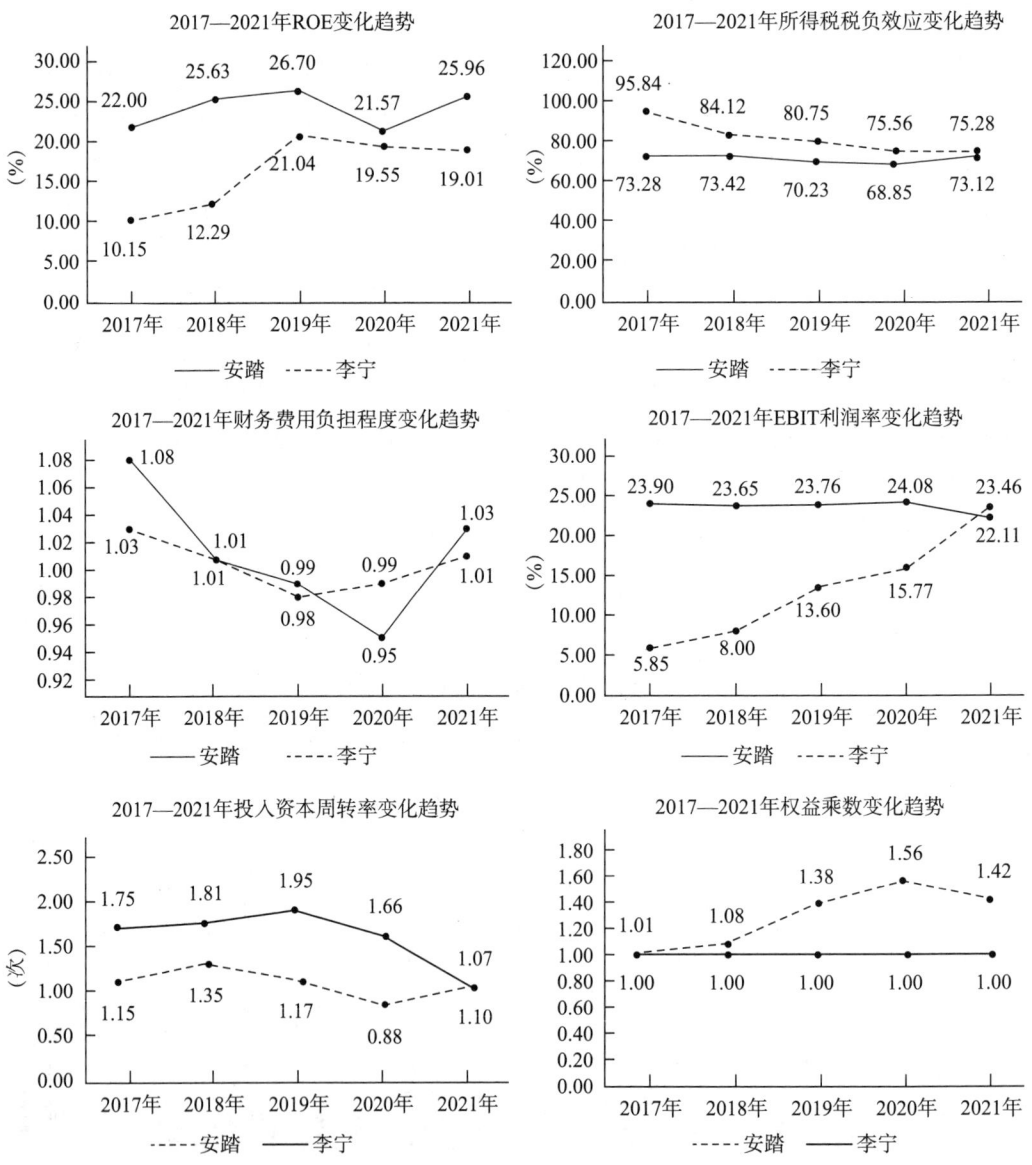

图4-4 2017—2021年李宁和安踏ROE及其影响因素的分解分析

从五年平均来看（见图4-5），安踏的ROE比李宁高出约8%，主要原因有：一是安踏的EBIT利润率高出李宁约10%，推动安踏的ROE上升；二是安踏的投入资本周转率比李宁低了0.52次，削弱了安踏的ROE；三是安踏的资本有息负债比例较高，即对应1元的权益资本，安踏比李宁多出约0.29元的有息负债，推动安踏的ROE上升；四是两家公司均属于"无本经营、无本赚息"，但平均来看，李宁所赚利息略多于安踏，推动李宁的ROE上升；五是安踏的所得税税率高出李宁约10.5%，削弱了安踏的ROE。

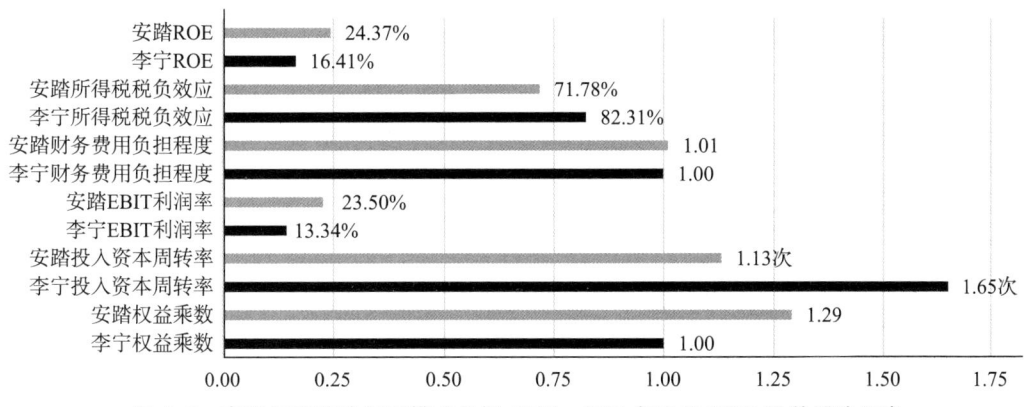

图4-5　李宁与安踏的创利模式分解：2017—2021年平均ROE及其影响因素

当我们分解了李宁与安踏ROE的影响因素后就会发现：

（1）对于安踏来说，驱动其为股东赚取利润的盈利模式的有利因素主要是EBIT利润率较高和投入资本中的有息负债率较高，不利因素主要是赚取利息的能力较弱、所得税税率较高以及投入资本周转速度较慢。可见，安踏改进其盈利模式的关键是要进一步扩大销售规模，提高营业收入，加快总资产的周转速度，同时注意增强无息负债的能力和提高现金资产的投资运作能力。

（2）对于李宁来说，驱动其为股东赚取利润的盈利模式的有利因素主要是投入资本周转速度较快、赚取利息的能力较强和所得税税率较低，不利因素主要是EBIT利润率较低和投入资本的有息负债率较低。可见，李宁改进其盈利模式的关键是要进一步控制成本和费用，提高EBIT利润率，同时可适度提高负债率。可喜的是，我们看到近年来李宁的EBIT利润率逐年显著上升并于2021年接近安踏。总之，无论是安踏还是李宁的管理者，都可以通过分析ROE及其影响因素，发现自身盈利模式的优势与劣势，有针对性地采取措施，扬长避短，改进自身的盈利模式，从而不断提高股东的回报率。

三、基于ROE的创利模式分解分析中应注意的问题

ROE反映企业股东投资的收益率，ROE越高，说明股东投资的收益率越高；反之越低。但是，ROE这个指标存在三个重要问题：其一，ROE的分子是净利润，由于利润表的会计核算使用权责发生制，企业有营业收入未必有现金收入，有成本和费用的开支未必有现金支出；加上重资产的公司（如机场、港口、码头、高铁、地铁、酒店、商场、园区、水泥

厂、钢铁厂等)每年会发生较多的资产折旧和摊销,在增加企业成本和费用开支的同时,未必有现金支出,因此企业的净利润未必就一定有净现金的匹配。在信用基础薄弱的国家或地区,对于产品竞争力较弱或产业衰退型的公司更是如此。其二,ROE 的分母是股东的权益资本,在总资产或总资本既定的情况下,若其他因素不变,则企业增加负债或有息负债,可相对地降低股权资本的投入,ROE 就会上升。换言之,若其他因素不变,则 ROE 与负债率成正比。因此,当企业不断提高自身负债率时,虽然其 ROE 会上升,但与此同时企业的债务风险或财务风险也会随之上升。其三,ROE 大于零只能证明企业为股东赚取了利润,但由于股权投资存在一定风险,因此股东会要求与其风险相匹配的收益率。ROE 大于零但小于股东要求的收益率,不能说明企业为股东创造了价值。只有 ROE 超过股东要求的最低收益率,才能说明企业为股东创造了价值。

第三节　创现模式的分析与评价

一、创现模式的分析与评价:获现率的影响因素分解分析

创现模式,即企业创造现金(主要是经营净现金)的模式。衡量一个企业现金创造能力的标准,是看其能否如数收回在经营过程中获取的净现金。因此,分析与评价企业创现模式的主要指标是获现率和调整获现率。我们知道,股东付出权益资本,要求获得真金白银的利润;债权人付出的债务资本,要求获得真金白银的利息;股东和债权人分别付出的权益资本和债务资本转化为长期资产和短期资产之后,他们要求收回真金白银的本金——每年企业的长期资产转化为折旧和摊销的这一部分金额,需要以现金的形式收回。可见,企业在经营过程中,每年不仅要为股东创造净利润,还有责任将股东的净利润、债权人的利息以及股东和债权人投资在企业长期资产的本金(折旧和摊销),以现金的形式收回。

基于这一逻辑,我们需要分析和评价企业的现金创造能力,即企业在经营过程中,实际赚取的经营净现金与应该赚取的经营净现金之间的比值关系,这就是获现率,如公式(4-3)、(4-4)所示,其反映了企业在经营过程中将应该赚取的经营净现金如数回收的能力。

$$获现率 = \frac{实际经营净现金}{应得经营净现金} = \frac{应得经营净现金 - 营运资本需求量变动额}{应得经营净现金} \quad (4-3)$$

$$= 1 - \frac{营运资本需求量变动额}{应得经营净现金} \quad (4-4)$$

$$= 1 - \frac{营运资本需求量变动额}{净利润 + 利息 + 折旧 + 摊销} \quad (4-5)$$

其中,

营运资本需求量变动额 = ΔWCR = 本年的 WCR - 上年的 WCR

营运资本需求量(WCR) = (应收款+预付款+存货) - (预收款+应付款)

由公式(4-3)、(4-4)、(4-5)可知,获现率的高低受四个主要因素的影响:一是净利润,二是利息,三是折旧和摊销,四是营运资本需求量变动额。而营运资本需求量变动额又受到五个主要科目的影响:一是应收款项,二是预付款项,三是存货,四是预收款项和合同负债,五是应付款项。从流动资产方来看,应收款项、预付款项和存货越多,营运资本需求量变动额越大,获现率越低;反之越高。从流动负债方来看,预收款项、合同负债和应付款项越多,营运资本需求量变动额越小,获现率越高;反之越低。净利润、利息、折旧和摊销越大,应得经营净现金就越多,获现率越高;反之越低。

苹果公司在2015—2022年间,累计实际赚取的经营净现金为6 642亿美元,应该赚取的经营净现金为5 907亿美元,获现率达到112.4%(6 642/5 907)。这表明苹果公司不仅赚取了真金白银的利润和利息,而且将股东和债权人投资在长期资产的本金(即折旧和摊销)也以现金形式收回了,并且由于其$\Delta WCR<0$或应收款+预付款+存货变少,预收款+应付款变多,因此获现率大于100%。

计算获现率具有重要的管理含义。获现率指标的高低实际上意味着企业在市场竞争力上或供应链中的地位。具有市场竞争力或在供应链中具有重要地位的企业,应收款、预付款和存货少,预收款、合同负债和应付款多,因此所赚取的实际经营净现金就多;反之,缺乏市场竞争力或在供应链中地位相对较低的企业,应收款、预付款和存货多,预收款、合同负债和应付款少,因此所赚取的实际经营净现金就少。

我们会发现,获现率这一指标有四种可能:一是获现率大于100%,这表明企业实际赚取的经营净现金超过应该赚取的经营净现金,超出的部分是由应收款、预付款和存货减少而预收款、合同负债和应付款增加所致,即$\Delta WCR<0$;二是获现率等于100%,这表明企业实际赚取的经营净现金等于应该赚取的经营净现金,因为其应收款、预付款和存货的减少与预收款、合同负债和应付款的增加相等,即$\Delta WCR=0$;三是获现率小于100%但大于0,这表明企业实际赚取的经营净现金少于应该赚取的经营净现金,少了的部分是由应收款、预付款和存货增加而预收款、合同负债和应付款减少所致,即$\Delta WCR>0$;四是获现率小于0,这表明企业实际的经营净现金出现负数或亏损,这是因为ΔWCR大幅增加,即应收款+预付款+存货大幅增加而预收款+合同负债+应付款大幅减少,并且ΔWCR超过应该赚取的经营净现金,即超过净利润+利息+折旧和摊销,换言之,$\Delta WCR>$(净利润+利息+折旧和摊销),导致实际赚取的经营净现金是个负数,结果获现率也为负数。

在中国,由于应收票据和应付票据单独核算,同时企业在经营过程中可能出现"资产减值",因此在计算获现率时,应根据以上三个科目进行调整。为了区别常规的获现率,我们称经过这三个科目调整后的获现率为"调整获现率",其计算公式为:

$$调整获现率 = \frac{实际经营净现金 + (应收票据变动额 - 应付票据变动额)}{应得经营净现金 + 资产减值} \quad (4-6)$$

由公式(4-6)可知,调整获现率不仅受到应收款、预付款和存货变动的影响,以及受到预收款、合同负债和应付款变动的影响,还受到另外两个因素的影响:第一,当企业的(应收票据变动额-应付票据变动额)>0时,意味着未来若干个月企业将有净现金流入,因此调整获现率会上升;反之会下降。第二,当企业因经营和投资不善而导致资产减值增加时,应该收回的净现金就需增加,调整获现率会下降;反之会上升。

二、李宁与安踏的创现模式比较分析

我们利用李宁和安踏这两家体育用品公司2017—2021年的财务数据,分析和比较其获现率及其影响因素,探究二者创现模式的差异性。哪些重要因素在驱动公司为股东和债权人赚取真金白银的净利润与利息,以及为其收回真金白银的本金?这两家公司的获现率及其影响因素的计算和分解结果如表4-6和图4-6所示。

表4-6 2017—2021年李宁和安踏的创现模式及其影响因素的分解分析   金额单位:亿元

安踏	2017年	2018年	2019年	2020年	2021年	累计/平均
营业收入	166.92	241.00	339.28	355.12	493.28	1 595.60
净利润	31.59	42.34	56.24	55.69	82.19	268.05
总资产	190.74	243.74	412.18	518.67	626.68	398.40
现金资产	69.68	92.84	82.21	153.23	175.92	114.77
应收账款和应收票据	20.89	25.05	38.96	37.31	32.96	31.03
存货	21.55	28.92	44.05	54.86	76.44	45.16
流动资产	154.42	192.84	233.21	327.17	399.02	261.33
应付账款和应付票据	14.47	22.62	41.63	23.76	31.46	26.79
短期有息负债	1.48	12.44	13.59	19.68	17.48	12.93
流动负债	44.98	75.48	124.12	117.15	159.43	104.23
总负债	47.14	78.54	201.57	260.43	310.05	179.55
有息负债	1.48	13.14	80.03	144.24	131.73	74.12
实际经营净现金	**31.81**	**44.40**	**74.85**	**74.58**	**118.61**	**344.25**
应得经营净现金	**30.87**	**45.09**	**71.46**	**81.10**	**111.53**	**340.05**
净利润	31.59	42.34	56.24	55.69	82.19	268.05
净利息	-3.22	-0.68	0.53	4.62	-3.32	-2.06
折旧和摊销	2.50	3.42	14.69	20.79	32.66	74.06
获现率(%)	**103.05**	**98.47**	**104.74**	**91.96**	**106.35**	**100.23**
营运资本需求量	27.97	31.36	41.39	68.41	77.94	73.09
营运资本占资产比重(%)	14.67	12.87	10.04	13.19	12.44	19.24
应收账款和应收票据占资产比重(%)	10.95	10.28	9.45	7.19	5.26	15.23
存货占资产比重(%)	11.30	11.87	10.69	10.58	12.20	11.32
应付账款和应付票据占资产比重(%)	7.58	9.28	10.10	4.58	5.02	7.31

(金额单位:亿元)（续表）

李宁	2017年	2018年	2019年	2020年	2021年	累计/平均
营业收入	88.74	105.11	138.70	144.57	225.72	702.84
净利润	5.15	7.15	14.99	16.98	40.11	84.39
总资产	73.21	87.27	125.47	145.94	302.75	146.93
现金资产	25.29	36.72	59.61	71.87	147.45	68.19
应收账款和应收票据	11.38	9.29	6.87	6.59	9.03	8.63
存货	11.03	12.40	14.07	13.46	17.73	13.74
流动资产	51.10	63.86	85.39	97.77	186.72	96.97
应付账款和应付票据	11.45	11.33	13.48	12.27	15.99	12.90
短期有息负债	0	0	0	0	0	0
流动负债	21.28	27.77	47.17	50.15	77.04	44.68
总负债	22.48	29.08	54.23	59.04	91.71	51.31
有息负债	0	0	0	0	0	0
实际经营净现金	**11.59**	**16.72**	**35.03**	**27.63**	**65.25**	**156.22**
应得经营净现金	8.60	11.16	23.47	27.39	51.16	121.78
净利润	5.15	7.15	14.99	16.98	40.11	84.39
净利息	-0.18	-0.10	0.30	0.32	-0.33	0.02
折旧和摊销	3.63	4.10	8.18	10.09	11.38	37.38
获现率(%)	**134.71**	**149.87**	**149.25**	**100.90**	**127.54**	**132.45**
营运资本需求量	10.95	10.35	7.46	7.77	10.76	9.46
营运资本占资产比重(%)	14.96	11.86	5.94	5.33	3.56	**8.33**
应收账款和应收票据占资产比重(%)	15.54	10.64	5.47	4.51	2.98	7.83
存货占资产比重(%)	15.06	14.21	11.22	9.22	5.86	11.11
应付账款和应付票据占资产比重(%)	15.64	12.99	10.74	8.41	5.28	10.61

注:净利润未扣除少数股东损益;资产负债表项目的数据为平均值;利润表项目和现金流量表项目的数据为累计值;营运资本需求量=应收账款和应收票据+存货-应付账款和应付票据。

由表4-6可知,2017—2021年,李宁的获现率最低100.90%,最高149.87%,平均132.45%;安踏的获现率最低91.96%,最高106.35%,平均100.23%。李宁和安踏的平均获现率均高于100%,表明两家公司都能将股东的净利润、债权人的利息以及股东和债权人投资的本金(折旧和摊销)以现金的形式如数收回,而且通过压减应收账款、预付账款和存货,增加应付账款和预收账款,从而增加经营净现金。李宁的获现率明显高于安踏,表明李宁的现金创造能力较强。究其原因,李宁在此期间,营运资本需求量占资产比重的均值为8.33%,比安踏低了10.91个百分点,其中,两家公司的存货占资产比重的均值基本相等,但李宁的应收账款和应收票据占资产比重平均比安踏低约7.40个百分点,应付账款和应付票据占资产比重平均比安踏高约 3.30 个百分点,从而使得其平均获现率高出安踏 32.22 个百分点,这表明李宁营运资本需求量的管理效率显著高于安踏。

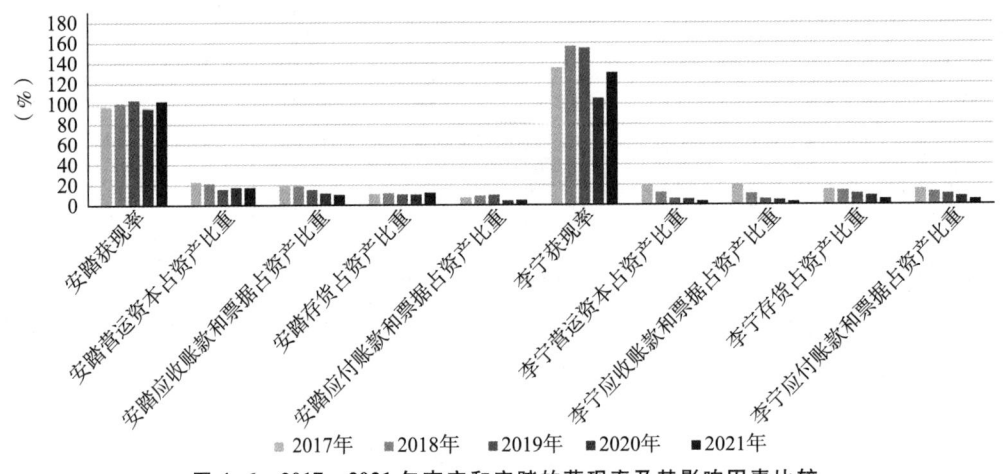

图 4-6　2017—2021 年李宁和安踏的获现率及其影响因素比较

第四节　创值模式的分析与评价

一、创值模式的分析与评价:EVA 和 MVA 的影响因素分解分析

(一) 经济增加值(EVA)与市场增加值(MVA)

1. 经济增加值

经济增加值又称 EVA(Economic Value Added),是衡量企业是否为投资人(包括股东和债权人)创造价值的指标,指的是企业在支付债权人的债务资本报酬和股东的权益资本报酬后的剩余价值。当 EVA>0 时,表明企业当期为投资人创造了价值;反之,当 EVA<0 时,表明企业当期损害了投资人价值。EVA 克服了会计利润没有考虑股东权益资本成本的缺陷,从而更加客观地反映了企业的经营和财务业绩,更加科学地反映了企业高层管理者的管理活动是否为投资人创造价值。

美国著名咨询公司思腾思特(Stern Stewart)管理咨询公司提出 EVA 的概念之后,EVA 作为一种管理理念迅速风行欧美,引起企业界和学术界的广泛关注。大量研究表明,EVA 是投资者决策的重要信息,具有重要的应用价值。许多世界知名大企业,如 AT&T、可口可乐、Polaroid 等纷纷采用 EVA 财务管理系统;一些著名的投资银行,如高盛、第一波士顿等也使用 EVA 来衡量权益资本的价值。美国一些主要的商业期刊,如《财富》,开始使用 EVA 对世界 500 强企业进行价值创造的排序。思腾思特也使用 EVA 对美国、欧洲、亚洲等著名企业进行排序,并推出基于 EVA 的财务管理系统。根据思腾思特 2000 年公布的报告,1999 年美国微软公司的 EVA 为 57.96 亿美元,其中投入资本为 200.34 亿美元,投入资本加权平均成本(WACC)为 12.62%,投入资本回报率(税后 ROIC)为 51.78%;在香港联交所上市的中国电信的 EVA 为 -1.43 亿美元,其中投入资本为

169.47亿美元,投入资本加权平均成本为13.30%,投入资本回报率为12.24%。

还有研究表明,基于EVA管理的企业,可以给股东创造更多的财富。根据思腾思特2002年10月提供的研究报告:20世纪90年代实施EVA管理的公司,在其后五年间股票投资收益率平均每年超过同类企业8.3个百分点,并为其股东增加1 160亿美元的财富;2000年3月24日到2002年6月30日,采用EVA管理的企业,其股票投资组合收益率为36.5%,而标准普尔500指数的投资收益率却为-33.3%。Kleiman(1999)调研实施EVA管理的公司后发现,对比这些公司实施EVA管理前后的盈利能力、EBITDA、资产收益率和现金流量创造等指标,实施EVA管理后比实施EVA前均有显著提高。

那么,如何计算一个公司的EVA? EVA又受到哪些因素的影响?作为企业的高层管理者,了解EVA的影响因素,分析价值创造过程,通过有效管理增加企业价值或股东财富,具有重要的现实意义。我们知道,EVA的计算公式为:

$$\text{EVA} = \text{EBIT}(1-T) - \text{投入资本} \times \text{WACC} \qquad (4-7)$$

根据公式(4-7),我们可以对EVA进行如下分解分析:

$$\text{EVA} = \text{投入资本} \times \frac{\text{EBIT}(1-T)}{\text{投入资本}} - \text{投入资本} \times \text{WACC}$$

$$= \text{投入资本} \times (\text{ROIC} - \text{WACC}) \qquad (4-8)$$

其中,ROIC和WACC可以分解为:

$$\text{ROIC} = \frac{\text{EBIT}(1-T)}{\text{投入资本}} = \frac{\text{EBIT}(1-T)}{\text{营业收入}} \times \frac{\text{营业收入}}{\text{投入资本}}$$

$$= \text{税后营业利润率} \times \text{投入资本周转率} \qquad (4-9)$$

$$\text{WACC} = \frac{\text{有息债务资本}}{\text{投入资本}} \times K_D(1-T) + \frac{\text{权益资本}}{\text{投入资本}} \times K_S \qquad (4-10)$$

由上述公式分解可知:在投入资本既定的情况下,EVA受到税后营业利润率、投入资本周转速度、有息负债比例、权益比例、债务利息率、权益预期收益率、所得税税率等因素的影响。图4-7更加形象地显示了EVA的影响因素。

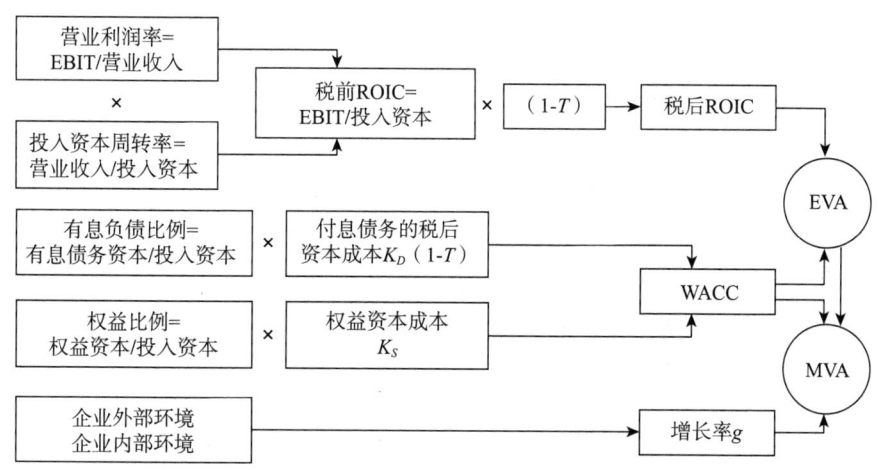

图4-7 EVA和MVA的关系和影响因素的分解分析

2. 市场增加值

市场增加值又称 MVA(Market Value Added)，是从资本市场的角度，以股票或股票和债券的现行价格为基础，计算出其在资本市场上的价值，然后扣除权益资本或投入资本后的剩余价值。

EVA 将权益资本的预期收益当作权益资本的机会成本，并将权益资本的机会成本作为资本成本计入总成本，修正了会计利润忽略权益资本成本的弊端。但是，EVA 仅仅从财务角度反映股东所增加的财富，其仍然体现在财务报表之中，并不是股东实际可变现或可获得的增加价值。如果企业决定不分红，股东就只能"望洋兴叹"，对 EVA"可望不可及"。那么，从股东的角度，如何衡量其实际获得的价值增加呢？

投资者，包括股东和债权人，其获得的报酬由两部分构成：一部分是企业的分红或利息，另一部分是资本利得(Capital Gain)，即股票或债券价格的增量。20 世纪 80 年代以来，以美国企业为代表的企业的分红逐年减少，投资者主要依靠资本市场，通过股票价格和债券价格的增值获得报酬。所以，当"企业整体的市场价值"高于"投入资本"时，表明投资者的收益超过投入，其资本获得增值，管理者为投资者创造了价值；反之，当"企业整体的市场价值"低于"投入资本"时，表明投资者的收益低于投入，其资本发生减值，管理者损害了投资者的价值。根据这样的理念，企业市场增加值(MVA)的计算公式为：

MVA = 企业的市场价值 - 企业的投入资本

= (企业有息负债的市场价值 + 企业股权资本的市场价值) - 企业的投入资本　　(4-11)

图 4-7 形象地显示 EVA 的影响因素，描述了 EVA 与 MVA 之间的关系。由公式(4-8)—公式(4-11)的分解和图 4-7 可知：一是在投入资本既定的情况下，EVA 受到税后营业利润率、投入资本周转速度、有息负债比例、权益比例、债务利息率、权益预期收益率、所得税税率等因素的影响；二是在 EVA 的基础上，随着内外部环境的变化，企业未来的成长性随之变化，从而影响企业的 EVA 并导致 MVA 的变化；三是 MVA 受到股票价格和债券价格的影响，在使用 MVA 衡量企业是否为股东创造市场价值时，实际上隐含着一个重要的前提假设，即资本市场有效(Efficient Market Hypothsis,EMH)。换言之，若资本市场是无效的，则股票价格和债券价格难以真实地反映公司实际的经营与财务状况及其未来的发展态势，MVA 就难以真实地衡量公司的市场价值。

（二）2022 年中美最创值和最损值的企业

最近二十多年来，随着技术创新的快速发展和商业模式的变革，一批新兴的高科技企业异军突起。表 4-7 是美国 2022 年最创值的 10 家公司和最损值的 10 家公司；表 4-8 是中国 2022 年最创值的 10 家公司和最损值的 10 家公司。例如，根据普华永道推出的"2022 全球市值 100 强上市公司排行榜"(Global Top 100 Companies 2022)，苹果蝉联榜首，微软升至第二，沙特阿美退居第三，台积电升至第十，腾讯和阿里巴巴退出前十。再如，脸书在 2012 年 5 月 18 日上市时的市值为 1 152 亿美元，2021 年 6 月 29 日其市值突破万亿美元，成为继苹果、微软、亚马逊和谷歌之后第五家市值超万亿美元的公司，但到了 2023 年 6 月 19 日其市值跌至 7 200 亿美元。2023 年 5 月 30 日，英伟达的市值突破万亿美元，成为全球市值最高的芯片公司。

表 4-7　2022 年美国股市最创值的 10 家公司与最损值的 10 家公司　　金额单位：亿美元

类型	2022年	2019年	公司	2022年 MVA	三年 MVA 变化	2022年 EVA	三年 EVA 变化	2022年 ROIC(%)
价值创造前十	1	1	Apple（苹果）	20 162.70	8 191.15	972.31	570.73	34.92
	2	2	Microsoft（微软）	16 211.90	5 232.65	650.14	379.65	21.28
	3	4	Alphabet（谷歌）	8 888.60	1 691.64	469.35	313.80	16.65
	4	3	Amazon（亚马逊）	7 108.96	−1 472.68	−157.66	−177.35	−0.55
	5	16	United Health（联合健康）	4 090.26	1 924.95	188.95	84.66	9.47
	6	10	Johnson & Johnson（强生）	3 878.26	632.93	207.93	112.47	12.36
	7	9	VISA（维萨）	3 557.34	211.94	153.15	64.86	17.56
	8	84	Tesla（特斯拉）	3 430.74	2 754.66	94.94	116.94	18.97
	9	42	Eli Lilly（礼来）	3 368.38	2 136.19	61.05	−12.52	13.79
	10	34	Nvidia（英伟达）	3 328.92	1 982.31	76.14	46.49	23.48
价值损害前十	6 251	6 225	Credit SUISSE（瑞士信贷）	−412.85	−289.19	−247.69	−116.96	−3.14
	6 252	6 260	Mitsubishi UFJ Financial Group（三菱日联金融集团）	−465.28	229.66	−408.85	116.30	−0.43
	6 253	6 248	HONDA（本田汽车）	−468.92	−207.64	−66.31	−9.39	3.33
	6 254	6 259	Sumitomo Mitsui Financial Group（三井住友金融集团）	−498.96	58.56	−393.25	−60.69	−1.30
	6 255	6 253	Barclays Bank（巴克莱银行）	−531.59	−79.84	−151.56	58.68	−1.57
	6 256	6 257	Deutsche Bank（德意志银行）	−534.68	0.95	−207.86	370.73	−4.16
	6 257	6 250	HSBC Holdings Plc（汇丰控股）	−696.61	−382.51	−296.12	−0.37	−4.84
	6 258	12	Shell（壳牌）	−776.22	1128.41	439.18	318.97	12.02
	6 259	157	Brookfield（布鲁克菲尔德）	−923.72	−1505.30	−191.53	−165.21	1.46
	6 260	6 247	Citigroup（花旗集团）	−1 142.34	−891.85	−466.15	46.24	−4.56

资料来源：Wind 数据库。

表 4-8　2022 年中国股市最创值的 10 家公司与最损值的 10 家公司　　金额单位：亿元

类型	2022年	2019年	公司	2022年 MVA	三年 MVA 变化	2022年 EVA	三年 EVA 变化	2022年 ROIC(%)
价值创造前十	1	1	贵州茅台	19 644.89	6 202.83	527.86	164.38	28.40
	2	14	宁德时代	7 840.25	5 912.39	204.56	180.33	14.23
	3	4	五粮液	5 846.84	1 444.87	213.78	70.38	23.41
	4	63	比亚迪	5 334.38	4 777.64	100.81	79.50	12.02

第四章　商业模式的财务分析与评价　▶ 157

(金额单位:亿元)（续表）

类型	2022年	2019年	公司	2022年MVA	三年MVA变化	2022年EVA	三年EVA变化	2022年ROIC(%)
价值创造前十	5	3	中国人寿	4 169.18	-441.68	-6.70	-356.82	5.39
	6	18	中国中免	3 915.77	2 402.15	34.45	-8.02	12.43
	7	13	迈瑞医疗	3 510.96	1 485.79	79.30	41.52	28.74
	8	9	海天味业	3 419.69	682.50	46.25	0.96	21.72
	9	48	山西汾酒	3 259.63	2 554.12	67.44	50.68	31.83
	10	32	泸州老窖	2 957.88	1 883.78	82.68	43.53	26.93
价值损害前十	5 055	3 676	中国建筑	-4 526.83	-1 867.51	-242.44	-407.71	4.05
	5 056	3 674	中信银行	-4 702.51	-2 100.88	-319.65	-158.78	3.64
	5 057	3 675	民生银行	-4 704.03	-2 072.39	-448.60	-216.40	2.44
	5 058	3 673	浦发银行	-4 930.91	-2 951.25	-669.13	-403.67	2.40
	5 059	3 679	中国石油	-6 660.66	-2 393.93	525.87	730.98	8.16
	5 060	3 678	交通银行	-7 092.66	-3 030.87	-632.05	-458.19	3.25
	5 061	3 681	农业银行	-16 718.63	-9 845.58	38.75	-229.16	5.58
	5 062	3 683	中国银行	-16 894.12	-7 398.81	-218.36	-360.24	5.03
	5 063	3 682	建设银行	-17 745.83	-10 581.98	400.01	675.91	6.28
	5 064	3 680	工商银行	-20 320.36	-13 918.43	587.92	-270.52	6.58

资料来源:Wind数据库。

根据表4-7,2022年美国最创值的公司是苹果,股东投入权益资本为506亿美元,公司股票年末市值为20 669亿美元,MVA高达20 162.70亿美元。换言之,苹果在2022年扣除股东投入的权益资本506亿美元之后,还通过股票市场为股东创造了20 669亿美元的超额市值,不愧是全美乃至全球最创值的公司。同年,美国最损值的公司是花旗集团,股东投入权益资本为2 018亿美元,而公司股票年末市值仅876亿美元,MVA为-1 142.34亿美元。换言之,花旗集团在2022年扣除股东投入的2 018亿美元之后,股票市值不但没有增加,反而亏损约1 142亿美元,即花旗集团股东投入的权益资本大大超过其权益资本的市场价值。

根据表4-8,2022年中国最创值的公司是贵州茅台,其股东投入权益资本为2 050亿元,公司股票年末市值高达21 695亿元,MVA为19 644.89亿元。换言之,贵州茅台在2022年扣除股东投入的权益资本2 050亿元之后,还通过股票市场为股东创造约19 645亿元的超额市值,由此成为2022年度中国最创值的公司。2022年中国最损值的公司[①]是中国建筑,其股东投入权益资本为6 084亿元,权益资本年末市值仅为1 558亿元,MVA为-4 526.83亿元。换言之,中国建筑在2022年扣除股东投入的权益资本6 084亿元之

---

① 将金融类上市公司排除在外。

后,股票市值不但没有增加,反而亏损约 4 527 亿元,即中国建筑股东投入的权益资本大大超过其权益资本的市场价值。

当然你会发现,虽然 MVA 与 EVA 同是衡量公司创值的指标,但结果并非一致。例如,2022 年中国人寿的 EVA 为-6.70 亿元,但 MVA 为 4 169.18 亿元;中国石油的 EVA 为 525.87 亿元,但 MVA 为-6 660.66 亿元。再如,美国壳牌的 EVA 为 439.18 亿美元,但 MVA 为-776.22 亿美元。为什么呢?我们将在后面讨论和分析这一问题。

投资者除了关注 EVA 和 MVA,还十分关注企业的市值及其变化。由表 4-9 可知,2022 年中国市值最大的 10 家上市公司中,6 家是银行和保险类公司,1 家是酒精饮料类公司,1 家电信公司,1 家石油公司,仅有 1 家是民营高科技公司。其中,9 家属于国有企业。美国股市吸引了全球公司赴美上市,在 10 家市值最大的上市公司中,8 家是高科技公司,1 家是投资银行,1 家是石油公司,其中 1 家属于国有企业。总的来看,2022 年这些市值最大的公司,对比 2021 年的市值,多数不仅没有增加,反而下降了。这也许是 2022 年投资者担忧新冠疫情变化、世界经济和公司未来发展潜力所造成的。进入 2023 年,这些公司的股价先后上升,市值有所反弹。例如,截至 2023 年 6 月 15 日,苹果的市值为 29 175 亿美元,微软为 25 700 亿美元,特斯拉的市值为 8 160 亿美元,等等。但是,多数中国市值最大公司的股价和市值并没有大的变化。令人深思的是,我国四大国有银行和招商银行以及中石油,其 2022 年年末对比 2021 年年末的市值都有大幅上升,但 MVA 仍然是负数,这表明股东投入的权益资本远大于自身的市场价值。然而,美国 10 家市值最大公司的市值都远大于股东投入的权益资本。

二、李宁与安踏创值模式的比较分析

李宁 2010 年营业收入高达 95 亿元,实现净利润 11 亿元;但 2011 年营业收入降至 89 亿元,净利润跌至 4.11 亿元。此后在 2012 年、2013 年和 2014 年连续三年亏损,净利润分别是-19.55 亿元、-3.59 亿元和-7.44 亿元。李宁的平均 ROE 和平均税后 ROIC 分别从 2010 年的 31.81%和 30.11%跌至 2012 年的-107.90%和-44.92%,2013 年的-12.43%和-5.60%,2014 年的-34.27%和-16.71%。可见,李宁已经从从一个创值型公司变成损值型公司,引发市场投资者的关注。

2015 年李宁扭亏为盈,但其平均 ROE 和平均税后 ROIC 分别为 1.81%和-3.92%,大大低于股东预期收益率和加权平均资本成本(WACC),显然还是损值型公司。2016 年李宁虽然实现营业收入 80 亿元,净利润 7.01 亿元,经营净现金 9.95 亿元,平均 ROE 为 17.53%,平均税后 ROIC 达 6.79%。但是因李宁出售红双喜的股权获得一笔"非持续经营净收益",扣除后的净利润为 3.13 亿元,按照扣除"非持续经营净收益"后的净利润计算,平均 ROE 仅为7.83%,还是未能达到创值型公司的标准。2017 年,李宁实现营业收入 88.74 亿元,净利润 5.15 亿元,经营净现金 11.59 亿元,平均 ROE 达到 10.15%,平均税后 ROIC 为 7.68%。如果公司税后 ROIC 大于 WACC,那么李宁将从损值之路重返创值之道。到 2021 年,李宁实现营业收入 225.72 亿元,净利润 40.11 亿元,经营净现金 65.25 亿元,ROE 达到 19.01%,税后 ROIC 也达到 18.82%。

表 4-9　2022 年中美股市中市值最大的 10 家上市公司及其主要财务数据

单位：亿元（中国）和亿美元（美国）

类型	公司	行业	2022年年末市值	2021年年末市值	2022年年末权益	市值变化	MVA	营业总收入 2022年	营业总收入 2021年	净利润 2022年	净利润 2021年	经营净现金 2022年	经营净现金 2021年
中国股市市值前十	贵州茅台	食品饮料	21 695	25 752	2 050	-4 057	19 645	1 276	1 095	654	557	367	640
	工商银行	银行	15 468	16 502	35 138	-1 034	-19 670	9 180	9 428	3 610	3 502	14 047	3 609
	中国移动	电信	14 456	11 338	12 661	3 118	1 795	9 373	8 483	1 256	1 161	2 808	3 148
	建设银行	银行	14 076	14 651	28 788	-575	-14 712	8 225	8 242	3 232	3 039	9 784	4 367
	中国人寿	保险	10 492	8 505	4 451	1 987	6 041	8 261	8 585	335	524	3 520	2 864
	农业银行	银行	10 185	10 290	26 745	-105	-16 560	7 249	7 199	2 587	2 419	13 220	2 396
	宁德时代	新能源电池	9 609	13 705	1 769	-4 096	7 840	3 286	1 304	335	179	612	429
	招商银行	银行	9 397	12 285	9 542	-2 888	-145	3 448	3 313	1 393	1 208	5 701	1 820
	中国银行	银行	9 303	8 979	25 676	324	-16 373	6 180	6 056	2 375	2 273	-113	8 433
	中国石油	能源	9 096	8 986	15 381	110	-6 285	32 392	26 143	1 640	1 147	3 938	3 415
美国股市市值前十	苹果	科技	20 669	29 016	507	-8 347	20 163	3 943	3 658	998	947	1 222	1 040
	微软	科技	17 877	25 224	1 665	-7 347	16 212	1 983	1 681	727	613	890	767
	谷歌	科技	11 450	19 171	2 561	-7 721	8 889	2 828	2 576	600	760	915	917
	亚马逊	电商科技	8 569	16 972	1 460	-8 403	7 109	5 140	4 698	-27	334	468	463
	伯克希尔-哈撒韦	金融	6 806	6 640	4 806	166	1 999	3 021	2 761	-228	898	372	394
	联合健康	医疗保健	4 954	4 725	863	229	4 090	3 242	2 876	201	173	262	223
	强生	医疗保健	4 618	4 504	740	114	3 878	938	826	209	147	234	235
	埃克森美孚	能源	4 542	2 594	2 025	1 948	2 518	4 101	2 833	557	230	768	481
	摩根大通	金融	3 933	4 662	2 923	-729	1 010	1 223	1 309	377	483	1 071	781
	维萨	科技	3 913	4 152	356	-239	3 557	293	241	150	123	188	152

注：中国移动 2022 年 1 月 5 日之前在港交所上市，之后在上交所上市，这里以 2022 年 1 月 5 日其在上交所的股价计算 2021 年年末市值。

现在,我们以 2017—2021 年的财务数据,使用"年末权益资本"和"年末投入资本"分别计算 ROE 和税后 ROIC,并分析李宁和安踏的 EVA 创值模式,探讨两家公司是如何创值的,驱动其创值的主要因素是什么,二者是否存在差异。计算和分析结果如表 4-10 所示。

表 4-10　2017—2021 年李宁公司和安踏公司的 EVA 分解分析

李宁公司	2017 年	2018 年	2019 年	2020 年	2021 年	五年平均
税后 ROIC(%)	7.68	10.84	19.86	19.67	18.82	15.37
EBIT 利润率(%)	5.85	8.00	13.60	15.77	23.46	13.34
投入资本周转率(次)	1.75	1.81	1.95	1.66	1.07	1.65
(1-所得税税率)(%)	75.00	75.00	75.00	75.00	75.00	75.00
WACC(%)	10.67	10.67	10.67	10.67	10.67	10.67
年末有息负债(亿元)	0	0	0	0	0	0
有息负债率(%)	0.00	0.00	0.00	0.00	0.00	0.00
债务资本成本(K_D)(%)	5.00	5.00	5.00	5.00	5.00	5.00
(1-所得税税率)(%)	75.00	75.00	75.00	75.00	75.00	75.00
年末权益资本(亿元)	50.74	58.20	71.24	86.89	211.04	95.62
权益资本比例(%)	100.00	100.00	100.00	100.00	100.00	100.00
权益资本成本(K_S)(%)	10.67	10.67	10.67	10.67	10.67	10.67
年末投入资本(亿元)	50.74	58.20	71.24	86.89	211.04	95.62
EVA(亿元)	-1.52	0.1	6.55	7.82	17.2	6.03
销售创值率(%)	-1.71	0.09	4.72	5.41	7.62	3.23
资产创值率(%)	-2.07	0.11	5.22	5.36	5.68	2.86
权益创值率(%)	-2.99	0.17	9.19	9.00	8.15	4.70
资本创值率(%)	-2.99	0.17	9.19	9.00	8.15	4.70
安踏公司	2017 年	2018 年	2019 年	2020 年	2021 年	五年平均
税后 ROIC(%)	20.62	23.97	20.80	15.93	18.25	19.91
EBIT 利润率(%)	23.90	23.65	23.76	24.08	22.11	23.50
投入资本周转率(次)	1.15	1.35	1.17	0.88	1.10	1.13
(1-所得税税率)(%)	75.00	75.00	75.00	75.00	75.00	75.00
WACC(%)	11.03	10.56	9.08	8.47	8.94	9.61
年末有息负债(亿元)	1.48	13.14	80.02	144.24	131.73	74.12
有息负债率(%)	1.02	7.37	27.53	35.84	29.38	20.23
债务资本成本(K_D)(%)	5.00	5.00	5.00	5.00	5.00	5.00

(续表)

安踏公司	2017年	2018年	2019年	2020年	2021年	五年平均
(1−所得税税率)(%)	75.00	75.00	75.00	75.00	75.00	75.00
年末权益资本(亿元)	143.61	165.20	210.61	258.24	316.63	218.86
权益资本比例(%)	98.98	92.63	72.47	64.16	70.62	79.77
权益资本成本(K_S)(%)	11.10	11.10	11.10	11.10	11.10	11.10
年末投入资本(亿元)	145.08	178.33	290.64	402.48	448.36	292.98
EVA(亿元)	13.92	23.92	34.08	30.06	41.72	28.74
销售创值率(%)	8.34	9.92	10.05	8.46	8.46	9.05
资产创值率(%)	7.30	9.81	8.27	5.80	6.66	7.57
权益创值率(%)	9.69	14.48	16.18	11.64	13.18	13.03
资本创值率(%)	9.59	13.41	11.73	7.47	9.31	10.30

注:借鉴华泰证券2022年3月21日对李宁公司的研究报告以及2022年3月23日对安踏公司的研究报告,假设李宁公司的权益资本成本为10.67%,安踏公司的权益资本成本为11.10%。

第一,五年间,李宁从2017年略微损值(EVA为−1.52亿元)后,EVA逐年增加,权益创值率从2017年的−2.99%升至2021年的8.15%;同期安踏的EVA始终大于零,属于创值型公司,其权益创值率则从2017年的9.69%升至2021年的13.18%。总体来说,安踏的创值能力高于李宁。

第二,李宁的创值能力低于安踏的主要原因有:其一,尽管李宁的EBIT利润率逐年上升,在2021年超过安踏,但总的来看,其平均EBIT利润率低于安踏,降低了李宁的税后ROIC;其二,李宁的投入资本周转速度快于安踏,提高了李宁的税后ROIC;其三,以总平均来看,李宁的税负低于安踏,提高了其税后ROIC;其四,李宁没有有息负债,五年来全部依靠权益资本,而安踏有息负债率从2017年的1.02%升至2021年的29.38%,平均约为20%,因此李宁的WACC高于安踏,降低了其税后ROIC。综合之后,一方面李宁EBIT利润率较低,但资本周转较快,因此五年平均税后ROIC低于安踏;另一方面李宁的有息负债率为零,其WACC就等于权益资本成本,导致其WACC较高。平均来看,两家公司都属于"创值型公司",但安踏的创值模式所展现出来的创值能力更强。

第三,从五年的发展变化看,一是安踏的EBIT利润率相对稳定,李宁的EBIT利润率呈现上升态势,2021年已经超过安踏。二是李宁和安踏的投入资本周转速度均呈现下降趋势,但对比2020年,李宁在2021年出现大幅下挫;同时,从五年来投入资本周转速度的波动幅度看,安踏为0.47次,李宁为0.88次,这意味着李宁资本周转速度的变化较大,经营风险较高。因此,提升资本周转速度有效改进了李宁的创值模式。三是李宁的有息负债率一直为零,采取偏保守的负债政策。倘若李宁适当增加分红,同时增加有息负债,就可以在一定程度上降低WACC,从而提高EVA;但有息负债是把"双刃剑",其有助于降低WACC,甚至有助于提高ROE和税后ROIC,但一定要控制在"适度的范围内"。

我们建议两家公司：一是在营销方面，都应进一步提高研发和设计能力，满足消费者的价值主张。二是在运营管理方面，都应进一步提高产品溢价能力，控制成本和费用，防范投资失误，加快存货和应收账款以及投入资本周转速度。三是在财务管理方面，李宁可考虑适度负债，降低融资成本；安踏则要注意在实施多轮的收购与兼并之后，应充分发挥并购后资产的使用效率，提升资产和资本的周转速度。

三、MVA 与 EVA 的关系及应用中应注意的问题

EVA 从财务的角度出发，调整企业投入资本的成本度量，以权益资本的预期收益率作为企业使用股东资本所要支付的成本，重新计算企业的财务收益。因此，EVA 本质上仍然是一种财务上的账面收益。MVA 则从资本市场投资的角度出发，以投资者在资本市场上交易的投入资本（有息债务资本和权益资本）的市场价值为基础，计算超出企业投入资本账面价值的市场价值。因此，MVA 本质上是一种资本市场上的投资收益。那么，MVA 和 EVA 之间存在什么关系呢？

从理论上看，EVA 是企业每一段时间在财务上创造的账面超额利润或超额价值，而 MVA 是投资者对企业未来在财务上创造的账面超额价值预期的结果。换言之，企业在某一时点的 MVA 是未来各个时期 EVA 的折现值之和，即

MVA = 企业总市值 − 投入资本

= （权益资本市值 + 债务资本面值或市值） − （权益资本 + 债务资本面值或市值）

= 权益资本市值 − 权益资本　　　　　　　　　　　　　　　　　　　(4-12)

因此，MVA 作为企业权益资本在资本市场上增加的价值，源自企业在未来能够为股东赚取的超额利润或 EVA 的折现值，即

$$MVA = \sum_{t=1}^{\infty} \frac{EVA_t}{(1+WACC)^t} = \frac{EVA_1}{(1+WACC)^1} + \frac{EVA_2}{(1+WACC)^2} + \cdots + \frac{EVA_n}{(1+WACC)^n} + \cdots$$
(4-13)

令企业 EVA 每年按照一个固定增长率 g 增长，$EVA_n = EVA_{n-1}(1+g)$，则

$$MVA = \frac{EVA_1}{WACC - g} = \frac{(ROIC - WACC) \times 投入资本}{WACC - g} \quad (4-14)$$

事实上，我们也可以这样证明：企业资产或资本的市场价值取决于其未来能够获得的净现金（Cash From Assets, CFA）[①]，且令 CFA 每年按照一个固定增长率 g 增长，则

$$企业资产的市场价值 = \frac{CFA}{WACC - g} \quad (4-15)$$

其中，

CFA = EBIT(1 − T) + （折旧 + 摊销 − 营运资本需求量变动额 − 资本支出）

　　= EBIT(1 − T) + 投入资本变动额

将 CFA 代入公式(4-15)，并在公式两边同时减去投入资本，结果是：

---

① 根据管理资产负债表，占用资产或使用资产 = 投入资本。

$$\text{企业资产的市场价值} - \text{投入资本} = \frac{\text{EBIT}(1-T) - \text{投入资本变动额}}{\text{WACC} - g} - \text{投入资本}$$

$$\text{MVA} = \frac{\text{EBIT}(1-T) - \text{投入资本变动额} - \text{投入资本} \times (\text{WACC} - g)}{\text{WACC} - g}$$

$$= \frac{\left[\dfrac{\text{EBIT}(1-T)}{\text{投入资本}} - \dfrac{\text{投入资本变动额}}{\text{投入资本}} - \text{WACC} + g\right] \times \text{投入资本}}{\text{WACC} - g} \quad (4\text{-}16)$$

因为增长率 $g = \dfrac{\text{投入资本变动额}}{\text{投入资本}}$，所以

$$\text{MVA} = \frac{(\text{ROIC} - g - \text{WACC} + g) \times \text{投入资本}}{\text{WACC} - g}$$

$$= \frac{(\text{ROIC} - \text{WACC}) \times \text{投入资本}}{\text{WACC} - g}$$

$$= \frac{\text{EVA}_1}{\text{WACC} - g} \quad (4\text{-}17)$$

由此可见，在加权平均资本成本（WACC）既定的情况下，企业的 MVA 主要取决于企业的 EVA 及其未来的成长性，即增长率 g。在其他因素不变的情况下，首先，企业的 ROIC 相对 WACC 越高，EVA 越大，其 MVA 越大；反之越小。其次，企业资产获取净现金的增长率（g）越高，其 MVA 越大；反之越小。最后，企业的 WACC 越高，其 MVA 越小；反之越大。从理论上说，创值型企业具有三个基本的财务特征：较高的投入资本收益率（ROIC），较低的加权平均资本成本（WACC）和较高的资产净现金（CFA）增长率（g）。

在使用 MVA 和 EVA 评价企业是创造价值还是损害价值，需要注意以下几个问题：

一是企业当期的 EVA 是负数而 MVA 是正数，是否表明 EVA 与 MVA 有矛盾呢？实际上，这并不矛盾。因为 MVA 是基于资本市场的投资者对企业未来 EVA 的预期结果，即 MVA 是企业未来各期 EVA 的折现值之和，所以企业本期或某期的 EVA 为负数并不意味着企业的 MVA 也是负数。本期 MVA 为正数而 EVA 是负数，表明企业未来的发展前景良好，资本市场的投资者预期企业未来的 EVA 为正数。正如前所述，2022 年亚马逊净亏损 27 亿美元，税后 ROIC 为 -0.55%，ROE 为 -1.86%，因此 EVA 为 -157.66 亿元，即出现损值，但这不影响股东的预期和投资选择，其仍然认为亚马逊是个前景很好的公司，尽管当年度公司股价下跌，但市值仍然超过股东投入的权益资本，因此 MVA 是个正数。自 2023 年 3 月中旬，亚马逊的股价重返上升态势，从 89 美元/股反弹到 2023 年 6 月 14 日的 127 美元/股。换言之，MVA 是投资者对公司未来发展前景预期的结果。

二是 MVA 之所以能够反映企业是否创造价值，是因为资本市场是有效的。换言之，MVA 的理论和评价方法是建立在有效市场假说的基础上，即资本市场是一个公开、公平、公正、无交易障碍、无操纵交易的市场。如果资本市场的交易存在泄露信息、操纵股价的行为，MVA 就无法准确反映企业投入资本的市场价值，失去反映企业价值创造的作用。

三是 EVA 的计算结果取决于如何计算 ROIC 和 WACC。其中，WACC 中权益资本成本（K_s）的确定充满争议。这是一个财务学的基本理论问题，也是一个悬而未决的问题。

例如,中国移动的 EVA 是否为正值,一直是个有争议的问题。争议的焦点在于 WACC 计算公式中,权益资本成本(K_S)等于多少？如何确定股东权益资本预期的收益率？在确定负债比例和权益比例时,是使用账面价值还是市场价值？例如,1999 年思腾思特管理咨询公司公布中国移动的 ROIC 是 12.24%,而 WACC 是 13.30%,二者之差仅 1.06 个百分点。一旦对 K_S 的估计出现偏差,将直接影响对中国移动是创值型公司还是损值型公司的判断。

四是 EVA 的计算是利润表计算的延伸,鉴于利润表是采用"权责发生制"会计来编制的,可能导致有利润而没有经营净现金。同理,企业的 EVA>0,并不意味着这个企业的经营净现金一定大于零,或其 EVA 有现金保障。换言之,某些企业存在没有经营净现金保障的"白条会计净利润",同样可能存在没有经营净现金保障的"白条超额利润"或"白条 EVA"。因此,企业在进行绩效考核时,应该将 EVA 与经营净现金结合起来进行综合考评。

第五节 风险管控模式的分析与评价

一、风险管控模式的分析与评价:总风险(总杠杆)的影响因素分解分析

企业在经营过程中面临各种各样的风险,包括外部风险和内部风险。外部风险主要是社会、政治、法律、经济和环境因素变化以及技术变革与行业内企业之间的竞争引发的风险,这些外部风险影响因素的变化会冲击企业的经营,引发其需求或销售量、价格、成本、费用、交易结算方式等变化,从而导致企业成本结构以及营业收入、毛利、净利润、经营现金流发生变化。换言之,企业面临的外部风险包括政治风险、政策风险、技术风险、市场风险、管理风险、交易风险、汇率风险等。这些风险从财务管理的角度看,最终都将转化或表现为企业的经营风险和财务风险。例如,为什么房地产行业之前春风得意,而目前却出现大面积债务违约？因为房地产行业的外部环境和市场需求发生了重大变化,而一些房地产公司仍一味追求规模,大举增加负债,四处高价标地,加大土地储备或存货,忽略房地产市场已经从需求大于供给转变为供给大于需求和房价下降的事实,经营风险和财务风险同时凸显,最终陷入债务危机。

尽管降价会引起国内电动车新厂商的"不满",为什么特斯拉仍敢于宣布降价？因为特斯拉的销售量不断上升,规模效益和专业化效益显著,因此毛利率高,固定成本占比低;负债率特别是有息负债率很低,账上结余大量的现金,财务费用占比也低。这表明特斯拉的经营风险和财务风险都较低,因此总风险也较低。以 2022 年为例,特斯拉的总资产为 823 亿美元,营业收入为 815 亿美元,营业利润为 138 亿美元,净利润为 126 亿美元;总资产负债率为 44%,有息负债率为 3.8%,现金资产为 222 亿美元,其占总资产比重为 27%;同年,比亚迪的总资产为 709 亿美元,营业收入为 609 亿美元,营业利润为 28 亿美元,净利润为 24 亿美元;总资产负债率为 75%,有息负债率为 4.4%,现金资产为 103 亿美元,其占总资产比重为 14.6%。再对比蔚来、小鹏、理想三家"造车新势力",它们 2022 年

的营业收入分别为38.6亿美元、70.7亿美元、65亿美元,但营业利润分别为-22.5亿美元、-12.6亿美元、-5.3亿美元。有些新兴的电动车厂家,目前毛利或营业利润仍是负数。因此,这些厂商的固定成本占比相当高,经营风险凸显。目前这些厂商主要依赖于来自风险投资的股权融资,负债率不是很高,且账上结余的现金用于投资理财,使其利息收入暂时大于利息支出,因此财务风险短时间内尚处于可控状态。一旦难以持续地进行股权融资,需要进行债务融资,这些厂商的财务风险就将显现。

如何度量并控制企业的风险,特别是经营风险和财务风险呢?对于企业高层管理者来说,了解内外部环境变化对企业营业收入、利润、付息还本能力等的影响,控制企业的经营风险和财务风险,防范企业发生财务危机,具有重要的现实意义。下面,我们将探讨企业的风险管控模式,分析引发企业经营风险和财务风险的原因,解析企业经营风险、财务风险和总风险之间的关系。

(一)经营风险:经营杠杆

经营风险是指企业经营环境变化引起营业收入变化,从而引起息税前利润(EBIT)变化。当企业的营业收入增加时,由于总固定成本相对不变,企业的EBIT随之增加;当企业的营业收入减少时,同样由于总固定成本相对不变,企业的EBIT随之减少。作为企业的高层管理者,不妨设想一下,在一个竞争激烈的行业中,一家企业的营业收入迅速增加,而另一个企业的营业收入缓慢增加或没有增长,甚至减少,结局会是什么?

如何度量企业的经营风险呢?度量企业经营风险的指标称为经营杠杆(Degree of Operational Leverage,DOL),即

$$\begin{aligned}
经营杠杆 &= \frac{EBIT变动率}{销售收入变动率} \\
&= \frac{销售量\times(单价-单位产品变动成本)}{销售量\times(单价-单位产品变动成本)-总固定成本} \\
&= \frac{销售收入-总变动成本}{销售收入-总变动成本-总固定成本}
\end{aligned} \quad (4-18)$$

由经营杠杆(DOL)的计算公式可知:在其他因素不变的情况下,企业的固定成本越大,其DOL越大,经营风险越高;反之越低。根据这一原理,企业高层管理者如何判断自己所管理企业的经营风险高低呢?

第一,从趋势变化的角度看,若企业的总固定成本占营业收入或总成本的比重呈上升趋势,则说明企业的经营风险上升。

第二,从同业对比的角度看,若企业的总固定成本占营业收入或成本的比重高于同行业或竞争对手,则说明企业的经营风险比较高。

第三,若企业的销售量上升,但营业收入增长缓慢,没有增长或下降,则说明企业的经营风险逐步上升。

可见,影响企业经营风险的直接因素是销售价格、销售量和固定成本。因此,对于处于衰退型行业的企业(如家电制造企业)来说,价格和销售量的同步下降意味着企业的经

营风险激增;对于处于激烈竞争行业的企业(如汽车制造企业)来说,价格不变但销售量下降,或价格下降但销售量不变,都意味着企业的经营风险在逐步增大。无论什么情况,企业营业收入的减少都意味着其经营风险上升,因为企业总的固定成本不会因营业收入的减少而减少,结果营业收入中的固定成本占比上升,或者说单位产品价格或单位产品总成本中单位产品固定成本比增大了。简言之,当企业营业收入减少时,单位产品所承担的固定成本份额增加了,由此企业的经营风险上升了。

那么,哪些因素可能引发企业营业收入和固定成本的变化,从而提高企业的经营风险呢?分析这些影响因素,有助于企业高层管理者控制经营风险。

第一,企业所提供产品或服务需求的稳定性及其与宏观经济周期的关系。若企业所提供的产品和服务需求稳定,则企业的经营风险比较小;反之则比较大。例如,快餐连锁、食品制造企业的产品需求比较稳定,经营风险比较小;而某些电子产品需求不稳定且短暂,相关企业的经营风险比较大。若企业的营业收入与宏观经济发展态势密切相关,则其经营风险比较大。例如,航空运输企业的营业收入与宏观经济周期密切相关,当经济增长时,航空运输企业的营业收入增加;反之减少。

第二,企业所处行业及其生命周期。行业不同,经营风险不同。资本密集型和固定资产密集型的企业,如汽车制造、冶金、石化等行业的企业,经营风险比较大;反之,人工密集型和流动资产密集型的企业,如餐饮、零售等行业的企业,经营风险比较小。成长型企业的经营风险比较小,而衰退型企业的经营风险比较大。

第三,企业的生产和销售规模。规模经济可以降低单位产品的固定成本,因此企业规模越大,经营风险越小;反之越大。例如,许多家电企业一方面力图通过促销活动或降价占领市场,另一方面又力图通过扩大生产规模降低固定成本。但是,生产规模扩大所带来的固定成本和采购成本的节约往往不足以弥补促销所引发的高昂的销售费用、管理费用以及降价所带来的成本增加,由此导致许多家电企业经营风险倍增。

第四,投资规模。投资中固定资产规模越大,经营风险越大;反之越小。例如,紫金矿业通过改进工艺,控制投资预算,特别是固定资产投资预算,节约投入资本,减少总固定成本以减少折旧费用,达到降低经营风险的目标。

第五,成本、售价以及成本与售价之间的协调关系。首先,若销售价格下降,则企业的经营风险上升,反之下降;其次,若产品的成本上升,则企业的经营风险上升,反之下降;最后,若产品或服务的成本发生变化,销售价格随之变化,则企业的经营风险比较小,反之比较大。例如,石油价格上升后,加油站汽油的价格随之上升,经营加油站的企业经营风险较小;反之,石油化工产品的售价无法与石油价格同步上升,或相对稳定,则经营石化的企业经营风险较大。

(二) 财务风险:财务杠杆

财务风险是企业由于负债政策不合理导致财务费用或利息负担过重引发企业税前利润变化,从而导致企业税后利润发生变化。息税前利润(EBIT)如何分配呢?利息支付给债权人,税收支付给政府,净利润属于股东。因此,当利息或财务费用的负担增加,税前利润(息税前利润-财务费用)就减少了,政府的税收和股东的利润也将随之减少,企业的盈利能力下降,从而削弱企业未来的偿债能力。在财务管理实践中,一方面,有些企业支付高昂的融资费用,导致企业财务费用占 EBIT 比重特别高;另一方面,有些企业成功实施 OPM 战略,企业财务费用占 EBIT 比重很低,甚至等于 0 或负数。

如何度量企业的财务风险呢?度量企业财务风险的指标称为财务杠杆(Degree of Financial Leverage,DFL),即

$$\text{财务杠杆} = \frac{\text{净利润变动率}}{\text{EBIT 变动率}}$$

$$= \frac{\text{销售量} \times (\text{单价} - \text{单位产品变动成本}) - \text{总固定成本}}{\text{销售量} \times (\text{单价} - \text{单位产品变动成本}) - \text{总固定成本} - \text{利息}}$$

$$= \frac{\text{销售收入} - \text{总变动成本} - \text{总固定成本}}{\text{销售收入} - \text{总变动成本} - \text{总固定成本} - \text{利息}} \qquad (4\text{-}19)$$

由财务杠杆(DFL)的计算公式可知:在其他因素不变的情况下,企业的利息费用越高,其 DFL 越大,财务风险越高;反之越低。根据这一原理,企业高层管理者如何判断自己所管理企业的财务风险高低呢?

第一,从趋势变化的角度看,若企业的财务费用占 EBIT 或总成本的比重呈上升趋势,则说明企业的财务风险上升。

第二,从同业对比的角度看,当企业的财务费用占 EBIT 或总成本的比重高于同行业或竞争对手,则说明企业的财务风险比较高。

第三,企业经营风险的增大可能引发财务风险。特别是当企业的负债比例超出适度水平,或借款利率太高,一旦出现企业的营业收入增长缓慢、没有增长或下降,企业的经营风险就会凸显,财务风险将急剧增大。

相比之下,如果说经营风险主要是由企业外部环境变化引起的,受客观或外在因素影响较大,其可控性较低;财务风险则主要是由企业经营管理者制定的负债政策所引起的,受经营管理者的主观或内在因素影响较大,其可控性较高。那么,企业财务风险的主要影响因素是什么?企业高层管理者如何控制和降低财务风险呢?

第一,企业的负债比例。负债比例越高,债务成本就越高,财务费用也越大;反之越小。因此,高层管理者应确定合理的负债比例,将其控制在适度范围之内,防止因负债比例太高导致债权人提高利息率或财务费用率。

第二,企业的负债类型和负债结构。财务费用的高低与负债结构及负债类型有关。一是长期负债的利息率比短期负债的利息率高;二是不同国家和地区的贷款利息率不同,跨国公司应充分考虑利息率的国别或地区差异和汇率变动因素,综合考虑负债来源以降低利息率,从而减少财务费用。

第三,企业选择的融资方式和融资工具。负债有许多品种或手段,简称"工具"。由于各种债务融资工具的成本不同,当企业需要进行债务融资时,应该多考虑和比较一些成本较低的债务融资方式。选择银行贷款还是发行债券?选择什么期限的负债?可否选择发行信托计划或可转换债券?

第四,企业增加负债的时机。首先,当企业增加负债后能够推动其营业收入、EBIT 和经营净现金相应增加时,财务风险较低;反之,财务风险较高。其次,当企业处于衰退期时,财务风险较大;当企业处于成长期时,财务风险较小。再次,当企业增加负债后其营业收入变化的不确定性或波动性较大时,财务风险较大;反之较小。最后,当企业的投入资本回报率(ROIC)大于利息率或财务费用率时,增加负债将导致 ROE 上升;反之将导致 ROE 下降。

(三) 总风险:总杠杆

总风险是由于企业经营环境变化引发营业收入下降,以及负债政策不合理引发财务费用增加,最终导致企业盈利能力或净利润发生变化。简单地说,企业的总风险是由经营风险和财务风险共同作用而形成的。那么,如何度量企业的总风险呢?度量企业总风险的指标称为总杠杆(Overall Leverage,OL),即

$$总杠杆 = \frac{净利润变动率}{销售收入变动率} = \frac{EBIT 变动率}{销售收入变动率} \times \frac{净利润变动率}{EBIT 变动率} \quad (4-20)$$

分解公式(4-20)后,我们可以得到

$$\begin{aligned}总杠杆 &= 经营杠杆 \times 财务杠杆 \\ &= \frac{销售收入-总变动成本}{销售收入-总变动成本-总固定成本} \times \frac{销售收入-总变动成本-总固定成本}{销售收入-总变动成本-总固定成本-利息} \\ &= \frac{销售收入-总变动成本}{销售收入-总变动成本-总固定成本-利息}\end{aligned} \quad (4-21)$$

可见,在营业收入和变动成本不变的条件下,固定成本和利息费用越高,企业的总杠杆越大,总风险越高;反之越低。

综上分析,企业的总风险可以分解为经营风险和财务风险,经营风险变动的主要成因是固定成本占销售收入比重的变动;财务风险的主要成因是财务费用占营业收入比重的变动。对于企业高层管理者来说,控制经营风险和财务风险具有重要意义。从财务管理的角度看,提高营业收入,降低固定成本,降低变动成本,降低利息或财务费用,都可以直接降低企业的总风险。

二、李宁与安踏的风控模式比较分析

在我国,企业成本的分类管理环节十分薄弱,多数企业尚未建立成本分类管理系统,这给成本管理、投资管理和风险控制都带来许多困难。此外,作为外部投资者,通常无法获得企业的固定成本和变动成本数据。为了分析经营风险、财务风险和总风险,可以采用三种方法测算企业的固定成本和变动成本:一是可以利用总资产中的非流动资产占比,作为估算总成本中固定成本和变动成本的参数;二是可以通过调研了解行业典型企业的变动成本和固定成本占总成本的比重,以此作为测算依据;三是可以利用营业收入、EBIT 和净利润等相关指标变动率数据来计算。

根据李宁公司和安踏公司2017—2021年的财务报表,我们可以分别计算出两家公司非流动资产占总资产的比重,以此为参数测算其每年的固定成本和变动成本,从而计算并分析两家公司的经营风险、财务风险和总风险,结果见表4-11。

表4-11 李宁公司和安踏公司2017—2021年的总风险及其影响因素分析

李宁公司	2017年	2018年	2019年	2020年	2021年	五年均值
营业收入(亿元)	88.74	105.11	138.70	144.57	225.72	140.57
固定成本(亿元)	25.58	26.41	39.86	41.57	68.42	40.37
财务费用(亿元)	−0.18	−0.10	0.30	0.32	−0.33	0.00
变动成本(亿元)	59.31	72.15	84.62	84.04	110.43	82.11
经营杠杆	7.66	5.03	3.80	3.19	2.46	4.43
财务杠杆	0.96	0.99	1.02	1.02	0.99	0.99
总杠杆	7.32	4.96	3.88	3.25	2.44	4.37
安踏公司	2017年	2018年	2019年	2020年	2021年	五年均值
营业收入(亿元)	166.92	241.00	339.28	355.12	493.28	319.12
固定成本(亿元)	25.06	40.01	114.21	102.45	143.88	85.12
财务费用(亿元)	−3.22	−0.68	0.53	4.62	−3.32	−0.41
变动成本(亿元)	109.77	152.27	148.29	170.42	255.49	167.25
经营杠杆	1.78	1.82	2.49	2.25	2.53	2.17
财务杠杆	0.91	0.99	1.01	1.06	0.97	0.99
总杠杆	1.62	1.80	2.50	2.38	2.45	2.15

注:假设固定成本=(营业成本+销售费用+管理费用)×(非流动资产/总资产),变动成本=营业成本+销售费用+管理费用−固定成本−财务费用。

第一,从经营风险来看,一是五年平均而言,李宁的经营风险仍然高于安踏;二是李宁的经营风险逐年下降,安踏的经营风险基本平稳中有所上升;三是相比于安踏,李宁2017—2020年的经营风险较高,但在2021年李宁的经营风险与安踏基本相同。

第二,从财务风险来看,李宁和安踏2017—2021年的平均财务杠杆基本上等于1,这意味着两家公司几乎没有财务风险。具体而言,李宁基本上没有有息负债,也就没有利息支出;安踏虽然有一定数额的有息负债和利息支出,但由于有利息收入,也几乎抵消其利息支出。

第三,从总风险来看,一是五年平均下来,李宁的总风险明显高于安踏。二是李宁的总风险逐年下降,安踏的总风险基本平稳中有所上升。三是相比于安踏,李宁2017—2020年的总风险高于安踏,但在2021年李宁的总风险略低于安踏。

第四,由于李宁和安踏的财务风险均接近1,因此两家公司总风险的变化主要受经营风险变化的影响,两家公司的总风险变动趋势与经营风险变动趋势基本趋同。

综上分析,2017—2021年对比2007—2016年,李宁的风险管控明显取得成效。一是由于加强了营运资本的管理,李宁经营净现金创造能力逐年增强,2021年其账上现金资产占总资产比重近50%。随着账上现金资产增多,利息收入大于利息支出,重现"无本经营、无本赚息"的能力,消除了财务风险。二是随着李宁营业收入重新回归增长轨道,年均增长26.29%,规模增长带来固定成本占销售收入比重的下降,导致其经营风险明显下降。

三、风险传导过程的分解分析与风险管控

为了进一步揭示风险的成因,即企业的外部环境因素如何影响企业的营业收入,从而影响息税前利润(EBIT)和净利润,结果加重了企业的财务费用负担,削弱了企业的盈利能力,我们将对风险传导过程进行分解分析。

表4-12是MPB公司的利润表。假设在未来一年,MPB公司的营业收入可能因外部环境因素的变化而上升10%,但也可能下降10%。那么,MPB公司营业收入的变化如何影响企业的EBIT和净利润呢?由表4-12可知:当营业收入增加10%时,由于固定成本不变,即不会因营业收入的增加而增加,因此MPB公司的EBIT会增长26%;同时,由于利息不变,即利息不会因营业收入的增加而增加,因此MPB公司的净利润增长31%。反之,当营业收入减少10%时,由于固定成本不变,即不会因营业收入的减少而减少,因此MPB公司的EBIT缩减26%;同时,由于利息不变,即利息不会因营业收入的减少而减少,因此MPB公司的净利润缩减31%。图4-8形象地说明了MPB公司营业收入的变化引发EBIT和净利润的变化。

表4-12 MPB公司的风险传导过程的分解分析　　　　金额单位:万元

利润表项目	2023年	2024年预计数(在2023年基础上)			
		收入下降10%	变化(%)	收入上升10%	变化(%)
营业收入	1 000	900	-10	1100	+10
总变动成本	380	342	-10	418	+10
总固定成本	**380**	**380**	**0**	**380**	**0**
总成本	760	722	-5	798	+5
EBIT	240	178	-26	302	+26
利息	**40**	**40**	**0**	**40**	**0**
税前利润	200	138	-31	262	-31
所得税($T=25\%$)	50	34.5	-31	65.5	+31
净利润	150	103.5	-31	196.5	+31

综上分析,对于企业高层管理者来说,图4-8不但反映了企业销售收入波动引起的经营风险和财务风险,而且对于企业管理者理解风险控制模式和设计风险管控策略具有重要的启示。

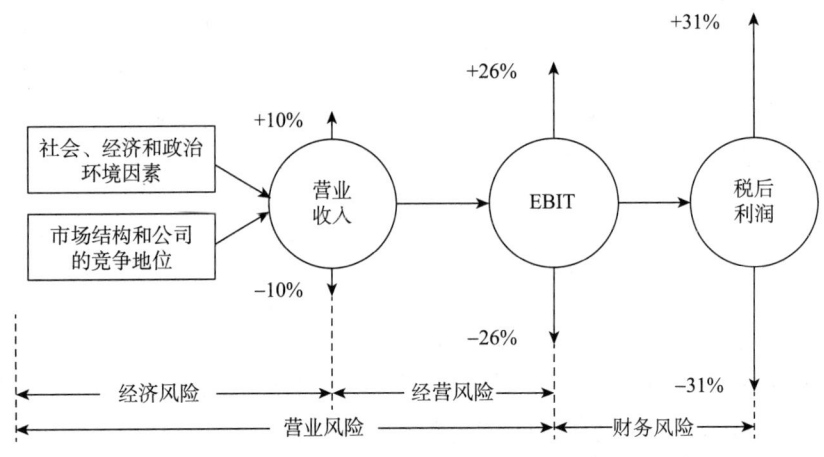

图 4-8　MPB 公司营业收入变化引发 EBIT 和净利润的变化

第一,在控制经营风险方面,一是维续公司的收入、利润和现金流的成长,可以有效降低经营风险、财务风险和总风险。考虑行业或企业的生命周期,图 4-8 则揭示了处于成长期和处于衰退期企业的不同命运。一方面,如果企业处于成长期,那么其营业收入增加,企业的盈利能力将逐步增强,实际风险下降;如果企业处于衰退期,那么其营业收入减少,企业盈利能力逐步变弱,实际风险上升。真可谓"强者趋强,弱者更弱"。二是在有市场需求的前提下,扩大规模,通过规模经济可有效降低经营风险、财务风险和总风险。三是实施轻资产战略,减少诸如租金、资产折旧和摊销等固定成本,也可有效降低经营风险、财务风险和总风险。

第二,在控制财务风险方面,一是适度负债,防止因过度负债导致财务费用大幅增加;二是随着融资工具的推陈出新,要关注融资工具的利弊,多元化、优序融资,尽可能选择低风险、低成本的融资工具;三是通过技术创新和商业模式创新,做好"三控两抓",增强现金创造能力,获取财务收入,降低财务费用。

第六节　成长模式的分析与评价

一、成长模式的分析与评价:成长性的影响因素分解分析

(一) 自我可持续增长率

在很多情况下,"增长"被理解为"扩张",而且许多人总是认为,扩张将带来公司利润和市场价值的增长。实际结果并非如此!在很多情况下,公司盲目增长的投资扩张如抛石子于汪洋之中,毫无收益甚至亏损,不但不能带来增长,反而造成公司的倒退。如何管理增长,是企业高层管理者面临的难题之一。

自我可持续增长(Self-Sustainable Growth)是指企业通过自身留存的利润以及按照既定负债比例配套债务资金,在不改变公司负债比例的情况下,将留存利润的资金和配套的债务资金投入企业所能实现的收入、利润、现金、资产、负债或权益的周转速度,将其与

企业未来预计的周转速度进行比较,可揭示企业通过加强经营管理能力和改进财务管理能力所能实现的最大增长速度。为了进一步说明可持续增长的含义,我们以第一章的ABC公司为例,讨论其自我可持续增长问题。

ABC公司是一家初创企业,根据其财务和经营数据,我们知道:2022年年末其总资产为1 000万元,其中负债为500万元,所有者权益为500万元,负债比例为50%。2023年公司的营业收入为1 000万元,净利润为150万元,总资产周转速度为1次/年,销售净利率为15%。假设公司分红100万元,留存利润50万元,则分红比例为66.7%。

通过图4-9(a)和(b)可知:ABC公司经过2023年的生产、经营及利润分配之后,留存利润增加了50万元,因此权益资本从2022年年末的500万元增加到550万元。分红之后,ABC公司的权益资本和负债总和为1 100万元,负债比例仍为50%。2024年,预计ABC公司的营业收入为1 100万元,净利润为110万元;分红为55万元,留存利润为55万元,分红比例为50%;总资产周转速度仍为1次/年,销售净利率为10%。

(a) 2023年ABC公司经营状态

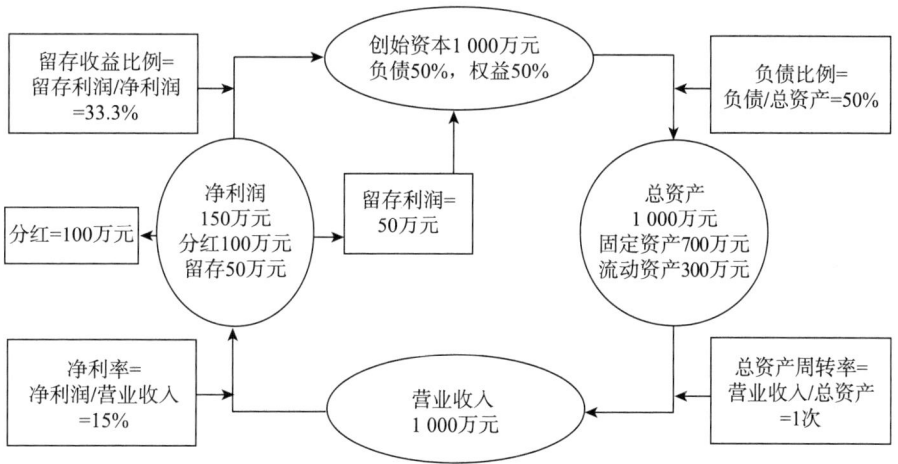

(b) 2024年ABC公司经营增长状态

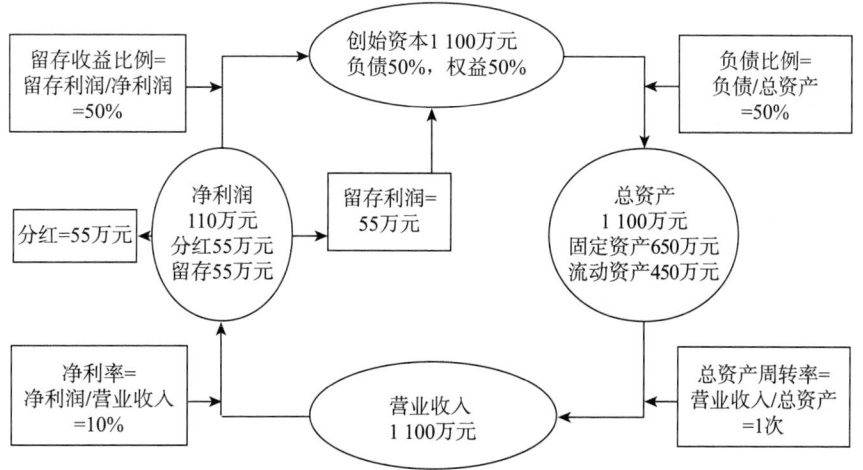

图4-9 ABC公司的经营及其增长状态

第四章 商业模式的财务分析与评价 ▶ 173

图 4-9 反映了 ABC 公司 2023—2024 年的增长过程。通过对图 4-9 的分析,我们发现:第一,2024 年年末与 2023 年年末对比,ABC 公司资产负债表的主要财务数据(总资产、负债、所有者权益)都增长了 10%。第二,2024 年与 2023 年对比,ABC 公司的负债比例、总资产周转率没有发生变化。可以说,ABC 公司的资产、销售、利润等增长 10%,是在 ABC 公司的负债比例和总资产周转速度没有发生变化的情况下取得的。第三,在 2023—2024 年间,ABC 公司没有对外募集新的权益资本或增发新股。第四,实际上,ABC 公司的所得税税率也没有变化。

换言之,2023—2024 年,ABC 公司在财务政策不变(负债比例不变)和经营政策不变(总资产周转速度不变)的情况下,在所得税税率不变的条件下,依靠"内源性融资"和保持负债比例不变的适度负债融资方式,实现了 10% 的增长。这一增长率称为自我可持续增长率,简称可持续增长率。

(二) 自我可持续增长率的度量

那么,如何度量企业的自我可持续增长率? 自我可持续增长率受哪些因素的影响? 如何运用自我可持续增长率调整公司的财务政策以达到管理增长的目标?

(1) 自我可持续增长率的度量。我们知道,企业的营业收入和利润的增加依赖于资产的增加,而资产的增加取决于资本的增长,在不改变企业负债比例和分红比例的前提下,资本的增加又取决于权益资本的增加或留存利润的增加。因此,自我可持续增长率 g 的度量公式为:

$$g = \frac{\text{期末权益资本} - \text{期初权益资本}}{\text{期初权益资本}} = \frac{\text{留存利润}}{\text{期初权益资本}} \quad (4-22)$$

(2) 自我可持续增长率的影响因素。我们可以对公式(4-22)进行变形和分解如下:

$$\begin{aligned} g &= \frac{\text{留存利润}}{\text{期初权益资本}} \\ &= \frac{\text{留存利润}}{\text{净利润}} \times \frac{\text{净利润}}{\text{期初权益资本}} \\ &= \text{留存收益比例} \times \text{ROE} \\ &= \text{留存收益比例} \times \frac{\text{税后利润}}{\text{税前利润}} \times \frac{\text{税前利润}}{\text{EBIT}} \times \frac{\text{EBIT}}{\text{营业收入}} \times \frac{\text{营业收入}}{\text{投入资本}} \times \frac{\text{投入资本}}{\text{权益资本}} \quad (4-23) \end{aligned}$$

由公式(4-23)可知:自我可持续增长率受到六个因素的影响,留存收益比例、税负效应(税后利润/税前利润)、财务费用负担程度(税前利润/EBIT)、EBIT 利润率、投入资本周转率、权益乘数。

(三) 自我可持续增长率的其他分解方法

根据公式(4-23)可知:负债率越高,ROE 越高,可持续增长率越高,反之越低。实践中的问题是,企业并不能无限制地提高负债率;同时,负债率越高,财务费用或利息费用越高,财务费用负担程度越重。也就是说,提高负债率带来的 ROE 增量,可能被负债增加导致财务费用增加所带来的 ROE 减量抵消。因此,企业高层管理者所关心的问题是,在什么条件下,提高负债比例可以使 ROE 上升?在什么条件下,提高负债比例不会使 ROE 上升,甚至可能导致 ROE 下降?围绕这一问题,我们对 ROE 再次进行另一种路径的分解分析。

净利润 = (EBIT - 利息费用) × (1 - T)

= EBIT × (1 - T) - 利息率 × 有息负债 × (1 - T)

= ROIC × (1 - T) × 投入资本 - 利息率 × 有息负债 × (1 - T)

= ROIC × (1 - T) × (权益资本 + 有息负债) - 利息率 × 有息负债 × (1 - T)

= ROIC × (1 - T) × 权益资本 + ROIC × (1 - T) × 有息负债 - 利息率 × 有息负债 × (1 - T)

= ROIC × (1 - T) × 权益资本 + 有息负债 × [ROIC × (1 - T) - 利息率 × (1 - T)]

(4-24)

公式(4-24)两边同除以权益资本,结果得

$$\text{ROE} = \text{ROIC} \times (1-T) + [\text{ROIC} \times (1-T) - 利息率 \times (1-T)] \times \frac{有息负债}{权益资本}$$

$$= \text{ROIC} \times (1-T) + (\text{ROIC} - 利息率) \times (1-T) \times \frac{有息负债}{权益资本} \quad (4-25)$$

因此,企业的可持续增长率 g 的分解式为:

$$g = 留存收益比例 \times \left[\text{ROIC} \times (1-T) + (\text{ROIC} - 利息率) \times (1-T) \times \frac{有息负债}{权益资本}\right]$$

(4-26)

根据公式(4-26)可知:企业的可持续增长率 g 受到留存收益比例、ROIC、有息负债与权益比、ROIC 与利息率之差、所得税税率这五个因素的影响。第一,留存收益比例越高,g 越高,反之越低;第二,ROIC 越高,g 越高,反之越低;第三,有息负债与权益比越高,g 越高,反之越低;第四,利息率越低,g 越高,反之越低;第五,所得税税率越低,g 越高,反之越低。

值得注意的是,上述分解式表明:在其他因素不变的情况下,当 ROIC > 利息率时,企业才可以通过提高负债比例来提高可持续增长率;当 ROIC < 利息率时,企业提高负债比例不但不能提高可持续增长率,反而会导致可持续增长率下降。

(四) 总成长性

每年在主要的财经新闻媒体上,各式各样的成长性排名屡见不鲜。目前,常见的指标还有"总成长性"。总成长性反映了企业在现有投入资本盈利能力(ROIC)的基础上,在实施现行股利政策(分红比例)和负债政策(负债比例)的条件下,企业所能实现的成长。通常来说,总成长性 G 的计算公式为[①]:

---

① 总成长性的其他计算和分解公式有:$G = (1-股利支付率)[\text{ROA} + (D/E) \times (\text{ROA} - 1 年期利息率)]$,其中 ROA = EBIT/总资产。在计算 ROA 时,有的使用期末总资产,有的使用平均总资产。

$$G = (1 - 股利支付率) \times \left[税前 ROIC + \frac{D}{E} \times (税前 ROIC - 1 年期银行贷款利率) \right]$$

(4-27)

其中,税前 ROIC＝EBIT/投入资本,股利支付率＝现金分红比例＝当年分配的现金股利/当年的净利润,D＝需要支付利息的长短期负债,E＝权益资本。

由此可见,总成长性受到股利政策(股利支付率)、负债政策(D/E)和投入资本回报率(ROIC)的影响。在其他因素不变的情况下,第一,当企业提高股利支付率时,总成长性 G 下降,反之上升;第二,当企业提高负债比例时,总成长性 G 上升,反之下降;第三,当企业提高 ROIC 时,总成长性上升,反之下降。

值得注意的是:可持续增长率 g 与总成长性 G 存在密切关系。显然,二者分解式的形式基本相同,仅差$(1-T)$。从理论上看,在有息负债率既定的条件下,总成长性是税前的自我可持续增长率,而自我可持续增长率是税后的总成长性。同时,一个有息负债率较低的公司,总成长性也较差,因为其没有获得节税所带来的超额收益部分,即$[(D/E) \times$(税前 ROIC-贷款利率)$]$。

二、李宁与安踏的成长模式比较分析

(一) 自我可持续增长率的分解分析

李宁的财务状况从 2011 年起开始发生问题,盈利能力和现金创造能力大幅减弱,当年实现营业收入 89 亿元,但净利润仅为 4.11 亿元,经营净现金仅为 1 557 万元。然而,李宁 2011 年仍然派发现金分红 1.175 亿元,"竭泽而渔"。2012 年李宁正式宣告净亏损 19.55 亿元,2013 年亏损 3.59 亿元,2013 年再度亏损 7.44 亿元;2015 年实现净利润 6 161 万元,2016 年净利润 7.01 亿元,2017 年净利润 5.15 亿元。在连续三年亏损后连续三年盈利,李宁在 2018 年重启现金分红政策。2006—2021 年,李宁累计创造净利润 101.52 亿元,实施 10 次现金分红,计达 40.72 亿元,现金分红比例为 29.2%。反观安踏,从 2007 年上市至 2021 年,其营业收入从 31.82 亿元增至 493.28 亿元,不仅始终盈利,而且现金创造能力较强;累计创造净利润 417.08 亿元,实施现金分红 15 次,累计达 199.05 亿元,现金分红比例约为 48.2%。根据上述自我可持续增长率的分解式,我们知道这两家公司的盈利能力和股利分配政策会影响其未来的自我可持续增长能力。我们收集了 2017—2021 年李宁和安踏的相关财务数据,计算、分析和分解自我可持续增长率,结果如表 4-13 所示。

表 4-13 2017—2021 年李宁公司和安踏公司的可持续增长率比较分析

李宁公司	2017 年	2018 年	2019 年	2020 年	2021 年	平均
净利润(亿元)	5.15	7.15	14.99	16.98	40.11	16.88
权益(亿元)	50.74	58.20	71.24	86.89	211.04	95.62

(续表)

李宁公司	2017年	2018年	2019年	2020年	2021年	平均
ROE(%)	**10.15**	**12.29**	**21.04**	**19.55**	**19.01**	**16.41**
现金分红(亿元)	0.00	0.00	2.15	3.78	5.15	2.22
现金分红比例(%)	0.00	0.00	14.32	22.24	12.85	9.88
留存收益比例(%)	**100.00**	**100.00**	**85.68**	**77.76**	**87.15**	**90.12**
自我可持续增长率(%)	**10.15**	**12.29**	**18.03**	**15.20**	**16.56**	**14.45**
安踏公司	2017年	2018年	2019年	2020年	2021年	平均
净利润(亿元)	31.59	42.34	56.24	55.69	82.19	53.61
权益(亿元)	143.61	165.20	210.61	258.24	316.63	218.86
ROE(%)	**22.00**	**25.63**	**26.70**	**21.57**	**25.96**	**24.37**
现金分红(亿元)	19.37	24.25	14.17	14.04	24.11	19.19
现金分红比例(%)	61.31	57.27	25.19	25.21	29.33	39.66
留存收益比例(%)	**38.69**	**42.73**	**74.81**	**74.79**	**70.67**	**60.34**
自我可持续增长率(%)	**8.51**	**10.95**	**19.98**	**16.13**	**18.34**	**14.78**

表4-13显示，从2017—2021年的变化趋势看，一是李宁和安踏的自我可持续增长率总体上呈现波动上升态势，两家公司在2020年出现较明显的下降后反弹上升；二是采用五年累计数平均后，安踏的自我可持续增长率高于李宁0.33个百分点。究其原因：一是李宁每年的ROE一直低于安踏，总平均ROE也低于安踏7.96个百分点，削弱了其自我可持续增长能力；二是李宁一改2012—2017年间所实施的不分红政策，实施现金分红，使得留存企业用于发展的净利润减少，削弱了其自我可持续增长能力；三是尽管安踏现金分红比例平均高出李宁29.78个百分点，但由于安踏的ROE高出李宁7.96个百分点，结果安踏的自我可持续增长率仍然高于李宁0.33个百分点。

根据以上计算和分析，我们可进一步深入分析：2021年年末的自我可持续增长率，李宁为16.56%，安踏为18.34%。换言之，李宁有能力维持2022年的收入、利润、经营净现金、资产、负债、权益等指标以约17%的增速成长，安踏则可支撑自身以约18%的增速成长。若未来体育用品行业的增长速度低于10%，则李宁和安踏均属于资金剩余型公司；若未来行业增长速度高于17%，则李宁属于资金短缺型公司，安踏仍属于资金剩余型公司；若未来行业增长速度超过19%，则两家公司均属于资金短缺型公司。

判断企业属于资金短缺型还是资金剩余型具有重要的战略价值。企业在制定和调整企业未来的发展战略时，若资金剩余，则意味着企业未来的发展不需要那么多资金，建议两家公司可采取如下财务政策：一是减少负债，二是增加分红，三是回购股份，四是收购兼并且增加分红，五是跨行业投资。若资金短缺，则意味着公司未来的发展缺乏足够的资金,建议两家公司可采取如下财务政策:一是增加负债;二是减少分红;三是增资扩股;四是开源节流,控制成本和费用;五是调整资产结构,包括启用账上的现金资产,或淘汰效率低的资产,取而代之高效率的资产。

(二) 总成长性的分解分析

表4-14是对李宁和安踏两家公司总成长性的分析与分解,结果发现:从五年平均来看,安踏的总成长性比李宁高出1.68个百分点。之所以如此,是因为:第一,安踏每年的税前ROIC都显著高于李宁,平均比李宁高出6.05个百分点,从而削弱了李宁的总成长性。换言之,由于李宁的盈利能力较差,尽管股利支付率较低、留存收益比例较高,但留下的净利润用于投资的资本收益率也较低,其未来成长性也就较弱了。第二,五年期间,李宁有息负债率均为零,因此李宁没能获取使用有息负债资本所带来的成长性,即$(D/E)\times$(税前ROIC-贷款利率)= 0%;而安踏借助有息负债推动其总成长性,平均的$(D/E)\times$(税前ROIC-贷款利率)= 5.63%。第三,由于李宁目前不存在有息负债,这也意味着其未来有可能通过提高有息负债比例来提高总成长性。

表4-14 2017—2021年李宁公司和安踏公司的总成长性比较分析　　　　单位:%

李宁公司	2017年	2018年	2019年	2020年	2021年	五年平均
现金分红比例	0.00	0.00	14.32	22.24	12.85	9.88
留存收益比例	100.00	100.00	85.68	77.76	87.15	90.12
税前ROIC	10.24	14.45	26.48	26.23	25.09	20.50
有息负债/权益	0.00	0.00	0.00	0.00	0.00	0.00
贷款利率	5.00	5.00	5.00	5.00	5.00	5.00
$(D/E)\times$(税前ROIC-贷款利率)	0.00	0.00	0.00	0.00	0.00	0.00
总成长性	10.24	14.45	22.69	20.40	21.87	17.93
安踏公司	2017年	2018年	2019年	2020年	2021年	五年平均
现金分红比例	61.31	57.27	25.19	25.21	29.33	39.66
留存收益比例	38.69	42.73	74.81	74.79	70.67	60.34
税前ROIC	27.49	31.96	27.74	21.25	24.33	26.55
有息负债/权益	1.03	7.95	38.00	55.86	41.60	28.89
贷款利率	5.00	5.00	5.00	5.00	5.00	5.00
$(D/E)\times$(税前ROIC-贷款利率)	0.23	2.14	8.64	9.07	8.04	5.63
总成长性	10.73	14.57	27.21	22.68	22.87	19.61

在研究企业成长模式的过程与应用中,值得注意的是:其一,并非所有的企业增加借债都可提高成长性,只有当(税前ROIC-贷款利率)>0,增大有息负债比例才可以提高企业的总成长性;若(税前ROIC-贷款利率)<0,则增大有息负债比例会降低公司的总成长性。其二,以上介绍的两种成长模式的分解,揭开了企业成长性的影响因素,但无论是总成长性还是自我可持续增长率的分解分析,都是建立在企业具有经营净现金的基础上,即企业每年的经营净现金能够覆盖净利润、利息、折旧和摊销。若非如此,企业实际上就难以实现自我可持续增长和总成长了。

第七节　财务战略矩阵分析:增长和价值管理

从财务管理的角度,企业高层管理者应该围绕五大财务要素(利润、现金、价值、风险、增长)构建企业的财务战略。由于价值包含了利润,因此其中最为重要的是现金、价值、风险和增长,即在控制风险的基础上,加强现金、价值和增长的战略性管理。下面,我们将讨论如何运用财务战略矩阵管理企业的价值和增长,即如何基于价值和增长理念来制定与调整财务政策,保障企业资金需求和资金安全,最终实现企业未来的价值增长。

一、增长管理与价值管理

(一) 增长管理

从企业高层管理者的角度看,可持续增长率有什么现实意义呢？如何运用可持续增长率进行财务决策？从营业收入来说,可持续增长率是企业在现有经营和财务状态下能够实现的最大的收入增长率。因此,将企业当期的可持续增长率与未来营业收入增长率进行对比,具有重要的应用价值。

我们知道,ABC公司的可持续增长率是10%。换言之,在公司不改变财务政策(负债比例等)和经营能力(资产周转率等)的前提下,其每年能够实现的营业收入增长率为10%。现在,我们设想后两种情况:

(1) 未来营业收入增长率高于可持续增长率。如果ABC公司预计未来的营业收入增长率超过10%,如15%,那么将产生"增长缺口"(15%-10%=5%)。这种"增长缺口"实际上意味着"资金短缺"。因此,要实现15%的增长率,ABC公司就必须改变现有的经营政策和财务政策,即提高经营效率或增加投入。

从经营政策的角度看,企业可以调整产品结构,淘汰边际利润率低的产品,减少销售量等。但需要指出的是,由于企业的经营政策或经营能力受到宏观、行业以及企业的产品、服务结构及品种的影响,短期内加以改变的可能性很小、改进空间也有限,因此企业必须立足调整财务政策。从财务政策的角度看,企业可以调整负债比例或分红比例,即增加负债和/或减少分红,增加现金投入,以摆脱"资金短缺"状态;此外,企业还可以增发新股,解决"资金短缺"问题。

(2) 未来营业收入增长率低于可持续增长率。如果 ABC 公司预计未来的营业收入增长率低于10%,如5%,那么将产生"增长剩余"(5%-10%=-5%)。这种"增长剩余"实际上意味着"资金过剩"。因此,要按照5%的速度增长,ABC 公司同样要改变现有的经营政策和财务政策,即开拓市场以增加销售,或回收和分配资金。

从经营政策的角度看,企业可以开拓市场,提高市场占有率,增加销售量等。从财务政策的角度看,企业可以调整负债比例或分红比例,即减少负债和/或增加分红,减少资金投入,以摆脱"资金过剩"状态;此外,企业还可以择机回购发行在外的股票,解决"资金过剩"问题。

需要注意的是,未来营业收入增长率有多种预测方法。我们可以简单用当年的营业收入增长率作为未来一年的营业收入增长率,也可以用过去3—5年的营业收入增长率均值作为未来一年的营业收入增长率,还可以根据对企业所在行业未来发展的预测值。未来营业收入增长率的预测结果不同,将直接影响其与可持续增长率的比较。

(二) 价值管理

价值管理就是创值管理。创值管理的目标是把自己所管理的企业经营成为一家价值创造型企业,创值管理的核心是企业的经营管理决策和业绩评价必须考虑到股东所投入的权益资本的成本,创值管理的手段是核算企业的 ROIC 和基于投入资本的 WACC。当 ROIC>WACC 时,表明企业处于"价值创造状态",企业具备存在和继续发展的基础,因为企业给予债权人和股东应有的回报,所以可以通过各种筹资方式筹集资金,或通过调整经营政策继续发展;反之,当 ROIC<WACC 时,表明企业处于"价值损害状态",企业失去存在和继续发展的基础,因为企业不能给予债权人和股东应有的回报,所以企业将失去筹资能力。对于长期发生价值损害的企业,如果不能尽快通过改进经营政策、提高经营能力来摆脱损害价值的状态,就会失去继续生存和发展的机会。

二、财务战略矩阵分析

财务战略矩阵是一种基于价值和增长来制定与调整企业财务政策和经营政策的工具。根据企业是否创造价值,可以将企业一分为二,即"价值创造型企业"和"价值损害型企业";根据企业自我可持续增长率是否超过未来营业收入增长率,可以将企业一分为二,即"资金剩余型企业"和"资金短缺型企业"。综合这两个分类,可以将所有的企业分为四类,确认企业属于哪一种类型的企业,并"对症下药",提出财务政策和经营政策的调整或改进方案,结果如图 4-10 所示。

由图 4-10 可知,四个象限分别为:第 I 象限是"价值创造"和"资金剩余"的企业,其应使用剩余现金新增投资和并购来加快发展。若没有发展机会,则应通过增加股利支付和回购股份来分配剩余现金。第 II 象限是"价值创造"和"资金短缺"的企业,在财务政策方面,应实行减少股利支付、增加负债和发行新股等策略来解决资金短缺问题;在经营

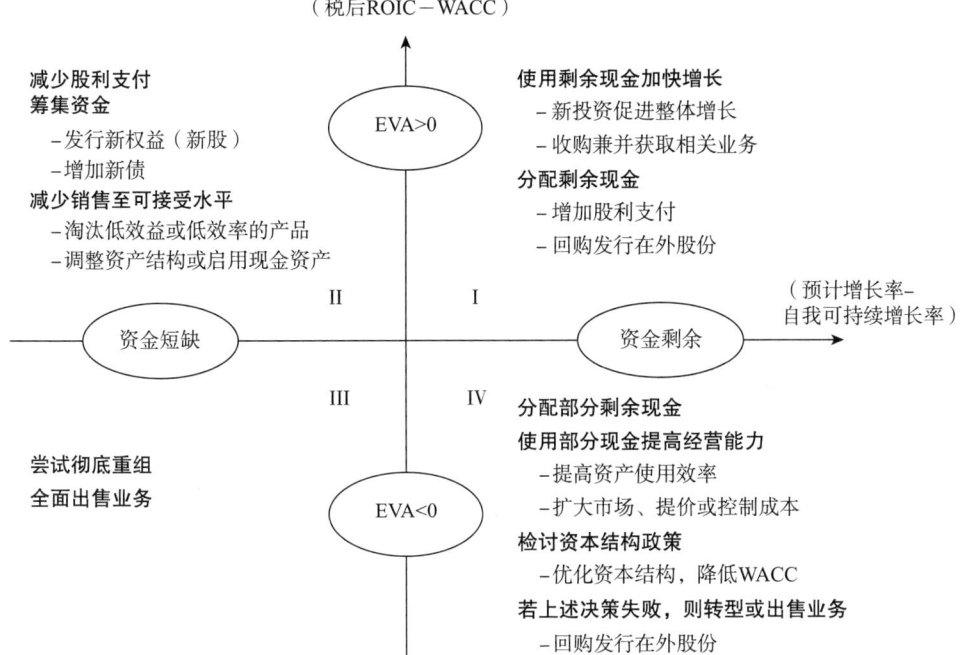

图 4-10 财务战略矩阵中四类企业的财务政策和经营政策选择

政策方面,应淘汰边际利润率和资产周转率低的产品或业务,同时调整资产结构。第Ⅲ象限是"价值损害"和"资金短缺"的企业,若企业出现短期的"价值损害"和"资金短缺",则可以通过内部或外部重组来提高营业利润率和资产使用效率,较快地改变价值损害状态,恢复融资能力以继续发展;若企业出现长期的"价值损害"和"资金短缺",则可能要全面出售业务或关闭企业。第Ⅳ象限是"价值损害"和"资金剩余"的企业,在财务政策方面,应分配部分剩余现金给股东以稳定股价,引进股权重组基金,并优化资本结构,降低WACC;在经营政策方面,应使用部分现金改进和提高经营能力,包括增加研发投入,提高产品或服务的竞争力,从而提高资产使用效率和销售利润率,提高企业的整体获利能力。

三、李宁与安踏的财务战略矩阵分析与财务政策选择

根据前文对李宁和安踏的 EVA 及自我可持续增长率的计算与分析,计算出李宁和安踏的财务战略矩阵相关指标如表 4-15 所示。结果发现:(1)2017 年李宁仍属于损值型公司,安踏则是创值型公司;此后 2018—2021 年,两家公司的税后 ROIC 都高于 WACC,表明此期间两家公司都在为股东创造价值。(2)2020 年,李宁和安踏均属于资金剩余型公司,主要原因是李宁和安踏在前三年经历连续三年高速增长后,2020 年营业收入增长率分别仅为4.23%和4.67%,低于自我可持续增长率;此外的四年间,两家公司都属于资金短缺型公司。(3)2017—2021 年,平均来看,由于两家公司的营业收入大幅增长,李宁年均增长率为24.30%,安踏年均增长率更是高达30.76%,因此李宁和安踏均处

于资金短缺状态,即自我可持续增长率低于营业收入实际增长率。由此可见,从理论上看,两家公司都应采取减少现金分红的政策和调整资产结构,即动用账上结余现金推动或满足未来增长的需要。考虑到 2017—2021 年间,李宁账上的现金资产从 2017 年的 25.29 亿元增至 2021 年的 147.45 亿元,占总资产比重为 48.70%,为了推动和实现未来的成长,建议公司应首选启用账上的现金资产去满足未来增长对资金的需求;安踏账上的现金资产从 2017 年的 69.68 亿元增至 2021 年的 175.92 亿元,占总资产比重为 28.07%,建议公司也应首选动用账上的现金资产去推动和实现未来增长对资金的需求。

表 4-15 李宁公司和安踏公司的财务战略矩阵相关指标　　　　　　　单位:%

李宁公司	2017 年	2018 年	2019 年	2020 年	2021 年	平均
自我可持续增长率	10.15	12.29	18.03	15.20	16.56	14.45
营业收入实际增长率	10.71	18.45	31.95	4.23	56.13	24.30
实际增长率-自我可持续增长率	0.56	6.16	13.93	-10.96	39.57	9.85
资金状态	略短缺	短缺	短缺	剩余	短缺	短缺
税后 ROIC	7.68	10.84	19.86	19.67	18.82	15.37
WACC	10.67	10.67	10.67	10.67	10.67	10.67
税后 ROIC-WACC	-2.99	0.17	9.19	9.00	8.15	4.70
价值状态	损值	创值	创值	创值	创值	创值
安踏公司	2017 年	2018 年	2019 年	2020 年	2021 年	平均
自我可持续增长率	8.51	10.95	19.98	16.13	18.34	14.78
营业收入实际增长率	25.08	44.38	40.78	4.67	38.91	30.76
实际增长率-自我可持续增长率	16.57	33.43	20.80	-11.46	20.56	15.98
资金状态	短缺	短缺	短缺	剩余	短缺	短缺
税后 ROIC	20.62	23.97	20.80	15.93	18.25	19.91
WACC	11.03	10.56	9.08	8.47	8.94	9.61
税后 ROIC-WACC	9.59	13.41	11.73	7.47	9.31	10.30
价值状态	创值	创值	创值	创值	创值	创值

在运用财务战略矩阵分析与选择未来的财务政策和经营政策时,还可以进一步细分企业类型,形成"六类企业"。"损值+资金剩余型企业"可划分为两类:一是"损值但盈利+资金剩余",二是"会计亏损+资金剩余"。"损值+资金短缺型企业"可划分为两类:一是"损值但盈利+资金短缺",二是"会计亏损+资金短缺"。这样,我们就可以将企业"一分为六",即六种不同类型的企业(见图 4-11),企业管理者可"对症下药"采取不同的财务政策和经营政策(见图 4-12)。

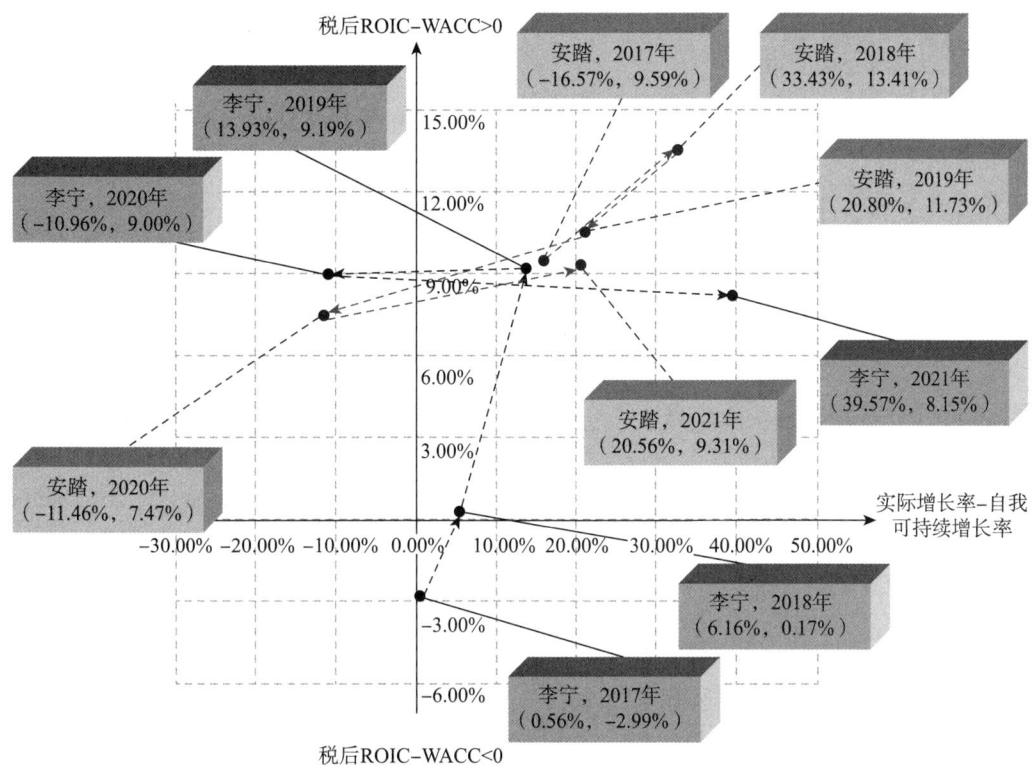

图 4-11 李宁与安踏的财务战略矩阵与财务政策和经营政策选择

I. 创值+资金剩余 1. 使用剩余资金加快增长 　（1）新增投资加快增长 　（2）收购兼并获取相关业务 2. 分配现金 　（1）回购股份 　（2）增加现金股利	II. 创值+资金短缺 1. 减少现金股利支付 2. 筹集资金 　（1）增加负债 　（2）增资扩股 3. 启用账上结余的现金资产 4. 淘汰落后资产，降低销售增长率至合理水平
IV. 损值但盈利+资金剩余 1. 短期：适当分配剩余现金 2. 中期：引进重组基金，提高资产运营效率 　（1）研发新品、占领市场、提高价格 　（2）控制费用以提高营业利润率 　（3）调整资本结构政策 　（4）降低WACC 3. 长期：预计面临衰退，业务转型	III. 损值但盈利+资金短缺 1. 尝试业务重组 　（1）开源节流，控制成本 　（2）产品更新换代，提高盈利能力 2. 筹集资本 　（1）内源性融资 　（2）外源性融资
VI. 会计亏损+资金剩余 1. 业务转型 2. 关停并转卖	V. 会计亏损+资金短缺 1. 引进战略投资者尽快做大做强，推动IPO 2. 转让部分业务或全面出售业务

图 4-12 企业财务战略矩阵分析与财务政策和经营政策选择

第四章 商业模式的财务分析与评价

本章小结

本章重点讨论企业的商业模式及其财务特征,并从财务分析的角度,探讨企业商业模式与财务特征之间的关系。通过大量的企业财务数据和指标分析发现,财务绩效优秀的企业具有创造利润、创造现金、创造价值、控制风险、推动成长的特征。据此,企业商业模式可根据前述的五个维度分为五个子模式:创利模式、创现模式、创值模式、风控模式、成长模式,并对这五个子模式的影响因素进行分析与评价,揭示其内在的影响因素和作用机制,即围绕着——如何为企业创造利润?如何为企业创造现金?如何为企业创造价值?如何控制企业的风险?如何推动企业成长?——通过对ROE、获现率、EVA、总风险、自我可持续增长率五大财务指标的因素分解分析,揭开创利模式、创现模式、创值模式、风控模式、成长模式的内在影响因素。即:对企业的净资产收益率(ROE)、现金创造能力(获现率)、经济增加值(EVA)、总风险(总杠杆)、自我可持续增长率(g)进行分解,分析其中的主要影响因素。上述五大财务指标分别代表优秀商业模式的五个维度或五个子模式,分解分析的公式包括:

(1) $\text{ROE} = \dfrac{\text{税后利润}}{\text{权益资本}} = \dfrac{\text{税后利润}}{\text{税前利润}} \times \dfrac{\text{税前利润}}{\text{EBIT}} \times \dfrac{\text{EBIT}}{\text{营业收入}} \times \dfrac{\text{营业收入}}{\text{总资产}} \times \dfrac{\text{总资产}}{\text{权益资本}}$

(2) $\text{获现率} = \dfrac{\text{实际经营净现金}}{\text{应得经营净现金}} = \dfrac{\text{应得经营净现金} - \text{营运资本需求量变动额}}{\text{应得经营净现金}}$

$= 1 - \dfrac{\text{营运资本需求量变动额}}{\text{应得经营净现金}}$

$= 1 - \dfrac{\text{营运资本需求量变动额}}{\text{净利润} + \text{利息} + \text{折旧} + \text{摊销}}$

(3) $\text{EVA} = \text{EBIT}(1-T) - \text{投入资本} \times \text{WACC}$

$= \text{投入资本} \times \dfrac{\text{EBIT}(1-T)}{\text{投入资本}} - \text{投入资本} \times \text{WACC}$

$= \text{投入资本} \times (\text{税后 ROIC} - \text{WACC})$

(4) 总杠杆 = 经营杠杆 × 财务杠杆

$= \dfrac{\text{销售收入} - \text{总变动成本}}{\text{销售收入} - \text{总变动成本} - \text{总固定成本}} \times$

$\dfrac{\text{销售收入} - \text{总变动成本} - \text{总固定成本}}{\text{销售收入} - \text{总变动成本} - \text{总固定成本} - \text{利息}}$

$= \dfrac{\text{销售收入} - \text{总变动成本}}{\text{销售收入} - \text{总变动成本} - \text{总固定成本} - \text{利息}}$

或者, 总风险 = 经营风险 × 财务风险

(5) $g = \text{留存收益比例} \times \text{ROE}$

$= \text{留存收益比例} \times \left(\dfrac{\text{EBIT}}{\text{营业收入}} \times \dfrac{\text{营业收入}}{\text{投入资本}} \times \dfrac{\text{投入资本}}{\text{权益资本}} \times \dfrac{\text{税前利润}}{\text{EBIT}} \times \dfrac{\text{税后利润}}{\text{税前利润}} \right)$

$= \text{留存收益比例} \times \left[\text{ROIC}(1-T) + (\text{ROIC} - \text{利息率})(1-T) \dfrac{\text{有息负债}}{\text{权益资本}} \right]$

财务战略矩阵是分析、评价、调整和制定企业财务政策和经营政策的重要工具,其根据企业的创值状况(税后 ROIC-WACC)和资金状况(预计增长率-自我可持续增长率),将企业划分为四种类型,即价值创造-资金剩余型、价值创造-资金短缺型、价值损害-资金短缺型、价值损害-资金剩余型,最后根据企业所属类型提出财务战略和具体的财务政策。

综上,本章贯穿现代财务管理的基本理念——"利润—现金—价值—风险—成长",即企业高层管理者在经营和财务管理中,不但要注重利润,更要注重现金和价值;不但要注重现金,更要注重控制风险,并推动企业持续成长,不断为股东创造价值。

专业术语

商业模式(Business Model)
创利模式(Profit-making Model; Earning Model)
创现模式(Cash-creating Model)
风控模式(Risk-controlling Model)
成长模式(Growth Model)
创值模式(Value-adding Model)
净资产收益率(Return on Equity,ROE)
投入资本回报率(Return on Invested Capital, ROIC)
加权平均资本成本(Weighted Average Cost of Capital,WACC)

经济增加值(Economic Value Added,EVA)
市场价值(Market Value)
市场增加值(Market Value Added,MVA)
总杠杆(Degree of Total Leverage,DTL)
经营杠杆(Degree of Operational Leverage, DOL)
财务杠杆(Degree of Financial Leverage,DFL)
总成长性(Overall Growth Rate)
自我可持续增长率(Self-Sustainable Growth Rate)
财务战略矩阵(Matrix for Financial Strategy)

思考与练习

(一) 单项选择题

1. A 公司的利率为 10%,所得税税率为 30%,权益资本预期收益率为 20%,负债比例为 50%;平均投入资本为 5 000 万元,息税前利润(EBIT)为 1 000 万元。A 公司的 EVA=(   )。
   a. 100 万元　　　　b. 50 万元　　　　c. 25 万元　　　　d. -25 万元

2. 以下哪一种表述是正确的?(   )
   a. 综合杠杆系数=财务杠杆系数+经营杠杆系数
   b. 综合杠杆系数=财务杠杆系数×经营杠杆系数
   c. 综合杠杆系数=财务杠杆系数-经营杠杆系数
   d. 综合杠杆系数=财务杠杆系数/经营杠杆系数

3. 以下哪项对总资产收益率(ROA)和净资产收益率(ROE)的分解有错误?(   )
   a. 总资产收益率=销售利润率×净资产周转率×权益比例
      =(净利润/营业收入)×(营业收入/净资产)×(净资产/总资产)

b. 净资产收益率＝销售净利率×总资产周转率×权益乘数
   ＝（净利润/营业收入）×（营业收入/总资产）×（总资产/净资产）

c. 总资产收益率＝销售净利率×总资产周转率×权益乘数
   ＝（净利润/营业收入）×（营业收入/总资产）×（总资产/净资产）

d. 净资产收益率＝销售利润率×总资产周转率×利息效应×税收效应×权益乘数
   ＝（息税前利润/营业收入）×（营业收入/总资产）×（税前利润/息税前利润）×（税后利润/税前利润）×（总资产/净资产）

4. 如果 S 公司 2023 年度的销售净利率（净利润/营业收入）为 10%，总资产周转率（营业收入/总资产）为 1.5 次，净资产比例（净资产/总资产）为 50%，则公司净资产收益率为（　　）。

   a. 7.5%　　　　　　b. 15%　　　　　　c. 30%　　　　　　d. 40%

5. 观察沃尔玛和好市多后，你发现二者在财务管理方面的不同之处是（　　）。

   a. 沃尔玛的资产周转速度快于好市多　　b. 沃尔玛的资产周转速度慢于好市多
   c. 好市多的销售利润率高于沃尔玛　　　d. 沃尔玛的资产周转速度和销售利润率更高

6. 关于企业的经营风险，以下哪一种表述是正确的？（　　）

   a. 单位产品的固定成本越高，经营风险越低
   b. 单位产品的固定成本越高，财务风险越低
   c. 单位产品的固定成本越高，经营风险越高
   d. 单位产品的固定成本越高，财务风险越高

7. 对比会计利润，EVA 因（　　）而成为更为科学的评价企业经营业绩的指标。

   a. 不考虑权益资本的机会成本，但考虑债务资本的成本
   b. 不考虑债务资本的资本，也不考虑权益资本的机会成本
   c. 考虑权益资本的机会成本，但不考虑债务资本的成本
   d. 既考虑债务资本的成本，又考虑权益资本的机会成本

8. 企业自我可持续增长率是指在"六不"条件下，其能支撑的最大销售增长率。以下哪一项不属于自我可持续增长率的条件？（　　）

   a. 资产周转速度不变　　　　　　　　　b. 负债比例不变
   c. 不进行新的权益资本融资　　　　　　d. 不进行新的债务资本融资

9. 如果某企业的 ROE 为 20%，而企业未来的销售增长率为 15%。在企业不对外进行新权益资本筹资、所得税税率不变、不改变企业负债比例和资本周转速度的前提下，企业的留存收益比例应等于（　　）。

   a. 33%　　　　　　b. 67%　　　　　　c. 25%　　　　　　d. 75%

10. 在财务战略矩阵的哪一个象限，企业应采取"减少股利派发、增加新权益资本和债务资本"的财务政策？（　　）

    a. EVA>0 且资金剩余　　　　　　　　b. EVA>0 且资金短缺
    c. EVA<0 且资金剩余　　　　　　　　d. EVA<0 且资金短缺

11. A公司2022年度和2023年度的有关财务数据如下表。根据这些数据,A公司的规模增长使得其( )。

单位:万元

	销售净收入	EBIT	净利润	总资产	净资产	经营净现金
2022年	5 000	2 000	1 000	5 000	2 000	1 500
2023年	8 000	3 000	1 500	10 000	3 500	1 200

  a. 效益同步增长 b. 效益相对上升 c. 效益更快上升 d. 效益更快下降

12. 根据第11题的资料,以下哪项证据不支持你的结论?( )

  a. 资产扩张太快   b. 资产周转速度下降

  c. 经营净现金减少   d. 盈利能力下降

13. 根据第11题的资料,A公司经营净现金减少的主要原因是( )。

  a. 总资产增加 b. 净资产减少 c. 应收账款增加 d. 应付账款增加

14. 以下哪个表述是错误的?( )

  a. 企业提高负债比例可以提高盈利能力

  b. 在其他条件不变的前提下,企业提高负债比例可以提高净资产收益率

  c. 不是所有的企业提高负债比例都可以提高净资产收益率

  d. 不是所有的企业提高负债比例都可以提高成长性

15. 以下哪个表述是正确的?( )

  a. 当自我可持续增长率大于未来预计增长率时,企业将发生资金剩余

  b. 当自我可持续增长率小于未来预计增长率时,企业将发生资金短缺

  c. 当未来预计增长率大于自我可持续增长率时,企业将发生资金剩余

  d. 当未来预计增长率小于自我可持续增长率时,企业将发生资金剩余

16. ABC公司2022年度的ROE为18%,总资产负债率为75%,有息负债占总资产的比重为68%,账上现金资产占总资产的比重为4%。公司董事会决议并经股东大会审议通过,决定现金分红40%。战略部门预测ABC公司所处行业的未来增长率将持续为20%—25%。ABC公司应该采取哪一种财务政策更加合理和稳健?( )

  a. 降低负债率,增加分红   b. 降低负债率,减少分红

  c. 提高负债率,增加分红   d. 提高负债率,减少分红

17. 以下哪一项可以提高获现率,但可能会影响供应链的安全?( )

  a. 净利润 b. 折旧和摊销 c. 利息 d. 应收款

  e. 预付款 f. 预收款 g. 应付款

18. ABC公司的EBIT利润率从去年的10%升至今年的12%,总资产周转率由去年的0.8次增至今年的1.0次,税前利润(EBT)/息税前利润(EBIT)从去年的80%升至今年的85%,总资产负债率从去年的70%降至今年的60%,所得税税率维持在25%不

变。ABC 公司去年和今年的权益乘数分别是(　　)。

　　a. 1.43 和 1.67　　b. 3.33 和 1.67　　c. 2.5 和 3.33　　d. 3.33 和 2.5

19. 根据第 18 题的资料,ABC 公司去年和今年的 ROE 分别是(　　)。

　　a. 16%和 19%　　b. 3.8%和 4.3%　　c. 5.3%和 6.4%　　d. 都是错误的

20. 根据第 18 题的资料,以下哪个因素的变化阻碍了公司 ROE 的上升?(　　)

　　a. 总资产周转率　　b. EBIT 利润率　　c. EBT/EBIT　　d. 总资产负债率

(二) 简述题

1. 作为公司的 CEO 或高管人员,你认为一家公司应制定哪些主要财务政策。请从实践的角度阐述这些财务政策管理的核心问题是什么。
2. 写出 ROE 的计算公式,并通过分解公式简述其影响因素以及使用中应注意的问题。
3. 写出获现率的计算公式,并通过分解公式简述其影响因素以及使用中应注意的问题。
4. 写出 EVA 的计算公式,并通过分解公式简述其影响因素以及使用中应注意的问题。
5. 写出自我可持续增长率的计算公式,并通过分解公式简述其影响因素以及使用中应注意的问题。
6. 写出总杠杆的计算公式,并通过分解公式简述其影响因素以及使用中应注意的问题。
7. 简述 EVA 与 MVA 的区别和联系。

微案例分析

A 公司和 B 公司为两大连锁零售商,市场占有率分别为 40%和 35%。下表是两家公司 2022—2023 年的主要资产、销售收入和利润:

单位:百万元

A 公司	销售收入	平均总资产	平均净资产	息税前利润	税前利润	税后利润	平均投入资本
2022 年	45 000	30 000	15 000	6 000	5 500	3 850	20 000
2023 年	50 000	30 000	15 000	6 300	5 800	4 620	21 000
B 公司	销售收入	平均总资产	平均净资产	息税前利润	税前利润	税后利润	平均投入资本
2022 年	30 000	25 000	15 000	4 000	3 800	2 850	18 000
2023 年	35 000	28 000	16 800	5 200	5 000	3 750	20 000

注:平均总资产、平均净资产、平均投入资本都已经做了平均化处理。

(1) 应用 ROE 的因素分解分析方法,分析影响 2022 年、2023 年 A 公司和 B 公司 ROE 的主要因素,并阐述 A 公司和 B 公司各自盈利模式的基本特征。

(2) 预计未来零售市场的增长率保持在 15%左右,如果 A 公司和 B 公司力图保证 15%的年增长率,那么 2022 年、2023 年 A 公司和 B 公司的分红比例分别为多少比较合适?

(3) 补充 A 公司和 B 公司的财务数据如下表,分析两家公司获现率的影响因素,并分析其获现率高低的原因。

单位：百万元

A 公司	税后利润	财务费用	折旧和摊销	应收款项	预付款项	存货	预收款项	应付款项
2022 年	3 850	500	1 500	5 000	1 000	3 000	1 000	5 000
2023 年	4 620	500	1 500	6 000	1 000	3 500	1 000	6 000
B 公司	税后利润	财务费用	折旧和摊销	应收款项	预付款项	存货	预收款项	应付款项
2022 年	2 850	200	1 300	2 000	1 000	1 000	1 500	3 000
2023 年	3 750	200	1 400	2 500	1 300	1 200	2 000	4 000

（4）根据以上分析结果，分析并评价 A 公司和 B 公司的负债政策和营运资本管理政策各自有何特点。你有何建议？

第五章 营运资本管理与决策

第一节 营运资本管理思想的演变

第二节 现代营运资本管理核心:"三控两抓"政策

第三节 现代营运资本管理与现金管理

案例分析 海天味业的营运资本管理

本章小结

专业术语

思考与练习

微案例分析

导 言

在第二章 CEO 解读资产负债表中,我们简要地阐明了营运资本管理(Working Capital Management)的重要性和基本思路。本章对营运资本管理进行更深入的探讨和分析,使得 CEO 和高层管理者能够全面掌握现代营运资本管理的核心思想,在提升公司产品和服务市场竞争力的同时,有效地开展营运资本管理,节约投入资本,从而增强现金创造能力,提高财务效益,避免公司陷入财务困境。

一般来说,零售企业的销售利润率很低,要求其资产周转速度必须快,可见营运资本管理尤其重要。实际上,营运资本是零售企业经营发展的重要基础,直接影响企业的收益与风险。2016 年,中国连锁经营协会与普华永道合作,对中国零售企业营运资本管理展开调查,对 2013—2015 年 86 家零售行业上市公司(含内地上市公司 59 家和香港上市公司 27 家)的营运资本管理效率进行分析(普华永道,2017)。报告指出,尽管中国零售行业经历了二十多年的高速增长,但随着增速放缓,消费升级和电商崛起,零售行业面临巨大的冲击和经营管理的各方面挑战。研究发现,中国零售企业整体的营运资本管理的表现不良。例如,中国超市 2013—2015 年存货周转天数维持在 50 多天,高出美国超市平均水平 30 多天;中国服装行业 2013—2015 年的营运资本周转天数约为 117.1 天,而美国服饰零售商的营运资本周转天数平均仅为 57 天。营运资本管理效率不高的主要原因在于:大多数零售企业将营业收入和利润率作为管理优劣的重要且唯一的考量维度。这必然导致企业的根基不稳,追求销售量和销售额的增长,供应链管理及其效率与安全成为普遍难题,营运资本管理效率无法得到提升。

2017—2021 年,我国两家知名的零售业公司——大型商超永辉超市和连锁便利店红旗连锁与美国三家知名的零售业公司——大型商超沃尔玛(Walmart)、大型连锁仓储式零售商好市多(Costco)、兼营加油站的连锁便利店凯西(Casey's General Stores)的营运资本管理指标相比,无论是总资产或流动资产的周转速度,还是存货或应收款项的周转速度都存在较大差距;而在应付款项的周转天数方面,我国两家公司又大大超过美国三家公司。

事实上,无论是零售业或制造业,还是传统行业或新兴行业,企业的营运资本管理都极其重要。2007—2012 年,李宁公司的财务状况逐步恶化,主要原因就是营运资本管理效率大幅下降。在此期间,李宁公司的应收款项和存货占总资产比重逐年上升,应收款项和存货的周转速度越来越慢,经营净现金减少;李宁公司的销售费用和管理费用占销售收入比重越来越高,销售净利率下降。最终在 2012 年,李宁公司净亏损 19.79 亿元,经营净现金-9.31 亿元。历经多年的改革与奋斗,李宁公司终于在 2015 年扭亏为盈,2016 年开始恢复盈利。2021 年,李宁公司实现营业收入 225.72 亿元,净利润 40.11 亿元,经营净现金65.25亿元,再度成为我国体育用品行业的明星公司。2015—2021年,历经改革之后,李宁公司的营运资本管理效率大幅上升,其存货和应收款项占总资产比重逐年下降,存货和应收款项的周转速度迅速提高。那么,营运资本管理效率如何影响企业的盈利能力、现金创造能力以及资金链安全呢?进一步综合考虑负债管理、成本费用管理和营运资本管理,三者如何共同影响企业的利润和现金创造能力呢?

第一节 营运资本管理思想的演变

什么是营运资本管理?所谓的营运资本管理,从传统意义上讲,就是对公司流动资产与流动负债的管理。它要求公司在经营过程中,流动资金来源与流动资金占用应互相匹配,以保证公司短期的偿债能力或资产的流动性。然而,随着管理水平的不断提高,营运资本管理思想也逐渐发生改变,它不再过分强调资金来源与资金占用的匹配性,而是要求管理层尽可能多地利用"免费"或"无息"的资金来源,如预收款和应付款等,以满足公司的日常经营需求;同时,在保证流动性的前提下,尽可能多地降低资金在无盈利能力资产上的占用,如应收款、预付款和存货等。这就将营运资本管理的思想、方法和应用推至一个新的高度。

一、传统营运资本管理思想

传统的营运资本管理,是指对公司流动资产与流动负债的管理。流动资产是指公司在一年或一个营业周期内能够变现或消耗的资产,包括货币资金、应收账款、存货等,反映在资产负债表的左边,表示公司对资金的占用情况;流动负债是指公司在一年或一个营业周期内要偿还的债务,包括短期借款、应付账款、其他应付款等,反映在资产负债表的右边,表示公司资金的来源。传统的营运资本需求量(Working Capital Requirement, WCR),就是流动资产与流动负债的差额(也称大口径计算公式),用公式表示如下:

$$WCR = 流动资产 - 流动负债 \qquad (5-1)$$

对于流动资产和流动负债而言:

(1)若前者等于后者,则营运资本需求量为零,表明公司的流动资产恰好可以偿还公司的流动负债,公司的短期偿债能力正常,短期财务风险适中。

(2)若前者大于后者,则营运资本需求量为正数,表明公司的流动资产足以偿还公司的流动负债,公司的短期偿债能力较强,短期财务风险较低。

(3)若前者小于后者,则营运资本需求量为负数,表明公司的流动资产不足以偿还公司即将到期的短期负债,公司的短期偿债能力较差,短期财务风险较高。

以上三种情况也在一定程度上反映了企业对营运资本的三种管理模式:居中型、保守型和激进型。第一,居中型营运资本管理意味着企业用短期资金来源满足短期资金需求,用长期资金来源满足长期资金需求,保证了资产负债表的匹配,如图5-1(a)所示。

第二,保守型营运资本管理意味着企业用一部分长期资金来源满足短期资金需求。对企业而言,能够保证短期资金的周转需求;对债权人来说,由于流动资产大于流动负债,显示出企业的短期偿债能力较强,但同时由于长期负债或股权要求的资金报酬率比短期负债要求的资金报酬率高,因此企业花费的资金成本也相对较高,如图5-1(b)所示。第三,激进型营运资本管理意味着企业用一部分短期资金来源满足长期资金需求,如购置固定资产等。对企业而言,这一模式的资金成本较低;但由于流动资产小于流动负债,对债权人来说,企业的短期偿债能力存在一定的风险。此时,企业必须不断地通过"借新还旧"或依靠日常经营活动产生的现金流量来保证资金的供应,一旦出现资金周转问题无法及时筹集到新的资金来偿还到期债务,企业就可能陷入财务困境,如图5-1(c)所示。对于选择哪一种营运资本管理模式,企业通常需要考虑三个因素。

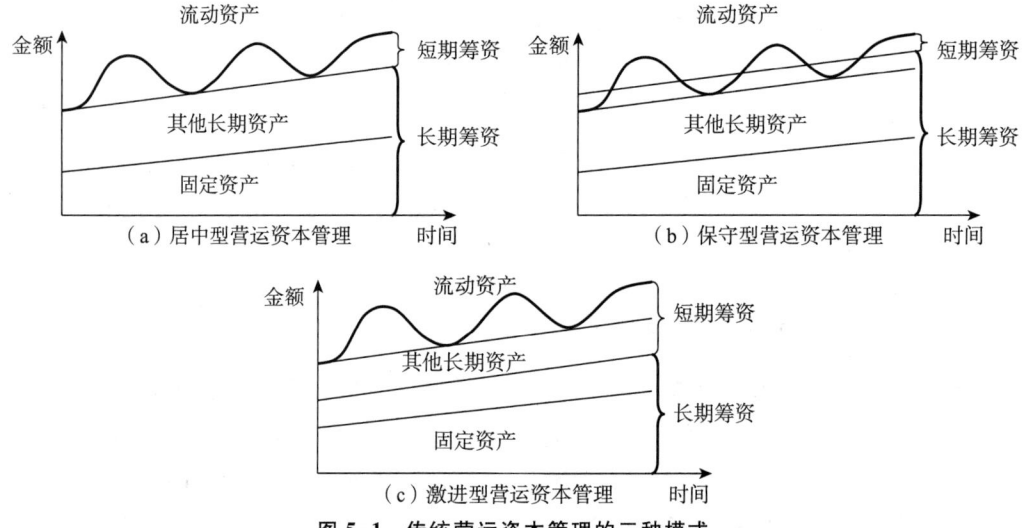

图5-1 传统营运资本管理的三种模式

第一,市场利率。当市场利率处于上升阶段时,短期筹资成本将随着利率上升而不断增加,而长期筹资成本则能够在较长一段时间内保持原来较低的水平。因此,采取激进型营运资本管理模式将增加公司的筹资成本,降低公司的利润水平;反之,采取保守型营运资本管理模式将节约公司的筹资成本,提高公司的盈利能力。当市场利率处于下降通道时,短期筹资成本将随着利率的下降而不断降低,而长期筹资成本则保持原来较高的水平。此时,激进型营运资本管理模式将节约公司的筹资成本,而保守型营运资本管理模式将增加公司的筹资成本。

第二,公司在商业博弈格局中所处的地位。当公司在与供应商和客户的商业博弈格局中处于强势地位、握有较高的议价权时,它可以对供应商采取赊购的策略,并尽量延长付款期限,同时对客户采取预收款的策略,尽量提前获取资金,此时公司可以采取激进型营运资本管理模式;反之,当公司的商业地位低、议价能力较差时,它可能不得不采取相对保守的营运资本管理模式。

第三,公司流动资产的变现能力。当公司流动资产的变现能力较强时,表明其产生现金流量的能力较强,它可以迅速地通过应收账款及存货周转产生的资金来保障短期负债的偿付,此时公司可以采取相对激进的营运资本管理模式;反之,当公司应收账款及存货的变现能力较差时,它应该采取相对保守的营运资本管理模式。

二、现代营运资本管理思想

随着管理水平的不断提高,营运资本管理思想不再一味强调对公司整体流动资产和流动负债的匹配性管理,而是侧重于对公司无收益流动资产和无成本流动负债的管理。我们知道,当资金被银行存款或交易性金融资产占用时,由于它们可以带来利息收入或投资收益,因此这类资产被视为收益类流动资产。而当资金被应收账款、预付款或存货占用时,应收账款、预付款和存货无法给公司带来收益①,甚至可能出现坏账损失和存货跌价损失,因此这部分资产对企业而言就是无收益的流动资产。同理,由于短期借款需要支付给银行利息,属于有成本的流动负债;而应付账款、其他应付款和预收款等不需要支付利息,属于无成本的流动负债。现代营运资本管理思想就是尽量减少资金在无收益流动资产上的占用,同时增加无成本流动负债,并延长无成本流动负债的偿付时间。当无成本流动负债能够满足无收益流动资产的占用时,就达到了所谓的"零营运资本"。不仅如此,营运资本管理出色的公司在使无成本流动负债满足无收益流动资产的占用之外,还有剩余的无成本流动负债,并将其用于获取利息或投资收益,或进行扩大再生产等活动,这就出现了"负营运资本"。

现代营运资本需求量的简单的计算公式(也称小口径计算公式)如下:

$$WCR = 应收账款 + 存货 - 应付账款 \tag{5-2}$$

现在,我们来讨论公式(5-2)中存货、应收账款和应付账款变化对营运资本需求量变化的影响及其含义。

(1)假定存货是一个常量,当公司的应收账款大于应付账款时,营运资本需求量是个正数,说明应收账款所占用的资金超过了应付账款所占用的资金,即别的企业占用了公司的资金,说明这个公司是个"弱势公司"。

(2)假定存货是一个常量,当公司的应收账款小于应付账款时,营运资本需求量是个负数,说明应付账款所占用的资金超过了应收账款所占用的资金,即公司占用了别的企业的资金,说明这个公司是个"强势公司"。

(3)当公司的营运资本需求量呈上升趋势时,说明其存货和应收账款增加或应付账款减少,即自己的公司以存货的形式或别的企业以应收账款的形式占用公司的资金,导致所需的经营资金增加,说明这个公司正在"由强转弱"。

(4)当公司的营运资本需求量呈下降趋势时,说明其存货和应收账款减少或应付账款增加,即自己的公司通过减少存货减少了资金占用或通过应付账款的形式占用了别的企业的资金,导致所需的经营资金减少,说明这个公司正在"由弱转强"。

---

① 当存货价格持续上涨时,存货上的资金占用也会给企业带来收益,这一点在后面会解释。

由此可知,公司 WCR 的增加无非表明三种情况:一是采购时无法享受商业信用而不得不以现金付款,导致应付账款减少或者预付账款增加;二是产品生产出来后卖不出去,转化为存货导致存货增加;三是产品卖出去但货款没有收回,导致应收账款增加。因此,公司营运资本需求量的变化,也反映了该公司在与供应商和客户的博弈格局中的竞争态势。

在实际的财务报表中,除应收账款和存货占用资金之外,预付账款和其他应收款等科目也同样"无效"地占用资金;而除应付账款可以提供免费的短期资金来源之外,预收账款和其他应付款等科目同样可以提供无成本的资金来源。因此,我们在计算 WCR 时,还应考虑这些会计科目。现实的 WCR 的计算公式(也称中口径计算公式)可以表示为:

$$WCR = 应收票据 + 应收账款 + 预付账款 + 其他应收款 + 存货 - 应付票据 - 应付账款 - 预收账款 - 其他应付款 \tag{5-3}$$

除了计算 WCR,分析营运资本管理水平的另外一类指标是营运资本周转速度,即考察公司应收账款、存货及应付账款的周转天数。对于应收账款和存货而言,周转天数越多,意味着公司的资金被客户和采购生产部门占用的时间越长,公司的营运资本管理水平越低;对于应付账款而言则相反,周转天数越多,意味着公司占用供应商资金的时间越长,公司的营运资本管理水平越高。由于这部分资金无须支付利息,因此对公司而言相当于从供应商处获得了免费的"贷款"。各项营运资本周转天数的计算公式可以表示为:

$$应收账款周转天数 = 365/(营业收入/应收账款) \tag{5-4}$$

$$存货周转天数 = 365/(营业成本/存货) \tag{5-5}$$

$$应付账款周转天数 = 365/(营业成本/应付账款)① \tag{5-6}$$

公司对应收账款、存货和应付账款的管理最终将体现为对现金的管理。从现金在生产经营过程中的流转就可以说明这个问题。一开始,公司向供应商购买原材料,由于可以享受供应商提供的信用政策,公司只需在应付账款到期日才支付货款。在取得原材料的同时,公司开始生产经营,也就开始现金创造过程。当公司把产品生产出来并赊销出去后,现金直到应收账款到期日才能收回(见图 5-2)。因此,现金周转天数(Cash Conversion Cycle)可以表示为:

$$现金周转天数 = 存货周转天数 + 应收账款周转天数 - 应付账款周转天数 \tag{5-7}②$$

由于存货、应收账款和应付账款是现代营运资本管理的核心内容,因此现金周转天数又可以称为营运资本周转天数,是衡量现金流转速度的重要指标。现金周转天数越少,说明现金周转速度越快,公司就可以利用越少的资金完成正常的生产经营活动,或者可以利用同样的资金完成更大规模的生产经营活动。

---

① 在有些教材和文献中,存货周转天数和应付账款周转天数的计算也可以用营业收入替代营业成本计算得出。

② 当公司有预付账款和预收账款时,现金周转天数=存货周转天数+应收账款周转天数+预付账款周转天数-应付账款周转天数-预收账款周转天数。

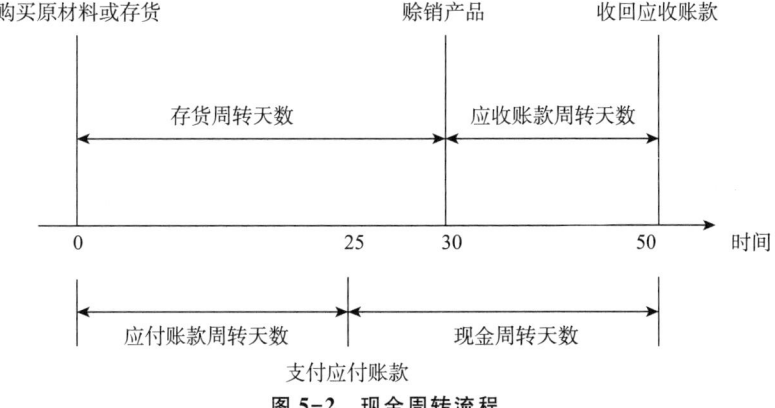

图 5-2 现金周转流程

需要指出的是,在现实的某些特定情况下,库存增加并不一定是"坏事"。当预期产品价格上升时(例如,2021 年以来,一些战略性资源产品,包括石油、天然气、黄金、铜、钨、钼等出现价格的持续上涨),公司存货增加,虽然会导致营运资本需求量增加,但由此带来的成本降低或收入增加的幅度远远超过资金占用成本,此时增加存货对公司而言是一种合理的选择。

三、营运资本管理在实践中的应用

长年以来,人们一直在谈论和研究"沃尔玛现象"。零售业是个竞争十分激烈的行业,沃尔玛对营运资本的有效管理也许正好可以解释,为什么涉足零售业仅六十余年(截至 2018 年)的沃尔玛在经营上屡获成功,并长期占据《财富》世界 500 强榜首,而涉足零售业超百年的凯马特(Kmart)却落得多次申请破产保护,在 1999 年度《财富》损值型企业中名列第四,最后被另一零售商西尔斯(Sears)收购的命运?而随着电子商务的迅猛发展,西尔斯也难逃厄运,在 2018 年 10 月向美国法院申请破产保护。

现在,设想你作为沃尔玛的供应商或客户与其进行交易,该交易结果对沃尔玛的营运资本需求量有什么影响?首先,假设你是沃尔玛的供应商。你与沃尔玛签订了一份销售合同,由于供货量较大,在产品质量方面,你必须符合沃尔玛的采购标准;在供货价格方面,你必须价格低廉;在供货计划方面,你必须按照沃尔玛指定的时间和地点交货;在货款方面,你通常需要等待沃尔玛完成货物销售后一段时间才能收到货款。这样,对沃尔玛来说是否有"应付账款"呢?显然,沃尔玛有很多应付账款!其次,假设你是沃尔玛的客户。你在购买所挑选的货物后,必须先付款才能携货离开商场,而不能先携货离开商场后再付款。这样,对沃尔玛来说是否有"应收账款"呢?显然,沃尔玛没有应收账款![1] 正因为如此,我们可以打个比方,沃尔玛超市内的"客流量"实际上也是"现金流量"。从营销的角度看是客流量,从财务管理的角度看则是现金流量!最后,沃尔玛是否有存货?从会计的角度看,沃尔玛有存货;但是从财务管理的角度看,沃尔玛的存货所占

---

[1] 沃尔玛报表中的应收款主要是对保险公司、房地产交易及因顾客刷卡消费而产生的对银行等的应收款。

用的资金不是自己的,而是供应商的。① 因此,从这一意义上讲,沃尔玛没有存货,或者准确地说,沃尔玛拥有物质意义上和会计意义上的存货,但没有资金占用意义上和财务管理意义上的存货。

表 5-1 和表 5-2 分别是沃尔玛 2019—2021 年的综合资产负债表和利润表。我们可以利用资产负债表数据准确地计算出公司的营运资本需求量。根据公式(5-3),沃尔玛 2019—2021 年的营运资本需求量(应收账款+预付费用及其他+存货-应付账款-应计负债)分别为:

2019 年 WCR = 6 284+1 622+44 435-46 973-22 296 = -16 928(百万美元)

2020 年 WCR = 6 516+20 861+44 949-49 141-37 966 = -14 781(百万美元)

2021 年 WCR = 8 280+1 519+56 511-55 261-26 060 = -15 011(百万美元)

可以看出,从现代营运资本管理的角度看,沃尔玛 2019—2021 年的营运资本需求量均为负数且数额巨大! 沃尔玛的营运资本需求量为负意味着什么? 这意味着沃尔玛占用了供应商的资金进行日常经营活动。通俗地说,沃尔玛货架上和仓库里的货物并没有占用自己的资金,而是占用供应商的资金,即无本经营(Other People's Money, OPM)! 不仅如此,像沃尔玛和家乐福这样的大型零售企业,不但以货物的形式占用了供应商的资金,而且在货物销售之后,或者将收到的货款投资于国际资本市场上一些安全的短期金融工具,所得到的短期投资收益用于抵消其在经营过程中向银行贷款所需支付的利息;或者将收到的货款用于开设新店,以进一步扩大经营规模。② 因此,从商业博弈的角度看,沃尔玛在商业博弈格局中处于强势或有利地位。

表 5-1 沃尔玛 2019—2021 年综合资产负债表　　　　　　　　　　　单位:百万美元

项目	2019 年	2020 年	2021 年
资产			
流动资产			
现金及现金等价物	9 465	17 741	14 760
应收账款	6 284	6 516	8 280
存货	44 435	44 949	56 511
预付费用及其他	1 622	20 861	1 519
流动资产合计	61 806	90 067	81 070
固定资产			
土地	24 619	19 308	19 204
建筑物	105 674	97 582	100 376
设备	58 607	56 639	60 282

---

① 沃尔玛报表中的应付账款和应计负债之和大于存货的价值。
② 实际上,沃尔玛更多地选择后一种做法。

(单位:百万美元)（续表）

项目	2019 年	2020 年	2021 年
交通工具	2 377	2 301	2 263
在建工程	3 751	4 741	7 199
固定资产总值	195 028	180 571	189 324
减:累计折旧	89 820	88 370	94 809
固定资产净值	105 208	92 201	94 515
经营租赁固定资产	17 424	13 642	13 758
融资租赁固定资产净值	4 417	4 005	4 351
商誉	31 073	28 983	29 014
其他资产及递延款项	16 567	23 598	22 152
资产总计	236 495	252 496	244 860
负债及所有者权益			
流动负债			
短期借款	575	224	410
应付账款	46 973	49 141	55 261
应计负债	22 296	37 966	26 060
应交税费	280	242	851
一年内到期的长期负债	5 362	3 115	2 803
一年内到期的经营租赁债务	1 793	1 466	1 483
一年内到期的融资租赁债务	511	491	511
流动负债合计	77 790	92 645	87 379
长期负债	43 714	41 194	34 864
经营租赁下的长期负债	16 171	12 909	13 009
融资租赁下的长期负债	4 307	3 847	4 243
递延税收及其他	12 961	14 370	13 474
少数股东权益	6 883	6 606	8 638
所有者权益			
普通股	284	282	276
资本公积	3 247	3 646	4 839
累计其他综合损失	-12 805	-11 766	-8 766
留存收益	83 943	88 763	86 904
所有者权益合计	81 552	87 531	91 891
负债与所有者权益总计	236 495	252 496	244 860

表 5-2　沃尔玛 2019—2021 年利润表　　　　　　　　　　单位：百万美元

项目	2019 年	2020 年	2021 年
收入：			
净销售收入	519 926	555 233	567 762
其他收入	4 038	3 918	4 992
收入合计	523 964	559 151	572 754
成本及费用：			
销售成本	394 605	420 315	429 000
期间费用	108 791	116 288	117 812
经营利润	20 568	22 548	25 942
利息：			
债务利息	2 262	1 976	1 674
融资租赁利息	337	339	320
利息收入	−189	−121	−158
净利息支出	2 410	2 194	1 836
债务清偿损失	—	—	2 410
其他损益	−1 958	−210	3 000
税前营业利润	20 116	20 564	18 696
税项合计	4 915	6 858	4 756
税后营业利润	15 201	13 706	13 940
少数股东利得	−320	−196	−267
营业外收支	—	—	—
净利润	14 881	13 510	13 673

从各项营运资本周转速度我们同样可以发现沃尔玛在商业博弈中的强势地位。借助资产负债表和利润表，我们考察了沃尔玛各项营运资本周转天数（见表 5-3）。可以看出：其一，由于沃尔玛这种大卖场采用的是"一手交钱，一手交货"的售货方式，其应收账款金额极少，应收账款周转天数也很短，只有 4—5 天；其二，沃尔玛存货周转速度相当快且稳定，周转天数只有不到 45 天的时间；其三，由于沃尔玛在与供应商的合作中处于强势地位，可以获得超过 1 个月的应付账款周转天数，因此沃尔玛利用这段时间销售产生的现金流量来支付货款。综合以上因素，沃尔玛的现金周转天数基本上稳定在 10 天左右。换句话说，沃尔玛可以将 1 元现金在 1 年时间内反复使用约 36 次，相当于 36 元投入资本所产生的经营效益。不仅如此，从沃尔玛 2019—2021 年现金周转天数的变化来看，它甚至还有进一步提高现金流转速度、压缩现金周转天数的趋势。

表 5-3　沃尔玛 2019—2021 年度各项营运资本周转天数　　　　　单位：天

项目	2019 年	2020 年	2021 年
存货周转天数	40.46	38.28	42.57
应收账款周转天数	4.35	4.15	4.69
应付账款周转天数	34.31	32.93	37.23
现金周转天数	10.50	9.50	10.03

有人认为,沃尔玛是"价格屠夫"(Price Killer)。沃尔玛占用供应商资金的这种大卖场经营模式极大地损害了消费品制造商的利益,导致消费品制造商成为"夹心饼干"。也有人认为,沃尔玛这种经营模式给消费者带来实惠。当然,还有人担心,长此以往,沃尔玛这种经营模式将零售业(下游产业)的风险转嫁给制造业(上游产业),会加大消费品制造业的风险,打击消费品制造业的健康成长。问题是,为什么沃尔玛可实行"无本经营"呢?为什么沃尔玛能够改变零售业的游戏规则,将"先付款后供货"扭转为"先供货后付款"呢?究其原因,主要有以下几点:

第一,市场控制。沃尔玛捷足先登,在全地区、全美、全球选择城市和地点,合理有效地布局商场,大面积覆盖市场,具有"经济规模"。截至 2021 年,沃尔玛在全世界拥有超过 8 000 家的商店,净销售额达到 5 678 亿美元。

第二,可以复制的经营单位。沃尔玛在全球各地的销售网点及其管理模式具有相似性和可复制性,可连锁经营,管理成本低。

第三,品牌效应。沃尔玛的商品品种齐全、质量有保障、物美价廉、服务较好。"一站式"的购物理念使其商品能够满足顾客的各种喜好;"天天平价"策略令其拥有巨大的客户资源;"三米微笑原则"使顾客高兴而来,满意而归。

第四,超强的物流配送体系。沃尔玛建立了自己强大的物流采购系统和配送中心,由供应商将商品集中送到配送中心,再由公司统一接收、检验、配货、送货。这些现代化的管理系统不但保障了全球各个网点的商品销售,而且节约了大量成本。

早年的沃尔玛,不仅做到了"无本经营",还做到了"无本赚息"。近年来,沃尔玛仍然有一些利息收入,但利息支出已大大高于利息收入,财务净费用为正数。沃尔玛的竞争对手好市多在 2005—2007 年间财务费用也是负数,可谓"无本经营,无本赚息"。而类似沃尔玛经营模式的国际家居连锁销售巨头宜家(IKEA)[①],近年来其财务费用一直为负数;耐克、阿迪达斯、ZARA、李宁、安踏以及阿里巴巴、京东和拼多多等,也都有类似的财务特征。

第二节　现代营运资本管理核心:"三控两抓"政策

既然现代营运资本管理追求"零营运资本",甚至"负营运资本",公司就应严格控制

[①] 见本章之"微案例分析"。

"应收账款""存货"和"预付账款",同时抓好对"预收账款"和"应付账款"的管理,实施所谓的"三控两抓"政策。具体而言,就是:(1)在销售环节,严格控制应收账款,尽量减少应收账款的金额,缩短应收账款的回收时间;如果有可能,甚至做到在销售前就提前收取款项,抓好预收账款管理。(2)在采购环节,严格控制预付账款,尽量减少预付账款的支付额和提前支付的时间;同时,抓好应付账款管理,增加应付账款的金额,并合理延长付款时间。(3)在生产环节,严格控制多余或不必要的存货,尽量减少存货的库存数量,并加快库存周转速度。"三控两抓"政策是现代营运资本管理的核心。"三控两抓"政策执行情况的好坏,将直接影响营运资本需求量,从而影响公司的现金创造能力。

一、销售环节

在商业活动中,产品的买卖可以"一手交钱,一手交货",也可以"先收款后交货",或者"先交货后收款"。第一种交易方式属于现金交易,钱货两清,一般出现在很多小商品交易市场中;第二种交易方式会产生预收预付款,一般发生在销售方比较强势,或产品供不应求的场景;第三种交易方式才是应收款产生的根源之所在,它允许购货商赊购商品,即在收取货物后的一段时间内付清款项。

在现代经济活动中,赊销赊购非常普遍。一般情况下,公司放宽赊销政策(也就是信用政策),可以在一定程度上提高产品的销售数量,从而提高公司的业绩水平;但同时,赊销政策的放宽,将会造成资金滞留在应收账款上,丧失这部分资金的盈利能力,甚至可能增加公司的坏账损失。因此,公司应权衡二者的关系,使得放宽信用政策带来的效益高于其产生的成本;否则,公司应宁愿保持谨慎的信用政策。具体而言,信用政策主要包括信用条件、信用标准和收款政策三项内容。

(一)信用条件

当销售商准备提供信用政策给购货商时,应首先考虑允许购货商赊购多少商品、赊购多长时间、享受多少现金折扣,这些就是信用条件要研究的问题。

1. 信用期限

信用期限是指客户从收货到付款的时间跨度。信用期限越长,表明购货商可以延迟支付货款的时间越长。对于购货商而言,可以将原本需要立即支付的资金先投资于短期融资工具,获得一定的投资收益,然后再支付给供应商;对于供应商而言,原本可以立即收到货款,但由于允许购货商延迟付款,这部分资金只能被应收账款占用,无法用于其他营利项目。

尽管信用期限的延长会给供应商造成应收账款的增加及收款期的延长,但好处是能给供应商带来更多的订单和更大的销售量。因此,是否延长信用期限,供应商应比较由此得到的收益与付出的成本之后,才能做出决定。

举例说明,M公司是一家家具生产商,其最初的销售方式是现金交易,即"一手交钱,一手交货"。现在,A公司提出要求享受"n/30"的信用期限,并在获得信用期限的同时,将购货量从原来的500件增加到600件。相关的资料如表5-4所示。

表 5-4 M 公司对 A 公司的前后信用期限对比

项目	调整信用期限前	调整信用期限后
销售单价(元)	10 000	10 000
销售数量(件)	500	600
单位成本(元)	6 000	6 000
坏账率(%)	0	5

假设 M 公司的银行贷款利率为 4%,那么 M 公司通过向 A 公司提供 30 天的商业信用来促销的做法是否合理呢?对于这一问题,可以用两种方法来比较信用期限调整的结果。

方法一:计算信用期限调整后的净现值,并与调整前的净现值做比较。

$$调整后的净现值 = \frac{10\ 000 \times 600 \times (1 - 5\%)}{1 + 4\% \times 30/365} - 6\ 000 \times 600 = 2\ 081\ 321(元)$$

调整前的净现值 = $10\ 000 \times 500 - 6\ 000 \times 500 = 2\ 000\ 000(元)$

方法二:计算信用期限调整后的资金收益率,并与公司的银行贷款资金成本进行比较。

调整后的资金收益率要满足:

$$\frac{10\ 000 \times 600 \times (1 - 5\%)}{1 + k \times 30/365} - 6\ 000 \times 600 = 10\ 000 \times 500 - 6\ 000 \times 500$$

得到年资金收益率 $k = 21.73\% > 4\%$

由于延长信用期限后的净现值高于延长信用期限前的净现值,且延长信用期限后的资金收益率高于公司银行贷款资金成本,因此 M 公司应满足 A 公司要求的信用期限。

2. 现金折扣

所谓现金折扣,是指公司为了鼓励客户提前付款而承诺给予客户一定比率的折扣。现金折扣比率一般高于客户的银行贷款利率,这样客户就有动力去筹集资金来提前偿还货款。对于公司而言,虽然支付了一定的利息成本,但提前收到货款,一方面可以加速资金的周转,提高资金的使用效率,另一方面可以省却催收债务需要花费的成本以及可能出现的坏账损失,可谓"双赢"的结果。

现金折扣一般会规定折扣率和折扣期限,越快付款,购货商可享受的现金折扣率就越高;到一定期限之后再付款,购货商就不能享受现金折扣。

对于供应商而言,设定现金折扣率和折扣期限,要考虑其带来的成本和收益,只有当提供现金折扣给企业带来的收益高于所付出的成本时,提供现金折扣才有利可图;对于购货商而言,是否享受供应商提供的现金折扣,同样也要进行成本和收益分析,只有当现金折扣率高于购货商的资金成本(通常情况下指购货商的银行贷款利率)时,购货商才会提前付款。

假设 W 公司的年赊销额为 1 000 万元,原来给予购货商的信用条件为"n/30",为了提高资金周转速度,W 公司计划提供现金折扣,将信用条件改为"2/10,n/30",信用条件变更对 W 公司的销售影响不大。W 公司估计有 70% 的客户会选择新现金折扣,W 公司的资金成本为 10%,收账费用与坏账损失占全年赊销额的比重分别从 5% 和 3% 降至 3% 和 2%。现在,我们来分析信用条件变更后,W 公司的各项成本和收益:

提前收到货款形成资金产生的收益:$1\,000 \times 70\% \times 10\% \times \dfrac{30-10}{365} = 3.84$(万元)

收账费用减少产生的收益:$1\,000 \times 5\% - 1\,000 \times 3\% = 20$(万元)

坏账损失减少产生的收益:$1\,000 \times 3\% - 1\,000 \times 2\% = 10$(万元)

现金折扣支付的成本:$1\,000 \times 70\% \times 2\% = 14$(万元)

信用条件变更产生的净收益:$3.84 + 20 + 10 - 14 = 19.84$(万元)

因此,W 公司应该变更信用条件。

(二)信用标准

对所有客户提供相同的信用条件是一种粗放式的管理模式,在现代化管理系统发达的今天,公司应进行更加细致的管理,即根据客户的信用标准(Credit Standard)授予不同客户不同的信用条件。对于信用标准高的客户,公司可以授予较高的信用额度及较长的信用期限;对于信用标准低的客户,公司则应授予较低的信用额度及较短的信用期限。

如何评价客户的信用等级呢?通常按照 5C 原则进行评价,即品德(Character)、资本(Capital)、能力(Capacity)、担保(Collateral)和状况(Condition),5C 原则概括了客户资信标准的五个重要方面。

1. 品德

品德指客户在生产经营活动中的品行与道德,代表客户按时、足额偿还债务的意愿。品德是衡量客户信用标准的首要因素,不讲诚信甚至道德败坏的公司,即便其具有良好的还款能力,也仍然会寻找各种借口拖延履行还债的义务,甚至欠债不还。在我国,不乏这种公司的存在。随着我国征信体系的不断完善,公司可以通过中国人民银行的征信系统了解客户的信用记录,分析判断客户的声誉及品德。

2. 资本

资本指客户的资本实力对债务的保障程度,通常用客户的净资产来衡量。正常情况下,净资产较大的公司比净资产较小的公司拥有更为雄厚的资金实力,这为其按时足额偿还债务提供了更为有效的保障。

3. 能力

能力指客户的盈利能力及其现金流量状况。一般而言,具有正常的资产流动性、良好的盈利能力及稳定的经营性现金流量的公司,其对应付账款的偿付能力相对较强;而资产流动性较差、盈利能力较差、现金流量不稳定的公司,其对应付账款的偿付能力相对较弱。

4. 担保

担保指客户违约时公司债权资产的受保护程度。当公司对客户的信用记录不了解时，可能要求客户提供一定的资产作为担保或抵押，用于保证债权资产的安全。即便不需要客户提供担保或抵押，公司对客户的资产抵押担保情况也应该做一定的了解，一旦发现客户大量的资产已用于抵押或担保，公司就应该立即收缩其信用政策，避免在客户违约时公司债权血本无归。

5. 状况

状况指宏观经济环境对客户偿债能力可能产生的影响。当宏观经济运行平稳、公司经营业绩向好之时，客户的偿债能力一般能够得到较好的保证；而当宏观经济出现波动，如整体行业不景气、通货膨胀严重，甚至出现金融危机或经济危机之时，有些客户的偿债能力也会受到一定的影响。

在分别对以上五个方面的资信标准进行评判之后，公司应采用一定的方法对客户的信用等级进行一个综合的评定，并根据综合评定结果做出最后的决策。

（三）收款政策

应收账款发生以后，公司不能坐等客户主动还款，而应采取积极的措施来加速资金的回流。公司应随时关注客户偿债能力的变化，全面分析应收账款的可收回情况，并及时采取相应的法律措施来积极保全公司的债权资产。

首先，应关注客户偿债能力的变化。这主要体现在对客户相关的偿债能力指标的分析，如流动比率、速动比率、利息保障倍数、本息保障倍数等指标，通过对这些指标的综合分析来判断客户的偿债能力。

其次，要全面分析应收账款的可收回情况，包括应收账款周转情况、应收账款账龄分布情况，并根据应收账款的实际可收回情况及时、足额计提坏账准备。

最后，根据分析的结果，对可能出现的坏账，一方面应根据会计的谨慎性原则，及时足额计提坏账准备；另一方面应采取积极的债权保全措施，如向客户发送催收通知书，委派专人或专门的收款机构上门催收，甚至通过法律诉讼等渠道，尽量将损失减至最小。

（四）应收账款控制在实践中的应用

实践中，应收账款控制的好坏能够直接影响公司的绩效，上海电气就是一个非常典型的案例。2021年5月31日，上海电气公告称，其持股40%的控股子公司上海电气通讯技术有限公司（以下简称"通讯公司"）应收账款普遍逾期，存在大额应收账款无法收回的风险，极端情况下可能导致公司亏损约83亿元。其中，上海电气对通讯公司的权益投资可能损失5.26亿元，给通讯公司提供的股东借款可能损失77.66亿元。公告当日，上海电气A股股价以跌停开盘，港股股价则大幅低开15%左右。

上海电气称，通讯公司采取的销售模式是由客户支付10%的预付款，其余款项在订单完成和交付后按约定分期支付。该模式导致上海电气应收账款的数额越来越大、周转速度越来越慢。2018—2020 年,上海电气的应收账款分别高达 188.41 亿元、293.37 亿元和 327.99 亿元,占营业收入比重分别为 18.63%、23.16% 和 24.02%,而应收账款周转率则从 2018 年的 5.37 次逐步降至 2020 年的 4.16 次(见表 5-5)。不仅如此,由于订单完成和交付的时间较长,且又是分期支付货款,等到发现应收账款逾期时,时间一般已经超过一年以上,这进一步增大了后续追款的难度。

表 5-5　上海电气 2018—2020 年应收账款状况

年份	2018 年	2019 年	2020 年
应收账款账面额*(亿元)	188.41	293.37	327.99
应收账款占营业收入比重(%)	18.63	23.16	24.02
应收账款周转率(次)	5.37	4.32	4.16

注:* 当年计提坏账准备前的应收账款总额。

上海电气惨痛的教训告诉我们,应该从以下方面加强应收账款的管理:

第一,高度重视信用政策的重要性。管理层应制定合理的信用政策,严格落实到每个客户身上,保证每一笔应收账款的发放都符合相关的审查程序。我国现阶段的社会信用水平仍然不高,与发达国家相比还存在明显差距。商务部的一项研究表明,我国企业目前海外应收账款平均拖欠天数超过 90,平均坏账率为 5%—10%;而美国企业平均账款拖欠天数约为 7,平均坏账率仅为 0.25%—0.5%。此外,中国出口企业的海外应收账款至少超过 1 000 亿美元,并且这个数字还在以 6%—7% 的速度逐年递增。如果不加强信用政策的管理,那么这些应收账款不仅将导致无效的资金占用,甚至很可能转化为企业的坏账损失。

第二,通过各种渠道收集客户的信用情况,掌握其信用资料。一方面可以根据客户过往交易的还款记录建立信用资料库;另一方面可以借助独立的信用评级机构等中介机构,获得供应商及客户的信用等级评价信息。在综合考虑客户各方面信用水平的基础上,授予客户合适的信用额度。

第三,做好放宽信用政策的利弊分析。通过前面的分析我们知道,一般而言,适当放宽公司的信用条件(包括信用额度和信用期限等)有利于提高产品的销售量,但同时也会增加应收账款。应收账款不仅无偿占用公司的资金来源,增加催收的成本,还可能导致坏账的产生。因此,只有当放宽信用条件产生的综合收益高于由此引发的综合成本时,该政策才有利可图。公司千万不能为了提高短期的盈利水平而放松对信用条件的控制。

第四,合理控制应收账款的集中度,尽量避免对一家或数家公司的授信额度过大。应收账款的集中度过大,表明公司对某一家客户或某几家客户的依赖程度过大,一旦发生坏账,就会极大程度地影响公司的经营业绩。公司应尽量降低或摆脱对某个客户的过度依赖,把应收账款这些"鸡蛋"尽可能多地分散在不同的"篮子"里。

(五) 预收账款管理在实践中的应用

在实践的过程中,如果企业在销售产品或提供劳务时处于优势地位,不仅可以制定更加严格的信用政策,减少客户的资金占用金额和时间,还可以要求客户"一手交钱,一手交货",甚至可以要求客户提前支付订金和货款,由此形成企业的预收账款。以贵州茅台为例,由于茅台酒在市场上供不应求,经销商为了能够拿到茅台酒就必须提前支付货款给公司。从贵州茅台的资产负债表来看,公司2019—2021年的预收账款(合同负债)分别达到137.40亿元、133.22亿元和127.18亿元,占营业收入的比重分别为16.08%、14.04%和11.98%。类似地,针对零售业,尤其是百货商店,通过销售预付消费卡取得资金的现象普遍存在,其报表中也存在较多的预收账款。在表5-6中,我们统计了2018—2020年中国38家零售企业的预收账款情况。从中可以看出,整个零售业每年通过预收账款占用的资金都在300亿元以上,占流动负债的比重平均在20%左右,占总资产的比重平均在8%左右,为零售企业提供了不少免费的资金。

表5-6 2018—2020年中国A股上市公司38家零售企业的预收账款情况

项目	2018年	2019年	2020年
预收账款(亿元)	349.90	353.29	300.63
流动负债(亿元)	1 735.67	1 761.93	1 691.48
总资产(亿元)	3 817.68	4 153.32	4 138.49
预收账款占流动负债比重(%)	20.16	20.05	17.77
预收账款占总资产比重(%)	9.17	8.51	7.26

资料来源:根据Wind数据库自行整理。

二、采购环节

企业在采购原材料或接受劳务时,需要支付相应的款项。有些供应商可能允许企业以应付账款的形式采购原材料,而有些供应商则会要求企业以现金支付货款,还有些供应商要求企业支付预付款才能购买原材料。对于供应商而言,越快收到货款越好;对购货商而言则相反,应付账款金额越大,付款时间越长,对购货商越有利。购货商可以充分利用这些免费的资金来源,或用于短期融资工具的投资,或者用于公司的经营周转,从而提高营运资本使用效率。因此,应付款的控制应通过增加应付账款的金额、延长付款时间等手段,尽可能延迟支付应付账款。但是,企业有可能为了满足对应收账款和存货的控制,或者为了节约财务费用等而不得不在一定程度上放松对应付账款的控制。

(一) 应付账款的成本收益分析

很多人会问,应付账款不就是到期付款吗?它只会给企业带来免费的使用资金的收益,怎么会有成本呢?这种说法也对,也不对。当供应商没有提供现金折扣时,应付账款没有成本,只需在到期日支付货款即可;当供应商提供现金折扣时,如果企业仍然直至到期日才付款,就会损失获得现金折扣的"收益",这就是应付账款的"机会成本"。

考虑这样一个例子,WPP 公司提供的赊销政策是"2/10,n/30"。D 公司向 WPP 公司购买的 300 万元原材料。若 D 公司在 10 天内付款,则将得到 2% 的现金折扣;若 D 公司选择在 30 天内付款,则必须全额支付货款。假设 D 公司获取银行贷款的利率为 8%,那么 D 公司应该选择在什么时间支付货款呢?

D 公司在选择是否获得现金折扣之前,首先要明确的一点是:无论是否选择现金折扣都应该尽量在规定的最后一天付款,以使公司最大限度地获得免费使用这部分资金的权利。因此,若 D 公司选择获得现金折扣,则应该在第 10 天付款;若 D 公司选择放弃现金折扣,则应该在第 30 天付款。

当 D 公司选择现金折扣时,它能够得到的收益就是折扣的金额,即

$$300 \times 2\% = 6(万元)$$

与此同时,D 公司原本可以使用这笔资金 30 天,而现在只能使用 10 天,因此公司损失了这笔资金 20 天的免费使用权。为了获得同样金额、同样期限的资金使用权,D 公司需要支付 300 万元银行贷款 20 天使用权的成本,即

$$300 \times 8\% \times 20/365 = 1.32(万元)$$

比较获得现金折扣的成本和收益之后,D 公司选择现金折扣能够获得的净收益为:

$$6 - 1.32 = 4.68(万元)$$

因此,D 公司应该选择在第 10 天支付货款以获得现金折扣。

还有另外一种方法可以用来决定是否选择现金折扣,即计算放弃现金折扣所支付的成本,计算公式为:

$$放弃现金折扣的成本 = \frac{折扣率}{1-折扣率} \times \frac{365 \text{天}}{信贷总期限 - 折扣期限} \tag{5-8}$$

根据本例的数据,D 公司放弃现金折扣的成本为:

$$\frac{2\%}{1-2\%} \times \frac{365}{30-10} = 37.24\%$$

D 公司支付银行贷款的成本仅为 8%,远远小于放弃现金折扣的成本,因此 D 公司不应该放弃现金折扣。

(二)影响应付账款的因素分析

影响应付账款的主要因素有:第一,供应商的商业博弈能力。企业能否尽量增加应付账款的金额、延长应付账款的付款时间,在很大程度上取决于企业与供应商之间的商业博弈能力。当供应商的产品销售主要依靠企业来购买,而企业又有众多可以选择的供应商时,企业就处于强势地位,可以要求供应商提供宽松的信用政策;反之,当供应商处于强势地位时,企业可以得到的信用政策将大大受到限制,甚至不得不提前较长的时间支付预付款,以获得原材料的购买权利。第二,购货商的信用等级。如果企业的信用等级很高,在以往的交易中能够按照合同要求及时付款,企业就能够取得供应商更多的信

任,由此获得更宽松的信用政策;反之,如果企业的信用等级较低,或在以前的交易中出现违约延迟付款的现象,企业就无法取得供应商的信任,供应商在提供信用政策时也会比较谨慎。第三,原材料价格的变动趋势。当原材料价格处于持续上涨阶段时,企业为了提前以较低价格购买到原材料,可能需要支付大量预付款给供应商,此时为延长付款期限而承受原材料价格上涨所带来的成本上升就显得不够明智;相反,当原材料价格处于持续下跌阶段时,企业可以利用供应商急于出货的心理,争取更低的价格或更为宽松的信用政策。

(三) 应付账款在实践中的应用

在实践中,应付账款是"三控两抓"政策中最难把握的一个环节。在理论上,应付账款周转天数越多,对企业的营运资本管理越有利;但在现实中,可能并不完全如此。一方面,在经济活动中,如果所有的商家都加强对应收账款的控制,应付账款就只剩很小的讨价还价余地了;再加上购货商为了享受供应商提供的现金折扣政策,只能在规定的时间内支付货款,因此应付账款周转天数往往得不到有效的改善。另一方面,在宏观经济运行平稳、企业各项经营活动正常的情形下,应付账款控制使得企业和供应商各得其利。但是,当宏观经济出现问题(例如发生经济危机)时,过度苛刻的应付账款控制政策就可能导致供应商发生资金周转困难,甚至破产倒闭,这将反过来导致企业的供货渠道出现问题,供货效率降低,最终损害企业利益。

正如普华永道的"2016中国零售企业营运资本管理调研"报告所显示的,由于中国零售企业的存货水平普遍较高,利用延迟支付采购货款从而减轻营运资本压力的情况非常普遍,付款周期长达2—4个月,而美国零售企业的付款周期通常只有1.5个月。

但是,该报告也指出,从零售业的长远发展考虑,零售商不应把拖延支付供应商作为缓解营运资本压力或降低融资成本的主要方式,而应该从改善自身营运状况出发,从产品和市场方面入手增加利润增长点,有效控制成本,并提高供应链的管理效率,将需求与采购进行更精准的匹配,在合理范围内降低库存水平,以达到与供应商双赢的结果,从而实现可持续发展。

(四) 预付账款在实践中的应用

延续前面上海电气的案例,通讯公司不仅在销售环节对客户采取宽松的信用政策,而且在与供应商的谈判方面也没有保持应有的谨慎。通讯公司在销售端采取的模式是:客户支付10%的预付款,其余款项在订单完成和交付后按约定分期支付。但是在采购端却采取大量采购且100%全额预付款的模式,导致2018—2020年上海电气合并报表中的预付账款(包括合同资产)金额分别高达122.30亿元、249.85亿元和291.56亿元。购销两端的支付模式差异导致通讯公司长期面临巨大的资金压力,上海电气不得不提供高达77.66亿元的股东借款给通讯公司。这为上市公司后续的巨额亏损埋下了严重的隐患。

三、生产环节

(一) 存货管理的目标

存货是企业一项重要的流动资产,也是营运资本管理的一个重要环节。对于制造商而言,不但需要准备原材料用于产品的生产,而且需要储备一定的产成品用于销售。由于产品可能随时间的变化或消费者偏好的变化而出现销售量的变化,因此控制存货的合理数量、加快存货的流动速度,是制造业企业保持竞争力的重要手段。根据 Wind 数据库的统计(见表 5-7),2016—2020 年,中国制造业上市公司的存货总额持续增加,从 2016 年的 2.43 万亿元增长到 2020 年的 3.77 万亿元,存货占制造业上市公司流动资产和总资产的比重相对稳定,分别基本维持在 24% 和 13% 左右。存货管理的重要性可见一斑。

表 5-7 2016—2020 年中国制造业上市公司的存货情况统计

	2016 年	2017 年	2018 年	2019 年	2020 年
存货(亿元)	24 316.68	29 110.40	32 234.38	34 355.61	37 655.66
流动资产(亿元)	101 937.55	122 700.00	134 294.94	144 379.79	164 053.13
总资产(亿元)	188 556.79	220 766.82	244 561.92	265 159.00	298 780.23
存货占流动资产比重(%)	23.85	23.72	24.00	23.80	22.95
存货占总资产比重(%)	12.90	13.19	13.18	12.96	12.60

资料来源:根据 Wind 数据库自行整理。

应如何管理存货呢?首先,应关注存货的主要成本构成。除了存货自身的价值,与存货相联系的主要成本包括持有成本和短缺成本。前者主要是指持有存货需要支付的直接成本和间接成本,具体包括:(1)仓储及保管成本;(2)由于过时、损毁或保管不当等导致的存货损失与减值;(3)持有存货产生的机会成本。后者主要是指当存货出现不足时需要支付的成本,具体包括:(1)再订货成本;(2)存货不足引起的销售损失或公司信誉受损。

存货持有越多,需要支付的持有成本越高,而短缺成本就越低;存货持有越少,需要支付的短缺成本越高,持有成本就越低。存货管理的目标就是通过有效控制存货数量、加快存货周转速度等手段,在持有成本与短缺成本之间寻找平衡点,最终使得公司持有存货的总成本最小。

(二) 存货管理的主要模式

既然存货管理的目标是持有存货的总成本最小,那么,有哪些方法可以降低持有存货的成本呢?下面将介绍四种存货管理模式。

1. ABC 分类管理模式

一些中小企业的存货品种繁多且数量巨大,如果对每一种存货都进行详细的管理,不但浪费人力、物力和财力,还可能抓不住管理的重点,造成"捡了芝麻,丢了西瓜"的结果。在这种情况下,可以采用 ABC 分类法对存货进行简单而有效的管理。将存货分成三组:数量少但价值高的存货归为一组(A 组),数量多但价值低的存货归为一组(C 组),其他存货归为一组(B 组)。管理的重点倾向于价值高的存货组。如图 5-3 所示,尽管 A 组存货数量仅占存货总量的 10%,但其价值占存货总价值的 60%,因此企业对 A 组存货应加强管理。一方面加强对 A 组存货存放地点、存放方式等的管理,尽量减少或避免因管理不善而造成的存货被盗或损毁,同时也应严格控制存货的数量,防止因过时等造成不必要的减值损失。对于 C 组存货,则可以采用相对简便的方法加以管理和控制。

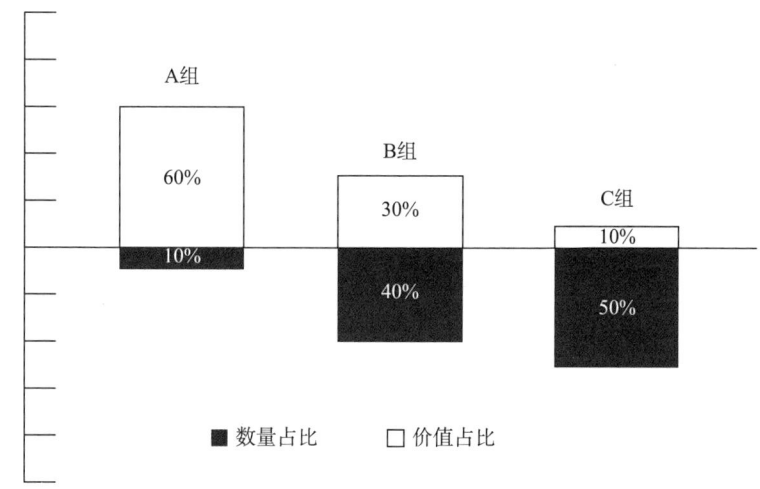

图 5-3 存货 ABC 分类法

ABC 分类法在应用中可以参照以下步骤:

(1)分别将各种存货的年均消耗量乘以单价,计算出存货的总消耗量及总消耗金额。

(2)对各种存货的消耗金额按顺序排列,并分别计算各种存货的消耗量和消耗金额分别占总消耗量和总消耗金额的比重。

(3)对消耗金额适当分段,计算各段中各种存货消耗量占总消耗量的比重,分段累计各种存货消耗金额占总消耗金额的比重,并根据一定的标准将存货划分为 ABC 三类。

(4)对不同类别的存货采取不同强度的管理模式,重点加强对 A 类存货的管理。

2. 经济订货量

经济订货量(Economic Order Quantity,EOQ)模型假定持有存货的总成本由持有成本和再订货成本组成。由于持有成本随存货的增加而上升,再订货成本则随着存货的增加而下降,因此存在最优的订货量 Q,使得持有存货的总成本最低(见图 5-4)。

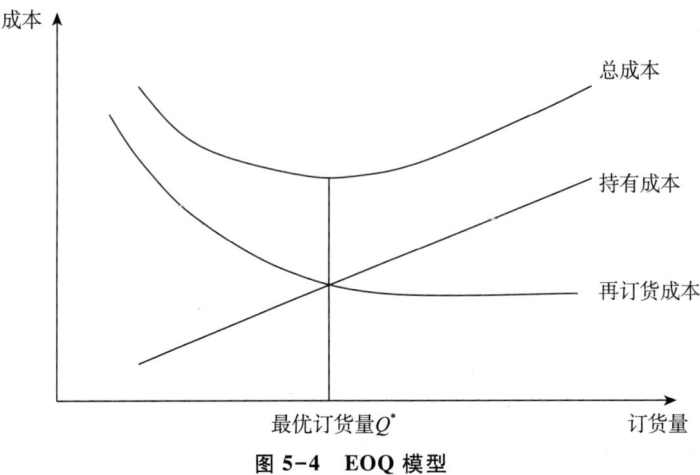

图 5-4 EOQ 模型

假设存货在整个营业周期均匀地消耗,公司在期初持有存货量为 Q,随着存货的消耗,存货量逐步减为 0;此时,公司再次购入 Q 的存货,反复如此,可以得出公司在整个营业周期的平均存货持有量为 $Q/2$。再假设公司存货总需求量为 T,存货的单位持有成本为 C,每次订货需要支付的固定成本(即再订货成本)F。那么,持有存货的总成本为:

$$总成本 = F \times \frac{T}{Q} + C \times \frac{Q}{2} \tag{5-9}$$

就公式(5-9)对 Q 求一阶导数,并令一阶导数为零,可以得到使总成本最低的存货订货量,即每次最优的存货订货量 Q^*,表示为:

$$Q^* = \sqrt{\frac{2FT}{C}} \tag{5-10}$$

从公式(5-10)可知,存货的最优订货量受存货总需求量 T、再订货成本 F 及持有成本 C 的影响。存货总需求量和再订货成本越高,最优存货订货量越高;而存货的持有成本越高,最优存货订货量应越低。

例如,某企业 A 材料的年需求量为 2 000 吨,材料购入价格为每吨 500 元,单位订货成本为 400 元/吨,单位储存成本为 40 元/吨,那么 A 材料的最优订货量为:

$$Q^* = \sqrt{\frac{2 \times 2\,000 \times 400}{40}} = 200 \,(吨)$$

此时,该企业的存货持有的总成本最低,为:

$$总成本 = 400 \times \frac{2\,000}{200} + 40 \times \frac{200}{2} = 8\,000 \,(元)$$

3. 即时存货管理模式

即时存货管理(Just-in-time Inventory, JIT)模式又称零存货管理模式,最早产生于日本的丰田汽车公司,并将丰田汽车公司推向世界汽车业的领先行列。

JIT 模式可以用于原材料的采购环节和产品的生产环节。在采购环节,其核心思想是严格根据生产的需求采购各种原材料及零部件,尽可能减少不必要的存货储备。JIT 模式要求企业与供应商保持高度的协作,当企业收到产品订单时,供应商能够立即向企业提供所需的原材料及零部件,企业根据订单生产出合格的产品之后立即发货给客户,尽量缩短存货在企业的存放时间;当没有产品订单时,企业不需要储备原材料及零部件。JIT 模式在减少存货持有量的同时,还能赢得供应商的价格折扣,但由于采购频繁,也会增加一定的订货成本及运输成本。

在生产环节,其核心思想是以接到的实际订单驱动产品生产,尽量减少产成品及在产品在仓库的滞留。JIT 模式将传统生产过程中前道工序向后道工序送货,改为由后道工序向前道工序取货,以拉动式生产来持续降低在产品和产成品的库存水平。

JIT 模式可以大幅降低存货的库存量,但由于其流程十分复杂,实施起来需要长时间周密的计划和准备,同时要求企业有先进的计算机信息管理系统作为辅助。不仅如此,由于 JIT 模式将库存的包袱转嫁给供应商,这就要求供应商必须随时保持很高的库存水平和生产能力,以适应企业的采购需求。因此,JIT 模式更适用于现代化的大型制造业企业。

Dell 公司是 JIT 模式的一个非常典型的案例。Dell 公司成立于 1984 年,其核心战略就是通过在计算机贸易杂志上做广告以及公司发送产品目录向客户直销。Dell 公司的这种根据订单实施生产的模式,使其保持了很低的存货余额,直接导致 Dell 公司的存货周转天数相较于其他电脑公司更低(见表 5-8)。

表 5-8 Dell 公司与其他电脑公司的存货周转天数比较

项目	Acer		Apple		HP		Lenovo		Dell	
	2007 年	2006 年	2007 年	2006 年	2007 年	2006 年	2008 年	2007 年	2008 年	2007 年
存货(百万美元)	1 043	796	346	270	8 033	7 750	472	358	1 180	660
成本(百万美元)	12 786	10 132	15 852	13 717	78 887	69 427	13 902	12 554	49 462	47 904
存货周转天数(天)	29.77	28.68	7.97	7.18	37.17	40.74	12.39	10.41	8.71	5.03

4. 供应商管理存货模式

供应商管理存货(Vendor Managed Inventory,VMI)模式是指将某种存货的管理委托给供应商负责,并将公司内部该存货的库存、销售、生产等信息与供应商共享,由供应商协助公司更好地降低存货的成本,进而提高公司的利润。VMI 模式假定供应商比公司更熟悉该存货的各种特性及管理、营销方式,并且供应商具有良好的商业道德。

沃尔玛就是 VMI 模式的创始者和最大的受益者。为了加强对 Pampers(帮宝适)婴儿纸尿布的存货管理,沃尔玛与该产品供应商——宝洁公司合作,由后者对产品的进货时间、数量等进行分析研究,并提出合适的建议。作为回报,宝洁公司成为沃尔玛的首选供应商,并在其零售店内拥有更多、更好的货架。由于沃尔玛将关于该产品的资料与宝洁公司共享,加上宝洁公司拥有对该产品更专业的管理经验,使得沃尔玛能够保持合适的存货水平,提高了产品的管理效率,降低了产品的管理成本。

在初尝VMI模式的甜头后,沃尔玛迅速推广了VMI模式的应用,并与多家供应商签订了类似的管理协议,大幅提高了其存货管理效率。

VMI模式的应用同样受到一定的限制。例如,当交易双方缺乏信任,或不愿意分享产品的各种信息,或供应商缺乏相应的管理能力时,VMI模式的应用就会受到很大的影响。不仅如此,由于存在采购商和供应商的委托代理关系,VMI模式还可能产生信息不对称和道德风险,最终导致双方合作的失败。因此,VMI模式的应用应充分考虑各种可能的风险。

在实践中,VMI模式通常应用于制造商与上游原材料供应商,或者制造商与下游产品批发商,或批发商与零售商之间的合作。

（三）存货管理模式的比较分析

通过对以上几种存货管理模式的比较分析我们可以发现,ABC分类法的存货管理模式最为简单,但也最为粗糙。它强调对少数高价值存货的严格管理,但并没有提出具体的管理方式。ABC分类法适合规模小、存货类别多的公司。

EOQ模型的存货管理模式相对ABC分类法的存货管理模式而言,更强调对存货成本及存货持有量的控制。但由于其假设条件比较理想化(如存货匀速消耗),与现实存在一定的冲突,因此在使用EOQ管理模式的同时,应结合企业的实际情况对其中的假设条件进行适当的修正,以满足实际管理的需要。

JIT和VMI两种存货管理模式更加广泛地应用于现代化的大型公司。二者的共同点是:要求企业具有现代的管理理念、高度自动化的管理系统以及各部门之间的互相配合,并且能够与符合其管理要求的供应商开展紧密的分工合作。二者的不同点在于:JIT模式更多地应用于制造业企业,而VMI模式则更多地应用于批发零售业企业。此外,JIT模式对供应商的要求倾向于供货的及时性和可靠性,而VMI模式则要求供应商协助企业开展对产品的科学有效管理。

（四）存货控制在实践中的应用

实践中,存货控制对企业具有十分重要的意义,对电子类产品的制造商来说更是如此。一方面,电子产品的更新换代速度很快,在两三年或更短的时间内,一款新的产品就很可能被淘汰。以电子计算机为例,从最早的台式计算机,到笔记本电脑的出现,再到互联网、物联网、云计算、大数据等信息技术的快速推广下计算机不断向微型化、智能化、网络化、集成化、多媒体化的方向发展,电子计算机更新速度与日俱增。因此,企业如果没有对存货进行合理的控制,就会使企业的存货因过时、贬值等而出现亏损,从而降低利润水平。

方正科技集团股份有限公司(以下简称"方正科技",股票代码为600601)就是一个很好的案例。方正科技是我国一家主要生产计算机及其他电子产品的公司,其主要产品为电子计算机及配件、软件,占主营业务收入的六成以上。然而,由于电子计算机行业的竞争持续加剧,近年来公司的盈利能力不断下滑。

在计算机行业激烈竞争的情态下,方正科技没有准确预测到产品竞争力的下降,未能及时有效地控制存货数量,仍然进一步增加存货,从 2015 年的 8.34 亿元快速增加到 2017 年的 16.53 亿元,增长近一倍,由此造成的后果是产品或销售不出,或只能低价促销,导致 2017 年公司出现 8.23 亿元的巨额亏损。2019 年,公司存货规模更是增至 20.69 亿元,在总资产中占比高达 20.75%,公司的亏损也扩大至 13.28 亿元(见表 5-9)。此后,方正科技再也没能扭转颓势,2019—2021 年连续三年亏损,并于 2022 年被实施三次退市风险警示。

表 5-9　方正科技 2015—2021 年有关财务指标

项目	2015 年	2016 年	2017 年	2018 年	2019 年	2020 年	2021 年
存货(亿元)	8.34	10.23	16.53	15.70	20.69	13.46	13.12
总资产(亿元)	94.62	105.57	111.32	110.31	99.71	89.86	81.52
存货占总资产比重(%)	8.81	9.69	14.85	14.24	20.75	14.98	16.09
净利润(亿元)	1.11	0.67	-8.23	0.56	-13.28	-9.20	-12.14

方正科技的教训告诫我们:公司在通过扩大生产规模、降低成本的同时,还应考虑到产品的市场需求以及消费者对产品的消费偏好是否发生改变等因素;否则,公司即使降低了产品的单位成本,但由于产品销售不出去而积压在仓库中,不仅将导致存货对营运资本的无效占用,影响资金的周转能力,还将导致存货发生跌价损失,降低公司的盈利能力。

由于存货控制涉及从采购、生产到销售的整个生产经营过程,且数量多、品种杂、出入库频繁,因此企业应强化采购环节的管理,建立完善的存货管理制度,定期对存货进行盘点以保证存货的真实完整,具体措施包括:

第一,加强采购环节的控制。企业应根据所需原材料的品种和数量,选择合适的供应商,或建立长期、互惠互利的战略合作伙伴关系,力求畅通供应渠道和降低原材料成本;采取公开招标的方式,在保证原材料质量的前提下,实现成本最小。

第二,建立完善的存货管理制度。企业应建立一套有效的存货管理制度,包括确定合理的存货计价方法,明确购货、付款、销售、保管等各种不同岗位的职责,建立严格的产品出入库制度等,通过严格的管理制度来提高存货的日常管理水平。

第三,定期盘点存货。企业应每年定期对存货的数量、品种等进行实物盘点,并与账面数核对,保证存货的账实相符;同时,应对存货的品质进行检查,特别是对于长期闲置和陈旧的存货,应根据质量和市场价格等判断其是否应该计提存货减值准备,以保证存货的真实可靠。

第三节　现代营运资本管理与现金管理[①]

CEO 在现金管理中实际上面临三个主要问题:一是如何通过"三控两抓"政策,加快

[①] 本节所说的现金,不仅包括公司的库存现金,还包括银行存款、在途资金及其他货币资金等。

现金回笼和减少现金占用;二是在收回现金之后,如何选择合适的投资项目,提高资金的使用效益;三是如何保持适量的现金,以维持企业日常经营活动的需要。第二个问题我们将在后面的章节进行深入的探讨,本节主要针对其他两个问题展开讨论。

一、加快现金周转速度

"现金为王"是现代公司最为重要的管理目标之一。公司即使能够赚取再多的利润,如果现金周转出现困难,也可能陷入财务危机,最终破产倒闭;而如果公司能够保持良好的现金创造能力,即使出现暂时的亏损,也能通过改善经营管理来改变局面,扭亏为盈。现代营运资本管理恰恰就是提高公司现金创造能力的重要手段。通过有效的营运资本管理节省下来的资金,相当于额外赚取的现金,可以为公司的经营管理甚至战略转型提供资金支持。

以中国移动为例。中国移动于1997年9月3日在中国香港特别行政区注册,并于1997年10月22日和23日分别在纽约证券交易所和香港联交所上市。2021年5月18日,中国移动美国存托股票在纽约证券交易所退市生效。2022年1月5日,中国移动人民币普通股在上海证券交易所挂牌上市(股票代码为600941)。中国移动是全球领先的通信及信息服务提供商,致力于为个人、家庭、政府、企业、新兴市场提供全方位的通信及信息服务,是我国信息通信产业发展壮大的科技引领者和创新推动者。近三十年来,公司持续推进了信息技术突破与应用,推动我国信息通信产业实现了"2G跟随、3G突破、4G同步、5G引领"的跨越式发展,建成了惠及全球1/5人口的高速、移动、安全、泛在的新一代信息基础设施。

2019—2021年,尽管受新冠疫情影响,但中国移动依然秉承"现金为王"的经营理念,强调现金周转速度。从表5-10可见,中国移动2019—2021年的净营运资本需求量分别为-3 354.50亿元、-3 618.78亿元和-4 247.62亿元,表明公司不仅净占用上下游的资金,而且这种资金占用额还在不断增加。从现金周转天数来看,中国移动2019—2021年的现金周转天数分别为-164.15天、-171.97天和-182.77天,也表明公司高效地实施了OPM战略。

表 5-10　中国移动 2019—2021 年现金周转速度分析　　金额单位:亿元

项目	2019 年	2020 年	2021 年
营业收入	7 459.17	7 680.70	8 482.58
应收票据及应收账款	342.07	398.12	375.92
预付款项	75.27	83.85	93.26
合同资产	50.03	38.41	65.51
其他应收款	281.54	467.54	441.16
存货	73.38	80.44	102.03
应付票据及应付账款	2 445.17	2 671.51	2 759.81

(金额单位:亿元)　(续表)

项目	2019年	2020年	2021年
预收款项	694.21	733.45	852.92
合同负债	568.35	790.28	790.68
其他应付款	469.06	491.90	922.09
净营运资本需求量	-3 354.50	-3 618.78	-4 247.62
现金周转天数(天)	-164.15	-171.97	-182.77

注:净营运资本需求量=应收票据及应收账款+预付款项+合同资产+其他应收款+存货-应付票据及应付账款-预收款项-合同负债-其他应付款。现金周转天数=365/(营业收入/净营运资本需求量)。

二、保持适当的现金持有量

企业通过实施有效的"三控两抓"政策,提高了现金创造能力,接下来的问题就是如何加强现金管理,充分发挥现金在生产经营和投资方面的作用。我们知道,现金是企业流动性最强的资产,也是企业收益性最弱的资产。现金持有对企业的生产经营具有两面性:一方面,现金持有代表企业资产质量好(具有良好的还本付息能力)、流动性强和财务发展潜力大(不需要举债或增资扩股,可直接用现金投资);另一方面,由于现金资产只参与创造利息而不参与创造利润,会导致企业资产周转速度(特别是流动资产周转速度和现金周转速度)变慢,造成资产收益率下降及公司代理成本增大。因此,保持适当的现金持有量,是企业现金管理政策的关键所在。

(一) 持有现金的动机分析

企业在哪些方面需要现金呢?第一,企业需要购买原材料,需要支付员工工资,需要支付经营过程中的相关费用,这些都需要现金。这是企业对现金的交易性需求。第二,企业的生产经营活动具有很大的不确定性,其现金流量也可能由于某些特殊情况的变动而产生异常变化,因此企业需要准备额外的现金以备不时之需。这是企业对现金的预防性需求。第三,企业还可能需要保持一定数量的现金用于有利可图的投资或购买机会。例如,当原材料市场出现价格异常波动之时,企业可以以异常低的价格购入所需的原材料;或者当行业出现好的并购机会时,企业可以及时地利用这部分资金进行收购兼并,扩大生产规模。这是企业对现金的投资性需求。

现金不足,企业可能因此而无法购买原材料以保证生产的正常运转,或因此而无法按时支付员工的工资,或因此而错失良好的投资项目。但是,由于现金的收益性较差,持有过多的现金也将影响公司的盈利能力,甚至造成管理层滥用资金,投资于损值的项目或进行无效的收购兼并,从而损害投资者的利益。因此,持有适量的现金,满足公司对现金的需求,并将多余的资金返还给投资者,是现金管理的主要目的。

(二) 现金管理的理论模型

企业需要持有一定的现金,但持有过多的现金会影响企业的盈利能力。现金管理的原则就是保持合适的现金持有量,满足公司持有现金成本最小,或者流动性和盈利性的综合效益最大的要求。理论上的现金管理模型主要有以下几种:

1. 鲍莫尔模型

鲍莫尔(Baumol)模型假设:(1)企业能够估计未来现金需求量;(2)持有现金需要承担交易成本与机会成本(前者是指企业将有价证券等资产转变为现金所要支付的相关税费;后者是指企业因持有现金而损失的原本可以获得的投资收益),并且这两种成本是固定的;(3)企业在整个营业周期内平均支付现金。

由于假设企业在整个营业周期内平均支付现金,因此企业的现金余额呈锯齿状(见图 5-5)。公司于年初将价值为 C 的有价证券变现并持有这部分现金,随着现金的使用,现金余额逐步减为 0;此时,企业再次变现价值为 C 的有价证券,反复如此,可以得出企业在整个营业周期的平均现金持有量为 $C/2$。再根据前面的假设,企业的现金总需求量为 T,有价证券的投资收益率为 i,变现有价证券需要支付固定的成本为 b。那么,持有现金的总成本为:

$$总成本 = b \times \frac{T}{C} + i \times \frac{C}{2} \tag{5-11}$$

就公式(5-11)对 C 求一阶导数并令一阶导数为 0,可以得到使总成本最小的现金持有量,即每次的最优现金持有量 C^*,表示为:

$$C^* = \sqrt{\frac{2bT}{i}} \tag{5-12}$$

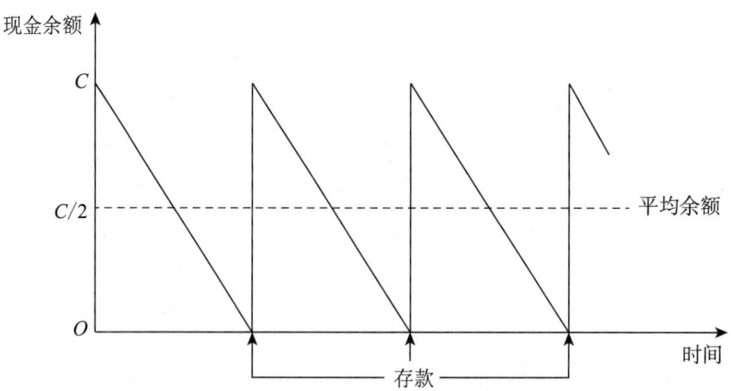

图 5-5 鲍莫尔模型下的现金余额

从公式(5-12)可知,最优现金持有量受现金总需求量 T、固定成本 b 及机会成本 i 的影响。现金总需求量和固定成本越高,最优现金持有量越高;而有价证券的投资收益率越高,最优现金持有量越低(见图 5-6)。例如,某公司预计全年需要现金 500 万元,其收支情况相对比较稳定,有价证券转换为现金的成本为每次 500 元,有价证券的收益率为 8%,该公司的最优现金持有量为:

$$C^* = \sqrt{\frac{2 \times 5\,000\,000 \times 500}{8\%}} = 250\,000\,(元)$$

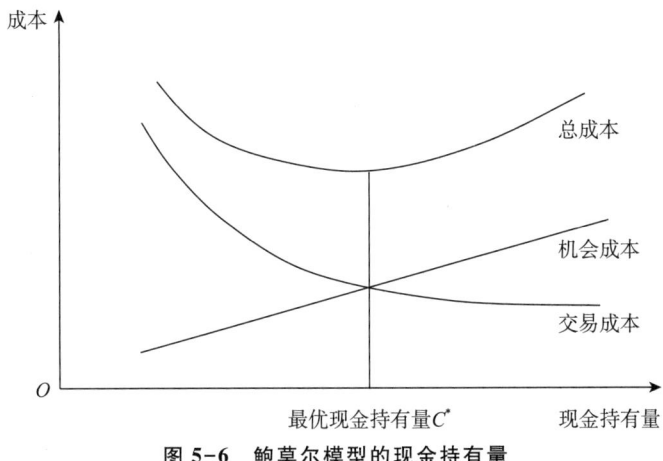

图 5-6 鲍莫尔模型的现金持有量

2. 米勒-奥尔模型

针对鲍莫尔模型中强调现金平均支付这一过于理想化的假设,莫顿·米勒(Merton Miller)和丹尼尔·奥尔(Daniel Orr)提出米勒-奥尔(Miller-Orr)模型。该模型考虑了企业的现金流入和现金流出,并且允许日现金流量根据概率函数而变化,但假设日现金净流量服从正态分布。

米勒-奥尔模型的现金管理方式如下:首先,设定一高一低两个现金余额的控制界限(UCL and LCL)和一个回归点(RP),最高控制界限(上限)UCL 与最低控制界限(下限)LCL 的差额为 $3Z$ 个单位(见图 5-7)。一旦现金余额下降到 LCL,企业自动将有价证券等资产变现 Z 个单位,使现金余额回到 RP 的水平上;一旦现金余额达到 UCL,企业则自动用多余的 $2Z$ 单位的现金购买有价证券,使现金余额重新回到 RP;当现金余额在 UCL 和 LCL 之间波动时,企业不对现金余额加以调整。

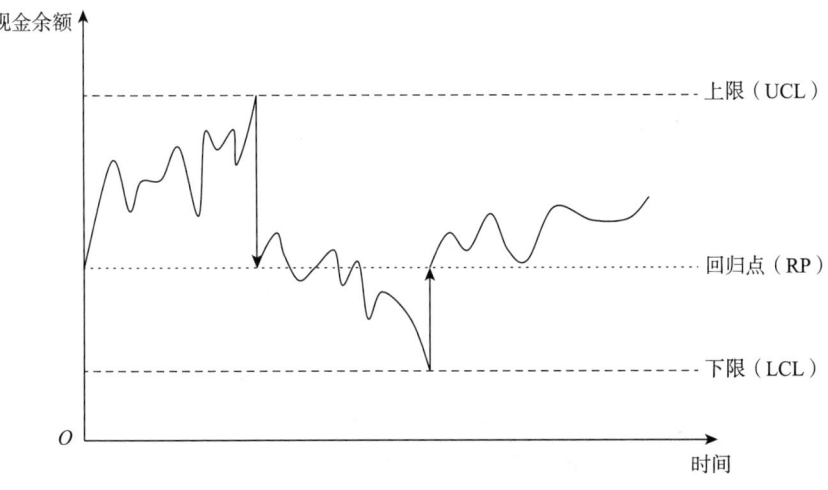

图 5-7 米勒-奥尔模型的现金持有量

假设日现金流量的标准差为 σ,有价证券的投资收益率为 i,变现有价证券需要支付

的固定成本为 b。那么，Z 的计算公式为：

$$Z = \left(\frac{3b\sigma^2}{4i}\right)^{\frac{1}{3}} \tag{5-13}$$

$$\text{回归点的现金余额 } RP = LCL + Z \tag{5-14}$$

$$\text{平均现金余额} = LCL + \frac{4}{3}Z \tag{5-15}$$

例如，某公司的短期有价证券投资的年利率约为 3%，每次变现的交易成本为 3 000 元，公司要求现金余额下限为 1 000 万元，年内日均现金余额的标准差为 20 万元。

根据上述条件可得，

$$Z = \left(\frac{3 \times 3\,000 \times 200\,000^2}{4 \times 3\%/365}\right)^{\frac{1}{3}} = 1\,030\,714 \,(\text{元})$$

回归点的现金余额 $RP = 10\,000\,000 + 1\,030\,714 = 11\,030\,714$（元）

现金持有量上限 $UCL = 10\,000\,000 + 3 \times 1\,030\,714 = 13\,092\,142$（元）

平均现金余额 $C = 10\,000\,000 + \frac{4}{3} \times 1\,030\,714 = 11\,374\,285$（元）

因此，该公司的回归点现金余额和现金余额上限分别约为 1 103 万元和 1 309 万元，平均现金持有量应保持在 1 137 万元左右。

三、现金控制在实践中的应用

鲍莫尔模型和米勒-奥尔模型可以从理论上估计企业的最优现金持有量，但现实的情况往往与理论的假设前提存在很多不一致的地方，因此实践中的现金控制还应做好以下工作：

第一，做好现金预算（Cash Budget）工作。企业应结合未来的销售收入、固定资产投资、存货需求以及各项人工费用等方面的预测情况，对企业未来一段时间的经营活动产生的现金流入和现金流出做较全面的预算。当预测现金净流入时，企业可以保留较少的库存现金，并投资于短期融资工具以获得投资收益；当预测现金净流出时，企业应当保留较多的库存现金，以备生产经营活动的需要。

第二，保持现金流的同步。在完成未来现金流量的预测之后，企业应采取相应的措施以保持现金流入和现金流出的同步。这样，企业可以利用流入的现金去支付现金的流出。如果现金流不同步，那么企业一方面需要将多余的现金转换成短期融资工具（如债券、股票等），另一方面又需要不时地将短期融资工具转换成现金，或者向银行贷款以支付生产经营活动的需要，这将导致手续费、银行利息等费用的增加。

第三，与银行保持良好的关系。与银行保持良好的关系有助于企业保留较低的现金持有量，并在需要资金时以较低的成本获得银行贷款。此外，与银行保持良好的关系还有利于银行提高服务水平，加快资金的结算，提高资金的使用效率。

四、中国企业的现金管理实践

2009 年，世界著名的咨询公司毕马威对中国 180 家跨国企业和大型企业的高管进行了现金与营运资本管理的调查,考察中国企业对现金的重视程度及其现金管理策略的执行情况。[1] 根据此项调查,97%的受访者表示,现金管理在企业运营中具有战略重要性。现金流预测的编制频率也会对企业绩效产生影响。调查报告指出,有50%每周编制现金流预测的企业在实施营运资本管理改进方案后,其绩效提升了30%以上,而每月编制现金流预测的企业仅提升了14.3%。

我们对2018—2022年中国非金融行业上市公司的现金持有量情况进行分析,如表5-11所示,中国非金融行业上市公司的现金管理呈现以下三个主要特征:

第一,整体上市公司的现金持有量(金额)快速增加。2018年中国非金融行业上市公司持有的货币资金总量约为8.13万亿元,但到了2022年,所有非金融行业上市公司持有的货币资金总量已经高达13.79万亿元,涨幅高达69.62%,年均增长幅度为14.12%。货币资金持有量的快速增加,一方面体现出上市公司管理层加强了对现金管理的重视程度,另一方面也反映出上市公司现金管理水平在过去10年确实取得了大幅进步。

第二,整体上市公司现金持有量占总资产比重呈现稳定趋势,基本维持在12%—14%的范围内波动。这一比例不仅高于美国和德国的上市公司(其现金及现金等价物占总资产比重分别只有7%和9%左右),也略高于英国和法国的上市公司(其现金及现金等价物占总资产比重分别只有11%和12%左右),只略低于日本的上市公司(其现金及现金等价物占总资产比重达到17%左右)。[2]

第三,各行业上市公司的现金持有量差异显著,且各年度波动较大。以2022年数据为例,现金持有量最大的行业为制造业中的机械、设备、仪表行业,该行业上市公司的现金持有量高达4.07万亿元,占全部非金融行业上市公司现金持有总量的29%左右。而现金持有量最小的行业为教育行业,该行业上市公司2022年的现金持有量仅为55.30亿元,占当年全部非金融行业上市公司现金持有总量的4‰左右。从波动性来看,信息传输、软件和信息技术服务业上市公司2018年的现金持有量占总资产比重为15.46%,但到了2020年该比例一度升至18.39%,到2022年该比例又回落至15.55%。制造业中的其他制造业则表现出相反的走势,该行业上市公司2018年现金持有量占总资产比重仅为11.06%,但是到了2022年这一比例上升到19.33%。

表5-11 中国非金融行业上市公司2018—2022年现金持有情况

证监会行业分类	2018年		2019年		2020年		2021年		2022年	
	金额(亿元)	占比(%)	金额(亿元)	占比(%)	金额(亿元)	占比(%)	金额(亿元)	占比(%)	金额(亿元)	占比(%)
农、林、牧、渔业	272.26	9.51	376.50	11.86	536.40	11.93	537.69	9.99	589.80	10.62
采矿业	6 125.71	9.19	5 658.32	7.78	7 647.03	10.58	9 740.82	12.62	11 917.17	12.85
制造业——食品、饮料	3 304.70	28.06	2 674.63	19.71	4 025.31	22.62	4 884.20	22.87	5 768.33	23.82

---

[1] 毕马威,《现金不容忽视——中国的现金和营运资本管理》,2010年3月。
[2] 美国、德国、日本、英国和法国的数据来自Guney et al.(2007)

(续表)

证监会行业分类	2018年		2019年		2020年		2021年		2022年	
	金额(亿元)	占比(%)	金额(亿元)	占比(%)	金额(亿元)	占比(%)	金额(亿元)	占比(%)	金额(亿元)	占比(%)
制造业——纺织、服装、皮毛	719.87	15.26	748.11	15.84	917.60	18.57	1 043.89	18.88	1 060.51	19.04
制造业——木材、家具	240.55	18.47	246.48	16.36	291.38	18.26	364.39	18.87	422.96	20.19
制造业——造纸、印刷、文教	525.72	13.52	595.90	14.62	681.34	15.62	698.78	14.78	751.37	14.93
制造业——石油、化学、橡胶	3 614.89	13.79	3 809.68	12.90	4 922.54	14.28	5 962.42	13.91	7 118.87	14.35
制造业——医药	2 232.88	16.18	2 514.57	16.88	3 348.40	19.74	4 300.63	21.46	4 758.67	21.35
制造业——金属、非金属、金属制品	5 103.95	11.86	5 450.50	11.79	6 319.93	12.56	7 531.67	12.83	8 211.17	12.86
制造业——机械、设备、仪表	19 494.14	17.13	22 091.21	17.67	28 735.19	19.47	33 668.97	19.40	40 655.39	20.00
制造业——其他制造业	105.79	11.06	94.97	11.19	123.35	21.86	129.56	23.05	124.92	19.33
制造业——废弃资源	55.89	12.13	58.67	12.08	67.88	12.24	73.02	10.66	112.50	13.09
电力、热力、燃气及水生产和供应业	2 218.68	5.35	2 506.31	5.19	2 883.73	5.45	3 437.92	5.53	4 073.36	6.12
建筑业	12 162.23	14.09	12 586.59	12.85	14 288.96	12.63	13 874.36	10.92	15 720.73	11.22
批发和零售业	4 405.24	16.42	4 313.30	14.73	5 006.54	15.72	5 632.66	15.81	5 708.83	15.33
交通运输、仓储和邮政业	3 501.22	10.63	3 309.80	8.62	4 196.82	10.15	6 343.33	13.53	7 349.36	14.75
住宿和餐饮业	103.46	14.65	92.91	13.47	95.28	13.62	109.86	11.91	98.44	10.90
信息传输、软件和信息技术服务业	2 885.39	15.46	3 401.08	16.65	4 101.43	18.39	8 542.47	17.20	8 195.97	15.55
房地产业	10 966.26	12.42	11 647.97	11.15	13 200.57	11.17	11 824.14	9.62	10 177.50	8.80
租赁和商务服务业	1 067.88	11.92	1 017.70	11.04	1 277.74	13.60	1 134.99	11.39	1 312.90	12.42
科学研究和技术服务业	340.79	21.45	395.85	19.65	683.42	24.02	1 007.50	25.17	1 047.90	22.28
水利、环境和公共设施管理业	463.13	9.70	566.79	9.51	714.69	10.01	689.94	9.14	756.94	9.47
教育	54.44	15.79	70.95	19.97	119.50	29.76	74.72	20.72	55.30	17.14
卫生和社会工作	99.50	12.57	119.94	15.25	135.52	15.40	184.41	16.77	233.28	17.79
文化、体育和娱乐业	1 039.01	23.70	1 151.70	26.19	1 200.76	27.08	1 307.64	25.64	1 443.74	27.26
综合	157.52	13.27	193.89	15.34	203.40	17.57	182.70	16.37	227.26	16.74
总计	81 261.10	13.39	85 694.32	12.60	105 724.72	13.86	123 282.65	13.90	137 893.17	14.21

资料来源:根据CSMAR数据库自行整理。

五、OPM 战略的反思

为什么有些企业可以实施 OPM 战略？换言之，哪一类企业可以实施 OPM 战略，或 OPM 战略的实施条件是什么？在过去半个世纪的商业实践中，一般来说，在产品和市场上具有竞争优势的企业，或处于行业龙头地位的企业，通常会实施 OPM 战略。这些企业具有共同的特点就是：在技术创新、产品或服务的质量与特色、商业模式、市场占有、售后服务等方面占据优势地位，产品和服务深受客户欢迎，形成"供不应求"的局面，因此其交易结算手段通常是"应付款""预收款"或"现金"。可见，持续的研发投入和技术创新并转化为潜在持续的市场需求，是实施 OPM 战略的重要前提条件。并非所有的企业都能实施 OPM 战略，只有具有竞争优势的企业，才有可能实施 OPM 战略！

从供应链的角度和上下游企业的关系，甚至全社会的角度来看，实施 OPM 战略利弊何在？对于行业龙头企业来说，实施 OPM 战略可获得大量的现金，无本经营且无本赚息。从短期来看，这在财务效益方面自然是利大于弊；但从长期来看，这在一定条件下也有可能弊大于利。

第一，若龙头企业"过度实施 OPM 战略"，盘剥和压榨上下游企业，导致它们一直处于亏损状态，这种脆弱的供应链关系必将导致供应链的安全出问题，最终损害龙头企业自身利益。这就是为什么欧美一些知名企业反复强调企业必须"维持供应链安全"。例如，2021 年恒大陷入财务危机后，其 2 000 多亿元应付票据的背后是与恒大合作的无数大中小供应商，牵涉建筑、材料、家居、园林、广告等多个行业，这些商业票据流向恒大上下游企业的各个环节，上至总包单位、一级供应商，下至广告公司、日用百货店，最后部分通过贴现的方式进入金融行业成为投资产品。在 2019 年恒大出现财务危机后，已有近百家供应商随之出现财务问题。截至 2022 年，已知近三十家供应商先后发生破产、财务危机、财务困境和流动性危机等问题。

第二，龙头企业一味地依靠应付款项获取现金，而非依靠预收款项获取现金，意味着其只能属于"二流的 OPM 企业"。虽然应付款项和预收款项均为负债，但二者的性质不同。应付款项属于无息负债，但日后必须支付现金偿还；预收款项虽然也属于无息负债，但日后无须支付现金，支付的是商品或服务。过多的应付款项增加了龙头企业的负债比例和财务风险，事实上降低了企业的"融资弹性"，强化了企业的"融资约束"，并可能造成潜在的财务风险。恒大 2021 年中报出现 6 669 亿元的应付款项和 2 057 亿元的应付税费，同期的长短期有息负债为 5 717 亿元，可见恒大的融资主要依靠供应商。依靠应付款项，尽管不需要支付利息，但实际上是一种最终需要支付现金的刚性债务。

第三，OPM 战略涉及商业伦理和商业道德。龙头企业通过恶意的 OPM 战略（如延迟付款、提前打款等）来盘剥和压榨上下游企业，导致上下游企业不堪重负甚至亏损。龙头企业的经济或财务效益的增加是以牺牲合作伙伴的利益为代价的，这不仅是一种不道德的商业行为，而且最终会牺牲自身的声誉。从全球的趋势看，2019 年 8 月 19 日，181 家美国顶级公司的 CEO 在美国华盛顿签署了《公司宗旨的宣言》（Statement on the Purpose of a Corporation）。这份聚集了美国大牌企业家的会议宣言，提出"尽管股东利益最大化依然重要,但一个美好的社会比股东利益最大化更加重要"。宣言要求企业:(1)向客户和相关企业传递企业价值;(2)雇用不同群体,实施公平待遇,注意投资员工;(3)与供应商交易时应遵守商业道德;(4)积极投身于社会公益事业;(5)注重可持续发展,为股东创造长期价值。这些表述,实际上再度强调了企业社会责任。企业社会责任源自其社会权利,而权利与责任成正比!

案例分析　海天味业的营运资本管理

一、背景简介

佛山市海天调味食品股份有限公司(以下简称"海天味业")是中国调味品行业的龙头企业,专业的调味品生产和营销企业。公司溯源于清代中叶乾隆年间开始鼎盛的佛山酱园,距今已有三百多年的历史,是中华人民共和国商务部公布的首批"中华老字号"企业之一。海天味业1995年8月首次启动股份制改革,2007年进行第二次改制,并于2014年2月11日成功在上海证券交易所主板上市。公司股票简称海天味业,股票代码为603288。海天味业目前经营的产品涵盖酱油、蚝油、酱、醋、料酒、调味汁、鸡精、鸡粉、腐乳等几大系列百余品种300多规格,2021年的营业收入达到250亿元。以"传扬美味事业,酿造美满生活"为己任,海天味业一直致力于用现代科研技术传承和创新传统酿造工艺,建有超大规模的玻璃晒池和发酵大罐,专门用于高品质酱油的阳光酿晒;拥有多条世界领先的全自动包装生产线以及行业领先的国家认可实验室,更严格地执行质量标准;从国外引进成套科研检测设备,努力打造具有世界领先水平的调味品生产基地。

调味品是日常生活中的刚需产品,对比乳制品、饮料、休闲零食等快消品,调味品的消费频次更低但复购率更高、生命周期更长,处于大行业赛道。根据华鑫证券的研究报告,我国调味品市场规模持续增长,从2014年的2 595亿元增长到2020年的3 950亿元,年均增长率为7.25%。到2025年,我国调味品行业的市场规模预计将达到5 500亿元。但与此同时,调味品行业的集中度较低,仅2020年一年,注册的调味品企业数量就达到9万家。根据欧睿数据,即便作为行业龙头的海天味业,其2020年的市场占有率也仅有6.9%。大行业、小公司的特点,使得海天味业作为具有品牌优势的龙头企业,拥有持续拓展和发展的空间。

二、案例分析

上市至今,海天味业的经营业绩稳步发展。从表5-12至表5-14来看①,其营业收入从2014年的98.17亿元增至2021年的250.04亿元,增长了154.70%,年均增长率为14.29%。归属于母公司所有者的净利润从2014年的20.90亿元增至2021年的66.71亿

---

① 各报表数值可能存在取整或运算进位误差,复核后保留实际数值,不予以调整。

元,增长了219.13%,年均增长率更是高达18.03%。公司发行价格为51.25元/股,发行后总股本为74 850万股,发行总市值为383.60亿元。此后,公司总市值最高达到近6 000亿元。从2014年上市至2021年,随着业绩的持续增长,公司累计创造的归属于母公司所有者的净利润为337.66亿元;累计现金分红为191.39亿元,股利支付率高达56.68%(见表5-15)。

表5-12 海天味业2014—2021年利润表　　　　　　　　　　　　　单位:亿元

项目	2014年	2015年	2016年	2017年	2018年	2019年	2020年	2021年
营业总收入	98.17	112.94	124.59	145.84	170.34	197.97	227.92	250.04
营业收入	98.17	112.94	124.59	145.84	170.34	197.97	227.92	250.04
营业总成本	74.12	83.76	91.44	105.61	121.31	137.51	154.39	174.94
营业成本	58.50	65.57	69.83	79.21	91.19	108.01	131.81	153.37
税金及附加	0.73	1.05	1.27	1.59	1.90	2.03	2.11	2.18
销售费用	10.50	12.27	15.60	19.57	22.36	21.63	13.66	13.57
管理费用	4.87	5.35	5.20	6.07	2.46	2.90	3.61	3.94
研发费用					4.93	5.87	7.12	7.72
财务费用	-0.49	-0.49	-0.46	-0.82	-1.53	-2.93	-3.92	-5.84
其中:利息费用					0.01	0.01	0.05	0.09
减:利息收入					1.53	2.95	4.00	6.05
加:其他收益				0.43	0.46	1.22	1.22	1.44
投资净收益		0.71	0.87	1.44	2.95	0.60	0.36	0.39
公允价值变动净收益						1.73	1.39	1.28
资产及信用减值损失						-0.17	-0.02	-0.02
资产处置收益				0.01	-0.03	-0.04	-0.05	0.01
营业利润	**24.05**	**29.89**	**34.02**	**42.11**	**52.41**	**63.79**	**76.44**	**78.20**
加:营业外收入	0.89	0.23	0.13	0.05	0.00	0.01	0.12	0.16
减:营业外支出	0.02	0.01	0.01	0.01	0.18	0.04	0.13	0.16
利润总额	**24.92**	**30.11**	**34.13**	**42.15**	**52.23**	**63.77**	**76.42**	**78.21**
减:所得税	4.02	5.02	5.70	6.84	8.56	10.21	12.33	11.49
净利润	**20.90**	**25.10**	**28.43**	**35.31**	**43.67**	**53.56**	**64.09**	**66.71**
持续经营净利润				35.31	43.67	53.56	64.09	66.71
终止经营净利润								
减:少数股东损益	0.00			0.00	0.02	0.03	0.06	0.01
归属于母公司所有者的净利润	20.90	25.10	28.43	35.31	43.65	53.53	64.03	66.71

（单位：亿元）（续表）

项目	2014年	2015年	2016年	2017年	2018年	2019年	2020年	2021年
加：其他综合收益	0.14	-0.08	0.19	0.38	-0.22			
综合收益总额	21.03	25.01	28.62	35.69	43.45	53.56	64.09	66.71
减：归属于少数股东的综合收益总额	0.00			0.00	0.02	0.03	0.06	0.01
归属于母公司普通股东的综合收益总额	21.04	25.01	28.62	35.69	43.43	53.53	64.03	66.71
每股收益：								
基本每股收益（元）	1.40	0.93	1.05	1.31	1.62	1.98	1.98	1.58
稀释每股收益（元）	1.40	0.93	1.05	1.31	1.62	1.98	1.98	1.58

表5-13 海天味业2014—2021年资产负债表　　　　　　单位：亿元

项目	2014年年末	2015年年末	2016年年末	2017年年末	2018年年末	2019年年末	2020年年末	2021年年末
货币资金	51.18	45.19	51.97	56.13	94.57	134.56	169.58	198.14
交易性金融资产						48.78	50.55	53.78
应收票据及应收账款				0.02	0.02	0.02	0.41	0.56
预付款项	0.22	0.07	0.17	0.18	0.17	0.19	0.16	0.16
其他应收款	0.17	0.08	0.08	0.17	0.59	0.90	0.11	0.16
存货	11.54	10.00	9.40	10.41	12.03	18.03	21.00	22.27
其他流动资产	7.22	16.41	26.66	51.03	50.70	0.21	0.19	0.72
流动资产合计	70.33	71.75	88.28	117.94	158.08	202.69	242.00	275.79
投资性房地产	0.07	0.06	0.05	0.05	0.06	0.05	0.05	0.04
固定资产	31.99	32.64	38.30	36.50	37.46	34.48	39.14	36.14
在建工程	5.05	7.87	5.82	6.15	2.52	4.94	3.69	9.23
无形资产	1.49	1.44	1.40	1.50	1.44	1.38	3.85	3.77
商誉	0.17	0.17	0.17	0.32	0.32	0.15	0.31	0.31
递延所得税资产	0.85	0.99	0.57	0.79	1.45	3.84	6.25	6.98
其他非流动资产	0.08	0.07	0.03	0.12	0.12	0.00	0.05	0.37
非流动资产合计	39.68	43.23	46.35	45.42	43.36	44.85	53.33	57.59
资产总计	110.01	114.98	134.64	163.36	201.44	247.54	295.34	333.38
短期借款					0.20	0.20	0.93	1.05
应付票据及应付账款	5.99	5.85	5.75	5.56	7.45	12.98	14.15	20.74
预收款项及合同负债	20.22	11.19	18.09	26.79	32.37	40.98	44.52	47.09

(单位:亿元)（续表）

项目	2014年年末	2015年年末	2016年年末	2017年年末	2018年年末	2019年年末	2020年年末	2021年年末
应付职工薪酬	2.66	2.76	3.03	3.27	4.80	7.01	8.28	7.36
应交税费	1.41	2.71	2.62	3.20	5.73	6.45	7.17	5.32
其他应付款	3.20	4.46	4.48	6.27	10.66	12.17	12.39	9.72
其他流动负债	0.01	0.07	0.07	0.05	0.27	−0.01	3.36	3.49
流动负债小计	**33.49**	**27.04**	**34.04**	**45.14**	**61.48**	**79.78**	**90.80**	**94.77**
非流动负债小计	**1.64**	**0.43**	**0.46**	**0.58**	**1.08**	**1.78**	**2.87**	**3.61**
负债合计	**35.13**	**27.47**	**34.50**	**45.72**	**62.56**	**81.56**	**93.68**	**98.38**
实收资本(或股本)	15.04	27.06	27.05	27.01	27.00	27.00	32.40	42.13
资本公积金	25.04	13.34	13.20	12.92	13.31	13.31	7.91	1.42
减:库存股	1.16	1.09	0.76	0.37	0	0	0	0
其他综合收益	0.09	0.05	0.24	0.61	0.39			
盈余公积金	4.96	8.27	10.42	12.91	13.69	13.69	16.39	21.25
未分配利润	30.92	39.88	49.99	64.45	84.36	111.82	143.99	169.22
归属于母公司所有者权益合计	74.88	87.51	100.14	117.53	138.75	165.82	200.68	234.02
少数股东权益				0.11	0.13	0.16	0.98	0.98
所有者权益合计	**74.88**	**87.51**	**100.14**	**117.64**	**138.88**	**165.98**	**201.66**	**235.00**
负债及所有者权益总计	**110.01**	**114.98**	**134.64**	**163.36**	**201.44**	**247.54**	**295.34**	**333.38**

表5-14 海天味业2014—2021年现金流量表　　　　　　　　　　　　　单位:亿元

项目	2014年	2015年	2016年	2017年	2018年	2019年	2020年	2021年
销售商品、提供劳务收到的现金	117.91	123.19	152.61	179.53	205.17	234.58	267.30	284.77
收到的税费返还		0.03	0.04	0.02	0.07	0.11	0.12	0.13
收到其他与经营活动有关的现金	0.83	0.26	0.17	0.67	2.01	1.98	2.89	2.32
经营活动现金流入小计	**118.75**	**123.48**	**152.82**	**180.22**	**207.25**	**236.68**	**270.31**	**287.22**
购买商品、接受劳务支付的现金	66.64	72.42	78.67	91.95	104.85	120.39	139.93	161.19
支付给职工以及为职工支付的现金	4.98	5.53	5.93	6.79	7.48	9.47	12.00	14.35
支付的各项税费	11.74	13.79	14.85	19.13	21.12	26.53	29.57	29.19
支付其他与经营活动有关的现金	7.99	9.79	12.63	15.15	13.84	14.61	19.30	19.26
经营活动现金流出小计	**91.35**	**101.53**	**112.08**	**133.01**	**147.29**	**171.00**	**200.80**	**223.99**
经营活动产生的现金流量净额	**27.39**	**21.95**	**40.74**	**47.21**	**59.96**	**65.68**	**69.50**	**63.24**

（单位：亿元）（续表）

项目	2014年	2015年	2016年	2017年	2018年	2019年	2020年	2021年
收回投资收到的现金		27.00	40.71	50.09	161.56	111.00	70.85	61.17
取得投资收益收到的现金		0.71	0.87	1.44	2.95	2.07	1.93	1.72
处置固定资产、无形资产及其他长期资产收回的现金净额	0.70	0.01	0.00	0.03	0.01	0.03	0.02	0.17
收到其他与投资活动有关的现金	0.40	0.57	0.43	0.82	1.11	2.61	4.16	6.04
投资活动现金流入小计	**1.10**	**28.28**	**42.01**	**52.38**	**165.62**	**115.72**	**76.95**	**69.10**
购建固定资产、无形资产及其他长期资产支付的现金	8.82	7.44	7.88	2.62	2.24	5.83	9.07	10.31
投资支付的现金	18.00	24.00	51.71	74.09	161.56	109.00	85.80	108.05
取得子公司及其他营业单位支付的现金净额						0.00	0.58	
支付其他与投资活动有关的现金	0.34	0.02		0.27	0.13		0.71	
投资活动现金流出小计	**27.16**	**31.46**	**59.59**	**76.98**	**163.93**	**114.83**	**96.15**	**118.36**
投资活动产生的现金流量净额	**−26.05**	**−3.18**	**−17.58**	**−24.60**	**1.69**	**0.89**	**−19.20**	**−49.25**
吸收投资收到的现金	18.56							
取得借款收到的现金					0.20	0.20	1.07	1.43
收到其他与筹资活动有关的现金	1.16							4.43
筹资活动现金流入小计	**19.72**	**0.00**	**0.00**	**0.00**	**0.20**	**0.20**	**1.07**	**5.85**
偿还债务支付的现金	0.54			0.17		0.20	1.31	1.31
分配股利、利润和偿付利息支付的现金	3.74	12.78	16.24	18.39	22.96	26.47	29.21	33.42
支付其他与筹资活动有关的现金	0.07	0.02	0.11		0.36		0.04	0.24
筹资活动现金流出小计	**4.35**	**12.80**	**16.35**	**18.57**	**23.33**	**26.67**	**30.56**	**34.96**
筹资活动产生的现金流量净额	**15.37**	**−12.80**	**−16.35**	**−18.57**	**−23.13**	**−26.47**	**−29.49**	**−29.11**
汇率变动对现金的影响	0.00							−0.03
现金及现金等价物净增加额	16.71	5.97	6.81	4.05	38.52	40.09	20.82	−15.16
期初现金及现金等价物余额	22.19	38.90	44.88	51.69	55.73	94.26	134.35	155.17
期末现金及现金等价物余额	38.90	44.88	51.69	55.73	94.26	134.35	155.17	140.01
补充资料：								
净利润	20.90	25.10	28.43	35.31	43.67	53.56	64.09	66.71
加：资产减值准备								
信用减值损失							0.02	0.02
固定资产折旧、油气资产折耗、生产性生物资产折旧	2.79	3.48	3.75	4.36	4.37	4.73	5.66	7.10

(单位:亿元)（续表）

项目	2014 年	2015 年	2016 年	2017 年	2018 年	2019 年	2020 年	2021 年
无形资产摊销	0.04	0.06	0.06	0.06	0.06	0.05	0.09	0.12
使用权资产折旧								0.21
长期待摊费用摊销						0.00	0.00	0.01
处置固定资产、无形资产及其他长期资产的损失	−0.60	0.00	0.00	−0.01	0.20	0.04	0.05	−0.01
公允价值变动损失						−1.73	−1.39	−1.28
财务费用	−0.50	−0.48	−0.44	−0.84	−1.52	−2.94	−3.95	−5.94
投资损失		−0.71	−0.87	−1.44	−2.95	−0.60	−0.36	−0.39
递延所得税资产减少	−0.19	−0.11	0.35	−0.33	−0.59	−2.39	−2.21	−0.73
递延所得税负债增加	−0.10						−0.01	−0.02
存货的减少	−1.41	1.54	0.60	−0.89	−1.62	−5.99	−2.58	−1.27
经营性应收项目的减少	−0.09	−0.12	0.81	−0.14	0.14	0.16	0.19	−0.84
经营性应付项目的增加	6.50	−7.16	8.13	11.08	18.15	20.60	9.89	−0.47
其他	0.06	0.35	−0.08	0.04	0.06	0.17		
（间接法）经营活动产生的现金流量净额	**27.39**	**21.95**	**40.74**	**47.21**	**59.96**	**65.68**	**69.50**	**63.24**
现金的期末余额	38.90	44.88	51.69	55.73	94.26	134.35	155.17	140.01
减:现金的期初余额	22.19	38.90	44.88	51.69	55.73	94.26	134.35	155.17
（间接法）现金及现金等价物净增加额	16.71	5.97	6.81	4.05	38.52	40.09	20.82	−15.16

表 5-15　海天味业 2014—2021 年分红情况

年份	归属于母公司所有者的净利润（亿元）	现金分红总额（亿元）	期末未分配利润（亿元）	股利支付率（%）	留存收益比例（%）	每股股利（元）
2021	66.71	32.02	169.22	48.00	52.00	0.76
2020	64.03	33.38	143.99	52.13	47.87	1.03
2019	53.53	29.16	111.82	54.47	45.53	1.08
2018	43.65	26.46	84.36	60.62	39.38	0.98
2017	35.31	22.96	64.45	65.02	34.98	0.85
2016	28.43	18.39	49.99	64.69	35.31	0.68
2015	25.10	16.24	39.88	64.70	35.30	0.60
2014	20.90	12.78	30.92	61.15	38.85	0.85
合计数	337.66	191.39	694.63	56.68	43.32	

资料来源：Wind 数据库。

近年来海天味业的财务业绩可谓优良,并给予股东丰厚的现金分红,其营运资本管理效率功不可没。接下来,我们从销售环节、采购环节、生产环节分析海天味业如何实施有效的营运资本管理,及其对财务报表产生了怎样的影响。

(一) 销售环节分析

海天味业在销售端有着强大的品牌优势和渠道优势。在品牌方面,公司一方面严控产品品质,通过"全面、全员、全程"的质量保障体系,将品控贯彻到生产的各个环节;另一方面采取以冠名综艺节目为主的营销推广策略,不断拓宽年轻消费群体。根据凯度消费者指数发布的《2021年亚洲市场品牌足迹》报告,海天味业以6.2亿消费者触及数、79.4%的渗透率,排名中国消费者十大首选品牌第四。2021年4月20日Chnbrand发布的2021年(第十一届)中国品牌力指数品牌排名和分析报告更表明,海天味业连续两年蝉联酱油、酱料、蚝油、食醋等四项行业第一。在渠道方面,公司主要采取以经销商为主的销售模式,通过多年的精耕,已建立全方位、立体式的销售网络覆盖。海天味业2021年年报显示,公司销售渠道网络覆盖全国31个省级行政区域、320多个地级市、2 000多个县级市场,产品遍布全国各大连锁超市、各级批发农贸市场、城乡便利店、零售店,并出口全球80多个国家和地区。

正是因为有着如此强劲的品牌影响力和渠道渗透力,才使得海天味业一方面具有较强的产品定价能力,从而提高毛利率及净利率;另一方面还可以形成对经销商的强势谈判地位,采取"先款后货"的结算方式。从表5—12可知,海天味业自上市以来,毛利率基本维持在38%—47%的高位,净利率则从2014年的21.29%增至2021年的26.68%。而从表5—13来看,公司自上市以来,几乎没有多少应收票据及应收账款,即便在2020—2021年新冠疫情期间,公司的应收票据及应收账款也仅有区区4 100万元和5 600万元。反观负债端,由于采取的是"先款后货"的结算方式,公司每年都有大量的预收款项及合同负债,并且随着公司业务的扩张,该科目金额也在不断增加,从2014年上市之时的20.22亿元增加到2021年的47.09亿元,增长幅度达到132.89%。

(二) 采购环节分析

在采购环节,海天味业对采购有着较高的要求,采购模式不断创新,力求通过采购模式的创新来提升采购质量、降低采购成本。公司有专职的采购部门,配备专业的人员,实施集中采购,采购模式重点体现在专业和集中两方面。在管理系统上,通过ERP系统进行采购管理,使公司整体供应链系统严密而高效。采购部门与使用部门之间形成目标一致的供应链上下游,根据生产计划确定最佳的采购计划,有效降低资金占用;通过稳定的采购量和灵活的定价策略来降低采购成本;坚持与品牌供应商合作,不断提升采购质量。良好的商业信誉使公司拥有一批稳定而优质的供应商。

得益于大规模的原材料采购量,海天味业对供应商具备强有力的谈判议价能力,其直接材料费用从2014年的2 679元/吨降至2020年的2 552元/吨。由于2021年原材料成本大幅上涨,2021年直接材料成本升至2 760元/吨。此外,对供应商强大的谈判议价能力,也使得海天味业在采购过程中预付款极少,每年基本只有1 000万—2 000万元;相反,公司主要采取应付票据及应付账款的付款方式。随着公司规模的扩张,报表中应付票据及应付账款的金额也从2014年的5.99亿元增至2021年的20.74亿元。

(三) 生产环节分析

一方面,由于持续发展,海天味业需要不断扩大产能,而产能扩大带来的规模效应进一步降低了公司的生产成本,有利于公司维持较高的毛利率;另一方面,在规模效应下,海天味业每年将营业收入的3%用于研发,通过工艺创新、引进先进生产设备及信息化技术,提升调味品传统产业的工业化水平,由"制造"向技术型、信息化、规模化的智能制造转型升级,在大大提高生产效率的同时,有效降低了制造费用和人工成本。2021年,海天味业的制造费用和人工成本分别只有233元/吨和69元/吨,分别低于竞品平均约50%和77%。

生产效率的提升将直接影响公司的存货水平。虽然存货金额从2014年的11.54亿元增至2021年的22.27亿元,几乎翻了一倍;但是从存货占总资产比重来看,却是从2014年的10.49%降至2021年的6.68%。对存货的结构做进一步分析可知,2021年公司近50%的存货以在产品的形式存在,而产成品只占存货总额的21.82%。这与公司产品密切相关。酱油、调味酱等公司主要产品的发酵周期较长,均在2个月以上,且在酿造完成后还有储存、风味调配、检测、包装等环节,因此在产品占比较大。而公司产品供不应求,产成品在生产下线后一般1—2周即可运送到经销商处,因此产成品库存量较少。

(四) 对财务报表的影响

从销售环节、采购环节和生产环节分析海天味业的生产经营管理之后可知,其高效的营运资本管理效率将对三大报表产生直接影响。从资产负债表来看,如前所述,公司采取"先款后货"的结算方式,导致公司几乎没有应收票据或应收账款,反而有大量预收款及合同负债。与此同时,提前收到的大量银行存款也会体现在资产负债表中的货币资金科目。不仅如此,由于存款利率较低,公司还可以将一部分资金用于购买稳健型银行理财产品等项目,这就体现在交易性金融资产科目上(2018年以前,有些银行理财项目在其他流动资产科目反映)。我们将货币资金、交易性金融资产和其他流动资产(主要是银行理财产品)合并之后,海天味业的现金及现金等价物在2014年约为58.40亿元,占总资产比重为53.09%;到了2021年,海天味业的现金及现金等价物达到252.63亿元,占总资产比重高达75.78%。公司账面有如此高额的现金及现金等价物,自然也就无须找银行贷款或发行债券。因此,从资产负债表来看,公司的负债都是预收款、合同负债、应付账款、其他应付款等无息负债,公司在短期借款、一年内到期的非流动负债、长期借款、应付债券等有息负债方面长期以来一直几乎为零。

从利润表来看,如前所述,海天味业强大的品牌影响力和渠道渗透力,使其能长期保持较高的毛利率和销售净利率。此外,由于公司有大量银行存款等现金资产,自然会产生利息收入;公司又几乎没有有息负债,利息支出几乎为零;公司也没有什么汇兑损益。因此,在利润表的财务费用一栏,公司也是常年保持负数,从2014年的-0.49亿元增加到2021年的-5.84亿元,这意味着2021年海天味业有利息净收入5.84亿元。对比公司2021年的利润总额78.21亿元,OPM战略占用的免费资金为公司带来的收益占公司利润总额的7.47%,这相当可观!

从现金流量表来看,海天味业2014年销售商品、提供劳务收到的现金为117.91亿元,对应当年的营业收入98.17亿元,销售收到的现金超过当年的营业收入,营业收入获现率(117.91/98.17)超过100%,表明营业收入具有强大的现金保障。从表5-16可知,不仅2014年,海天味业自上市以来,每年的营业收入获现率都超过100%,表明公司收入的质量非常高。此外,公司2014年的经营活动净现金流量为27.39亿元,而当年的净利润为20.90亿元,利润获现率(27.39/20.90)同样超过100%,表明公司利润的质量也非常高。自2016年以来,除了2021年受新冠疫情和原材料价格上涨的影响,利润的净现金含量(利润获现率)略低于100%,其他各年度公司的利润获现率均超过100%。将经营活动产生的现金流量净额与净利润加上折旧和摊销、利息及资产减值准备之后的应得经营净现金(获现率)相比,其也仅在2015年、2020年和2021年低于100%,但平均而言,自上市以来海天味业应得净现金的获现率达到107.44%,表明其良好的OPM战略为公司创造了优异的经营净现金。

表5-16 海天味业2014—2021年营运资本管理的表现情况　　　　单位:%

项目	2014年	2015年	2016年	2017年	2018年	2019年	2020年	2021年
现金及现金等价物/总资产	53.09	53.57	58.40	65.60	72.12	74.15	74.60	75.78
应收账款及预付款项/总资产	0.20	0.06	0.13	0.13	0.10	0.09	0.19	0.22
存货/总资产	10.49	8.70	6.98	6.37	5.97	7.28	7.11	6.68
应付账款及预收款项/总资产	23.83	14.82	17.71	19.80	19.77	21.80	19.87	20.34
销售商品、提供劳务收到的现金/营业收入	120.11	109.07	122.50	123.10	120.44	118.50	117.28	113.89
经营活动产生的现金流量净额/净利润	131.07	87.46	143.29	133.68	137.32	122.62	108.45	94.78
获现率	115.45	76.65	126.35	118.81	124.67	112.56	99.53	85.52

注:这里的现金及现金等价物=货币资金+交易性金融资产+其他流动资产;预收款项含合同负债;获现率=经营活动产生的现金流量净额/(净利润+固定资产折旧+无形资产摊销)。

（五）营运资本周转效率分析

再回到与营运资本周转效率相关的财务指标上,衡量企业营运资本周转效率的主要指标包括各项资产的周转率或周转天数。从表5-17可知,在销售环节,公司对经销商的应收账款周转天数几乎为零,反而要求经销商提前2个多月打款;在生产环节,公司存货周转天数平均控制在4—6周;在采购环节,公司对供应商的预付款项周转天数也几乎为零,反而对供应商的应付账款周转天数达到2—4周。总体而言,海天味业这种强势的OPM战略导致其营运资本周转天数长期为负,表明公司通过应付账款和预收款项占用他人资金,且平均达到1.5—2个月时间,为公司节约了大量的资金成本。

表5-17 海天味业2014—2021年营运资本相关科目的周转效率   单位:天

营运资本相关科目	2014年	2015年	2016年	2017年	2018年	2019年	2020年	2021年
应收账款周转天数	0.00	0.00	0.00	0.06	0.05	0.05	0.66	0.82
存货周转天数	42.91	32.31	27.54	26.06	25.78	33.24	33.63	32.51
应付账款周转天数	22.28	18.90	16.85	13.92	15.96	23.94	22.66	30.27
预收款项周转天数	75.18	36.16	53.01	67.04	69.36	75.56	71.29	68.73
预付款项周转天数	0.81	0.24	0.50	0.46	0.37	0.34	0.25	0.24
营运资本周转天数	-53.73	-22.51	-41.82	-54.38	-59.11	-65.87	-59.40	-65.44

注:应收账款、存货、应付账款、预收款项及预付款项的周转天数统一用营业收入来计算,而营运资本周转天数=应收账款周转天数+预付款项周转天数+存货周转天数-应付账款周转天数-预收款项周转天数。存在进位误差。

三、案例分析结论

从上述分析可知,调味产品不但是中国百姓家庭和餐馆生活或生产的必需品,而且是易耗品、快销品,海天味业作为中国调味品行业的龙头企业,具有强劲的品牌影响力和渠道渗透力。公司充分利用这些优势,在销售环节以经销商销售为主,实施"先款后货"的结算方式;在采购环节利用对供应商的强势谈判议价能力,降低采购成本,延长付款期限;在生产环节提高生产效率,控制产成品的库存规模。总体而言,公司实施了高效的OPM战略,提高了企业的营运资本周转效率,最终为公司带来了高质量的经营及财务业绩,公司投资者在股票市场上也获得了长期的丰厚回报。由此可见,对任何企业而言,提高营运资本管理效率都是非常必要且有意义的!

本章小结

本章首先从传统的营运资本管理入手,比较传统和现代的营运资本管理模式,强调现代营运资本管理的重要性;然后对现代营运资本管理的核心——"三控两抓"政策进行讨论,强调企业应控制好应收账款、预付账款和存货,抓好预收账款和应付账款的管理;

接下来介绍现代营运资本管理与现金管理的关系,以及现金管理的几种方法;最后详细分析海天味业的营运资本管理案例。本章的最终目的就是促使CEO尽可能地加快资金周转速度,减少资金在应收款、预付款和存货上的无效占用,增加预收款和应付款所能提供的免费资金来源,提高资金使用效率,从而提高公司盈利能力。

传统的营运资本理念侧重于考虑流动资产和流动负债的匹配,以保证企业的短期偿债能力;而现代的营运资本管理理念则更多地关注企业能否利用他人的资金来满足自身生产经营活动的需求,要求企业尽量减少资金在应收款、预付款和存货上的无效占用,并增加预收款和应付款的规模,延长应付款的付款时间。

在具体的管理策略上,应收账款管理主要体现在信用政策的制定和执行方面,具体包括确定不同客户的信用标准,根据信用标准给予客户不同的信用条件,以及在应收账款发生之后的跟踪分析及收款政策等。应收账款的有效管理能够保证企业销售收入的质量,避免不必要的坏账损失。存货管理基于降低存货的各项成本、提高存货周转速度的角度,介绍了ABC分类法、经济订货量模型、即时存货管理和供应商管理存货四种模式。前两种模式适用于规模较小的企业;后两种模式则需要高水平的计算机系统和管理能力与之匹配,更适用于大型的现代化公司。应付账款管理的要点是增加应付账款的金额,延长应付账款的付款时间。但应付账款管理受到包括现金折扣、企业与供应商的商业博弈能力、企业的信用等级及原材料价格等因素的影响,在现实中企业还可能为提高存货管理水平而牺牲对应付账款的管理。

在实行有效的"三控两抓"政策之后,企业能够加快现金周转速度,提高资金使用效率,将资金从应收款、存货和预付款的占用中释放出来,用于其他能够给企业带来收益的地方,如短期投资等。当然,企业不应把所有的闲置资金都用于短期投资,而应综合考虑现金持有的成本与收益分析,保留最优现金持有量,这就是现金管理的主要内容。本章分析了持有现金的主要目的和成本,并介绍了用鲍莫尔模型和米勒-奥尔模型两种方法计算最优现金持有量,提出了现金管理在实践应用中需要注意的几个问题。

专业术语

营运资本管理(Working Capital Management)
营运资本需求量(Working Capital Requirement)
营运资本周转天数(Days Working Capital)
信用政策(Credit Policy)
信用标准(Credit Standard)
5C(Character, Capital, Capacity, Collateral and Condition)原则
现金折扣(Cash Discount)
经济订货量(Economic Order Quantity, EOQ)
即时存货管理(Just-in-time Inventory, JIT)
供应商管理存货(Vendor Managed Inventory, VMI)
鲍莫尔模型(Baumol Model)
米勒-奥尔模型(Miller-Orr Model)
现金周转天数(Cash Conversion Cycle)
存货周转天数(Days Sales of Inventory)
应收账款周转天数(Days Sales Outstanding)
应付账款周转天数(Days Payables Outstanding)

思考与练习

(一) 单项选择题

1. 按照传统的营运资本管理理念,营运资本越多,说明公司( )。
   a. 风险越小　　　b. 风险越大　　　c. 盈利能力越强　　　d. 流动比率越低
2. 以下哪一种现象是实施现代营运资本管理企业表现出的最主要财务特征?( )
   a. 存货增加　　　b. 应收账款增加　　　c. WCR 减少　　　d. WCR 增加
3. A 和 B 两家公司的应收款、存货、预付款、应付款、预收款资料如下表,哪家公司实施了现代营运资本管理?( )

单位:万元

公司	应收款	存货	预付款	应付款	预收款
A	100	200	200	50	50
B	50	50	100	100	200

   a. A 实施　　　b. B 实施　　　c. A 和 B 都实施　　　d. A 和 B 都没有实施
4. 当市场利率处于上升周期时,采用哪种营运资本管理可降低公司的筹资成本?( )
   a. 激进型营运资本管理　　　b. 居中型营运资本管理
   c. 保守型营运资本管理　　　d. 以上都可以
5. 下列哪项不属于公司的信用条件?( )
   a. 信用期限　　　b. 信用标准　　　c. 现金折扣率　　　d. 现金折扣期限
6. 当公司给客户的信用条件为"2/10,n/30"时,预计有 60% 的客户选择现金折扣。那么,公司的平均收账期是多少天?( )
   a. 16 天　　　b. 18 天　　　c. 20 天　　　d. 30 天
7. 5C 系统中,反映客户经济实力,给予客户偿付债务最终保障的是( )。
   a. 品德　　　b. 资本　　　c. 能力　　　d. 状况
8. 在其他因素不变的情况下,采取积极的收款政策,可能产生的结果是( )。
   a. 坏账损失增加　　b. 平均收账期延长　　c. 收账费用增加　　d. 应收账款投资增加
9. 根据经济订货量模型,以下哪项不是影响存货最优订货量的因素?( )
   a. 存货总需求量　　b. 变动性储存成本　　c. 变动性进货费用　　d. 存货购置成本
10. 存货的 ABC 分类法管理中,最基本的分类标准是什么?( )
    a. 金额标准　　　b. 质量标准　　　c. 重量标准　　　d. 品种标准
11. 某企业甲材料的年需求量为 16 000 千克,每次进货费用为 90 元,单位储存成本为 4.5 元。甲材料的最优订货量是多少?( )
    a. 566 千克　　　b. 700 千克　　　c. 800 千克　　　d. 900 千克
12. 以下哪项成本随公司存货持有量的增加而增长?( )
    a. 仓储成本　　　b. 短缺成本　　　c. 再订货成本　　　d. 购置成本

13. 企业利用证券市场价格快速大幅下跌的机会购入有价证券,期望在价格反弹时卖出证券获得收益的动机是(　　)。

　　a. 交易性动机　　　b. 预防性动机　　　c. 投机性动机　　　d. 投资性动机

14. 下列有关现金的成本中,属于固定成本性质的是(　　)。

　　a. 现金的机会成本　　b. 现金的管理成本　　c. 现金的转换成本　　d. 现金的短缺成本

15. 现金周转天数越多,表明公司用于保持正常生产经营活动的现金需求量(　　)。

　　a. 越多　　　　　b. 越少　　　　　c. 不变　　　　　d. 无法确定

(二) 简述题

1. 传统营运资本管理与现代营运资本管理有何区别?
2. "三控两抓"政策对现代营运资本管理有何作用?如何有效实施"三控两抓"政策?
3. 如何对应收账款开展事前及事后管理?
4. 存货管理需要考虑哪些成本?
5. 如何提高企业的现金周转速度?

 微案例分析

1. 宜家的经营之道和营运资本管理政策

宜家(IKEA)是目前国际上最大且最著名的大型家居产品销售集团,1943年由瑞典人英格瓦·坎普拉德(Ingravar Kamprad)创建于瑞典,从一个木工作坊到家具销售店,逐步成长为全球最大的家居产品连锁零售企业,目前在全球26个国家拥有近300家商场。2000年宜家的销售收入为95亿欧元,2001年突破百亿欧元达到104亿欧元,2007年突破150亿欧元,2010年突破200亿欧元,2011年高达252亿欧元。成功的营运资本管理模式,使得宜家一直保持较高的收益水平和持续稳定的增长。在众人眼中,宜家似乎是一家实施低价、低成本战略的公司。其实不然,宜家的经营之道和财务数据,可以反映出其成功的营运资本管理政策在成本控制中的作用。宜家的经营具有如下特点:

第一,低价格-高质量策略。目前,宜家提供种类繁多、美观实用、经济实惠、老百姓买得起的家居用品。宜家产品的设计使之不仅实用、美观,而且价格相对便宜。正如宜家所言:"制造高价格-高质量的产品容易,制造低价格-低质量的产品也容易,但生产低价格-高质量的产品并不容易,但宜家实现了。"宜家告诉消费者,低价格不等于低质量!

第二,产品齐全、现代、简约和实用,以及一站式采购。宜家提供大约9 500种家居用品,从家具、床上用品到家装产品无所不有且方便购物。2011年,宜家79%的收入来自欧洲大利亚,14%来自北美,7%来自澳大利亚、俄罗斯和亚洲。随着世界经济的增长和人民生活水平的提高,改善家居环境的需求逐年增长,宜家的产品满足这一消费需求趋势,行销全球。

第三,环保、健康,注重"儿童友好型"的家居设计。宜家的设计融入了关注儿童成长的理念。宜家的产品系列都是在瑞典进行开发与设计。通过对颜色和材料的选择,宜家产品系列虽然不是最流行的,却是现代且实用的,且不失美观,体现以人为本和儿童友好型的格调,代表着清新、健康的瑞典生活方式。宜家的产品适宜新时代的年轻人,适宜喜欢简约、环保的消费者,适宜新生的家庭。

由于宜家不是上市公司,没有提供现金流量表,每年仅简要地公布利润表(见表5-18)和资产负债表(见表5-19)。根据宜家2009—2011年的财务报表数据,要求:

(1) 计算宜家的平均资本成本 WACC($K_s=10\%$, $K_D=4\%$),并分析其 WACC 为何上升或下降?

(2) 计算宜家的盈利能力、流动性、资产周转速度、负债比例、创值能力等指标,并评价企业的财务绩效及其变化特征。

(3) 计算宜家的资本结构,并评价其负债政策和营运资本管理政策的特征。

(4) 计算宜家的净资产收益率(ROE),分解其影响因素,据此分析企业盈利模式的特征。

(5) 根据上述计算和分析,讨论宜家经营之道与财务之道之间的关系。

表5-18 宜家2009—2011年度利润表

项目	金额(百万欧元)			占收入的比重(%)		
	2009年	2010年	2011年	2009年	2010年	2011年
销售收入	21 846	23 539	25 173	100.00	100.00	100.00
销售成本	11 878	12 454	13 773	54.37	52.91	54.71
毛利	9 968	11 085	11 400	45.63	47.09	45.29
经营成本	7 202	7 888	7 808	32.97	33.51	31.02
经营利润	2 766	3 197	3 592	12.66	13.58	14.27
财务净收支	143	76	165	0.65	0.32	0.66
税前利润	2 909	3 273	3 757	13.32	13.90	14.92
所得税	384	577	781	1.76	2.45	3.10
少数股东权益的收益	9	-8	-10	0.04	-0.03	-0.04
税后利润	2 534	2 688	2 976	11.60	11.42	11.82

资料来源:宜家官方网站和年度报告。

表5-19 宜家2009—2011年度资产负债表

项目	金额(百万欧元)			占比(%)		
	2009年	2010年	2011年	2009年	2010年	2011年
设备厂房和不动产	14 206	15 982	16 173	38.29	38.72	38.62
其他固定资产	2 652	2 683	2 416	7.15	6.50	5.77

(续表)

项目	金额(百万欧元)			占比(%)		
	2009年	2010年	2011年	2009年	2010年	2011年
固定资产合计	16 858	18 665	18 589	45.43	45.22	44.39
存货	3 116	3 415	4 387	8.40	8.27	10.47
应收款	2 797	2 238	2 077	7.54	5.42	4.96
现金及证券	14 334	16 955	16 828	38.63	41.08	40.18
流动资产合计	20 247	22 608	23 292	54.57	54.78	55.61
总资产	37 105	41 273	41 881	100.00	100.00	100.00
权益	19 775	22 841	25 411	53.29	55.34	60.67
长期负债	4 509	4 296	3 123	12.15	10.41	7.46
其他长期债	1 395	1 325	1 469	3.76	3.21	3.51
长期负债合计	5 904	5 621	4 592	15.91	13.62	10.96
短期负债	7 251	7 724	7 107	19.54	18.71	16.97
其他应付款	4 175	5 087	4 771	11.25	12.33	11.39
短期负债合计	11 426	12 811	11 878	30.79	31.04	28.36
负债和权益总计	37 105	41 273	41 881	100.00	100.00	100.00
投入资本	25 679	28 462	30 003	69.21	68.96	71.64

资料来源:宜家官方网站和年度报告。

注:投入资本=长期负债合计+权益。

2. 美国三类连锁零售业公司的营运资本管理之道

大型连锁商超的代表沃尔玛、大型连锁仓储式零售商的代表好市多、连锁便利店的代表凯西,其经营特征与财务特征各不相同。根据表5-20的财务数据以及所学知识,要求:

(1)计算三家公司的营运资本管理指标、盈利能力指标和现金创造能力指标,讨论和分析美国三家零售业公司的经营特征和财务特征。

(2)讨论和分析三家公司的成本与费用管控、负债管理、营运资本管理的特征,以及三者如何影响公司的创利能力和创现能力。

(3)收集我国永辉超市、天虹股份和红旗连锁的相关财务数据,分析中国零售业公司的商业模式与财务特征。

表 5-20 2017—2021 年沃尔玛、好市多和凯西的营运资本管理指标

项目	沃尔玛（亿美元）					好市多（亿美元）					凯西（百万美元）				
	2021年	2020年	2019年	2018年	2017年	2021年	2020年	2019年	2018年	2017年	2021年	2020年	2019年	2018年	2017年
营业收入	5 726	5 592	5 240	5 144	5 003	2 270	1 959	1 668	1 527	1 416	12 953	8 707	9 175	9 353	8 391
营业成本	4 290	4 203	3 946	3 853	3 734	1 994	1 707	1 449	1 329	1 232	10 190	6 351	7 031	7 398	6 622
营业费用	1 178	1 163	1 088	1 071	1 065	198	185	164	151	139	2 265	1 902	1 749	1 636	1 504
营业利润	258	226	206	220	204	78	67	55	47	45	498	454	395	319	265
利息收入	1.58	1.21	1.89	2.17	1.52	0.61	0.41	0.89	1.26	0.75	0	0	0	0	0
利息支出	16.74	23.15	25.99	23.46	23.30	1.58	1.71	1.60	1.50	1.59	57	47	53	56	51
税前利润	187	206	201	115	151	78	67	54	48	44	441	407	342	263	214
税后利润	137	135	149	67	99	58	50	40	37	31	340	313	264	204	318
现金资产	148	177	95	77	68	111	122	133	94	83	159	337	78	63	54
应收款合计	98	274	79	99	91	22	18	16	15	17	170	100	73	74	101
应收账款和票据	83	65	63	63	56	22	18	16	15	17	108	80	49	38	45
预付款	0	0	0	0	0	0	0	0	0	0	0	0	0	0	0
存货	565	450	444	443	438	179	142	122	114	103	396	287	236	273	242
流动资产小计	811	901	618	619	597	327	295	281	235	203	725	724	387	411	397
非流动资产小计	1 638	1 624	1 747	1 574	1 449	315	298	275	219	205	4 781	3 737	3 557	3 321	3 073
总资产	2 449	2 525	2 365	2 193	2 045	642	593	556	454	408	5 506	4 461	3 944	3 733	3 470
应付账款和票据	553	491	470	471	461	179	163	142	117	112	589	355	185	335	321

（续表）

项目	沃尔玛（亿美元）					好市多（亿美元）					凯西（百万美元）				
	2021年	2020年	2019年	2018年	2017年	2021年	2020年	2019年	2018年	2017年	2021年	2020年	2019年	2018年	2017年
短期有息债	37	38	65	78	97	0.73	8	1	17	0	25	24	690	92	55
流动负债小计	874	927	778	775	785	320	294	248	232	199	905	613	1 063	591	508
有息长债	391	450	480	502	368	65	67	75	51	65	1 663	1 361	715	1 283	1 292
非流动负债小计	656	723	772	622	452	115	118	120	66	78	2 360	1 915	1 237	1 732	1 691
有息负债	428	488	545	580	465	65.73	75	76	68	65	1 688	1 385	1 405	1 375	1 347
总负债	1 530	1 650	1 549	1 397	1 237	435	412	369	298	277	3 265	2 528	2 301	2 323	2 199
权益	919	875	816	796	808	207	181	187	156	131	2 241	1 933	1 643	1 409	1 271
投入资本	1 347	1 363	1 361	1 376	1 273	272.73	256	263	224	196	3 929	3 318	3 048	2 784	2 618
经营净现金	242	361	253	278	284	74	90	87	64	58	789	804	504	531	420
投资净现金	-60	-101	-91	-240	-91	-39	-35	-39	-29	-30	-1 158	-444	-467	-458	-609
筹资净现金	-228	-161	-143	-25	-199	-43	-65	-12	-12	-13	192	-101	-0.23	-0.63	1.66
现金净增减	-30	83	18	8	1	-11	-10	39	23	15	-1.78	2.58	0.15	0.1	0.23
年初现金余额	178	95	78	70	69	113	123	84	61	46	3.37	0.78	0.63	0.54	0.77
年末现金余额	148	177	95	77	68	102	113	123	84	61	1.59	3.37	0.78	0.63	0.54
折旧与摊销	107	112	110	107	105	19	18	17	15	14	3.06	2.67	2.51	2.44	2.21

注：表中项目为节选，非全部。

第六章　投资项目管理与决策

第一节　投资项目的可行性研究、论证和管理
第二节　资本成本和货币时间价值
第三节　投资项目的财务报表编制及财务效益和风险评价
第四节　投资项目财务效益评价的若干理论和实践问题
案例分析　A公司投资项目的效益和风险评价
本章小结
专业术语
思考与练习
微案例分析

导　言

　　投资是企业可持续增长的源泉和动力。但是，只有正确的投资决策才能提高企业效益、维护和推动企业成长，而错误的投资决策可能使企业面临破产的灾难。企业的投资可以划分为长期投资和短期投资、固定资产投资和流动资产投资，等等。在诸多投资项目中，大型固定资产投资这类长期投资对企业未来的发展具有全局性、战略性和长期性的影响。因此，决定是否投资一个长期的大中型项目是企业高层管理者面临的决策难题之一。之所以是"难题"，重要的原因不仅在于长期的大中型投资项目本身对企业未来发展的重要性，还在于投资决策涉及对投资项目未来发展前景的判断和估计，而未来充满着不确定性或风险。因此，如何才能做出正确的投资决策？何谓正确的投资决策？作为企业的高层管理者，面对一份厚厚的、洋洋万言的投资项目可行性研究报告，其中充斥着一行又一行的数据、各式各样的图表和充满诱惑的"效益指标"，你应该如何分析和决策？在本章，我们将集中讨论投资项目的管理及其效益的分析、评价和决策。

第一节 投资项目的可行性研究、论证和管理

一、投资项目的可行性研究和可行性研究报告

企业的持续发展依赖于市场开拓以及与产品或服务创新相关的投资项目。无论是为增加销售量而进行的技术改造项目投资,还是为推出新产品而进行的新项目投资;无论是本行业的投资,还是跨行业的多元化投资;无论是战略性项目投资,还是策略性项目投资,都需要进行投资项目的可行性研究(Investment Feasibility Study)。

一般来说,一个投资项目的可行性包括:(1)宏观经济可行性,即项目是否符合国家的产业发展政策或战略,是否具有宏观经济效益;(2)环境可行性,即项目的环境安全是否符合国家环境保护要求;(3)市场可行性,即项目所提供的产品或服务是否具有稳定的市场需求;(4)技术可行性,即项目所需的技术、工艺和设备是否可行;(5)管理团队可行性,即项目总负责人的基本情况、管理人员和技术人员的组成、经验、学历、信誉以及团队的合理性;(6)财务可行性,即项目能否获利,收益和风险之间关系如何;(7)其他可行性,即项目受社会、政治、宗教、文化等方面影响的程度;等等。

投资项目的可行性研究报告正是上述七方面可行性研究结果的汇总。一份典型的可行性研究报告包括九个部分。

第一部分:投资项目概述和投资的意义与作用。简要介绍投资项目的名称、地点和所提供的产品或服务;投资项目的背景;投资人(单位)的经营及财务状况;管理团队的基本情况;投资项目的核准情况;项目主要的经济效益指标一览;项目投资的必要性、意义和作用。

第二部分:行业分析和项目产品市场需求分析。系统地分析行业的发展历史、现状和存在的问题;行业的特征、周期和发展趋势;市场竞争状况;产品或服务的购买者及其消费特征;产品或服务的需求量和价格及其变化趋势;主要原材料的市场供给情况和价格变化趋势;投资项目的特点或竞争优势。

第三部分:项目的技术评价。科学地评价投资项目所采用技术的可行性,即先进性、可靠性和性价比;项目的工艺方案和工艺流程;项目所要购置设备的先进性、可靠性和性价比。

第四部分:项目的配套条件分析。分析项目所需配套条件的满足程度和落实程度,包括土地、水、电、气、道路、通信、原材料供应和运输条件、环境保护计划和审批情况、当地政府的投资政策和限制等。

第五部分:项目的财务效益评价。估算和确定各种评价参数,并编制有关项目的财务报表,评价项目的财务效益。具体地说,项目财务效益评价的主要内容有:

(1)系统地分析和确认财务效益评价所需的主要参数,包括:项目所需的投资总额,尤其是其中的固定资产投资和所需流动(或营运)资金;预计的产能、产量和销售量、总成本和销售价格;固定资产折旧期限、项目的物理生命周期和经济生命周期、建设进度;税率和利率、项目筹资方案和各类资本成本;等等。

(2)编制项目的各种财务报表,包括:投资总额估算表、建设期间利息测算表、流动

(或营运)资金测算表、投资计划和资金筹措计划表;主要原材料和动力等成本测算表、折旧和摊销计算表、总成本测算表、营业收入测算表、利润表;资金来源与运用平衡表、资产负债表;总投资的现金流量表、自有资本的现金流量表、借款的还本付息计划表;等等。

(3) 评价项目的财务效益,即使用上述确认的参数和财务报表的有关数据,计算投资项目的效益指标,包括保本点和保利点(Break-Even Point,BEP)、投资回收期(Pay-Back Period,PBP)、净现值(Net Present Value,NPV)和内含报酬率(Internal Rate of Return,IRR)等。

第六部分:项目的风险分析和评价。客观地揭示投资项目面临的各种风险,包括政策风险、市场风险、管理风险、技术风险、筹资风险、自然风险等,并分析各种风险形成原因及其对总投资、销售量、价格、成本等可能产生的影响,然后运用多因素弹性分析方法或矩阵式弹性分析方法综合评价风险因素对项目财务效益指标的影响。

第七部分:贷款的收益和风险评价。由于投资项目所需的资金来源一般由权益资本(自有资金)和债务资本(银行贷款和发行债券)构成,为了保证债权人的利益,往往需要对债务资本的安全性、收益性和流动性进行评价。评价指标涉及贷款的抵押物和担保程度、付息还本的能力、抵押物的变现能力、担保方的资信和财务状况等。

第八部分:项目的宏观社会和经济效益分析。客观地评价项目对社会和经济发展的贡献,包括项目所需资源的合理开采和利用、项目对推动国家产业或地区经济发展的作用、项目对技术创新和技术进步的作用、项目对环境保护的影响、项目提供的就业机会和税收等。

第九部分:结论和建议。根据上述评价结果,综合判断投资项目的宏观经济可行性、环境可行性、社会政治和文化可行性、市场可行性、技术可行性、财务可行性,权衡投资项目的收益和风险,对投资项目是否可行给出比较明确的结论,并指出其存在的问题和应对措施。

二、投资分析与决策过程

投资项目可行性研究是投资分析和决策的重要环节,其提供了一个系统的、可供决策的投资方案。但是,一份投资项目可行性研究报告的形成和定稿,绝不是一个单纯的研究过程,而是一个发现投资机会、分析投资机会、研究投资可行性、评价和论证投资方案、权衡投资利弊和决策的过程(见图6-1)。

第一阶段:投资机会研究。大中型企业一般都设置投资管理部门,其主要职能就是发现和分析投资机会、参与实施投资项目、负责管理投资项目。因此,在投资机会研究期间:(1)投资管理部门应注意分析行业的技术、产品或服务、市场需求等主要特征和发展变化趋势,通过行业动态变化的事实和过程观察行业的变化方向,以及可能发生的技术变革、产品或服务创新,并挖掘这些变化可能带来的投资机会;(2)投资管理部门应结合公司的实际情况,注意与市场营销部门、生产管理部门、研究开发部门、财务管理部门等保持密切联系,共同探讨和研究投资机会的可行性、产业生命周期、技术生命周期、产品生命周期、行业的投资动向等,进而筛选投资机会。

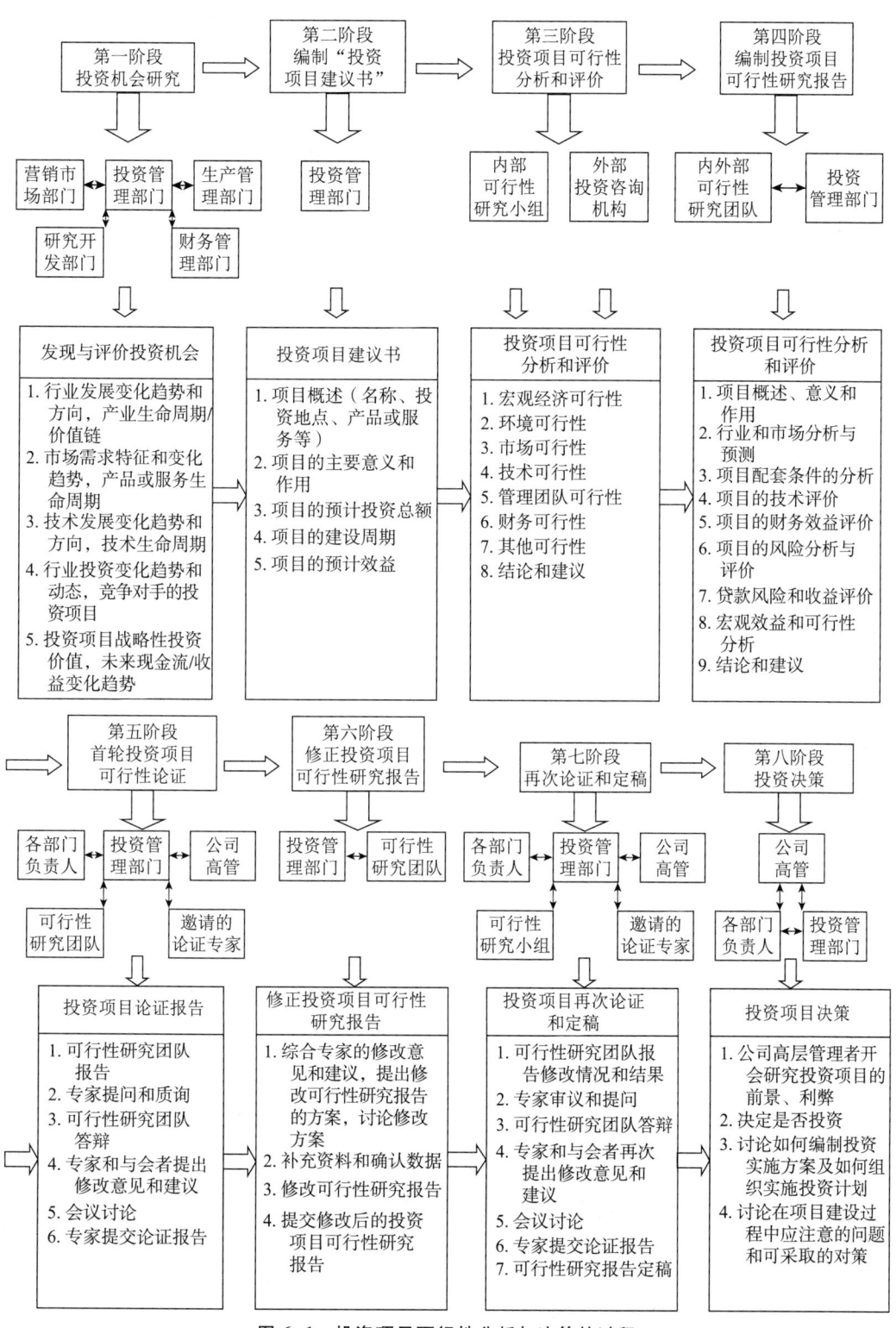

图 6-1 投资项目可行性分析与决策的过程

第二阶段:编制"投资项目建议书"。根据所选的投资机会,编制"投资项目建议书"(Investment Proposals)。投资项目建议书是投资项目可行性研究的基础,其内容包括项目名称、投资地点、产品或服务、主要意义和作用、预计投资总额、建设周期、预计效益(年均利润、投资收益率、简单回收期)等。

第三阶段:投资项目可行性分析和评价。在公司内部组织投资项目可行性研究小组,并聘请外部专门的投资咨询机构,同时但相互独立地进行投资项目可行性研究。主要工作包括:(1)确定参数,根据投资项目建议书,收集有关资料,阐述投资项目的必要性,分析和确定投资项目财务效益评价的参数;(2)编制报表,即编制项目的有关财务报表;(3)分析可行性,即分析投资项目的技术可行性、市场可行性(市场需求),评价投资项目的财务效益(保本点、保利点、回收期、净现值、内含报酬率、净现值等);(4)评价风险,即评价投资项目面临的风险,分析风险因素对投资项目财务效益的影响;(5)做出初步结论和建议,即综合权衡投资项目的利弊、收益和风险,提出投资建议。

第四阶段:编制"投资项目可行性研究报告"。根据投资可行性分析和评价结果,参照投资项目可行性研究报告的格式和要求,编制投资项目可行性研究报告初稿。

第五阶段:首轮投资项目可行性论证。邀请专家论证投资项目的可行性,这是投资决策极其重要的一步。对于大中型投资项目,企业必须组织投资项目论证会。一般来说,参加可行性论证的专家应熟悉投资项目所处的行业,通常由技术工程专家、建筑师、市场营销专家、财务专家、会计专家、政府官员、有丰富投资管理经验的 CEO 等组成。论证会上先由公司介绍投资项目的基本情况,然后由公司组织的内外部可行性研究团队分别报告他们收集与掌握的资料和数据、有关假设、参数、评价方法、分析和评价过程、结论和建议。而后由专家质询两个可行性研究团队的分析和评价,提出修改意见和建议,提交论证报告。

第六阶段:修正投资项目可行性研究报告。根据投资项目可行性论证会上专家的修改意见和建议,以及各方达成的共识,公司内外部可行性研究团队重新修改投资项目可行性研究报告,形成修改后的报告。

第七阶段:再次论证和定稿。组织专家再次对投资项目可行性进行论证并提出意见和建议。可行性研究团队吸收专家的意见和建议,修改并最终确定投资项目可行性研究报告。

第八阶段:投资决策。根据投资项目可行性研究报告,公司高层管理者召开专门会议,研究投资项目的前景、利弊、决定是否投资以及讨论如何编制投资实施方案、如何组织实施投资计划、在项目建设过程中应注意的问题和可采取的对策。

三、投资项目分析与决策应注意的问题

投资项目可行性研究是投资管理的第一步,也是最关键的一步。"成功的开始标志着成功了一半"。因此,细致研究、充分论证、披露问题、揭示风险、权衡利弊,是投资项目可行性研究时期的管理原则。

在我国,固定资产投资是拉动 GDP 增长的重要方式之一。2021 年,我国全社会固定

资产投资高达 552 884 亿元,比上年增长 4.9%,占当年 GDP 的比重达到 48.3%。总体上看,我国固定资产投资存在明显的区域差异和产业差异:中东部地区的投资增长较快,而西部地区和东北部地区的投资增长较慢;第一产业和第二产业的投资增长较快,而第三产业 2019—2021 年受新冠疫情影响,投资增长较慢。在具体的投资决策方面,企业仍存在投资预算不准确造成严重浪费、重复投资建设造成供大于求、投资分析和论证不充分或投资决策失误造成投资失败等问题。因此,作为企业的高层管理者,针对在投资实践中存在的问题,加强投资项目可行性分析与论证的管理十分重要。高层管理者应注意以下七个问题:

第一,认识和把握投资项目的战略性投资价值。作为企业 CEO,认识和把握企业投资项目的战略性投资价值相比技术性评价所得到的效益指标更加重要,这是企业 CEO 与一般的中层技术人员和管理者的区别。在投资决策方面,企业 CEO 同样必须具有战略眼光、国际视野和领导力,"运筹于帷幄之中,决胜于千里之外"。作为一个 CEO,如何判断企业的投资项目具有战略性投资价值呢?下面有两个有趣的图形(见图 6-2 和图 6-3),一是"生命周期曲线",二是"微笑曲线",可以帮助企业的 CEO 比较准确地判断投资项目是否具有战略性投资价值。

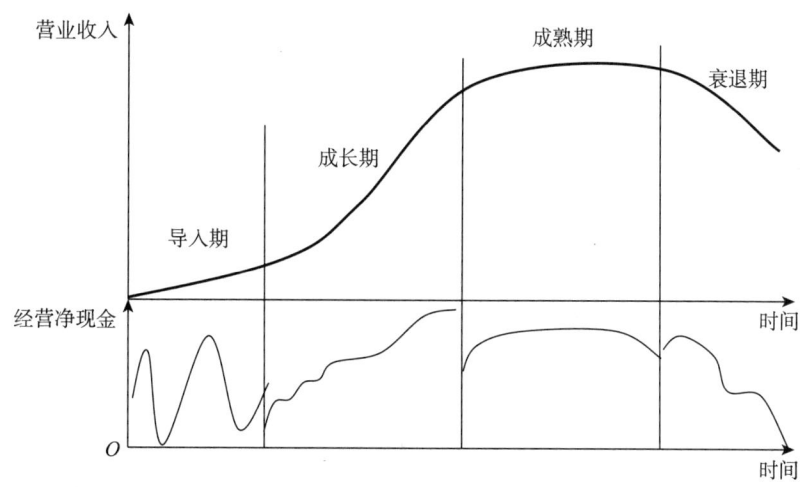

图 6-2 生命周期曲线:投资项目提供的产品或服务的生命周期与收入、经营净现金的关系

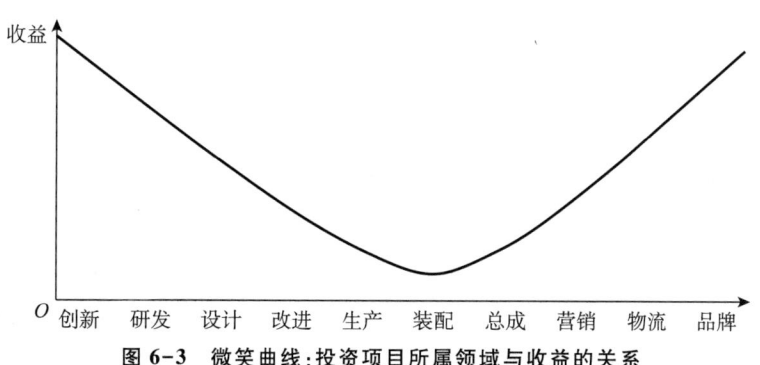

图 6-3 微笑曲线:投资项目所属领域与收益的关系

图 6-2 是众所周知的产品或行业"生命周期曲线"。在导入期,由于市场需求具有不确定性,营业收入不稳定,因此投资项目每年的经营净现金具有强烈的波动性,投资效益指标具有明显的不确定性;在成长期,随着市场对投资项目所提供的产品或服务的认知度提高,营业收入随着市场需求的增加而增长,因此投资项目每年的经营净现金具有明显的单边向上的特征,投资效益显著;在成熟期,市场需求趋于稳定,营业收入增长基本停滞,因此投资项目每年的经营净现金和投资效益指标相对稳定;在衰退期,市场需求呈下降趋势,营业收入逐年减少,因此投资项目每年的经营净现金具有明显的单边向下特征,投资效益日趋下降。

图 6-3 是根据近年研究提出的投资收益的"微笑曲线"。通过这条曲线,我们可以看到随着全球化与分工,不同行业或领域的投资项目经营后的收益水平。投资项目所属领域分为创新、研发、设计、改进、生产、装配、总成、营销、物流、品牌,各个投资项目所属领域的收益不同,形成"两头高、中间低"的特征。波音公司的收益主要来自创新、研发、设计、改进、总成、品牌;沃尔玛的收益主要来自营销、物流和品牌;苹果公司曾经宣称"我们是一家没有工厂的世界级公司";许多著名的奢侈品(如化妆品)和服装类企业,收益主要来自研发、设计、营销和品牌。而我国许多企业的收益主要来自生产或低端制造和装配,是众多投资领域中收益水平最低的。

第二,加强市场研究和行业分析,准确把握市场需求的变化趋势和行业发展方向。事实上,投资项目可行性研究报告的结论取决于"投资参数"的确定,例如项目的产能、采用的技术与工艺、产品的需求量、价格和成本、资本成本等。特别是在投资项目的财务效益评价中,效益指标(BEP、PBP、NPV、IRR 等)取决于与市场需求相关的参数,利润取决于营业收入和成本,营业收入取决于价格和需求量,如此等等。因此,正确地预计市场发展变化趋势和行业发展方向,准确地估计需求量、价格和成本,是投资项目可行性研究结论正确与否的关键。简言之,错误的市场研究将导致错误的可行性研究结论;选择投资于错误的行业,如日趋衰退的行业,容易导致投资失败。可见,投资决策是建立在市场需求分析的基础上,没有有效的市场需求,就没有投资效益可言,即使技术和工艺"成熟、先进"也是如此。因此,企业高层管理者在进行投资决策时,必须首先对市场需求和行业变化趋势,包括价格、需求量、成本、技术和工艺等参数及其可能的变化,做出正确的判断。

第三,加强投资预算管理,防止预算偏差。在投资实践中,超额投资引起的预算不足,进而导致追加投资的案例不胜枚举。投资预算主要是指测算投资所需的资金,简称"投资总额"(Total Investment Expenditure)或"初始投资"(Initial Investment)。投资总额包括"固定资产投资"和"营运资本投资"或"流动资金投资"。投资总额的测算由简到繁、由估算到精算,逐步精确。一般来说,投资总额的测算分为四个步骤:(1)毛估,指以同类项目的"投资总额-产能"之间的比例关系为参数,估计投资总额。毛估结果允许的误差一般为±20%。(2)粗估,指对投资项目的固定资产投资进行分类,对各类投资费用(包括土地购置费用、"五通一平"费用、基建费用、设备购置及安装费用、装修费用、环保设施购置及建设安装费用、绿化费用等)进行分类估算;同时,对同类项目的流动资金或营运资本需求量,根据"流动资金周转速度"或"营运资本周转速度"测算项目所需的流动资金或营运资本。粗估结果允许的误差一般为±15%。(3)精估,指在粗估的基础上,根据投资项目的设计方案,查询各类投资要素的需求量和价格,包括用地面积、设备数量、基建价格、设备价格、安装价格、绿化价格等固定资产投资额,同时结合本项目的实际情况,修正流动资金或营运资本需求量,进而测算出投资总额。精估结果允许的误差一般为±10%。(4)确估,指在精估的基础上,确认各种投资要素的需求量和价格,包括技术工艺路线、设备的型号以及需求量和价格,土地面积、建设布局、建筑面积和基建价格;同时,进一步修正流动资金或营运资本需求量。确估结果的误差一般应为±5%。

第四,注意分析各种筹资方式的利弊,确定合理的筹资方案。首先,投资项目的资本成本——加权平均资本成本(WACC)取决于项目的筹资方案。通常来说,筹资方案根据资本来源可分为全权益筹资、全债务筹资、权益和债务混合筹资。可见,由于债务资本成本和权益资本成本不同,筹资方案将影响到投资项目的WACC,从而影响投资项目的效益。其次,一般的筹资方案都包括债务资本,因此应考虑投资项目未来的现金流状况和还本付息能力,避免未来可能出现现金不足或偿付危机。最后,随着金融工具的创新和发展,筹资方式及其组合越来越多,各种筹资方式各有利弊,企业应该相互比较,结合项目实际情况,权衡利弊、合理选择,力求合理设计筹资方案,既降低筹资成本,又规避潜在风险。

第五,在论证中要揭示和解决矛盾,披露问题,提示风险。对于投资项目的可行性研究,特别是大中型投资项目或涉及企业转型变革的投资项目,应加强论证管理。(1)应组织至少两个可行性研究团队,切忌只组织一个可行性研究团队,不论是内部的还是外部的。(2)两个可行性研究团队应该相互独立开展工作。(3)论证专家应包括技术、财务、营销、建筑、高级经理人等,并熟悉投资项目所在行业或拥有相关经验。(4)论证过程是一个披露问题和揭示风险的过程,因此论证不能一蹴而就,而要反复多次论证,倾听和吸收各方意见。(5)充分论证或反复多次论证不等于久议不决。一些由国家组织投资的、涉及国计民生的大型基础设施和战略性投资项目,如"三峡工程",需要长期充分的论证。但是,一些面向市场、受市场需求变动影响的投资项目,应注意辨别论证中存在的原则性问题和一般性问题、关键问题和非关键问题,快速决策,尽可能缩短投资分析和决策的期限,赢得时间就可能赢得市场。

第六,注重投资项目可行性研究中的风险分析。许多企业高层管理者在投资项目评价中,往往关注项目的投资效益,而忽视项目的投资风险。企业高层管理者在进行投资决策时,不仅要关注项目的投资效益,更要关注项目的投资风险。只有事先了解和把握影响投资项目效益的各种因素,慎重评价投资项目的风险、形成机制及其对投资效益的影响程度,才能防患于未然。

第七,注重投资项目可行性研究中的假设及建议。作为企业高层管理者,投资项目可行性研究报告中的结论固然重要,但要深知这些结论都是建立在一系列假设的基础上的,而这一系列假设随时可能因环境变化而发生变化,从而脱离现实状况。因此,一份优秀的可行性研究报告,应该具有三个重要标志:一是建立合理和稳妥的假设;二是告诉决策者投资项目可行性研究结论的前提假设及其可能的变化;三是在提出结论的同时,也提出建议和对策,有利于企业高层管理者制订风险防范、预警和应对方案。

第二节 资本成本和货币时间价值

一、资本成本

资本成本(Cost of Capital)又称"资本费用",是企业每使用一元资本所必须付出的成本或费用。在投资项目财务效益评价中,资本成本又称"折现率"。企业是资本的使用者,因此必须支付使用资本的成本或费用;投资者是资本的提供者,因此可以获得提供资本的报酬或收益。正因为如此,在财务管理的概念中,资本成本、资本收益、投资者预期收益率或投资者期望报酬率,其含义和结果都是一样的。资本成本正如一枚硬币的两个面,从资本使用者的角度看,是资本费用;从资本提供者的角度看,是资本收益。

企业的投资需要大量的资本,企业高层管理者面临的一个重要问题是如何以最低的成本筹集所需的资本。企业的资本来源主要是债务资本和权益资本。企业的资本来源不同,其资本成本也不同。认识各种筹资工具以及各自的含义和特点,对降低筹资成本、减少筹资风险、提高投资效益,具有重要的现实意义。现在,我们将讨论三种常见筹资工具及其资本成本的估算方法。

(一)债务资本成本(K_d)

提到债务资本成本,人们容易简单并直观地联想到利率。实际上,债务资本类型很多,包括银行长期贷款和短期贷款,国家或企业发行的长期债券和短期债券,浮动利率债券和固定利率债券,可转换债券和不可转换债券,等等。

在投资项目效益评价工作中,我们通常计算债务资本的税后成本,而不是税前成本。例如,如果 C 公司向银行申请 5 年期贷款 1 000 万元用于投资一条生产线,利率为 6%,所得税税率为 25%,则其税前债务资本成本为 6%,但税后债务资本成本为4.5%,即

$$税后债务资本成本 = 6\% \times (1 - 25\%) = 4.5\%$$

一般地,

$$\begin{aligned}税后债务资本成本 &= K_d \times (1 - T) \\ &= 利率 - 利率 \times 所得税税率 \\ &= 利率 - 节税\end{aligned} \quad (6\text{-}1)$$

其中,K_d 是为投资项目举债的银行贷款利率或发行债券的"实际利率";T 是企业的所得税税率。

估算债务资本成本看似很简单,其实不然。作为企业高层管理者,在确认投资项目的债务资本成本时需要注意以下几个问题:

第一,企业的债务资本有不同来源,主要来自银行贷款或发行债券。若企业直接从银行获得贷款进行投资,则投资项目的债务资本成本就是银行贷款利率;若企业发行债券进行筹资,则债券的实际利率就是投资项目的债务资本成本,而不是所发行债券的票面利率。这是因为企业债券的发行价格不一定等于票面价格,有可能采取溢价或折价的

方式发行债券。债券实际利率 K_d 的计算公式为：

$$债券价格 = \sum_{t=1}^{n} \frac{票面利息}{(1+K_d)^t} + \frac{票面价格}{(1+K_d)^n} \quad (6-2)$$

例如，BCD 公司计划投资 1 亿元建设一条生产线，为了筹集其中 5 000 万元的债务资本，BCD 公司以 10% 的票面利率发行票面价格为 1 000 元的债券，期限为 5 年。假设 BCD 公司计划以 1 100 元的价格发行债券，那么 BCD 公司的债务资本成本 K_d 为：

$$1\,100 = \frac{100}{(1+K_d)} + \frac{100}{(1+K_d)^2} + \frac{100}{(1+K_d)^3} + \frac{100}{(1+K_d)^4} + \frac{(100+1\,000)}{(1+K_d)^5}$$

运用试算法解上式得：当 $K_d = 7\%$ 时，债券价格 = 1 123 元，高于 1 100 元；当 $K_d = 8\%$ 时，债券价格 = 1 080 元，低于 1 100 元。因此，K_d 介于 7% 和 8% 之间。采用插值法进一步计算，BCD 公司该投资项目的债务资本成本 $K_d = 7.54\%$。

此外，若没有合适的银行贷款利率或债券利率作为投资项目的债务资本成本，可以使用公式(6-3)近似地估算投资项目的债务资本成本。

$$K_d = 政府长期债券的市场平均收益率 + 估计的企业信用风险所必要的补偿 \quad (6-3)$$

第二，在评价投资项目效益时，为什么使用税后债务资本成本，而不使用税前债务资本成本呢？在理论上，多数投资项目的效益指标是建立在"增值概念"或 EVA 的基础上的，即扣除债务资本成本和权益资本成本后的效益，而利润表中的债务资本的收益在所得税前支出，权益资本的收益在所得税后支出，因此在计算投资项目的加权平均资本成本时，应当统一按税后计算。在实践中，企业更关注投资项目的税后效益。

第三，在企业举债的投资总额中，部分短期贷款或短期债券用于营运资本，部分长期贷款或长期债券用于固定资产投资。在这种情况下，投资项目的债务资本成本等于多少呢？在实践中有两种做法：其一，多数企业通过短期借款来解决投资项目的营运资本，发行长期债券或使用长期借款解决项目所需的长期投资，由此投资项目所需资金是长期的，在评价投资项目效益时应使用长期债务的资本成本[1]；其二，由于企业的债务是由长期(付息)债务和短期(付息)债务构成的，因此企业应根据长期、短期债务比例计算"加权债务资本成本"。

例如，MM 公司投资 3 000 万元新增一条生产线。1 500 万元来自股东的投资，权益资本成本为 15%。1 500 万元来自银行的贷款，其中 500 万元短期贷款作为营运资本，利率为 6%；1 000 万元为长期贷款，利率为 10%。所得税税率为 25%。在评价投资项目的效益时，资本成本是多少？若 MM 公司使用商业票据来解决投资项目所需的营运资本 500 万元，项目的资本成本是多少？

---

[1] 参见 Brigham and Ehrhardt(2001)。值得注意的是，在国外，商业票据分无息和有息；在国内，为防止企业间拆借资金，规定商业票据为无息。受票企业若需要资金，则可将商业票据拿到银行贴现换取现金并支付贴现费；若贴现后的商业票据到期无法兑现，则受票企业必须承担损失。

(1) 若使用长期和短期贷款的平均利率作为债务资本成本,则

平均贷款利率 = (500/1 500) × 6% + (1 000/1 500) × 10% = 8.67%

WACC = (1 500/3 000) × 15% + (1 500/3 000) × 8.67% × (1 - 25%) = 10.75%

(2) 若以商业票据替代短期贷款,使用5年期贷款利率作为债务资本成本,则

贷款利率 = 10%

WACC = (1 500/2 500) × 15% + (1 000/2 500) × 10% × (1 - 25%) = 12%

第四,企业通过100%举债投资某一项目,其投资的资本成本是多少?如果企业投资项目资金100%为银行借款,那么企业整体的负债比例将因投资项目使用100%的债务资本而提高,整体的资本成本也将上升;同时,企业之所以能够进行100%的债务筹资,主要是因为企业以权益资本或其他有价值的资产为担保。因此,使用全额债务资本的投资项目的资本成本并不能简单地等于银行贷款利率或债券利率,而应等于举债之后企业的加权平均资本成本(WACC)。

(二) 优先股资本成本(K_p)

优先股是一种特殊的权益资本,是一种具有相对明确股利支付率(Specific Rate)的股票。对比普通股,优先股是一种具有优先的利润分配权和清偿权,但没有表决权的股票;对比债券,优先股具有相对更高的收益,但其收益不是强制性的,分红也不能免税,且在分红支付和清偿支付方面没有债权人的优先权。

如何计算优先股的资本成本呢?考虑到优先股的基本特征——股利收益相对稳定,优先股的资本成本 K_p 为:

$$K_p = \frac{D_p}{P(1-F)} \tag{6-4}$$

其中,D_p 是优先股的股利;P 是优先股的发行价格;F 是发行优先股的费用占发行价格的比例,即发行费用率。

例如,DM公司计划发行1 000万元的优先股,每股发行价格为100元,发行费用率为3%,年支付6元/股的股利,则优先股的资本成本为:

$$K_p = \frac{6}{100 \times (1 - 3\%)} = 6.19\%$$

(三) 普通股资本成本(K_S)

普通股是一种典型的权益资本。企业可以使用留存收益进行"内源性权益融资",也可以发行新股进行"外源性权益融资"。那么,如何估算权益资本成本呢?

关于普通股的资本成本,理论上极具挑战性,迄今仍然被认为是一个"谜题"。历史上,先后有多种理论力图解决权益资本成本的计量问题。实践中,企业的财务经理也提出了近似的权益资本成本的估算方法。

1. 股利折现模型

权益资本表现为权益证券——普通股,其所有者拥有对企业支付必要费用之后的剩余现金和收益的索取权,因此企业对股东的投资回报表现为支付现金股利。正如一则英国的谚语所说:"养鸡为了鸡蛋,养蜂为了采蜜,养牛为了牛奶,种植果树为了果实。"因此,投资股票,归根到底,还是为了现金股利。尽管这种说法未必完全正确,或者说有条件地正确,因为股票的一部分收益来自现金股利(DC),另一部分收益则来自股票增值或资本利得。但是,假设企业持续向股东派发现金股利,同时每期股利均按照固定的增长率(g)增长,而且股东长期持有股票,则权益资本成本(K_s)为:

$$P_0 = \frac{DC_1}{(1+K_s)} + \frac{DC_2}{(1+K_s)^2} + \frac{DC_3}{(1+K_s)^3} + \cdots + \frac{DC_t}{(1+K_s)^t} + \cdots \quad (6-5)$$

因为每期股利按照固定的增长率 g 增长,即 $DC_{i+1} = DC_i(1+g)$,有

$$P_0 = \frac{DC_1}{K_s - g} \quad (6-6)$$

$$K_s = \frac{DC_1}{P_0} + g \quad (6-7)$$

其中,P_0 是企业股票的现行价格;DC_1 是预计的下一期每股现金股利;g 是预计的股利增长率。

例如,根据股利折现模型(Dividend Discounted Model,DDM),中国移动 2021 年累计发放的每股现金股利为 4.06 港元,2021 年年末的股票交易价格约为每股 44 港元,若预计 2022 年及以后的股利增长率为 5%,则其权益资本成本为:

$$K_s = \frac{4.06 \times (1 + 5\%)}{44} + 5\% = 14.69\%$$

关于股利折现模型的应用价值以及其估算权益资本成本的准确性,一直存在诸多疑问和批评。主要问题是模型的假设条件与现实不相符,即股利折现模型假设企业每期都把大部分乃至全部盈利以现金股利形式分配给股东,且股利按照固定的比率增长。实际上,多数企业的股利政策不断变化,很难有长期稳定的股利政策,而且企业的盈利能力也会随外部环境变化而变化。自 20 世纪 80 年代中期以来,美国支付现金股利的公司越来越少,股利支付率越来越低;而且,股利政策的形式更加多样化。因此,要准确地预测企业的股利增长率是十分困难的。一般情况下,股利折现模型相对比较适合测算一些高比例分红且分红较为稳定的公用事业类上市公司的股票价值或权益资本成本。

2. 资本资产定价模型

资本资产定价模型(CAPM)是著名财务金融学家威廉·夏普(William Sharpe)1964 年提出的,由于在资产定价方面的创造性贡献,他和哈里·马科维茨(Harry Markowitz)、莫

顿·米勒（Merton Miller）共享了1990年的诺贝尔经济学奖。① CAPM开创了资产定价的新理论，尽管仍存在一些问题，但CAPM是迄今在理论上最严谨、在实践中广获应用的资产定价模型。

CAPM是一个建立在资产收益和风险关系基础上的定价模型。根据CAPM，任何一种风险资产（例如，权益资本或股票）的收益K_s，等于无风险资产的收益R_f加上这种资产承受风险β所应得到的风险补偿或风险溢价(R_m-R_f)，即

$$K_S = R_f + \beta(R_m - R_f) \tag{6-8}$$

其中，β称为"权益的贝塔系数"，简称"贝塔系数"。

根据公司一个期间（周、月、季度、半年或年度）的股票收益率数据和市场平均收益率数据（例如，标准普尔500指数收益率、上海股市综合指数收益率等），运用统计回归分析方法，可以估算出某一公司的贝塔系数（β）。据此，我们可计算每家公司权益资本成本或股票的预期收益率。

例如，从表2-4中获取微软公司最近一年的贝塔系数；同时，以表2-5中1926—2019年长期政府债券收益率作为R_f的替代，以大公司股票平均收益率作为R_m的替代，估计出微软公司2021年的权益资本成本约为：

$$\begin{aligned} K_S &= R_f + \beta(R_m - R_f) \\ &= 5.64\% + 1.24 \times (11.03\% - 5.64\%) \\ &= 12.32\% \end{aligned}$$

在使用CAPM估算企业权益资本成本时，应注意以下几个问题：

第一，贝塔系数β的估计与选择。β是根据上市公司的股票收益率数据和股票市场综合收益率数据计算的估计值，存在一定的统计偏差。同时，许多研究表明，β的估计值随着时间的推移而变化，具有一定程度的不稳定性，因此研究机构和专家提出了多种修正或调整β的方法，使之更具应用价值。② 简便起见，通常选择由权威投资机构发布的权益β来估计企业的权益资本成本。对于非上市企业，可选择"同行业可比企业"的β，或采用其他方法估算权益资本成本。

第二，关于CAPM中其他参数的估计与选择。在运用CAPM估算权益资本成本时，除了涉及β，还涉及资本市场平均收益率（R_m）和无风险资产收益率（R_f），二者之差称为"权益资本风险溢价"（ERP）。理论上，R_m是社会上所有投资的平均收益率，但在实践中无法得到该数据，因此通常用股票市场综合指数收益率来替代。R_f是无风险资产收益率，通常使用短期政府债券（如3个月期国库券）的利率来替代。但有些专家认为：在评

---

① 根据1990年诺贝尔奖的公告：Harry Markowitz is awarded the Prize for having developed the theory of portfolio choice; William Sharpe, for his contributions to the theory of price formation for financial assets, the so-called, Capital Asset Pricing Model (CAPM), and his pioneering achievement in this field was contained in his essay entitled, Capital Asset Prices: A Theory of Market Equilibrium under Conditions of Risk (1964); and Merton Miller, for his fundamental contributions to the theory of corporate finance.

② 参见吴世农（2005）。

价证券投资的效益时,R_f可以以短期政府债券利率作为替代;但在评价长期投资项目的效益时,R_f应以长期政府债券利率作为替代。例如,美国著名的 Ibboston Associates 公司就提供了基于政府短期债券和政府长期债券的风险溢价。此外,不论 R_m 或 R_f 都是根据"长期的平均数据",而不是"短期或当期的数据"测算得出的。如果使用短期数据,就可能出现权益资本风险溢价(R_m-R_f)不稳定或为负值的现象,如图 6-4 和表 6-1 所示。此外,风险溢价存在显著的国别差异,甚至存在行业差异,如图 6-5 所示。

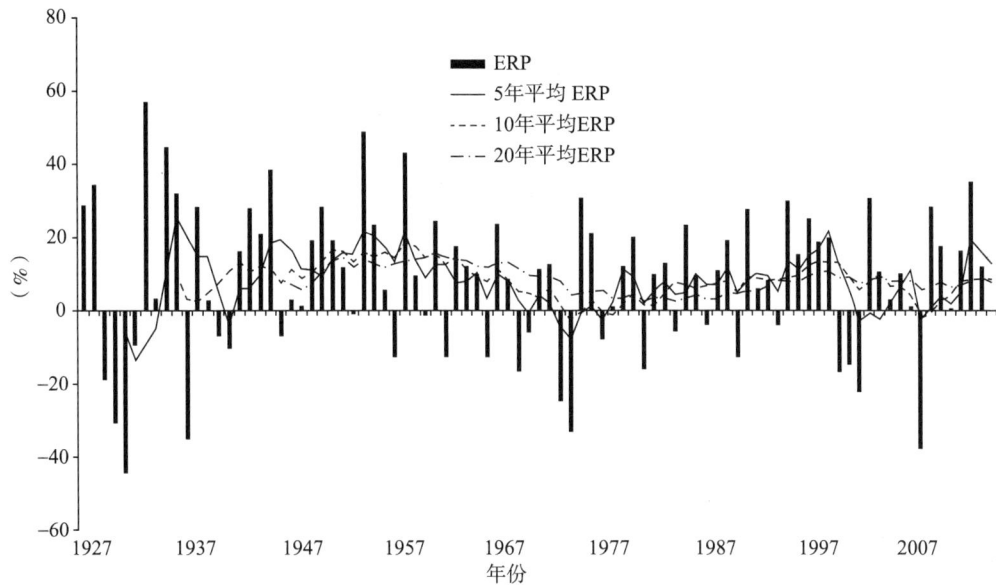

图 6-4　美国股市 1927—2015 年权益资本风险溢价分布情况

资料来源:CRSP 数据库及 Norges Bank Investment Management。

表 6-1　1920—2019 年美国每 10 年的年化收益率　　　　　　　　　单位:%

项目	1920—1929 年	1930—1939 年	1940—1949 年	1950—1959 年	1960—1969 年	1970—1979 年	1980—1989 年	1990—1999 年	2000—2009 年	2010—2019 年
大公司股票	19.20	-0.10	9.20	19.40	7.80	5.90	17.60	18.20	-0.90	14.00
小公司股票	-4.50	1.40	20.70	16.90	15.50	11.50	15.80	15.10	6.30	13.60
长期公司债券	5.20	6.90	2.70	1.00	1.70	6.20	13.00	8.40	7.60	8.40
长期政府债券	5.00	4.90	3.20	-0.10	1.40	5.50	12.60	8.80	7.70	7.40
国库券	3.70	0.60	0.40	1.90	3.90	6.30	8.90	4.90	2.80	0.60
通货膨胀率	-1.10	-2.00	5.40	2.20	2.50	7.40	5.10	2.90	2.50	1.80

资料来源:2012 年 6 月 27 日研究报告:The Longest Pictures by Michael Hartnett, Kate Moore, Brian Leung, Swathi Putcha,美国银行美林全球权益战略部,以及 Portfolio Visualizer(https://www.portfoliovisualizer.com/historical-asset-class-returns)。

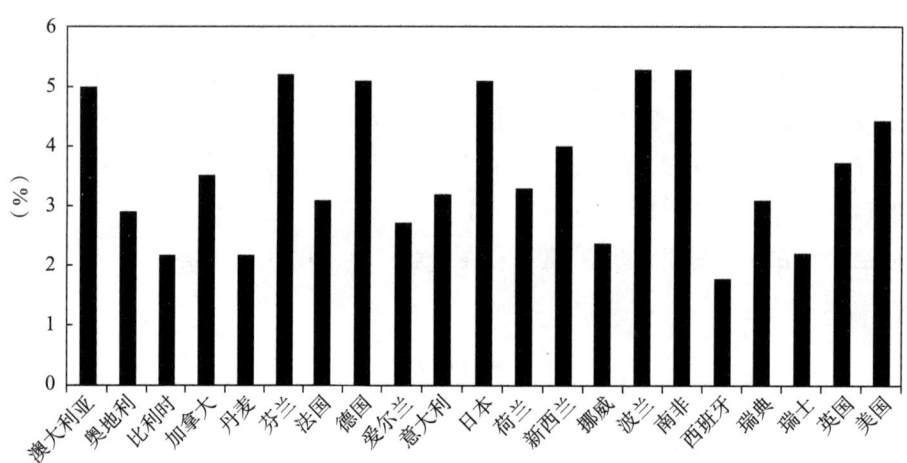

图 6-5　1900—2017 年 21 个主要国家的平均权益资本风险溢价

资料来源：Dimson et al.(2018)。

第三，负债比例对权益 β 的影响。负债比例高低会影响到企业的权益 β，进而影响企业的权益资本成本。根据不同类型的数据估算出来的 β，其含义和应用条件不同。利用股票收益数据估算的 β 称为"权益 β"，用于估算"权益资本成本"。对于一个既有债务资本又有权益资本的企业，其整体资产的 β 是"权益 β"和"负债 β"的加权平均数。在实践中，由于"负债 β"很小，几乎接近 0，同时财务杠杆型企业的[权益/(负债+权益)]小于 1，因此"权益 β">"资产 β"，即

$$\beta_{资产} = \beta_{负债} \times \frac{负债}{负债 + 权益} \times (1 - T) + \beta_{权益} \times \frac{权益}{负债 + 权益} \quad (6\text{-}9)$$

设 $\beta_{负债} = 0$，所以

$$\beta_{资产} = \beta_{权益} \times \frac{权益}{负债 + 权益}$$

$$\beta_{权益} = \beta_{资产} \times \left(1 + \frac{负债}{权益}\right)$$

或

$$\beta_{资产} = \beta_{权益} \bigg/ \left(1 + \frac{负债}{权益}\right) \quad (6\text{-}10)$$

可见，在 $\beta_{资产}$ 固定的情况下，(负债/权益)值越大，$\beta_{权益}$ 越高，企业的权益资本成本越高；在 $\beta_{权益}$ 固定的情况下，(负债/权益)值越大，$\beta_{资产}$ 越低，企业的权益资本成本越高。在评价投资项目效益的实践中，应直接使用 $\beta_{权益}$ 估计权益资本成本。

(四) 加权平均资本成本

投资项目的资本成本等于多少呢？企业投资项目的资本来源包括负债和权益，因此企业投资项目的资本成本是其筹资的加权平均资本成本(WACC)，即

$$\text{WACC} = 筹资方案中的负债比例 \times K_d(1 - T) + 筹资方案中的权益比例 \times K_s \quad (6\text{-}11)$$

在确定投资项目的加权平均资本成本时,应注意以下几个问题:

第一,有人认为,根据 WACC 的计算公式,当企业以权益融资进行投资时,投资项目的资本成本等于权益资本成本;当企业以债务融资进行投资时,投资项目的资本成本等于债务资本成本。这种做法可能会产生偏差,为什么呢? 其一,投资项目之所以能够举债投资,一般是因为债权人将企业原有的资产或权益作为抵押或担保物,由此直接将债务资本成本作为投资项目的资本成本将低估项目实际的资本成本,高估项目的财务效益;其二,投资项目之所以能使用 100% 的权益资本,一般是因为企业的负债处于偏高状态,由此直接将权益资本成本作为投资项目的资本成本将高估项目的资本成本,低估项目的财务效益。总之,因为项目的资本成本是项目为满足投资者的预期回报所必须创造的现金收益,所以我们建议在这种情况下,将项目的资本归入企业整体的资本,重新计算企业的 WACC 作为项目的资本成本。

第二,当投资项目的筹资结构与企业的资本结构相同,且投资项目的风险等级与企业当前资产的风险等级相同时,我们建议投资项目的资本成本可以使用企业的 WACC,即

$$\text{WACC} = \frac{\text{企业负债的市场价值}}{\text{企业的市场价值}} \times K_d(1-T) + \frac{\text{企业权益的市场价值}}{\text{企业的市场价值}} \times K_s \quad (6-12)$$

其中,

企业的市场价值 = 企业负债的市场价值 + 企业权益的市场价值

但是,当投资项目的筹资结构与企业的资本结构差异较大,且投资项目的风险等级与企业当前资产的风险等级不同时,我们建议投资项目的资本成本可以使用项目和企业二者"加权平均"的 WACC。

第三,无论是项目的 WACC 还是企业的 WACC,理论上都必须使用"市场价值"而不是"账面价值"来确定权益与负债的比例。

第四,多元化经营企业的风险比较低,企业的 WACC 也比较低。当一个投资项目的 WACC 高于企业的 WACC 时,我们建议使用投资项目的 WACC 来评价投资项目的效益。

二、货币时间价值

所谓的"货币时间价值"(Time Value of Money),指的是不同时间的货币不等值。通俗地说,昨天的一元钱不等于今天的一元钱。货币之所以具有时间价值,是因为货币作为资本可以通过投资获取收益,而资本具有机会成本。立足未来或立足现在看货币的价值,货币时间价值有两种类型:一是"终值",二是"现值"。

1. 终值

假设你年初获得 1 000 元,并将这笔收入投资于一个项目或存入银行,期限为 5 年,年收益率为 10%。第 1 年年末到第 5 年年末,你都可以获得 100 元的收益。在这 5 年期间,历年末的"终值"(Future Value,FV)包括"本金"和"利息"。由于利息可分为单利和复利,因此终值可分为"单利终值"和"复利终值",如表 6-2 所示。

表 6-2　单利终值和复利终值的计算比较

	单利	复利
第 1 年年末的终值	$1\,000(1+1\times10\%)=1\,100$	$1\,000(1+10\%)^1=1\,100$
第 2 年年末的终值	$1\,000(1+2\times10\%)=1\,200$	$1\,000(1+10\%)^2=1\,210$
第 3 年年末的终值	$1\,000(1+3\times10\%)=1\,300$	$1\,000(1+10\%)^3=1\,331$
第 4 年年末的终值	$1\,000(1+4\times10\%)=1\,400$	$1\,000(1+10\%)^4=1\,464.10$
第 5 年年末的终值	$1\,000(1+5\times10\%)=1\,500$	$1\,000(1+10\%)^5=1\,610.51$
第 t 年年末的终值	**$FV=1\,000(1+t\times10\%)$**	**$FV=1\,000(1+10\%)^t$**

可见,所谓的终值,是指在未来某年末你的投资值多少钱。更一般地,我们可以写出终值 FV 的计算公式:

单利终值:
$$FV = M(1+tk) \tag{6-13}$$

复利终值:
$$FV = M(1+k)^t = M(\text{FVIF}_{k,t}) \tag{6-14}$$

其中,M 表示期初的投资额;k 表示每期的投资收益率;t 表示期数($t=1,2,3,\cdots,n$);$\text{FVIF}_{k,t}$ 称为"终值利率系数"(Future Value Interest Factor)。

2. 现值

假设你于第 5 年年末获得 1 000 元,年收益率为 10%。那么,站在第一年年初(现在)这个时间点来看,这 1 000 元的价值是多少。其"现值"(Present Value,PV)可以分为"单利现值"和"复利现值",如表 6-3 所示。

表 6-3　单利现值和复利现值的计算比较

	单利	复利
第 5 年年初的现值	$1\,000/(1+1\times10\%)=909.09$	$1\,000/(1+10\%)^1=909.09$
第 4 年年初的现值	$1\,000/(1+2\times10\%)=833.33$	$1\,000/(1+10\%)^2=826.45$
第 3 年年初的现值	$1\,000/(1+3\times10\%)=769.23$	$1\,000/(1+10\%)^3=751.31$
第 2 年年初的现值	$1\,000/(1+4\times10\%)=714.29$	$1\,000/(1+10\%)^4=683.01$
第 1 年年初的现值	$1\,000/(1+5\times10\%)=666.67$	$1\,000/(1+10\%)^5=620.92$
第 t 年年末收益的现值	**$PV=1\,000/(1+t\times10\%)$**	**$PV=1\,000/(1+10\%)^t$**

同理,我们可以写出现值 PV 的计算公式:

单利现值:
$$PV = \frac{M}{1+tk} = M \times \frac{1}{1+tk} \tag{6-15}$$

复利现值:
$$PV = \frac{M}{(1+k)^t} = M \times \frac{1}{(1+k)^t} = M(\text{PVIF}_{k,t}) \tag{6-16}$$

其中,M 表示期末的收益;k 表示每期的投资收益率;t 表示期数($t=1,2,3,\cdots,n$);$\text{PVIF}_{k,t}$ 称为"现值利率系数"(Present Value Interest Factor)。

无论是从财务理论还是实践看,复利终值和复利现值都更符合现实、更具有应用价值。图 6-6 是复利终值的示意图,图 6-7 是复利现值的示意图。

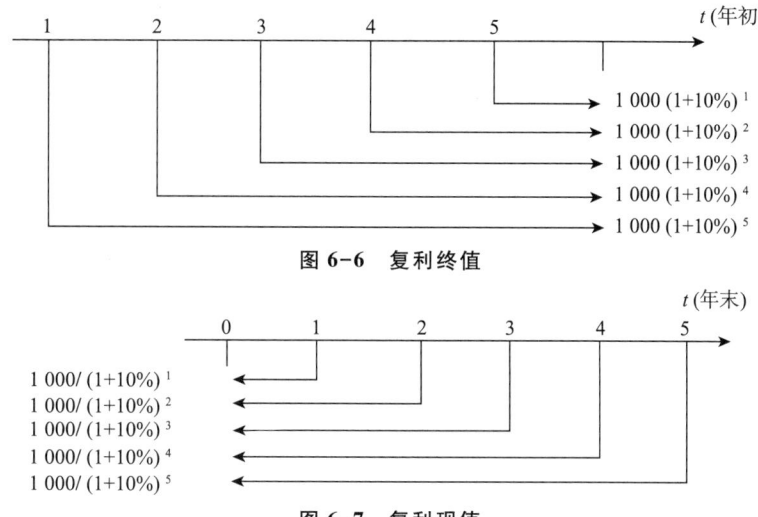

图 6-6 复利终值

图 6-7 复利现值

3. 复利终值年金

每期的复利终值累计起来,其结果表示每期期初投入一笔资金 M,收益率为 k,到了第 n 期期末,共计

$$S = M(1+k)^1 + M(1+k)^2 + \cdots + M(1+k)^n$$
$$= M\sum_{t=1}^{n}(1+k)^t$$
$$= M(\text{FVIFA}_{k,n}) \qquad (6-17)$$

其中,$\text{FVIFA}_{k,n}$ 就是"复利终值年金"(Future Value Interest Factor for an Annuity,FVIFA);S 称为"累计复利终值"。

例如,根据表 6-2,如果每年年初都投资 1 000 元,那么 5 年的累计复利终值为:

$$S = 1\,000(1+10\%)^1 + 1\,000(1+10\%)^2 + \cdots + 1\,000(1+10\%)^5$$
$$= 1\,000\sum_{t=1}^{5}(1+10\%)^t$$
$$= 1\,000 \times 6.71561$$
$$= 6\,715.61(\text{元})$$

4. 复利现值年金

每期的复利现值累计起来,其结果表示每期末收到一笔资金 M,收益率为 k,到第 n 期期末所有资金的初始现值共计为:

$$A = M\frac{1}{(1+k)^1} + M\frac{1}{(1+k)^2} + \cdots + M\frac{1}{(1+k)^n}$$
$$= M\sum_{t=1}^{n}\frac{1}{(1+k)^t}$$
$$= M(\text{PVIFA}_{k,n}) \qquad (6-18)$$

其中,$PVIFA_{k,n}$就是"复利现值年金"(Present Value Interest Factor for an Annuity,PVIFA);A称为"累计复利现值"。

例如,根据表6-3,如果每年年末都投资1 000元,那么5年的累计复利现值是:

$$A = 1\,000\,\frac{1}{(1+10\%)^1} + 1\,000\,\frac{1}{(1+10\%)^2} + \cdots + 1\,000\,\frac{1}{(1+10\%)^5}$$

$$= 1\,000\sum_{t=1}^{5}\frac{1}{(1+10\%)^t}$$

$$= 1\,000 \times 3.79079$$

$$= 3\,790.79(元)$$

三、资本成本和货币时间价值在投资项目评价中的作用

资本成本和货币时间价值是投资项目经济效益评价中的两个基础理论问题。我们知道,在决定投资后,企业要按照筹资计划进行筹资,并按照建设计划进行投资,包括购买土地、基建、购买设备、安装、调试、试产等,从而形成现金流出。试产成功后,就可按照经营计划,购买原材料、燃料和配件等,支付相关人员工资,支付其他各类费用,并正式投产,产品经检验合格后即可在市场上销售,从而产生现金流动。从整个过程来看,先后发生了现金流出和现金流入,并最终形成"经营净现金"。

根据投资项目现金流的发生和形成过程,现金流的典型模式如图6-8所示。

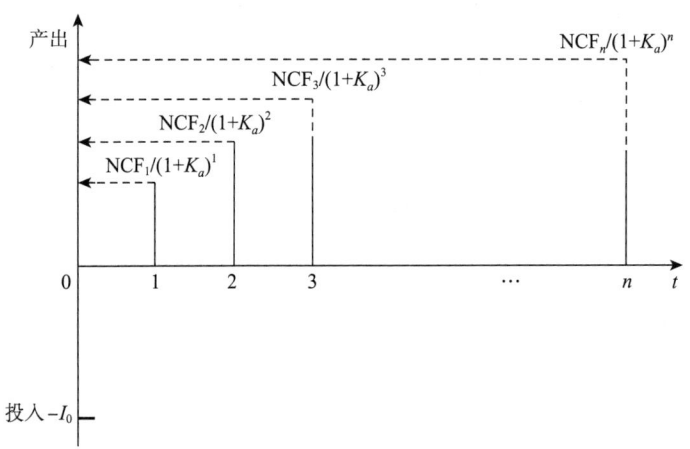

图6-8 投资项目现金流

投资项目的经济效益是投资收益和投资支出之差。由图6-8可知:在投资初期,投资项目发生了一笔"一次性"的投资支出或现金流出①,即投资总额(I_0);在项目正式投产之后,投资项目每年都可以获得一笔经营净现金(NCF=现金流入-现金流出=净利润+折旧+摊销-营运资本需求量)。但是,投资项目在项目周期内每年所产生的经营净现金在时间上不等值,而且投资支出与经营净现金在时间上也不等值。正因为如此,我们不能简单地将各年的经营净现金加总,并与投资总额作对比。由此可见,投资项目的资本成

---

① "一次性"是一种理论假设或相对的提法,是指在投资期间内只发生一次投资。但实际上,投资额可能发生在1年中,也可能发生在2—3年间。

本(WACC=K_a)在投资项目效益评价过程中的作用在于它将不同时间获得的经营净现金转化为同一时间的经营净现金,即运用"复利现值",将未来不同年份的经营净现金统一转化为当前投资年份(第0年)的货币价值,从而使得不同年份的经营净现金具有"可比性"和"可加性",其累计结果代表投资项目的产出或收益,可以直接与投资支出(投资总额)进行对比。其中,投入=I_0,产出=$\sum_{t=1}^{n}\frac{\text{NCF}_t}{(1+K_a)^t}$。产出大于投入,说明投资项目具有经济效益;反之,投入大于产出,说明投资项目不具有经济效益。

第三节 投资项目的财务报表编制及财务效益和风险评价

一、投资项目的财务报表编制

投资项目的财务报表主要包括投资总额测算表、利润表、现金流量表、资产负债表、还贷计划表(还本付息计划表)。其中,投资总额测算表、现金流量表和还贷计划表最为重要。这些报表的编制,实际上是基于三方面的参数:(1)市场参数,包括销售价格、销售量及其变化趋势,主要原材料价格等;(2)财务参数,包括各项费用占营业收入的比例、折旧率等;(3)技术和工艺参数,包括各项设备投资费用、基建价格等。这三类参数主要依据市场分析、同类投资项目的有关收入和成本数据、筹资方案和工艺技术方案进行估计与测算而得。那么,如何依据市场调研、建设规划、财务方案选择的参数,编制投资项目的投资总额测算表和现金流量表呢?下面,我们以厦门IAP集团投资一家五星级酒店为例,说明这两张报表的编制过程。

(一)投资项目的投资总额测算①

厦门IAP集团计划投资建造一个高级酒店,面积为4.5万平方米,酒店共计350个标准间和若干服务设施,提供住宿、餐饮、酒吧、康乐、会议五大服务项目。

根据建设方案,酒店的总投资包括土地使用费、建筑和安装工程、室内装饰工程、经营所需的设施、后勤设施、开办费、建设期利息、不可预见费等固定资产投资和营运资本,预算总投资4.4亿元,其中固定资产投资4.3亿元、营运资本1 000万元。表6-4是IAP酒店的固定资产投资总额测算表。

表6-4 IAP酒店的固定资产投资总额测算表　　　　　　　　单位:万元

项目	投资费用	测算依据
1. 项目前期费用	100	根据前期立项投入、可行性研究等费用率测算
2. 勘察和设计费	400	设施建安费用的2.5%测算
3. 土地使用费	20 000	招标价格除以占地面积
4. 主体设施建安费用	16 000	根据设计方案和询价结果测算,包括建筑、装修等设备系统

---

① 项目测算中各阶段的合计数有进位误差,忽略不调整。

(单位:万元) (续表)

项目	投资费用	测算依据
5. 外部设施建筑费用	3 000	景观、喷泉、草坪、广场、停车场、广告装饰等
6. 建筑各种税费	1 500	招标、报建、验收、消防、监理、防震、环保、项目管理等
7. 不可预见费	1 000	除土地使用费、利息、税费外的各种建筑费用(2亿元)的5%
8. 建设期间借款的利息	1 000	银行借款2亿元,期限1年,利率5%
合计	43 000	
9. 营运资本	1 000	根据同类酒店总投资中营运资本占比测算
总计	44 000	

为了顺利完成酒店投资建设,初步的筹资方案为:银行贷款2亿元,占45.5%,银行贷款利率为5%;权益资本2.4亿元,占54.5%,权益资本成本为10%。酒店地处厦门经济特区,所得税税率为15%。

(二)投资项目的利润表和现金流量表

根据市场调研,预计房价650元/天。参照厦门市高档酒店的客房入住率65%和日均其他营业收入(餐饮收入、酒吧收入、会议服务设施收入、康乐设施服务收入),预计第一年IAP酒店的日营业收入为22.75万元(其中客房收入为14.79万元,其他收入为7.96万元),第1年全年营业收入为8 304万元,其中客房收入占65%、餐饮收入占25%、酒吧收入占5%、会议收入等占5%。投资经营期限为40年,年销售额的变化趋势为:第1—3年的年增长率为5%,第4—10年的年增长率为10%,第11—35年稳定,第36—40年每年下降5%。

同时,根据市场调研以及对几个典型五星级酒店的收入和成本资料分析,各种成本和费用的计算依据与变动趋势如表6-5所示。表6-5同时对各种费用的性质进行分析和分类,将其区分为变动成本和固定成本。其中,

年固定成本 = 固定工资福利 + 固定能源动力费 + 固定维修保养费用 + 固定综合管理费 + 折旧和摊销 + 利息

表6-5 五星级酒店收入和成本结构预测

序号	项目	计算和预测依据	第1年(万元)	趋势分析
1	营业收入		8 304	第1—3年的年增长率为5%,第4—10年的年增长率为10%,第11—35年稳定,第36—40年每年下降5%
1-1	客房收入	客房数为350个标准间;住房率为65%;房价为650元/天,日均收入为14.79万元;占年营业收入的65%	5 397	
1-2	餐饮收入	占年营业收入的25%	2 076	
1-3	酒吧收入	占年营业收入的5%	415	
1-4	其他收入	占年营业收入的5%	415	

(续表)

序号	项目	计算和预测依据	第1年(万元)	趋势分析
2	营业税及附加	根据税法等规定,占年营业收入的5.5%	457	税费率稳定不变
3	营业成本		1 432	占营业收入比例稳定不变
3-1	客房成本	占客房收入的10%	540	
3-2	餐饮成本	占餐饮收入的40%	830	
3-3	酒吧成本	占酒吧收入的10%	42	
3-4	其他成本	占其他收入的5%	21	
4	工资福利	4—5星级酒店员工人数约525(按1:1.5配置),据调查,厦门4—5星级酒店员工每月固定的工资福利费约2 500元/人。因此,每年固定的工资福利费约为1 575万元。变动的工资福利费按营业额的3%提取,即第1年为249万元。由此,第1年工资福利共计1 824万元	1 824	占营业收入的比例稳定不变;固定工资福利占比稳定不变
5	水电能源动力	包括水电费、燃料费等。根据厦门市现有能源价格,经计算,固定水电能源费用为600万元/年;变动能源费用为营业额的2%,即第1年为166万元。由此,第1年水电能源动力费共计766万元	766	固定能源动力费稳定不变,变动能源动力费占营业收入的比例稳定不变
6	维修保养费	包括设备维修费、保养费等。其中:固定部分设备基本维修保养费为70万/年;变动部分随营业额的变动而变动,每年为当年营业额的3%,即第1年为249万元。由此,第1年维修保养费共计319万元	319	固定维修保养费每年70万元;变动维修保养费每年占营业额的比例稳定不变
7	酒店管理公司费用	营业收入的4%,属于使用名牌酒店商号,按年支付给酒店管理公司的费用	332	占营业收入的比例稳定不变

(续表)

序号	项目	计算和预测依据	第1年(万元)	趋势分析
8	折旧和摊销	按照会计制度,本项目的固定资产(含建设期间的开办费等)的折旧和摊销按直线法计提,预留10%残值,折旧年限统一为40年。由此,折旧和摊销每年计968万元	968	
9	综合管理费	包括办公费、邮电通信费、应酬费、差旅费、印刷费、保险费、低值易耗品、属于管理费用范畴的税金等,根据酒店惯例,结合厦门市实际情况取值。固定综合管理费为400万元/年,变动综合管理费为营业收入的2%,即第1年为166万元。由此,第1年综合管理费共计566万元	566	固定综合管理费不变,变动综合管理费占营业收入的比例稳定不变
10	营销费用	由于酒店在经营前期投入的广告和营销费用较多,第1～5年为营业收入的3%,此后每年为营业收入的2%	249	占营业收入的比例稳定不变
11	财务费用	筹资方案为2亿元的资金来自银行贷款,年利率为5%,预计贷款周期为10年	1 000	利率不变
12	总成本		7 457	
12-1	固定成本	固定工资福利+固定能源动力费+固定维修保养费+固定综合管理费+折旧和摊销+利息	4 613	
12-2	变动成本	总成本-变动成本	2 844	
13	税前利润	营业收入-营业税及附加-总成本	391	
14	所得税(15%)	税前利润×15%	59	
15	税后利润	税前利润-所得税	332	

注:自2016年5月1日起,我国全面推开营业税改征增值税的试点工作,建筑业、房地产业、金融业、生活服务业等全部营业税纳税人被纳入试点范围,由缴纳营业税改为缴纳增值税,"营业税及附加"这一会计科目随之更改为"税金及附加",核算内容不再包括营业税。由于本案例依据真实企业案例改编而成,实际发生时间位于"营改增"前,为了还原案例真实场景,保留营业税及附加项进行分析。

根据表6-5,可以编制投资项目的利润表和现金流量表,结果如表6-6(A)和表6-6(B)所示。需要注意的是,我们在使用间接法计算投资IAP酒店每年的经营净现金（NCF_t）时,有两种不同的经营净现金:一是"会计经营净现金",二是"项目经营净现金"。在假定"营运资本需求变动量=0"的情况下,其计算公式如下[①]:

$$会计经营净现金 = 净利润 + 折旧 + 摊销 + 利息 \quad (6-19)$$

$$项目经营净现金 = EBIT(1-T) + 折旧 + 摊销 \quad (6-20)$$

投资 IAP 酒店 40 年间每年的"项目经营净现金"如图 6-9 所示。表 6-6(A)和表 6-6(B)显示了评价投资项目财务效益所需的最重要的三类数据:一是投资项目每年的净利润;二是投资项目每年的固定成本和变动成本;三是投资项目每年的经营净现金。

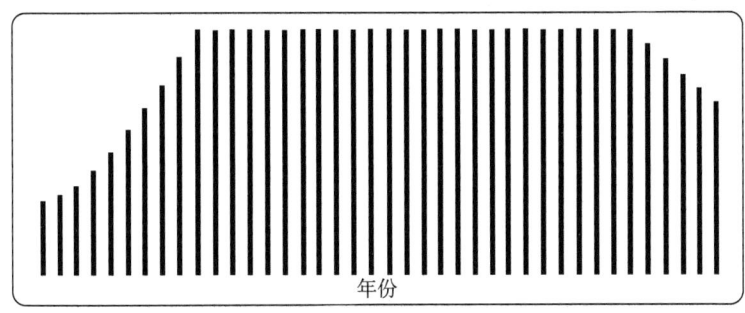

图 6-9 厦门 IAP(五星)酒店投资项目 40 年的经营净现金

二、投资项目的财务效益评价

根据投资项目主要财务报表的数据,就可以评价投资项目的财务效益。如何评价一个投资项目的财务效益呢?一般来说,投资项目财务效益的主要评价指标有保本点、保利点、累计折现回收期、脱险回收期、净现值和内含报酬率。

(一)保本点

我们知道,当投资项目的营业收入等于总成本时,该投资项目既不亏损,也无盈利。因此,所谓的保本点,就是当投资项目营业收入等于总成本时求出的销售量或业务量,即

$$营业收入 = 总成本$$
$$销售价格 \times 销售量 = 总变动成本 + 总固定成本 \quad (6-21)$$
$$= 销售量 \times 单位产品变动成本 + 总固定成本$$

根据公式(6-21)得出的销售量就是保本点,即

$$保本销售量 = \frac{总固定成本}{销售价格 - 单位产品变动成本}$$
$$= \frac{总固定成本}{单位产品贡献毛益} \quad (6-22)$$

---

① 公式(6-19)和(6-20)的主要区别在于公式(6-20)没有考虑利息×所得税税率,即利息的节税效应。这是因为在进行现金流折现时,利息的节税效应已经体现在 WACC 的计算中了。

表 6-6(A) 厦门 IAP(五星)酒店第 1—40 年的收入、成本和利润测算

单位:万元

项目	建设期		经营期															
	-1 年	0 年	1 年	2 年	3 年	4 年	5 年	6 年	7 年	8 年	9 年	10 年	11—35 年	36 年	37 年	38 年	39 年	40 年
营业收入			8 304	8 719	9 155	10 070	11 077	12 185	13 404	14 744	16 218	17 840	17 840	16 948	16 101	15 296	14 531	13 804
客房收入			5 397	5 667	5 951	6 546	7 200	7 920	8 712	9 584	10 542	11 596	11 596	11 016	10 466	9 942	9 445	8 973
餐饮收入			2 076	2 180	2 289	2 518	2 769	3 046	3 351	3 686	4 055	4 460	4 460	4 237	4 025	3 824	3 633	3 451
酒吧收入			415	436	458	504	554	609	670	737	811	892	892	847	805	765	727	690
其他收入			415	436	458	504	554	609	670	737	811	892	892	847	805	765	727	690
营业税及附加			457	480	504	554	609	670	737	811	892	981	981	932	886	841	799	759
营业净收入			7 847	8 239	8 651	9 517	10 468	11 515	12 666	13 933	15 326	16 859	16 859	16 016	15 215	14 455	13 732	13 045
营业成本			1 432	1 504	1 579	1 737	1 911	2 102	2 312	2 543	2 798	3 077	3 077	2 924	2 777	2 639	2 507	2 381
客房成本			540	567	595	655	720	792	871	958	1 054	1 160	1 160	1 102	1 047	994	945	897
餐饮成本			830	872	915	1 007	1 108	1 219	1 340	1 474	1 622	1 784	1 784	1 695	1 610	1 530	1 453	1 380
酒吧成本			42	44	46	50	55	61	67	74	81	89	89	85	81	76	73	69
其他成本			21	22	23	25	28	30	34	37	41	45	45	42	40	38	36	35
工资福利			1 824	1 837	1 850	1 877	1 907	1 941	1 977	2 017	2 062	2 110	2 110	2 083	2 058	2 034	2 011	1 989
固定工资福利			1 575	1 575	1 575	1 575	1 575	1 575	1 575	1 575	1 575	1 575	1 575	1 575	1 575	1 575	1 575	1 575
变动工资福利			249	262	275	302	332	366	402	442	487	535	535	508	483	459	436	414

(单位：万元)（续表）

项目	建设期		经营期																
	-1年	0年	1年	2年	3年	4年	5年	6年	7年	8年	9年	10年	11—35年	36年	37年	38年	39年	40年
水电能源			766	774	783	801	822	844	868	895	924	957	957	939	922	906	891	876
固定水电能源			600	600	600	600	600	600	600	600	600	600	600	600	600	600	600	600
变动水电能源			166	174	183	201	222	244	268	295	324	357	357	339	322	306	291	276
维修保养费用			319	332	345	372	402	436	472	512	557	605	605	578	553	529	506	484
固定费用			70	70	70	70	70	70	70	70	70	70	70	70	70	70	70	70
变动费用			249	262	275	302	332	366	402	442	487	535	535	508	483	459	436	414
酒店管理公司费用			332	349	366	403	443	487	536	590	649	714	714	678	644	612	581	552
折旧和摊销			968	968	968	968	968	968	968	968	968	968	968	968	968	968	968	968
综合管理费用			566	574	583	601	622	644	668	695	724	757	757	739	722	706	691	676
固定费用			400	400	400	400	400	400	400	400	400	400	400	400	400	400	400	400
变动费用			166	174	183	201	222	244	268	295	324	357	357	339	322	306	291	276
营销费用			249	262	275	302	332	244	244	295	324	357	357	339	322	306	291	276
利息	1 000	1 000	1 000	1 000	1 000	1 000	1 000	1 000	1 000	1 000	1 000	0	0	0	0	0	0	0
总成本	7 457	7 599	7 748	8 062	8 407	8 664	9 069	9 515	10 005	9 544	9 544	9 248	8 966	8 698	8 444	8 202		

(续表)

(单位：万元)

项目	建设期		经营期														
	-1年	0年	1年	2年	3年	4年	5年	6年	7年	8年	9年	10年	11—35年	36年	37年	38年	39年	40年
其中：固定成本			4 613	4 613	4 613	4 613	4 613	4 613	4 613	4 613	4 613	4 613	3 613	3 613	3 613	3 613	3 613	3 613
变动成本			2 844	2 986	3 136	3 449	3 794	4 052	4 457	4 902	5 393	5 932	5 932	5 635	5 354	5 086	4 832	4 590
税前利润			391	641	903	1 455	2 062	2 851	3 597	4 418	5 321	7 315	7 315	6 768	6 249	5 756	5 288	4 843
所得税(15%)			59	96	135	218	309	428	540	663	798	1 097	1 097	1 015	937	863	793	726
净利润			332	545	768	1 237	1 752	2 423	3 058	3 755	4 523	6 217	6 217	5 753	5 312	4 893	4 495	4 116

表 6-6(B) 厦门 IAP (五星) 酒店第 1—40 年的经营性现金测算

单位：万元

	建设期		经营期														
	-1年	0年	1年	2年	3年	4年	5年	6年	7年	8年	9年	10年	11—35年	36年	37年	38年	39年	40年
EBIT			1 391	1 641	1 903	2 455	3 062	3 851	4 597	5 418	6 321	7 315	7 315	6 768	6 249	5 756	5 288	4 843
折旧摊销			968	968	968	968	968	968	968	968	968	968	968	968	968	968	968	968
EBITDA			2 358	2 608	2 871	3 422	4 029	4 818	5 565	6 386	7 289	8 282	8 282	7 736	7 217	6 724	6 255	5 810
经营净现金			2 149	2 362	2 585	3 054	3 570	4 241	4 875	5 573	6 341	7 185	7 185	6 721	6 279	5 860	5 462	5 084
固定资产投资	-25 000	-18 000																4 300
营运资本投入		-1 000																1 000

注：项目经营净现金＝EBIT(1－T)＋折旧＋摊销。假设 40 年后固定资产残值 4 300 万元及营运资本 1 000 万元如数回收。

将公式(6-22)两边乘以销售价格,就可以得到保本销售(营业)收入,即

$$保本销售量 \times 销售价格 = \frac{总固定成本}{单位产品贡献毛益} \times 销售价格$$

$$保本销售(营业)收入 = \frac{总固定成本}{单位产品贡献毛益/销售价格}$$

$$= \frac{总固定成本}{单位产品贡献毛益率}$$

$$= \frac{总固定成本}{1 - 变动成本率} \quad (6-23)$$

其中,

$$变动成本率 = \frac{单位产品变动成本}{销售价格} = \frac{总变动成本}{销售(营业)收入}$$

在投资分析和决策中,当投资项目的保本点低于项目的设计能力时,表明该项目可行,反之不可行。投资项目的保本点与其设计能力之比越小,说明项目盈利能力和抗风险能力越强,反之越低。

假设 YIB 公司投资 1 200 万元生产两种产品,其中权益投资 800 万元,预期权益收益率为 15%;贷款 400 万元,利率为 6%。投资项目的设计生产能力为 A 产品 150 万件/年,B 产品 200 万件/年。所得税税率为 25%。经过市场调查和成本核算:A、B 产品的有关价格和成本资料如表 6-7 所示。根据表 6-7 可计算出 A、B 产品的保本销售量和保本销售收入,即

A 产品的保本销售量 = 300/4 = 75(万件)

B 产品的保本销售量 = 600/6 = 100(万件)

A 产品的保本销售收入 = 300/40% = 750(万元)

B 产品的保本销售收入 = 600/50% = 1 200(万元)

表 6-7　YIB 公司投资项目的成本和价格测算

产品	价格(元/件)	单位产品变动成本(元/件)	总固定成本(万元)	单位产品贡献毛益(元/件)	单位产品贡献毛益率(%)	保本销售量(万件)	保本销售收入(万元)
A	10	6	300	4	40	75	750
B	12	6	600	6	50	100	1 200

以上仅仅是测算 A、B 产品各自的保本销售量和保本销售收入,在此基础上,还可以进一步测算整个投资项目的保本销售量和保本销售收入。在测算整个投资项目的保本销售量和保本销售收入时,需要增加一项预测资料——A、B 产品的预计销售量。假设市场调查结果表明 A 产品的预计销售量为 80 万件,B 产品的预计销售量为 90 万件,则可以通过 A、B 产品的销售占比,计算二者的综合贡献毛益率,即

$$综合贡献毛益率 = A产品销售收入占比 \times A产品贡献毛益率 +$$
$$B产品销售收入占比 \times B产品贡献毛益率 \qquad (6-24)$$

根据公式(6-24),YIB公司投资项目的综合贡献毛益率为:

$$\frac{80 \times 10}{80 \times 10 + 90 \times 12} \times 40\% + \frac{90 \times 12}{80 \times 10 + 90 \times 12} \times 50\% = 45.74\%$$

因此,该投资项目综合保本销售收入是:

$$\frac{总固定成本}{综合贡献毛益率} = \frac{300 + 600}{45.74\%} = 1\,967.64\,(万元)$$

其中,　　A产品保本销售收入 = 1 967.64 × 42.6% = 838.22(万元)
　　　　　A产品保本销售量 = 838.22/10 = 83.82(万件)
　　　　　B产品保本销售收入 = 1 967.64 × 57.4% = 1 129.43(万元)
　　　　　B产品保本销售量 = 1 129.43/12 = 94.12(万件)

对于IAP酒店投资项目,其业务有住宿、餐饮、酒吧、会议服务等,无法测算项目的保本量,只能测算其保本营业收入。那么,如何计算有多种业务投资项目的保本营业收入呢?通常有两种方法:一是平均法,即求出所有年份的平均固定成本、平均变动成本和贡献毛益率,再计算出平均保本点;二是正常年份法,即取正常年份的固定成本、变动成本和贡献毛益率的数据,再计算出正常保本点。根据表6-6(A)的数据,考虑到营业税,IAP酒店的保本营业收入为:

$$年保本营业收入 = \frac{固定成本}{1 - 变动成本率} \qquad (6-25)$$

其中,

$$变动成本率 = \frac{总变动成本}{营业收入}$$

$$IAP酒店平均保本营业收入 = \frac{\sum 各年保本营业收入}{40} = 6\,281\,(万元)$$

$$IAP酒店平均营业收入 = \frac{\sum 各年营业收入}{40} = 16\,110\,(万元)$$

$$IAP酒店平均保本比率 = \frac{6\,281}{16\,110} = 38.99\%$$

其中,各年保本营业收入如表6-8所示;各年营业收入来自表6-6(A)。

表6-8　厦门IAP五星酒店项目保本营业收入测算　　　　　　　金额单位:万元

项目	第1年	第2年	第3年	第4年	第5年	第6年	第7年	第8年
营业收入	8 304	8 719	9 155	10 070	11 077	12 185	13 404	14 744
总固定成本	4 613	4 613	4 613	4 613	4 613	4 613	4 613	4 613
经营性固定成本	3 613	3 613	3 613	3 613	3 613	3 613	3 613	3 613
变动成本	2 844	2 986	3 136	3 449	3 794	4 052	4 457	4 902

(金额单位:万元) (续表)

项目	第1年	第2年	第3年	第4年	第5年	第6年	第7年	第8年
变动成本率(%)	34.25	34.25	34.25	34.25	34.25	33.25	33.25	33.25
营业税税率(%)	5.50	5.50	5.50	5.50	5.50	5.50	5.50	5.50
保本营业收入	7 656	7 656	7 656	7 656	7 656	7 531	7 531	7 531

项目	9年	10年	11—35年	36年	37年	38年	39年	40年
营业收入	16 218	17 840	17 840	16 948	16 101	15 296	14 531	13 804
总固定成本	4 613	3 613	3 613	3 613	3 613	3 613	3 613	3 613
经营性固定成本	3 613	3 613	3 613	3 613	3 613	3 613	3 613	3 613
变动成本	5 393	5 932	5 932	5 635	5 354	5 086	4 832	4 590
变动成本率(%)	33.25	33.25	33.25	33.25	33.25	33.25	33.25	33.25
营业税税率(%)	5.50	5.50	5.50	5.50	5.50	5.50	5.50	5.50
保本营业收入	7 531	5 898	5 898	5 898	5 898	5 898	5 898	5 898

注:总固定成本含利息1 000万元;经营性固定成本不含利息1 000万元。

表6-8表明,在不考虑还贷计划的情况下,IAP酒店平均保本营业收入为6 281万元。但若剔除利息费用的影响,只考虑经营性固定成本,则经营性平均保本营业收入为5 910万元,保本比率为36.69%。根据测算结果,IAP酒店每年的营业收入都超过保本营业收入,即能达到保本要求。

最后,以客房入住率来衡量保本量,其中隐含一个假设:客房收入、餐饮收入、酒吧收入及其他收入在总收入中的比重不变。

$$平均入住率 = \frac{年客房收入}{平均房价 \times 客房数 \times 365 天} \qquad (6-26)$$

$$平均保本入住率 = \frac{平均保本营业收入 \times 65\%}{平均房价 \times 客房数 \times 365 天} = 49.17\%$$

$$经营性平均保本入住率 = \frac{经营性平均保本营业收入 \times 65\%}{平均房价 \times 客房数 \times 365 天} = 46.26\%$$

计算结果表明,在厦门4—5星级酒店平均入住率为65%的条件下,IAP酒店达到保本要求的平均入住率为49.17%,而经营性保本入住率为46.26%,这对于五星级酒店来说比较容易实现。

(二) 保利点

投资项目不仅要保本,更重要的是要获取利润。假设董事会将酒店交给管理层经营,董事会会要求管理层保证股东获得相应的利润,即保证股东的投资收益。实际上,对于经营管理者而言,股东的投资收益就成为经营中的"固定成本"——必须支付给股东的投资报酬。所以,保利点的计算公式为:

$$保利销售量 = \frac{总固定成本 + 目标利润 / (1 - T)}{销售价格 - 单位产品变动成本} \qquad (6-27)$$

$$保利销售收入 = \frac{总固定成本 + 目标利润/(1-T)}{贡献毛益率} = \frac{总固定成本 + 目标利润/(1-T)}{1-变动成本率} \quad (6-28)$$

在投资分析和决策中,若投资项目的保利点低于项目的设计能力,则表明该项目可行,反之不可行。投资项目的保利点与设计能力之比越小,说明项目盈利能力和抗风险能力越强,反之越弱。

仍以 YIB 公司为例,股东要求的投资收益率为 15%,即管理层每年至少必须为股东赚取 120 万元的目标利润。因此,该投资项目的综合保利销售收入为:

$$(900 + 120/0.75)/45.74\% = 2\ 317(万元)$$

以上结果表明:只有当 YIB 公司投资项目的年销售收入达到 2 317 万元时,该投资项目才能保证为股东赚取 15% 的投资收益率,或每年为股东赚取 120 万元的利润。

对于 IAP 酒店投资项目,其股东投资 2.4 亿元,权益资本或预期收益率为 10%,年利润至少应达到 2 400 万元。根据表 6-9,考虑营业税和所得税,则 IAP 酒店的保利营业收入为:

$$保利营业收入 = \frac{固定成本 + 目标利润/(1-T)}{1-变动成本率} \quad (6-29)$$

$$基于总固定成本计算的平均保利营业收入 = \frac{\sum 各年保利营业收入}{40} = 10\ 900(万元)$$

$$基于总固定成本计算的平均保利比率 = \frac{10\ 900}{16\ 110} = 67.66\%$$

基于经营性固定成本计算的经营性平均保利营业收入 = 10 530(万元)

$$基于经营性固定成本计算的平均保利比率 = \frac{10\ 530}{16\ 110} = 65.36\%$$

$$基于总固定成本计算的平均保利入住率 = \frac{平均保利营业收入 \times 65\%}{房价 \times 客房数 \times 365 天} = 85.33\%$$

$$基于经营性固定成本计算的平均保利入住率 = \frac{经营性平均保利营业收入 \times 65\%}{房价 \times 客房数 \times 365 天} = 82.42\%$$

表 6-9 厦门 IAP(五星)酒店项目保利营业收入测算　　金额单位:万元

项目	第 1 年	第 2 年	第 3 年	第 4 年	第 5 年	第 6 年	第 7 年	第 8 年
营业收入	8 304	8 719	9 155	10 070	11 077	12 185	13 404	14 744
总固定成本	4 613	4 613	4 613	4 613	4 613	4 613	4 613	4 613
经营性固定成本	3 613	3 613	3 613	3 613	3 613	3 613	3 613	3 613
目标利润	2 400	2 400	2 400	2 400	2 400	2 400	2 400	2 400
变动成本	2 844	2 986	3 136	3 449	3 794	4 052	4 457	4 902
变动成本率(%)	34.25	34.25	34.25	34.25	34.25	33.25	33.25	33.25

(金额单位:万元)（续表）

项目	第1年	第2年	第3年	第4年	第5年	第6年	第7年	第8年
营业税税率(%)	5.50	5.50	5.50	5.50	5.50	5.50	5.50	5.50
保利营业收入	12 342	12 342	12 342	12 342	12 342	12 140	12 140	12 140

项目	第9年	第10年	第11—35年	第36年	第37年	第38年	第39年	第40年
营业收入	16 218	17 840	17 840	16 948	16 101	15 296	14 531	13 804
总固定成本	4 613	3 613	3 613	3 613	3 613	3 613	3 613	3 613
经营性固定成本	3 613	3 613	3 613	3 613	3 613	3 613	3 613	3 613
目标利润	2 400	2 400	2 400	2 400	2 400	2 400	2 400	2 400
变动成本	5 393	5 932	5 932	5 635	5 354	5 086	4 832	4 590
变动成本率(%)	33.25	33.25	33.25	33.25	33.25	33.25	33.25	33.25
营业税税率(%)	5.50	5.50	5.50	5.50	5.50	5.50	5.50	5.50
保利营业收入	12 140	10 508	10 508	10 508	10 508	10 508	10 508	10 508

(三) 累计折现回收期

回收期是指投资项目开始运营后,回收投资总额所需要的时间。由于货币具有时间价值,或者说投资者的投资有机会成本,因此在计算投资项目的回收期时,不能简单地累计每年的经营净现金,而应该累计折现后的每年经营净现金,直至其等于投资总额所需要的时间。正因为如此,投资项目的回收期实际上不是投资项目的简单累计回收期或静态回收期,而是投资项目的累计折现回收期或动态回收期。

例如,YIB公司投资项目的投资期限为5年,项目的年现金净流量如表6-10所示。表6-10表明,该投资项目的累计折现回收期为2—3年。使用插值法,即可求出累计折现回收期。

累计折现回收期 = 2 + (1 200 - 931.05) ÷ (1 363.89 - 931.05) = 2.62(年)

表6-10 YIB公司投资项目的累计折现经营净现金 单位:万元

项目	第1年	第2年	第3年	第4年	第5年
经营净现金	500	600	600	600	500
折现经营净现金*	448.43	482.62	432.84	388.20	290.13
累计折现经营净现金	448.43	931.05	1 363.89	1 752.08	2 042.21

注:* 折现率 = WACC = 2/3×15% + 1/3×6%×(1-25%) = 11.5%。

根据表6-6(B),以WACC = 7.38%为折现率,IAP酒店的静态回收期和动态回收期分别为:

静态回收期 = 10.29(年)

动态回收期 = 16.33(年)

其中,

$$\text{WACC} = K_d \times (1 - T) \times \frac{D}{D + E} + K_s \times \frac{E}{D + E} = 5\% \times 0.85 \times 45.5\% + 10\% \times 54.5\%$$
$$= 7.38\%$$

计算结果表明,IAP 酒店项目的投资回收期相对较长,说明 IAP 酒店具有投资额较大、盈利能力较低、经营风险较高的特点。

(四) 脱险回收期

脱险回收期是指假定在随时准备将投资项目出售的情况下,回收投资总额所需要的时间。当投资项目面临较高的风险时,投资者通常设想能随时将投资项目出售,此时投资获得的现金流包括经营期间获得的经营净现金、出售投资项目固定资产的现金收入、收回投资项目营运资本或流动资金的现金收入。

例如,MNE 公司在某一开发区投资 1 000 万美元生产芯片,其中固定资产投资为 800 万美元,营运资本为 200 万美元,投资期限为 5 年;经核算,每年经营净现金(NCF)为 350 万美元,资本成本或折现率为 10%。若出售投资项目,则营运资本作价(S)200 万美元,固定资产作价(F)如表 6–11 所示。

表 6–11 投资项目运营后固定资产每年的作价   单位:万美元

	第 1 年	第 2 年	第 3 年	第 4 年	第 5 年
固定资产作价	400	200	100	50	0

在计算投资项目的脱险回收期时,需要计算在出售投资项目固定资产后,投资者每年可以获得的现金总收入,包括出售投资项目固定资产的现金收入、收回投资项目营运资本或流动资金的现金收入,再将每年的各类现金收入折现后累计,求出脱险回收期。

根据上述资料,若 MNE 公司出售该项目,则每年能够获得的各类现金收入如表 6–12 所示。由表 6–12 可知,若出售该项目,则项目要在经营 2—3 年才能如数收回 1 000 万美元的总投资。采用插值法,该项目的脱险回收期为:

$$\text{脱险回收期} = 2 + \frac{1\,000 - 938.02}{1\,095.79 - 938.02} = 2.39\,(年)$$

表 6–12 MNE 公司投资项目的各类现金收入和脱险值   单位:万美元

年数 (t)	经营净现金(NCF)	折现经营净现金 NCF/(1+10%)^t	累计折现经营净现金 ∑NCF/(1+10%)^t	折现回收营运资本收入	折现出售固定资产收入	脱险值
1	350	318.18	318.18	181.82	363.64	863.64
2	350	289.26	607.44	165.29	165.29	938.02
3	350	262.96	870.40	150.26	75.13	1 095.79
4	350	239.05	1 109.45	136.60	34.15	1 280.21
5	350	217.32	1 326.78	124.18	0.00	1 450.96

（五）净现值

净现值（NPV）是投资项目产出和投入之间的差值。其中，投入就是投资总额；产出就是投资项目在经营期间获得的现金收入，包括每年的经营净现金、期末营运资本或流动资金的回收值、期末固定资产的残值收入。准确地说，净现值是投资项目经营期间累计折现的年经营净现金、经营期末回收流动资金的折现值、经营期末固定资产残值收入的折现值三项之和与投资总额的差额。NPV 大于零，说明投资项目的产出大于投入，投资项目有利可图；NPV 等于零，说明投资项目的产出等于投入，投资项目无利可图；NPV 小于零，说明投资项目的产出小于投入，投资项目亏损。净现值的计算公式如下：

$$\text{NPV} = \frac{\text{NCF}_1}{(1+K)^1} + \frac{\text{NCF}_2}{(1+K)^2} + \cdots + \frac{\text{NCF}_n}{(1+K)^n} + \frac{S_n + F_n}{(1+K)^n} - I_0$$

$$= \sum_{t=1}^{n} \frac{\text{NCF}_t}{(1+K)^t} + \frac{S_n + F_n}{(1+K)^n} - I_0 \tag{6-30}$$

其中，NCF_t 是投资项目在第 t 年获得的经营净现金；S_n 是投资项目在经营最后一年（第 n 年）收回的营运资本或流动资金；F_n 是投资项目在经营最后一年收回的固定资产残值；I_0 是投资总额；K 是投资项目的资本成本或折现率。

例如，根据表 6-10，YIB 公司投资项目的净现值为 842.21 万元，表明该项目有利可图，即

$$\text{NPV} = \sum_{t=1}^{5} \frac{\text{NCF}_t}{(1+K)^t} - I_0 = 2\,042.21 - 1\,200 = 842.21(\text{万元})$$

同理，根据表 6-12，MNE 公司完整投资项目的净现值为 450.96 万美元，表明该项目有利可图，即

$$\text{NPV} = \sum_{t=1}^{n} \frac{\text{NCF}_t}{(1+K)^t} + \frac{S_n + F_n}{(1+K)^n} - I_0$$

$$= \sum_{t=1}^{5} \frac{350}{(1+10\%)^t} + \frac{200}{(1+10\%)^5} - 1\,000 = 450.96(\text{万美元})$$

根据表 6-6（B），以 WACC=7.38% 作为折现率，IAP 酒店的 NPV 计算如下：

$$\text{IAP 酒店 NPV} = \sum \frac{\text{NCF}_i}{(1+K)^i} + \frac{(S+F)}{(1+K)^n} - I_0 = 24\,697(\text{万元}) > 0$$

（六）内含报酬率

内含报酬率是投资项目能够支付的最大的资本成本，或者说是投资项目能够给投资者提供的最高投资收益率。根据这一定义，内含报酬率实际上就是当净现值等于零的资本成本或折现率。因此，设净现值等于零，求出其中的 K，即当

$$\sum_{t=1}^{n} \frac{\mathrm{NCF}_t}{(1+K)^t} + \frac{S_n + F_n}{(1+K)^n} - I_0 = 0 \qquad (6\text{-}31)$$

求出公式(6-31)中的K,其使得NPV=0,就是内含报酬率(IRR)。

如何计算出IRR呢？根据NPV的计算公式,我们知道,NPV与K成反比,即当K增大时,NPV下降;当K减小时,NPV上升。而且,随着K的增大,NPV下降且由正数变负数。因此,给定一个很小的K_1,就可能导致NPV大于零;给定一个很大的K_2,就可能导致NPV小于零。可见,既然IRR是一个使得NPV=0的K,IRR就一定是一个介于K_1和K_2之间的数值(见图6-10)。显然,

$$\mathrm{IRR} = K_1 + X$$

因为,

$$\frac{X - K_1}{\mathrm{NPV}_1} = \frac{K_2 - K_1}{\mathrm{NPV}_1 - \mathrm{NPV}_2}$$

所以,

$$\mathrm{IRR} = K_1 + \frac{(K_2 - K_1) \times \mathrm{NPV}_1}{\mathrm{NPV}_1 - \mathrm{NPV}_2} \qquad (6\text{-}32)$$

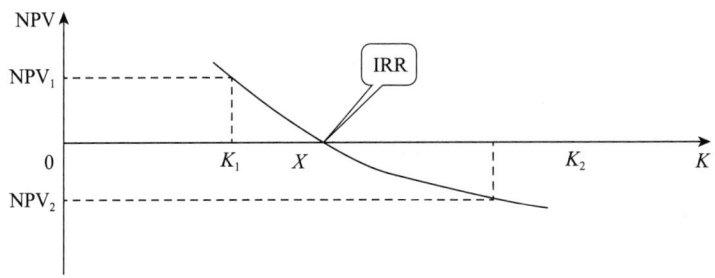

图6-10　IRR的计算原理

例如,根据表6-13,对于MNE公司的投资项目,当$K=10\%$时,NPV=450.96万美元;当$K=24\%$时,NPV=29.11万美元;当$K=25\%$时,NPV=6.78万美元;当$K=26\%$时,NPV=−14.75万美元。由表6-13可见,随着K的增大,NPV下降并经过NPV=0,因此IRR介于25%和26%之间。使用插值法可以得到,该投资项目的IRR为25.31%,即

$$\mathrm{IRR} = K_1 + \frac{(K_2 - K_1) \times \mathrm{NPV}_1}{\mathrm{NPV}_1 - \mathrm{NPV}_2} = 25\% + \frac{(26\% - 25\%) \times 6.78}{6.78 + 14.75}$$

$$= 25\% + 0.31\% = 25.31\%$$

表6-13　MNE公司投资项目IRR的计算　　　　　　　　　　　　单位:万美元

	K			
	10%	24%	25%	26%
第1—5年折现年经营净现金累计值	1 326.72	960.88	941.25	922.27
第5年营运资本回收的折现值	124.18	68.22	65.54	62.98
折现现金流合计	1 450.96	1 029.11	1 006.78	985.25
NPV		450.96	29.11	6.78	−14.75

根据表 6-6(B),当 $K=10\%$ 时,NPV = 5 171.11 万元;当 $K=11\%$ 时,NPV = -118.97 万元。因此,IAP 酒店项目的 IRR 介于 10% 和 11% 之间。使用插值法可以得到,IAP 酒店项目的 IRR 为 10.98%,即

$$IRR = K_1 + \frac{(K_2 - K_1) \times NPV_1}{NPV_1 - NPV_2} = 10\% + \frac{(11\% - 10\%) \times 5\,171.11}{5\,171.11 + 118.97}$$
$$= 10\% + 0.98\% = 10.98\% > WACC$$

(七) 最佳回收期

某些投资项目运营后,其产品或服务即进入成熟期与衰退期之间,结果其经营净现金逐年减少。虽然这类投资项目在投资经营期限内 NPV 大于零,但投资后的经营时间越长,NPV 越小。因此,需要测算投资项目的"最佳回收期",即"最佳持有时间"或"最佳出售时间"。具体地说,针对这类投资项目,投资分析和决策需要解决以下三个问题:

第一,投资项目是否有利可图,即 NPV 是否大于零?

第二,投资项目是否存在"中途出售问题"或"最佳持有时间"?

第三,如果存在"中途出售问题",何时出售最佳?

首先,对投资项目进行常规评价,测算和评价其 NPV 是否大于零。其次,观察和分析投资项目各年经营净现金的变化趋势,判断其是否存在"中途出售问题"。事实上,并不是所有的投资项目都存在"中途出售问题"。那么,如何判断一个投资项目是否存在可放弃的问题呢?最重要的判断标志是项目在投资经营期限内各年经营净现金流的变化趋势。一般来说,如果投资项目各年经营净现金呈现逐年下降趋势,就可能存在"中途出售问题"。最后,若投资项目存在"中途出售问题",则必须测算和评价这类投资项目的最佳回收期。最佳回收期,顾名思义,就是在 NPV 最大的年份出售投资项目,放弃持有和经营该项目;在短于或长于最佳回收期的时间出售投资项目,将赚取较少的 NPV。

如何测算和评价投资项目的最佳回收期呢?假设 XYZ 公司投资 10 000 万元开发生产新型芯片,$K=10\%$,$n=5$ 年。经过收益和成本核算,投资项目各年经营净现金和项目出售收入见表 6-14。

表 6-14 XYZ 公司投资项目各年经营净现金和项目出售收入　　　　　　单位:万元

	第 1 年	第 2 年	第 3 年	第 4 年	第 5 年
经营净现金	5 000	4 000	3 000	2 000	1 000
项目出售收入	7 000	5 000	3 000	1 000	0

观察 XYZ 项目可以发现,其各年经营净现金呈逐年减少趋势,同时项目出售收入也呈逐年减少趋势。因此可以判断,该项目可能存在"中途出售问题",持有经营时间越长,NPV 可能越小。

第一,评价持有经营该投资项目 5 年的 NPV。结果表明,投资项目的 NPV 为 2 092

万元,有利可图,见表6-15(持有经营5年栏)。

第二,评价持有经营该投资项目4年的NPV。结果表明,投资项目的NPV为2 154万元,有利可图,且比持有经营5年的NPV大,见表6-15(持有经营4年栏)。

第三,评价持有经营该投资项目3年的NPV。结果表明,投资项目的NPV为2 359万元,有利可图,且比持有经营4年的NPV大,见表6-15(持有经营3年栏)。

第四,评价持有经营该投资项目2年的NPV。结果表明,投资项目的NPV为1 983万元,有利可图,但比持有经营3年的NPV小,见表6-15(持有经营2年栏)。

第五,评价持有经营该投资项目1年的NPV。结果表明,投资项目的NPV为909万元,有利可图,但比持有经营2年的NPV小,见表6-15(持有经营1年栏)。

综合评价表明,在5年期限内,该投资项目无论持有经营多少年,NPV都大于零;但是,持有经营3年的NPV最大。因此,最佳回收期是3年。

表6-15 XYZ公司投资项目最佳回收期的计算

持有经营年数		1年	2年	3年	4年	5年	累计折现现金流	I_0	NPV
5年	经营净现金(万元)	5 000	4 000	3 000	2 000	1 000	12 092	10 000	2 092
	项目出售收入(万元)	0	0	0	0	0			
	折现系数	0.909	0.826	0.751	0.683	0.621			
4年	经营净现金(万元)	5 000	4 000	3 000	2 000	—	12 154	10 000	2 154
	项目出售收入(万元)	0	0	0	1 000	—			
	折现系数	0.909	0.826	0.751	0.683	—			
3年	经营净现金(万元)	5 000	4 000	3 000	—	—	12 359	10 000	2 359
	项目出售收入(万元)	0	0	3 000	—	—			
	折现系数	0.909	0.826	0.751	—	—			
2年	经营净现金(万元)	5 000	4 000	—	—	—	11 983	10 000	1 983
	项目出售收入(万元)	0	5 000	—	—	—			
	折现系数	0.909	0.826	—	—	—			
1年	经营净现金(万元)	5 000	—	—	—	—	10 909	10 000	909
	项目出售收入(万元)	7 000	—	—	—	—			
	折现系数	0.909	—	—	—	—			

三、投资项目的风险评价

实际上,由于投资项目的财务效益受到许多不确定性因素的影响,因此任何投资项目的财务效益评价结果(保本点、保利点、回收期、NPV 和 IRR 等)都不是"确定性"的,而是"不确定性"的。影响投资项目效益的主要因素包括产品或服务的价格及需求量、主要原材料成本、能源成本、产品出口比例、汇率等,这些因素的变化将影响到投资项目的财务效益,通常称之为"风险因素"。例如,在其他因素不变的情况下,若产品价格下降,则保本点将上升、回收期将延长、NPV 将减少、IRR 也将降低。再如,在其他因素既定的条件下,需求量的增加将导致回收期提前、NPV 增加、IRR 也将提高。而且,投资实践中的情况比想象的要复杂得多,影响投资效益的几个因素将同时发生变化,有的是同向变化,有的是反向变化。因此,投资项目管理与决策面临的另外一个问题是:如何评价投资项目的风险?一旦投资效益的若干因素发生变化,投资项目的财务效益将发生怎样的变化?

(一) 矩阵式弹性分析方法的应用步骤

为了解决这一问题,可以使用"矩阵式弹性分析方法"来评价各种风险因素的变化对投资效益的影响。矩阵式弹性分析方法的应用步骤包括:

第一步,分析和确定影响投资效益的主要因素。例如,产品或服务的价格及需求量、主要原材料成本、能源成本、产品出口比例、汇率等,也就是"风险因素",其变化将影响投资项目的保本点、保利点、回收期、NPV 和 IRR 等。

第二步,预测和确定各个风险因素的变化幅度、变化方向和变化幅度的对称程度。例如,产品价格的变化幅度为±10%,这是对称变化;产品价格的变化幅度为-10%—+5%,这是非对称变化;产品价格的变化幅度为+10%,这是正向变化;产品价格的变化幅度为-10%,这是负向变化。

第三步,构建矩阵式弹性分析表,将各个风险因素及其变化幅度依序排列,形成一个矩阵式表格,其中的每个方格代表各个风险因素变化对投资效益的共同影响所形成的状态,即投资项目投资后可能面临的状态。

第四步,逐一测算每个方格或每种可能状态的财务效益,包括保本点、保利点、回收期、NPV 和 IRR 等。

第五步,根据测算结果,分析投资项目各种状态发生的可能性和可能的变化趋势,综合评价投资项目的效益和风险以及可能出现的状态或变化趋势。

假设 MNE 公司投资项目的财务效益可能受到四个主要风险因素的影响:产品价格变化、主要原材料成本变化、销售量变化和产品出口比例变化。经过市场分析与预测,价格变化幅度为-10%—+5%;原材料成本变化幅度为±5%;销售量变化幅度为-5%—+2%;产品出口比例变化幅度为±6%。综上,四大因素相互作用,形成 81 种可能状态,即投资项目投资运营后可能面临的各种状态。根据上述四大因素的变化幅度,即可编制 MNE 公司投资项目效益和风险的矩阵式弹性分析表(见表 6-16)。

表 6-16　MNE 公司投资效益和风险的矩阵式弹性分析

		销售量+2%			销售量不变			销售量-5%		
		出口+6%	出口不变	出口-6%	出口+6%	出口不变	出口-6%	出口+6%	出口不变	出口-6%
价格+5%	成本+5%									
	成本不变									
	成本-5%	最好状态								
价格不变	成本+5%									
	成本不变					NPV=450.96				
	成本-5%									
价格-10%	成本+5%									最差状态
	成本不变									
	成本-5%									

(二) 矩阵式弹性分析表在投资风险评价中的作用

显然,投资效益和风险的矩阵式弹性分析表在评价投资风险中具有重要的作用。

第一,展示投资项目实施后所有可能面临或出现的状态。在进行投资效益评价时,我们并没有考虑到四大风险因素的变化对投资效益的影响。实际上,当投资项目实施后,价格、成本、销售量和出口比例各自的变化和共同的变化,都可能影响投资项目的效益,如 NPV 和 IRR 等。表 6-16 包括了 MNE 公司投资项目在投资运营后所有可能面临的 81 种状态,其投资效益随着四大风险因素的变化而变化。若在 81 种状态中,多数状态的 NPV、IRR 等效益指标均表明投资项目有利可图(NPV>0,IRR>WACC),则表明该项目的投资风险较低,反之风险较高。

第二,展示投资项目实施后面临的"最好状态"和"最差状态"。原来的投资效益评价结果只是投资项目实施后可能面临的一种状态,若根据这种"初始状态"进行决策,则有可能失误。我们发现,在投资项目的产品价格下降 10%、成本上升 5%、产品出口比例下降 6%、销售量下降 5% 的情况下,投资项目出现"最差状态";在投资项目的产品价格上升 5%、成本下降 5%、出口比例增大 6%、销售量上升 2% 的情况下,投资项目出现"最好状态";所有的其他状态都介于这两种状态之间。若在"最差状态"下,投资项目的效益指标仍然表明投资项目有利可图(NPV>0,IRR>WACC),则表明该项目基本上没有投资风险。

第三,展示投资项目受风险因素变化的影响后其效益的变化趋势。通过投资效益和风险的矩阵式弹性分析可知,在实施投资项目后,一旦某些风险因素发生变化,企业高层管理者就可以直接发现投资项目效益可能的变化趋势,可谓"运筹于帷幄之中,决策于千里之外"。

(三) 矩阵式弹性分析方法的示例

对 IAP 酒店进行矩阵式弹性分析,以 7.38% 为折现率,假设:

(1) 客房单价。考虑到酒店业的客房单价会随着旅游淡旺季的变化而有较大波动,在客房单价上我们选定了 4 档的波动幅度,即 ±10%、±20%。

(2) 入住率。随着厦门市五星级酒店的增多,有限的消费市场必将使得五星级酒店的竞争加剧;另外,我们参考了案例中厦门酒店业客房入住率的相关数据,为入住率设定了 4 档波动幅度,为 ±5%、±10%。

(3) 营业成本。营业成本的波动受宏观经济的影响较大[①],我们为其设定了 2 档波动幅度,即 ±10%。

(4) 投资费用。项目的初始投资可能因建设期间材料等价格的变化而有所波动[②],而且对投资费用的预估偏差也有可能发生。投资费用的改变一方面将影响项目初始投资现金流;另一方面也会影响酒店经营期间的折旧及摊销,从而影响企业的经营性现金流。考虑到投资费用弹性变动的风险,我们为其设定 2 档波动幅度,即 ±10%。

对 IAP 酒店的 NPV 和 IRR 进行矩阵式弹性分析,结果如表 6-17 和表 6-18 所示,综合后如表 6-19 所示。

表 6-17 厦门 IAP(五星)酒店 NPV 的矩阵式弹性分析 单位:万元

			营业成本 10%			营业成本 0%			营业成本 -10%		
			投资费用			投资费用			投资费用		
			10%	0	-10%	10%	0	-10%	10%	0	-10%
客房单价 20%	入住率	10%	47 531	51 620	55 710	51 083	55 173	59 263	54 636	58 725	62 815
		5%	41 978	46 068	50 158	45 369	49 459	53 549	48 760	52 850	56 940
		0%	36 425	40 515	44 605	39 655	43 745	47 834	42 884	46 974	51 064
		-5%	30 872	34 962	39 052	33 941	38 030	42 120	37 009	41 098	45 188
		-10%	25 320	29 410	33 499	28 226	32 316	36 406	31 133	35 223	39 313

---

① 这里假设只有组成营业成本的客房、餐饮、酒吧及其他成本这四项成本发生波动,其他如水电能源、维修保养费等不随之波动。

② 这里假设初始投资的营运资本不发生波动,波动的只是初始的固定资产投资。

(单位:万元)　(续表)

		营业成本10%			营业成本0%			营业成本-10%		
		投资费用			投资费用			投资费用		
		10%	0	-10%	10%	0	-10%	10%	0	-10%
客房单价10%	入住率 10%	37 351	41 440	45 530	40 607	44 697	48 787	43 864	47 953	52 043
	5%	32 261	36 351	40 440	35 369	39 459	43 549	38 477	42 567	46 657
	0%	27 171	31 261	35 350	30 131	34 221	38 311	33 091	37 181	41 271
	-5%	22 081	26 171	30 260	24 893	28 983	33 073	27 705	31 795	35 885
	-10%	16 991	21 081	25 170	19 655	23 745	27 835	22 319	26 409	30 499
客房单价0%	10%	27 171	31 261	35 350	30 131	34 221	38 311	33 091	37 181	41 271
	5%	22 543	26 633	30 723	25 369	29 459	33 549	28 195	32 285	36 375
	0%	17 916	22 006	26 096	20 607	24 697	28 787	23 299	27 389	31 478
	-5%	13 289	17 379	21 469	15 846	19 935	24 025	18 402	22 492	26 582
	-10%	8 662	12 752	16 841	11 084	15 174	19 263	13 506	17 596	21 686
客房单价-10%	10%	16 991	21 081	25 170	19 655	23 745	27 835	22 319	26 409	30 499
	5%	12 826	16 916	21 006	15 369	19 459	23 549	17 913	22 003	26 092
	0%	8 662	12 752	16 841	11 084	15 174	19 263	13 506	17 596	21 686
	-5%	4 497	8 587	12 677	6 798	10 888	14 978	9 099	13 189	17 279
	-10%	333	4 422	8 512	2 513	6 602	10 692	4 692	8 782	12 872
客房单价-20%	10%	6 811	10 901	14 990	9 179	13 269	17 359	11 547	15 637	19 727
	5%	3 109	7 199	11 289	5 370	9 459	13 549	7 630	11 720	15 810
	0%	-593	3 497	7 587	1 560	5 650	9 740	3 713	7 803	11 893
	-5%	-4 295	-205	3 885	-2 249	1 841	5 930	-204	3 886	7 976
	-10%	-7 996	-3 907	183	-6 059	-1 969	2 121	-4 121	-31	4 059

表 6-18　厦门 IAP(五星)酒店 IRR 的矩阵式弹性分析　　　　单位:%

		营业成本10%			营业成本0%			营业成本-10%		
		投资费用			投资费用			投资费用		
		10%	0	-10%	10%	0	-10%	10%	0	-10%
客房单价20%	入住率 10%	13.44	14.44	15.61	13.85	14.87	16.08	14.25	15.31	16.55
	5%	12.79	13.75	14.87	13.19	14.17	15.33	13.58	14.59	15.78
	0%	12.13	13.05	14.12	12.52	13.46	14.56	12.90	13.86	15.00
	-5%	11.46	12.34	13.36	11.84	12.73	13.78	12.20	13.12	14.20
	-10%	10.78	11.61	12.58	11.14	11.99	12.99	11.49	12.37	13.39

(单位:%)（续表）

			营业成本10%			营业成本0%			营业成本-10%		
			投资费用			投资费用			投资费用		
			10%	0	-10%	10%	0	-10%	10%	0	-10%
客房单价10%	入住率	10%	12.24	13.17	14.25	12.63	13.58	14.69	13.01	13.99	15.13
		5%	11.63	12.52	13.55	12.01	12.92	13.98	12.38	13.31	14.40
		0%	11.01	11.85	12.84	11.37	12.24	13.25	11.73	12.62	13.67
		-5%	10.37	11.17	12.11	10.72	11.55	12.52	11.07	11.92	12.92
		-10%	9.71	10.48	11.37	10.06	10.85	11.76	10.40	11.21	12.15
客房单价0%	入住率	10%	11.01	11.85	12.84	11.37	12.24	13.25	11.73	12.62	13.67
		5%	10.43	11.24	12.18	10.78	11.61	12.58	11.13	11.99	12.98
		0%	9.83	10.61	11.51	10.18	10.98	11.90	10.52	11.34	12.29
		-5%	9.23	9.97	10.83	9.56	10.32	11.21	9.90	10.68	11.58
		-10%	8.60	9.31	10.12	8.93	9.65	10.49	9.25	10.00	10.86
客房单价-10%	入住率	10%	9.71	10.48	11.37	10.06	10.85	11.76	10.40	11.21	12.15
		5%	9.16	9.90	10.76	9.50	10.26	11.14	9.83	10.61	11.51
		0%	8.60	9.31	10.12	8.93	9.65	10.49	9.25	10.00	10.86
		-5%	8.02	8.70	9.48	8.34	9.04	9.84	8.66	9.37	10.19
		-10%	7.43	8.07	8.81	7.74	8.40	9.16	8.05	8.73	9.51
客房单价-20%	入住率	10%	8.35	9.04	9.84	8.67	9.38	10.20	8.99	9.72	10.56
		5%	7.83	8.49	9.26	8.15	8.83	9.61	8.46	9.16	9.97
		0%	7.29	7.93	8.66	7.61	8.26	9.01	7.91	8.58	9.35
		-5%	6.74	7.35	8.05	7.05	7.67	8.39	7.35	7.99	8.72
		-10%	6.17	6.75	7.41	6.47	7.06	7.75	6.77	7.38	8.07

表6-19 厦门IAP(五星)酒店矩阵式弹性分析的统计结果

项目	NPV(万元)	项目	IRR(%)
最大值	62 815	最大值	16.55
最小值	-7 996	最小值	6.17
平均值	24 697	平均值	10.94
中位数	24 025	中位数	10.86
NPV>0	214个（占总状况的95.11%）	IRR>WACC	214个（占总状况的95.11%）
NPV<0	11个（占总状况的4.89%）	IRR<WACC	11个（占总状况的4.89%）

第一,从敏感性分析结果可以看出,在最好状态下,酒店的 NPV 达到 62 815 万元,IRR 达到 16.55%;在最差状态下,酒店的 NPV 降到-7 996 万元,IRR 仅为 6.17%。由此可见,IAP 酒店投资收益的波动幅度较大。

第二,敏感分析整体情况显示,NPV>0(或 IRR>WACC)的状况占全部敏感分析结果的 95.11%。仅从 NPV>0 的角度出发,项目在绝大多数状况下是有价值的,进而看出 IAP 项目在收入和成本因素变化时有一定的抗风险能力。

第三,在弹性分析的四个因素中,我们可以观察到,收入因素与成本因素同比例上下变动会对指标值产生更大的影响,使指标值产生更大的波动。由此可知,在项目经营期间,我们在控制成本的同时应该更加关注收入的变动,通过提高酒店知名度和服务水平等有效手段来保证酒店的入住率,稳定酒店的价格,从而增强企业的抗风险能力。

第四节 投资项目财务效益评价的若干理论和实践问题

在应用投资效益评价理论和方法解决投资实践问题的过程中,经常会出现一些悖论或难题,主要包括投资效益评价指标的冲突与矛盾,投资项目选择与公司财务政策(资本结构和股利政策)之间的关系,投资效益评价中通货膨胀问题的处理等。

一、NPV 与 IRR 的冲突与矛盾

NPV 和 IRR 是投资项目财务效益评价中最重要的两个指标。在评价投资项目的财务效益时,这两个评价指标的结果可能一致,也可能不一致。研究表明,引起 NPV 与 IRR 相互矛盾的原因有三个:一是投资规模差异;二是现金流模式差异;三是现金流符号变化。

(一)投资规模差异效应

在运用 NPV 和 IRR 评价与比较 A、B 两个投资项目的效益时,可能出现相反的结论:运用 IRR 评价,应选择 A 项目;而运用 NPV 评价,应选择 B 项目。究其原因,在于 A、B 两个投资项目的投资总额存在明显差异。因此,我们将两个投资项目因投资总额差异而导致 NPV 与 IRR 的评价结论相反的现象称为投资规模差异效应。

例如,A、B 两个投资项目,投资期限都是 1 年,其有关数据如表 6-20 所示。由表 6-20 可知,若根据 IRR,则 A 项目优于 B 项目;若根据 NPV,则 B 项目优于 A 项目。如果只能选择其中的一个项目,那么究竟应该选择哪一个?或者说,哪一个更好?

表 6-20 A、B 两个投资项目的相关数据

项目	投资总额(I_0) (万元)	经营净现金(NCF_1) (万元)	NPV($K=10\%$) (万元)	IRR (%)	$NPV/I_0=PVI$ (%)
A	5 000	8 000	2 273	60	45.46
B	50 000	75 000	18 182	50	36.36
C=B-A	45 000	67 000	15 909	48.89	23.75

注:PVI 指净现值指数。

解决这一矛盾的最好办法是"差量分析",即将 B 项目减去 A 项目并称之为 C 项目,即 C=B-A。这样,可以求出 C 项目的投资总额 45 000 万元和经营净现金 67 000 万元。换言之,尽管 B 项目比 A 项目多投资了 45 000 万元,但比 A 项目多获得了 67 000 万元的净现金,因此 C 项目的净现值和内含报酬率如下:

$$\text{NPV}_C = \frac{67\,000}{(1+10\%)^1} - 45\,000 = 15\,909(万元) > 0$$

$$\frac{67\,000}{(1+\text{IRR}_C)^1} - 45\,000 = 0$$

$$\text{IRR}_C = 48.89\% > 10\%$$

差量分析结果表明:当我们将 B 项目看作 10 个 A 项目之和,结果就可发现 B 项目在赚取一个与 A 项目相同的效益之后,剩下部分的 NPV 大于零,IRR 大于 K(10%),所以 B 项目优于 A 项目。

(二) 现金流模式差异效应

在运用 NPV 和 IRR 评价与比较两个投资项目的效益时,虽然投资总额没有差异且投资期限也相同,但两个项目各年的经营净现金流量的变化趋势不同,也可能导致相反的结论。这种现象被称为现金流模式差异效应。

例如,D、E 两个投资项目,投资总额都是 1 000 万元,期限都是 2 年,其有关数据如表 6-21 所示。由表 6-21 可知,D 项目的现金流量逐年减少,E 项目的现金流量逐年增加。根据 IRR,D 项目优于 E 项目;根据 NPV,E 项目优于 D 项目。同样的问题是,如果只能选择其中的一个项目,那么应该选择哪个项目?

表 6-21 D 项目和 E 项目的相关数据

项目	投资总额(I_0)(万元)	NCF_1(万元)	NCF_2(万元)	NPV($K=10\%$)	IRR(%)	$\text{NPV}/I_0=\text{PVI}$(%)
D	1 000	1 000	310	165.29	24.83	16.53
E	1 000	200	1 200	173.55	20.00	17.36
F=E-D	0	-800	890	9.09	11.25	1.14

差量分析同样可以解决这一问题。设 F=E-D,因此 E 项目在第一年比 A 项目少赚 800 万元的现金流量,可以看作 F 项目的投入,而 E 项目在第二年比 D 项目多赚 890 万元的现金流量,可以看作 F 项目的产出——净现金。所以,F 项目的净现值和内含报酬率如下:

$$\text{NPV}_F = \frac{890}{(1+10\%)^1} - 800 = 9.09(万元) > 0$$

$$\frac{890}{(1+\text{IRR}_F)^1} - 800 = 0$$

$$\text{IRR}_F = 11.25\% > 10\%$$

差量分析结果表明:因为 F 项目的 NPV>0,IRR>10%,说明 E 项目的效益超过 D 项目的效益,所以 E 项目优于 D 项目。

(三) 现金流符号变化效应

在评价投资效益的实践中,并非所有投资项目各年的经营净现金都是正数。一些风险型投资项目受某些不确定性因素的影响,其各年经营净现金可能出现"时正时负"的现象,即某些年份的经营净现金是正数,某些年份的经营净现金则是负数。我们通常称这种投资项目为"非常规项目"。当使用 IRR 评价"非常规项目"时,可能出现多个"IRR"或多个解。实际上,我们不能使用 IRR 评价这类非常规投资项目的效益;或者说,IRR 不适用于评价非常规投资项目的效益。

例如,BB 石油开采公司投资 1 600 万美元开采一口油井,开采 1 期后获得 10 000 万美元,但开采结束前,政府要求公司清除污染和恢复地貌,因此 BB 公司又投资 10 000 万美元用于清除污染和恢复地貌。该项目的 IRR 是多少?归纳这个例子,其数据如表 6-22 所示。

表 6-22　石油开采项目的现金流　　　　　　　　　　　　　　单位:万美元

时间	第 0 期	第 1 期	第 2 期
NCF_t	$NCF_0 = I_0 = -1\ 600$	$NCF_1 = 10\ 000$	$NCF_2 = -10\ 000$

根据 IRR 的计算公式:

$$\frac{10\ 000}{(1+IRR)^1} + \frac{-10\ 000}{(1+IRR)^2} - 1\ 600 = 0$$

解上式,结果出现两个所谓的"内含报酬率"(见图 6-11),分别是 $IRR_1 = 25\%$ 和 $IRR_2 = 400\%$。

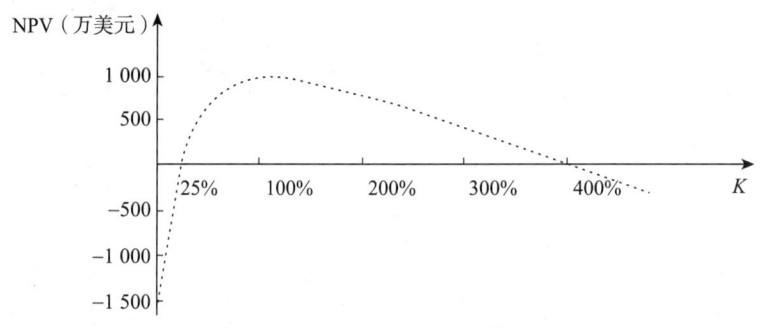

图 6-11　BB 石油开采项目的 IRR

为什么出现两个"IRR"?究竟项目的 IRR 等于多少?实际上,这个项目属于"非常规项目",即投资项目在启动后,第 1 期的净现金是正数,而第 2 期的净现金是负数,因此项目不适宜使用 IRR 评价其投资效益。在资本成本 $K = 10\%$ 的情况下,正确的方法是用 NPV 评价项目的投资效益,即

$$NPV = \frac{10\ 000}{(1+10\%)^1} + \frac{-10\ 000}{(1+10\%)^2} - 1\ 600 = -773.55\ (万美元)$$

得出的结果是 NPV=−773.55 万美元,该项目不可行。①

二、投资机会计划:多个投资项目的选择与财务政策的关系

企业在投资实践中,往往面临多个投资项目的选择问题。企业高层管理者如何在多个投资项目中选择一些高效益的投资项目,并保证企业的资本结构稳定以及筹资等于投资呢?

所谓的投资机会计划(Investment Opportunity Schedule,IOS),就是一种关于如何在多个投资项目中选择高效益投资项目,并实现企业资本结构稳定以及资本供给等于资本需求的投资分析与决策方法。可见,作为一种投资分析和决策方法,IOS 可以同时实现三大目标:(1)保证高效益的投资项目入选;(2)保持公司的资本结构稳定;(3)保证公司筹集的资本等于投入的资本。

例如,XYZ 公司提出六个投资项目,其有关数据如表 6-23 所示;XYZ 公司的有关财务数据如表 6-24 所示。

表 6-23　XYZ 公司投资项目的有关数据

项目	A	B	C	D	E	F
投资总额(万元)	100	100	500	200	100	100
投资期限(年)	3	3	6	6	2	3
IRR(%)	28	36	30	15	12.45	11
回收期(年)	2.2	1.5	3	4	1.6	2

注:A 和 B 为互不兼容项目,即不能同时入选。

表 6-24　XYZ 公司本年度的有关财务、经营和投资数据

资本	市场价值(万元)	比例(%)	资本成本(%)	其他相关数据
负债	30 000	30	10	$R_m=12\%$,$R_f=6\%$,$\beta=1.5$;增发新股的融资费用率为公司现有权益资本成本的 10%;所得税税率 $T=25\%$;留存收益为 420 万元
优先股	10 000	10	12	
公众股	60 000	60	K_s(待确定)	

根据表 6-23 和表 6-24 的资料,如何运用 IOS 从六个项目中选择高效益的投资项目,以保持 XYZ 公司资本结构稳定,并使得 XYZ 公司筹集的资本等于所需投入的资本呢?

第一步,将表 6-23 的投资项目按 IRR 高低(纵坐标)和资金需求量即投资额(横坐标),依次排序,结果如图 6-12 所示。由图 6-12 可知:由于 A 和 B 为互不兼容项目,因此出现两组可供选择的投资方案:实线表示第一组 B、C、D、E、F 五个项目,其中 B 项目的

---

① 有人认为,从计算结果来看,当 K 在 25% 和 400% 之间时,NPV>0,因此在此区间项目是可行的。但是,这实际上不符合财务管理的基本准则——资本成本最小化,因此是个悖论。有关问题讨论参见吴世农(1992)和 Copeland and Weston(1983)。

IRR最高,达到36%,需要投资100万元,等等;虚线表示第二组C、A、D、E、F五个项目,其中C项目的IRR最高,达到30%,需要投资500万元,等等。

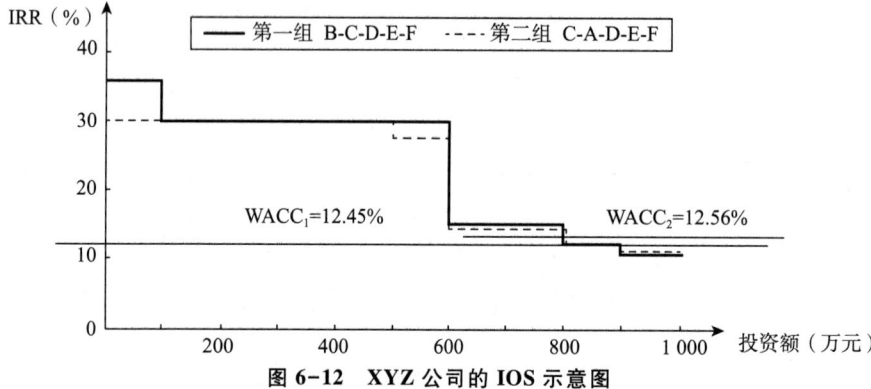

图6-12 XYZ公司的IOS示意图

第二步,计算XYZ公司目前的加权平均资本成本($WACC_1$),即

$$WACC_1 = 30\% \times 10\% \times (1-25\%) + 10\% \times 12\% + 60\% \times K_{S1}$$
$$= 30\% \times 10\% \times (1-25\%) + 10\% \times 12\% + 60\% \times 15\%$$
$$= 12.45\%$$

其中, $K_{S1} = R_f + \beta(R_m - R_f) = 6\% + 1.5 \times (12\% - 6\%) = 15\%$

将$WACC_1 = 12.45\%$画在图6-12上,其结果表明:当XYZ公司的WACC=12.45%时,IRR高于12.45%的投资项目属于"可行项目",IRR低于12.45%的项目属于"不可行项目"。由图可知,可行投资项目有第一组的B、C、D三个项目,需要投资800万元;第二组的C、A、D三个项目,所需投资也是800万元。值得注意的是:E项目的IRR=$WACC_1$,考虑到需要新增权益资本将导致XYZ公司的加权平均资本成本上升,因此将E项目列入不可行项目。

第三步,利用留存收益420万元进行筹资。在保持XYZ公司资本结构不变的条件下,利用留存收益420万元可以筹集700万元的资金。换言之,股东的权益资本占60%,所以有

$$\frac{留存收益}{筹资总额} = 60\%$$

$$筹资总额 = \frac{留存收益}{60\%} = \frac{420}{60\%} = 700(万元)$$

其中:30%来自新增债务,即30%×700=210万元;10%来自优先股,即10%×700=70万元;60%来自留存收益,即60%×700=420万元。

根据分析已知XYZ公司三个可行投资项目需要投资800万元,而利用留存收益只能筹集700万元的资金,因此需要继续考虑另一种筹资方式——股权筹资。

第四步,已知XYZ公司需要800万元的总投资用于可行投资项目,按照XYZ公司的资本结构,债务比例为30%,即

$$\frac{新增债务}{800} = 30\%$$

因此,新增债务 = 800×30% = 240 万元;新增优先股 = 800×10% = 80 万元;新增股本 = 800×60% = 480 万元。

第五步,计算新增股本的资本成本和新增股本后权益资本的成本。由于 XYZ 公司需要 800 万元的资金投资于"可行项目",其中需要权益资本 480 万元。在这 480 万元中,420 万元来自留存收益,此外还需要新增权益资本 60 万元,即增发新股 60 万元。

当 XYZ 公司的筹资额超过 700 万元时,需要增发新股,从而导致其权益资本成本在原来 15% 的基础上提高 10%,即增发新股需要支付融资费用 10%,因此这 60 万元新增股本的资本成本和增发新股之后的加权平均权益资本成本分别为:

$$K_{增发新股} = K_S \times (1 + 10\%) = 16.5\%$$

$$K_{S2} = (420/480) \times 15\% + (60/480) \times 16.5\% = 15.19\%$$

第六步,计算增发新股之后 XYZ 公司的加权平均资本成本($WACC_2$),即

$$WACC_2 = 30\% \times 10\% \times (1 - 25\%) + 10\% \times 12\% + 60\% \times K_{S2}$$
$$= 30\% \times 10\% \times (1 - 25\%) + 10\% \times 12\% + 60\% \times 15.19\%$$
$$= 12.56\%$$

计算结果 $WACC_2 = 12.56\%$ 表明:当 XYZ 公司所需投资总额超过 700 万元时,加权平均资本成本从 12.45% 上升到 12.56%。

第七步,根据上述 IOS 分析结果进行决策。XYZ 公司可选的投资项目分别为第一组的 B、C、D 三个项目,或第二组的 C、A、D 三个项目。比较这两组项目,其平均 IRR 分别为:

第一组平均 IRR = (100/800) × 36% + (500/800) × 30% + (200/800) × 15% = 27%

第二组平均 IRR = (500/800) × 30% + (100/800) × 28% + (200/800) × 15% = 26%

由此可知,XYZ 公司应选择第一组的 B、C、D 三个项目进行投资,其平均 IRR 达到最高,即 27%。这个选择满足三个目标:一是所选择的三个项目的 IRR 均大于公司的 WACC;二是所需投资 800 万元(420 万元来自留存收益,60 万元来自增发新股,80 万元来自新增优先股,新增债务 240 万元)与 XYZ 公司现行的资本结构完全一致;三是所需投资为 800 万元,而所筹集的资金也是 800 万元,投资等于筹资。

三、通货膨胀对投资效益的影响

一般认为,通货膨胀对投资效益具有负面影响。虽然通货膨胀可能增加投资项目的年收入,但由于投资项目的年折旧与通货膨胀无关,结果实际税负增加了。因此,尽管名义的经营净现金增加了,但是扣除通货膨胀因素后,实际的经营净现金却减少了。在评价投资效益的实践中,通货膨胀对投资效益的影响分以下两种情况:

第一,通货膨胀直接影响资本成本,推动资本成本上升,从而减少投资项目的 NPV,即

$$NPV = \sum_{t=1}^{n} \frac{NCF_t}{(1 + K + f)^t} + \frac{S_n + F_n}{(1 + K + f)^n} - I_0 \quad (6-33)$$

其中,f 为年通货膨胀率。例如,当年通货膨胀率为 5% 时,根据表 6-12,MNE 公司投资项

目的 NPV 等于 273 万美元,即

$$NPV = \sum_{t=1}^{5} \frac{350}{(1 + 10\% + 5\%)^t} + \frac{200}{(1 + 10\% + 5\%)^5} - 1\ 000 = 273\ (万美元)$$

由此可知,在年通货膨胀率为 5% 的情况下,MNE 投资项目的 NPV 为 273 万美元;或者说,MNE 投资项目具有一定的抗通货膨胀风险能力,当通货膨胀率为 5% 时,项目仍然可行。

第二,通货膨胀影响投资项目的收入和成本,或影响现金流入量和现金流出量,从而影响投资项目的 NPV。一般来说,现金流入和现金流出可能受不同通货膨胀率的影响,因此,

$$NPV = \sum_{t=1}^{n} \frac{[CIF_t(1 + f_1) - COF_t(1 + f_2)] \times (1 - T) + 年折旧 \times T}{(1 + K)^t} + \frac{S_n + F_n}{(1 + K)^n} - I_0 \tag{6-34}$$

其中,CIF 是投资项目每年的现金流入;COF 是投资项目每年的现金流出;f_1 是影响投资项目现金流入的年通货膨胀率;f_2 是影响投资项目现金流出的年通货膨胀率。由此可知,投资项目 NPV 取决于两个通货膨胀率之间的关系。

例如,ET 公司投资 100 000 美元建设一条生产线,投资期限为 5 年,影响投资项目现金流入和现金流出的年通货膨胀率为 5%,资本成本为 13%,所得税税率为 50%。投资项目的其他相关资料如表 6-25 所示。根据表 6-25,该项目的 NPV 为 1 282 美元,即

$$NPV = \sum_{t=1}^{5} \frac{[CIF_t(1 + 5\%) - COF_t(1 + 5\%)] \times (1 - 50\%) + 年折旧 \times 50\%}{(1 + 13\%)^t} +$$

$$\frac{16\ 807}{(1 + 13\%)^5} - 100\ 000$$

$$= 1\ 282\ (美元)$$

表 6-25 ET 公司生产线投资项目的相关资料   单位:美元

项目	第 1 年	第 2 年	第 3 年	第 4 年	第 5 年
CIF	30 000	40 000	50 000	50 000	50 000
COF	10 000	10 000	10 000	10 000	10 000
税前 NCF=CIF-COF	20 000	30 000	40 000	40 000	40 000
税收=50%×税前 NCF	10 000	15 000	20 000	20 000	20 000
税后 NCF=税前 NCF-税收	10 000	15 000	20 000	20 000	20 000
折旧(加速折旧法)	30 000	21 000	14 700	10 290	7 203
折旧产生的节税=50%×折旧	15 000	10 500	7 350	5 145	3 602
总税后 NCF=税后 NCF+折旧产生的节税	25 000	25 500	27 350	2 5145	23 602
固定资产残值=100 000-5 年累计折旧	—	—	—	—	16 807

资料来源:Van Horne(1981)。

案例分析　A公司投资项目的效益和风险评价

A公司长期专注于甲产品的生产经营,经过多年的精心规划和努力开拓,公司已经在国内树立了行业龙头地位。2011年A公司开始探索国际化投资与经营,为了进一步扩大生产规模,提高公司的销售服务能力,有利于公司更好地参与国际市场的竞争,促进公司持续稳定地发展,A公司计划于2011年在B国投资设立一家子公司,借助B国在金融危机之后该行业快速恢复增长的难得机遇,扩大本公司产品的生产经营和销售,进一步巩固和提高公司在国际市场中的地位。

一、项目的总投资

项目计划分两期投资建设,最终形成300万套甲产品的生产规模。其中,每套产品需要由1.26平方米的部件1、0.93平方米的部件2和1.98平方米的部件3组成。初步估算项目的总投资为19 977万美元。其中,一期工程计划投资10 000万美元,于2013年7月前建成年100万套的产能;二期工程计划投资9 965万美元,于2017年6月前建成新增200万套的产能。具体的项目投资情况见表6-26。

表6-26　A公司B国项目投资情况汇总　　　　　　　　　　　单位:万元

	工程或费用名称	一期	二期	合计	说明
1	固定资产投资项目	58 408	64 275	122 683	
1-1	厂房及基础设施、办公楼	31 195	18 358	49 553	20年直线折旧,残值率为10%
1-2	土地	4 254	0	4 254	50年直线摊销
1-3	生产设备	15 050	30 099	45 149	10年直线折旧 残值率为10%
1-4	辅助设备	6 482	12 966	19 448	10年直线折旧,残值率为10%
1-5	运输设备	335	670	1 005	5年直线折旧,残值率为10%
1-6	电子设备	194	387	581	5年直线折旧,残值率为10%
1-7	实验设备	575	1 150	1 725	5年直线折旧,残值率为10%
1-8	其他设备	323	645	968	办公用品等,5年直线折旧,残值率为10%
2	开办费支出	1 935		1 935	300万美元
3	流动资金	4 236		4 236	
4	项目总投资	64 578	64 274	128 852	

注:1美元=6.45元人民币,汇兑换算有进位误差,合计数与后文略有差异,忽略不计。

二、项目的资金来源

项目所需资金来自A公司(B国公司的全资母公司)的出资及借款。其中,一期工程资金共计10 000万美元,来自A公司的出资为6 000万美元,来自A公司的长期借款为4 000万美元;二期工程资金共计9 965万美元,来自A公司的长期借款为8 500万美元,来自A公司的出资为1 465万美元。

三、项目的销售预测

根据项目规划和上述测算,本项目的建设规模和市场目标是于2016年达到产销100万套甲产品的规模,到2019年达到300万套甲产品的供应能力。项目征地一步到位,但建设分两期进行:一期项目100万套产能计划从2011年7月起开始动工建设,2013年7月正式投产,逐步实现全部设计生产能力,于2016年达到100万套产能;二期项目计划从2016年6月开始动工建设,建设期为1年,于2017年6月完成,增加200万套产能,逐步实现全部设计生产能力,并于2019年达到300万套产能。具体的产能和销售预测见表6-27。

表6-27 A公司2013—2027年销售量预测

项目	2013年	2014年	2015年	2016年	2017年	2018年	2019年	2020—2027年
甲产品(万套)	25.00	60.00	80.00	100.00	175.00	240.00	300.00	300.00
其中:部件1(万平方米)	31.50	75.60	100.80	126.00	220.50	302.40	378.00	378.00
部件2(万平方米)	23.25	55.80	74.40	93.00	162.75	223.20	279.00	279.00
部件3(万平方米)	49.50	118.80	158.40	198.00	346.50	475.20	594.00	594.00

四、项目评估的主要假设

(1)评价期。财务评价计算年限为17年,其中建设期2年,经营期15年。

(2)管理费用。本项目管理费用按其占销售收入的4%计算,再加上B国规定的财产税(按固定资产投资的2.2%计算)。

(3)销售费用。本项目销售费用按其占销售收入的6%计算。

(4)财务费用。本项目的长期借款按年息利率6.65%计算。

(5)所得税税率。本项目的所得税税率设为20%。

(6)汇率。美元对人民币的汇率按1美元=6.45元人民币计算。

五、项目的经济效益评价

(一)项目的主要报表和财务预测[①]

表6-28是该项目的收入和成本结构预测。根据预测表以及表6-27的销售量预测,

---

① 本案例的计算结果根据精确计算后再保留整数或两位小数,故计算结果可能与列示的计算公式有些出入,读者可根据本案例提供的信息自行推演验证。

可以编制该项目在生产期内各年的净利润、固定成本和变动成本以及经营净现金(见表 6-29)。

表 6-28 A 公司 B 国项目的收入和成本结构的预测

序号	项目	计算和预测依据	2013 年(万元)
1	销售收入		17 987
1-1	部件 1	单价 261 元/平方米,销售量见表 6-27	8 222
1-2	部件 2	单价 205 元/平方米,销售量见表 6-27	4 766
1-3	部件 3	单价 101 元/平方米,销售量见表 6-27	5 000
2	营业成本		10 556
2-1	部件 1	单价 139 元/平方米,销售量见表 6-27	4 379
2-2	部件 2	单价 106 元/平方米,销售量见表 6-27	2 465
2-3	部件 3	单价 75 元/平方米,销售量见表 6-27	3 713
3	管理费用	变动管理费用+固定管理费用	2 004
3-1	变动管理费用	本项目管理费用按销售收入的 4% 计算	719
3-2	固定管理费用	美国规定的财产税(固定资产投资的 2.2% 计算)	1 285
4	销售费用	本项目销售费用按销售收入的 6% 计算	1 079
5	财务费用	一期长期借款期间为 2012—2015 年,金额为 4 000 万美元,借款年利率为 6.65%;二期长期借款期间为 2016—2018 年,金额为 8 500 万美元,借款年利率为 6.65%。长期借款每年付息,到期一次偿还本金	1 716
6	折旧费用	2013 年 7 月投产,2013 年当年折旧提取 6 个月。厂房建筑物折旧年限为 20 年;生产及辅助设备折旧年限为 10 年;运输及其他电子设备折旧年限为 5 年;残值率均为 10%	1 799
7	摊销费用	2013 年 7 月投产,开办费投产期一次性摊销;土地按 50 年摊销,零残值	1 978
8	总成本	营业成本+管理费用+折旧+摊销+销售费用+财务费用	19 132
8-1	固定成本	固定管理费用+折旧+摊销+财务费用	6 777
8-2	变动成本	总成本-固定成本	12 354
9	税前利润	销售收入-总成本	-1 144
10	所得税	税前利润×20%	—
11	净利润	税前利润-所得税	-1 144

表 6-29　A 公司美国项目的收入、成本、利润和经营净现金的测算

单位：万元

项目	建设期		经营期													
	2011 年	2012 年	2013 年	2014 年	2015 年	2016 年	2017 年	2018 年	2019 年	2020 年	2021 年	2022 年	2023 年	2024 年	2025 年	2026 年	2027 年
销售收入			17 987	43 169	57 559	71 949	125 911	172 678	215 847	215 847	215 847	215 847	215 847	215 847	215 847	215 847	215 847
部件 1			8 222	19 732	26 309	32 886	57 551	78 926	98 658	98 658	98 658	98 658	98 658	98 658	98 658	98 658	98 658
部件 2			4 766	11 439	15 252	19 065	33 364	45 756	57 195	57 195	57 195	57 195	57 195	57 195	57 195	57 195	57 195
部件 3			5 000	11 999	15 998	19 998	34 997	47 995	59 994	59 994	59 994	59 994	59 994	59 994	59 994	59 994	59 994
营业成本			10 556	25 333	33 778	42 222	73 889	101 333	126 666	126 666	126 666	126 666	126 666	126 666	126 666	126 666	126 666
部件 1			4 379	10 508	14 011	17 514	30 650	42 034	52 542	52 542	52 542	52 542	52 542	52 542	52 542	52 542	52 542
部件 2			2 465	5 915	7 886	9 858	17 252	23 659	29 574	29 574	29 574	29 574	29 574	29 574	29 574	29 574	29 574
部件 3			3 713	8 910	11 880	14 850	25 988	35 640	44 550	44 550	44 550	44 550	44 550	44 550	44 550	44 550	44 550
管理费用			2 004	3 012	3 587	4 163	7 735	9 606	11 333	11 333	11 333	11 333	11 333	11 333	11 333	11 333	11 333
变动管理费用			719	1 727	2 302	2 878	5 036	6 907	8 634	8 634	8 634	8 634	8 634	8 634	8 634	8 634	8 634
固定管理费用			1 285	1 285	1 285	1 285	2 699	2 699	2 699	2 699	2 699	2 699	2 699	2 699	2 699	2 699	2 699
销售费用			1 079	2 590	3 454	4 317	7 555	10 361	12 951	12 951	12 951	12 951	12 951	12 951	12 951	12 951	12 951
财务费用			1 716	1 716	1 716	3 646	3 646	3 646	—	—	—	—	—	—	—	—	—
折旧费用			1 799	3 599	3 599	3 599	8 814	8 685	8 557	8 557	8 557	8 044	7 075	6 106	6 106	6 106	2 230
摊销费用			1 978	85	85	85	85	85	85	85	85	85	85	85	85	85	85
总成本			19 132	36 334	46 218	58 031	101 723	133 716	159 592	159 592	159 592	159 078	158 109	157 141	157 141	157 141	153 265
固定成本			6 777	6 684	6 684	8 614	15 244	15 115	11 341	11 341	11 341	10 828	9 859	8 890	8 890	8 890	5 014

（单位：万元） （续表）

项目	建设期		经营期												
	2011年	2012年	2013年	2014年	2015年	2016年	2017年	2018年	2019年	2020年	2021年	2022年	2023年	2024年	2025年	2026年	2027年
变动成本			12 354	29 650	39 534	49 417	86 480	118 601	148 251	148 251	148 251	148 251	148 251	148 251	148 251	148 251	148 251
税前利润			−1 144	6 835	11 341	13 918	24 187	38 962	56 255	56 255	56 255	56 769	57 738	58 706	58 706	58 706	62 582
所得税			—	1 138*	2 268	2 784	4 837	7 792	11 251	11 251	11 251	11 354	11 548	11 741	11 741	11 741	12 516
净利润			−1 144	5 697	9 073	11 134	19 350	31 169	45 004	45 004	45 004	45 415	46 190	46 965	46 965	46 965	50 066
EBIT			571	8 551	13 057	17 564	27 833	42 608	56 255	56 255	56 255	56 769	57 738	58 706	58 706	58 706	62 582
折旧和摊销			3 777	3 684	3 684	3 684	8 899	8 770	8 642	8 642	8 642	8 129	7 160	6 191	6 191	6 191	2 315
EBITDA			4 348	12 234	16 741	21 247	36 732	51 378	64 897	64 897	64 897	64 897	64 897	64 897	64 897	64 897	64 897
经营净现金			4 234	10 524	14 129	17 734	31 166	42 857	53 646	53 646	53 646	53 544	53 350	53 156	53 156	53 156	52 381

注：项目经营净现金=EBIT×(1−T)+折旧和摊销。*在弥补完上年度亏损的基础上按20%计税。

(二)投资项目的财务效益评价

根据投资项目主要财务报表的数据,我们就可以进行投资项目的财务效益评价。

1. 保本点

(1) 2016 年一期工程完工并实现 100 万套产能时的保本点:

$$每套甲产品售价 = 部件1售价 \times 1.26 + 部件2售价 \times 0.93 + 部件3 \times 1.98$$
$$= 261 \times 1.26 + 205 \times 0.93 + 101 \times 1.98$$
$$= 719.49(元)$$

$$每套甲产品变动成本 = \frac{全部变动成本}{甲产品套数} = \frac{49\ 417}{100} = 494.17(元)$$

$$保本销售量 = \frac{总固定成本}{销售价格 - 单位产品变动成本} = \frac{8\ 614}{719.49 - 494.17} = 38.23(万套)$$

保本销售额 = 38.23 × 719.49 = 27 506.10(万元)

(2) 2019 年二期工程完工并实现 300 万套产能时的保本点:

$$每套甲产品售价 = 部件1售价 \times 1.26 + 部件2售价 \times 0.93 + 部件3售价 \times 1.98$$
$$= 261 \times 1.26 + 205 \times 0.93 + 101 \times 1.98$$
$$= 719.49(元)$$

$$每套甲产品变动成本 = \frac{全部变动成本}{甲产品套数} = \frac{148\ 251}{300} = 494.17(元)$$

$$保本销售量 = \frac{总固定成本}{销售价格 - 单位产品变动成本} = \frac{11\ 341}{719.49 - 494.17} = 50.33(万套)$$

保本销售额 = 50.33 × 719.49 = 36 211.93(万元)

2. 回收期[①]

假设项目的折现率为 10%,各年的经营净现金如表 6-30 所示。

表 6-30 各年经营净现金折现值

项目	2011 年	2012 年	2013 年	2014 年	2015 年	2016 年	2017 年	2018 年	2019 年
项目投资额(万元)	-60 342	—	-4 236	—	—	-64 275	—	—	—
经营净现金(万元)	—	—	4 234	10 524	14 129	17 734	31 165	42 857	53 646
折现因子	1.0000	0.9091	0.8264	0.7513	0.6820	0.6209	0.5645	0.5132	0.4665
折现净现金(万元)	-60 342		-2	7 907	9 650	-28 898	17 592	21 992	25 026

项目	2020 年	2021 年	2022 年	2023 年	2024 年	2025 年	2026 年	2027 年
项目投资额(万元)	—	—	—	—	—	—	—	—
经营净现金(万元)	53 646	53 646	53 544	53 350	53 156	53 156	53 156	52 381
折现因子	0.4241	0.3855	0.3505	0.3186	0.2897	0.2633	0.2394	0.2176
折现净现金(万元)	22 751	20 683	18 767	16 999	15 397	13 998	12 725	11 400

---

① 后续测算中可能涉及折现及进位的误差,按实值列示,微量差异忽略不再调整。

（1）静态回收期。根据表 6-30，该项目自 2011 年开始投资，项目总投资额为 128 852 万元；到 2018 年，项目的累计经营净现金为 120 644 万元；到 2019 年，项目的累计经营净现金为 174 290 万元；因此，

$$静态回收期 = 7 + \frac{128\ 852 - 120\ 644}{174\ 290 - 120\ 644} = 7.15(年)$$

即不到 2019 年结束就可收回全部投资。

（2）动态回收期。为了便于计算，假定 A 公司于 2011 年一次性投入第一期全部固定资产和开办费 60 342 万元，流动资金 4 236 万元则于 2013 年一次性投入；第二期固定资产投资则于 2016 年一次性投入，金额为 64 275 万元。

项目总投资额折现值 = 60 342 + 4 236 × 0.8264 + 64 275 × 0.6209 = 103 752（万元）

到 2019 年，A 公司的累计折现经营净现金为 96 679 万元；到 2020 年，A 公司的累计折现经营净现金为 119 430 万元，因此，

$$动态回收期 = 8 + \frac{103\ 754 - 96\ 679}{119\ 430 - 96\ 679} = 8.31(年)$$

3. 净现值

NPV = 累计经营净现金 − 项目总投资额折现值 = 229 398 − 103 752 = 125 646 万元 > 0

4. 内含报酬率

当折现率为 23% 时，NPV 为 114 万元；当折现率为 24% 时，NPV 为 −4 356 万元。因此，IRR 介于 23% 和 24% 之间。使用插值法可以得到，该项目的 IRR 为 23.03%，即

$$IRR = 23\% + \frac{(24\% - 23\%) \times 114}{114 + 4\ 356} = 23\% + 0.03\% = 23.03\%$$

5. 矩阵式弹性（风险）分析——多因素敏感性的系统分析

为了更好地评估投资项目的风险水平，我们对项目的总投资额、单位成本[①]和单位售价这三个因素进行矩阵式弹性分析，选择的波动范围为 ±15%，即观察当投资额增加或减少 15%、单位成本增加或减少 15%、单位售价提高或降低 15% 时，项目的 NPV 情况。

从表 6-31 可知，在 343(7×7×7) 种可能中，318 种情况下项目 NPV 均大于零，占比为 92.71%，这表明多数情况下该项目可以为公司带来正的投资收益。只有当单位成本提高 10%—15% 且单位售价下跌 10%—15% 时，该项目才会出现明显的 NPV 小于零的状况。当项目总投资额和单位成本分别提高 15% 且单位售价降低 15% 时，该项目达到最差状态，项目的 NPV 为 −63 832 万元；当项目总投资额和单位成本分别降低 15% 且单位售价提高 15% 时，项目达到最好状态，项目的 NPV 高达 318 468 万元，是标准状态的 2.5 倍左右。

从以上分析可以看出，该项目具有较强的抗风险能力，项目可行；但同时也应注意加

---

① 这里假设只有单位变动成本发生波动，固定成本不随之波动。

强成本管理和控制以降低成本,做好营销工作以保持价格稳定,按计划并争取提前收回投资。

表6-31 A公司B国项目NPV的矩阵式弹性分析　　　　　　　　　　　　单位:万元

			项目总投资额						
			−15%	−10%	−5%	0%	5%	10%	15%
单位成本15%	单位售价	15%	162 011	156 657	151 304	145 951	140 597	135 244	129 891
		10%	129 723	124 370	119 017	113 664	108 310	102 957	97 604
		5%	97 436	92 083	86 730	81 377	76 023	70 670	65 317
		0%	65 149	59 796	54 443	49 089	43 736	38 383	33 030
		−5%	32 862	27 509	22 156	16 802	11 449	6 096	742
		−10%	575	−4 778	−10 132	−15 485	−20 838	−26 191	−31 545
		−15%	−31 712	−37 065	−42 419	−47 772	−53 125	−58 478	−63 832
单位成本10%	单位售价	15%	188 087	182 734	177 380	172 027	166 674	161 320	155 967
		10%	155 614	150 261	144 907	139 554	134 201	128 848	123 494
		5%	123 141	117 788	112 434	107 081	101 728	96 375	91 021
		0%	90 668	85 315	79 962	74 608	69 255	63 902	58 548
		−5%	58 195	52 842	47 489	42 135	36 782	31 429	26 076
		−10%	25 722	20 369	15 016	9 663	4 309	−1 044	−6 397
		−15%	−6 750	−12 104	−17 457	−22 810	−28 164	−33 517	−38 870
单位成本5%	单位售价	15%	214 163	208 810	203 456	198 103	192 750	187 397	182 043
		10%	181 504	176 151	170 798	165 445	160 091	154 738	149 385
		5%	148 846	143 492	138 139	132 786	127 433	122 079	116 726
		0%	116 187	110 834	105 480	100 127	94 774	89 421	84 067
		−5%	83 528	78 175	72 822	67 469	62 115	56 762	51 409
		−10%	50 870	45 516	40 163	34 810	29 457	24 103	18 750
		−15%	18 211	12 858	7 505	2 151	−3 202	−8 555	−13 909
单位成本0%	单位售价	15%	240 239	234 886	229 533	224 179	218 826	213 473	208 120
		10%	207 395	202 042	196 688	191 335	185 982	180 628	175 275
		5%	174 550	169 197	163 844	158 491	153 137	147 784	142 431
		0%	141 706	136 353	130 999	125 646	120 293	114 940	109 586
		−5%	108 862	103 508	98 155	92 802	87 448	82 095	76 742
		−10%	76 017	70 664	65 311	59 957	54 604	49 251	43 897
		−15%	43 173	37 819	32 466	27 113	21 760	16 406	11 053

(单位:万元)（续表）

			项目总投资额						
			−15%	−10%	−5%	0%	5%	10%	15%
单位成本 −5%	单位售价	15%	266 315	260 962	255 609	250 256	244 902	239 549	234 196
		10%	233 285	227 932	222 579	217 225	211 872	206 519	201 166
		5%	200 255	194 902	189 549	184 195	178 842	173 489	168 135
		0%	167 225	161 872	156 518	151 165	145 812	140 458	135 105
		−5%	134 195	128 841	123 488	118 135	112 782	107 428	102 075
		−10%	101 164	95 811	90 458	85 105	79 751	74 398	69 045
		−15%	68 134	62 781	57 428	52 074	46 721	41 368	36 015
单位成本 −10%	单位售价	15%	292 392	287 038	281 685	276 332	270 979	265 625	260 272
		10%	259 176	253 822	248 469	243 116	237 763	232 409	227 056
		5%	225 960	220 606	215 253	209 900	204 547	199 193	193 840
		0%	192 744	187 391	182 037	176 684	171 331	165 977	160 624
		−5%	159 528	154 175	148 821	143 468	138 115	132 761	127 408
		−10%	126 312	120 959	115 605	110 252	104 899	99 545	94 192
		−15%	93 096	87 743	82 389	77 036	71 683	66 329	60 976
单位成本 −15%	单位售价	15%	318 468	313 115	307 761	302 408	297 055	291 702	286 348
		10%	285 066	279 713	274 360	269 006	263 653	258 300	252 946
		5%	251 664	246 311	240 958	235 605	230 251	224 898	219 545
		0%	218 263	212 909	207 556	202 203	196 850	191 496	186 143
		−5%	184 861	179 508	174 154	168 801	163 448	158 095	152 741
		−10%	151 459	146 106	140 753	135 399	130 046	124 693	119 340
		−15%	118 057	112 704	107 351	101 998	96 644	91 291	85 938

六、项目分析总结

通过对A公司B国投资项目的综合经济效益评价,我们发现:(1)从盈亏平衡分析看,一期投资保本点只需达到约38万套甲产品的销售量,二期完成后保本点只需达到约50万套甲产品的销售量,盈亏平衡点较低,表明项目是比较安全的;(2)静态投资回收期和动态投资回收期(含建设期2年)分别仅为7.15年和8.31年,符合公司对一般投资项目回收期的要求;(3)项目的净现值高达125 645万元,表明这是一个创值型投资项目;(4)项目的内含报酬率为23.03%,远高于市场的资金成本和上市公司的最低资金利润率要求;(5)从投资项目的矩阵式弹性(风险)分析结果看,该项目具有较强的抗风险能力,在343种可能发生的状态中,投资胜算的概率为92.71%,投资失算的概率仅为7.29%。综合以上分析,我们认为,A公司B国投资项目具有良好的经济效益,值得投资!

本章小结

　　本章重点讨论投资分析与决策的四个主要问题:一是投资项目的管理,特别是投资项目可行性研究的管理问题;二是投资项目财务效益和风险评价的基础理论问题——货币时间价值和资本成本测算;三是投资项目的效益和风险评价;四是投资项目财务效益评价的一些理论和实践问题。

　　投资项目的可行性包括:(1)宏观经济可行性;(2)环境可行性;(3)市场可行性;(4)技术可行性;(5)管理团队可行性;(6)财务可行性;(7)其他可行性。因此,投资项目可行性研究报告主要涉及:投资项目的意义和作用;投资项目的技术可行性;投资项目的产品或服务的市场需求;投资项目的财务效益和风险;投资项目的宏观社会和经济效益;等等。在实践中,投资项目从策划到实施,通常要经过八个阶段:投资机会研究、编制"投资项目建议书"、收集资料及进行可行性分析和评价、编制投资项目可行性研究报告、初步论证、修正可行性研究报告、再度论证和定稿、投资决策。这些都涉及投资项目的可行性分析,特别是财务效益的评价。

　　投资项目的财务效益和风险评价涉及两个重要的基础理论问题:一是如何运用货币时间价值理论和方法将投资项目各年的现金流进行折现,使之具有可加性;二是如何估算各类资本成本,包括债务资本成本、权益资本成本和加权平均资本成本,以确定投资项目应使用的折现率。

　　投资项目的财务效益和风险评价方法包括保本点、保利点、静态回收期、动态回收期、脱险回收期、最佳回收期、净现值、内含报酬率等。在应用过程中,净现值和内含报酬率在三种情况下会发生矛盾:投资规模差异、现金流模式差异和现金流符号变化。

　　在投资分析与决策中,我们还应注意投资机会的选择问题,在从多个投资项目中选择若干项目时,应尽可能平衡企业的资本供给和资本需求,保持资本结构稳定和取得投资效益。此外,我们还应考虑通货膨胀对投资效益的影响。

专业术语

投资可行性研究(Investment Feasibility Study)
战略性投资价值(Stratigic Investment Value)
资本预算(Capital Budgeting)
投资效益(Investment Efficiency)
投资风险(Investment Risk)
货币时间价值(Time Value of Money)
现值和终值(Present Value and Future Value)
折现率(Discounted Rate)
债务资本成本(Cost of Debt)
权益资本成本(Cost of Equity)
加权平均资本成本(Weighted Averaged Cost of Capitals,WACC)

权益贝塔系数(Equity Beta)或"权益β"
保本点(Break-even Point,BEP)
保利点(Break-even Point for Profit,BPP)
静态回收期(Static Payback Period,SPP)
动态回收期(Dynamic Payback Period,DPP)
脱险回收期(Bailout Period)
最佳回收期(Optimal Period,OP)

净现值(Net Present Value,NPV)
内含报酬率(Internal Rate of Return,IRR)
差值(Different Value)
弹性(或敏感性)分析(Sensitivity Analysis)
矩阵式弹性分析(Matrix-sensitivity Analysis)
投资机会计划(Investment Opportunity Schedule,IOS)

思考与练习

(一) 单项选择题

1. C公司计划投资1 000万元建设一条生产线,测算表明:产品售价500元/件,每年总固定成本为500万元,单位产品变动成本为300元。该投资项目的保本点是( )。
   a. 1万件　　　　b. 2万件　　　　c. 2.5万件　　　　d. 5万件

2. 设某一企业负债比例为50%,其要求投资项目的负债比例与企业的负债比例保持协调和稳定。企业计划投资500万元于一个项目,内含报酬率(IRR)为11%,银行长期贷款利率(K)为10%,企业的加权平均资本成本(WACC)为12.25%。( )
   a. 因为IRR>K,该项目可行　　　　b. 因为IRR<WACC,该项目不可行
   c. 因为IRR>K,该项目不可行　　　　d. 因为WACC>K,该项目可行

3. 根据第2题的资料,若企业的所得税税率为25%,则企业的权益资本成本为( )。
   a. 17.5%　　　　b. 15.5%　　　　c. 12.5%　　　　d. 10.5%

4. A公司一个投资项目的投资总额为200万元,经济生命周期为4年,投资后每年的利润和折旧如下表。投资项目的静态投资回收期为( )。

单位:万元

	第1年	第2年	第3年	第4年
年利润	50	50	50	50
年折旧	50	50	50	50

   a. 5年　　　　b. 4年　　　　c. 3年　　　　d. 2年

5. 根据第4题的资料,假设A公司的加权平均资本成本为10%,该项目的动态回收期是多少?( )
   a. 2—3年　　　　b. 3—4年　　　　c. 4—5年　　　　d. 5年以上

6. 根据第4题和第5题的资料,从项目净现值(NPV)的角度看,该项目是否可行?( )
   a. NPV>0,所以项目不可行　　　　b. NPV<0,所以项目不可行
   c. NPV<0,所以项目可行　　　　d. NPV>0,所以项目可行

7. 根据第4题的资料,当资本成本为10%时,该项目的NPV为(　　)。
   a. 50万元　　　　b. 90万元　　　　c. 116万元　　　　d. 316万元

8. E公司投资1 500万元建设一条生产线,目标资本利润率为20%。生产线的设计能力为1 000万件/年,经济生命周期为5年,物理生命周期为15年,会计折旧期为10年。投产后年固定成本为1 000万元,产品价格为10元/件,单位产品变动成本为5元/件。该项目的保本销售量是(　　)。
   a. 100万件　　　b. 200万件　　　c. 300万件　　　d. 500万件

9. 根据第8题的资料,该项目的保利销售量是(　　)。
   a. 100万件　　　b. 200万件　　　c. 300万件　　　d. 260万件

10. 根据第8题的资料,若项目产品的销售利润率为30%,保利销售量是(　　)。
    a. 100万件　　　b. 200万件　　　c. 300万件　　　d. 500万件

11. 根据第8题的资料,评价该项目的NPV,应选择什么期限计算每年的经营净现金比较合理?(　　)
    a. 5年　　　　　b. 15年　　　　　c. 10年　　　　　d. 都可以

12. 某公司计划投资A、B或C三个项目之一,其资料如下表所示。你将选择(　　)。

金额单位:万元

项目	I_0	NCF_1	NCF_2	NPV				IRR(%)
				$K=10\%$	$K=20\%$	$K=30\%$	$K=40\%$	
A	10 000	10 000	5 000	3 223	1 806	650	-306	36.8
B	10 000	4 000	12 000	3 557	1 667	176	-1 020	31.5
C	10 000	4 000	11 000	2 727	972	-414	-1 531	27.0

   a. A项目　　　　　　　　　　　　b. B项目
   c. C项目　　　　　　　　　　　　d. 当$K=20\%$时选择A项目

13. 假设投资一个项目后,价格可能上升或下降10%;成本可能上升或下降5%。在该投资项目的矩阵式弹性分析表中,当出现哪种情况时,投资项目的效益最差?(　　)

	价格+10%	价格不变	价格-10%
成本+5%	①	②	③
成本不变	④	⑤	⑥
成本-5%	⑦	⑧	⑨

    a. ①　　　　　　b. ③　　　　　　c. ⑦　　　　　　d. ⑨

14. 在产品生命周期哪个阶段投资,投资项目的经营净现金可能出现下滑趋势?(　　)
    a. 导入期　　　b. 成长期　　　c. 成熟期　　　d. 衰退期

15. 运用投资机会计划(IOS)从一系列投资项目中选择一些投资项目,能够实现以下哪个目标?(　　)
    a. 所选项目的IRR>WACC　　　　　b. 企业的资本结构稳定
    c. 筹资等于投资　　　　　　　　　d. 都能实现

(二）简述题

1. 作为企业 CEO 或高管人员，如何评价一个投资项目的财务效益？
2. 如何评价一份《投资项目可行性研究报告——财务效益评价》的质量？
3. 简述评价投资项目效益的主要指标（保本点、保利点、动态回收期、NPV、IRR）的含义。
4. 从理论和实践两个方面，简述如何确定一个投资项目的基准收益或资本成本。
5. 结合自己企业的投资决策和管理经验，简述在投资分析与决策中应注意哪些主要问题。

 微案例分析

Z 公司是一个电器元件制造商，近年来各种电脑和电器生产商对其产品的需求不断增长。Z 公司投资部门提出六个投资项目，有关数据如下表所示。

项目	A	B	C	D	E	F
投资总额（万元）	2 000	1 000	4 000	2 000	1 000	1 000
投资期限（年）	4	3	6	6	3	3
IRR(%)	25	32	28	15	12	11
回收期（年）	3	1.5	3	4	2	2

注：A 和 B 为互不兼容项目，即不能同时入选。

此外，Z 公司的有关财务数据如下表所示。

资本	市场价值	比例	资本成本	其他相关数据
负债	30 000 万元	30%	10%	$R_m = 12\%$, $R_f = 6\%$, $\beta = 1.5$；增发新股的筹资费用率为公司现有权益资本成本的 15%，即 $F = 15\%$；所得税税率 $T = 25\%$；留存收益为 3 000 万元
优先股	10 000 万元	10%	12%	
公众股	60 000 万元	60%	K_s（待确定）	

根据上述资料，如何运用 IOS 从六个项目中选择一些高效益的投资项目，并保持 Z 公司资本结构稳定，且使得 Z 公司筹集的资本等于所需投入的资本呢？

第七章　负债管理理论与实践

第一节　负债管理的理论问题

第二节　负债管理的实践问题

第三节　财务困境的分析与预测

案例分析　恒大集团的财务困境

本章小结

专业术语

思考与练习

微案例分析

导　言

　　有些企业曾利用负债特别是无息债成功扩张，例如中国的美的集团、格力电器和万科企业，以及美国早年的福特汽车和通用电气等；有些企业却因过度举债特别是有息债而陷入财务危机或最终破产倒闭，例如中国的恒大集团、海航集团、新光集团、盾安集团、夏新电子，以及美国的柯达、雷曼兄弟、西尔斯和玩具反斗城等。可见，负债利弊并存。同是中国超大型的房地产开发公司，万科更多地利用无息债来经营，而恒大更多地利用有息债来经营。2013—2019年，万科累计实现了营业收入16 263亿元、净利润2 335亿元和经营净现金2 609亿元；而恒大尽管累计实现了营业收入18 044亿元和净利润2 038亿元，但经营净现金为−3 303亿元，最终因负债累累且现金匮乏而无力偿债，遭社会各界批评。如何正确地进行负债决策呢？在财务管理实践中，所谓的负债政策管理，不仅涉及企业的负债程度和债务结构的管理，而且涉及偿债能力的管理。从负债程度看，包括总负债(短期负债和长期负债)与权益资本的关系、长期负债与权益资本的关系、有息负债与无息负债的关系、短期负债与长期负债的关系等；从偿债能力看，包括盈利与应付利息和到期债务的关系、经营净现金与应付利息和到期债务的关系、现金资产与应付利息和到期债务的关系等。在本章，我们将讨论负债的利弊、财务困境和财务危机的分析预警与防范、负债对企业价值的影响、负债的影响因素，以及在负债决策中应考虑的现实因素。

第一节 负债管理的理论问题

在实践中,有些企业实施高负债政策,导致自身陷入财务危机;有些企业实施高负债政策,却安然无恙;有些企业实施低负债政策,财务安全但发展缓慢或业绩不佳;有些企业实施"不高不低"负债政策,其财务状况也并不理想。尽管涉及负债政策的"资本结构理论"在1985年和1990年两度荣获诺贝尔经济学奖,但企业负债决策问题仍然存在许多争议,其中两个最关键的问题是:第一,负债比例与企业价值之间的关系如何,或者说到底负债比例是否以及如何影响企业的价值? 第二,企业的负债比例受到哪些主要因素的影响,或者说如何确定企业的负债比例? 这两个理论问题具有重要的现实意义,涉及企业是否要或为什么要控制负债比例、制定怎样的负债政策、如何合理控制负债比例等实际问题。

一、早期的资本结构理论

关于负债比例能否提高企业价值,是早期资本结构理论争论的主要问题。围绕这一问题,有几种不同的流派,各自对负债比例与企业价值的关系进行分析和论证。由于前提假设不同,从而得出不同的结论。为了理解各种不同资本结构理论的争议、结论及其政策含义,我们首先需要了解相关的定义和符号(见表7-1)。利用这些定义和符号,我们再来讨论负债比例如何影响企业的价值。

表7-1 资本结构的有关定义和符号

名称	符号	名称	符号	名称	符号
权益市值	S	股利总额	DIV	加权平均资本成本	WACC = K_a
债务市值	D	每股分红(股利)	DPS	债务资本成本	K_d
企业总市值	$V = S + D$	每股净利润(收益)	EPS	权益资本成本	K_s
权益比例	S/V	负债比例	D/V	息税前利润	EBIT

假设企业处于"零增长状态",即息税前利润(EBIT)是一个常量;同时假设企业所有的净利润都用于分红,即 DPS/EPS = 100%;企业所得税税率为 T;根据永续年金的计算公式,有

$$S = \frac{\text{DIV}}{K_s} = \frac{(\text{EBIT} - K_d D) \times (1 - T)}{K_s} \tag{7-1}$$

$$K_s = \frac{\text{DIV}}{S} = \frac{(\text{EBIT} - K_d D) \times (1 - T)}{S} \tag{7-2}$$

根据 WACC 的定义,有

$$\text{WACC} = K_a = \frac{D}{V} \times K_d \times (1 - T) + \frac{S}{V} \times K_s \tag{7-3}$$

将公式(7-1)代入公式(7-3)得

$$K_a = \frac{K_d D \times (1 - T) + [(EBIT - K_d D) \times (1 - T)/K_s]K_s}{V} \quad (7-4)$$

$$K_a = \frac{EBIT \times (1 - T)}{V} \quad (7-5)$$

$$V = \frac{EBIT \times (1 - T)}{K_a} \quad (7-6)$$

由公式(7-6)可知,由于 EBIT(1-T)是一个常量,因此企业总市值受 K_a 的影响。而实际上,K_a 的大小和变化方向又受到 K_s、K_d、S/V 和 D/V 的影响。那么,当企业 D/V 发生变化时,K_s 和 K_d 是否以及如何发生变化呢?对这一问题的解释,成为回答资本结构是否以及如何影响企业价值的关键。美国著名财务学家 Durand(1952)总结了三种不同的资本结构理论。

(一) 净收入理论

净收入理论(Net Income Theory)认为:由于股东承受的风险大于债权人承受的风险,因此权益资本成本(K_s)高于债务资本成本(K_d)。同时假定,当债权人和股东对企业负债比例的高低持无偏好态度时,即无论负债比例高低,债权人的 K_d 和股东的 K_s 都是不变的,企业加权平均资本成本(WACC 或 K_a)将随着负债比例的提升而下降。根据公式(7-6)可以推导出:由于 EBIT 是个常量,因此企业价值(V)将随着负债比例(D/V)的提高而增大(见图 7-1)。

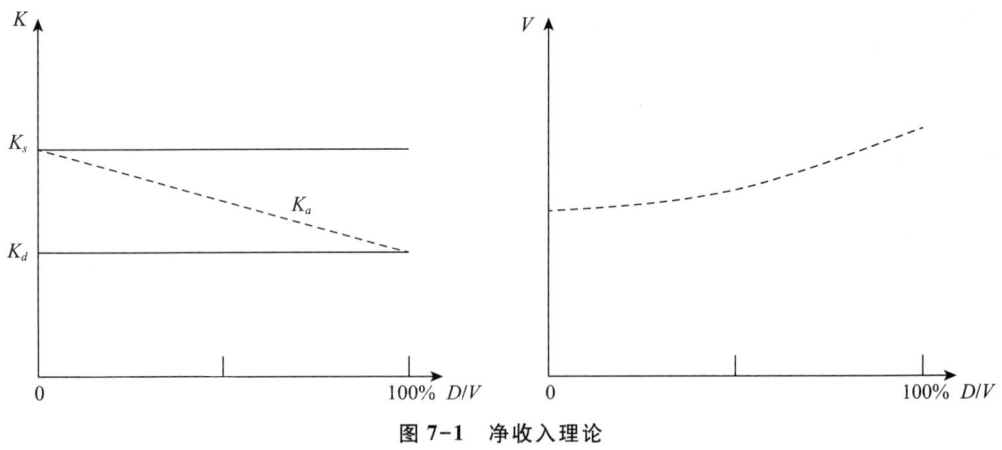

图 7-1 净收入理论

图 7-1 形象地表明了净收入理论的推导过程:由于负债比例(D/V)与权益资本成本(K_s)和债务资本成本(K_d)无关,因此加权平均资本成本(K_a)随着负债比例的提高而下降,从而导致企业价值(V)随着负债比例的提高而增大。按照净收入理论,企业为了提高价值,应该实行高负债政策。

(二) 净营运收入理论

显然,净收入理论的假设在一定程度上脱离了现实。其一,无论是股东或债权人,都不可能对企业负债比例的变化熟视无睹或听之任之,因为企业负债比例的变化对债权人和股东都是一种风险。其二,企业负债比例的变化受多种因素的影响,企业价值最大化只是负债管理的理论目标,而非现实目标。也许,只有在中国改革开放早期实施的"国有企业承包制"下,权益资本所要求的回报率是固定的,银行贷款利率也是固定的,净收入理论才具有一定的现实意义。

与净收入理论相同,净营运收入理论(Net Operating Income Theory)也认为:由于股东承担的风险大于债权人承担的风险,因此权益资本成本(K_s)应高于债务资本成本(K_d);并且债权人对企业负债比例的高低持无偏好态度,即无论负债比例高低,债权人的K_d都是不变的。但净营运收入理论假设:当负债比例提高时,股东认为自己的风险上升了,因此权益资本成本(K_s)随着负债比例的提高而上升,而企业加权平均资本成本(K_a)则保持不变。根据公式(7-6)可以推导出:由于EBIT是一个常量且企业加权平均资本成本(K_a)与负债比例无关,企业价值(V)将随着负债比例的提高而保持不变。换言之,无论负债比例如何,企业价值都是相同的(见图7-2)。

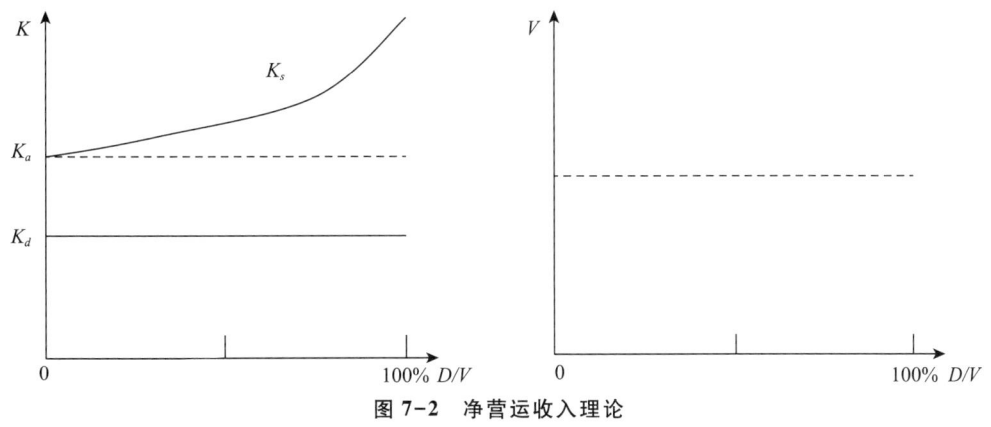

图7-2 净营运收入理论

图7-2形象地表明了净营运收入理论的推导过程:由于负债比例(D/V)与加权平均资本成本(K_a)无关,因此加权平均资本成本(K_a)不因负债比例的变化而变化,结果企业价值(V)也不会随着负债比例的变化而变化。按照净营运收入理论,由于负债比例对企业价值没有影响,企业实行100%的负债比例与实行零负债相比,其价值是相等的,因此企业没有必要制定负债政策。

净营运收入理论最大的问题在于其假设企业加权平均资本成本(K_a)不变,而实际上,根据公式(7-6),这个假设已经决定了结论——负债比例的变化不影响企业价值。

(三) 传统理论

与净收入理论相同,传统理论(Traditional Theory)也认为:由于股东承担的风险大于债权人承担的风险,因此权益资本成本(K_s)高于债务资本成本(K_d)。两套理论的不同点在于:传统理论假定负债比例的变化将导致债权人风险和股东风险同时发生变化,即当企业的负债比例提高时,债权人和股东的风险都增加了。但是,考虑到负债可以产生一定的节税效应并增加股东的盈利,在可接受的负债比例范围内,债权人和股东并不会因企业负债比例上升而提高其资本成本。只有当负债比例超过一定限度时,债务资本成本(K_d)和权益资本成本(K_s)才会随着负债比例的提高而上升。结果,企业加权平均资本成本(K_a)与负债比例之间的关系将呈现一条浅碟形曲线——在股东和债权人可接受的负债比例范围之内,企业加权平均资本成本(K_a)随着负债比例的提高而下降;而当负债比例超过可接受的范围后,企业加权平均资本成本(K_a)随着负债比例的提高而上升。概言之,K_a随着负债比例的上升而呈现"先降后升"的态势。根据公式(7-6),企业价值必然随着负债比例的提高而呈现"先升后降"的态势。其中,使得企业价值最大化的负债比例被称为"最佳负债比例"或"最优资本结构"(见图7-3)。

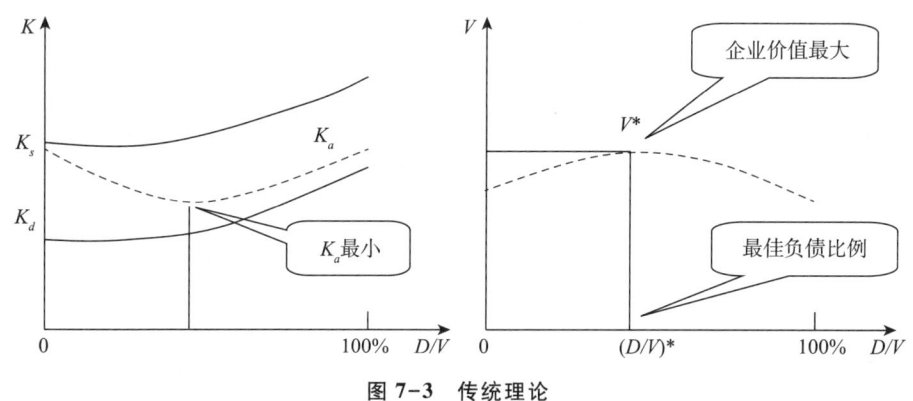

图 7-3 传统理论

图7-3形象地表明了传统理论的推导过程:由于负债比例(D/V)与权益资本成本(K_s)和债务资本成本(K_d)有关,K_d和K_s随负债比例提高而呈现"先稳后升"的态势,因此企业加权平均资本成本(K_a)随着负债比例的提高而"先降后升",结果企业价值(V)随着负债比例的提高而"先升后降"。其中,使得企业价值达到最大的负债比例就是"最佳负债比例"。按照传统理论,企业为了提高价值,应该加强负债管理,实行最佳负债比例的政策。

传统理论比较客观地描述了债权人和股东对负债比例变化的态度,比较直观地反映了债务资本成本和权益资本成本与负债比例的关系,从而发现了最优资本结构,并倡导了加强负债管理,平衡了负债所产生的节税效应和盈利效应与负债所产生的财务风险效应之间的关系,因此更加具有现实意义和应用价值。

净收入理论、净营运收入理论和传统理论的比较如表7-2所示。

表 7-2 早期三种资本结构理论的比较

	净收入理论	净营运收入理论	传统理论
K_s	与负债比例无关	随负债比例的提高而上升	随负债比例的提高而先稳后上升
K_d	与负债比例无关	与负债比例无关	随负债比例的提高而先稳后上升
K_a	随负债比例的提高而下降	与负债比例无关	随负债比例的提高而先降后升
V	与负债比例正相关	与负债比例无关	随负债比例的提高而先升后降
政策含义	高负债	不需要制定负债政策	必须制定最佳负债比例的政策

二、MM 资本结构理论

1958—1963 年，美国著名财务学家弗兰科·莫迪利安尼(Franco Modigliani)和莫顿·米勒(Merton Miller)运用经济模型分析方法，从理论上证明了企业负债与企业价值的关系，即"MM 资本结构理论"，简称"MM 定理"或"MM 命题"。MM 资本结构理论分为"无税条件"和"有税条件"两大类，共六个命题或定理，分别是无税条件下的三个命题和有税条件下的三个命题。此后，针对 MM 资本结构理论存在的问题，许多学者提出了修正，形成了修正 MM 资本结构理论，即"权衡模型"，使得修正 MM 资本结构理论更贴近现实和更有应用价值。1977 年，米勒又在 MM 资本结构理论的基础上，探讨企业所得税(T_c)、股票收入所得税(T_s)和利息收入所得税(T_d)三种所得税税率差异对企业价值的影响，即著名的"米勒税差模型"或"米勒模型"。[①]

值得指出的是，MM 资本结构理论是在严格假设条件下得出的结论。莫迪利安尼和米勒在证明 MM 资本结构理论前，首先提出以下假设：

第一，企业风险同一性(Homogeneous Business Risk Class)，即公司的商业风险可用 EBIT 的标准差来衡量，而且同类企业风险相同。

第二，企业预期盈利和盈利风险的同一性(Homogeneous Expectations for Future Earning and Risk of Earning)，即现有和未来的投资者对公司的盈利和盈利风险的预期是相同的。

第三，资本市场完美性(Perfect Capital Market)，即没有阻碍资本自由流动的交易费用等，而且无论机构投资者或个人投资者，其借贷利率与企业借贷利率相等。

第四，债务无风险性($K_d = R_f$)，即无论个人投资者和机构投资者的借贷数额多少，其借贷利率(K_d)与无风险资产利率(R_f)相等。

第五，历年现金流或盈利恒等性(Perpetuity of Cash Flows)，即公司处于"零增长"状

[①] MM 资本结构理论可参见 Modigliani 和 Miller(1958,1963)；米勒税差模型可参见 Miller(1977)；权衡模型可参见 Altman(1984)；其他相关理论可参见 White(1983)、Warner(1977)、Jensen(1983)等。

态,历年的 EBIT 是一个常量,而且公司债券属于永续年金类型。

在证明 MM 命题的过程中,将企业分为"负债企业"(Leveraged)和"无负债企业"(Unleveraged),相关符号如表 7-3 所示。

表 7-3 MM 资本结构理论的相关符号

名称	符号	名称	符号
负债企业的权益市值	S_L	无负债企业的权益市值	S_U
负债企业的债务市值	D_L	无负债企业的债务市值	D_U
负债企业的权益资本成本	K_{sL}	无负债企业的权益资本成本	K_{sU}
负债企业的债务资本成本	K_{dL}	无负债企业的债务资本成本	K_{dU}
负债企业的总市值	$V_L = S_L + D_L$	无负债企业的总市值	$V_U = S_U + D_U$

(一) 无税条件下的 MM 资本结构理论的三个命题

命题 I 负债企业的价值等于无负债企业的价值,即企业是否负债或负债多少并不影响企业价值。简言之,企业价值与其资本结构无关,即

$$V_L = \frac{\text{EBIT}}{K_{sL}} = \frac{\text{EBIT}}{K_a} = \frac{\text{EBIT}}{K_{sU}} = V_U \qquad (7-7)$$

MM 命题 I 的含义是:既然资本结构不影响企业价值,企业就没有必要制定资本结构政策或负债政策。这就是著名的"MM 资本结构无关论"。

值得指出的是:MM 资本结构无关论是在严格的假设条件且无税条件下得出的结论,由此招致很多批评。正因为如此,促使莫迪利安尼和米勒进一步完善其资本结构理论。

命题 II 负债企业的权益资本成本(K_{sL})高于无负债企业的权益资本成本(K_{sU}),等于无负债企业的权益资本成本加上一定的"风险补偿",其中风险补偿取决于负债企业的负债程度,即

$$\begin{aligned} K_{sL} &= K_{sU} + 风险补偿 \\ &= K_{sU} + (K_{sU} - K_d) \times (D/S) \end{aligned} \qquad (7-8)$$

MM 命题 II 的含义是:由于负债企业的财务风险高于无负债企业的财务风险,因此负债企业的权益资本成本高于无负债企业的权益资本成本,而且负债企业的权益资本成本随负债程度的提高而上升。综合命题 I 和命题 II 可以发现:莫迪利安尼和米勒的资本结构无关论与净营运收入理论(NOI 理论)的结论完全相同。可以说,莫迪利安尼和米勒从理论上证明了净营运收入理论。

命题 III 为了保护股东的利益,在进行投资决策时,企业只能接受内含报酬率(IRR)超过加权平均资本成本(K_a)或无负债企业的权益资本成本(K_{sU})的投资项目,即

$$\text{IRR} \geq K_a = K_{sU} \qquad (7-9)$$

MM 命题 III 对于企业投资决策不但具有重要的理论意义,而且具有重要的应用价值。MM 定理已经被广泛地应用于投资决策,成为企业投资决策的基本准则。

（二）有税条件下的 MM 资本结构理论的三个命题

命题 I 设企业所得税税率为 T，则负债企业的价值大于无负债企业的价值，因为负债使得企业产生节税收益（$T \times D$），导致负债企业的价值随着负债比例的提高而增大。简言之，企业价值与负债比例正相关，负债比例越大，企业价值越大，即

$$V_L = V_U + T \times D \tag{7-10}$$

在有税条件下，MM 命题 I 表明：负债比例越大，企业价值越大，可见资本结构直接影响企业价值。所以，企业应该实行高负债比例政策，甚至是 100% 的负债，以实现企业价值最大化。这就是著名的"MM 资本结构有关论"。

由于考虑了所得税因素，MM 资本结构有关论朝着现实世界前进了一步。负债的增加可以提高股东的收益，这一事实也在理论和现实中被广泛接受。但问题是，当负债比例超过一定水平后，企业价值是否还会随负债比例的提高而继续增大呢？此后，许多研究从不同的角度对此质疑，从而进一步完善 MM 资本结构理论。

命题 II 负债企业的权益资本成本（K_{sL}）高于无负债企业的权益资本成本（K_{sU}），等于无负债企业的权益资本成本加上一定的"风险补偿"，其中风险补偿取决于负债企业的负债程度，即

$$\begin{aligned} K_{sL} &= K_{sU} + 风险补偿 \\ &= K_{sU} + (K_{sU} - K_d) \times (1 - T) \times (D/S) \end{aligned} \tag{7-11}$$

有税条件下 MM 命题 II 的含义与无税条件下 MM 命题 II 是一致的，即由于负债企业的财务风险高于无负债企业的财务风险，因此负债企业的权益资本成本高于无负债企业的权益资本成本，而且负债企业的权益资本成本随负债程度的提高而上升。但是，由于存在所得税，因此对于负债企业来说，有税条件下的权益资本成本小于无税条件下的权益资本成本，即

$$K_{sU} + (K_{sU} - K_d) \times (D/S) > K_{sU} + (K_{sU} - K_d) \times (1 - T) \times (D/S)$$

图 7-4 是有税条件下的 MM 命题 I 和 MM 命题 II 的图示。为何在无税条件下加权平均资本成本（K_a）随着负债比例（D/V）的变化而稳定不变，而在有税条件下加权平均资本成本（K_a）随着负债比例（D/V）的变化而稳定下降呢？这是因为当负债（D）增加时，在有税（$T>0$）条件下，企业价值（V_L）增加，但负债比例（D_L/V_L）上升而权益比例（S_L/V_L）下降很快，所以尽管权益资本成本（K_{sL}）上升，加权平均资本成本（K_a）却随着负债的增加而下降。

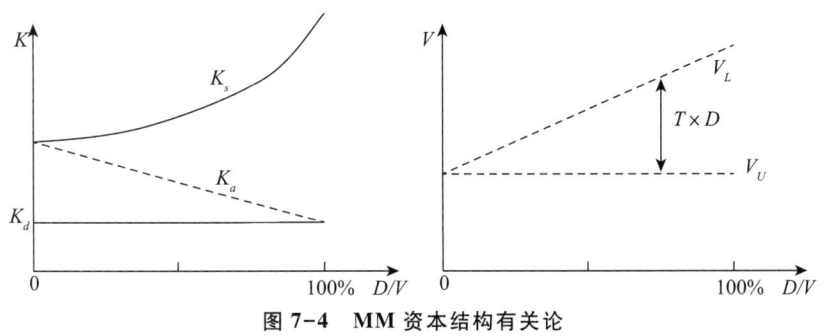

图 7-4 MM 资本结构有关论

命题Ⅲ 为了保护股东的利益,在进行投资决策时,企业只能接受内含报酬率(IRR)超过加权平均资本成本(K_a)的投资项目,即

$$\text{IRR} \geq K_a \tag{7-12}$$

有税条件下的 MM 命题Ⅲ与无税条件下的 MM 命题Ⅲ具有同等的重要意义,即投资项目是否有利可图取决于项目的内含报酬率(IRR)是否大于加权平均资本成本(K_a)。可以证明:在有税的条件下,

$$K_a = K_{sU}\left(1 - T \times \frac{D}{V}\right)$$

因此,公式(7-12)可以写作:

$$\text{IRR} \geq K_a = K_{sU}\left(1 - T \times \frac{D}{V}\right) \tag{7-13}$$

(三) 无税条件下和有税条件下的 MM 资本结构理论的应用比较分析

为了比较无税条件下 MM 命题和有税条件下 MM 命题之间的联系与区别,进一步了解 MM 命题的原理,我们用一个例子来说明。

X 公司是一家全权益企业,在无税条件下处于零增长状态,即每年预期的 EBIT 为 300 万元且稳定不变;在有税($T=30\%$)条件下,其每年的 EBIT($1-T$)为 300 万元且稳定不变。X 公司目前不需要新增投资,全部利润用于支付股利。X 公司向银行贷款,无论负债多少,利率固定为 10%。X 公司将所有负债资金用于回购公司股票,因此 X 公司的资产价值保持不变。在无负债的情况下,X 公司的权益资本成本(K_{sU})为 15%。现在,我们分别讨论:在无税条件下和有税条件下,负债的增加如何影响 X 公司的价值。结果如表 7-4 所示。

表 7-4 X 公司负债增加与公司价值的关系   金额单位:万元

无税 MM 理论(EBIT=300 万元)							有税 MM 理论[EBIT(1−T)=300 万元]						
D	V	S	D/V	K_d	K_s	K_a	D	V	S	D/V	K_d	K_s	K_a
0	2 000	2 000	0%	10%	15%	15%	0	2 000	2 000	0%	10%	15%	15%
500	2 000	1 500	25%	10%	16%	15%	500	2 150	1 650	23%	10%	16%	14%
1 000	2 000	1 000	50%	10%	20%	15%	1 000	2 300	1 300	43%	10%	18%	13%
1 500	2 000	1 500	75%	10%	30%	15%	1 500	2 450	950	61%	10%	21%	12%
2 000	2 000	0	100%	12%	—	15%	2 000	2 600	600	77%	10%	27%	12%
—	—	—	—	—	—	—	2 857	2 857	0	100%	15%	—	15%

1. 无税条件下的 MM 理论

EBIT = 300 万元

$$V_L = V_U = \frac{\text{EBIT}}{K_a} = \frac{\text{EBIT}}{K_{sU}} = \frac{300}{15\%} = 2\,000(万元)$$

（1）当负债 $D = 500$ 万元，$D/V = 500/2\,000 = 25\%$ 时，有

$S = V - D = 2\,000 - 500 = 1\,500(万元)$

$K_{sL} = K_{sU} + (K_{sU} - K_d) \times (D/S) = 15\% + (15\% - 10\%) \times (500/1\,500) = 16.67\%$

$K_a = K_{sL}(S/V) + K_d(D/V) = 16.67\% \times (1\,500/2\,000) + 10\% \times (500/2\,000) = 15\%$

（2）当负债 $D = 1\,000$ 万元，$D/V = 1\,000/2\,000 = 50\%$ 时，有

$S = V - D = 2\,000 - 1\,000 = 1\,000(万元)$

$K_{sL} = K_{sU} + (K_{sU} - K_d) \times (D/S) = 15\% + (15\% - 10\%) \times (1\,000/1\,000) = 20\%$

$K_a = K_{sL}(S/V) + K_d(D/V) = 20\% \times (1\,000/2\,000) + 10\% \times (1\,000/2\,000) = 15\%$

（3）当负债 $D = 1\,500$ 万元，$D/V = 1\,500/2\,000 = 75\%$ 时，有

$S = V - D = 2\,000 - 1\,500 = 500(万元)$

$K_{sL} = K_{sU} + (K_{sU} - K_d) \times (D/S) = 15\% + (15\% - 10\%) \times (1\,500/500) = 30\%$

$K_a = K_{sL}(S/V) + K_d(D/V) = 30\% \times (500/2\,000) + 10\% \times (1\,500/2\,000) = 15\%$

（4）当负债 $D = 2\,000$ 万元，$D/V = 2\,000/2\,000 = 100\%$ 时，有

$S = V - D = 2\,000 - 2\,000 = 0(万元)$

$K_d = K_{sL} = 15\%$

$K_a = K_{sL}(S/V) + K_d(D/V) = 15\% \times (0/2\,000) + 15\% \times (2\,000/2\,000) = 15\%$

2. 有税条件下的 MM 理论

$\text{EBIT}(1 - T) = 300$ 万元

$$V_L = V_U + T \times D = \frac{\text{EBIT} \times (1 - T)}{K_{sU}} + T \times D = \frac{300}{15\%} + 30\% \times D = 2\,000 + 30\% \times D$$

（1）当负债 $D = 500$ 万元时，有

$V_L = V_U + T \times D = 2\,000 + 30\% \times 500 = 2\,150(万元)$

$D/V = 500/2\,150 = 23.3\%$

$S = V - D = 2\,150 - 500 = 1\,650(万元)$

$K_{sL} = K_{sU} + (K_{sU} - K_d) \times (1 - T) \times (D/S)$
$\quad = 15\% + (15\% - 10\%) \times (1 - 30\%) \times (500/1\,650) = 16.06\%$

$K_a = K_{sL}(S/V) + K_d(1 - T) \times (D/V)$
$\quad = 16.06\% \times (1\,650/2\,150) + 10\% \times (1 - 30\%) \times (500/2\,150) = 13.95\%$

（2）当负债 $D = 1\,000$ 万元时，有

$V_L = V_U + T \times D = 2\,000 + 30\% \times 1\,000 = 2\,300(万元)$

$D/V = 1\,000/2\,300 = 43.48\%$

$S = V - D = 2\,300 - 1\,000 = 1\,300(万元)$

$$K_{sL} = K_{sU} + (K_{sU} - K_d) \times (1 - T) \times (D/S)$$
$$= 15\% + (15\% - 10\%) \times (1 - 30\%) \times (1\,000/1\,300) = 17.69\%$$
$$K_a = K_{sL}(S/V) + K_d(1 - T) \times (D/V)$$
$$= 17.69\% \times (1\,300/2\,300) + 10\% \times (1 - 30\%) \times (1\,000/2\,300) = 13.05\%$$

(3) 当负债 $D = 1\,500$ 万元时,有

$$V_L = V_U + T \times D = 2\,000 + 30\% \times 1\,500 = 2\,450(万元)$$
$$D/V = 1\,500/2\,450 = 61.22\%$$
$$S = V - D = 2\,450 - 1\,500 = 950(万元)$$
$$K_{sL} = K_{sU} + (K_{sU} - K_d) \times (1 - T) \times (D/S)$$
$$= 15\% + (15\% - 10\%) \times (1 - 30\%) \times (1\,500/950) = 20.53\%$$
$$K_a = K_{sL}(S/V) + K_d(1 - T) \times (D/V)$$
$$= 20.53\% \times (950/2\,450) + 10\% \times (1 - 30\%) \times (1\,500/2\,450) = 12.25\%$$

(4) 当负债 $D = 2\,000$ 万元时,有

$$V_L = V_U + T \times D = 2\,000 + 30\% \times 2\,000 = 2\,600(万元)$$
$$D/V = 2\,000/2\,600 = 77\%$$
$$S = V - D = 2\,600 - 200 = 600(万元)$$
$$K_{sL} = K_{sU} + (K_{sU} - K_d) \times (1 - T) \times (D/S)$$
$$= 15\% + (15\% - 10\%) \times (1 - 30\%) \times (2\,000/600) = 26.67\%$$
$$K_a = K_{sL}(S/V) + K_d(1 - T) \times (D/V)$$
$$= 26.67\% \times (600/2\,600) + 10\% \times (1 - 30\%) \times (2\,000/2\,600) = 11.54\%$$

(5) 当负债比例 $D/V = 100\%$ 时,X 公司的 EBIT 全部用于支付利息:

$$EBIT = 300/(1 - 30\%) = 428.6(万元)$$

实际上,100%负债的企业意味着债权人承担企业所有的经营风险,相当于 100%权益的企业,此时的债务成本就等于无负债时的权益资本成本,即

$$K_d = K_{sU} = K_a = 15\%$$
$$V_U = EBIT/K_{sU} = (428.6/15\%) = 2\,857(万元) = D$$

三、对 MM 资本结构理论的批评和修正

MM 资本结构理论是在严格的假设条件下的逻辑分析结果,其首次用严谨的分析方法证明了企业为实现价值最大化应选择的资本结构,为企业制定负债政策提供了更加科学的理论依据。为此,莫迪利安尼和米勒先后在 1985 年和 1990 年获得诺贝尔经济学奖。[①]

(一) MM 资本结构理论的问题

MM 资本结构理论在实践中是否成立呢？在实践中,企业不可能将负债比例提高到

---

① 莫迪利安尼于 1985 年独立获得诺贝尔经济学奖;米勒与马科维茨和夏普三人于 1990 年共同荣获诺贝尔经济学奖。

100%或接近100%。可见,MM资本结构理论肯定存在某些缺陷,为此许多研究集中探讨MM资本结构理论存在的问题。对MM资本结构理论的批评主要集中在以下几方面:

第一,MM资本结构理论假设债务资本成本与债务使用量无关,其不会因债务使用量的增加而提高。事实上,一旦企业负债超过一定限度,债务资本成本将随着债务使用量或负债比例的提高而上升。

第二,MM资本结构理论仅仅考虑了企业所得税,没有考虑个人所得税(诸如利息所得税、分红所得税、资本利得税等)对负债比例与企业价值之间关系的影响。

第三,MM资本结构理论假设没有交易费用,因此个人或企业可以在"负债"与"无负债"之间自由套利。但事实上,资本市场存在阻碍这种自由套利活动的各种交易费用。

第四,MM资本结构理论假设个人的杠杆和公司的杠杆完全可替代。但事实上,由于公司是有限责任公司,因此个人投资于"杠杆企业"(有负债企业)比投资于"个人自制杠杆"的风险小。换言之,个人杠杆比企业杠杆的风险大,二者不可替代。更高的风险还阻碍了个人投资者利用"个人自制杠杆"进行套利交易,从而导致MM资本结构理论中的相关均衡点 V_L、V_U、K_{sL} 和 K_{sU} 发生变化,结论也随之发生变化。

第五,MM资本结构理论假设企业处于零增长状态,其息税前利润(EBIT)是一个常量,与企业的债务使用量无关。但事实上,EBIT与企业的债务使用量相关。

第六,MM资本结构理论假设个人投资者和公司都可以按照无风险利率借贷,尽管后来将债务风险引入分析,但仍然假设投资者和公司可以按照相同的利率借贷。但实际上,虽然机构投资者可能可以按公司的利率借贷,但一般不允许利用借贷资金购买证券。此外,个人投资者的借贷利率一般会高于公司的借贷利率。这些差异可能引发MM资本结构理论相关结论发生变化。

(二)米勒模型

米勒模型(Miller Model)是有税条件下MM命题Ⅰ的重要理论拓展。1976年,米勒出任美国财务协会主席,在他的主席致辞中,首次将个人所得税引入MM资本结构理论。1977年,米勒的论文"债务与税收"发表在 *Journal of Finance*,提出著名的米勒模型,即

$$V_L = V_U + \left[1 - \frac{(1-T_C) \times (1-T_S)}{(1-T_d)}\right]D \quad (7-14)$$

其中,V_L 是负债企业的价值,V_U 是无负债企业的价值,T_C 是公司所得税税率,T_S 是个人资本利得税税率,T_d 是个人利息收入税税率,D 是公司负债。

根据米勒模型,我们可以讨论以上三种税率之间的关系如何影响公司价值。具体地说:

第一,当三种税率都等于零时,即 $T_C = T_S = T_d = 0$ 或 $(1-T_C)(1-T_S) = (1-T_d)$,米勒模型等于无税条件下的MM命题Ⅰ。

第二,当三种税率相等 ($T_C = T_S = T_d$),或无个人资本利得税和个人利息收入税 ($T_S = T_d = 0$),或个人资本利得税等于个人利息收入税 ($T_S = T_d$) 时,米勒模型等于有税

条件下的 MM 命题 I。

第三,在公司所得税税率(T_C)不变的情况下,若 $T_s < T_d$,则负债所产生的节税效益减少,负债企业的价值将减少;若 $T_s > T_d$,则负债所产生的节税效益增加,负债企业的价值将增加。可见,根据米勒模型,美国等为鼓励投资而采取资本利得税税率低于利息收入税税率的国家,其企业负债所产生的节税效益水平比较低。

(三)权衡理论

无论是在公司财务还是在资本市场研究领域,MM 资本结构理论都是一项革命性的贡献。但实践表明:公司不可能无限度地负债!因此,到底是哪些因素制约公司实行高负债政策呢?

第一,财务困境成本。当负债超过一定限度后,企业可能发生财务危机,甚至破产。正因为如此,企业应将负债比例控制在可接受范围之内。

第二,代理成本。企业的股东和债权人之间存在一种代理关系,如果没有对股东的债务关系有所限制,管理层就将通过提高负债比例来提高股东的利益,但同时会增加债权人的风险。换言之,当管理层决定增加负债以扩大经营规模时,随着负债比例的提升,若企业经营成功了,则股东收益了;若企业经营失败了,则债权人受损了。因此,企业提高负债,对债权人来说是一种"赢了归股东,输了归债权人"的博弈。在这种情况下,债权人将评价企业增加负债以扩大经营规模的可行性和债务的安全性,防止企业无限度地提高负债比例。

第三,债务资本成本和权益资本成本的变化。一旦负债比例超过可接受范围,债权人和股东就会认为自己的风险增加了,由此要求提高相应的回报率,导致债务资本成本和权益资本成本随着负债比例的提高而上升。

第四,息税前利润(EBIT)的变化。MM 资本结构理论假设 EBIT 是一个常量。但实际上,EBIT 是一个变量,一旦 EBIT 下降,企业的价值将随之下降。

以上四大因素的共同作用,导致企业避免实行 100% 的负债比例,并将负债比例控制在一个合理的范围内。因此,企业的负债比例是在企业价值最大化与上述四大因素之间的权衡结果。这就是所谓的"权衡理论"(Trade-off Theory)(见图 7-5)。

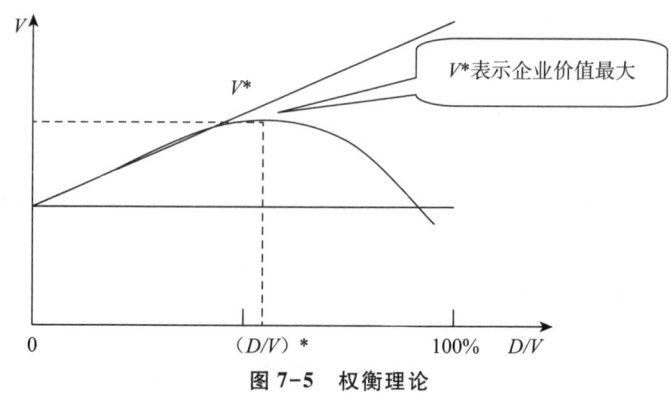

图 7-5 权衡理论

(四) 资本结构的信号理论

美国哈佛大学教授 Gordon Donaldson(1961)提出了融资优序(Pecking Order)理论。在实践中,由于融资成本存在差异,公司的融资顺序是:①使用留存收益和折旧及摊销的现金流,②使用负债,③发行可转换债券,④增发新股。公司可将筹集的资金用于:①维持和扩大经营所需的资本支出,②投资资本市场的证券,③偿还债务,④增加股利发放,⑤回购本公司股票,⑥收购兼并其他公司。

对于新增投资项目,公司将首先使用内部融资——留存收益和折旧及摊销的现金流;如果内部融资还不能满足新增投资项目对资金的需求,公司就会转向外部融资——增加负债、发行可转换债券和增发新股。

在融资优序理论的基础上,美国著名财务学家 Steward Myers 发现,当公司按照融资优序理论进行融资后,公司的负债比例将偏离一个明确的资本结构。因为增发新股是公司最后的选择,一方面,当公司的留存收益或内部融资能够满足新增投资项目对资金的需求时,公司的权益比例将提高而负债比例将下降;另一方面,当公司的留存收益或内部融资无法满足新增投资项目对资金的需求时,公司将增加债务,从而提高负债比例而降低权益比例。

此后,Ross(1977)、Leland 和 Pyle(1977)、Meyers 和 Majluf(1984)等先后将信息不对称问题引入资本结构的研究。Meyers 指出,权衡模型假设所有的市场参与者具有相同的预期——信息对称,而事实上市场参与者所获得的信息是不同的。他的研究实际上将信息不对称问题引入资本结构研究,并将资本结构变化视为公司在信息不对称条件下,内部人向市场或外部人传递某种信号。这就是所谓的"资本结构的信号理论"(Singalling on Capital Structure)。

根据信息不对称条件下的资本结构理论,如果投资者掌握的关于企业资产价值的信息比企业内部人少,权益就可能被市场错误定价。具体地说,如果企业需要通过发行新股为新项目融资,当企业的价值被低估时,可能导致新股东的收益超出新项目的净现值,但导致原股东发生净损失。结果是:尽管项目的净现值为正,但仍被企业内部人拒绝。一般来说,对于前景看好或价值被低估的项目,为了保护原股东的利益,公司管理层将避免增发新股而采取其他融资方式,如增加负债,从而使得公司的负债比例超过"正常"或"最优"范围,可谓"肥水不流他人田";而对于前景看淡或价值被高估的项目,为了照顾原股东的利益,公司管理层将尽量增发新股,从而使得公司的负债比例低于"正常"或"最优"范围,让新股东"分担风险,共享损失"。

公司负债比例发生变化这一信号究竟蕴含着什么意义呢?围绕这一问题存在不同的看法,但比较一致的观点有:

第一,在充分利用留存收益融资的基础上,若公司的发展前景好、投资效益高,则公司将偏向债务筹资;若公司的发展前景不好、投资效益低,则公司将偏向股票筹资。

第二,对于一家成熟的公司来说,增发新股实际上是向市场传递公司未来投资效益并不好的信号,增加负债实际上是向市场传递公司有着高效益投资项目的信号。

第三,一般来说,当公司宣布通过增发新股解决新增投资项目的资金需求时,公司的股票价格将下降;反之,当公司宣布通过增加负债解决新增投资的资金需求时,公司的股票价格将上升。

(五) 代理成本理论

所谓代理成本,按照 Jensen 和 Meckling(1976)的定义,就是指委托人与代理人之间的利益冲突,具体包括"委托人的监督成本、代理人的受限费用和剩余价值损失之和"。Jensen 和 Meckling(1976)认为,代理成本是公司资本结构的重要影响因素,资本结构的选择应使得公司代理成本最小。

代理成本理论(Agency Cost Theory)对资本结构变化的解释主要可以分为权益融资代理成本与债务融资代理成本两个方面。权益融资代理成本认为,当管理层拥有的剩余索取权小于100%时,管理层付出更多努力的全部成本都由自己承担,而管理层只能按持股比例享受其努力所带来的好处;同样,若管理层将公司资源用于在职消费,则可以在只牺牲自身持股比例利益的情况下,享受全部的消费好处。因此,管理层的行为就可能偏离企业价值最大化的目标。随着管理层持股比例的下降,管理层偷懒或牟取私利的动机就会随之增强。Jensen(1986)进一步提出,为了约束管理层的这种代理成本,公司可以将自由现金流以股利形式发放给股东,而在需要融资时选择债务融资,借助债权人来监督管理层的行为,从而限制管理层挥霍公司的自由现金流。债务融资代理成本则是指债权人与股东之间存在利益冲突,在采取债务融资的情况下,股东可能会做出损害债权人的利己投资策略。例如,Jensen 和 Meckling(1976)指出,债务契约通常会促使股东做出次优投资决策。在债务契约的规定下,如果某一项投资产生大大高于负债的回报,那么这些回报中大部分由股东获得;但如果投资失败,在股东有限责任的约束下,后果将由债权人承担。因此,股东在进行债务融资时,有可能投资于非常冒险的项目,从而导致过度投资,负债价值减少。而 Myers(1977)则认为,公司在濒临破产的情况下,由于投资给债权人带来利益的同时,股东却要承担全部的成本,因此即使有新的可以增加公司价值的项目,股东也不愿意投资。由于高负债比例的公司更容易破产,它们将更可能放弃净现值为正的项目,从而带来投资不足的问题。

(六) 动态资本结构理论

在权衡理论的基础上,Fisher 等(1989)提出了动态资本结构理论(Dynamic Capital Structure Theory),证实了调整成本在公司资本结构决策中的重要作用。通过构建理论模型,Fisher 等(1989)重点关注并研究了交易成本条件下公司如何调整资本结构。其模型的模拟结果表明,即使很小的再融资成本也会导致公司资本结构的大范围变化。Fisher 等(1989)进一步以美国上市公司的季报数据为样本,考察公司税、公司规模(代理交易成本)、经营风险和行业因素(代理破产成本)对公司资本结构变化范围的作用,实证结果支持其理论模型。Strebulaev(2007)通过构建理论模型同样发现,公司一直位于趋近于最优资本结构的路线,但由于调整成本的存在,公司只是偶尔调整资本结构,其实际资本结构经常偏离目标值,只有在平衡点才处于最优状态。

与权衡理论相比,动态资本结构理论同样认为公司存在目标资本结构。两套理论的最大区别在于对资本结构与调整成本之间关系的认识。权衡理论认为,公司在调整资本结构时不会产生调整成本,或者调整成本微不足道。动态资本结构理论却认为,虽然公司重视目标资本结构,但当某些因素导致公司实际资本结构偏离目标资本结构时,由于调整成本的存在,公司仅仅进行局部调整,从而现实中公司的实际资本结构经常偏离目标资本结构。因此,目标资本结构与调整成本共同决定公司资本结构的动态变化特征。

第二节 负债管理的实践问题

尽管在资本结构理论的研究上还存在许多争议或悬而未决的问题,但不同的研究结果告诉企业高层管理者两个不争的事实:(1)负债是把"双刃剑",有利有弊,企业应适度负债;(2)最小的加权平均资本成本将使得企业价值最大化,为了提高企业价值,企业要注意控制或降低资本成本,包括债务资本成本和权益资本成本。

一、负债政策的影响因素

回到财务管理的实践中,一个有趣的现实问题是:一个企业不可能永久地保持一个负债比例或一种资本结构,而总是在不断地变化或调整中。那么,哪些因素驱使企业的资本结构或负债比例发生变化?在财务管理实践中,制定或调整负债政策,往往并非仅仅考虑企业价值,还需要综合多方面的因素。美国著名财务学家 Ross 和 Higgins 先后从实践的角度,提出企业在制定或调整负债政策时应注意的若干问题,具体如下:

第一,企业的长期发展活力(Long Run Viability)。为保持企业长期的发展活力,防止企业发生财务困境,管理者通常会避免负债至"极限"。

第二,管理者的保守性(Managerial Conservatism)。多数管理者注重财务稳定性,规避财务困境,以免影响自己的收入和奖励。

第三,债权人和评级机构的态度(Lender & Rating Agency's Attitudes)。债权人和评级机构通常反对过度负债,过度负债会使得债务人的信用等级下降。

第四,借债能力和融资弹性(Financial Flexibility)。为表明企业财务健康和为企业未来融资做准备,管理者通常会保持稳健的财务政策和足够的财务灵活性。

第五,控制权(Control)。对于可能失去控股权的企业,管理层和董事会通常会避免增发新股。

第六,资产构成(Asset Structure)。重资产行业由于资产更容易抵质押,因此企业更容易负债融资;而轻资产行业由于无形资产较多,不容易抵质押,因此企业更不容易负债融资。

第七,企业成长性(Growth Rate)。高成长企业需要更多的外部资金支持,其负债比例较高;低成长企业较多地依赖内部融资,其负债比例较低。

第八,企业盈利能力(Profitability)。盈利能力强的企业主要依赖内部融资,很少增加负债,其负债比例较低;反之,盈利能力弱的企业偏向外部融资,若采取增加负债,则其负债比例可能偏高。

第九,企业经营风险(Business Risk)。企业的营业收入、成本、利润和现金流的波动性越大,负债风险越高,企业应注意控制负债比例;反之,企业的营业收入、成本、利润和现金流的波动性越小,负债风险越低,企业可适当提高负债比例。

第十,所得税税率(Tax Rate)。根据利润表,利息在税前开支,利润是税后的剩余收入,即利息可以抵税,股利不能抵税。所以,企业所得税税率越高,负债越有利,企业也更倾向于负债融资。

近年的研究发现,企业的负债政策不仅受到宏观、中观、微观因素的影响,还受到公司治理甚至地区文化背景的影响。第一,从宏观的角度看,企业资本结构的调整受到一国经济增长和货币政策的影响。一般来说,若经济增长快、货币政策宽松,则企业倾向于高负债;反之,则倾向于低负债。第二,从中观的角度看,企业的资本结构因行业属性不同而有所不同。重资产企业一般实行高负债政策,而且以长期负债为主;轻资产中的贸易类企业一般实行高负债政策,但以短期负债为主且多数是商业信用;快销品行业一般实行低负债政策,且一般也是以商业信用负债为主。第三,从微观的角度看,资本结构因公司成长性、财务状况等而有所差异。一般来说,资本或资产盈利能力强、成长性高的企业倾向于高负债;反之,则倾向于低负债。第四,从公司治理的角度看,治理机制薄弱的企业由于缺乏有效的内部控制,发生过度负债和财务危机的可能性更大,应该控制负债水平。第五,非正式制度因素(如区域的博彩文化、诚信文化等)也可通过影响公司治理机制或管理层的经营财务行为或决策,进而影响公司的负债政策。

二、中国上市公司负债政策的主要特征

随着中国上市公司数量的增加,上市公司的财务报表越来越能够直观地反映企业的资本结构和负债状况。表7-5是2012—2021年中国非金融行业上市公司的平均资产负债结构分析。2012—2021年,中国非金融行业上市公司几个主要负债指标的变动趋势不尽相同。短期借款占总资产比例呈逐渐下降趋势,从2012年的8.25%降至2021年的4.65%;长期借款占总资产比例从2012年的16.38%降至2021年的14.52%;流动负债占总资产比例保持相对稳定,基本在36%上下波动;总负债占总资产比例从2012年的60.44%升至2021年的63.52%。

表7-5 2012—2021年中国非金融行业上市公司资产负债表的百分比分析   单位:%

项目	2012年	2013年	2014年	2015年	2016年	2017年	2018年	2019年	2020年	2021年
货币资金	10.51	9.80	10.19	11.22	11.55	11.22	10.39	9.73	9.75	9.45
交易性金融资产	0.26	0.23	0.37	0.49	0.58	0.83	1.15	1.36	1.64	1.99
应收票据	1.49	1.51	1.23	0.93	0.93	1.05	0.78	0.49	0.45	0.38

（单位：%）（续表）

项目	2012年	2013年	2014年	2015年	2016年	2017年	2018年	2019年	2020年	2021年
应收账款	5.00	5.11	5.25	4.86	4.79	4.65	4.83	4.80	4.66	4.78
预付款项	2.86	2.81	2.61	2.40	2.31	2.18	2.01	1.88	1.72	1.57
其他应收款	4.13	4.56	4.88	5.23	5.44	5.68	5.59	5.71	5.61	5.66
存货	15.26	16.86	17.71	17.64	17.60	18.57	19.21	19.93	19.49	19.05
其他流动资产	0.81	1.04	1.41	1.67	1.97	2.16	2.08	2.01	1.86	1.73
流动资产合计	40.92	42.63	44.61	45.77	46.76	48.69	49.21	49.38	49.35	48.93
可供出售金融资产	1.11	1.63	2.72	3.13	3.72	3.57	2.81	2.48	1.41	0.03
持有至到期投资	0.32	0.32	0.30	0.44	0.61	0.43	0.20	0.15	0.10	0.00
长期应收款	0.90	0.99	1.19	1.46	1.74	2.10	2.21	2.17	2.10	1.95
长期股权投资	6.37	5.69	5.10	4.86	4.11	3.64	3.93	4.14	4.55	4.82
投资性房地产	1.18	1.41	1.87	2.24	2.45	2.59	2.77	3.02	3.15	3.25
固定资产	27.95	26.54	24.40	22.38	20.86	19.35	18.30	16.56	16.76	16.80
在建工程	11.09	10.83	9.83	8.64	7.31	6.63	6.21	6.04	5.74	5.43
工程物资	0.21	0.17	0.12	0.09	0.08	0.05	0.05	0.05	0.05	0.05
无形资产	4.71	4.64	4.55	4.22	3.97	4.02	3.98	4.19	4.56	4.76
开发支出	0.06	0.07	0.08	0.09	0.09	0.09	0.10	0.09	0.08	0.08
商誉	0.60	0.60	0.66	0.81	1.02	1.06	0.99	0.86	0.72	0.66
其他非流动资产	1.35	1.50	1.61	2.30	2.76	2.66	2.73	2.99	3.27	3.50
非流动资产合计	59.02	57.34	55.37	54.03	52.89	51.25	50.71	50.59	50.64	51.06
资产总计	100.00	100.00	100.00	100.00	100.00	100.00	100.00	100.00	100.00	100.00
短期借款	8.25	7.98	7.31	6.58	5.95	6.37	5.73	5.38	5.07	4.65
交易性金融负债	0.06	0.07	0.08	0.08	0.07	0.08	0.05	0.05	0.04	0.04
应付票据	1.99	1.96	2.18	2.05	1.80	1.59	1.73	1.87	1.84	1.85
应付账款	8.41	8.16	7.72	7.12	6.96	6.67	6.84	7.07	6.82	6.92
预收款项及合同负债	4.42	4.31	4.10	4.18	4.36	4.47	5.35	5.53	5.41	5.18
应付职工薪酬	4.42	4.31	4.10	4.18	4.36	4.47	3.94	3.05	1.34	0.20
应交税费	0.62	0.61	0.64	0.65	0.77	0.90	1.03	0.99	0.96	0.97
其他应付款	4.59	4.88	4.95	5.20	4.95	5.00	4.97	4.88	4.53	4.71
其他流动负债	1.45	1.43	1.80	1.91	1.64	1.29	1.37	1.40	1.53	1.68

(单位:%)（续表）

项目	2012年	2013年	2014年	2015年	2016年	2017年	2018年	2019年	2020年	2021年
流动负债合计	34.62	34.80	35.02	35.93	36.17	36.91	38.00	37.77	37.14	36.97
长期借款	16.38	16.62	16.61	15.72	15.10	13.97	13.99	14.03	14.67	14.52
应付债券	6.02	6.12	6.30	6.55	7.12	6.55	6.03	6.34	6.41	6.44
长期应付款	1.12	1.11	1.28	1.60	1.75	1.62	1.42	1.42	1.41	1.38
其他非流动负债	0.67	0.54	0.37	0.48	1.38	2.83	2.11	1.37	0.68	0.64
非流动负债合计	25.78	26.15	26.70	26.54	27.64	27.50	26.41	26.31	26.51	26.55
负债合计	60.44	60.97	61.72	62.48	63.81	64.44	64.45	64.09	63.65	63.52
实收资本（或股本）	10.09	9.37	8.86	8.58	8.56	7.94	7.58	7.22	7.01	6.93
资本公积	12.89	13.14	12.38	11.95	11.67	11.57	11.70	12.05	12.41	12.48
盈余公积	2.80	2.57	2.33	2.18	1.95	1.70	1.56	1.45	1.38	1.33
未分配利润	7.33	7.49	7.62	7.35	6.31	6.02	6.25	6.30	6.31	6.51
外币报表折算差额	-0.09	-0.06	0.00	0.00	0.00	0.00	0.00	0.00	0.00	0.00
未确认投资损失	0.00	0.00	0.00	0.00	0.00	0.00	0.00	0.00	0.00	0.00
归属于母公司股东权益合计	33.24	32.78	31.93	31.14	29.59	28.52	28.34	28.48	28.64	28.66
少数股东权益	6.33	6.22	6.34	6.39	6.59	7.01	7.16	7.40	7.71	7.81
所有者权益合计	39.57	39.00	38.28	37.52	36.18	35.52	35.50	35.88	36.34	36.47
负债及所有者权益总计	100.00	100.00	100.00	100.00	100.00	100.00	100.00	100.00	100.00	100.00

资料来源:Resset金融研究数据库中2012—2021年所有非金融行业上市公司的合并资产负债表。

表7-6是2012—2021年中国非金融行业上市公司负债状况的变化趋势。首先，上市公司最高的资产负债率（总负债/总资产）为64.45%（2018年），最低的总资产负债率为60.44%（2012年）；最高的流动负债率（流动负债/总资产）为38.00%（2018年），最低的流动负债率为34.62%（2012年）；最高的非流动负债率（非流动负债/总资产）为27.64%（2016年），而最低的非流动负债率为25.78%（2012年）；最高的净负债率为59.70%（2017年），最低的净负债率为56.03%（2012年）。其次，2012—2021年，上市公司各项负债比率基本上呈现逐渐上升态势，10年间上市公司的整体负债率上升约4个百分点。最后，流动负债是中国上市公司债务的主要来源。在全部负债中，流动负债比例一直保持在57%左右，最高为58.97%（2018年），最低为56.68%（2016年）；有息负债比例呈现先下降后稍回升的趋势，2012—2021年下降大约10个百分点。

表7-6 2012—2021年中国非金融行业上市公司负债状况的变化趋势[①]　　　单位:%

年份	总负债/总资产	流动负债/总资产	非流动负债/总资产	净负债率	流动负债/总负债	非流动负债/总负债	有息负债/总负债
2012	60.44	34.62	25.78	56.03	57.28	42.64	50.71
2013	60.97	34.80	26.15	56.65	57.09	42.89	50.38
2014	61.72	35.02	26.70	57.63	56.74	43.26	48.97
2015	62.48	35.93	26.54	58.29	57.51	42.49	46.18
2016	63.81	36.17	27.64	59.45	56.68	43.32	44.15
2017	64.44	36.91	27.50	59.70	57.28	42.68	41.73
2018	64.45	38.00	26.41	59.10	58.97	40.98	39.96
2019	64.09	37.77	26.31	58.56	58.92	41.05	40.17
2020	63.65	37.14	26.51	58.24	58.35	41.65	41.09
2021	63.52	36.97	26.55	58.34	58.21	41.79	40.31
平均	62.96	36.33	26.61	58.20	57.70	42.27	44.36

资料来源:Resset金融研究数据库中2012—2021年所有非金融行业上市公司的合并资产负债表。

注:净负债率=(总负债-预收款项-合同负债)/总资产。有息负债包括短期借款、长期借款和应付债券。

表7-7是G7国家上市公司2012—2021年的负债状况变化趋势。在G7国家中,英国和加拿大上市公司的资产负债率最低,分别为35.72%和53.40%;而意大利上市公司的资产负债率最高,为69.30%。将中国上市公司2012—2021年资产负债率与G7国家上市公司同期的资产负债率相比,中国上市公司2012—2021年的平均资产负债率为62.96%,处于G7国家的中间水平,高于加拿大、日本、美国和英国上市公司的资产负债率,但低于其他国家上市公司的资产负债率。

表7-7 G7国家上市公司2012—2021年的负债状况变化趋势　　　单位:%

国家	总负债/总资产	流动负债/总资产	非流动负债/总资产	净负债率	流动负债/总负债	非流动负债/总负债	有息负债/总负债
加拿大	53.40	13.10	40.30	53.35	24.76	75.23	52.46
其中:2021年	57.75	12.46	45.29	57.75	21.57	78.43	54.23
德国	65.44	30.10	34.02	64.91	46.02	51.97	28.34
其中:2021年	65.41	29.80	33.67	64.16	45.57	51.48	30.12
意大利	69.30	31.79	37.51	68.66	45.89	54.11	33.70
其中:2021年	71.13	33.85	37.29	70.28	47.58	52.42	33.71

[①] 由于行业的特殊性,金融行业上市公司的负债率普遍非常高,如果将其纳入样本,就可能使数据产生偏误,因此我们只考虑非金融行业上市公司负债状况的变化趋势。

(单位:%) (续表)

国家	总负债/总资产	流动负债/总资产	非流动负债/总资产	净负债率	流动负债/总负债	非流动负债/总负债	有息负债/总负债
日本	60.31	29.65	28.47	60.20	49.17	47.19	46.71
其中:2021年	59.36	28.83	28.34	58.89	48.56	47.75	45.87
法国	67.57	29.87	37.70	67.08	44.21	55.79	38.06
其中:2021年	67.33	32.43	34.90	66.35	48.17	51.83	30.99
美国	56.14	21.60	34.45	55.98	38.63	61.22	48.82
其中:2021年	60.53	22.43	37.96	60.48	37.06	62.72	48.85
英国	35.72	23.88	11.83	35.24	67.06	32.92	35.60
其中:2021年	34.04	23.14	10.90	33.56	67.97	32.01	33.18

资料来源:Wind数据库。

总体上看,中国上市公司的负债状况有四个主要特征:一是总体负债水平呈逐渐上升趋势;二是流动负债比例高,非流动负债比例低;三是应付账款和预收款项占比逐渐下降,短期借款占比逐渐下降;四是所有者权益占比仍然较高。

第一,为什么一般认为中国企业的负债比例或财务杠杆很高,但中国上市公司的负债比例并不高,或者说中国上市公司的所有者权益占比较高呢?这主要是由中国上市公司的"权益融资偏好"以及"过度权益融资"引起的,权益融资的主要来源并非留存收益,而是IPO以及不断增发新股和配股,使得权益比例上升而负债比例相对下降。而且,由于中国上市公司被认为是中国企业群体中较优良的——高权益比例背后的原因,因此IPO的估值往往较高,这样就可以募集到更多的权益资本。此外,中国上市公司权益占比较高的另一个成因是"一股独大"这种特殊的公司治理模式,即证券监管部门严格限制新股发行,致使大股东持股比例较高。例如,早期中国上市公司基本上是从原来国有企业改制而来,由于市场管理当局将股份制公司作为国有企业改革的试验田,较严格地设置了发行新股的比例以保持国有股份的份额,这也是导致中国上市公司权益比例较高的原因。

第二,随着中国债券市场改革的不断深化,企业直接债务融资的渠道得以拓宽,企业可以选择发行短期融资券、中期票据、公司债券或企业债券进行直接融资,从而降低了企业对银行贷款的依赖性。由此,上市公司的短期借款占比呈现逐年下降的趋势,而应付债券占比则呈现逐年上升的趋势。

第三,中国上市公司的盈利能力和经营净现金创造能力并不强。表7-8是中国上市公司2012—2021年的ROE水平。从表7-8可知,中国上市公司的ROE呈现逐年下降的趋势。因此,中国上市公司的内源性融资能力有限,加上需要支付一定的现金股利,通过留存收益增加权益资本的能力很弱,只能依靠外源性权益融资(即增发新股和配股)来满足资金的需求。从表7-9的数据可知,尽管同期中国上市公司的利润现金含量(经营净现金/净利润)大于100%,表明公司赚取的净利润具有现金保障,但这一比值并不高。考虑到利息所需支付的现金和折旧及摊销所需回收的现金,加上支付所得税所需的现金,中国上市公司的现金创造能力并不强。在 10 个年份中,其中 5 个年份所赚取的经营净现金没能覆盖净利润、利息、折旧摊销和所得税所需的现金,即经营净现金/EBITDA 这一指标低于 100%。

表 7-8 中国上市公司 2012—2021 年的 ROE 中位数

年份	上市公司数量(家)	ROE(%)
2012	3 481	10.80
2013	3 883	10.76
2014	4 096	11.09
2015	4 164	10.54
2016	4 434	10.41
2017	4 744	10.52
2018	4 817	9.59
2019	4 813	9.51
2020	4 817	9.05
2021	4 809	8.30

资料来源:根据 Wind 数据库的数据自行计算。

表 7-9 中国上市公司 2012—2021 年的盈利能力与现金创造能力比较　　单位:%

年份	NCFO/总资产	净利润/总资产	NCFO/营业收入	净利润/营业收入	NCFO/净利润	NCFO/EBITDA
2012	5.80	3.70	7.30	4.70	156.76	95.1
2013	5.30	3.80	6.90	5.00	139.47	86.9
2014	5.50	3.50	7.70	4.80	157.14	93.2
2015	5.70	2.70	9.50	4.50	211.11	111.8
2016	5.70	3.00	10.20	5.30	190.00	111.8
2017	4.70	3.60	7.80	5.90	130.56	74.6
2018	5.40	3.30	8.70	5.30	163.64	84.4
2019	5.80	3.00	9.40	4.90	193.33	128.9
2020	5.70	2.90	10.00	5.00	196.55	135.7
2021	6.10	3.40	9.60	5.40	179.41	127.1
总均值	5.80	3.50	8.90	5.30	165.71	105.5

资料来源:吴世农等,国家自然科学基金重大项目"中国制度和文化背景下公司财务理论与实践研究"和"基于中国情景的会计审计和公司财务的若干科学问题研究"(71790600、71790601)的研究报告,2022 年。

注:NCFO 表示经营净现金;总均值为 2012—2021 年各指标值的简单平均数,不是加权平均数。

三、中国企业类债券市场的发展与现状[①]

中国资本市场走过了一条"先股市后债市"的发展道路。早在 1983 年,我国就已经开始了企业债券的发行,当时的发债主体主要是大型国有企业,行业主要集中在交通、国家级能源项目及通讯方面。企业债券一开始实行审批制,中国人民银行为发行额度的审批主管部门。到 20 世纪 90 年代末期,由于部分企业债券出现偿还困难,自 2000 年开始,国务院决定上收企业债券审批权,由国务院实行额度审批制度:企业申请发债每年由国家发展改革委汇总后形成发债额度并上报国务院审批,国务院批准额度后,再由国家发展改革委负责企业债券发行的具体审核工作。额度审批制度由于程序过于繁杂且效率较低,饱受市场批评,也在很大程度上延缓了企业债券的发展。

从 2005 年起,中国企业类债券市场改革开始提速。2005 年中国人民银行在银行间市场上推出了短期融资券,以普通企业为主体发行的债券数量开始急剧增加,极大地推动了中国债券市场的市场化进程。此后,中国证监会在 2007 年推出了公司债券,并在可转换债券的基础上推出了可分离交易的可转换债券及可交换债券;国家发展改革委也开始放松企业债券的发行监管;2008 年中国人民银行再次推出运作模式更为市场化的中期票据。另外,以信贷资产和企业资产为支持发行的资产支持债券(资产支持工具)也自 2005 年开始发展起来。由此,企业直接债务融资工具从单一的企业债券扩展到短期融资券、中期票据、公司债券、可转换债券以及资产支持债券等多元化并存的格局,国内企业通过债券市场进行融资的总规模快速增长。从图 7-6 可见,从 2012 年开始,企业类债券的筹资额远远高于国债、金融债券和 A 股的筹资额。

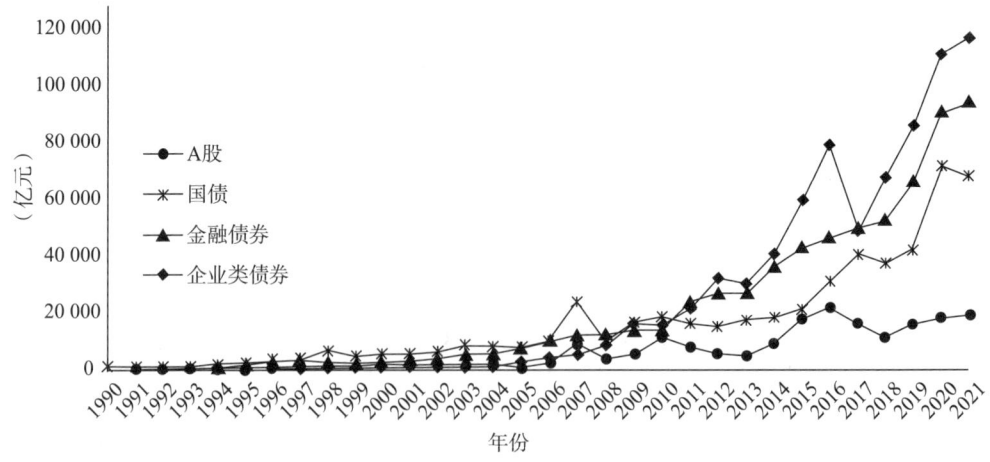

图 7-6 1990—2021 年中国 A 股、国债、金融债券和企业类债券的融资规模比较

[①] 企业类债券是指由企业发行的、在公开市场上进行交易的债务证券,包括企业债券、公司债券、中期票据和短期融资券等。其中,企业债券需经国家发展改革委注册后发行,2023 年 3 月 7 日后由证监会负责发行审核。企业债券的种类逐渐丰富,包含中小企业集合债券、项目收益债券、可续期债券及专项企业债券。

从表7-10可见,自2005年短期融资券推出之日起,发行短期融资券的企业数量和发行规模呈现逐年上升的趋势。2005年,短期融资券的发行期数和发行总额分别只有79期和1 424.00亿元;到2021年,短期融资券的发行期数已经达到5 165期,发行总额更是突破5万亿大关,达到52 301.71亿元,分别是2005年的65.38倍和36.73倍。中期票据的发展趋势与短期融资券类似,发行期数和发行总额分别从2008年的41期、1 737.00亿元,迅速发展到2021年的2 561期、25 492.65亿元。同样,公司债券发展迅速,发行期数和发行总额分别从2004年的12期、209.03亿元,迅猛发展到2021年的10 055期、68 765.40亿元,成为企业在债券市场中主要的融资来源。相比较而言,企业债券虽然也得到较快的发展,但增长速度远远不如短期融资券、中期票据和公司债券。

表7-10 2004—2021年中国企业类债券市场主要债券品种的发行情况

年份	短期融资券		中期票据		企业债券		公司债券	
	发行期数（期）	发行总额（亿元）	发行期数（期）	发行总额（亿元）	发行期数（期）	发行总额（亿元）	发行期数（期）	发行总额（亿元）
2004	—	—	—	—	17	272	12	209.03
2005	79	1 424.00	—	—	36	604	11	130.74
2006	242	2 919.50	—	—	43	615	47	454.88
2007	263	3 349.10	—	—	83	1 109.35	37	585.36
2008	269	4 338.50	41	1 737.00	64	1 566.90	57	1 300.06
2009	263	4 612.05	178	6 912.65	180	3 252.33	54	811.51
2010	444	6 892.35	242	4 970.57	174	2 827.03	31	1 228.80
2011	637	10 122.30	429	7 335.93	195	2 485.48	98	1 717.19
2012	937	14 222.47	611	8 559.32	484	6 499.31	346	3 068.28
2013	1 077	16 134.80	539	6 978.59	374	4 752.30	437	2 541.85
2014	1 521	21 849.53	717	9 772.70	584	6 971.98	868	5 038.35
2015	2 544	32 806.30	918	12 728.46	302	3 421.02	2 416	16 517.88
2016	2 636	33 675.85	896	11 414.60	498	5 925.70	4 601	36 964.29
2017	2 139	23 765.90	906	10 341.45	382	3 730.95	3 774	27 550.44
2018	2 918	31 275.30	1 416	16 962.15	286	2 418.38	4 353	37 503.85
2019	3 516	36 254.19	1 675	20 308.10	392	3 624.39	6 826	51 788.78
2020	4 842	49 986.43	2 120	23 446.92	387	3 926.39	9 314	65 348.72
2021	5 165	52 301.71	2 561	25 492.65	491	4 399.40	10 055	68 765.40
合计	29 492	345 930.28	13 249	166 961.09	4 972	58 401.91	43 337	321 525.41

资料来源:Wind数据库。

注:公司债券包括公司债、资产支持证券、可转换债券和分离式可转换债券的存债。

目前,债券市场已经能够对社会融资规模产生较大的影响力。根据中国人民银行《2021年社会融资规模存量统计数据报告》的分析,近几年,企业通过债券取得的净融资规模已经超过股票市场,在直接融资中的占比维持较高水平。央行数据还显示,2021年年末社会融资规模存量为314.13万亿元,其中企业债券余额为29.93万亿元,政府债券余额为53.06万亿元,非金融企业境内股票余额为9.48万亿元。从融资结构看,企业债券余额占同期社会融资规模存量的9.5%,政府债券余额的占比为16.9%,非金融企业境内股票余额的占比仅为3%。根据中央结算公司《2021年债券业务统计分析报告》的测算,地方政府债券、国债、政策性银行债券和商业银行债券是2021年发行量最大的四类券种,占比分别为33%、29%、22%和8%,合计超过90%。其中,国债发行6.68万亿元,地方政府债券发行7.48万亿元,政策性银行债券发行5.03万亿元,商业银行债券发行1.97万亿元。

第三节　财务困境的分析与预测

负债有利有弊。负债的好处表现在:首先,由于负债所产生的利息是税前费用——财务费用的主要项目,因此企业可以利用负债降低资本成本,产生节税效益;其次,企业可以利用负债所产生的财务杠杆,扩大资产规模,实施规模扩张;最后,负债可以提高企业的净资产收益率(ROE),即净资产收益率会随负债比例的提高而上升。然而,负债的弊端也显而易见:一是负债可能增加企业的财务风险,导致债务资本成本和权益资本成本上升,从而冲减负债所产生的节税效益;二是过度负债导致企业缺乏财务扩张能力或使企业财务弹性(Financial Flexibility)下降,从而失去增长潜力;三是在企业经营状况不太稳定或效益下降时,过度负债可能导致企业发生财务危机,甚至破产。

2001年1月22日,成立于1918年的世界著名零售业巨头凯马特(Kmart)公司申请破产保护。这家曾为世界最大的连锁折扣零售商在20世纪80年代虽然营业收入超过后起之秀的沃尔玛,但销售利润率却不及沃尔玛。2012年1月,成立于1880年的世界知名摄影器材生产商柯达申请破产保护。这家曾占据全球2/3的摄影产业市场份额、拥有超过14.5万名员工的企业,由于未能有效应对数码时代来临对传统摄影器材的挑战,忽视战略转型而最终失败。2000—2010年,柯达的营业收入从139.94亿美元降至71.87亿美元,净利润从14.07亿美元降至-6.87亿美元,呈现逐步下跌、由盈利变亏损的态势;2000年,柯达的总资产为142.12亿美元,总负债为107.84亿美元,负债率为75.9%;2010年,柯达的总资产降至62.39亿美元,负债仍高达73.14亿美元,陷入资不抵债的境地;在柯达申请破产保护前的30个交易日,其股价持续低于1美元,市值也在15年间从300亿美元蒸发至1.75亿美元。永泰能源在2018年7月发布公告,宣布股票债券双双停牌。2018年3月末,永泰能源总资产为1 072亿元,负债为782亿元,资产负债率达72.9%,其中最主要的问题还是刚性有息金融负债规模高达约700亿元。另一家能源科技企业猛狮新能源科技股份有限公司,2010年其摩托车电池出口销量已经居全国首位;但是到2018年下半年,公司债务量不断攀升,流动资金量持续减少,进而爆发债务危机,自2022年6月6日起进入退市整理期。

从商业发展史来看,无数事实证明了一句忠告:作为企业的 CEO,你必须谨防当你一夜醒来,企业已经债台高筑。

一、财务困境及其特征

由于负债利弊兼有,因此企业高层管理者应该谨慎进行负债决策,其中最为重要的是防范因过度负债而导致企业陷入财务困境。所谓财务困境,是指企业负债之后,由于经营和财务状况恶化而无法履行还本付息义务,从而产生"债务违约";或者无力支付供货商的货款,从而产生"货款违约"。总之,财务困境就是企业没有足够的现金流来履行合同所要求支付的款项的现象。

美国著名财务学家 Ross(2004)指出企业陷入财务困境的四个典型特征:一是企业经营失败,即企业破产清算后仍然无力支付债权人的债务;二是企业申请破产保护,即企业向法庭申请破产保护,并在破产法庭的监督下进行债务重整;三是企业技术破产,即企业无力履行债务合约,无法按期还本付息,或经营性现金流不足以抵偿现有到期债务;四是企业会计破产,即企业的账面净资产出现负数,资不抵债。

同样,美国另一位著名财务学家 Carmichael(1972)也指出企业陷入财务困境的四个典型特征:一是资产流动性不足,即流动负债大于流动资产,企业无力履行短期债务的还本付息义务;二是拖欠长期债务,即企业无力偿还长期债务或违背贷款协议;三是权益不足,即总负债大于总资产,出现负权益或资不抵债;四是资金不足,即企业和债权人向法院申请破产保护。

不论企业财务困境是如何定义的,在实践中,企业陷入财务困境通常有两种类型:一是"突发型",二是"渐进型"。

突发型财务困境是指企业突然发生财务危机甚至破产的现象。例如,1995 年 12 月 23 日,有 232 年悠久历史的世界著名银行——巴林银行宣告破产,而在破产之前,巴林银行的财务状况良好。又如,2004 年 12 月 1 日,在新加坡证券交易所上市的中国航油(新加坡)股份有限公司(China Aviation Oil)突然向交易所申请停牌,并发布公告称其在石油期货交易中亏损 5.5 亿美元。此前,该公司曾于 2002 年被评为"新加坡上市公司最透明的企业",被美国应用贸易系统(ATS)机构评为"亚太地区最具独特性、成长性和效率"的石油公司,时任总裁陈久霖还被"世界经济论坛"(WEF)评选为"亚太经济新领袖"。再如,2023 年年初,美国连续加息导致债券价格持续下跌,3 月 8 日硅谷银行宣告增发新股和出售 210 亿美元的可售债券资产,此举将造成 18 亿美元亏损。这一事件导致两天内硅谷银行股价从 260 美元/股暴跌至 106 美元/股,储户疯狂挤兑 420 亿美元存款,最终硅谷银行因流动性危机而申请破产。防范突发型财务困境的主要措施是建立企业内部审计制度,包括常规审计制度和专项审计制度,以便及时发现企业在经营和财务管理中存在的问题,抵御经营风险和财务风险。

渐进型财务困境是指企业的财务状况从正常到逐步恶化,最后出现财务危机甚至破产的现象。例如,1970 年,拥有超过 1 000 家零售商场、闻名美国的连锁店格兰特公司的财务状况开始逐渐恶化,最终于 1975 年 10 月正式宣告破产。在破产的前几年,格兰特公司的净资产收益率(ROE)和资产收益率(ROA)逐年下降,总资产周转速度、存货周转速度和应收账款周转速度逐年下降,其中应收账款周转速度的下降尤其明显,总负债与权益之比、长期负债与权益之比显著上升,现金流入量锐减,债券价格和股票价格下降,显示出明显的财务困境或财务危机征兆。防范渐进型财务困境最重要的措施是构建能够有效揭示企业财务困境征兆的财务指标体系,防患于未然。

二、财务困境的分析与评价

大多数企业陷入财务困境或破产并非一朝一夕之事,而是经历了"财务状况良好—财务状况转差—财务状况恶化—财务困境—财务危机—破产"的渐进发展过程。因此,企业是否将发生财务困境或财务危机,在财务状况方面往往会有明显的征兆。那么,如何分析与评价企业的财务状况呢?

历史上,企业财务状况的传统分析与评价方法源于银行,称为"4C方法"。4C方法是一种传统的描述性分析与评价方法,主要从以下四个方面对债务人进行分析与评价:一是企业的"品质"(Characteristics),即企业的历史和有无债务违约记录;二是企业的"资本"(Capital),即企业的财务杠杆高低或其权益资本与债务之间的比例关系;三是企业的"抵押物"(Collateral),即企业抵押物的价值,债权人对抵押品的索取权和优先程度;四是企业的"周期"(Cycle),即企业借款时所处的生命周期,以及企业与经济周期的关系。

随着资本市场的发展,企业信用评级机构应运而生。目前,国际著名的评级机构主要有标准普尔(Standard & Poor's)、穆迪(Moody's)和惠誉(Fitch)等。这些评级机构根据企业的财务状况,将企业主体及其发行的债券分为不同的等级。表7-11是标准普尔和穆迪对企业债券等级的分类标准。由表7-11可知,企业债券等级反映了企业还本付息能力的强弱。

表7-11 标准普尔和穆迪对企业债券等级的分类标准

还本付息能力	等级说明	标准普尔	穆迪
极强	最高质量等级	AAA	Aaa
非常强	高质量等级	AA	Aa
强	中上质量等级	A	A
足够强	中等质量等级	BBB	Baa
低等级投机	投机质量等级	BB	Ba
中等级投机	低质量等级	B	B
高等级投机	差(违约等级)	CCC	Caa
最高等级投机	高投机(违约等级)	CC	Ca
无力支付利息	最低质量等级	C	C
无力还本付息	违约等级	D	D

注:标准普尔对于AA到B等级的债券,可以通过"+"或"-"符号进一步细分。

在分析与评价企业财务状况时,标准普尔和穆迪等国际著名的信用评级机构主要使用企业的财务指标来确定其债券等级。常用的财务指标包括固定费用保障倍数、现金流与总负债之比、资本收益率、长期负债与总资本之比等。表7-12是标准普尔1991—1993年财务指标与债券等级之间的关系。可见,企业的财务状况,特别是还本付息能力越强,其债券等级越高,表明债券的质量越高。值得注意的是:债券评级所使用的财务指标因债券类别的不同而异,但大多与评价债券的还本付息能力以及债权人权益所受的保障程度有关。此外,每个等级财务指标的均值或中位数会因债券类别或时间不同而有所差异,但每个等级的财务指标值之间存在较为明显的差异。

表7-12 标准普尔1991—1993年财务指标(中位数)与债券等级

债券等级	固定费用保障倍数	现金流/总负债	资本收益率(%)	长期负债/总资本(%)
AAA	6.34	0.49	24.2	11.7
AA	4.48	0.32	18.4	19.1
A	2.93	0.17	13.5	29.4
BBB	1.82	0.04	9.7	39.6
BB	1.33	0.01	9.1	51.1
B	0.78	-0.02	6.3	61.8

资料来源:Francis(1991)。

一般来说,标准普尔和穆迪等国际著名的信用评级机构能够比较准确地反映被评级公司的还本付息能力和债权人的权益保障程度。表7-13展示了1983—2021年间穆迪对公司债券等级的评价结果,基本上反映出穆迪能较为准确地报告公司债券的还本付息能力。结果表明,高等级债券的违约率很低,Aaa级公司债券10年的平均累计违约率仅为0.13%;而低等级债券的违约率则非常高,Ca-C级公司债券10年的平均累计违约率高达70.02%。

表7-13 穆迪全球不同信用级别公司债券的平均累计违约率   单位:%

信用等级	第1年	第2年	第3年	第4年	第5年	第6年	第7年	第8年	第9年	第10年
Aaa	0.00	0.01	0.01	0.04	0.06	0.09	0.12	0.13	0.13	0.13
Aa1	0.00	0.00	0.00	0.05	0.09	0.13	0.13	0.13	0.16	0.20
Aa2	0.00	0.01	0.10	0.22	0.33	0.40	0.49	0.58	0.69	0.82
Aa3	0.04	0.11	0.16	0.24	0.37	0.49	0.62	0.73	0.82	0.88
A1	0.06	0.18	0.37	0.56	0.75	0.93	1.08	1.22	1.34	1.49
A2	0.04	0.14	0.29	0.47	0.68	0.98	1.31	1.63	1.95	2.27
A3	0.05	0.16	0.34	0.51	0.76	0.99	1.26	1.56	1.86	2.12
Baa1	0.10	0.27	0.47	0.68	0.88	1.12	1.36	1.58	1.84	2.13
Baa2	0.14	0.34	0.58	0.89	1.19	1.50	1.84	2.17	2.52	2.89

(单位:%)（续表）

信用等级	第1年	第2年	第3年	第4年	第5年	第6年	第7年	第8年	第9年	第10年
Baa3	0.22	0.55	0.99	1.48	2.06	2.66	3.16	3.71	4.26	4.79
Ba1	0.41	1.34	2.43	3.50	4.54	5.58	6.39	7.08	7.75	8.50
Ba2	0.66	1.77	3.05	4.37	5.71	6.84	7.95	9.16	10.51	11.87
Ba3	1.26	3.52	6.21	9.19	11.71	14.09	16.39	18.50	20.40	22.29
B1	1.89	5.07	8.55	11.89	15.20	18.19	21.09	23.70	25.94	27.76
B2	2.92	7.45	12.09	16.33	20.03	23.37	26.12	28.31	30.54	32.70
B3	4.54	10.12	15.89	20.96	25.39	29.20	32.49	35.59	38.24	40.41
Caa	7.41	14.49	20.68	26.15	31.12	35.37	38.85	41.98	44.92	47.44
Ca-C	33.15	45.31	53.78	60.43	63.54	64.63	66.65	68.23	69.44	70.02

资料来源：穆迪，中证鹏元。

基于以上分析可知,公司债券和股票的价格往往会受到信用评级的影响。表7-14显示了恒大集团违约前债券发行利率和股票价格受信用评级影响而产生的变化。恒大集团是集地产、金融、健康、旅游及体育为一体的世界500强企业集团,在2020年债务危机爆发之前,恒大集团的信用评级维持在B+,股票价格也在2017年10月一度冲上29.50港元/股的高位,而且曾以4.25%的发行利率在新加坡证券交易所发行了债券(证券代码为8HVB.SG)。然而,随着恒大集团陷入债务危机,其信用评级一路下跌,公司债券价格和股票价格也一路下跌。2021年7月28日,惠誉将恒大集团的信用评级下调为CCC+,提醒投资者公司可能会违约。2021年12月9日,惠誉出具RD的信用评级,表示恒大集团已经发生实质性违约,公司股票价格也跌至1.80港元/股,与财务危机前(2020年9月15日)相比,股价跌幅高达约90%。最终,恒大集团宣布破产。

表7-14 恒大集团2015—2021年债券发行利率和股票价格

时间	债券发行利率(均值,%)	股票价格(港元/股)	主体信用评级
2015/09/10	9.50	4.72	BB-
2016/04/26	7.90	6.01	B+
2017/04/25	7.64	8.28	B+
2017/10/10	7.64	29.50	B+
2018/05/02	6.75	25.00	B+
2018/09/03	6.75	25.60	B+
2019/04/15	7.60	25.80	B+
2019/09/03	7.60	16.42	B+
2019/09/20	7.60	17.28	B+
2020/04/29	11.75	13.76	B+

(续表)

时间	债券发行利率(均值,%)	股票价格(港元/股)	主体信用评级
2020/09/15	11.75	17.38	B+
2021/04/12	—	14.16	B+
2021/06/22	—	10.88	B
2021/07/26	—	6.71	B-
2021/07/28	—	5.80	CCC+
2021/08/05	—	5.45	CCC
2021/09/07	—	3.57	CC
2021/09/15	—	2.81	CC
2021/09/28	—	2.67	C
2021/12/09	—	1.80	RD

注:RD 表示发行主体已经违约,2021 年恒大未发行债券。

信用评级机构还提供股票等级评价服务。不同于债券等级评价,股票等级评价关注的主要问题有:公司的产品和业务的成长性、公司在行业中的地位、公司的资源、公司的财务政策等。其中,盈利能力以及公司股票分红的成长性和稳定性是标准普尔评价股票等级的最重要依据。标准普尔将上市公司最近十年的有关财务数据输入其股票等级评价系统,在此基础上得出基本分值,再根据其他因素计算调整分值,最终计算出某一公司股票的综合分值并得出评级结果。表 7-15 是标准普尔的股票评级情况。

表 7-15 标准普尔的股票评级情况

股票等级	综合分值	股票等级	综合分值
A+	最高分值	B	低于平均分值
A	高分值	B-	较低分值
A-	高出平均分值	C	最低分值
B+	平均分值	D	重组状态

值得指出的是,标准普尔股票等级评价结果并不是对上市公司股票价格的评价和预测,而只是对上市公司过去盈利和股利表现的评价,因此其股票等级评价结果实际上与股票价格并无直接关系。高等级股票的价格可能已经被高估而正在下调之中,而低等级股票的价格也可能因被过度低估而正在上调之中。

三、财务困境的分析指标

为了有效预测公司是否将发生债务违约或倒闭,首先要研究哪些财务指标能够预示公司财务状况的变化。

美国著名财务和会计专家 Beaver(1966)通过研究,发现六个财务指标能够有效预测公司未来是否即将发生财务危机或陷入破产。关于这些财务指标的选择和分析如下:

第一,Beaver 选择 79 家"已经发生破产"公司和 79 家"经营和财务状况正常"公司,将这些公司在行业、规模和时间三方面一一匹配。例如,如果选择一家在 1962 年发生破产的电子制造企业,必然选择一家规模与其相当、经营和财务状况正常的电子制造企业与之"配对",并收集这两家公司 1962 年及其前 4 年的有关财务指标(含发生破产年份,共计 5 年),如此等等。

第二,Beaver 将所有发生破产的年份确定为"破产前的 5 年",并计算出"已经发生破产"公司在发生破产当年以及破产前第 4 年各年的财务指标平均值,同时计算出"经营和财务状况正常"公司相应年份的财务指标平均值。

第三,建立以纵轴为财务指标、横轴为破产前年份的坐标系,将两组公司(已经发生破产公司组与经营和财务状况正常公司组)各年的财务指标平均值标示在坐标系上,结果如图 7-7 所示。

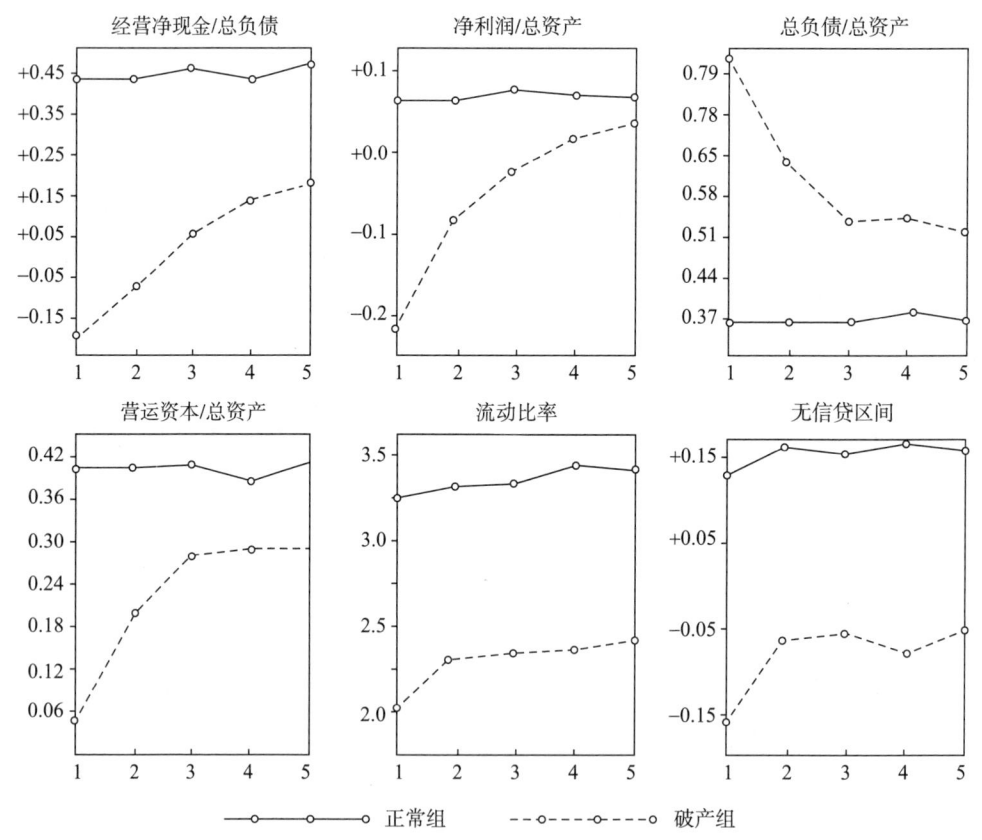

图 7-7　破产公司与正常公司的财务指标差异比较

注:横坐标中"1"指破产当年,"5"指破产前第 4 年。

第四,图 7-7 表明,破产组的六个财务指标的平均值与正常组的相应平均值之间存在显著差异。这六个指标大体可以分为两类:一是经营净现金与总负债之比、净利润与总资产之比、总负债与总资产之比、营运资本与总资产之比这四个指标,在企业破产发生前 5 年,两组指标平均值的差异比较小,随着时间的推移,两组指标平均值的差异越来越大。这意味着四个财务指标隐含着能够有效揭示公司在未来5年内是否会发生破产的丰富且有效的信息。二是流动比率和无信贷区间这两个指标,在企业破产发生前5年至发生当年,两组指标的平均值始终存在显著差距,而且这种差距一直比较稳定。这也表明这两个财务指标具有揭示公司在未来是否会发生破产的信息。

Beaver的研究表明,如果某一公司上述六个财务指标值对比同行业的指标平均值逐年下降,或者与同行业的指标平均值存在明显差异,就必须引起注意。该公司的财务状况可能正趋于恶化,若不及时采取有效措施,则未来5年内可能发生财务危机,甚至破产。对于企业高层管理者来说,重点关注和掌握这几个能够有效揭示公司财务状况变化趋势的指标,对于防范企业财务危机具有重要的现实意义和作用。

参考Beaver(1966)的做法,吴世农和卢贤义(2001)收集我国上市公司21个财务指标,考察这些财务指标能否预测公司在未来5年内是否会陷入财务困境。他们收集了70家发生ST和突发巨额亏损的上市公司,并同时按照匹配原则收集了70家在行业、规模、时间三方面可比的经营和财务状况正常的上市公司,比较和分析发生ST和突发巨额亏损当年以及前4年(共计5年)的各年21个财务指标平均值之间的差异,即

$$Z_t = \frac{M_1 - M_2}{\left(\frac{S_1^2}{N_1} + \frac{S_2^2}{N_2}\right)^{1/2}} \quad (7-15)$$

其中,M_1是第t年70家发生ST和突发巨额亏损的上市公司(组合1)的财务指标平均值;M_2是第t年70家经营和财务状况正常的上市公司(组合2)的财务指标平均值;S_1^2是第t年70家发生ST和突发巨额亏损的上市公司的财务指标方差;S_2^2是第t年70家经营和财务状况正常的上市公司的财务指标方差;$N_1 = N_2 = 70$,表示样本数。

由表7-16可知:在我国,上市公司发生财务困境(即被ST或突发巨额亏损)之前,21个财务指标中的许多财务指标值与正常值存在显著差异。图7-8列示了4个主要财务指标的差异状况,即负债比率、净资产收益率(ROE)、资产周转率、营运资本与总资产之比。

表7-16 70家经营和财务状况正常公司与70家ST和巨亏公司的21个财务指标差异值(Z)

符号	财务指标	差异				
		第1年	第2年	第3年	第4年	第5年
X1	盈利增长指数	-5.0280	-7.2766	-3.1924	-3.8717	—
X2	净资产收益率	-9.3982	-8.2934	-5.5795	-3.1934	-1.8626
X3	资产收益率	-13.5737	-9.8513	-6.1743	-4.3872	-2.2965
X4	主营业务利润贡献率	-6.9579	-3.3882	-3.0586	-0.8849	0.1834
X5	主营业务利润率	-2.3800	-1.6914	-0.3793	0.3502	0.3453
X6	利息保障倍数	-1.0006	-2.4786	-0.4571	0.8026	0.1001
X7	流动比率	-4.1852	-2.5590	0.9769	-0.0697	1.0364

(续表)

符号	财务指标	差异				
		第1年	第2年	第3年	第4年	第5年
X8	速动比率	−4.7813	−2.6838	0.7578	−0.1671	1.1468
X9	超速动比率	−4.7661	−3.8911	0.1647	−0.7619	1.1203
X10	负债比率	7.0696	4.7093	1.3631	2.1813	1.0157
X11	长期负债比率	2.6776	1.6499	1.2005	1.1411	0.4992
X12	营运资本与总资产之比	−7.4854	−4.6706	−1.0730	−0.9676	0.2183
X13	留存收益与总资产之比	−5.8641	−7.3031	−3.0512	−3.2282	−1.0225
X14	资产增长率	−5.4513	−5.8694	−2.9188	1.0314	—
X15	股东权益增长率	−2.1795	−6.1698	−3.7053	0.3564	—
X16	主营业务收入增长率	−2.2281	−2.8213	−3.2024	0.9437	—
X17	应收账款周转率	−3.1059	−3.5530	−0.8731	−1.9470	−2.7598
X18	存货周转率	0.7669	0.2691	−0.6391	−0.8438	−0.8613
X19	资产周转率	−5.3393	−3.9292	−3.4246	−1.4264	−1.9508
X20	log(总资产)	−2.0638	−0.1028	1.0443	2.3525	1.0837
X21	log(净资产)	−1.1767	0.3904	0.9129	2.1635	1.3584

资料来源：吴世农和卢贤义(2001)。

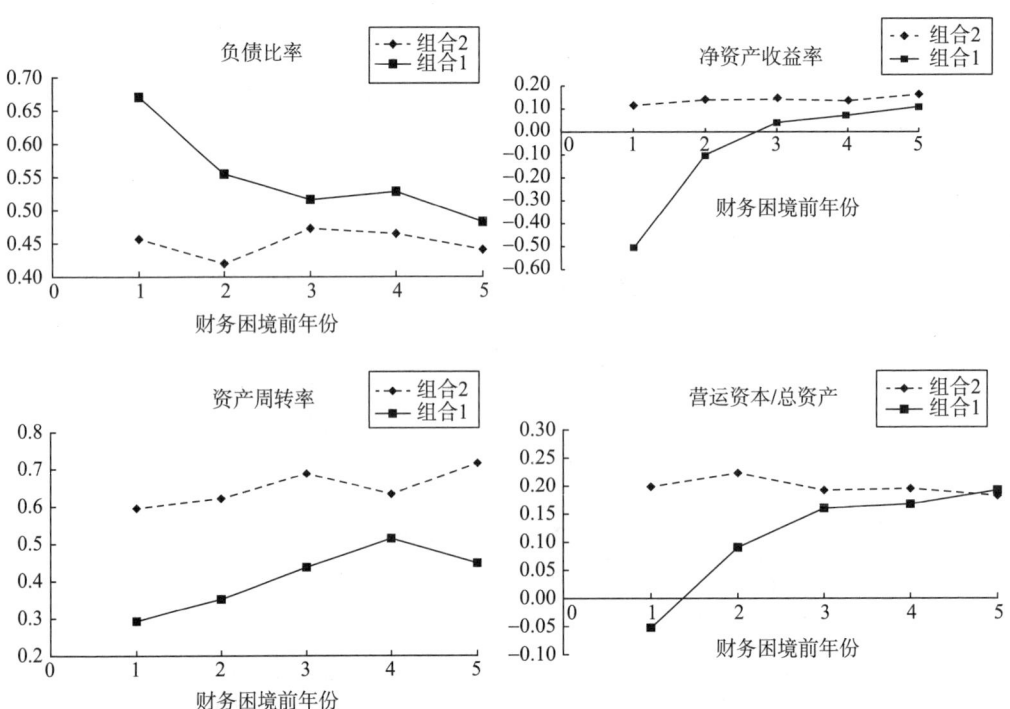

图7-8 70家经营和财务状况正常公司与70家ST和巨亏公司的4个财务指标差异值(Z)

对于即将陷入财务危机的公司及经营和财务状况正常的公司,最具预测能力的财务指标可能因时间和行业的不同而不同。作为公司高层管理者,通常必须重点观察以下财务指标的变化趋势:

(1)三大增长率指标:营业收入增长率、利润增长率和经营净现金增长率。重点观察过去3—5年这三大增长率指标的同步性、稳定性、相关性及其与同行业平均增长水平的差异性。一般来说,如果收入增长,但利润增长和现金增长相对滞后,或三大增长率指标显著低于同行业平均水平,就可能预示公司未来财务状况存在潜在的危机。

(2)三大资产使用效率指标:资产周转率、存货周转率和应收账款周转率。重点观察过去3—5年这三大资产使用效率指标的变动趋势及其与同行业平均水平的差异程度。一般来说,如果这三大资产使用效率指标出现下降趋势,或者显著低于同行业平均水平,就可能预示公司的财务状况趋于恶化。

(3)三大利润率指标:销售净利率、净资产收益率(ROE)和资产收益率(ROA)。重点观察过去3—5年这三大利润率指标的变动趋势及其与同行业平均水平的差异程度。一般来说,如果这三大利润率指标呈现下降趋势,或者显著低于同行业平均水平,就可能隐含公司财务状况发生恶化的可能性。

(4)三大负债程度指标:总资产负债率、长期负债与总资产之比、长期负债与所有者权益之比。重点观察过去3—5年这三大负债程度指标的变动趋势及其与同行业平均水平的差异程度。一般来说,如果这三大负债程度指标呈现上升趋势,或者显著高于同行业平均水平,就可能预示公司未来的财务风险加剧。

(5)六大偿债能力指标:基于EBIT的利息保障倍数、基于现金流量的利息保障倍数、基于现金资产的利息保障倍数、基于EBITDA的本息保障倍数、基于现金流量的本息保障倍数和基于现金资产的本息保障倍数。重点观察过去3—5年这六大偿债能力指标的变动趋势及其与同行业平均水平的差异程度。一般来说,如果这六大偿债能力指标呈现下降趋势,或者明显低于同行业平均水平,就可能预示公司未来的偿债能力下降。

(6)三大资产流动性指标:流动比率、速动比率和现金比率。重点观察过去3—5年这三大资产流动性指标的变动趋势及其与同行业平均水平的差异程度。一般来说,如果这三大资产流动性指标呈现下降趋势,或者明显低于同行业平均水平,就可能预示公司的财务状况正在恶化。

(7)三大现金创造能力指标:销售商品或提供劳务收到的现金与营业收入之比、经营净现金与净利润之比、实际经营净现金与应得经营净现金之比。重点观察过去3—5年这三大现金创造能力指标的变动趋势及其与同行业平均水平的差异程度。一般来说,如果这三大现金创造能力指标呈现下降趋势,或者明显低于同行业平均水平,就可能标志公司的财务状况开始恶化。

四、财务困境的预警模型

在考察财务指标能否预测企业未来将陷入财务困境时,财务危机组和财务健康组之间的各个财务指标可能存在显著的差异,也可能存在不显著的差异;两组财务指标之间的差距可能很大,也可能很小。在这种情况下,究竟选择哪一个或哪一些财务指标作为判定公司是否会陷入财务困境或发生财务危机的主要依据呢?1968 年,美国著名财务学家 Edward Altman 教授提出运用统计判定分析方法(Statistical Discrimination Analysis)来预测公司是否处于财务困境或财务危机状态,即著名的"财务 Z 值分析"(Financial Z-score Analysis)。

财务 Z 值分析的基本思想是:将一系列能够预测企业未来是否将发生财务危机的财务指标转化成一个标准值(Z),其实际上是这一系列有预测能力的财务指标的线性组合值。图 7-9 就是这种思想的示意图。假设 X 是公司的净资产收益率(ROE),Y 是公司经营净现金与总资产之比(NCFTA,资产获现率)。一般来说,财务危机公司的盈利能力弱、现金创造能力低,由此 ROE 和 NCFTA 两个指标值较小;反之,财务健康公司的盈利能力强、现金创造能力高,由此 ROE 和 NCFTA 两个指标值较大。所谓的财务 Z 值,就是 ROE 和 NCFTA 的线性组合值。

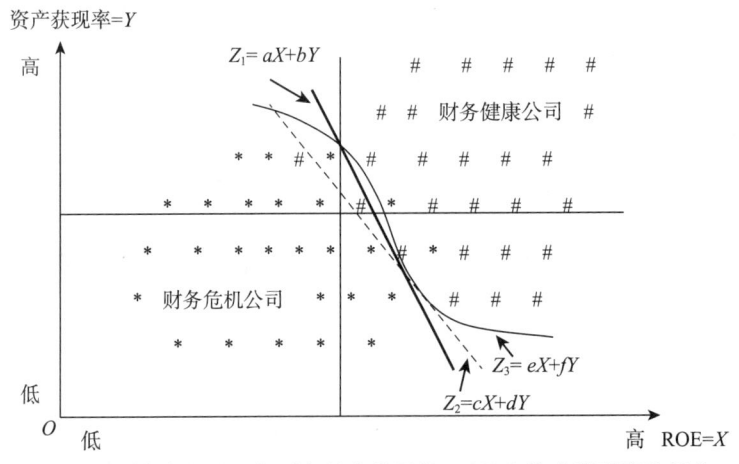

图 7-9 财务危机公司与财务健康公司的 ROE 和资产获现率的组合

在图 7-9 中,我们可以画出无数条关于 ROE 和 NCFTA 的线性组合,从中选择一条能够最准确判断公司财务状况的线性组合线,使得将财务健康公司误划为财务危机公司以及将财务危机公司误划为财务健康公司的数量(误判总数)尽可能小。例如,Z_1 这条 ROE 和 NCFTA 的线性组合线,将 2 家财务危机的公司误判为财务健康公司,并将 2 家财务健康公司误判为财务危机公司,误判总数是 4 家。又如,Z_2 也是一条 ROE 和 NCFTA 的线性组合线,其将 3 家财务危机公司误判为财务健康公司,而将 1 家财务健康公司误判为财务危机公司,误判总数也是 4 家。再如,Z_3 是一条 ROE 和 NCFTA 的非线性组合线,其将 2 家财务危机公司误判为财务健康公司,而将 2 家财务健康公司误判为财务危机公司,误判总数也是 4 家。

运用财务 Z 值分析预测公司是否将陷入财务危机或破产的基本程序为:

第一步,选择判定变量。选择有预测能力的财务指标,这些指标被称为"判定变量"或"判定指标"。

第二步,抽样。选择一组已经陷入财务危机或破产的公司,另一组财务正常或健康的公司。每组公司数一般不少于 40,每组中的 30 家作为"估计样本"、10 家作为"回判样本"。在选样时,必须采取"配对选样",即一组中的一家公司必须与另一组中的一家公司在行业和规模方面具有可比性。

第三步,指标数据整理。以财务危机组公司陷入危机或破产的年份为"零年",然后收集两组公司陷入危机或破产年份至财务危机或破产发生前若干年(一般是 5 年)的判定指标值,并按照统计判定分析的要求将这些指标值输入计算机。

第四步,选择判定或预测模型。根据数据特征,选择使用线性判定模型或非线性判定模型。

第五步,估计模型参数。启动统计判定分析程序,估计和检验模型的有关参数。

第六步,确定最佳判定点。将估计样本的财务指标值代入估计所得的判定模型,计算出每家公司的 Z 值,然后根据这些 Z 值,选择误判总数最少的判定模型来确定最佳的 Z 值。

第七步,回判和确定判定模型的效率。将"回判样本"的财务指标值代入估计所得的判定模型,检验所估计模型的判定准确度。

第八步,判定和预测应用。将某家需要判定财务状况的公司的有关财务指标值代入估计所得的判定模型,计算出 Z 值,并根据最佳判定点,判定该公司属于"财务危机公司"或"财务健康公司"。

下面将说明如何运用财务 Z 值分析来判定或预测地区政府发行债券是否有违约风险,即是否可能出现无力还本付息的结果。

第一,衡量地区政府所发行债券是否发生违约的主要判定指标为:本地区人均财产价值,用 X 表示;本地区人均债务价值,用 Y 表示。

第二,表 7-17 是 10 个地区政府发行债券是否违约以及人均财产和人均债务的样本数据。由表 7-17 可知:对比有违约风险组,无违约风险组的平均人均财产价值比较高,而平均人均债务价值比较低。

表 7-17　10 个地区政府发行债券的违约状况以及人均财产和人均债务　单位:百美元

编号	违约状况	人均财产(X)	人均债务(Y)	评价等级	Z_i	判定结果
1	无违约风险	6 685	116	Aa	1.632	无违约风险
2		6 360	87	Aa	1.677	无违约风险
3		11 806	272	Aa	2.553	无违约风险
4		2 957	53	A	0.713	无违约风险
5		3 183	47	A	0.817	无违约风险
6	有违约风险	2 408	188	A	-0.126	**有违约风险**
7		2 703	613	Baa	-2.106	有违约风险
8		1 212	43	Baa	0.188	有违约风险
9		1 054	366	Baa	-1.441	有违约风险
10		2 684	149	Baa	0.154	有违约风险

资料来源:Foster(1986)。

第三,将表7-17的人均财产和人均债务数据输入计算机中的统计判定分析程序,即可估计判定模型如下:

$$Z_i = 0.000329X_i - 0.004887Y_i \qquad (7-16)$$

其中,
$$a = \frac{S_Y^2 D_X - S_{XY} D_Y}{S_X^2 S_Y^2 - S_{XY} S_{XY}} = 0.000329$$

$$b = \frac{S_X^2 D_Y - S_{XY} D_X}{S_X^2 S_Y^2 - S_{XY} S_{XY}} = 0.004887$$

由上式可知:Z与人均财产成正比,与人均债务成反比。换言之,当人均财产价值较高而人均债务价值较低时,债券的Z值较大,违约风险较低;反之,当人均财产价值较低而人均债务价值较高时,债券的Z值较小,违约风险较高。

第四,重新将表7-17中的人均财产和人均债务数据代入公式(7-16),即可以得到各债券的Z值,即Z_i,结果如表7-18所示。

表7-18 两组判定指标均值和标准差的比较　　　　　　　　　　　　　单位:百美元

组别	人均财产(X)	人均债务(Y)	人均财产方差	人均债务方差
无违约风险组	5 566.50	127.16	12 655 746	7 668.6
有违约风险组	1 913.25	292.75	815 941	63 655.0
两组均值相减	D_X = 3 653.25	D_Y = -165.6	—	—
X和Y的协方差	—	—	S_{XY} = 16 187	
合计	4 105.2	193.4	S_X^2 = 10 861 900	S_Y^2 = 32 790

资料来源:Foster(1986)。

第五,确定最佳判定点的方法有两种:对称法或逐一选点法。

(1)对称法下最佳判定点为:

$$\text{最佳判定点} = \frac{\text{第一组的平均Z值} \times N_1 + \text{第二组的平均Z值} \times N_2}{N_1 + N_2} \qquad (7-17)$$

其中,N_1和N_2分别是第一组(无违约风险组)和第二组(有违约风险组)的样本数。

(2)逐一选点法。将所有估计样本的Z值从高到低依次排列,然后将相邻两个Z值相加除以2,作为"备选判定点",将各个"备选判定点"用于回判估计样本中的债券,使得误判总数最小的"备选判定点"就是"最佳判定点"。

采用逐一选点法,设置选判定点为Z^*。当$Z^* = (0.713+0.817)/2 = 0.765$时,误判总数 = 2,即将2个无违约风险债券误判为有违约风险债券;当$Z^* = (0.713+0.188)/2 = 0.4505$时,误判总数 = 1,即将1个无违约风险债券误判为有违约风险债券;当$Z^* = (0.188+0.154)/2 = 0.1710$时,误判总数 = 2,即将1个无违约风险债券误判为有违约风险债券,同时将1个有违约风险债券误判为无违约风险债券。

由此可知,最佳判定点 = 0.4505。若某个地区的Z值高于0.4505,则可以判定该地区政府债券属于无违约风险债券;反之,当某个地区的Z值低于0.4505,则可以判定该地区政府债券属于有违约风险债券。

第六,目前,A 地区计划发行政府债券,该地区的人均财产价值为 6 144 百美元,人均债务价值为 110 百美元,代入公式(7-16)得:

$$Z_A = 0.000329 \times 6\,144 - 0.004887 \times 110 = 1.474 > 0.4505$$

因此,A 地区发行的政府债券属于无违约风险债券。

1968 年,Altman 运用实证研究方法,收集制造业的财务健康公司和破产公司,开发出第一个财务 Z 值模型:

$$Z_i = 0.033 \times \frac{EBIT}{总资产} + 0.999 \times \frac{销售收入}{总资产} + 0.006 \times \frac{权益市值}{债务账面值} +$$
$$0.014 \times \frac{累计留存收益}{总资产} + 0.012 \times \frac{净营运资本}{总资产} \quad (7-18)$$

Altman 指出:最佳判定点 $Z = 2.675$。若一家公司的 Z 值小于 2.675,则有 95% 的可能性该公司将在一年之内破产。同时,在应用 Z 值模型的过程中,Altman 发现:$1.81 \leq Z \leq 2.99$ 是一个"模糊区间";当 $Z > 2.99$ 时,公司不会破产;当 $Z < 1.81$ 时,公司即将破产。

吴世农和卢贤义(2001)收集了 70 家发生财务危机(被 ST 和突发巨额亏损)的上市公司的财务数据,与 70 家在行业、规模、时间三方面可比的财务健康(经营和财务状况正常)的上市公司进行比较,并运用线性概率模型(Linear Probability Model,LPM)、Fisher 线性判定分析和 Logit 非线性判定分析三种方法,分别估计线性判定模型和非线性判定模型,判定结果的准确度如表 7-19 所示。

表 7-19 多变量判定分析模型的比较

年份	一类错误(%)			二类错误(%)			总误判率(%)		
	LPM	Fisher 模型	Logit 模型	LPM	Fisher 模型	Logit 模型	LPM	Fisher 模型	Logit 模型
1	14.49	14.49	7.25	5.71	5.71	5.71	10.07	10.07	6.47
2	22.86	22.86	17.14	11.43	11.43	14.29	17.14	17.14	15.71
3	23.19	23.19	26.09	24.29	24.29	21.43	23.74	23.74	23.74
4	29.51	29.51	27.87	25.81	25.81	25.81	27.64	27.64	26.83
5	31.25	31.25	34.38	61.29	61.29	54.84	46.03	46.03	44.44

资料来源:吴世农和卢贤义(2001)。

由表 7-19 可知:首先,用当年度的财务指标数据预测和判定未来第 1 年是否发生财务危机,总误判率仅为 6.47%—10.07%;用当年度的财务指标数据预测和判定未来第 2 年是否发生财务危机,总误判率为 15.71%—17.14%;如此等等。其次,LPM 和 Fisher 两种判定模型的判定结果完全相同,因为这两种模型在数学上是等价的。最后,Logit 非线性判定模型的准确度高于线性判定模型。

案例分析 恒大集团的财务困境

一、背景介绍

1996年,恒大实业集团公司成立于广州。2003年,恒大借壳"琼能源"在A股上市,但因琼能源负债过于沉重以及资本市场的不景气,2006年恒大脱壳退市并筹划赴香港证券交易所上市。2008年,受国际金融危机的影响,恒大上市计划暂时搁置。2009年年末,恒大成功在香港上市,并以705亿港元总市值创造了民企上市神话。2010年,公司先后成功发债13.5亿美元,创造了中国房地产企业全球发债年度最大规模纪录。2015年,恒大总部由广州迁至深圳。2016年,恒大与深深房签订重组协议,宣告回归A股上市计划;不幸的是,在深深房历时1 514天的停牌后,2020年11月18日,这一计划宣告破产。

纵观恒大二十多年的发展历程,许家印先后制订实施了八个"三年计划",逐步形成了以地产为基础,以文化旅游、健康养生为两翼,以新能源汽车为龙头的世界500强企业集团。但随着房地产行业宏观调控的加强,市场进入强监管周期,曾靠着"高负债、高周转、低成本"九字真经狂飙猛进式发展的恒大,迎来了前所未有的挑战。

2020年9月24日,《恒大集团有限公司关于恳请支持重大资产重组项目的情况报告》在"网间"流传,但是很快被恒大集团官方辟谣。此后,恒大高调进行了降负债操作,提出有息负债于2021年6月30日将降至5 900亿元以下,2022年6月30日降至4 500亿元以下,2023年6月30日降至3 500亿元以下,全部三道红线转绿。2021年6月,恒大虽然成功将有息负债降至5 900亿元以下,并宣布第一道红线转绿;但在2021年6月29日,三棵树集团在答复证监会的公告中,披露了恒大商业票据逾期5 137.06万元的信息,半个多月后广发银行申请法院冻结恒大1.32亿元资产。而后恒大财富"暴雷",商业票据大面积违约屡见报端,由此恒大流动性危机迅速发酵。2023年7月17日晚,恒大补发2021年、2022年业绩公告。根据财报数据,恒大在2021—2022年累计亏损超过8 120亿元,总负债超过2.4万亿元,同时其手中的现金及现金等价物仅有43.34亿元。恒大,已经站在破产边缘!

二、财务困境的成因分析

1. 战略布局误判,多元盲目并进

自2011年开始,国房景气指数一路震荡下行(见图7-10),通常情况下,国房景气指数100点是最合适的景气水平,95—105点为适度景气水平,95点以下为较低景气水平,105点以上为偏高景气水平。2011—2016年国房景气指数一直低于100。在此期间,恒大着重布局的三、四线城市遭受房价下滑影响,导致债券以及信托融资渠道阻力较大。此外,恒大向一线城市扩张的战略使其在2013年消耗707亿元资金用于土地储备。紧接着,在2017年中国发展高层论坛上,国务院副总理张高丽发表了"引导资金流向实体经济,严防房地产泡沫"的主旨演讲,向市场传递了政府将采取一系列措施严格控制房地产

市场风险、防止房地产泡沫破裂的信号。面对市场不景气的现实,恒大亟须调整发展战略和经营策略,从过去的规模扩张转向精细化经营,提高企业的抗风险能力。2017年恒大做出了向"三低一高"(低负债、低杠杆、低成本、高周转)转变的战略决策。但遗憾的是,这一战略并未得到认真贯彻和实施。表7-20显示,2017—2020年,恒大继续扩张土地储备2.67亿平方米,耗资约6 280亿元。从表7-21可以看出,恒大的有息债务一直处于高增长的态势,且远远多于万科。恒大的存货逐年增加且多于万科,其存货周转率却低于万科。持续的扩张步伐,使得恒大错过了宝贵的战略调整机遇期,造成了今天的"四面楚歌"之态。

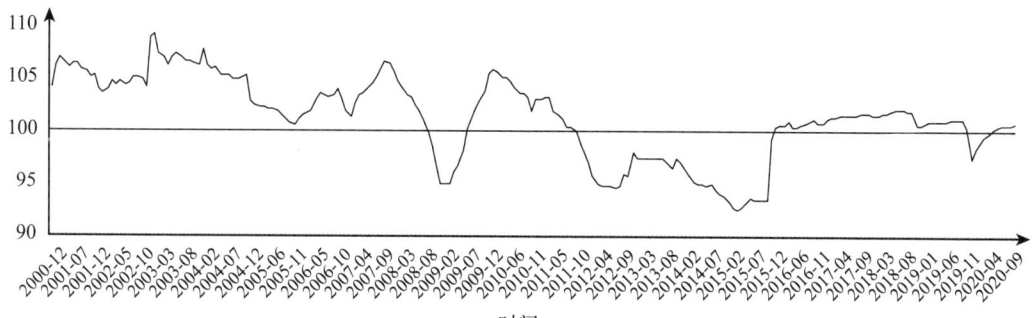

图 7-10　2000—2020年国房景气指数

表 7-20　恒大 2009—2020 年土地储备变化情况

年份	期初土地储备总量（亿平方米）	新增土地储备总量（亿平方米）	完工土地储备总量（亿平方米）	期末土地储备总量（亿平方米）	平均楼面售价（元/平方米）
2009	0.51	0.13	0.09	0.55	5 375
2010	0.55	0.51	0.10	0.96	6 394
2011	0.96	0.41	0.01	1.37	6 590
2012	1.37	0.26	0.23	1.40	5 962
2013	1.40	0.26	0.15	1.51	6 741
2014	1.51	0.08	0.12	1.47	7 227
2015	1.47	0.35	0.26	1.56	7 892
2016	1.56	1.02	0.29	2.29	8 335
2017	2.29	1.26	0.43	3.12	9 960
2018	3.12	0.05	0.14	3.03	10 515
2019	3.03	0.67	0.77	2.93	10 281
2020	2.93	0.69	1.31	2.31	8 985

资料来源:王建勇和陈瑞琛(2022)。

表 7-21 万科 vs.恒大

科目	公司	2015 年	2016 年	2017 年	2018 年	2019 年	2020 年
有息负债(亿元)	万科	794.91	1 288.64	1 906.24	2 612.08	2 590.51	2 596.02
	恒大	2 969.06	5 350.70	7 326.25	6 781.30	8 064.75	7 191.72
存货(亿元)	万科	3 675.07	4 662.25	6 043.97	7 609.35	9 018.07	10 084.34
	恒大	3 850.39	6 588.57	9 536.47	10 937.73	13 280.35	14 067.39
存货周转率(次)	万科	40.29	40.63	30.05	27.58	28.39	31.07
	恒大	30.29	29.13	24.65	29.04	28.46	28.13

资料来源:Wind 数据库。

注:有息负债=负债合计-无息流动负债-无息非流动负债;存货周转率=营业成本/[(期初存货+期末存货)/2]。

除了在地产主业上不断发力扩张,恒大还进一步拓展体育、健康及汽车等多个产业,开启多元化发展之路。然而,恒大广泛的产业布局并未形成新的利润增长点,反而不断拖垮核心地产业务,也为此次危机埋下了伏笔。从表 7-22 可以看出,恒大的多元化布局并没有给其带来与投入相匹配的收益。同样,从恒大的收入分解(见图 7-11)中可以看出,恒大房地产开发(销售物业、租金收入和物业管理服务)的业务收入占比始终保持在 97%以上,而新能源汽车、互联网、健康、投资等其他业务占比则极低,可见其尚未形成新的收入支撑点。

表 7-22 恒大部分多元化业务投资及现状

投资领域	投资时间	经营内容	投资或经营成果
体育产业	2010 年	恒大淘宝	2015—2019 年,累计亏损超 65 亿元,于 2021 年惨淡退市
快消产业	2013 年	恒大冰泉	2016 年,在亏损共约 40 亿元后,以 18 亿元售出;2021 年回购 49%股权后再度出售
农牧产业	2014 年	恒大粮油、乳业	粮油和乳制品业务以 9 亿元总价与恒大冰泉打包出售
健康产业	2015 年	恒大健康	以 9.5 亿港元的代价收购新传媒集团控股公司 6.48 亿股股份,后高价引入"恒大·养生谷",2020 年更名为恒大汽车
保险产业	2015 年	恒大人寿	以 39.39 亿元的对价收购中新大东方人寿 50%股权权益,成立恒大人寿
新能源汽车	2018 年	恒大汽车	2020 年度,公司营业收入达 154.87 亿元,净利润为-76.65 亿元;截至 2020 年,累计投入已高达 474 亿元

资料来源:姚文韬和张晓英(2023)。

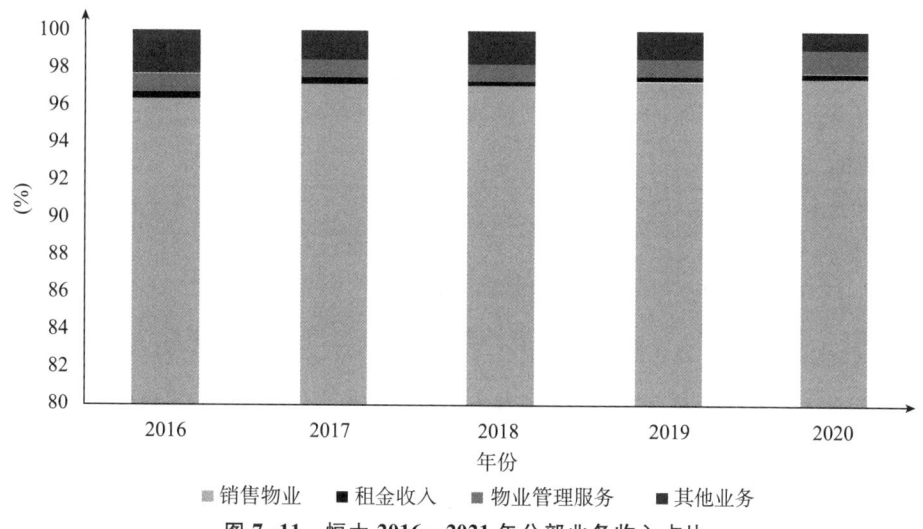

图 7-11 恒大 2016—2021 年分部业务收入占比

2. 过度扩张负债

持续的扩张和多元化的投入必然离不开有力的资金支持,因此恒大几乎运用了所有的债务融资工具、权益融资工具和表外融资手段来助力公司快速扩张之路。从公司的资产负债表来看(见表 7-23),恒大集团的负债规模由 2015 年年末的 6 148.93 亿元,迅速扩张至 2020 年年末的 19 507.28 亿元。即便扣除不需要用现金偿还的预收账款及合同负债,截至 2020 年,恒大集团的负债规模仍高达 17 649.82 亿元,由此可见恒大集团的偿债压力有多大。

表 7-23 恒大集团 2015—2020 年资产负债表　　　　　　　　　　单位:亿元

项目	2015 年	2016 年	2017 年	2018 年	2019 年	2020 年
流动资产:						
现金及现金等价物	1 030.90	1 984.20	1 520.08	1 293.64	1 500.56	1 587.52
交易性金融资产	3.07	36.03	31.50	11.73	9.21	31.95
其他短期投资			415.63	108.62	7.09	159.94
应收款项合计	629.76	1 468.46	2 368.65	2 621.47	2 856.25	2 930.72
应收账款及票据	93.32	156.44	230.54	325.17	452.64	392.19
其他应收款	536.44	1 312.02	2 138.11	2 296.30	2 403.61	2 538.53
存货	3 850.39	6 588.57	9 536.47	10 937.73	13 280.35	14 067.39
其他流动资产	609.32	1 059.09	1 357.14	784.32	814.68	271.82
流动资产合计	6 123.44	11 136.35	15 229.47	15 757.51	18 468.14	19 049.34
非流动资产:						
固定资产净值	169.68	208.33	328.98	407.94	557.98	757.31

(单位:亿元) （续表）

项目	2015 年	2016 年	2017 年	2018 年	2019 年	2020 年
权益性投资	85.80	243.74	303.76	670.46	878.11	922.70
可供出售投资	25.95	368.05	45.65			
其他长期投资	971.46	1 320.45	1 519.50	1 728.57	1 721.48	1 754.92
商誉及无形资产	12.57	16.43	16.55	20.19	293.01	370.79
土地使用权	36.25	54.01	79.35	94.66		
其他非流动资产	145.20	161.32	94.26	120.95	147.05	156.53
非流动资产合计	1 446.91	2 372.33	2 388.05	3 042.77	3 597.63	3 962.25
总资产	7 570.35	13 508.68	17 617.52	18 800.28	22 065.77	23 011.59
流动负债：						
应付账款及票据	1 325.17	1 829.94	2 574.59	4 236.48	5 446.53	6 217.15
应交税费	253.89	367.54	697.00	1 197.45	1 543.27	1 908.71
交易性金融负债						
短期借贷及长期借贷当期到期部分	1 587.44	2 029.06	3 563.81	3 232.73	3 787.49	3 381.17
预收账款(含合同负债)	830.61	1 949.61	2 675.55	1 855.86	1 297.05	1 857.46
其他流动负债	569.70	1 157.79	1 337.60	1 072.04	1 426.01	1 708.04
流动负债合计	4 566.81	7 333.94	10 848.55	11 594.56	13 500.35	15 072.53
非流动负债：						
长期借贷	1 381.62	3 321.64	3 762.44	3 548.57	4 277.26	3 810.55
其他非流动负债	200.50	927.78	584.45	570.89	702.79	624.20
非流动负债合计	1 582.12	4 249.42	4 346.89	4 119.46	4 980.05	4 434.75
负债合计	6 148.93	11 583.36	15 195.44	15 714.02	18 480.40	19 507.28
股东权益：						
普通股股本	9.71	9.64	9.28	9.24	9.32	9.33
储备	500.35	424.41	1 135.10	1 314.72	1 443.61	1 456.69
其他综合性收益		8.35	3.34	5.99	4.07	2.99
普通股权益总额	510.06	442.40	1 147.72	1 329.95	1 457.00	1 469.01
归属于母公司股东权益	510.06	442.40	1 147.72	1 329.95	1 457.00	1 469.01
少数股东权益	911.36	1 482.92	1 274.36	1 756.31	2 128.37	2 035.30
股东权益合计	1 421.42	1 925.32	2 422.08	3 086.26	3 585.37	3 504.31
负债与权益总计	7 570.35	13 508.68	17 617.52	18 800.28	22 065.77	23 011.59

资料来源:Wind 数据库的标准化报表。

注：普通股权益总额＝普通股股本＋储备＋其他综合性收益，归属于母公司股东权益＝普通股权益总额，股东权益合计＝归属母公司股东权益＋少数股东权益。

如表 7-24 所示,2015—2020 年,恒大集团的资产负债率一直处于 80% 以上的高位,尤其是 2017 年年末,公司的资产负债率达到最高的 86.25%。即便剔除预收账款,2015—2020 年恒大集团的资产负债率也一直高达 70% 以上。在此期间,恒大集团还通过永续债、"明股实债"等方式进行大规模融资。如果将永续债及战略投资者出资从所有者权益调整为负债,那么恒大集团的实际资产负债率更高,平均高达 90% 以上。2017 年之后,在恒大集团启动战略转型,在从高负债、高杠杆、高周转、低成本的"三高一低"模式向低负债、低杠杆、低成本、高周转的"三低一高"模式转变的战略基础上,恒大集团的实际资产负债率才略有降低,逐步降至 2020 年的 84.77%。从恒大集团的资产负债表可以看出,恒大集团的资产负债率已经不像一家地产公司了,如此之高的负债率,更像一家金融公司。通过恒大集团基于 EBIT 的利息保障倍数和基于 EBITDA 的本息保障倍数可以发现,恒大集团这两个指标的表现都不佳,前者平均只有 16 倍,后者平均更是只有 0.11,这说明恒大集团整体的偿债能力非常差。在体现公司短期偿债能力的三大重要财务指标——流动比率、速动比率和现金比率方面,恒大集团表现得更加糟糕。2015 年公司的流动比率、速动比率和现金比率分别为 1.34、0.50 和 0.23,2020 年这三大财务指标分别降至 1.26、0.33 和 0.11。这意味着虽然公司的流动资产是流动负债的 1.26 倍,但扣除存货外能够用于偿还债务的流动资产只有流动负债的 1/3,而公司手中持有的现金和银行存款更是只有流动负债的 1/10 左右,公司的资金压力已经极度紧张。

表 7-24 恒大集团 2015—2020 年偿债能力

财务指标	2015 年	2016 年	2017 年	2018 年	2019 年	2020 年
名义资产负债率(%)	81.22	85.75	86.25	83.58	83.75	84.77
剔除预收账款后的资产负债率(%)	70.25	71.32	71.06	73.71	77.87	76.70
实际资产负债率(%)	91.22	96.33	93.63	90.50	89.64	84.77
基于 EBIT 的利息保障倍数		7.92	22.24	31.86	6.73	11.39
基于 EBITDA 的本息保障倍数	0.06	0.06	0.11	0.20	0.11	0.10
流动比率	1.34	1.52	1.40	1.36	1.37	1.26
速动比率	0.50	0.62	0.52	0.42	0.38	0.33
现金比率	0.23	0.27	0.14	0.11	0.11	0.11

资料来源:Wind 数据库。

注:名义总负债是报表公布的总负债,实际总负债是基于"实质重于形式"原则并参考王建勇和陈瑞琛(2022)的做法,对永续债和战略投资者投资进行了调整。名义资产负债率=报表公布的总负债/总资产,剔除预收账款后的资产负债率=(报表公布的总负债-预收账款)/总资产,实际资产负债率=调整后总负债/总资产,流动比率=流动资产/流动负债,速动比率=(流动资产-存货)/流动负债,现金比率=(货币资金+交易性金融资产+应收票据)/流动负债。

3. 表外融资,暗藏风险

在表内债务之外,恒大还有深不见底的表外融资,如永续债工具、理财产品等,这也为恒大流动性危机的爆发埋下了巨大的隐患。表 7-25 统计了恒大集团历年的永续债发行和赎回情况,从 2013 年 6 月开始至 2016 年年末,恒大集团累计发行了 1 547.90 亿元的永续债,以"明股实债"方式在不提高资产负债率的基础上有效助力了恒大的迅速扩张。然而,永续债的利率跳升惩罚机制和大规模的利息成为恒大埋下的"巨雷"。恒大集团发行永续债,采用的模式是"2+N 模式",即以 2 年为一个周期,2 年后恒大集团决定是否赎回永续债;若不赎回,则继续下一个 2 年的周期,以此类推。在永续债利率设定方面,前 2 年的利率为 10%;若第 3 年未赎回,利率以 30% 的增长率跳升,最终维持在 18% 的水平。可以看出,这种倒逼模式使得恒大集团不得不在 2 年后赎回永续债;一旦第 3 年未赎回,恒大集团将面临巨大的利率跳升或债券价格大幅下跌的风险。

表 7-25 恒大集团永续债的发行与赎回情况

年份	发行(亿元)	赎回(亿元)	1 年期旧债占比(%)	2 年期旧债占比(%)	3 年期旧债占比(%)
2013	243.67	0	0.00	0.00	0.00
2014	263.47	9.6	44.29	0.00	0.00
2015	443.22	209.02	34.79	3.31	0.00
2016	597.54	257.89	39.24	2.71	39.24
2017	0	1 136.67			
合计	1 547.90	1 613.18			

资料来源:王建勇等(2020)。

恒大理财产品的暴雷,极大打击了投资者对恒大的信心。据高盛估算(见表 7-26),从恒大集团的债务和抵押贷款担保、财富管理计划、股权回售期权和未兑现承诺等方面统计,恒大集团潜在的表外债务及或有负债高达 10 038.9 亿元。

表 7-26 恒大集团潜在表外负债及或有负债 单位:亿元

具体项目	金额
恒大财富——理财产品	400.00
财务担保	5 568.64
出售子公司房车宝 10% 股份(附溢价回购条款)	137.66
房地产开发及收购附属公司之承诺	3 932.60
表外债务及或有负债合计	10 038.90

资料来源:姚文韬和张晓英(2023)。

4. 融资成本逐年攀高,侵蚀企业利润

企业的融资结构不合理会导致融资成本增高,高成本融资则要求企业的资本收益必须大于融资成本,否则会面临亏损和流动性危机。永续债利率呈阶梯式跳升,高息的永续债会不断侵蚀企业利润及现金流,导致企业盈利水平下降。恒大集团的利润表显示(见表 7-27),从权责发生制会计的角度看,恒大集团利息支出呈现逐年递增的趋势,仅

2015—2016年就增加了53.29亿元,到2020年利息支出更是高达122.60亿元。若以现金收付制会计的角度看,恒大的利息支出远远超过这一数字。

表7-27 恒大集团2015—2020年利润表　　　　　　　　　　单位:亿元

项目	2015年	2016年	2017年	2018年	2019年	2020年
营业总收入	1 339.55	2 127.63	3 113.67	4 678.14	4 789.59	5 098.46
主营业务收入	1 331.30	2 114.44	3 110.22	4 661.96	4 775.61	5 072.48
其他营业收入	8.25	13.19	3.45	16.18	13.98	25.98
营业总支出	1 162.58	1 802.66	2 338.15	3 354.64	3 929.53	4 440.16
营业成本	957.17	1 520.22	1 987.60	2 972.49	3 446.24	3 846.43
营业开支	205.41	282.44	350.55	382.15	483.29	593.73
营业利润	176.97	324.97	775.52	1 323.50	860.06	658.30
加:利息收入	10.07	27.28	40.78	38.84	45.73	56.90
减:利息支出	0.00	53.29	77.26	79.92	175.16	122.60
加:权益性投资损益	−3.92	−2.03	14.02	−8.74	29.67	−13.79
其他非经营性损益	100.93	−4.77	99.03	−42.77	−30.27	102.13
非经常项目前利润	284.05	292.16	852.09	1 230.91	730.03	680.94
加:非经常项目损益	30.40	76.46	−77.36	36.74	11.69	1.51
税前利润	314.45	368.62	774.73	1 267.65	741.72	682.45
减:所得税	141.05	192.45	404.24	602.18	406.30	368.45
少数股东损益	68.80	125.26	126.77	291.57	162.62	233.24
持续经营净利润	104.60	50.91	243.72	373.90	172.80	80.76
净利润	104.60	50.91	243.72	373.90	172.80	80.76
归属于普通股东净利润	104.60	50.91	243.72	373.90	172.80	80.76
综合收益	173.70	127.25	409.10	667.02	333.03	310.35

资料来源:Wind数据库的标准化报表。

注:利息支出是基于权责发生制会计核算出来的利息费用,仅包括当年出售房屋所需承担的利息支出。基于现金收付制会计来核算,实际支出的利息费用大大超过这一数字。

恒大集团的经营和财务状况并不稳定,经营业绩和财务业绩波动很大。净利润从2015年的104.60亿元下滑到2016年的50.91亿元,2017—2018年大幅回升,2019—2020年又大幅下降。经营业绩的大幅波动,显然会对公司长期的信用产生非常不利的影响。表7-28描述了恒大集团2015—2020年的盈利能力。可以看出,恒大集团的盈利能力在2018年达到最高,其销售净利率、ROA和ROE分别达到14.23%、7.19%和30.18%;但是此后两年,随着监管加强,恒大集团的盈利能力大幅下降,其销售净利率、ROA和ROE分别降至2020年的6.16%、3.32%和5.52%。

表 7-28　恒大集团 2015—2020 年的盈利能力　　　　　　　　　　单位:%

项目	2015 年	2016 年	2017 年	2018 年	2019 年	2020 年
销售净利率	12.94	8.28	11.90	14.23	7.00	6.16
ROA	5.11	4.00	5.21	7.19	4.26	3.32
ROE	20.48	10.69	30.65	30.18	12.40	5.52

5. 现金流短缺,偿债风险加剧

房地产属于资金密集型行业,稳定的现金流是房地产企业正常运转的根基。恒大集团 2015—2020 年的现金流量如表 7-29 所示。经营性现金流是反映企业自身是否有足够的造血能力、现金是否安全的重要指标,恒大集团 2015—2020 年经营活动产生的现金流量净额仅在 2018 年和 2020 年为正值,2017 年甚至低至 -1 509.73 亿元。2020 年恒大集团的经营活动净现金增幅较大,主要原因是迫于"降负债"的压力,恒大集团在全国推行降价促销及网上售房活动,营销力度大,从而产生正的经营净现金。然而长期来看,恒大集团各年经营活动净现金流累计数为负值。一方面,这说明恒大集团前期大规模扩张拿地,导致存货的周转速度较慢,加上经营活动无法赚取净现金,这就需要依靠更多的外部融资来弥补经营活动产生的现金缺口,以维持企业的正常运转;另一方面,这也说明恒大集团的短期偿债能力较差,存在"拆东墙补西墙"的情况。另外,投资活动产生的现金流量净额连续 6 年为负,表明恒大集团在多元化的新业务领域持续投资,消耗了恒大集团的大量现金。筹资活动产生的现金流量净额仅在 2018 年和 2020 年为负值且数额较小,更进一步说明近年来恒大集团主要依赖筹资现金流进行经营与投资,使得负债的"雪球"越滚越大,偿债风险进一步加剧。

表 7-29　恒大集团 2015—2020 年现金流量表　　　　　　　　　　单位:亿元

项目	2015 年	2016 年	2017 年	2018 年	2019 年	2020 年
将净利润调整为经营活动的现金流量:						
净利润	104.60	50.91	243.72	373.90	172.80	80.76
加:折旧与摊销	14.54	19.64	19.94	26.13	43.70	53.47
营运资本变动	-176.00	-495.30	-1 612.87	-25.93	-736.55	1 388.18
其他非现金调整	-180.63	-161.35	-160.52	173.39	-153.52	-421.78
经营活动产生的现金流量净额	-237.49	-586.10	-1 509.73	547.49	-673.57	1 100.63
投资活动:						
出售固定资产收到的现金	6.12	8.08	3.62	3.14	4.23	0.25
减:资本性支出	157.86	163.29	147.95	103.50	151.63	183.06
投资减少	193.57	128.37	967.88	536.67	126.45	97.09

(单位:亿元) (续表)

项目	2015年	2016年	2017年	2018年	2019年	2020年
减:投资增加	131.29	737.26	883.43	852.30	284.63	126.25
其他投资活动产生的现金流量净额	-36.07	-431.49	-414.94	-187.64	-247.50	-29.31
投资活动产生的现金流量净额	-125.53	-1 195.59	-474.82	-603.63	-553.08	-241.28
筹资活动:						
债务增加	2 352.09	4 431.87	5 246.25	3 826.25	5 347.62	3 672.81
减:债务减少	1 106.02	2 415.92	4 468.43	4 459.71	4 274.57	4 422.27
股本增加	43.38	0.58	5.00	2.92	2.95	295.48
减:股本减少	82.66	6.90	55.77	29.17		41.81
支付的股利合计	69.52	54.81	2.41	276.84	27.48	577.79
其他筹资活动产生的现金流量净额	-42.81	775.97	804.49	760.04	383.11	304.73
筹资活动产生的现金流量净额	1 094.46	2 730.79	1 529.13	-176.51	1 431.63	-768.85
现金净流量:						
汇率变动的影响	0.99	4.20	-8.70	6.21	1.94	-3.54
现金及现金等价物净增加额	732.43	953.30	-464.12	-226.44	206.92	86.96
现金及现金等价物期初余额	298.47	1 030.90	1 984.20	1 520.08	1 293.64	1 500.56
现金及现金等价物期末余额	1 030.90	1 984.20	1 520.08	1 293.64	1 500.56	1 587.52

资料来源:Wind 数据库的标准化报表。

6. 宏观政策调控,外部融资受限

为了控制楼市杠杆、降低房地产行业有息负债规模,2020年8月中国人民银行、住建部提出"三道红线"融资监管新规,要求房地产行业降低企业杠杆。房地产企业融资的"三道红线"政策如下:剔除预收款后的资产负债率大于70%;净负债率大于100%;现金短债比小于1.0倍。踩中"三道红线"的房地产企业,不得新增有息负债。根据"三道红线"触线标准,分析恒大集团2019年年报数据可知,恒大集团三项财务指标全部踩线,其中,剔除预收账款后的资产负债率、净负债率和现金短债比分别为83.43%、159.92%和0.47。至此,因不符合监管部门规定的"三道红线"融资标准,恒大集团当年无法新增有息负债,外部融资受阻,随之而来的就是现金流枯竭,各种债务频频违约,最终引爆了财务危机。

7. 风险外溢:波及利益相关者

由前文分析可知,恒大降低了银行借款、债券等有息负债的比重而提升了应付账款的比重,这相当于将有息负债转换成无息负债。表7-30是恒大与同行业优质公司的价值链权力指数对比。价值链权力指数衡量企业与供应商和客户之间的话语权。2019—

2020年恒大供应端权力约为保利的3倍、万科的2倍,这说明恒大将资金压力转嫁给了供应商。恒大需求端权力远低于保利与万科,这说明客户对恒大品牌的依赖性较低,对于恒大危机的恐慌已经进一步在客户端蔓延。

表 7-30 恒大与同行业公司的价值链权力指数

年份	公司	需求端权力指数	供应端权力指数	价值链权力指数
2018	万科	1.69	0.52	2.21
	保利	1.53	0.11	1.64
	恒大	0.33	0.61	0.94
2019	万科	1.56	0.46	2.02
	保利	1.39	0.27	1.69
	恒大	0.18	0.87	1.05
2020	万科	1.49	0.56	2.05
	保利	1.49	0.39	1.88
	恒大	0.40	0.93	1.33

注:需求端权力指数=(预收账款-应收账款)/营业收入,供应端权力指数=(应付账款-预付账款)/营业收入。

三、案例分析总结

"高负债、高周转"的经营模式是大部分房地产企业的特点,当市场不断增长、公司业绩持续攀升时,高负债可以起到税盾和杠杆的效果,提高公司的净资产收益率。但是,过度依赖负债进行规模扩张也会导致企业承担更大的财务风险,尤其在我国的"三道红线"政策以及"房地产贷款集中度管理制度"出台后,银行贷款的审批流程和授信额度愈发严格,房地产企业会更容易陷入财务困境。因此,房地产企业应顺应国家政策调控方向,根据自身的经营和财务状况,正确认识各种融资方式的利弊,通过有效组合、相互补充,实现融资渠道多元化,优化企业资本结构,降低财务杠杆,降低由过度举债引起的资金链断裂风险。

信号传递理论告诉我们,企业在需要融资时,会先用内部留存收益,再发行债券,最后发行股份。恒大集团将原本应视为债权人的战略投资者,最终成功转变成股东,说明在严监管的高压态势下,恒大集团债务融资手段可能已经用尽。恒大集团未来该如何走?也许,恒大集团最需要走的路,是回到商业的本质,好好盖房,树立好口碑,提升其价值链权力尤其是需求端权力,增强自身经营性现金创造能力。不过,由于恒大集团已经申请破产,股东、债权人、客户、供应商、监管层的态度及其过度紧绷的资金链还留给公司多少时间,我们将拭目以待。

从恒大集团债务危机的案例中我们可以发现,企业负债并非多多益善。当外部经营环境恶化且公司资金已经出现周转不畅的苗头时,公司不仅没有加强营运资本管理,储备现金"过冬",反而利用融资工具和融资手段的创新无节制地大规模扩张,导致公司的资金压力进一步加大。而后,随着公司经营业绩的快速下降,特别是经营活动始终无法赚取净现金,巨额的负债不但不能起到税盾的作用,反而会增加企业的财务费用开支,最后使企业陷入财务困境的泥潭而无法自拔。

本章小结

本章重点讨论关于负债管理的三个问题:一是企业负债政策的理论问题;二是企业负债管理的实践问题;三是企业财务困境的分析与预测。

负债利弊兼有。过度负债可能导致企业发生财务危机或财务困境,甚至破产。财务困境分析和预测包括企业债务的信用分析、企业财务指标的信息含量分析和判定模型或Z值分析。企业高层管理者必须掌握若干能够揭示企业将发生财务危机或陷入财务困境的征兆指标,防范财务危机或财务困境。这些指标包括:(1)三大增长率指标,即营业收入增长率、利润增长率和经营净现金增长率;(2)三大资产使用效率指标,即总资产周转率、存货周转率和应收账款周转率;(3)三大利润率指标,即销售净利率、净资产收益率(ROE)和资产收益率(ROA);(4)三大负债程度指标,即总资产负债率、长期负债与总资产之比、长期负债与所有者权益之比;(5)六大偿债能力指标,即基于EBIT的利息保障倍数、基于现金流量的利息保障倍数、基于现金资产的利息保障倍数、基于EBITDA的本息保障倍数、基于现金流量的本息保障倍数和基于现金资产的本息保障倍数;(6)三大资产流动性指标,即流动比率、速动比率和现金比率;(7)三大现金创造能力指标,即销售商品或提供劳务收到的现金与营业收入之比、经营净现金与净利润之比、实际经营净现金与应得经营净现金之比。通过分析这些指标的历史变动趋势及其与行业平均水平的比较,管理者可以及时采取措施防范企业的财务危机或财务困境。

围绕负债能否提高企业价值这一基本命题,企业负债政策的理论分歧较大,但主流观点认为:企业必须适度负债。负债的主要理论包括净收入理论、净营运收入理论、传统理论、MM资本结构理论、权衡理论或修正MM资本结构理论、资本结构的信号理论、代理成本理论和动态资本结构理论等。在理论上最有影响力的是MM资本结构理论,其奠定了资本结构理论的研究基础,其创始人荣获了诺贝尔经济学奖。实践中最有影响力的是传统理论和权衡理论,这两个理论均强调企业必须适度负债。

在实践中,企业制定和调整资本结构必须考虑众多的影响因素,主要包括企业的长期发展活力、管理者的保守性、债权人和评级机构的态度、借债能力和融资弹性、控制权、资产构成、企业成长性、企业盈利能力、企业经营风险和所得税税率等。

专业术语

财务困境(Financial Distress)
信用评级(Credit Rating)
Z值分析(Z-score Analysis)

判定变量(Discrimination Variables)
最佳判定点(Optimal Discrimination Point)
净收入理论(Net Income Theory)

净营运收入理论(Net Operating Income Theory)
传统理论(Traditional Theory)
MM 资本结构理论(MM Theory on Capital Structure)
无税条件下 MM 命题(MM Propositions Without Taxes)
有税条件下 MM 命题(MM Propositions With Taxes)
米勒模型(Miller Model)
权衡模型(Trade-off Model)
资本结构的信号理论(Singalling on Capital Structure)
代理成本理论(Agency Cost Theory)
动态资本结构理论(Dynamic Capital Structure Theory)
最优资本结构(Optimal Capital Structure)

思考与练习

(一) 单项选择题

1. 在其他因素不变的情况下,为了扩大规模,当企业增加负债并提高负债比例却不能带来营业收入和利润的同步提高时,(　　)。
   a. 企业盈利能力提高,财务风险也提高
   b. 企业盈利能力下降,财务风险也下降
   c. 企业盈利能力下降,但财务风险不变
   d. 企业盈利能力下降而财务风险上升

2. 以下哪一种现象最有可能不是即将发生财务困境的企业的表现:(　　)。
   a. 利润下降,经营净现金减少
   b. 销售持续减少,资产周转速度不断下降
   c. 负债适当、利润和经营净现金同步增加
   d. 应收账款和存货持续增加

3. 根据 MM 资本结构理论,对于同类企业,当所得税>0 时,负债企业的价值(　　)无负债企业的价值。
   a. 大于　　　　b. 等于　　　　c. 小于　　　　d. 都有可能

4. 根据 Durand(1952)的资本结构理论,假设企业的权益资本成本和债务资本成本随着负债比例的提高而提高,则企业 WACC 将随着负债比例的提高而(　　),结果企业的价值将随着负债比例的提高而(　　)。
   a. 下降,上升　　　　　　　　b. 上升,下降
   c. 先降后升,先升后降　　　　d. 先升后降,先降后升

5. A 公司总资产为 50 亿元,近年来负债比例为 60%—62%,平均年利率为 6%,流动比率较低。公司近年来营业收入、利润和经营净现金同步增长,财务状况良好。为了进一步扩大产销规模,A 公司计划投资 10 亿元。以下哪种方案是"最佳"筹资方案?(　　)
   a. 增加负债 10 亿元　　　　　b. 增加负债 5 亿—6.2 亿元,增发新股 3.8 亿—4 亿元
   c. 增发新股 10 亿元　　　　　d. a、b、c 三种方案都可以采用

6. A 和 B 两家公司主要财务数据如下表,年平均利息率均为 10%,所得税税率为 30%。哪家公司的偿债能力强?( )

单位:万元

公司	总资产	长期负债	有息短债	净资产	销售收入	EBIT	经营净现金	折旧
A	20 000	11 000	2 000	7 000	24 000	5 000	10 000	2 000
B	22 000	12 000	2 000	8 000	28 000	8 000	8 000	2 500

a. A 公司强　　　　b. B 公司强　　　　c. 不一定　　　　d. 不可比

7. A 公司处于长期稳定期,成长率为 0,今后每年都可获得 EBIT 13 500 万元。A 公司总资本为 20 亿元。其中,权益资本占 50%,权益资本成本 20%;债务资本占 50%,利率为 10%;所得税税率 T 为 30%,分红比例为 100%。理论上,随着 A 公司负债比例的提高,公司价值将( )。

a. 下降　　　　b. 上升　　　　c. 不变　　　　d. 都有可能

8. A 和 B 两家公司的所得税税率为 30%,相关财务数据如下表。当 A 公司和 B 公司将负债比例从 30% 提高到 50% 时,它们的 ROE 分别是多少?( )

公司	负债比例(%)	总资产(万元)	负债(万元)	权益(万元)	EBIT(万元)	利率(%)	利息(万元)	税前利润(万元)	净利润(万元)	ROE(%)	ROA(%)
A	30	2 000	600	1 400	180	10	60	120	84	?	?
A	50	2 000	1 000	1 000	180	10	100	80	56	?	?
B	30	2 200	660	1 540	330	10	66	264	185	?	?
B	50	2 200	1 100	1 100	330	10	110	220	147	?	?

a. 6% 和 12%　　b. 5.6% 和 13.4%　　c. 6% 和 5.6%　　d. 12% 和 13.4%

9. 根据第 8 题的资料,当 A 公司和 B 公司将负债比例从 30% 提高到 50% 时,它们的 ROA 分别是多少?( )

a. 6% 和 12%　　b. 5.6% 和 14%　　c. 6% 和 5.6%　　d. 9% 和 15%

10. 根据第 8 题的资料,当 A 公司和 B 公司将负债比例从 30% 提高到 50% 时,将导致( )。

a. A 公司 ROE 上升,B 公司 ROE 也上升

b. A 公司 ROE 下降,B 公司 ROE 也下降

c. A 公司 ROE 下降,B 公司 ROE 上升

d. A 公司 ROE 上升,B 公司 ROE 下降

11. 根据第 10 题的资料,你认为出现上述结果是因为( )。

a. A 公司的 ROA>利率,B 公司的 ROA>利率

b. A 公司的 ROA<利率,B 公司的 ROA<利率

c. A 公司的 ROA<利率,B 公司的 ROA>利率

d. A 公司的 ROA>利率,B 公司的 ROA<利率

12. A 和 B 两家公司的销售收入、成本和利润如下表。我们发现(　　)。

公司	销售收入（万元）	经营成本（万元）	固定成本（万元）	变动成本（万元）	利息（万元）	所得税（万元）（$T=30\%$）	净利润（万元）
A	2 000	1 500	600	900	200	90	210
B	2 500	1 800	900	900	300	120	280

  a. A 公司销售净利率高,EBIT 利润率也高

  b. B 公司销售净利率高,EBIT 利润率也高

  c. A 公司销售净利率高,但 EBIT 利润率低

  d. B 公司销售净利率高,但 EBIT 利润率低

13. 根据第 12 题的资料,A 公司和 B 公司的经营杠杆分别是(　　)。

  a. 1.67 和 1.75   b. 2.2 和 2.3   c. 1.67 和 2.2   d. 1.75 和 2.3

14. 根据第 12 题的资料,A 公司和 B 公司的财务杠杆分别是(　　)。

  a. 1.67 和 1.75   b. 2.2 和 2.3   c. 1.67 和 2.2   d. 1.75 和 2.3

15. (　　)理论和(　　)理论,最后都证明了:随着负债比例的提高,公司价值呈倒 U 形状态。

  a. Durand,MM 无关   b. Durand,MM 有关

  c. Durand,修正 MM 有关   d. Durand,米勒税差

(二) 简述题

1. 如何判断企业即将发生财务危机?

2. 如何度量企业的负债程度和偿债能力?

3. 简述几种资本结构理论的区别,并从理论和实践两个方面,简述为什么企业应加强负债管理以及负债管理应注意哪些问题。

4. 你所在行业的企业发生财务困境的主要原因有哪些?结合自己的企业管理经验,简述如何加强企业管理以防范财务危机或财务困境。

5. 结合你自己的企业管理经验,简述哪些财务指标有助于揭示企业在未来可能发生财务危机或财务困境。

 微案例分析

1. 柯达的没落、衰退和退市

  2011 年 10 月 1 日凌晨美国当地时间周五,众多新闻媒体报道了有 131 年历史的相机制造商伊士曼-柯达公司(EK)可能提交破产保护申请这一事件。受此消息的影响,柯达股价一度暴跌 68%,创下公司自 1974 年以来最大的单日跌幅。2012 年 1 月 3 日,柯达公司宣布已收到来自纽约证券交易所的警告,因为其平均收盘价已连续 30 天跌破 1 美元。如果股价在未来 6 个月内仍无起色,那么柯达股票将面临停牌。

诞生于1880年的伊士曼-柯达公司是曾占全球摄影产业2/3的市场份额,拥有超过14.5万名员工的"摄影产业大王",最终在2012年1月19日向法院递交自愿破产业务重组申请。柯达公司董事长兼CEO彭安东(Antonio M. Perez)将此次的申请定位为柯达在转型上迈出的"极具意义的一步"。

柯达公司早在1976年就研发出数字相机技术,并将数字影像技术用于航天领域。1991年,柯达公司已经拥有130万像素的数字照相机,但"摄影产业巨人"却在这场数码时代的转型中留恋曾经辉煌的胶片产业,使其市值在15年间从300亿美元蒸发至1.75亿美元,股价从2003年的约40美元/股跌至申请破产保护前的约0.5美元/股。实际上,自1999年以来,柯达公司的财务业绩逐年下滑,2004年出现负的经营利润,2005年亏损12.61亿美元,此后一蹶不振,惨淡经营;2009年出现负的经营净现金,且资不抵债。2007年,柯达公司虽然税后利润有6.76亿美元,但认真研究其财务报表,发现其盈利来自出售资产而非主营业务,其经营利润实际亏损2.30亿美元。

俗话说,"醒得早,起得迟"。虽然柯达公司意识到数码必将取代胶片,但其转型行动始终缓慢,态度保守。2003年,在更换了四位CEO后,彭安东进入柯达公司,并在2005年成为公司CEO。在来柯达公司之前,彭安东曾为惠普公司效力25年,其率领的惠普打印机部门每年的盈利高达100亿美元。人们对这位惠普公司前高管带领柯达公司进入新的时代充满了期待。其后,他不仅明确提出公司未来的业务重心必须转到数码业务,还规划出柯达转型的路线。紧接着,柯达公司关闭了全球超过40个大规模照片洗印厂,大规模裁员,并大幅减少股息,以筹集数码化转型所需的资金。2004年,柯达公司终于推出了6款姗姗来迟的数码相机,但数码相机业务利润率仅1%,而且其82亿美元的传统业务收入萎缩了17%。时至2005年,柯达公司斩获美国数码相机市场销量第一,但这只是短暂的快乐,接下来的年份,美国数码相机市场老大位置持续为日本企业所占据。

2007年12月,柯达公司决定实施第二次战略重组,这是一个时间长达4年、耗资34亿美元的庞大计划。重组的目标很明确,把公司的业务重心从传统的胶片业务转向数码产品,但可惜"生不逢时"。2008年金融危机,终结了柯达公司短暂的复苏势头。2010年,全球数码成像市场市值翻了差不多两番,但柯达公司的数码业务收入与1999年度基本持平,只占公司总营业额的21%。2010年,柯达收入近71.87亿美元,税后利润为负数,亏损6.87亿美元。其中,数码产品业务销售收入为27.39亿美元,占销售总收入的37%,毛利为10.10亿美元,息税前利润为3.31亿美元。这一财务信息也许就是柯达公司破产重组的希望。正如彭安东所说:"考虑到此次破产保护法第11条款的益处,柯达公司董事会和整个高级管理层团队一致相信,申请破产保护是非常必要的一步,是为柯达公司未来做出的合适决定。"他重点描述的仍然是柯达公司的专利技术,"破产保护法第11条款为柯达公司将两大重要技术组合部分的价值最大化提供了最好机会:一个是数字捕捉专利,该专利是广大移动和其他消费电子产品所必需的技术,提供数字图像捕捉,自2003年以来已经为柯达公司带来近30亿美元的授权费收入;另一个是突破性打印和处理技术,为柯达公司的数字业务增长提供了竞争优势。"目前(指2011年),柯达已经获得花旗银行9.5亿美元的贷款额度,以维持公司的正常经营,期限为18个月。柯达公司的前路在何方？彭安东说："柯达公司将变成一家依赖于单一盈利业务模式的'小'公司,专注于消费数码影像和商业图文影像两个领域。"李意欣更直白地说："这家公司会越来越小,在很专业的市场领域,成为摄影发烧友们喜爱的小众公司。"

在柯达公司申请的破产重组案中,存在一个有趣的现象。从1999—2010年12年的财务数据看(见表7-31),柯达公司一直保持稳定甚至是"良好的"资产流动性。尽管柯达公司的其他财务指标呈现下滑趋势,但其流动性稳定且不断提高,即流动比率、速动比率和现金比率非但没有下降,反而呈现上升趋势。人们通常认为,流动比率、速动比率和现金比率稳定且上升,表明公司的资产变现能力较强,且短期偿债能力较强。然而,柯达公司最终还是"留不住那美丽的瞬间"而陨落。为什么这种有着"稳定上升流动性的"公司最终会破产呢？根据表7-31的数据,要求：

(1)简要阐述1999—2010年柯达公司的资产负债表、利润表和现金流量表主要财务数据的变化趋势与特征。

(2)计算并简要分析1999—2010年柯达公司的盈利能力、负债比例、流动性和偿债能力、资产使用效率和现金创造能力。

(3)通过对柯达公司财务数据的分析,探讨公司为什么会步入财务困境、陷入破产危机。

(4)通过柯达公司的案例,指出哪些财务指标具有预测公司发生财务困境的征兆信息。

(5)结合自己的工作和管理经验,简要阐述柯达公司申请破产对董事会和高管团队具有哪些重要启示。

(6)作为公司的高管成员和董事会成员,你认为应该关注哪些重要的财务信息以防范公司发生财务危机。

案例分析提示:根据表7-31的数据,计算附注要求的各类财务指标,并进行简要分析,计算表如附注所示。计算后,在计算结果的基础上开展小组讨论,而后进行简要文字分析。

2. BBQ小家电的财务状况和未来前景分析

BBQ公司是一家小家电制造商,主要生产和销售电动剃须刀、电饭煲、电吹风、果汁机等。2005—2015年销售收入、利润和现金增长快速,财务状况良好;但2016—2017年由于竞争加剧、成本上升,导致业绩增长减缓;2018—2020年产品滞销,公司投入巨资加强营销渠道建设和广告宣传,取得一定成效,一定程度地扭转了销售下滑趋势,但由于市场竞争激烈,公司不得不大幅降低价格以维持市场份额。此外,由于销售周期拉长,公司资金被占用。2020年之后,一场规模更大、竞争更激烈的价格战再度爆发。2018—2020年BBQ公司的主要财务数据如表7-32和表7-33所示。此外,公司的债务资本成本为10%,权益资本成本为15%,这三年来公司没有分红。根据资产负债表和利润表的数据,要求：

(1)BBQ公司近三年的财务状况是好转、稳定还是恶化？为什么？请从盈利能力、现金创造能力、价值创造(EVA)、负债程度和偿债能力四个方面入手进行分析,并选择和计算主要的财务指标来支持你的看法。

表7-31 柯达公司1999—2010年财务报表的主要数据

单位:百万美元

项目	1999年	2000年	2001年	2002年	2003年	2004年	2005年	2006年	2007年	2008年	2009年	2010年
营业收入	14 089	13 994	13 229	12 835	12 909	13 517	14 268	13 274	10 301	9 416	7 606	7 187
营业成本	7 987	8 089	8 661	8 225	8 734	9 548	10 650	9 906	7 757	7 347	5 838	5 236
毛利	6 102	5 905	4 568	4 610	4 175	3 969	3 618	3 368	2 544	2 069	1 768	1 951
销售、管理等费用	3 295	2 977	2 625	2 530	2 618	2 507	2 668	2 389	1 778	1 583	1 302	1 277
研发费用	817	714	779	764	776	854	892	710	549	501	356	321
重组费用	0	0	659	98	479	695	690	471	543	140	226	70
经营利润	1 990	2 214	352	1 220	302	-87	-632	-202	-230	-821	-28	-336
利息支出	142	178	219	179	147	168	221	262	113	108	119	149
营业外净收入	261	96	-18	-101	-51	161	44	118	87	55	30	26
税前利润	2 109	2 132	115	946	104	-94	-779	-346	-256	-874	-117	-561
所得税	717	725	34	153	-85	-175	555	254	-51	-147	115	114
税后利润	1 392	1 407	76	770	253	556	-1261	-601	676	-442	-209	-687
流动资产	5 444	5 491	4 617	4 534	5 452	5 648	6 096	5 557	6 053	5 044	4 303	3 799
现金	373	246	448	569	1 250	1 255	1 665	1 496	2 947	2 145	2 024	1 624
有价证券	20	5	0	0	0	0	0	0	0	0	0	0
应收款	2 537	2 653	2 337	2 234	2 327	2 544	2 760	2 669	1 939	1 716	1 395	1 259
预付和递延税款	995	869	761	669	797	691	226	190	224	235	205	220
存货	1 519	1 718	1 071	1 062	1 078	1 158	1 445	1 202	943	948	679	696
长期资产	8 926	8 721	8 745	8 835	9 394	9 089	9 140	8 763	7 606	4 135	3 388	2 440
长期固定资产	5 947	5 919	5 659	5 420	5 051	4 512	3 778	2 842	1 811	1 551	1 254	1 037

(续表)

(单位:百万美元)

项目	1999年	2000年	2001年	2002年	2003年	2004年	2005年	2006年	2007年	2008年	2009年	2010年
长期无形资产	2 979	2 802	3 086	3 415	4 343	4 577	5 362	5 921	5 795	2 584	2 134	1 403
总资产	14 370	14 212	13 362	13 369	14 846	14 737	15 236	14 320	13 659	9 179	7 691	6 239
总负债	10 458	10 784	10 468	10 592	11 601	11 926	12 954	12 932	10 630	8 218	7 727	7 314
流动负债	5 769	6 215	5 354	5 377	5 255	4 990	5 489	4 971	4 446	3 462	2 896	2 833
应付款	1 163	2 206	3 276	3 357	3 630	3 896	4 187	4 143	3 794	3 267	919	959
短期借款/贷款	1 163	2 206	1 534	1 442	946	469	819	64	308	51	62	50
长期负债	4 689	4 569	5 114	5 215	6 346	6 936	7 465	7 961	6 184	4 756	4 831	4 481
长期借款/贷款	936	1 166	1 164	1 666	2 302	1 852	2 764	2 714	1 289	1 252	1 129	1 159
其他长期负债	3 753	3 403	3 950	3 549	4 044	5 084	4 701	5 247	4 895	3 504	3 702	3 322
有息债	5 852	6 775	6 648	6 657	7 292	7 405	8 284	8 025	6 492	4 807	4 893	4 531
所有者权益	3 912	3 428	2 894	2 777	3 245	2 811	2 282	1 388	3 029	961	−36	−1 075
投入资本	8 601	7 997	8 008	7 992	9 591	10 747	9 747	9 349	9 213	5 717	4 798	3 406
经营净现金	1 933	982	2 206	2 204	1 645	1 168	1 208	956	314	153	−136	−219
投资净现金	−685	−783	−1 188	−758	−1 267	−120	−1 304	−255	2 408	−188	−22	−122
筹资净现金	−1 327	−314	−808	−1 131	270	−1 066	533	−947	−1 280	−131	33	−74
年末结余现金	373	246	448	569	1 250	1 255	1 665	1 469	2 947	2 145	2 024	1 624
EPS(美元/股)	4.32	4.62	0.26	2.64	0.88	1.94	−4.38	−2.09	2.35	−1.57	−0.78	−1.56
DPS(美元/股)	1.76	1.76	2.21	1.8	1.15	0.5	0.5	0.5	0.5	0.5	0	0

注:项目仅为节选,非全部。

附注：财务指标计算表

1. 盈利能力的计算和分析

盈利能力	1999年	2000年	2001年	2002年	2003年	2004年	2005年	2006年	2007年	2008年	2009年	2010年
毛利率												
营业利润率												
净利率												
ROE												
ROA												
ROIC												

2. 负债比例的计算和分析

负债比例	1999年	2000年	2001年	2002年	2003年	2004年	2005年	2006年	2007年	2008年	2009年	2010年
总资产负债率												
有息负债/总资产												
流动负债/总资产												
长期负债/所有者权益												
短期借款/有息债务												
长期借款/有息债务												

3. 流动性与偿债能力的计算和分析

流动性	1999 年	2000 年	2001 年	2002 年	2003 年	2004 年	2005 年	2006 年	2007 年	2008 年	2009 年	2010 年
流动比率												
速动比率												
现金比率												
经营净现金/短期借款												
经营净现金/有息债务												

4. 资产使用效率的计算和分析

资产周转速度	1999 年	2000 年	2001 年	2002 年	2003 年	2004 年	2005 年	2006 年	2007 年	2008 年	2009 年	2010 年
总资产周转率												
长期资产周转率												
流动资产周转率												
应收账款周转率												
存货周转率												

5. 现金创造能力的计算和分析

现金创造能力	1999 年	2000 年	2001 年	2002 年	2003 年	2004 年	2005 年	2006 年	2007 年	2008 年	2009 年	2010 年
销售创现率												
资产创现率												
资本创现率												
获现率												

(2) BBQ 公司近年来是否进行固定资产投资？请计算 BBQ 公司 2019 年和 2020 年用于固定资产投资的现金支出。投资效益是显著、不显著还是很差？为什么？

(3) 根据市场调查，2021 年预计 BBQ 公司的销售收入下降 10%。若真的发生，BBQ 公司的 EBIT 和净利润将发生怎样的变化？结果将如何？

表 7-32　BBQ 公司 2018—2020 年资产负债表　　　　　　　　　　单位：万元

项目	2018 年	2019 年	2020 年	项目	2018 年	2019 年	2020 年
流动资产	**5 000**	**8 000**	**10 000**	**流动负债**	**4 000**	**6 100**	**8 000**
现金和存款	2 000	1 000	500	短期借款	2 000	3 000	3 000
存货	2 000	5 000	7 000	1 年内到期长期借款	1 000	2 000	3 000
应收款	800	1 000	2 000	应付款	100	600	1 500
预付款	200	1 000	500	预收款	900	500	500
长期资产	**5 000**	**6 000**	**7 000**	**长期借款**	**2 000**	**3 000**	**4 000**
固定资产净值	5 000	6 000	7 000	权益资本	4 000	4 900	5 000
总资产	**10 000**	**14 000**	**17 000**	**负债和权益**	**10 000**	**14 000**	**17 000**

表 7-33　BBQ 公司 2018—2020 年利润表　　　　　　　　　　单位：万元

项目	2018 年	2019 年	2020 年	2021 年 E
销售收入	**15 000**	**16 000**	**18 000**	
减：销售折扣	1 500	2 500	3 000	
销售净收入	13 500	13 500	15 000	
减：各种销售税费	600	700	800	
经营成本	10 400	11 000	13 000	11 850*
其中：折旧	800	1 000	1 500	1 500*
息税前利润	**2 500**	**1 800**	**1 200**	
利息	500	800	1 000	
税前利润	2 000	1 000	200	
所得税（$T=30\%$）	600	300	60	
税后利润	**1 400**	**700**	**140**	

注：*2021 年折旧不变，仍为 1 500 万元；2021 年预计经营成本 = (13 000 - 1 500) × 90% + 1 500 = 11 850 万元。

第八章 股利政策理论与实践

第一节 股利政策的主要理论
第二节 股利政策的主要形式
第三节 股利政策管理的实践问题
案例分析　福耀玻璃的现金股利政策
本章小结
专业术语
思考与练习
微案例分析

导　言

所谓的股利政策，就是关于如何分配企业利润的政策。企业用于发展的留存收益多了，可供分配给股东的利润就少了；反之，企业用于发展的留存收益少了，可供分配给股东的利润就多了。可见，股利政策事关股东收益和企业发展的关系问题，事关股东目前利益和未来利益的关系问题，是个"两难"选择。企业是否分红以及分红比例高低，不仅涉及公司财务状况，还涉及税收政策和公司治理等。苹果公司业绩优秀，手握大量现金却在2013年举债分红，此后又改为举债分红与回购股份并举，由此引发此举是否为"避税"的广泛讨论。金杯汽车自1992年上市至2022年从未分红，理由是"无钱可分"，被称为中国股市上的头号"铁公鸡"。张裕A自2000年上市起年年分红，分红23次，截至2022年，累计实现归属于母公司净利润181亿元，累计现金分红87亿元，分红比例达48.8%。其中，2004—2007年，张裕A的分红比例突然分别升至99%、91%、107%和91%，此期间又恰好实施管理层和员工持股计划，从而引发社会关注。恒大集团上市12年现金分红11次，分红总额809亿港元，许家印家族获得597亿港元的现金分红，被称为"庞氏分红"（韩洪灵等，2022）。可见，分红政策不但受到企业财务状况的影响，而且受到公司股权结构和公司治理的影响。每年度或每季度①，公司董事会都要根据自身的资产负债表、利润表、现金流量表和投资计划，讨论和制定相应的股利政策，具体包括三个基本问题：第一，是否分配利润给股东？第二，如何分配利润给股东？第三，是否改变原来的股利分配政策——分配比例和分配方式？本章首先讨论企业股利政策的有关理论，了解企业股利政策的多面性和复杂性；其次介绍各种股利政策的具体表现形式，分析企业选择不同股利政策的利弊；最后探讨企业在制定股利政策时需要考虑的影响因素。

---

① 一般来说，美国企业在每个季度都要确定分红政策，公布"季度股利"；中国大部分企业每年确定股利政策，公布"年度股利"，也有部分企业实施半年度分红。

第一节　股利政策的主要理论

美国的微软公司曾经在长达 26 年的时间里没有给股东发放现金股利,而美国的 AT&T 公司则曾经连续 25 年给股东派发每股 9 美元(季度股利每股 2.25 美元)的现金股利。历来反对现金分红、认为现金应该用于采购原材料和进行投资的苹果公司,1995—2012 年 18 年间未曾分红派息,但在 2012 年 3 月宣布未来 3 年内斥资 450 亿美元用于分红和回购股票。2011 年年末,苹果公司现金、现金等价物和短期及长期可变现证券总额约为 976 亿美元,相比 2010 年年末增加 397 亿美元,占总资产的比重高达 64.6%。苹果公司 CEO 蒂姆·库克(Tim Cook)表示:"通过增加研发、收购、新开零售商店、增加供应链中的战略性预付及资本支出,我们已经利用部分现金对公司重要业务进行了投入,并且提升了公司的基础设施水平。"他还说:"尽管进行了这些投资,我们仍然能够维持把握战略机遇的竞争费用并且拥有充足的运营现金。因此,我们将开始派息并实施股票回购计划。"2012—2022 年,除了花费 5 531.01 亿美元回购股票,苹果公司累计现金分红 1 276.82 亿美元,占同期净利润 6 287.92 亿美元的 20.31%。

近年来,一些中国企业的股利政策备受市场关注。2017 年 3 月 17 日,中国神华公布 2016 年的股息和特别股息预案,拟按 0.46 元/股派发 2016 年期末股息,金额共计 91.49 亿元;同时拟以 2.51 元/股派发特别现金股息,金额共计 499.23 亿元。两者相加,中国神华此次累计派发股息高达 590.72 亿元。此举一出,中国神华股票马上一字涨停。2018 年 4 月 26 日,一直实施高分红政策的格力电器,2017 年年报显示营业收入和净利润分别上涨 37% 和 45%,双双创下历史纪录,但公司一句"今年不分红"却导致股价当天暴跌 8.97%。此后,格力电器又恢复高分红,2020 年现金分红高达 226.74 亿元,占当年净利润 221.75 亿元的 102.25%!中国工商银行 2022 年 3 月 31 日发布分红转增方案,拟每 10 股派发现金股利 2.933 元(含税),共计派发现金股利 1 045.34 亿元,股利率为 6.21%,成为 A 股首家分红超过千亿元的上市公司。2021 年 12 月 23 日,腾讯控股宣布,拟实施中期股息分配,计划以实物分派的方式按每 21 股腾讯股票获 1 股京东集团 A 类普通股,引发市场高度关注。

股利政策在实践中千差万别,在理论上迄今仍然是个充满争议的话题,各种关于是否分配股利的理论流派互争并存、结论各异。争议的焦点在于:第一,分红比例或现金股利支付率的变化是否影响公司价值?第二,分红比例或现金股利支付率的变化如何影响公司价值?第三,在信息不对称条件下,企业宣布改变分红比例或分红政策的信息含量是什么?第四,投资者或资本市场对企业宣布改变分红比例或分红政策如何反应?第五,公司治理是否以及如何影响企业的分红政策?

股利政策理论主要有"手中鸟"理论(Theory of Bird-in-Hand)、MM 股利无关论(M & M's Dividend Irrelevancy Theory)、税差理论(Tax Differential Theory)、客户效应理论(Theory of Clientele Effect)、代理成本理论(Agent Cost Theory)以及行为偏差理论(Theory of Behavioral Bias)等,它们对于企业是否应该分红或在什么条件下分红存在严重分歧,并分

别提出不同的政策建议。不同股利政策在理论上异常激烈的争论,也使其成为财务管理的著名"谜题"之一。

一、"手中鸟"理论

古言道,"树上一群鸟,不如手中一只鸟!"我们知道,股东的收益来自两方面:一是"现金分红"(Cash Dividend),取决于企业的现金分红政策;二是"资本利得"(Capital Gain),来自股票买卖价差。因此,股东的收益率(R)为:

$$R = \frac{资本利得 + 每股现金股利}{股票购买价格}$$

$$= \frac{P_1 - P_0}{P_0} + \frac{DPS}{P_0}$$

$$= 资本利得收益率 + 现金股利收益率 \tag{8-1}$$

根据公式(8-1)可知:在分配利润时,如果企业留存收益比例高了,股东的现金分红比例就低了,但企业用于发展的资金就多了,股票价格可能增长,股东在未来可能获得较高的资本利得;如果企业留存收益比例低了,股东的现金分红比例就高了,而企业用于发展的资金就少了,虽然股东获得了较高水平的现金股利,但未来的资本利得水平可能降低。

按照这一逻辑,以稳定成长股票的估值模型为例见公式(8-2)。当企业提高股利支付率时,就会导致 D_1 增加;与此同时,由于股利的增加,企业用于再投资的资本就相应减少,导致企业预期成长性下降,即 g 下降。美国财务学家 Gordon(1963) 和 Linter(1962) 指出,股东对现金股利和资本利得的偏好不同。由于现金股利具有"确定性"和"现时性"的特点,即"手中一只鸟",而资本利得具有"不确定性"和"未来性"的特点,即"树上一群鸟",股东更偏好确定性的现金股利而非充满不确定性的资本利得。因此,企业分红比例越高,股东承担的风险越小,权益资本成本(K_S)越低;反之,企业分红比例越低,股东承担的风险越大,权益资本成本(K_S)越高。

$$S = \frac{D_1}{K_S - g} \tag{8-2}$$

简单归纳,对股东而言,明天可能获得的 2 元资本利得不如今天可以到手的 1 元现金股利,就好比 1 元的现金股利是股东手中的 1 只鸟,而明天 2 元的资本利得是树上的 2 只鸟。股东宁可只要手中的 1 只鸟,也不要树上的 2 只鸟。理由很简单:假如股东同意企业董事会和高层管理者用树上的 2 只鸟(未来的资本利得)换取股东手中的 1 只鸟(现时的现金股利),当股东跑去抓树上的 2 只鸟时,可能只抓到 1 只鸟,也可能一无所获。这就是脍炙人口的"手中鸟"理论。

由此可见,根据"手中鸟"理论,为了实现股东价值最大化的目标,企业应该实行"高比例现金分红"或"多分少留"的股利政策。

二、MM 股利无关论

Miller 和 Modigliani(1961)发现:假设资本市场是完美的,投资者对公司未来的投资、利润和股利具有相同的期望,且公司的投资政策不受股利政策的影响,即使公司从第一期到第二期的股利政策发生变化,股东也可以通过"自制股利"调整他们所需的现金流量,由此股东的价值并没有发生变化。具体地说,当企业发放的现金股利超过股东所需的现金时,股东可以将超出的现金股利用于再投资,从而在未来获得更多的收益;反之,当企业发放的现金股利少于股东所需的现金时,股东可以出售部分股票,从而获得其所需的现金。尽管上述两种情况的股利政策不同,但股东的价值完全相同。

图 8-1 表明,企业董事会和高层管理者可以以斜线上的任意一点确定股利政策,例如,本期发放 11 元现金股利,而下期发放 8.9 元现金股利(A 点);或者本期发放 10 元现金股利,而下期发放 10 元现金股利(B 点);或者本期发放 9 元现金股利,而下期发放 11.1 元现金股利(C 点)。股东可以在本期将多余的股利用于再投资,或者在本期出售部分股票获取资本利得,二者都能获得图 8-1 中斜线上任意一点的股利,其价值是相等的。

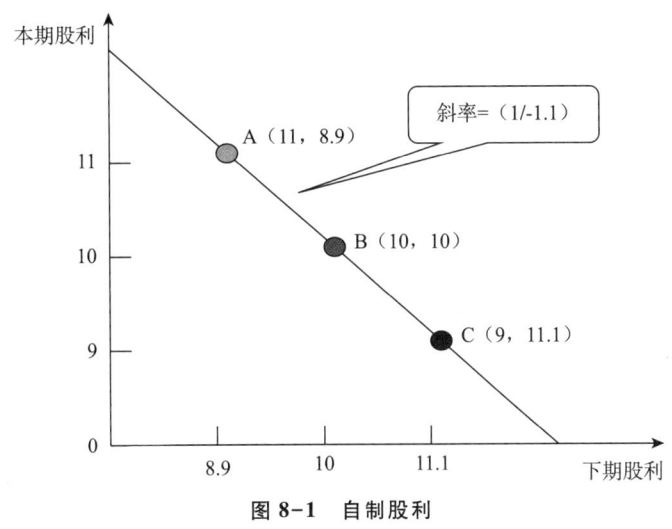

图 8-1　自制股利

资料来源:Ross(2002)。

第一,当股东所需的本期现金为 10 元、下期现金为 10 元,但公司决定本期发放 11 元股利、下期发放 8.9 元股利时,股东可以将本期多余的 1 元现金股利用于再投资。若投资收益率为 10%,则下期的投资收入为 1.1 元,加上下期现金股利 8.9 元,总收入为 10 元,达到股东要求的现金金额。据此,

股东的总价值 = 本期股利 + 下期股利 /(1 + 10%) = 10 + (10/1.1) = 19.09(元)

第二,当股东所需的本期现金为 11 元、下期现金为 8.9 元,但公司决定本期发放 10 元股利、下期发放 10 元股利时,股东可以在本期出售价值正好为 1 元的股票,这样在本期可以获得的现金总收入为 11 元(现金股利 10 元+出售股票 1 元)。而由于在本期出售 1 元价值的股票,股东在下期的股利也将减少 1.1 元,使得其现金总收入为 8.9 元(没有出售 1 元价值股票时应得的现金股利 10 元-出售股票减少的现金股利 1.1 元),达到股东所需的现金。据此,

股东的总价值 = 本期股利 + 下期股利 /(1 + 10%) = 11 + (8.9/1.1) = 19.09(元)

莫迪利安尼和米勒认为,由于股东可以通过"自制股利"来获取自己所需的现金,且其价值不变,因此根据公式(8-2)同样可以推定:如果股东对现金股利和资本利得持"无偏好"的态度,那么无论企业确定的现金分红比例是多少,股东的风险都是不变的,权益资本成本都是固定的;由于可供分配利润是个常量,因此权益价值也不会随着现金分红比例的变化而变化。可见,公司的分红政策与权益价值无关。对股东来说,一个股利支付率为100%的现金分红政策与一个不分红股利政策的结果是一样的。

三、税差理论

许多国家为了保护和促进资本市场投资,采取了对现金股利征收高税率但对资本利得征收低税率的税率差异制度。在美国,尽管各时期现金股利税率与资本利得税率不同,但总体而言,现金股利税率大于资本利得税率。表8-1是美国1960—1995年两种税率的比较,其中显示,除1989—1990年外,美国的现金股利税率均大于资本利得税率。

表8-1 美国1960—1995年现金股利税率和资本利得税率的比较   单位:%

年份	现金股利税率	资本利得税率	年份	现金股利税率	资本利得税率
1960—1964	90.0	25.0	1979—1981	70.0	28.0
1965	80.0	25.0	1982—1987	50.0	20.0
1966—1970	70.0	29.5	1988	40.0	28.0
1971	70.0	32.5	1989—1990	33.0	33.0
1972	70.0	35.0	1991—1993	33.0	28.0
1973—1978	70.0	28.0	1994—1995	39.6	28.0

自2005年起,美国对资本利得和现金股利的征税税率又趋相同,具体表现为:第一,将短期资本利得(12个月内买卖股票的收益)纳入个人总收入,并按照个人所得税税率的标准纳税;第二,将长期资本利得(持有12个月以上买卖股票的收益)按照收入水平分成两类,对高收入阶层(个人所得税税率在15%以上)征收15%的资本利得税,对低收入阶层(个人所得税税率在15%以下)征收5%的资本利得税;第三,对现金股利的征税办法和标准与对长期资本利得的征税办法和标准相同。2013年之后,美国将最高长期资本利得税率从15%提高到20%,形成0%、15%、20%的三级税率形式;同时,现金股利税率标准也改为0%、15%、20%三个等级;此外,当投资所得(包括利息、股利、利得、租金、年金和版税等)超过一定数额时,纳税人还要缴纳3.8%的净投资所得税。综上,近年来美国的长期资本利得和现金股利的征税税率已趋相同。

在中国,目前的规定是要求个人买卖股票的资本利得必须纳税,但采取逐年豁免的办法暂不纳税;规定现金股利收入的税率统一为20%,但2005年起又调整为减半征收,即实际税率为10%。2013年之后开始实施股息红利差别化个人所得税政策,2015年在此基础上进行调整,规定股东的持股期限在1个月以内(含1个月)的,其股息红利所得全额计入应纳税所得额,实际税负为20%;持股期限在1个月以上至1年(含1年)的,暂减按50%计入应纳税所得额,实际税负为10%;持股期限超过1年的,股息红利所得暂免征收个人所得税。储蓄存款利息收入的税率统一为20%,2007年8月15日至2008年10月8日的利息收入的税率从20%调减为5%,2008年10月9日后(含10月9日)的利息收入暂免征收个人所得税。因此,总体而言,中国目前的税制也属于"保护和鼓励资本市场投资"的类型。

如果一个国家对现金股利的征税超过对资本利得的征税,这种税差是否以及如何影响公司的股利政策呢?Litzenberger和Ramaswamy(1979)指出,当现金股利税率高于资本利得税率时,股东将偏好资本利得而非现金股利。为什么呢?假设存在两类股票:一类是"收入型股票"(A),另一类是"增长型股票"(B)。现金股利税率为40%,资本利得税率为28%。由表8-2可知,B类股票的税后收益率(10.2%)超过A类股票的税后收益率(9.6%)。考虑到股东可通过延迟实现资本利得而延迟缴纳资本利得税,增长型股票的税后收益率将更高。

表8-2 收入型股票(A)和增长型股票(B)的税后收益比较　　单位:%

股票	指标	股利收益率 $DY = \dfrac{DPS}{P_0}$	资本利得收益率 $g = \dfrac{P_1 - P_0}{P_0}$	总收益率 $R = \dfrac{DPS}{P_0} + \dfrac{P_1 - P_0}{P_0}$
A	税前收益	10	5.0	15.0
A	税(40%:28%)	-4	-1.4	-5.4
A	税后收益	6	3.6	9.6
B	税前收益	5	10.0	15.0
B	税(40%:28%)	-2	-2.8	-4.8
B	税后收益	3	7.2	10.2

正因为如此,税差理论认为:公司现金分红比例越高,股东的税负越重,权益资本成本就越高;反之,公司现金分红比例越低,股东的税负越轻,权益资本成本就越低。所以,股东偏好资本利得。根据公式(8-2),股利总额(DIV)是一个常量,当公司提高现金分红比例时,权益的价值将下降;反之,当公司降低现金分红比例时,权益的价值将上升。概言之,权益资本成本与现金分红比例呈正相关关系,而权益价值与现金分红比例呈负相关关系。可见,根据税差理论,企业为了实现股东价值最大化,应该实行"低现金分红比例"或"少分多留"的股利政策。

四、客户效应理论

考虑到税收政策的负面影响,应该赞成低现金分红比例的股利政策;但考虑到股东对现金的偏好,应该赞成高现金分红比例的股利政策;而MM股利无关论忽视了很多现实因素,包括税收和新股发行成本等。因此,上述三种理论都存在缺陷(见图8-2)。在现实中我们可以观察到:偏好现金的投资者大量持有美国电力行业的股票,该行业1996—2000年平均股利支付率为73%;而偏好资本成长的投资者大量持有美国半导体行业的股票,该行业同期的平均股利支付率仅为7%。① 可见,不同特征的投资者持有不同类型公司的股票。一般来说,高收入阶层或代表高收入阶层和风险偏好投资者的基金持有较多高成长、低分红公司的股票;而低收入阶层或代表低收入阶层和风险厌恶投资者的基金持有较多稳定、高分红公司的股票。

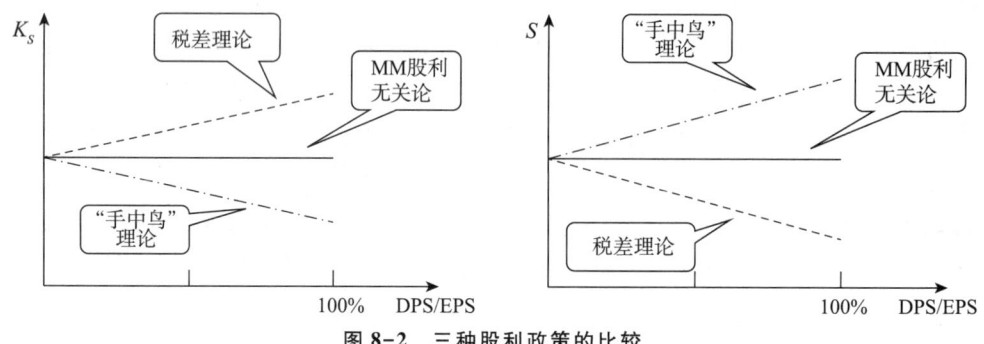

图8-2 三种股利政策的比较

客户效应理论认为:公司在制定或调整股利政策时,不应忽略股东对股利的需求。股利政策应该是股东需求的反映,公司应该根据股东的需求制定和派发股利。客户效应理论建议:根据投资者的不同需求,将投资者分门别类,分别制定股利政策。

第一,低收入阶层的特点是税负低、需要现金、偏好现金股利,他们希望公司多发放现金股利。因此,公司应该实施高现金分红比例的股利政策。

第二,高收入阶层的特点是税负高、不需要现金、偏好资本增长,他们希望公司少派发现金股利,并希望通过资本利得适当避税。因此,公司应实施低现金分红比例,甚至不分红的股利政策。

第三,投资基金。代表高收入阶层和风险偏好投资者的基金,如风险投资基金,持有较多高成长、低分红公司的股票,偏好资本利得,因此公司应该实行低现金分红比例的股利政策;代表低收入阶层和风险厌恶投资者的基金,如养老基金,持有较多稳定、高分红公司的股票,偏好现金股利,因此公司应该实行高现金分红比例的股利政策。

第四,特定机构。在美国,一些免税机构持有股票,其现金股利可以减税或免税,因此被免税机构大量持有股票的公司通常实行高分红比例的股利政策。此外,公司持有其他公司股票所获得的现金股利收入的70%可以免税,而所获得的资本利得必须100%纳税。因此,被其他公司大量持有股票的公司也通常实行高分红比例的股利政策。

总之,根据客户效应理论,公司应该根据股东或投资者的需求制定股利政策。若公司制定的股利政策与股东或投资者的需求不符,则股东或投资者将抛售公司的股票去追逐其他适合自身股利需求的公司股票,从而导致公司股票价格发生变化。

五、代理成本理论

企业是一个由利益相关者构成的集团,包括股东、债权人和经营管理者等。此外,股

---

① Brigham 和 Ehrhardt(2002)。

东还可以分为控股股东和中小股东。企业的利益相关者之间存在各种代理关系,其中某一方可能牺牲另一方的利益而获利,这就是一种"代理成本"。

由于企业各方的利益冲突十分普遍,因此企业的代理成本时常发生,广泛存在。在股利政策方面,至少存在三类不同的代理关系,从而引发不同的代理成本,导致企业制定的股利政策对债权人、控股股东、中小股东的利益产生不同的影响。

第一,从股东和债权人的代理关系看,面对股东和债权人之间的利益冲突,企业董事会通常会制定对股东有利而对债权人不利的股利政策。债权人希望企业制定"多留少分"的股利政策,尽可能将现金留在企业以防发生财务困难,保障债权人的利益。因此,债权人在与企业签订借款合同时,经常设置条款约束企业发放股利的权利。例如,有些企业向银行贷款,银行在贷款协议中规定:只有当企业的利润、现金流量和营运资本超过预定水平时,企业才能实施分红。有些贷款协议则规定:企业是否分红,应该事先征得银行或债权人的同意。

第二,从股东与经营管理者的代理关系看,股东希望企业将现金发放给股东,实行"多分少留"的股利政策,防止经营管理者滥用企业的现金。Jensen(1986)和其他研究表明,经营管理者的代理成本表现为在职消费、投资过度(投资于净现值 NPV<0 的项目)和消极工作等。此外,当企业拥有过多的自由现金流量[①]时,经营管理者更加容易追求个人私利。为此,代理成本理论认为:增发股利是降低这类代理成本的有效手段。随着分红比例的提高,企业的这类代理成本越来越少。因此,股东偏好现金分红,而企业董事会也应该制定"多分少留"的股利政策。可见,增加分红是降低由股东和经营管理者之间利益冲突引发的代理成本的有效手段。

第三,从控股股东和中小股东的代理关系看,由于控股股东或大股东往往是董事会成员,或者是企业主要控制者,因此这类企业经常制定有利于控股股东但不利于中小股东的股利政策,个别控股股东甚至通过企业之间的关联交易来转移上市公司的现金,或者直接长期占用上市公司的资金。这些行为都导致企业没有现金用于分红。因此,中小股东偏好"多分少留"的股利政策。同理,增加分红是降低由控股股东和中小股东之间利益冲突引发的代理成本的有效手段。

六、股利信号理论

很多研究发现:企业的股票价格往往伴随着企业宣告增加股利而上升,伴随着企业宣告减少股利而下降。如何解释这种现象呢?信号理论认为,企业内部人掌握更多的信息,而外部人掌握较少的信息,他们之间存在明显的信息不对称。在信息不对称条件下,股票价格的变化并不是由股东或投资者的偏好(现金股利或资本利得)导致的,而是投资者通过股利政策的变化分析和判断企业做出前景的结果。

---

① 自由现金流量(Free Cash Flow)是指企业在支付所有维持持续性经营所必需的固定资产和营运资本投资之后,剩下的可以发放给投资者的现金流量,其计算方法将在下一章做更详细的介绍。

研究表明：由于企业经营管理者对企业的经营和财务状况更加了解，其经常通过调整股利政策向外部投资者传递企业的财务状况和未来前景的信息，因此投资者和中小股东通常将股利政策看作企业现有财务状况、未来盈利水平和未来股利政策的信号。关于股利政策的变化传递了什么关键信息，仍然存在不同的看法。

第一，一般认为，增加股利是传递"利好"信息，减少股利是传递"利空"信息。企业宣告增加股利，是向外部投资者传递企业财务状况良好、盈利能力强、现金充裕的信号；反之，企业宣告减少股利，是向外部投资者传递企业财务状况不好、盈利能力弱、现金拮据的信号。Ross(1977)指出，失败的企业由于未来没有足够的现金支付能力去支付公告的利息或股利，不可能以利息或现金股利的变化为信号。因此，投资者更加相信那些含有增加股利或债务融资计划的企业的财务报表。

如果企业宣告增加股利被外部投资者认为是传递企业财务状况良好、盈利能力强、现金充裕的信号，那么企业的股票价格将伴随着企业宣告增加股利而上升、伴随着企业宣告减少股利而下降。可见，由于信息不对称，股利政策的变化成为一种传递并引发外部投资者不同反应的信号。增加股利被外部投资者解读为"利好"信息，致使股票价格上升；而降低股利被外部投资者解读为"利空"信息，致使股票价格下降。

第二，也有学者认为，增加股利是传递"利空"信息，减少股利是传递"利好"信息。一些处于成熟期的企业的盈利能力相对稳定。企业宣告增加股利，意味着企业没有新的高效益投资项目，未来前景不好；企业宣告减少股利，则意味着企业拥有新的高效益投资项目，未来前景看好。对于这类企业，其股票价格伴随着企业宣告增加股利而下降、伴随着企业宣告降低股利而上升。

第三，一般认为，公司宣告股票回购计划，是向外部投资者传递"利好"信息；公司宣告"增发新股"，是向外部投资者传递"利空"信息。公司宣告回购在外流通股票的行为通常被投资者解读为：公司高层管理者或内部人认为公司股票的价格被低估了，因此回购股票通常会引起股票价格上升。此外，回购的股票不再参与利润分配，因此回购后公司流通在外的股数减少了，每股收益随之上升，在分红比例不变的情况下增加了每股股利。可见，股票回购具有"一箭双雕"的作用。

关于公司宣告股票回购就股利政策变化所传递的信息，众说纷纭，至今还有许多悬而未决的问题。例如，有些公司在亏损的情况下宣告增加股利，而有些公司则在盈利增加的情况下宣告减少股利。又如，有些公司在亏损的情况下宣告回购股票，而有些公司则在盈利增加的情况下宣告回购股票。再如，有些公司在每股经营净现金低于每股净利润的情况下宣告增加股利，有些公司则在每股经营净现金高于每股净利润的情况下宣告减少股利。总之，由于股利政策具有"混合性"的特征，即企业宣布股利政策的变化往往不是一个"单纯的事件"，而是夹杂着经营和财务信息的变化；同时，各种股利方式交织在一起，例如公司可能既增加股利又回购股票，或者公司可能既派发现金股利又发放股票股利，等等。因此，股票价格变化作为外部投资者对公司股利政策变化的一种反应，不仅可能受到股利政策变化的影响，也可能受到其他因素变化的影响。此外，股利政策的变化，作为一种信息传递手段，可能被管理者利用。例如，既然外部投资者认为增加股利是利好消息,公司就可能在财务状况很差的情况下增加股利,以推动股票价格上升。股利政策的信息含量和信号传递,迄今仍然没有一致的结论。①

七、基于心理行为偏差的股利政策理论

随着研究的不断深入,公司的股利政策发生了很多有趣的变化,其中 Fama 和 French (2001)发现的"不断消失的股利"现象,更是引起了许多财务学家的高度关注。

Fama 和 French(2001)对美国纽约证券交易所、美国证券交易所和纳斯达克证券交易所的上市公司进行研究,发现这些公司的股利政策随着时间的推移发生了显著的变化:支付股利公司的数量占比从 1978 年的 67% 急速降至 1999 年的 21%！这一变化表明:上市公司的现金股利支付意愿随着时间的推移呈现明显减弱的趋势,股利逐渐"消失"了！

针对这种"不断消失的股利"现象,有人认为是上市公司为股东避税实行"回购股票"所致,但 Baker 和 Wurgler(2004)以"管理者理性而投资者非理性"为前提,通过理论推导和实证分析发现,管理者支付股利的行为是由投资者对股利支付公司表现出来的需求所驱动的。这种需求导致支付股利和不支付股利的股票之间形成所谓的"股利溢价"(Dividend Premium)。他们构建理论模型并证明:如果投资者愿意为支付股利的公司付出股利溢价,管理者就愿意支付股利;反之,如果投资者不愿意为支付股利的公司付出股利溢价,甚至付出的股利溢价为负数,管理者就会放弃支付股利。Baker 和 Wurgler (2004)将管理者这种迎合投资者对现金股利需求不断变化的心理行为称为"股利迎合",这就是著名的"股利迎合理论"。与传统的股利理论更多地从股利的需求端来解释股利溢价不同,股利迎合理论更多地从股利的供给端来解释股利溢价。

迎合是人类行为的一种心理偏差。近十几年来,用心理行为偏差解释企业股利支付行为的研究越来越多。例如,Adhikari 和 Agrawal(2018)、Grennan(2019)等研究发现,公司股利支付行为存在"比肩效应",即同类公司在股利支付政策方面存在攀比行为。再如,O'Sullivan 和 Mary(2006)研究发现,股利支付行为存在"锚定效应",即同类公司通常参考某一可比公司的股利支付政策进行微调。

第二节 股利政策的主要形式

如何确定股利的分配形式及股利支付率呢？在实践中,企业不但可以使用现金、股票、实物等多种形式来分配股利,而且在确定股利支付率时,除了考虑投资者的偏好,还要考虑其他几个主要因素:(1)企业的投资机会,即企业是否具有净现值大于零(NPV>0)的投资项目;(2)企业的资本结构,即企业的负债比例是否处于适度区间;(3)企业的现金状况,即企业是否拥有足够的现金。

---

① 关于股利政策信号理论研究的文献,可参见:DeAngelo 和 DeAngelo(1990)、Rozeff(1986)、Healy 和 Palepu (1988)、Michaely 等(1995)、Bhattacharya(1979)、Ross(1977)、李常青(2003)、陈晓等(1998)、张水泉和韩德宗(1997)、魏刚(1998)、吕长江和王克敏(1999)、刘星等(1997)。

股利政策的实现形式有不同的分类方法。按照企业派发股利的内容,可分为股票股利、现金股利和实物股利。按照企业派发股利的形式,可分为剩余股利、稳定增长股利、固定股利支付率股利、股利再投资计划和股票回购等。按照如何计算现金股利,可分为比例股利(股利支付率=每股现金股利/每股利润)和水平股利(每股现金股利)。

一、股票股利和现金股利

股票股利是将企业的未分配利润转换为股票,再派发给股东。例如,每10股送1股,即每持有10股本公司的股票,可以获得1股的股票股利。从会计处理的角度看,企业发放股票股利会减少未分配利润,增加股本。换言之,企业的净资产总额不变,但总股数增加了,其结果是降低了每股净资产和每股股票价格。

现金股利是将企业的当期利润或累计未分配利润的一部分以现金的形式派发给股东。例如,每10股送2元,表示每持有10股本公司的股票,可以获得2元的现金股利。从会计处理的角度看,现金股利将同时减少企业的未分配利润和货币资金。因此,虽然总股数不变,但企业的净资产减少了,每股净资产或每股股票价格也会随之下降。

股票股利和现金股利的特征比较如表8-3所示。

表8-3 股票股利和现金股利的特征比较

特征	股票股利	现金股利
会计处理	减未分配利润,增股本	减未分配利润,减货币资金
未分配利润	减少	减少
总股本	增加	不变
净资产	不变	减少
每股净资产	减少	减少
货币资金总额	不变	减少
每股股票价格	下降	下降

二、剩余股利模式

剩余股利模式是指企业根据净现值大于零的投资项目所需的资金,按照企业的最优资本结构,测算出这些投资项目所需的权益资本,然后从当期创造的净利润中扣除。若有剩余的净利润,则可以支付现金股利;若无剩余,则不支付现金股利。因此,剩余股利模式所确定的现金股利支付总额(DIV)为:

$$\text{DIV} = \text{当期净利润} - \text{用于新增投资的权益资本}$$
$$= \text{当期净利润} - \text{目标权益比例} \times \text{投资总额} \quad (8-3)$$

因此,企业的股利支付率(Payout Ratio)为:

$$\text{股利支付率} = \frac{\text{现金股利支付总额}}{\text{净利润}} = \frac{\text{DIV}}{\text{NI}} \quad (8-4)$$

例如，T公司是一家零售企业，目标资本结构为负债比例60%。2021年T公司的净利润是8 000万元，至2020年年末其累计未分配利润是9 600万元。根据投资计划，公司有两个净现值大于零的投资项目，所需投资总额（含营运资本需求）是15 000万元。目前T公司在外流通股的股数为10 000万。根据上述资料，按照剩余股利模式，测算出T公司的股利支付率是：

股利总额（DIV）= 8 000 - 15 000 × 40% = 8 000 - 6 000 = 2 000（万元）

股利支付率 = 2 000/8 000 = 25%

每股现金股利 = 2 000/10 000 = 0.2（元/股）

股利分配后的累计未分配利润 = 9 600 + 8 000 - 2 000 = 15 600（万元）

剩余股利模式有利有弊。按照剩余股利模式确定股利支付率，利在于：一是可以保持企业的最优资本结构，即股利政策不影响资本结构；二是有利于投资供需平衡，即投资等于筹资，资本需求等于资本供给；三是使用未分配利润和债务可以保持稳定的资本结构，进而保持企业较低的资本成本。弊在于：一是股利支付率受企业投资机会的影响，将随着投资机会及其资金需求的变化而变化，出现"股利政策不稳定"的现象；二是股利支付率受企业盈利能力的影响，盈利水平波动大的企业，按照剩余股利模式确定的股利支付率将出现波动。

三、稳定增长股利模式

稳定增长股利模式是指企业将股利确定在一定的水平上并维持基本稳定，然后根据每年的盈利增长情况，在确信未来的盈利能力足以满足股利支付要求的情况下，再逐步提高股利支付水平。

例如，假设T公司2022年将剩余股利模式改为稳定增长股利模式，其2022年的净利润比2021年增长5%，所需投资总额（含营运资本需求）是25 000万元。T公司计划每股股利的目标年增长率是20%。按照稳定增长股利模式，其2022年的股利支付率是：

股利总额（DIV）= 10 000 × 0.2 × (1 + 20%) = 2 400（万元）

股利支付率 = 2 400/(8 000 × 105%) = 28.6%

若延续之前的剩余股利模式，则T公司的股利支付率是：

股利总额（DIV）= 8 400 - 25 000 × 40% = 8 400 - 10 000 = -1 600（万元）

股利支付率 = 0%

这说明在保持目标资本结构的情况下，将2022年的净利润全部用于再投资，仍然无法满足T公司的资金需求。此时，T公司的现金股利为0。

比较以上两种股利政策模式可知：第一，按照剩余股利模式，T公司首先考虑资本结构和投资需求；而按照稳定增长股利模式，T公司则会首先考虑股利支付。第二，按照剩余股利模式，T公司的股利支付率是0，还需要外部筹资1 600万元才能满足投资需求；而按照稳定增长股利模式，T公司的股利支付率是28.6%，每股股利为0.24元。第三，按照剩余股利模式，T公司需要增发1 600万元新股来满足投资需求；而按照稳定增长股利模

式，T公司无法满足投资需求中的权益资本部分(10 000万元)，只能满足其中的6 000万元，还差4 000万元，即

权益资本缺口 = 2022年净利润 − 2022年股利支付 − 2022年权益投资
= 8 400 − 2 400 − 10 000
= −4 000(万元)

因此，若按照稳定增长股利模式，为了解决权益资本缺口，T公司有两个选择：一是增发新股，这样成本较高；二是增加负债，这将使得公司负债比例超过60%，增加财务风险。

稳定增长股利模式利弊兼有。利在于：一是股利稳定增长有利于向市场传递公司财务状况正常、前景良好的信息，有利于增强投资者信心，稳定股票价格；二是有利于吸引对股利有较高依赖性的投资者。弊在于：一是稳定增长股利模式实际上存在一部分固定的股利，成为企业的"固定支出"，会增加企业的风险；二是若股利增长脱离盈利增长，或盈利不稳定甚至下降，可能导致资金短缺，甚至会恶化财务状况，结果稳定增长股利模式将难以为继；三是若公司减少股利，则可能传递公司对未来业绩不看好的信号，容易导致股价暴跌。

四、固定股利支付率模式

固定股利支付率模式是企业将股利支付率(现金股利总额/净利润)设为固定的比例，股利与盈利挂钩，多盈多分、少盈少分、不盈不分。例如，恒安国际常年将净利润的60%—70%用于股利支付，就是基本按照固定股利支付率模式来确定股利。

若T公司确定固定股利支付率为30%，则2021年和2022年的股利总额(DIV)和每股现金股利(DPS)分别是：

2021年 DIV = 8 000 × 30% = 2 400(万元)
2021年 DPS = 2 400/10 000 = 0.240(元/股)
2022年 DIV = 8 400 × 30% = 2 520(万元)
2022年 DPS = 2 520/10 000 = 0.252(元/股)

显然，固定股利支付率模式的优点是：股东的现金股利收益与企业的盈利能力密切联系，股东与企业共担风险、共享收益。这一模式的缺点是：每股分红(DPS)随着盈利的变化而波动，可能导致股价不稳定。此外，由于固定股利支付率首先考虑股东分红所需的利润和现金，不考虑企业的投资需求，因此可能导致企业因分红而不得不放弃高效益投资项目，或只能通过增发新股或增加负债来重新筹集投资项目所需的资金。

五、低正常股利加额外股利模式

低正常股利加额外股利模式是指企业在正常年份派发略低的股利，然后根据企业的盈利情况或战略需要，在必要的时候宣告派发"额外股利"，给投资者一个"惊喜"。

一般而言，额外股利能够向投资者传递公司财务和经营状况与发展前景良好的信号。如前所述，2017年中国神华宣布在0.46元/股股息的基础上，额外派发2.51元/股的

特别现金股息。这一股利政策宣告后,其股票价格马上一字涨停。可见,投资者确实对中国神华2017年公告的"低正常股利加额外股利模式"表示满意。

低正常股利加额外股利模式具有较高的灵活性。一方面,稳定的低正常股利有利于稳定投资者心理,特别是能够吸引一批以股利收益为主要目标的投资基金和偏好股利的投资者;另一方面,企业盈利增加时多派发股利,有利于增强投资者信心,稳定企业的股价。而这种股利模式的缺陷在于:一是股利缺乏稳定性,企业盈利的变化使得额外股利随之变化,时有时无,给人飘浮不定的感觉;二是投资者对额外股利很快就会形成一种预期,当企业本年派发额外股利后,投资者预期下年企业也将派发额外股利。如果企业连续几年派发额外股利,投资者就会将其视为正常股利。一旦企业没有宣告派发额外股利,投资者就容易误以为企业的经营和财务状况恶化,从而导致股价下降。

六、股利再投资计划

股利再投资计划是指股东将股票的现金分红直接用于投资或购买企业的股票。根据股票的来源,股利再投资计划可分为两类:一是"购买市场上流通的股票",即企业使用股利再投资计划的资金,通过投资中介购买证券市场上流通的股票,然后按比例派发到股东账户;二是"购买企业新发行的股票",即用股利再投资计划的资金购买企业的新股,然后按比例派发到股东账户。

"购买市场上流通的股票"派发给股东,企业的净资产和股本都没有发生变化;"购买企业新发行的股票"派发给股东,等于是"对老股东定向发行新股",净资产和股本增加。可见,购买企业新股派发给股东这种股利再投资计划,相当于筹集新的权益资本。

对于股东来说,股利再投资计划的好处是:不需要支付手续费或交易费。同时,企业为吸引老股东参与股利再投资计划,通常给予老股东3%—5%的价格折扣。此外,企业的股东可以选择参加股利再投资计划,也可以选择放弃参加股利再投资计划。20世纪70年代,股利再投资计划开始盛行于美国。如今,许多美国企业都推行股利再投资计划,股东的参与比例为25%左右。

七、股票回购计划

20世纪80年代,一种新的股利形式——股票回购计划开始流行。据统计,在美国,越来越多的企业采取现金股利和回购股票并举的"混合股利政策",使得回购股票的金额与支付现金股利的金额基本等同。IBM公司在1991—1993年连续三年亏损后,1994年扭亏为盈,每股收益达到4.92美元。1995年IBM公司的每股收益为11美元,达到历史新高。之后,IBM公司宣布回购50亿美元的股票,使得股东的每股股利达到1.4美元。

股票回购计划与每股股利和股票价格有何关系呢?根据会计准则,公司回购自己的股票后,将其作为"库存股"或者直接注销,该类股票不会参与公司的利润分配。因此,公司回购股票后,在外流通的总股数减少,净利润不变,每股收益(EPS)增加。在市盈率不变的情况下,由于每股收益增加,公司的股票价格将随之上涨。可见,股票回购计划实际上提高了公司的每股收益,也推动了股票价格的上涨。

公司宣布股票回购计划,通常被外部投资者视为"利好"信号,意味着高层管理者认为公司股票价值被低估,或者对公司未来的发展前景充满信心。因此,在公司宣布回购股票后,公司股票价格一般会上涨。

公司宣布股票回购计划,为投资者提供了一个继续持有公司股票或出售公司股票的选择权。股东可以根据他们对现金股利或资本利得的偏好,选择出售或持有。值得注意的是,在美国,由于资本利得税率低于现金股利税率,这种股票回购计划有利于高收入阶层"合理避税"。

当然,股票回购计划也可能存在一些缺陷:一是实施股票回购计划后,股东只能通过资本利得获利,但现金股利实际上比资本利得更确定、更可靠。二是公司宣布股票回购计划的信息含量有时不能被投资者完全理解。1996年年中,锐步公司宣布回购1/3的流通股后,当天股价上涨10%;但1996年4月,迪士尼公司宣布回购股票,随后6个月公司股价下降超过10%。三是一旦公司宣布股票回购计划,其股价往往先上升但在回购后下降,从而会增加公司回购股票的成本。

我国2006年1月1日起施行的《中华人民共和国公司法》规定,允许公司在符合以下情形的前提下实施股票回购:(1)减少公司注册资本;(2)与持有本公司股份的其他公司合并;(3)将股份奖励给本公司职工;(4)股东因对股东大会做出的公司合并、分立决议持异议,要求公司收购其股份。丽珠集团于2008年6月宣告回购丽珠B股,成为我国资本市场上首家实施B股股票回购的上市公司。

丽珠集团原名珠海经济特区丽珠医药集团股份有限公司,成立于1985年,是一家主营西药制剂、化学原料药和中药的制造与销售的大型制药企业。公司于1993年6月以公开发行方式向境外投资者发行每股面值为1.00元人民币的境内上市外资股(B股)2 828万股,并于同年7月在深圳证券交易所挂牌上市。1993年7月,公司增发1 300万股A股,并于同年10月在深圳证券交易所挂牌交易。公司A股证券简称"丽珠集团",证券代码为000513;B股证券简称"丽珠B",证券代码为200513。

公司控股股东是健康元,持有公司A股77 510 167股,占总股本的25.33%;健康元控股子公司天诚实业有限公司持有公司B股44 537 733股,占总股本的14.55%。2007年度,公司实现营业收入174 811万元,较2006年度增长9.91%;实现营业利润61 376万元,较2006年度增长206.01%;实现净利润52 338万元,较2006年度增长220.01%。

然而,与公司良好的经营业绩相反,随着我国资本市场进入2008年以来的深幅调整,公司股票价格持续下跌。按照2008年4月2日收盘价计算,公司A股价格为每股21.02元人民币,B股价格为每股12.36港元(按照当日汇率折算价,100港元折合90.26元人民币),折合每股价格为11.16元,B股股价较A股股价相差超过45%。2008年6月5日,丽珠集团公告称拟通过深圳证券交易所以集中竞价交易方式回购丽珠B股,在回购资金总额不超过1.6亿港元、回购价格不超过16港元/股的条件下,拟回购B股1 000万股,分别占公司已发行B股股份和总股份的8.18%和3.27%。回购股份将依法注销。

2008年12月5日,丽珠集团正式实施股票回购方案。首次回购的1.8万股B股占公司总股本的比例为0.0059%,购买的最高价为8.98港元/股、最低价为8.90港元/股,支付总金额为16.13万港元。2009年9月30日,累计回购B股数量为1 031.36万股,占总股本的比例为3.37%,购买的最高价为15.85港元/股、最低价为8.38港元/股。截至2009年12月5日回购计划的最后期限,丽珠集团累计以1.16亿港元的代价从二级市场回购了1 031.36万股B股,占总股本的3.37%;每股回购价格介于8.38港元和15.85港元之间,平均为11.25港元。

股票回购行为对丽珠集团的主要财务指标产生了较大的影响。从表8-4可见,公司每股收益从回购前的1.66元/股上升到回购后的1.72元/股,增长幅度为3.61%;净资产收益率从回购前的26.17%上升到回购后的28.22%,提高2.05个百分点。由于公司注销回购的股票,导致公司每股净资产和股东权益均出现不同程度的下降。此外,使用现金进行股票回购也在一定程度上减少了公司的流动资产,从而削弱了公司的流动性,提高了公司的资产负债率。整体而言,公司的偿债能力仍保持在合理的范围之内。

表8-4 丽珠集团回购前后主要财务指标的对比

主要财务指标	回购前	回购后	增减幅度
每股收益(元)	1.66	1.72	3.61%
每股净资产(元)	6.35	6.09	-4.09%
净资产收益率(%)	26.17	28.22	提高2.05个百分点
股东权益(万元)	194 266.41	180 199.69	-7.24%
资产负债率(%)	32.41	34.04	提高1.63个百分点
长期负债率(%)	4.02	4.22	提高0.20个百分点
流动比率(倍)	1.90	1.73	-8.95%
速动比率(倍)	1.51	1.34	-11.26%

正如前文的分析,股票回购对丽珠集团B股股价的刺激效果非常明显。从2008年10月27日开始,公司B股股价从最低价5.44港元/股一路上涨至2009年12月8日的21.28港元/股,累计涨幅高达291%。此外,股票回购提振了公司B股的交易活跃程度,提高了股票的流动性,有助于引导投资者的理性投资,维护了公司股东的长期利益。

第三节 股利政策管理的实践问题

在实践中,企业制定和调整股利政策除了要考虑股东的利益,还要考虑方方面面的问题,诸如公司的资本结构、投资需求、现金状况、股票价格变化等。了解和综合考虑这些因素对股利政策的影响并加以灵活运用,对于企业制定更加合理的股利政策具有重要的作用。

一、股利政策的影响因素

1. 投资机会

企业是否有投资机会,是否有高效益的投资项目,是企业在制定股利政策时必须注意的关键问题。所谓高效益的投资项目,就是指净现值大于零的投资项目。由于净现值大于零的项目将给企业创造价值,因此一般情况下,企业应优先满足高效益投资项目对资金的需求,下面我们用威廉-高登估值(即股利折现)模型加以证明。根据威廉-高登股利折现模型:

$$P_0 = \sum_{t=1}^{\infty} \frac{D_t}{(1+K)^t} \tag{8-5}$$

假设每期股利 D_t 的增长率为 g,留存收益比例为 F,股利支付率为 $(1-F)$,投资收益率为 R,则有

$$P_0 = \frac{D_1}{K-g} = \frac{E_1 \times (1-F)}{K - F \times R} \tag{8-6}$$

其中,

$$g = \frac{\text{EPS}_t - \text{EPS}_{t-1}}{\text{EPS}_{t-1}} = \frac{\text{EPS}_{t-1} \times (1 + F \times R) - \text{EPS}_{t-1}}{\text{EPS}_{t-1}} = F \times R$$

假设 T 公司有三个投资项目,相关资料如表 8-5 所示。将表 8-5 有关投资收益率、资本成本和每股收益的数据代入公式(8-6),可以发现:

第一,当投资收益率高于资本成本时,留存收益比例越高,股价越高;反之,留存收益比例越低,股价越低。可见,投资项目属于增长型,项目实施后股东价值将增加。因此,T 公司应该实行"多留少分"的股利政策。

第二,当投资收益率低于资本成本时,留存收益比例越高,股价越低;反之,留存收益比例越低,股价越高。可见,投资项目属于衰退型,项目实施后股东价值将减少。因此,T 公司应该实行"多分少留"的股利政策。

第三,当投资收益率等于资本成本时,无论留存收益比例高低,股价都相同。可见,投资项目属于中性型,无论项目是否实施,股东价值相等。因此,无论 T 公司实行哪种股利政策,对股东都无影响。

表 8-5 投资机会对股利政策和股东价值的影响

项目类型	投资收益率 (R)	资本成本 (K)	每日收益 (EPS)	留存收益比例 ($F=60\%$)	留存收益比例 ($F=20\%$)
增长型	15%	10%	5元	$P_0=200$ 元/股	$P_0=57.14$ 元/股
衰退型	5%	10%	5元	$P_0=28.57$ 元/股	$P_0=44.44$ 元/股
中性型	10%	10%	5元	$P_0=50$ 元/股	$P_0=50$ 元/股

2. 负债状况和债务合约限制

企业是否处于适度负债状态,将影响到其股利政策。当企业处于高负债结构时,其

举债空间和举债能力将受到限制,并可能存在一定的财务风险。因此,在其他因素不变的条件下,为了保持企业处于最佳负债结构,高负债企业应尽可能减少现金分红,而低负债企业可适当提高分红比例。

债权人为了保护自身利益,在与企业签订借贷合约时,通常会对企业的现金分红政策进行限定。例如,债权人要求企业只能在贷款本息得到有效保障的前提下才能派发现金股利。这些限制条件通常包括对流动比率、本息保障倍数、现金流充裕程度的要求,以及要求年度现金分红不得超过年度净利润等。

3. 盈利和现金状况

企业的现金分红比例等于现金分红与净利润之比,但实际上企业的现金分红不仅受到净利润的影响,更受到经营净现金的影响。一般来说,企业的每股现金分红不但要少于每股净利润(DPS<EPS),而且要少于每股经营净现金(DPS<NCFOPS)。长期来看,在权责发生制下,这是确定现金分红比例一个非常重要的原则。以现实的公司为例,1984—1993年,除了1992年,IBM公司的每股现金分红均少于每股经营净现金。1981—2000年,雪佛龙公司的每股现金分红始终低于每股经营净现金。

4. 法律限制和资产保全

为了保护债权人的利益,许多国家规定企业的股利支付额度不能超过资产负债表中的"留存收益",以防出现"资本亏损"。否则,当企业出现财务危机时,可能通过股利分配将大部分资产分配给股东,使得债权人蒙受损失。

此外,如前所述,税收制度对分红政策也存在影响。在美国,如果企业累积太多利润而又不分红,那么此时留存收益增加、现金储备增加,若股票价格上升则可能被视为"不合理避税行为",或者因"可能滥用股东现金的嫌疑"而遭受税务部门的税务调查。

二、股利政策的决策模型

根据股利政策的影响因素,作为公司的高层管理者或董事会成员,在实践中如何制定或调整股利政策呢?一般来说,公司的高层管理者和董事会成员应该根据大部分投资者的偏好以及公司的财务状况和未来发展前景做出利润分配决策。

第一,投资者/股东偏好。作为公司高层管理者,首先应该了解和掌握购买本公司股票的投资者类型、特征及其偏好。对于偏好现金股利的投资者(如养老基金等),公司应该坚持较高比例的现金分红,并保持分红政策的稳定性;对于偏好资本利得的投资者(如风险投资基金),公司应该坚持较高比例的留存收益,并通过高效益投资推动股票增值。

值得注意的是,投资者的偏好可能与资本市场的走势有关,其偏好可能随着资本市场的变化而变化。针对中国市场的研究表明:在牛市期间,投资者偏好资本利得;而在熊市期间,投资者偏好现金股利。

第二,现金充裕程度。公司的现金流量,特别是经营性现金流量状况是否正常,是否有充裕的现金流来支付现金股利,是公司高层管理者在制定或调整股利政策时需要考虑的重要因素。尽管现金分红比例是现金分红除以净利润,但实际上公司一旦确定分红比例并实施,其现金流量就将减少。如前所述,公司在决定进行现金分红时,一定要坚持每股现金分红少于每股经营净现金的原则。

第三,盈利能力及其持续性。公司的盈利能力及其持续性是高层管理者在制定股利政策时需要考虑的重要现实因素。对于盈利能力强且盈利持续性好的公司,可适当提高分红比例;反之,应降低分红比例。

第四,投资机会。公司要持续经营和可持续发展,一定要注重开拓市场、增加投资,并扩大生产规模。为了维护股东的权益、增加企业价值,理论上,公司不应放弃任何净现值大于零的投资项目。因此,当公司有高效益的投资项目时,应该降低分红比例,甚至不分红;当公司没有高效益的投资项目时,应该提高分红比例。由于企业的投资机会在时间分布上并不均匀,因此应注意防止分红政策大起大落、变化无常。历史悠久的成功企业大多注重处理好股利政策和投资机会的关系,既保持股利政策的稳定性,又满足高效益投资项目对资金的需求。可见,股利政策的制定与调整并非一朝一夕之事,而是长久之计。

第五,负债比例。负债比例对股利政策具有重要的影响。公司在制定股利政策时,必须考虑公司的负债状况。为了防止公司发生财务危机,高层管理者应避免"超能力派现",综合考虑以下三方面因素:一是要防止超出公司的现金创造能力去确定现金股利支付率;二是要防止放弃高效益投资项目去迎合股东对现金股利的需求;三是要防止忽视公司还本付息的需求去制订损害债权人利益的现金分红方案。

将上述五大现实影响因素综合成一个决策树(见图8-3),反映企业在面临投资发展与利润分配选择中的影响因素,有利于企业的董事会成员和高层管理者进行股利问题的决策。

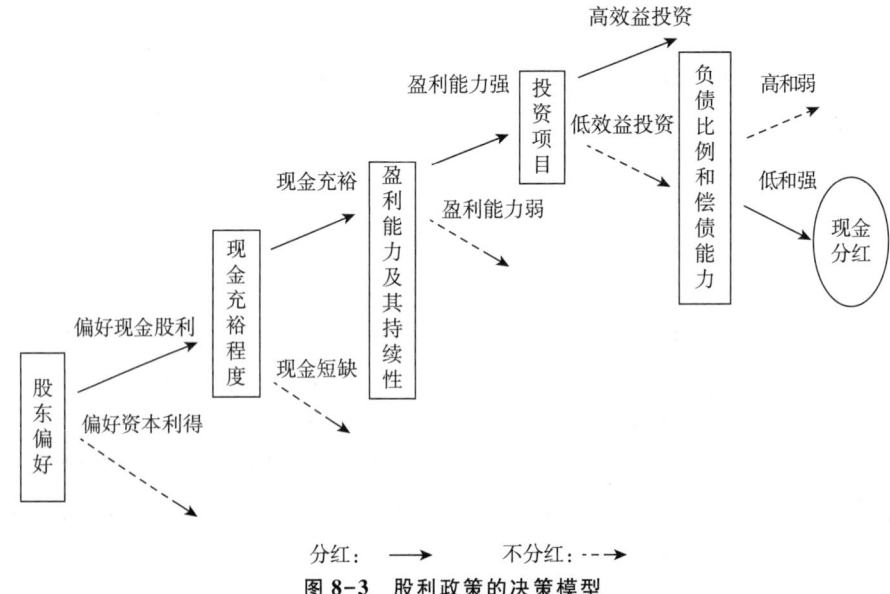

图8-3 股利政策的决策模型

根据Wind的统计,中国上市公司2021年的现金股利政策与公司的财务状况和盈利能力具有一定的相关性。表8-6展示了上市公司主要财务指标按分红比例分组的均值统计情况,L 表示分红比例最低组,H 表示分红比例最高组。以总资产收益率(ROA)为例,我们可以看出,ROA 与股利支付率(即分红比例)呈正相关关系,ROA 越高的公司,分红(派现)比例也越高;反之越低。ROA 最高的 100 家公司,平均股利支付率约为 26.01%;而 ROA 最低的 100 家公司,平均股利支付率基本为 0。类似地,主营业务利润率越高、净利润现金含量越高、有息负债率越低的公司,其分红(派现)比例也越高;反之越低。

表 8-6　中国上市公司 2021 年主要财务指标按分红比例分组的均值统计　　　　单位:%

组别	总资产收益率	主营业务利润率	净利润现金含量	有息负债率
L(低)	-1.48	25.00	113.60	18.60
2	1.43	26.60	98.20	17.10
3	7.12	31.30	108.40	14.20
4	7.44	32.10	108.20	11.40
H(高)	7.51	35.00	137.70	9.23
平均值	4.41	30.00	113.20	14.10

资料来源:根据 Wind 数据库自行整理。

在管理实践中,诸多企业在赚钱之后会面临"投资发展"或"利润分配"的选择。根据股利政策决策模型,原则上,公司财务绩效好,应该增加分红,反之则应该减少分红;公司负债比例低、偿债能力强,应该增加分红,反之则应该减少分红;公司未来投资效益高,应该减少分红,反之则应该增加分红。2015—2016 年,美的集团和格力电器先后提出收购兼并议案:美的集团拟投资 292 亿元收购当时全球第三大机器人公司——德国库卡(KUKA);格力电器拟通过定向增发 130 亿元收购一家电池车辆制造公司——珠海银隆。当时,两家公司都面临"继续加大现金分红"或"通过投资并购转型发展"的选择,最后都不约而同地选择后者。为什么? 第一,2010—2014 年,美的集团的现金分红比例已从约 11% 升至 40%,同期格力电器的现金分红比例则从约 20% 升至 64%;第二,截至 2015 年,美的集团的现金资产为 576 亿元(含结构性存款和理财 307 亿元),格力电器的现金资产更是高达 997.8 亿元,分别占总资产的 44.8% 和 61.7%;第三,2015 年美的集团和格力电器的加权平均 ROE 分别高达 29% 和 27%;第四,美的集团和格力电器 2015 年年末的有息负债率分别仅为 3.7% 和 6.3%,而当年实现的营业收入分别为 1 393 亿元和 1 006 亿元,净利润分别为 136 亿元和 126 亿元,经营净现金分别为 268 亿元和 444 亿元。可见,两家公司均属于现金充裕、盈利能力强、现金创造能力强且有息负债率很低、偿债能力很强的高分红企业。从企业发展战略和财务战略的角度看,面对家电制造业未来的发展前景——增长有限,两家公司却都属于"资金剩余型"企业。那么,是继续加大分红还是通过投资并购与转型发展? 美的集团和格力电器最终都选择了投资并购与转型发展,而非继续增加现金分红。2018 年 3 月 22 日,美的集团发布公告称:通过投资并购库卡并控股(94.55%),日后将在中国顺德科技园新建生产基地,开展研发、生产和销售库卡机器人。遗憾的是,格力电器收购珠海银隆一案未获股东大会通过,主要原因有:一是股东认为珠海银隆的估值 130 亿元偏高,而定向增发给珠海银隆的格力股价 15.57 元/股偏低;二是此次收购案规定,中小股东不能以 15.57 元/股的价格参与用于支持珠海银隆的配套资金(100 亿元)的定向增发项目,明显有损中小股东利益;三是一些汽车动力电池专家认为珠海银隆的电池技术水平并不像大股东魏银仓先生所说的那样"高大上"。因此,格力电器至今尚未实现从"家用电器制造商"向"科技型企业"的转型升级。

三、中国上市公司股利政策的特征分析

中国股票市场始建于 20 世纪 90 年代初期,至 2023 年年末已经走过三十多年的历程。回顾这几十年间中国上市公司的股利政策实施情况,可以看出以下基本特征:

1. 两种股利形式并存,上市公司股本扩张动机明显

除了派发现金股利这一现金分红模式,许多上市公司还青睐"送股"这一股票股利模式。发放股票股利对上市公司而言最大的好处在于无须拿出真金白银,而且有利于上市公司扩张股本;对投资者而言则不用缴纳现金股利所得税。但是,投资者本质上并未通过股票股利获得真正的回报。以"10 送 10"的股票股利政策为例,尽管投资者的股票数量增加一倍,但每股股票价格在除权日会下跌一半,由此投资者的股票市值依然保持不变。此外,出于会计制度等原因,许多上市公司有大量的资本公积和盈余公积,在符合相关规定的前提下,上市公司还可以将资本公积和盈余公积"转增股本"。①

在分析上市公司股利政策时,会涉及两种不同的统计口径:一是以所有上市公司为统计对象,不论是否分红都包括其中,据此分析上市公司股利政策的实施情况;二是以实行分红的上市公司为统计对象,只有实行分红的公司才能包括其中,据此分析上市公司股利政策的实施情况。显然,通过这两种统计口径计算出来的结果是不同的,因此结论也会不同。从表 8-7、图 8-4 和图 8-5 可知,按照第一种统计口径,1992—2021 年,上市公司每年平均派发的现金股利金额偏低,但整体呈递增趋势,从 1992 年的每股 0.044 元现金股利,逐渐增加到 2021 年的每股 0.211 元现金股利;股票股利则呈现前高后低的形态,早期的股票股利较高,1993 年达到每 10 股送 2.42 股,此后股票股利的发放逐渐减少,2021 年最低,平均每 10 股仅送 0.01 股;随着上市公司累积的所有者权益不断增加,越来越多的上市公司实施转增股本,并在 2015 年达到最高水平,平均每 10 股转增 1.76 股,但自此开始走低。按照第二种统计口径,整体上市公司的股利政策变化趋势没有太大变化,仍然呈现现金股利逐渐递增、股票股利和转增股本先升后降的趋势,但股利支付规模发生显著变化。无论是现金股利、股票股利还是转增股本,都比第一种统计口径的结果高出许多。以每股现金股利为例,最低时为 1992 年,平均每 10 股派现 0.93 元;最高时为 2021 年,平均每 10 股派现达到 3.05 元。反观股票股利,最低为 2001 年,平均每 10 股送 1.48 股;最高为 2015 年,平均每 10 股送 4.04 股。转增股本方面,最低为 1994 年,平均每 10 股转增 0.64 股;最高为 2015 年,平均每 10 股转增 9.69 股。

---

① 从会计处理的角度看,股票股利和转增股本类似。上市公司发放股票股利时,借记未分配利润,贷记股本;转增股本时,借记资本公积,贷记股本。二者都保持了所有者权益总额不变,只是将所有者权益中的非股本部分转为股本。

表 8-7　中国上市公司 1992—2021 年股利政策实施情况

年份	全部上市公司			实行分红的上市公司		
	每股现金股利（元）	每股股票股利（股）	每股转增股本（股）	每股现金股利（元）	每股股票股利（股）	每股转增股本（股）
1992	0.044	0.192	0.011	0.093	0.273	0.500
1993	0.081	0.242	0.022	0.143	0.328	0.203
1994	0.146	0.104	0.001	0.193	0.198	0.064
1995	0.094	0.088	0.011	0.167	0.189	0.291
1996	0.053	0.106	0.082	0.163	0.257	0.295
1997	0.052	0.056	0.053	0.184	0.252	0.303
1998	0.053	0.041	0.054	0.180	0.242	0.324
1999	0.051	0.023	0.041	0.162	0.238	0.382
2000	0.085	0.020	0.048	0.134	0.209	0.410
2001	0.074	0.011	0.031	0.121	0.148	0.356
2002	0.072	0.008	0.038	0.134	0.176	0.424
2003	0.070	0.014	0.068	0.141	0.205	0.476
2004	0.082	0.006	0.047	0.148	0.186	0.439
2005	0.070	0.010	0.045	0.147	0.266	0.452
2006	0.077	0.014	0.039	0.154	0.223	0.425
2007	0.084	0.027	0.107	0.161	0.277	0.520
2008	0.080	0.012	0.055	0.149	0.265	0.473
2009	0.089	0.023	0.083	0.159	0.329	0.529
2010	0.121	0.020	0.150	0.193	0.337	0.628
2011	0.126	0.010	0.139	0.184	0.313	0.643
2012	0.118	0.008	0.104	0.162	0.321	0.647
2013	0.107	0.007	0.109	0.143	0.310	0.671
2014	0.106	0.012	0.167	0.146	0.350	0.826
2015	0.104	0.010	0.176	0.148	0.404	0.969
2016	0.117	0.005	0.110	0.154	0.330	0.827
2017	0.142	0.003	0.085	0.179	0.276	0.520
2018	0.144	0.003	0.052	0.198	0.254	0.438
2019	0.150	0.002	0.041	0.211	0.250	0.436
2020	0.181	0.003	0.037	0.257	0.383	0.425
2021	0.211	0.001	0.041	0.305	0.263	0.423

资料来源：根据 Wind 数据库自行整理。

注：各年平均每股现金股利＝当年全部上市公司（或实行分红的上市公司）每股现金股利之和/全部上市公司数量（或实行分红的上市公司数量）。

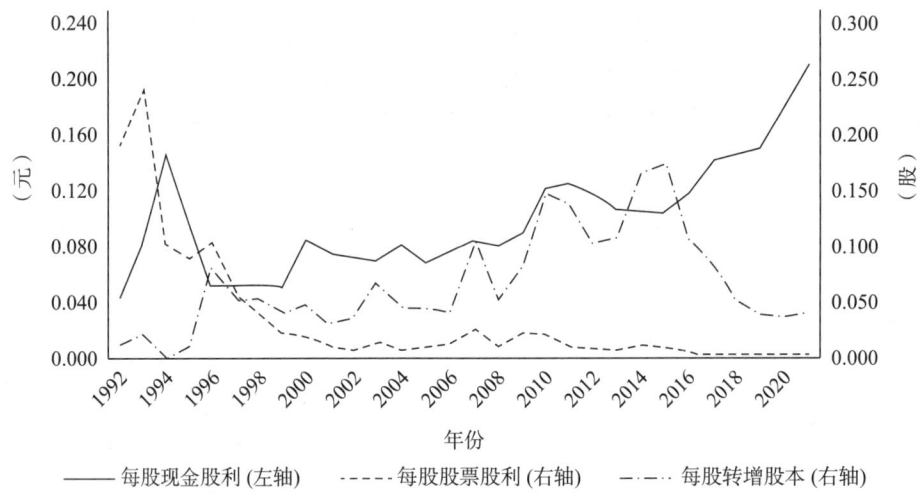

图 8-4　全部上市公司 1992—2021 年股利发放情况

图 8-5　实行分红的上市公司 1992—2021 年股利发放情况

2. 上市公司发放现金股利的意愿逐年增强

从表 8-8、图 8-6 和图 8-7 来看,无论是派发现金股利的上市公司数量,还是派发现金股利的总金额,都呈现快速增长的趋势。从派发现金股利的上市公司数量来看,1992 年仅有 21 家上市公司派发现金股利,到 2021 年这一数量增加到 3 208 家。将派现公司数量与当年所有上市公司数量进行比较,派现公司占比整体上呈现波动中上升的趋势。早期派现公司占比较高,1994 年达到 75.72%;但到 1995—1997 年,派现公司占比逐渐降至低谷,1997 年仅为 28.29%;此后,这一比例逐渐上升,到 2017 年派现公司占上市公司总数的比例达到最高的 79.49%,2021 年回落到 69.29%。从发放现金股利的金额来看,1992 年上市公司累计派现总额仅有 3.45 亿元,占全部上市公司净利润总额的 21.04%;此后随着上市公司净利润的增加,上市公司的派现总额也大幅提高。特别是 2000 年和 2006 年的前后三年,上市公司派现总额发生跳跃式增长,增长幅度分别为 133% 和 261%;

长期来看,上市公司派现总额从 2000 年的 287.05 亿元增加到 2021 年的 18 156.46 亿元,增长超过 6225%。派现总额占上市公司净利润总额的比例早期波动较大,分别在 1992 年达到波谷的 21.04%、在 2001 年达到波峰的 55.54%,自 2010 年后这一比例稳定在 32% 左右。

表 8-8 中国上市公司 1992—2021 年派现公司数量和派现金额

年份	派现上市公司数量(家)	全部上市公司数量(家)	派现上市公司占比(%)	派现总额(亿元)	净利润总额(亿元)	派现总额占比(%)
1992	21	44	47.73	3.45	16.40	21.04
1993	82	145	56.55	31.67	122.51	25.85
1994	184	243	75.72	93.13	198.03	47.03
1995	147	262	56.11	69.51	195.32	35.59
1996	140	435	32.18	67.32	250.82	26.84
1997	174	615	28.29	96.07	423.34	22.69
1998	211	712	29.63	120.28	426.65	28.19
1999	252	798	31.58	176.11	565.99	31.11
2000	585	924	63.31	287.05	716.57	40.06
2001	611	999	61.16	410.67	739.44	55.54
2002	570	1 066	53.47	448.02	887.30	50.49
2003	561	1 130	49.65	539.65	1 308.55	41.24
2004	683	1 226	55.71	709.52	1 719.06	41.27
2005	585	1 240	47.18	762.34	1 574.92	48.41
2006	652	1 304	50.00	1 181.63	3 641.91	32.45
2007	744	1 428	52.10	2 750.96	9 733.51	28.26
2008	808	1 503	53.76	3 382.44	8 551.13	39.56
2009	899	1 599	56.22	3 818.52	11 152.66	34.24
2010	1 208	1 935	62.43	4 952.36	17 193.31	28.80
2011	1 508	2 208	68.30	5 925.35	20 021.39	29.60
2012	1 719	2 357	72.93	6 711.26	20 586.43	32.60
2013	1 761	2 359	74.65	7 512.74	23 821.06	31.54
2014	1 804	2 480	72.74	7 890.91	25 475.30	30.97
2015	1 899	2 700	70.33	8 277.12	26 375.37	31.38
2016	2 229	2 927	76.15	9 567.91	29 304.73	32.65
2017	2 674	3 364	79.49	11 131.50	36 022.60	30.90
2018	2 532	3 469	72.99	12 191.47	37 443.01	32.56
2019	2 603	3 672	70.89	13 515.80	41 988.28	32.19

(续表)

年份	派现上市公司数量(家)	全部上市公司数量(家)	派现上市公司占比(%)	派现总额(亿元)	净利润总额(亿元)	派现总额占比(%)
2020	2 892	4 106	70.43	15 167.16	43 756.31	34.66
2021	3 208	4 630	69.29	18 156.46	53 367.88	34.02

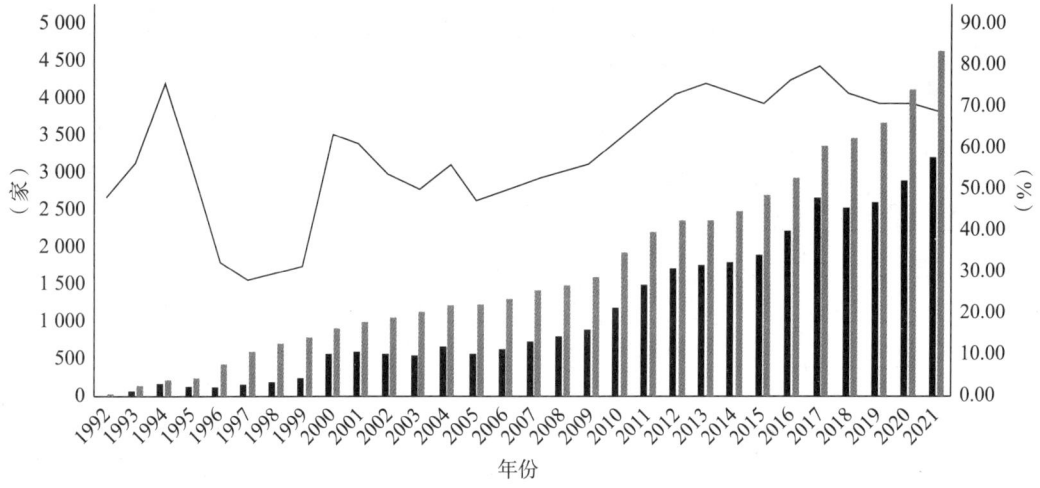

图 8-6 中国上市公司 1992—2021 年派发现金股利的上市公司数量

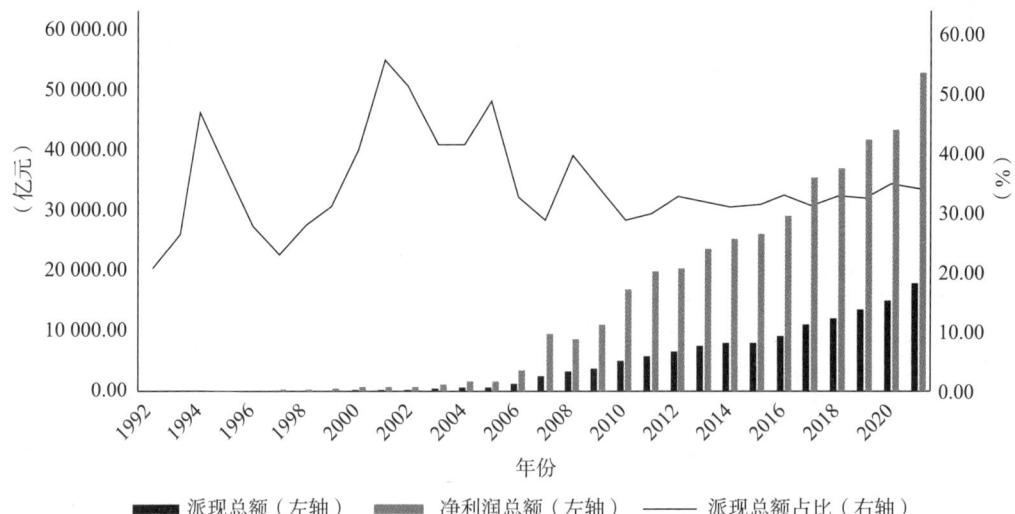

图 8-7 中国上市公司 1992—2021 年派发现金股利的金额

当然，上市公司派发现金股利意愿的增强，与监管机构的规范和引导密不可分(见表 8-9)。2000 年以前，上市公司派发现金股利的意愿并不强。2001 年起，证监会开始将上市公司的现金股利发放与其融资行为挂钩。2001 年的《上市公司新股发行管理办法》规定，公司最近三年没有分红派息，董事会对于不分配的理由未做出合理解释的，担任主承销商的证券公司应当重点关注并在尽职调查报告中予以说明。2004 年 12 月，证监会进一步将现金分红作为保护股东权益的一项重要措施,在《关于加强社会公众股股东权益保护的若干规定》中明确规定,上市公司最近三年未进行现金利润分配的,不得向社会公众增发新股、发行可转换公司债券或向原有股东配售股份。在2006年出台的《上市公司证券发行管理办法》中,证监会明确规定:"上市公司公开发行证券应符合最近三年以现金或股票方式累计分配的利润不少于最近三年实现的年均可分配利润的百分之二十。"2008年10月,在《关于修改上市公司现金分红若干规定的决定》中,证监会进一步提高了现金分红的要求:"上市公司公开发行证券应符合最近三年以现金方式累计分配的利润不少于最近三年实现的年均可分配利润的百分之三十;对于报告期内盈利但未提出现金利润分配预案的公司,应详细说明未分红的原因、未用于分红的资金留存公司的用途。上市公司应披露现金分红政策在报告期的执行情况;应以列表方式明确披露公司前三年现金分红的数额、与净利润的比率。"2012年5月,证监会发布《关于进一步落实上市公司现金分红有关事项的通知》,要求上市公司在首次公开发行股票以及发行证券时,在招股说明书、募集说明书或发行预案中细化回报规划、分红政策和分红计划,并作为重大事项予以提示。2013年11月,证监会在《上市公司监管指引第3号——上市公司现金分红》中鼓励上市公司在章程中明确现金分红在利润分配方式中的优先顺序,同时还支持上市公司采取差异化、多元化方式回报投资者。2015年8月,证监会会同财政部、国资委、银监会联合下发《关于鼓励上市公司兼并重组、现金分红及回购股份的通知》,鼓励上市公司结合所处行业、发展阶段和盈利水平,增加现金分红在利润分配中的占比,并鼓励实施中期分红。2019年12月,第十三届全国人大常委会第十五次会议审议通过《中华人民共和国证券法(2019年修订)》,规定上市公司应当在章程中明确分配现金股利的具体安排和决策程序,并且要求上市公司当年税后利润在弥补亏损及提取法定公积金后有盈余的,应当按照公司章程的规定分配现金股利。2020年10月,国务院发布的《关于进一步提高上市公司质量的意见》再次强调要鼓励上市公司通过现金分红、股份回购等方式回报投资者。2022年1月,证监会修订并发布了《上市公司监管指引第3号——上市公司现金分红(2022年修订)》,新指引在前一版本《上市公司监管指引第3号——上市公司现金分红》(证监会公告〔2013〕43号)中新增"现金分红在本次利润分配中所占比例为现金股利除以现金股利与股票股利之和"的规定;此外,还引入了《关于进一步落实上市公司现金分红有关事项的通知》(证监发〔2012〕37号)涉及上市公司再融资方案中利润分配政策的披露要求。

表8-9 证监会规范上市公司现金股利发放的相关法规

颁布时间	文件名称	涉及分红政策的主要内容
2022.1.5	《上市公司监管指引第3号——上市公司现金分红(2022年修订)》	在《上市公司监管指引第3号——上市公司现金分红》(证监会公告〔2013〕43号)中第五条增加"现金分红在本次利润分配中所占比例为现金股利除以现金股利与股票股利之和"的规定。此外,引入《关于进一步落实上市公司现金分红有关事项的通知》(证监发〔2012〕37号)涉及上市公司再融资方案中利润分配政策的披露要求,形成新指引第九条的规定

(续表)

颁布时间	文件名称	涉及分红政策的主要内容
2020.10.9	《关于进一步提高上市公司质量的意见》	鼓励上市公司通过现金分红、股份回购等方式回报投资者,切实履行社会责任
2019.12.28	《中华人民共和国证券法(2019年修订)》	上市公司应当在章程中明确分配现金股利的具体安排和决策程序,依法保障股东的资产收益权。上市公司当年税后利润,在弥补亏损及提取法定公积金后有盈余的,应当按照公司章程的规定分配现金股利
2015.8.31	《关于鼓励上市公司兼并重组、现金分红及回购股份的通知》	要求上市公司具备现金分红条件的,应当采用现金方式进行利润分配。鼓励上市公司结合所处行业、发展阶段和盈利水平,增加现金分红在利润分配中的占比。鼓励具备分红条件的公司实施中期分红,增加分红频率。完善鼓励长期持有上市公司股票的税收政策,降低上市公司现金分红成本
2013.11.30	《上市公司监管指引第3号——上市公司现金分红》	鼓励上市公司在章程中明确现金分红在利润分配方式中的优先顺序,要求上市公司在进行分红决策时充分听取独立董事和中小股东的意见和诉求。鼓励上市公司依法通过发行优先股、回购股份等方式多渠道回报投资者,支持上市公司在其股价低于每股净资产的情况下回购股份
2012.5.4	《关于进一步落实上市公司现金分红有关事项的通知》	上市公司应在招股说明书中作"重大事项提示",提醒投资者关注公司发行上市后的利润分配政策、现金分红的最低比例(如有)、未来3年具体利润分配计划(如有)和长期回报规划。上市公司应当在募集说明书或发行预案中增加披露利润分配政策,尤其是现金分红政策的制定及执行情况、最近3年现金分红金额及比例、未分配利润使用安排情况,并作"重大事项提示"
2008.10.9	《关于修改上市公司现金分红若干规定的决定》	上市公司公开发行证券应符合最近三年以现金方式累计分配的利润不少于最近三年实现的年均可分配利润的百分之三十;对于报告期内盈利但未提出现金利润分配预案的公司,应详细说明未分红的原因、未用于分红的资金留存公司的用途。上市公司应披露现金分红政策在报告期的执行情况;应以列表方式明确披露公司前三年现金分红的数额、与净利润的比率
2006.5.6	《上市公司证券发行管理办法》	上市公司公开发行证券应符合最近三年以现金或股票方式累计分配的利润不少于最近三年实现的年均可分配利润的百分之二十
2004.12.7	《关于加强社会公众股股东权益保护的若干规定》	上市公司董事会未做出现金利润分配预案的,应当在定期报告中披露原因,独立董事应当对此发表独立意见;上市公司最近三年未进行现金利润分配的,不得向社会公众增发新股、发行可转换公司债券或向原有股东配售股份

(续表)

颁布时间	文件名称	涉及分红政策的主要内容
2001.3.28	《上市公司新股发行管理办法》	对于公司最近三年没有分红派息,董事会对于不分配的理由未做出合理解释的,担任主承销商的证券公司应当重点关注并在尽职调查报告中予以说明

资料来源:中国政府网,证监会官网,李常青等(2010)。

3. 上市公司的平均股利收益率仍偏低

从表 8-10 来看,无论按照第一种统计口径或者第二种统计口径,上市公司的股利收益率都非常低。按全部上市公司的统计口径来看,1994 年全部上市公司的平均股利收益率最高,但也仅有 1.58%,这意味着投资者如果仅仅依赖现金股利获得投资回报,需要将近 64 年才能收回投资本金;1992 年全部上市公司的平均股利收益率最低,只有 0.12%,这意味着投资者需要将近 834 年才能收回投资。按照实行分红的上市公司的统计口径来看,情况稍微好一些,但整体水平仍然偏低。2005 年的平均股利收益率最高,为 2.26%;1992 年的平均股利收益率最低,仅有 0.20%。

表 8-10 中国上市公司 1992—2021 年股利收益率

年份	全部上市公司			实行分红的上市公司		
	每股现金股利(元)	股票年均价格(元)	股利收益率(%)	每股现金股利(元)	股票年均价格(元)	股利收益率(%)
1992	0.04	37.97	0.12	0.09	45.96	0.20
1993	0.08	17.69	0.46	0.14	19.09	0.75
1994	0.15	9.25	1.58	0.19	9.25	2.09
1995	0.09	7.95	1.18	0.17	8.25	2.02
1996	0.05	10.96	0.48	0.16	11.01	1.48
1997	0.05	13.19	0.39	0.18	14.24	1.29
1998	0.05	12.34	0.43	0.18	13.15	1.37
1999	0.05	12.22	0.42	0.18	12.65	1.28
2000	0.08	16.00	0.53	0.13	17.01	0.79
2001	0.07	15.63	0.47	0.12	16.48	0.73
2002	0.07	11.64	0.62	0.13	12.42	1.08
2003	0.07	9.21	0.76	0.14	10.07	1.40
2004	0.08	8.09	1.02	0.15	9.37	1.58
2005	0.07	5.23	1.33	0.15	6.52	2.26
2006	0.08	6.55	1.17	0.15	8.19	1.88
2007	0.08	16.41	0.51	0.16	20.48	0.79

(续表)

年份	全部上市公司			实行分红的上市公司		
	每股现金股利（元）	股票年均价格（元）	股利收益率（%）	每股现金股利（元）	股票年均价格（元）	股利收益率（%）
2008	0.08	11.86	0.68	0.15	14.89	1.00
2009	0.09	13.70	0.65	0.16	17.08	0.93
2010	0.12	20.16	0.60	0.19	24.14	0.80
2011	0.13	17.88	0.70	0.18	20.46	0.90
2012	0.12	12.25	0.97	0.16	13.62	1.19
2013	0.11	12.20	0.88	0.14	13.42	1.07
2014	0.11	15.08	0.70	0.15	16.76	0.87
2015	0.10	24.14	0.43	0.15	26.93	0.55
2016	0.12	22.22	0.53	0.15	24.44	0.63
2017	0.14	21.03	0.67	0.18	22.88	0.78
2018	0.14	15.41	0.94	0.20	17.75	1.11
2019	0.15	16.10	0.93	0.21	18.92	1.12
2020	0.18	23.45	0.77	0.26	28.14	0.91
2021	0.21	27.81	0.76	0.30	34.08	0.89

资料来源：根据 Wind 数据库自行整理。

注：各年平均每股现金股利＝当年全部上市公司（或实行分红的上市公司）每股现金股利之和/全部上市公司数量（或实行分红的上市公司数量）；各年股票年均价格＝当年全部上市公司（或实行分红的上市公司）股票年均价格之和/全部上市公司数量（或实行分红的上市公司数量）；股利收益率＝每股现金股利/股票年均价格。

4. 不同行业现金股利支付率存在较大差异，且各年波动较大

正如表 8-11 和图 8-8 所示，1992—2021 年各行业平均现金股利支付率大致在 8%—60% 的区间（不考虑均值为负的行业），其中农、林、牧、渔业的现金股利支付率最高，为 56.23%，而交通运输、仓储和邮政业的现金股利支付率最低，仅为 8.76%，二者相差 47.47 个百分点。此外，各行业的现金股利支付率变化趋势不同。少数行业（如制造业等）的现金股利支付率相对稳定，大多数行业的现金股利支付率随着时间的推移而变化。[1]

---

[1] 由于个别上市公司存在较大幅度亏损，致使行业平均现金股利支付率出现负值，因此我们剔除各行业当年净利润为负的公司后再进行统计，结论有所不同：从各行业现金股利支付率的均值来看，1992—2021 年各行业平均现金股利支付率在 15.57%（综合业）和 45.48%（住宿和餐饮业）之间，不同行业之间的差异相较于未剔除净利润为负公司的统计结果的差异变小；从各行业现金股利支付率的历年变动来看，各行业历年现金股利支付率的标准差平均为 14.28%，相较于未剔除净利润为负公司的统计结果的标准差（89.72%）明显变小。

表 8-11 中国上市公司 1992—2021 年各行业现金股利支付率情况

单位：%

行业	1992 年	1993 年	1994 年	1995 年	1996 年	1997 年	1998 年	1999 年	2000 年	2001 年
农、林、牧、渔业	—	—	—	—	0.00	0.00	125.69	148.19	50.33	38.39
采矿业	—	0.00	9.82	44.72	129.14	5.51	29.19	32.85	31.73	46.79
制造业	33.92	25.82	47.88	34.65	29.65	24.31	28.45	30.23	40.09	68.94
电力、热力、燃气及水生产和供应业	—	41.37	67.56	52.46	32.19	26.70	31.52	36.15	36.60	48.89
建筑业	0.00	5.46	14.38	18.14	38.08	19.32	11.12	32.78	43.68	33.52
批发和零售业	4.67	14.73	46.85	33.53	22.50	20.68	31.77	22.11	34.08	41.23
交通运输、仓储和邮政业	0.00	12.99	53.55	38.38	23.72	26.17	38.33	23.21	63.41	60.50
住宿和餐饮业	—	—	—	—	23.56	13.74	71.25	0.00	46.41	88.96
信息传输、软件和信息技术服务业	38.32	36.72	26.83	2.35	138.70	23.12	16.14	14.05	46.22	34.99
金融业	15.64	40.89	40.16	12.42	22.31	10.73	6.83	66.05	23.31	55.50
房地产业	15.05	26.83	47.93	36.99	11.40	24.82	23.69	30.35	45.32	30.65
租赁和商务服务业	—	38.53	65.50	28.85	4.34	24.79	20.50	30.95	33.85	-151.64
科学研究和技术服务业	0.00	0.00	25.43	0.00	-18.23	5.09	0.00	-12.44	61.04	-8.91
水利、环境和公共设施管理业	—	0.00	0.00	0.00	14.95	4.70	28.66	54.33	190.23	83.29
居民服务、修理和其他服务业	—	—	—	—	—	—	—	—	—	—
教育	—	28.39	0.00	23.79	347.10	0.00	0.00	0.00	25.62	17.67
卫生和社会工作	—	8.62	58.08	0.00	0.00	0.00	0.00	0.00	77.24	-22.98
文化、体育和娱乐业	—	—	65.18	31.84	14.90	19.02	24.03	31.77	26.96	39.99
综合	9.77	11.62	21.15	33.02	3.25	0.00	-609.93	7.78	48.47	-56.21

(续表)

(单位:%)

行业	2002年	2003年	2004年	2005年	2006年	2007年	2008年	2009年	2010年	2011年
农、林、牧、渔业	66.31	87.14	31.64	183.78	69.55	27.48	55.29	37.72	28.63	55.23
采矿业	45.89	38.06	29.20	30.38	27.33	21.52	37.28	34.21	34.29	35.43
制造业	59.18	41.30	45.35	52.63	40.05	26.59	35.53	27.95	25.24	26.16
电力、热力、燃气及水生产和供应业	48.68	46.19	47.01	59.17	44.71	36.79	-376.46	41.60	39.20	40.29
建筑业	43.58	33.30	60.65	88.35	46.78	12.10	26.95	15.41	16.22	13.71
批发和零售业	88.23	32.66	59.99	91.48	36.86	21.11	22.40	20.19	16.88	18.48
交通运输、仓储和邮政业	46.17	60.24	44.68	57.58	50.34	26.91	84.79	52.88	22.07	40.85
住宿和餐饮业	71.08	63.62	52.18	64.01	52.26	46.95	49.09	53.47	41.52	39.44
信息传输、软件和信息技术服务业	24.16	26.35	27.47	31.69	42.13	18.88	7.90	18.63	21.66	23.25
金融业	39.30	37.20	24.87	31.79	18.58	34.55	42.72	38.94	30.75	30.57
房地产业	42.08	35.85	109.79	78.55	36.16	19.10	19.23	13.76	14.52	12.25
租赁和商务服务业	15.28	47.55	35.07	-7.51	213.85	16.59	43.71	17.26	19.89	27.88
科学研究和技术服务业	63.29	3.55	-26.52	0.00	7.26	-8.23	0.00	-2.58	11.97	40.91
水利、环境和公共设施管理业	230.79	45.70	-22.99	-4577.11	62.19	19.60	56.94	24.27	18.15	16.07
居民服务、修理和其他服务业	—	—	—	—	—	—	—	—	—	—
教育	36.87	0.00	16.83	-28.86	19.46	2.54	0.00	0.00	16.39	23.64
卫生和社会工作	-9.66	-72.27	200.03	-29.20	62.13	0.00	17.82	26.78	12.72	32.47
文化、体育和娱乐业	38.59	38.14	-24.23	-4.71	-7.40	14.17	12.71	29.45	14.88	28.60
综合	-11.29	25.28	28.32	50.12	12.47	12.31	14.52	9.18	6.88	10.46

（续表）

（单位：%）

行业	2012年	2013年	2014年	2015年	2016年	2017年	2018年	2019年	2020年	2021年
农、林、牧、渔业	37.87	48.53	102.07	44.28	48.55	38.28	78.49	39.23	28.81	-9.39
采矿业	37.08	38.14	39.26	43.87	99.85	56.67	44.02	43.56	61.91	48.67
制造业	37.28	33.49	36.91	46.37	40.64	34.40	40.21	42.36	41.11	34.85
电力、热力、燃气及水生产和供应业	35.04	32.20	36.91	38.52	36.21	46.20	43.91	40.34	35.46	76.60
建筑业	21.38	19.07	17.99	19.45	19.18	18.31	17.98	17.04	16.63	16.97
批发和零售业	26.23	26.57	32.05	34.65	31.60	25.34	26.87	25.98	44.45	59.25
交通运输、仓储和邮政业	41.03	40.11	32.58	33.46	35.74	27.60	30.85	28.28	-866.14	32.65
住宿和餐饮业	43.95	48.25	60.64	58.18	69.73	40.69	49.07	28.67	-10.92	98.91
信息传输、软件和信息技术服务业	25.50	22.20	22.93	21.80	24.89	23.30	53.29	43.29	35.18	47.32
金融业	31.68	31.23	29.07	27.73	26.60	27.60	28.24	28.29	29.03	29.00
房地产业	16.72	19.93	21.70	26.75	27.49	26.19	24.36	24.51	27.02	42.28
租赁和商务服务业	22.73	17.59	25.92	27.65	34.03	25.83	40.69	44.30	44.83	44.78
科学研究和技术服务业	37.10	31.90	33.00	34.74	25.48	31.49	29.87	24.48	27.26	30.40
水利、环境和公共设施管理业	17.09	11.27	17.50	18.10	20.39	18.15	19.76	21.32	33.99	60.49
居民服务、修理和其他服务业	—	—	—	—	—	—	90.62	0.00	0.00	0.00
教育	31.12	35.29	9.44	30.84	20.17	34.86	154.44	88.66	6.03	-7.57
卫生和社会工作	26.67	28.38	17.01	21.40	14.81	23.06	20.35	-14.95	17.20	27.97
文化、体育和娱乐业	30.92	24.59	22.89	21.03	23.38	30.22	189.10	456.16	-96.89	50.45
综合	15.41	17.26	14.06	47.66	13.88	11.47	35.86	21.53	30.14	15.57

资料来源：根据 Wind 数据库自行整理。

注：各行业每年的现金股利支付率＝行业当年现金股利总额/行业当年净利润总额。部分数据为负值（或者大于100%），是由于行业个别上市公司出现较大幅度的亏损，致使行业整体的净利润为负（或者净利润很小），而其他上市公司发放正的（或较多的）现金股利。

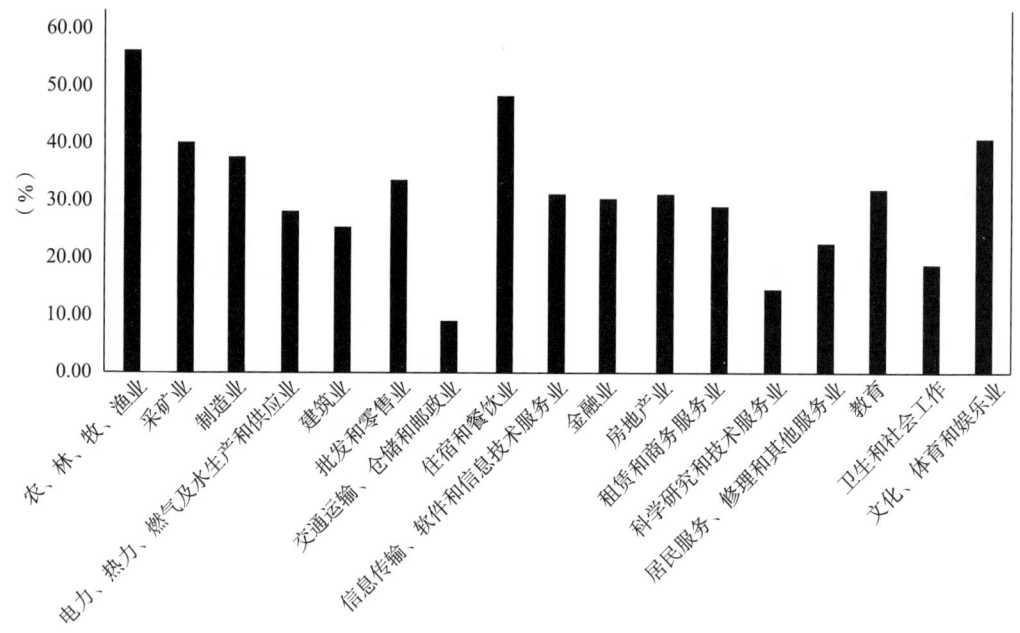

图 8-8 中国上市公司 1992—2021 年各行业平均现金股利支付率

注:水利、环境和公共设施管理业以及综合业的平均现金股利支付率为负值,图中未列示。

案例分析 福耀玻璃的现金股利政策

一、背景介绍

福耀玻璃工业集团股份有限公司(以下简称"福耀玻璃")1987 年成立于中国福州,是专注于汽车安全玻璃和工业技术玻璃领域的大型跨国集团,1993 年在上海证券交易所主板上市(A 股代码为 600660),2015 年在香港联合交易所上市(H 股代码为 03606),形成兼跨境内外两大资本平台的"A+H"模式。

福耀玻璃长期专注于汽车玻璃业务的发展,2021 年公司实现营业收入达到 236.03 亿元,同行业市场占有率全球第一;同时,福耀玻璃也是目前国内技术水平最高、管理最先进的汽车玻璃生产供应商,在中国同行业中率先通过 ISO 9002、QS 9000、VDA6.1、ISO 14001、TS 16949 体系认证,产品获得美国 DOT 标准、欧共体 ECE 标准、澳大利亚 SAA 标准、中国 3C 标准的认证。公司按照国际制造业先进的管理模式和业务流程,建立了 ORACLE ERP 系统信息化管理平台;重视人力资源的开发与培养;实施系统的质量成本控制。2006 年,福耀玻璃研究院被国家发展改革委、科技部、财政部、海关总署、国家税务总局等联合认定为"国家认定企业技术中心"。2009 年 7 月,福耀玻璃被科技部、国务院国资委、中华全国总工会确认为"全国第三批创新型试点企业"。2010 年 7 月,福耀玻璃入选第二批全国企事业知识产权示范创建单位,示范创建期 2 年。2016 年,福耀玻璃入选第二届"中国质量奖提名奖"。2021 年,福耀玻璃荣获第四届中国质量奖,获得中国制造业最高荣誉。

高品质的产品、领先的研发中心、完善的产品线加上巨大的产能,决定了福耀玻璃产品强劲的市场开拓力,印着"FY"商标的汽车玻璃在主导国内汽车玻璃配套、配件市场的同时,还成功挺进了国际汽车玻璃配套、配件市场,在竞争激烈的国际市场占据了一席之地。目前,福耀玻璃已经取得世界八大汽车整车生产厂商的认证,为 Audi、Bentley、BMW、VW、GM、Ford、Daimler、NISSAN、VOLVO、HYUNDAI、Fiat、LANDROVER、Chrysler、HONDA 等提供全球 OEM(指代工)配套服务。每年从中国海关出口的国内玻璃中,60%以上出自福耀玻璃。根据福耀玻璃线上 2021 年业绩说明会的资料,福耀玻璃 2021 年公司在全球汽车玻璃行业市场占有率近 31%,为全球第一。

在成长过程中,福耀玻璃获得的荣誉无数。福耀玻璃产品"FY"商标是中国汽车玻璃行业第一个"中国驰名商标",自 2004 年起连续两届被授予"中国名牌产品"称号,2009 年荣获"中国品牌百强榜——自主创新品牌 20 强"称号;福耀玻璃股票为上证 50 指数样本股,2009 年被上海证券交易所授予"年度董事会奖",2011 年荣获央视财经 50 指数"2010 年最佳成长性上市公司"。福耀玻璃还是有评选以来连续三届的"中国最佳企业公民"以及"2007 CCTV 年度最佳雇主"。在国际上,福耀玻璃是国内乃至亚洲唯一一家在 2000 年度获得全球三大汽车制造商之一的美国福特汽车公司颁发的"全球优秀供应商金奖"的汽车玻璃制造企业,是 2007 年度国际上唯一获得美国 PACCAR"2006 年度零部件最佳供应商"称号的汽车玻璃制造企业。公司还于 2008 年度分别获得德国沃尔沃集团授予的"沃尔沃 A 级供应商"和美国通用汽车公司颁发的"通用 2007 最佳供应商"。2009 年,福耀玻璃再次获得美国通用公司颁发的"通用 2008 最佳供应商",并于同年 6 月获得德国大众集团"2009 年度最佳供应商",2011 年获得美国克莱斯勒汽车"2011 年优秀产品质量奖"。2009 年,福耀玻璃董事长曹德旺作为首位华人企业家,获得有世界企业界奥斯卡之誉的"安永全球企业家大奖"。2016 年,曹德旺荣获全球玻璃行业最高奖项——金凤凰奖,评委会称"曹德旺带领福耀集团改变了世界汽车玻璃行业的格局"。2019 年,福耀玻璃入选"2019 中国品牌强国盛典榜样 100 品牌"。2020 年,福耀玻璃获得《财经》长青奖"可持续发展普惠奖"。

二、案例分析[①]

福耀玻璃 1993 年在上海证券交易所挂牌上市,每股发行价为 1.5 元,发行规模为 1 159.64 万股,募集资金 1 739.46 万元。从表 8-12 和图 8-9 可知,1993 年年末,公司的总资产仅为 3.78 亿元,总负债为 1.49 亿元,所有者权益为 2.29 亿元;上市当年营业收入为 1.69 亿元,净利润为 0.64 亿元。经过近三十年的快速发展,截至 2021 年,福耀玻璃的总资产已经达 447.85 亿元,是 1993 年的 118 倍,年均增长幅度为 18.59%;所有者权益达到 262.94 亿元,是 1993 年的近 115 倍,年均增长幅度为 18.46%;2021 年公司实现营业收入 236.03 亿元,是 1993 年的近 140 倍,年均增长幅度高达 19.29%;2021 年公司实现净利润 31.43 亿元,是 1993 年的 49 倍,年均增长幅度为 14.95%。

---

① 案例中合计数存在进位误差,忽略不计;文中数据引用实值,后文不再另做说明。

表 8-12　福耀玻璃 1993—2021 年主要财务数据　　　　　　　单位:亿元

年份	总资产	总负债	所有者权益	营业收入	营业利润	净利润	经营净现金	现金股利
1993	3.78	1.49	2.29	1.69	0.67	0.64	—	0.00
1994	4.93	1.94	2.99	2.28	0.21	0.83	—	0.00
1995	7.68	4.19	3.49	2.67	0.51	0.48	—	0.53
1996	10.30	5.54	4.76	2.99	0.05	−0.10	—	0.00
1997	10.98	6.21	4.77	4.40	0.14	0.10	—	0.09
1998	11.27	6.75	4.51	4.98	−0.24	−0.27	1.02	0.00
1999	11.19	7.17	4.02	6.09	0.77	0.73	1.43	0.00
2000	13.82	8.99	4.84	7.54	1.53	1.50	2.26	0.69
2001	16.89	11.19	5.70	9.38	1.65	1.52	2.04	0.55
2002	20.46	13.73	6.74	11.24	2.05	1.85	3.85	0.68
2003	35.07	19.51	15.55	17.33	3.45	3.21	3.34	1.50
2004	52.22	34.13	18.09	23.45	4.12	3.95	6.03	0.00
2005	65.51	43.41	22.10	29.11	3.96	3.92	7.17	0.00
2006	75.94	46.80	29.15	39.35	6.70	6.14	11.74	3.10
2007	94.62	59.36	35.26	51.66	9.62	9.17	13.72	5.01
2008	93.33	60.64	32.70	57.17	2.81	2.46	15.92	0.00
2009	90.51	46.65	43.86	60.79	14.73	11.18	19.51	3.41
2010	105.67	47.25	58.42	85.08	19.92	17.88	21.15	11.42
2011	122.12	59.81	62.32	96.89	17.09	15.13	14.62	8.01
2012	130.41	60.66	69.75	102.47	18.11	15.25	25.10	10.01
2013	145.87	67.41	78.46	115.01	22.58	19.17	28.38	10.01
2014	168.76	80.73	88.03	129.28	25.92	22.17	31.54	15.02
2015	248.27	84.12	164.15	135.73	30.51	26.07	30.14	18.81
2016	298.66	118.27	180.39	166.21	38.40	31.43	36.37	18.81
2017	317.04	126.99	190.05	187.16	36.70	31.48	47.97	18.81
2018	344.90	143.01	201.90	202.25	49.73	41.07	58.08	28.85
2019	388.26	174.57	213.69	211.04	34.16	28.98	51.27	18.81
2020	384.24	168.33	215.91	199.07	32.67	25.98	52.78	19.57
2021	447.85	184.91	262.94	236.03	37.62	31.43	56.77	26.10

资料来源:Wind 数据库。

注:根据企业会计准则的要求,上市公司从 1998 年开始编制现金流量表,因此经营净现金数据从 1998 年开始。

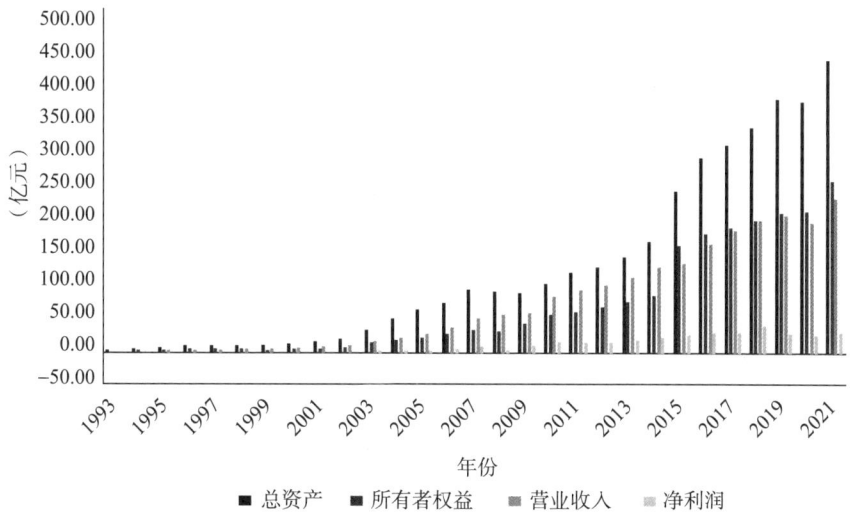

图 8-9 福耀玻璃 1993—2021 年的发展历程

在取得快速发展的同时,福耀玻璃并没有忽视对股东的定期回报。自 1993 年 6 月上市至 2021 年,公司累计向投资者派发现金股利 219.82 亿元,合计占公司同期累计净利润的 62.21%;而在此期间,公司仅在 A 股市场募集资金 7.13 亿元①,H 股市场募集资金 128.33 亿港元(折合人民币 103.21 亿元)②,合计募集资金 110.34 亿元。两相比较,公司累计向股东派发的现金股利远远超过其累计向股东募集的资金总额。这一现象在中国资本市场上并不多见。因此,在中国上市公司协会发布的 2021 年度 A 股上市公司现金分红榜单中,福耀玻璃凭借良好的经营业绩和持续稳定的高比例分红入围"上市公司丰厚回报榜单",位列第 97。

与同行业上市公司进行比较后,福耀玻璃的现金股利政策更凸显其对股东的慷慨大方。根据 Wind 数据库的资料,与福耀玻璃同属于"Wind 机动车零配件与设备"这一子行业的 A 股上市公司数量总共有 180 家(含福耀玻璃),无论是以过去 3 年(2019—2021年)还是以过去 5 年(2017—2021 年)的累计现金分红总额作为统计口径,福耀玻璃派发的现金股利都位列全行业第二(第一是华域汽车),分别高达 64.49 亿元和 112.15 亿元,远远超过行业均值(分别为 2.92 亿元和 4.90 亿元)或中位数(分别为 0.65 亿元和 1.06 亿元),分别占整个行业现金股利总额的 12.29% 和 12.71%(见表 8-13)。自 1993 年上市至 2022 年,福耀玻璃累计创造净利润 410.45 亿元,分红 26 次;累计现金分红 252.44 亿元,占比为 61.5%;此外,派发股票股利 14 亿元。

---

① A 股市场募集资金情况:IPO 实际募资合计 0.17 亿元;两次配股实际募资合计 1.15 亿元,募资净额为 1.14 亿元;增发实际募资合计 5.8 亿元,募资净额为 5.6 亿元。
② H 股市场募集资金情况:IPO 实际募资合计 84.95 亿港元(折合 67.28 亿元人民币),募资净额为 70.60 亿港元(折合 55.92 亿元人民币);配股实际募资合计 43.38 亿港元(折合 35.93 亿元人民币,按发行结果日 2021 年 5 月 10 日的银行间外汇市场人民币汇率中间价 1 港元=0.8281 元人民币换算,后同),募资净额为 43.12 亿港元(折合 35.71 亿元人民币)。

表 8-13　福耀玻璃与同行业上市公司的现金股利政策比较　　　金额单位：亿元

	2019—2021 年累计现金股利	2017—2021 年累计现金股利
华域汽车	77.24	143.45
福耀玻璃	64.49	112.15
威孚高科	42.16	66.37
行业均值	2.92	4.90
行业中位数	0.65	1.06
行业累计值	524.83	882.44
占行业比重(%)	12.29	12.71

资料来源：根据 Wind 数据库自行整理。

从福耀玻璃各年现金股利的派发情况分析,公司过去 28 年采取的现金股利政策可以分为两个阶段。

第一个阶段基本上属于"剩余股利模式",即在满足净现值大于零的投资项目资金需求的前提下进行股利分配,当公司有较好的投资机会时,倾向于派发较少的现金股利;而当公司认为外部投资环境较差、需要控制投资项目时,则倾向于将自由现金流以股利形式派发给股东。2000 年以前,福耀玻璃处于快速扩张期,经营净现金主要用于新厂房的建设和新设备的投入,公司仅在 1995 年和 1997 年派发过两次现金股利,累计总额仅为 6 000 多万元。到 2006 年,当许多企业都开始疯狂对外进行投资和扩张时,福耀玻璃却预见到危机的临近,并从 2007 年年初开始停止扩张性再投资,并利用资本市场行情高涨的机会,以较高的价格出售一批非经营性资产,强化以自我完善为目的的企业流程改造,聘请国际咨询机构为企业做测评和培训,提高企业运营质量,降低企业运营和管理成本,关闭与汽车玻璃无关的建筑级浮法玻璃生产线,保证企业的现金流和资金链安全。一系列举措不仅使得福耀玻璃平稳度过了全球经济危机的冲击,还保证了福耀玻璃有足够的现金流在降低公司财务风险的同时回报股东。在 2006—2010 年的 5 年间,福耀玻璃累计派发的现金股利高达 23 亿元。

第二个阶段为 2011—2021 年,福耀玻璃主要采取"稳定增长现金股利模式"。在平稳度过全球经济危机的冲击之后,公司经营业绩稳定增长,并逐渐进入成熟阶段。此时,福耀玻璃逐渐改变其现金股利派发模式,从原来的剩余股利政策转变为稳定增长股利政策,具体表现为:2011 年每 10 股派发 4 元的现金股利,2012—2013 年每 10 股派发 5 元的现金股利,2014—2018 年每 10 股派发 7.5 元的现金股利(2018 年,公司在年中还额外派发 0.4 元/股的现金股利,全年达到每 10 股派发 11.5 元的现金股利水平),到 2021 年,股利水平已达到每 10 股派发 10 元现金股利的水平。

要保证对股东的现金股利分配,除了要求公司具有稳定的盈利能力,还要求公司能够科学合理地管理现金流量和控制财务风险。没有盈利何来分红？有了盈利但没有现金同样无法进行分红。对财务风险的合理控制是避免公司"一夜醒来债台高筑"的有效工具,福耀玻璃在这些方面的表现良好。首先,公司从一开始就专注于汽车玻璃的发展,从不"朝三暮四"。福耀玻璃董事长曹德旺曾说:"从我决定做汽车玻璃开始到现在,我其他什么事情都没做过。"专一的态度使得福耀玻璃能够集中力量充分发挥自身的技术优势,最终将企业做大做强。从表8-12和表8-14可知,福耀玻璃在此期间,除少数年份出现少量亏损外,其余年份均保持盈利,其中16年的净资产收益率保持在20%以上,2010年的净资产收益率更达到30.60%的高位(仅略低于2000年的31.03%)。其次,福耀玻璃一直注意加强公司营运资本和现金流的管理,应收账款周转天数和存货周转天数均得到合理管控。尤其是存货周转天数,从1993年的175.87天减至2021年的90.52天,下降幅度接近一半。营运资本管理水平的显著提升,直接促使公司经营净现金增加。从表8-12可知,自1998年开始编制现金流量表以来,公司每年的经营净现金都是正数且大于净利润,而且逐年快速增长,于2018年达到最高水平,实现经营净现金58.08亿元。最后,公司还非常注意财务风险的控制。公司的资产负债率长期控制在40%—70%的较为合理区间,尤其是2010年以后,随着全球经济危机的蔓延,公司进一步收缩投资规模、降低财务杠杆,将资产负债率从65%左右降至50%以下,既享受财务杠杆为公司带来的节税效益,又保证公司的财务压力不会太大。综上可知:福耀玻璃在制定分红政策时,重点考虑的是现金创造能力、盈利能力、投资机会和负债程度,在现金充裕和盈利能力稳定的前提下,优先保证高效益的投资机会以及合理的负债程度所需的现金,进而考虑给予股东合适的现金分红收益。

表8-14 福耀玻璃1993—2021年主要财务比率

年份	净资产收益率(摊薄)	应收账款周转天数(天)	存货周转天数(天)	资产负债率(%)	流动比率	速动比率
1993	28.48	42.31	175.87	39.46	1.24	0.47
1994	32.98	82.53	—	39.31	1.17	0.70
1995	13.92	101.13	164.81	54.58	1.04	0.65
1996	0.12	111.61	268.06	53.77	0.80	0.44
1997	3.38	102.49	223.25	56.55	0.64	0.38
1998	-5.34	119.90	161.67	59.94	0.70	0.46
1999	17.57	109.38	154.00	64.08	0.73	0.44
2000	31.03	93.38	165.81	65.02	0.87	0.50
2001	27.30	78.77	161.15	66.27	0.86	0.44
2002	27.40	72.53	151.52	67.08	0.95	0.53
2003	20.60	56.69	134.33	55.64	1.15	0.64
2004	21.80	48.56	128.95	65.36	0.84	0.43
2005	17.70	47.30	133.72	66.26	0.92	0.43
2006	21.50	47.34	133.17	61.62	0.94	0.45
2007	26.00	48.18	129.54	62.73	0.88	0.40

(续表)

年份	净资产收益率（摊薄）	应收账款周转天数（天）	存货周转天数（天）	资产负债率（%）	流动比率	速动比率
2008	7.53	48.67	115.47	64.97	0.78	0.38
2009	25.49	57.29	124.64	51.54	0.99	0.55
2010	30.60	57.97	104.76	44.71	1.00	0.56
2011	24.27	57.31	104.53	48.97	1.04	0.64
2012	21.87	57.24	107.90	46.51	0.98	0.61
2013	24.45	59.42	101.08	46.21	1.08	0.74
2014	25.23	62.48	97.67	47.84	1.03	0.70
2015	15.88	68.92	107.43	33.88	1.77	1.42
2016	17.44	69.29	100.44	39.60	1.54	1.26
2017	16.57	70.71	96.79	40.05	1.55	1.25
2018	20.41	65.06	96.44	41.46	1.26	1.00
2019	13.56	60.14	88.95	44.96	1.20	0.98
2020	12.04	65.03	98.08	43.81	1.53	1.26
2021	11.96	61.36	90.52	41.29	1.68	1.38

资料来源：根据 Wind 数据库自行整理。

注：净资产收益率＝当年净利润/年末所有者权益；资产负债率＝年末总负债/年末总资产；流动比率＝流动资产/流动负债；速动比率＝（流动资产－存货）/流动负债；应收账款周转天数＝365×应收账款/营业收入；存货周转天数＝365×存货/营业收入。

三、研究结论

对福耀玻璃 1993—2021 年的现金股利政策进行分析之后可以得出以下主要结论：（1）当盈利状况好、现金流量多时，公司倾向于发放较多的现金股利；当盈利状况差、现金流量少时，公司倾向于发放较少的现金股利，甚至不发放现金股利。（2）当处于快速增长期、有较好的投资项目时，公司倾向于发放较少的现金股利，而将现金用于投资；当投资前景不佳时，公司倾向于将自由现金流以现金股利形式发放给股东。（3）当进入成熟稳定期之后，公司倾向于采取稳定增长现金股利政策，通过现金股利形式给予股东较高的投资回报。（4）福耀玻璃之所以能够给予股东较高的现金股利回报，除了长期良好的盈利状况，还与公司注重营运资本和现金流管理、强调财务风险控制的管理理念密不可分。当然，公司所处行业的长期健康快速发展以及一直以来与银行保持良好的银企关系，也是影响公司现金股利政策的重要因素。

福耀玻璃良好的经营业绩和慷慨的现金股利政策，不仅使股东获得了不错的现金股利回报，也刺激了公司股价的表现。根据 Wind 数据库的统计，1991—2021 年，在所有中国 A 股上市公司的平均收益率排行中，福耀玻璃排名第二，上市首日至 2021 年年末，股价上涨了9 600%,累计收益率远远高于同期的市场表现。

当然,与国外成熟的上市公司相比,福耀玻璃的股利派发水平还不算高,也不够稳定,这与公司所处的发展阶段和公司所处行业的周期性密切相关。一方面,公司属于重资产企业,每年需要大量资金用于固定资产投入,维持甚至扩大生产规模,过多派发现金股利可能会减缓公司的发展速度或增加公司的融资压力;另一方面,由于专注于汽车玻璃的发展,公司的业绩水平受汽车行业景气指数的影响较大,这也在一定程度上影响了福耀玻璃现金股利的稳定性。随着公司的进一步发展,我们有理由相信福耀玻璃将给投资者带来更多和更稳定的现金股利回报。

本章小结

本章讨论了股利政策的三个问题:一是股利政策的基本理论,分析和探讨各种股利政策在理论上的争议焦点、分歧,以及各种理论对制定和调整公司股利政策的现实意义;二是股利政策模式,分析和讨论各种股利政策实施方式的利弊;三是股利政策的实践问题,重点讨论如何根据股利政策的关键影响因素,制定和调整公司的股利政策。

有关股利政策的主要理论包括:(1)"手中鸟"理论,支持"多分少留"的股利政策。(2)MM股利无关论,认为股利政策不影响股东的价值。(3)税差理论,认为公司应采取"少分多留"的股利政策。(4)客户效应理论,建议应根据客户的需求制定和调整股利政策。(5)代理成本理论,从两种代理关系推导出不同的结论:一是基于股东和债权人的关系,认为要保护债权人利益,应采取"少分多留"的股利政策;二是基于股东和管理层的关系,认为要防止管理层滥用股东财富,应实行"多分少留"的股利政策。(6)股利信号理论,主流观点存在不同的看法,有认为公司增加股利是"利好"消息,但也有认为公司增加股利未必是"利好"消息。

股利政策的主要形式包括:(1)直接将企业的未分配利润派发给股东的"股票股利和现金股利"。(2)考虑资本结构和高效益投资项目资金需求的"剩余股利模式"。(3)在一定股利水平基础上逐年增长的"稳定增长股利模式"。(4)按照一个固定支付比例计算股利的"固定股利支付率模式"。(5)在派发低股利的基础上,根据盈利状况派发"惊喜股利"的"低正常股利加额外股利模式"。(6)将要派发给股东的现金股利用于购买公司股票的"股利再投资计划"。(7)公司通过回购在外流通股票,提高每股现金分红和股价的"股票回购计划"。这些不同的股利政策模式,利弊兼有,稳定性不同,对公司的现金状况、投资机会、资本结构、股票价格、股东需求或偏好等的影响也不同。

在理论上,股利政策的目标是股东价值最大化。在实践中,股利政策的制定和调整受许多因素的制约。这些因素包括股东偏好、现金充裕程度、投资机会、负债状况、偿债能力、债务合约、法律法规等。

专业术语

"手中鸟"理论(Bird-in-Hand Theory)
税差理论(Tax Differential Theory)
MM 股利无关论(M&M's Dividend Irrelevance Theory)
客户效应理论(Clientele Effect Theory)
代理成本理论(Agent Cost Theory)
股利信号理论(Dividend Signaling Theory)
股利迎合理论(Catering Theory)
现金股利(Cash Dividend)
股票股利(Stock Dividend)
每股现金股利(Cash Dividend Per Share)
现金股利收益率(股息率)(Dividend Yield)
股东收益率(Return for Shareholders)
剩余股利模式(Residual Dividend Model)
稳定增长股利模式(Steadily Growing Dividend Model)
固定股利支付率模式(Fixed Payout Ratio Model)
额外股利(惊喜股利)(Extra Dividend)
股票回购计划(Stock Repurchase Plan)
股利再投资计划(Dividend Reinvestment Plan)

思考与练习

(一) 单项选择题

1. IK 公司本年盈利 1.5 亿元，其未来投资项目的收益率为 15%，目前权益资本成本为 18%，假定其他因素不变，公司应采取什么股利政策？（　　）
   a. 提高分红比例　　　　　　　　b. 降低分红比例
   c. 提高留存收益比例　　　　　　d. 没有答案

2. 根据(　　)，股利支付率越低，权益资本成本越低，企业的权益价值越高。
   a. "手中鸟"理论　　b. 税差理论　　c. MM 股利无关论　　d. 股利信号理论

3. 当企业一个未来投资项目的收益率超过其加权平均资本成本时，企业分红政策的基本思路是(　　)。
   a. 多分少留　　b. 多留少分　　c. 现金分红　　d. 不能确定

4. 根据客户效应理论，公司应该根据自身的(　　)制定分红政策，以稳定公司的股票价格。
   a. 管理者需求　　b. 债权人需求　　c. 股东需求　　b. 盈利状况

5. 根据代理成本理论，公司应实行(　　)分红政策，以(　　)。
   a. 多留少分，稳定股票价格　　　　b. 多分少留，稳定股票价格
   c. 多留少分，降低代理成本　　　　d. 多分少留，降低代理成本

6. 有关分红政策的税差理论发现：如果对红利的征税率(　　)对资本利得的征税率，那么分红越多，缴税(　　)。
   a. 小于，越多　　b. 等于，越少　　c. 大于，越多　　d. 大于，越少

7. 根据股利折现模型,对于( )公司,应该实行( )的分红政策。
   a. 衰退型,多留少分　　　　　　　　b. 增长型,多分少留
   c. 稳定型,多留少分　　　　　　　　d. 增长型,多留少分

8. "手中鸟"理论认为( ),因此公司应该实行( )的分红政策。
   a. 股利的不确定性较高,多留少分　　b. 资本利得的不确定性较高,多留少分
   c. 股利的不确定性较高,多分少留　　d. 资本利得的不确定性较高,多分少留

9. AL公司每年根据以下公式决定分红政策:股利总额=净利润-(1-目标负债率)×所需投资。这种股利政策的制定方法说明AL公司实行( )的股利政策。
   a. 稳定增长股利　　b. 固定股利支付率　　c. 股票股利　　d. 剩余股利

10. A公司本年的净利润为4亿元,股票价格为20元/股,目前在外流通股票为1亿股。公司经研究决定,仍然实行分红比例50%的稳定股利政策,且决定以22元/股的价格要约回购在外流通股票数量的10%。回购后公司的每股收益(EPS)从4元/股( )。
    a. 下降到3.6元/股　　　　　　　　b. 上升到4.44元/股
    c. 上升到6元/股　　　　　　　　　d. 不变

11. 根据第10题的资料,若EPS不变,则预计公司的股票价格将从20元/股( )。
    a. 下降到18元/股　　　　　　　　b. 上升到22.2元/股
    c. 上升到24.2元/股　　　　　　　d. 不变

12. B公司连续几年净利润大于经营净现金,本年每股净利润为1元,每股经营净现金为0.2元,由于前几年没有分红,股票价格低迷,因此本年公司董事会决定按当年净利润分红50%。这个决定是( )。
    a. 正确的,因为每股净利润多于每股经营净现金
    b. 错误的,因为每股经营净现金少于每股净利润
    c. 正确的,因为每股分红小于每股净利润
    d. 错误的,因为每股分红小于每股净利润

13. 根据第12题的资料,若B公司坚持实行上述分红政策,则分红所需现金可能来自( )。
    a. 净利润　　b. 新增借款　　c. 销售收入　　d. 都可能

14. C公司本年的负债比例为50%,处于适度负债状态,ROE高达15%,销售净利率为22%,每股利润为1元,每股经营净现金为2元,目前和未来一定时期公司没有新的投资项目。你认为C公司本年应采取( )的股利政策比较合理。
    a. 不分红　　b. 低比例分红　　c. 高比例分红　　d. 发放股票股利

15. Q公司本年净利润为2亿元,截至年末拥有留存收益共计4亿元,公司股票价格为10元/股,在外流通股票1亿股。若Q公司决定采用"股票股利"的分红政策,则最多每股可以送出( )。
    a. 1股　　　　b. 2股　　　　c. 3股　　　　d. 4股

(二) 简述题

1. 从理论的角度,简述各种股利政策理论的争议焦点。
2. 中国民营企业和 MBO 企业常常实行高分红比例的股利政策。如何解释这种现象?
3. 在实践中,制定股利政策必须考虑哪些主要因素?
4. 简述实践中所制定的各种股利政策(剩余股利政策、稳定增长股利政策、固定股利支付率政策、低正常股利加额外股利政策、股利再投资计划政策、股票股利政策)的利弊。
5. 为什么股票回购会影响公司的股票价格? 简述股票回购的利与弊。

V 公司在中国深圳中小企业板上市,生产各种洗涤用品和中档化妆品。公司一直将目标资本结构定在"60%负债+40%权益"。V 公司本年总资产为 100 000 万元,销售收入为 20 000 万元,净利润为 5 000 万元,EBIT 为 6 000 万元,经营净现金为 7 150 万元。公司的加权平均资本成本(WACC)为 15%,若增发新股,由于有发行费用,则 WACC 将提高到 16%。

近年来,V 公司处于快速成长阶段,年销售收入平均增长率为 15%,产品具有一定的知名度,并逐步向全国市场延伸。投资部门提出一系列投资项目如下表。销售部门认为:由于市场竞争十分激烈,境外品牌公司扩增产品线,进入中低档产品市场;境内新增中小企业开始进入中低档产品市场。因此,公司将可能从快速增长期进入相对稳定期或成熟期,投资机会具有不确定性。如果市场 2 年内进入衰退期,那么销售部门建议只投资 A 项目,其可以使公司年销售收入继续增长 5%;如果市场 2 年内仍处于成熟期,那么销售部门建议投资 A 项目和 B 项目,其可以使公司年销售收入继续增长 10%;如果市场 2 年内仍处于增长期,那么销售部门建议投资 A、B、C 三个项目,其可以使公司年销售收入继续增长 12%。

V 公司的投资机会

项目	A	B	C	D	E
所需投资(万元)	5 000	5 000	6 000	5 000	6 500
IRR(%)	25	22	20	18	15

(1) 根据上述资料,为 V 公司制定可行的股利政策,并计算可能的股利支付率。
(2) 在什么情况下,V 公司应该增发新股? 增发新股的数量(以万元计)是多少?
(3) V 公司本年是否应分红? 若分红,则应采取哪种股利分配方案? 为什么?

第九章　证券投资估值分析与应用

第一节　债券投资的估值方法与实践应用
第二节　股票投资的估值方法与实践应用
案例分析　伊利股份的投资估值分析
本章小结
专业术语
思考与练习
微案例分析

导 言

我国自1990年创建证券市场以来,已历经三十余年。将暂时闲置不用的资金投资于股票和债券等有价证券,已经成为很多企业投资理财的重要手段。特别是近年来,随着我国经济从高速增长阶段转向高质量发展阶段,企业之间的资本运作、业务往来、技术交流等方面的合作日趋密切;尤其是在有价证券投资方面,企业的参与热情空前高涨。有些企业从战略性投资的角度出发,为了做大做强,在行业中占据有利优势,或者为了增强在国际市场上的竞争实力,积极地通过资本市场投资、收购和兼并一些企业;有些企业则从财务性投资的角度出发,为了提高资金运转效率,将闲置的资金投资于债券、股票等有价证券,以获得比银行存款更高的投资回报;甚至还有些企业为了弥补在主营业务方面的亏损,试图通过证券投资来实现"一夜暴富",迅速扭亏为盈或大幅提高盈利水平。在这些投资活动中,不管是战略性投资还是财务性投资,是股权投资还是债权投资,是为了取得企业的分红权还是控制权,都涉及一个核心问题:投资估值。对投资企业而言,决定是否进行股权投资或债权投资,核心问题之一就是投资能否为企业带来效益。如果能,就投资;如果不能,就放弃。既然这样,那么如何对投资进行估值呢?估值并不只是一个财务问题,企业股票或债券的估值不仅与其财务状况密切相关,还涉及公司治理和成长性;不仅涉及企业的微观经营、财务、治理等,还涉及企业所处行业的中观经济状况及宏观经济形势,因此早年的 EIC 分析(Economy-Industry-Company Analysis,经济—行业—公司分析)估值体系应运而生。苹果公司2016年6月末的股价仅为22美元左右,2022年6月末的股价升至136美元左右,此期间公司营业收入、利润和经营净现金不断增长,保持了优秀的经营和财务绩效。特斯拉成立于2003年7月,2010年6月在纳斯达克上市,IPO价格为每股17美元;直至2020年第二季度之前,特斯拉一直处于亏损状态。由于投资者认为电动汽车的前景较好,特斯拉的股价缓慢增长;但在2020年第二季度特斯拉宣布盈利之后,其股价猛涨。宁德时代2018年6月在深圳证券交易所中小板上市,IPO价格为25.14元/股,发行市盈率为22.99倍,募集资金约54.6亿元;上市后至2022年度累计创造净利润601亿元,Wind预测2023年和2024年其净利润将分别达到456亿元和609亿元。由于宁德时代优秀的经营和财务状况与良好的市场前景,其股价在2020年之后猛涨。

近年的研究发现,证券估值与投资者心理状态密切相关。正如巴菲特所言:"当人们倍感疯狂与贪婪时,我倍感恐惧与不安;当人们倍感恐惧与不安时,我倍感疯狂与贪婪。"索罗斯也曾言,股票投资就是"估其所值,卖其疯狂"。成功的投资者不仅使用企业的经营和财务数据来评估证券的内在价值,更重要的是利用其他投资者的"心理偏差"来赚取超额收益。不论是苹果公司、特斯拉还是宁德时代等,其股价都在经历持续上升后见顶回落。正如罗杰斯所言:"凡事总有盛极而衰的时候,大好之后便是大坏。"

本章从债券及股票估值方法入手,详细介绍几种常见的估值模型,并分析各自的优缺点及其在实践中的应用,为公司进行投资决策提供有效的评价工具。

本章所讲的投资与第六章所讲的投资项目既有区别又有联系。两章的主要区别在于:(1)本章的投资主要指有价证券投资,即对债券、股票等有价证券的投资;第六章的投资项目主要指对大中型固定资产等项目的投资。(2)本章主要探讨对其他主体发行的股票、债券等的投资,侧重于外部投资;第六章主要讨论对企业内部的建筑物、设备、生产线等的投资,侧重于内部投资。(3)本章主要探讨对企业整体股权及债权的评估方法;第六章主要讨论对单个投资项目的评估方法。两章的主要联系在于:(1)投资的根本目标是一致的,即获得投资收益。(2)两者都需要考虑资金的机会成本,或者说投资者要求的最低收益率或回报率,只有当项目收益率高于资金的机会成本时,投资者才能进行投资。(3)两者的某些估值方法从原理上说是一致的,如现金流量折现方法,都是将未来产生的现金流进行折现来估算投资回报。

第一节 债券投资的估值方法与实践应用

2007年10月12日,我国第一只公司债券——"07长电债"在上海证券交易所成功挂牌上市。"07长电债"的顺利发行和上市,标志着公司债券正式走进我国资本市场。

"07长电债"由中国长江电力股份有限公司发行,发行规模为40亿元,每张公司债券的票面金额为100元,按面值发行,债券期限为10年;票面利率为5.35%,票面利率在债券存续期内固定不变,采用单利按年计息,不计复利,到期一次偿还本金(见表9-1)。

表9-1 中国长江电力股份有限公司2007年第一期公司债券发行概要

债券名称	中国长江电力股份有限公司2007年第一期公司债券
债券总额	人民币肆拾亿元整(RMB 4 000 000 000)
票面金额	100元
债券期限	10年
发行价格	按债券面值发行
票面利率	5.35%(由发行人和保荐人通过市场询价协商确定)
还本付息方式	按年付息、到期一次还本
回售条款	公司债券持有人有权在债券存续期间第7年付息日将其持有的债券全部或部分按面值回售给公司
担保方式	中国建设银行为本期公司债券提供了全额、不可撤销的连带责任保证担保
信用级别	经中诚信评估综合评定,公司主体信用等级为AAA,本期公司债券信用等级为AAA
债券受托管理人	华泰证券有限责任公司
发行对象	持有登记机构开立的首位为A、B、D、F证券账户的社会公众投资者和在登记机构开立合格证券账户的机构投资者
发行方式	网上面向社会公众投资者公开发行和网下面向机构投资者协议发行相结合
承销方式	由保荐人(主承销商)华泰证券有限责任公司组织承销团,采取余额包销的方式承销
发行费用	本期公司债券发行费用预计为5 600万元

"07长电债"的发行实现了许多历史性的创新:第一,从发行程序上看,实行的是核准制,发行程序相比企业债券得到很大的简化;第二,募集资金用途得到扩大,可用于偿还借款、补充流动资金或股权(资产)收购;第三,发行利率市场化,发行价格由发行人与保荐人通过市场询价后确定;第四,引进债券受托管理制度和债券持有人会议制度,加强债券持有人的权益保护。

公司债券的推出,不但进一步丰富了我国的债券品种,增加了投资者的投资选择,而且为公司融资提供了新的渠道,促进了我国债券市场的发展。

一、债券的基本要素及分类

什么是债券呢?债券是公司或政府为筹集资金而发行的一种有价证券。它要求发行主体按照承诺的票面利率定期向投资者支付利息,并在到期日足额偿还本金。想要投资债券,首先要了解债券的基本要素、种类等信息,然后才能对债券进行估值。

(一) 债券的基本要素

投资一种债券,投资者要知道什么时候获得利息,获得多少利息,什么时候收回本金,能收回多少本金等最基本问题的答案。债券的基本要素就是对这些问题的回答。债券的基本要素包括债券面值、债券期限、票面利率及付息方式。这些基本要素可以在任何一种债券上得到体现。

1. 债券面值

债券面值是债券的票面价值,也就是债券的本金。它是债券投资者计算利息收入的基础,也是债券到期时投资者能收回的金额。在我国,债券面值一般为 100 元。

与债券面值这个概念容易混淆的是发行价格,后者指债券发行时投资者的购买价格。发行价格可能与债券面值相同,也可能与债券面值不同。按照发行价格与债券面值的关系,债券发行可以分为溢价发行、折价发行和平价发行。发行价格高于债券面值,表明债券为溢价发行;发行价格低于债券面值,表明债券为折价发行;发行价格等于债券面值,表明债券为平价发行。

2. 债券期限

债券期限是指从债券发行之日起至到期偿还本金之日止的时间跨度。债券期限可以从 7 天到 50 年不等,有些国家甚至有永久性债券,如英国的金边债券。从我国已发行各种债券的期限来看,最长期限为 50 年,如财政部发行的 2022 年记账式附息(十五期)国债(50 年期);最短期限为 7 天,如国家电力投资集团有限公司发行的 2018 年度第二十六期超短期融资券。

3. 票面利率

票面利率是债券发行主体向投资者承诺的利息支付率。票面利率乘以债券面值,就可以得出发行主体每期应支付的利息。票面利率可以是固定不变的,也可以是浮动的。当发债主体预期未来的市场利率将上升时,为了避免以后因市场利率上升而导致多支付利息,会倾向于发行固定票面利率的债券;当发债主体预期未来的市场利率将下降时,为了享受市场利率下降而带来的成本降低,更倾向于发行浮动票面利率的债券。

4. 付息方式

付息方式是指发行债券主体支付债券利息的方式。它可以是定期支付,如每年支付一次,或每半年支付一次;也可以在平时不支付利息,而在债券到期时随本金一次性支付全部利息;甚至可以是零付息的方式,即发行主体无须对债券支付任何利息,但这种债券通常要折价发行或称贴现发行。

(二) 债券种类

根据不同的分类标准,债券可以有不同的种类。

1. 根据发债主体的不同分类

根据发债主体的不同,债券可以分为政府债券、金融债券和公司债券。政府债券是由国家政府或者地方政府发行的债券,筹集的资金一般用于弥补财政赤字、投资公共设施建设等项目。金融债券是由金融机构发行的债券,主要用于补充资本金等,这些金融机构包括政策性银行、商业银行及非银行金融机构。公司债券则是由非金融性质的企业发行的债券,其发行目的主要是筹集资金以满足生产经营活动的需要。

2. 根据债券期限的不同分类

根据债券期限的长短,债券可以分为短期债券、中期债券和长期债券。短期债券是指到期日在1年以内的债券;中期债券是指到期日在1年以上但不超过10年的债券;长期债券是指到期日在10年以上的债券。我国目前发行的债券期限最长的是50年,最短的只有7天。

3. 根据票面利率变动的不同分类

根据票面利率的不同,债券可以分为固定利率债券和浮动利率债券。所谓固定利率债券,是指债券在整个债券期限内的付息率不变,不随市场利率的波动而变动。所谓浮动利率债券,是指债券在整个债券期限内的付息率会随着市场利率的波动而变动。

对于固定利率债券,由于其支付的票面利息不受市场利率的影响,因此发行主体每期支付的成本是固定的,投资者每期获得的收益也是固定的。然而,当市场利率发生变动时,比如说利率上升,对发行主体来说,其未来的融资成本将随着市场利率的上升而提高,因此目前的利率对它来说就是较低的成本;对投资者而言,其原来的投资收益相比新发行的债券就显得低了,因此债券的价格也会随之下降。

对于浮动利率债券,其支付的票面利息将随市场利率的波动而变动。那么,浮动利率按照什么规则浮动?其浮动范围又有多大呢?浮动利率通常根据市场基准利率加上一定的利差来确定。不同国家对市场基准利率的选择各不相同。例如,美国的浮动利率主要参照3个月期国债利率来确定;欧洲国家主要参照伦敦银行间同业拆借利率(LIBOR)来确定;我国在2007年以前,浮动利率主要参照1年期银行储蓄存款利率来确定,自中国人民银行2007年1月4日正式推出上海银行间同业拆借利率(SHIBOR)后,浮动利率的确定主要参照后者。此后,为了进一步推进利率市场化,完善金融市场基准利率体系,指导信贷市场产品定价,中国人民银行 2013 年 10 月 25 日宣布,贷款基础利率(Loan Prime Rate,LPR)集中报价和发布机制正式运行。

既然是浮动利率债券,对于发行主体和投资者而言,每期支付和收到的利息将随着市场利率的变动而变动。在市场利率处于连续上升阶段或连续下降阶段的情况下,这能够保证发行主体和投资者的成本与收益不会因市场利率的大幅变动而出现大幅亏损或盈利。

4. 根据担保情况的不同分类

债券根据有无抵押担保,可以分为无担保债券和担保债券。无担保债券亦称信用债券,顾名思义,就是发债主体凭自身的信用发行的债券,不需要任何物品作抵押或第三者保证。政府债券是典型的无担保债券,一些信用等级高的大公司也可以发行无担保债券。

担保债券是指以抵押财产或者由第三者作为担保而发行的债券。当信用等级较低时,为顺利通过发债筹集资金,公司倾向于发行担保债券;否则,公司将承担相当高的利息成本。公司可以以土地、房屋及建筑物、机器设备等固定资产作为抵押品,也可以以公司持有的有价证券作为抵押品,还可以请信用等级较高的公司作为保证人。一旦公司到期无力还本付息,债权人就有权出售相关的抵押品来抵债或要求保证人承担连带偿债义务。

5. 根据能否转换分类

根据是否可以转换成其他金融工具,债券可以分为可转换债券和不可转换债券。前者是指在满足一定条件的情况下,投资者可以将持有的债券转换成其他金融工具;后者则没有这项权利。可转换债券一般是将债券转换成公司股票。这种债券赋予投资者在债券到期之前,按事先约定的比例将债券转换成公司股票的权利。当投资者认为公司股票存在升值潜力时,可以将债券转换成股票,以获得股票升值带来的收益;当投资者觉得公司股票被高估时,可以放弃换股的权利而持有债券,以获得债券利息。当然,由于可转换债券比不可转换债券拥有更多的选择权,因此在其他条件不变的前提下,其票面利率一般低于不可转换债券的票面利率。

二、债券的估值方法

对于债券这种有价证券而言,由于有明确的债券期限及稳定的现金流量,因此最常用的债券估值模型就是现金流量折现模型,即

债券价值=以后各期现金流量的折现值之和

用公式表示为:

$$V_0^D = \frac{CF_1}{1+r} + \frac{CF_2}{(1+r)^2} + \cdots + \frac{CF_n}{(1+r)^n} \tag{9-1}$$

其中,V_0^D 表示债券在 0 期的价值,CF_i 表示第 i 期的现金流量,r 表示市场利率,n 表示债券期限。根据公式(9-1),我们就可以对各种债券进行估值。

（一）固定利率债券

固定利率债券要求发债主体定期按规定的票面利率支付给投资者利息，并于债券到期时偿还债券本金。在对这种类型的债券进行估值时，公式（9-1）可改写成：

$$V_0^D = \frac{INT}{1+r} + \frac{INT}{(1+r)^2} + \cdots + \frac{INT}{(1+r)^n} + \frac{M}{(1+r)^n} \tag{9-2}$$

其中，V_0^D 表示债券在第 0 期的价值，INT 表示每期支付的利息，M 表示到期偿还的本金，r 表示市场利率，n 表示债券期限。

假设 S 公司于 2021 年 1 月 1 日发行 10 亿元 10 年期固定利率的公司债券，票面年利率为 6%，债券面值为 100 元，每年年末付息一次，到期一次还本，最后一期利息随本金的偿付一起支付。投资者投资该债券后各年的现金流量如图 9-1 所示。根据以上资料，如何对 S 公司的债券进行估值呢？

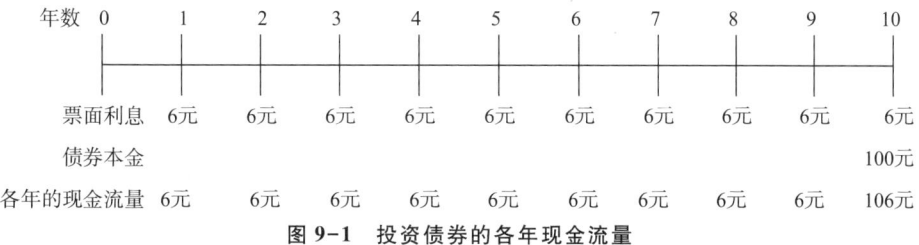

图 9-1　投资债券的各年现金流量

按照公式（9-2），投资者从 2021 年起，每年年末定期收到债券票面利息 6 元，10 年后一次性收回本金 100 元。假设市场利率为 6%，则债券的发行价格为：

$$V_0^D = \frac{6}{1+6\%} + \frac{6}{(1+6\%)^2} + \cdots + \frac{6}{(1+6\%)^{10}} + \frac{100}{(1+6\%)^{10}} = 100（元）$$

若市场利率不是 6%，而是 5%，则债券的发行价格为：

$$V_0^D = \frac{6}{1+5\%} + \frac{6}{(1+5\%)^2} + \cdots + \frac{6}{(1+5\%)^{10}} + \frac{100}{(1+5\%)^{10}} = 107.72（元）$$

若市场利率不是 6%，而是 7%，则债券的发行价格为：

$$V_0^D = \frac{6}{1+7\%} + \frac{6}{(1+7\%)^2} + \cdots + \frac{6}{(1+7\%)^{10}} + \frac{100}{(1+7\%)^{10}} = 92.97（元）$$

根据上述计算结果可知，债券票面利率与市场利率的关系直接影响债券的发行价格。当票面利率等于市场利率时，发行价格就等于票面价值，即债券平价发行；当票面利率高于市场利率时，表明投资者在投资后各期得到的现金流量高于市场水平，因此发行价格应该高于票面价值，即债券溢价发行；当票面利率低于市场利率时，表明投资者在投资后各期得到的现金流量低于市场水平，因此发行价格应该低于票面价值，即债券折价发行。

（二）零息债券

零息债券，顾名思义，就是不需要支付利息，只需到期按票面价值偿还本金的债券。

既然不支付利息给投资者,为什么投资者还愿意购买这种债券呢?因为发行人以低于票面价值的价格将债券出售给投资者,并承诺在债券到期时按票面价值赎回债券。当投资者享受的折价收益等于或者高于其无法获得债券利息所带来的损失时,他们就愿意购买零息债券。

由于不需要支付利息,根据公式(9-1),零息债券的价值就等于到期收到的本金的折现值,即

$$V_0^D = \frac{CF_n}{(1+r)^n} \tag{9-3}$$

其中,V_0^D 为零息债券的现值,CF_n 为零息债券第 n 期偿还的本金,r 为市场利率,n 为债券期限。

假设 G 公司于 2021 年 4 月 1 日发行 20 亿元 3 年期零息债券,债券面值为 100 元,市场利率为 10%,债券的发行价格应该是多少?

按照公式(9-3),有

$$V_0^D = \frac{100}{(1+10\%)^3} = 75.13 \text{(元)}$$

该零息债券的发行价格应为 75.13 元。

(三)永久性债券

永久性债券是指没有到期日的债券。发行主体发行永久性债券后,无须偿还本金,但必须按票面利率定期支付利息给投资者,而且这样的付息将永远持续下去,不能停止。为防止发行主体无力持续支付利息,永久性债券对发行主体的信用等级要求极高,一般只有政府才能发行。我国目前没有永久性债券,但有些国家则存在这种债券,典型的例子就是英国的金边债券。金边债券由英格兰银行于 18 世纪发行,按照债券合约的规定,英格兰银行将无限期地向债券投资者支付固定的利息。

由于没有到期日,也无须偿还本金,根据公式(9-1),永久性债券的价值等于未来各期利息的现值之和,即

$$V_0^D = \sum_{i=1}^{\infty} \frac{CF}{(1+r)^i} = \frac{CF}{r} \tag{9-4}$$

其中,V_0^D 为永久性债券的现值,CF 为永久性债券每期支付的利息,r 为市场利率。

例如,某金边债券的面值为 100 英镑,票面利率为 12%。假设目前的市场利率为 10%,那么,该金边债券的价值应该是多少呢?

根据公式(9-4),金边债券的价值为:

$$V_0^D = \frac{100 \times 12\%}{10\%} = 120 \text{(英镑)}$$

三、债券价格与市场利率

在实际的债券交易中,债券价格并不是一成不变的,而是受很多风险因素的影响。

从宏观上看,市场利率、汇率、通货膨胀率、市场流动性,甚至政治因素都会影响债券价格;从微观上看,发债主体的偿债能力、债券合约中的赎回条款和转换条款等因素也会影响债券价格。在这些影响因素中,市场利率与债券价格的关系最为密切。

(一)债券价格与市场利率的关系

市场利率是影响债券价格最重要的因素。市场利率发生变动,债券价格将随之发生变动。市场利率与债券价格的关系主要有以下几种:

(1)债券价格与市场利率呈反向变动关系。当市场利率上升时,债券价格下跌;当市场利率下降时,债券价格上升(见图9-2)。例如,当市场利率从10%下降到9%时,5年期票面利率为10%的债券价格将从1 000元上涨到1 038.90元;当市场利率从10%上升到11%时,5年期票面利率为10%的债券价格将从1 000元下跌到963.04元(见表9-2)。

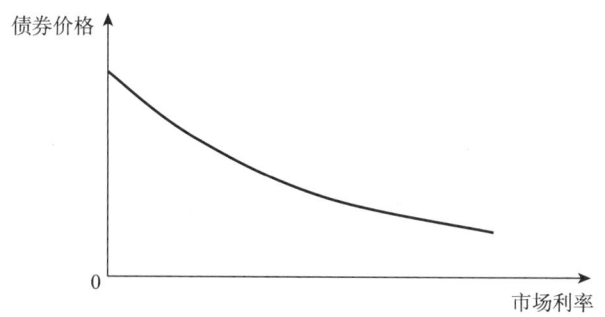

图 9-2 债券价格与市场利率的关系

表 9-2 市场利率与债券价格的关系

市场利率(%)	票面利率(%)	到期期限(年)	发行价(元)	现行价(元)	涨跌(元)	涨跌幅度(%)
10	10	5	1 000.00	1 000.00	—	0.00
10	10	10	1 000.00	1 000.00	—	0.00
10	10	15	1 000.00	1 000.00	—	0.00
9	10	5	1 000.00	1 038.90	38.90	3.89
9	10	10	1 000.00	1 064.18	64.18	6.42
9	10	15	1 000.00	1 080.61	80.61	8.06
11	10	5	1 000.00	963.04	-36.96	-3.70
11	10	10	1 000.00	941.11	-58.89	-5.89
11	10	15	1 000.00	928.09	-71.91	-7.19
11	12	15	1 000.00	1 071.91	71.91	7.19
10	12	15	1 000.00	1 152.12	152.12	15.21

(2)市场利率发生变动,期限越长的债券,其价格波动幅度也越大。当市场利率上升时,长期债券价格下跌的幅度比短期债券价格下跌的幅度更大;当市场利率下降时,长

期债券价格上涨的幅度比短期债券价格上涨的幅度更大(见图 9-3)。例如,当市场利率从 10% 上升到 11% 时,10 年期票面利率为 10% 的债券价格下跌幅度为 5.89%,而 5 年期票面利率为 10% 的债券价格下跌幅度为 3.70%;当市场利率从 10% 下降到 9% 时,10 年期票面利率为 10% 的债券价格上涨幅度为 6.42%,而 5 年期票面利率为 10% 的债券价格上涨幅度为 3.89%(见表 9-2)。

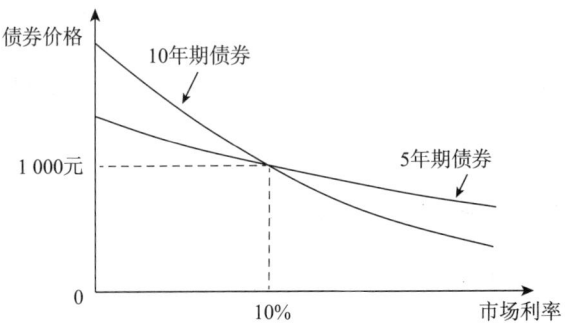

图 9-3 债券价格对市场利率变动的敏感性比较

(3) 一般而言,当市场利率变动时,债券价格变动率会随着债券到期期限的长短而呈现递减或递增的变动趋势。当利率上升时,债券的到期期限越长,债券价格的下跌速度越慢,反之越快;当利率下降时,债券的到期期限越长,债券价格的上涨速度越慢,反之越快。例如,当市场利率从 10% 上升到 11% 时,5 年期票面利率为 10% 的债券价格下跌幅度为 3.70%,10 年期票面利率为 10% 的债券价格下跌幅度为 5.89%,15 年期票面利率为 10% 的债券价格下跌幅度为 7.19%,跌幅的增长速度越来越慢(见表 9-2)。

(4) 对于同一种债券,当市场利率下降或上升相同幅度时,由市场利率的下降引起债券价格上升所形成的"资本盈利"大于由市场利率上升引起债券价格下降所形成的"资本亏损"。例如,当市场利率从 10% 下降到 9% 时,5 年期票面利率为 10% 的债券价格从 1 000 元上涨到 1 038.90 元,上涨 38.90 元;当市场利率从 10% 上升到 11% 时,5 年期票面利率为 10% 的债券价格从 1 000 元下跌到 963.04 元,下跌 36.96 元。由此可见,上涨形成的"资本盈利"比下跌形成的"资本亏损"多 1.94 元(见表 9-2)。

(5) 当市场利率变动时,较高票面利率债券的价格变动率低于较低票面利率债券。当市场利率下降时,较高票面利率债券的价格上升幅度低于较低票面利率债券的价格上升幅度;当市场利率上升时,较高票面利率债券的价格下跌幅度低于较低票面利率债券的价格下跌幅度。例如,当市场利率从 10% 上升到 11% 时,15 年期票面利率为 12% 的债券价格从 1 152.12 元下降到 1 071.91 元,下跌了 6.96%;而 15 年期票面利率为 10% 的债券价格从 1 000 元下降到 928.09 元,下跌了 7.19%(见表 9-2)。

(二) 利率风险管理

既然债券价格受市场利率的影响巨大,那么有没有方法来管理利率风险呢?一般而言,对债券利率风险的管理主要可以分为消极型管理和积极型管理两种。前者是以"市场有效性"为前提,假定债券价格已经充分反映了所有公开信息,频繁的交易不仅无法赚取超额收益,反而会增加交易成本,投资者可以运用指数策略和免疫策略等方法管理债券,有效控制债券的利率风险;而后者假定"市场并非完全有效",投资者可以采用"低买高卖"的操作获取超额收益。积极型管理方法包括债券互换、应急免疫、驾驭收益率曲线等。这里我们简要介绍如何通过免疫策略来管理利率风险。

对于一般债券,假设每年支付一次利息。如果投资者将利息再用于购买该债券,那么当市场利率上升时,债券价格下跌,投资者的原始投资会出现"资本亏损",而投资者用利息购买的债券则会因市场利率上升而得到更多收益,部分冲减原始投资的"资本亏损"。随着时间的推移,投资者得到的利息越来越多,再投资收益也越来越大,这样投资者就有可能在某一时点使得再投资收益等于原始投资的"资本亏损"。同理,当市场利率下降时,债券价格上升,投资者的原始投资会出现"资本盈利",再投资则会发生亏损,两者同样会在某一时点达到平衡。这就是债券的"免疫策略"(Immunization Strategy)。

下面我们通过一个例子来说明免疫策略的应用。假设 K 债券面值为 1 000 元,期限为 10 年,票面利率为 9%,每年年末付息 1 次。未来市场利率可能发生以下变动:降至 7% 或升至 11%。如果用利息再投资,那么投资者应持有 K 债券多长时间才能避免利率变动的影响?

(1) 当利率保持 9% 不变时,债券在持有各年的资本利得、再投资利息收益及总收益分别如表 9-3 所示。

(2) 当利率降至 7% 时,

第 1 年年末的票面利息 = 1 000 × 9% = 90(元)

第 1 年年末的资本利得 = $\dfrac{1\,000 \times 9\%}{1+7\%} + \dfrac{1\,000 \times 9\%}{(1+7\%)^2} + \cdots + \dfrac{1\,000 \times 9\% + 1\,000}{(1+7\%)^9} - 1\,000$

$= 130.30(元)$

第 1 年年末的再投资利息收益 = 0

第 1 年年末的全部收益 = 90 + 130.30 = 220.30(元)

第 1 年年末的收益率 = 220.30/1 000 = 22.03%

第 2 年年末的票面利息 = 1 000 × 9% × 2 = 180(元)

第 2 年年末的资本利得 = $\dfrac{1\,000 \times 9\%}{1+7\%} + \dfrac{1\,000 \times 9\%}{(1+7\%)^2} + \cdots + \dfrac{1\,000 \times 9\% + 1\,000}{(1+7\%)^8} - 1\,000$

$= 119.43(元)$

第 2 年年末的再投资利息收益 = 90 × 7% = 6.30(元)

第 2 年年末的全部收益 = 180 + 119.43 + 6.30 = 305.73(元)

第 2 年年末的收益率 = $\sqrt{\dfrac{1\,000 + 305.73}{1\,000}} - 1 = 14.27\%$

以此类推,可以计算出当利率降为 7% 时,债券在各年的资本利得、再投资利息收益、总收益及收益率(见表 9-4)。

(3) 当利率上升至 11% 时,我们同样可以得到债券在各年的资本利得、再投资利息收益、总收益及收益率(见表 9-5)。

表 9-3 当利率为 9%时债券的各期收益

金额单位:元

项目	第1年	第2年	第3年	第4年	第5年	第6年	第7年	第8年	第9年	第10年
票面利息	90.00	180.00	270.00	360.00	450.00	540.00	630.00	720.00	810.00	900.00
资本利得	0.00	0.00	0.00	0.00	0.00	0.00	0.00	0.00	0.00	0.00
利息再投资产生的利息	—	8.10	25.03	51.58	88.62	137.10	198.04	272.56	361.89	467.36
总收益	90.00	188.10	295.03	411.58	538.62	677.10	828.04	992.56	1 171.89	1 367.36
收益率(%)	9.00	9.00	9.00	9.00	9.00	9.00	9.00	9.00	9.00	9.00

表 9-4 当利率为 7%时债券的各期收益

金额单位:元

项目	第1年	第2年	第3年	第4年	第5年	第6年	第7年	第8年	第9年	第10年
票面利息	90.00	180.00	270.00	360.00	450.00	540.00	630.00	720.00	810.00	900.00
资本利得	130.30	119.43	107.79	95.33	82.00	67.74	52.49	36.16	18.69	0.00
利息再投资产生的利息	—	6.30	19.34	39.59	67.57	103.80	148.86	203.38	268.02	343.48
总收益	220.30	305.73	397.13	494.93	599.57	711.54	831.35	959.54	1 096.71	1 243.48
收益率(%)	22.03	14.27	11.79	10.57	9.85	9.37	9.03	8.77	8.57	8.42

表 9-5 当利率为 11%时债券的各期收益

金额单位:元

项目	第1年	第2年	第3年	第4年	第5年	第6年	第7年	第8年	第9年	第10年
票面利息	90.00	180.00	270.00	360.00	450.00	540.00	630.00	720.00	810.00	900.00
资本利得	-110.74	-102.92	-94.24	-84.61	-73.92	-62.05	-48.87	-34.25	-18.02	0.00
利息再投资产生的利息	—	9.90	30.79	63.88	110.50	172.16	250.49	347.35	464.76	604.98
总收益	-20.74	86.98	206.55	339.27	486.58	650.11	831.62	1 033.10	1 256.74	1 504.98
收益率(%)	-2.07	4.26	6.46	7.58	8.25	8.71	9.03	9.27	9.47	9.62

比较表9-3、表9-4和表9-5,我们发现:当投资者持有债券短于7年时,一旦利率降至7%,投资者的收益率将超过9%;而一旦利率升至11%,投资者的收益率将跌至9%以下。相反,当投资者持有债券超过7年时,一旦利率降至7%,投资者的收益率将低于9%;而一旦利率升至11%,投资者的收益率将超过9%。恰好在第7年年末的时点,无论利率如何变动,投资者获得的总收益均为830元左右,投资收益率也基本上为9%。因此,投资者应持有该债券7年才能避免利率变动的影响(见图9-4)。

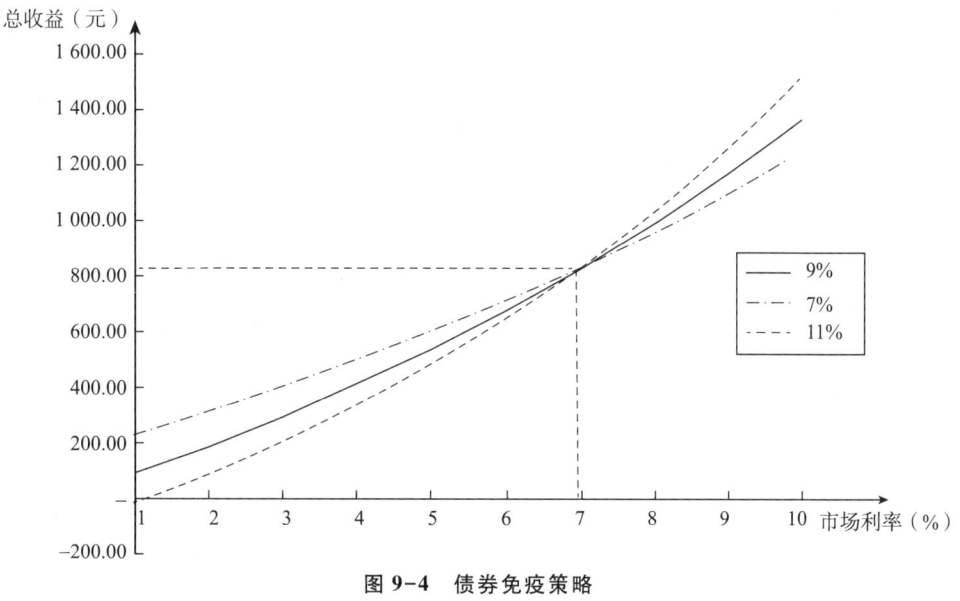

图9-4 债券免疫策略

四、债券价格与信用风险

除了利率风险,信用风险也是影响债券价格的重要因素。信用风险是指在金融活动中,交易者因违约而产生的风险。当发行主体发生违约时,投资者不仅无法得到发行者原先承诺的收益,甚至可能连本金都无法收回。因此,投资者在决定是否购买某只债券时,必须对发行主体的信用等级做出判断。发行主体的信用等级一般由独立的信用评级机构来评定,目前世界上最大的几家评级机构是标准普尔、穆迪和惠誉。债券评级主要针对发行债券主体能否及时、足额还本付息进行评价。发债主体的偿债能力越强,其信用风险越低,得到的信用等级就越高,发债成本也就越低;反之,发债主体的偿债能力越弱,其信用风险越高,得到的信用等级就越低,发债成本也会相应提高。在其他因素相同的情况下,信用风险越低的债券在市场上的交易价格越高,反之越低。

第七章详细介绍了几大评级机构的企业信用等级(指企业债券等级)标准及评价方法。那么,不同信用等级的债券,其实际违约率分别是多少呢?表9-6给出了截至2021年的穆迪全球信用等级与实际违约情况的统计。从表9-6可以看出,从全球范围来看,违约率自高评级向低评级逐级升高,具有较好的"序列"性。例如,1年期平均累积违约率自Aaa级的0.00%逐级升至B级的3.14%,8年期平均累积违约率自Aaa级的0.13%逐级升至B级的29.04%。整体上,违约率呈现自高评级向低评级逐级升高的趋势。

表 9-6 穆迪全球平均累积违约率:1983—2021 年　　　　　单位:%

评级	1年期	2年期	3年期	4年期	5年期	6年期	7年期	8年期	9年期	10年期
Aaa	0.00	0.01	0.01	0.04	0.06	0.09	0.12	0.13	0.13	0.13
Aa	0.02	0.06	0.11	0.19	0.30	0.39	0.48	0.55	0.63	0.71
A	0.05	0.16	0.33	0.51	0.73	0.97	1.23	1.49	1.74	1.98
Baa	0.15	0.38	0.66	1.00	1.34	1.72	2.06	2.42	2.79	3.18
Ba	0.81	2.29	4.03	5.88	7.54	9.08	10.50	11.84	13.13	14.44
B	3.14	7.58	12.19	16.38	20.16	23.50	26.45	29.04	31.36	33.36
Caa-C	9.34	16.74	23.06	28.59	33.43	37.45	40.83	43.85	46.65	48.98

资料来源:穆迪,中证鹏元,2022 年。

注:Aa 包含 Aa1、Aa2、Aa3 三个子级,A、Baa、Ba、B 同理。

2007 年美国的次级抵押信贷(Subprime Mortgage)危机揭示了信用风险集中爆发可能引发的后果。次级抵押信贷是由美国房贷发放机构向信用等级较差的借款人提供的贷款。自 2001 年以来,由于联邦基金利率极低,加上美国房价飞速上涨,次级抵押信贷市场迅速成长壮大,从 2001 年的 1 600 亿美元扩张到 2006 年的 6 000 亿美元。但是,随着美联储连续 17 次加息,联邦基金利率从 1% 升至 2006 年的 5.25%;与此同时,美国房地产泡沫也开始破裂,房价的年增长率从 2005 年年末的峰值跌落到 2006 年年中的不到 1%。房贷还款金额的增加与房价的下跌使得大量次级抵押借款人无法偿还按揭贷款,最终导致次级抵押信贷证券成为不良资产。

许多对冲基金、巨型的退休基金,甚至外国的金融机构都购买了大量的次级抵押信贷证券,随着次级抵押信贷市场危机的爆发,风险被迅速地扩散到整个美国金融市场,甚至连世界各地的金融市场也受到牵连。美国第二大次级房贷放款机构新世纪金融公司(New Century Financial)被迫申请破产保护,贝尔斯登旗下的两只基金和法国最大银行(巴黎银行)旗下的三只基金被迫关闭,高盛、花旗等公司在此次危机中也纷纷遭受巨额亏损。为防止次贷危机将美国经济拖入泥潭,美联储不但向金融市场注资超过 1 000 亿美元,而且将再贴现率调低 0.5% 至 5.75%,并最终于 2007 年 9 月 18 日将联邦基金利率下调 0.5% 至 4.75%,以应对这场次贷危机及其可能产生的经济衰退后果。[①]

2018 年我国债券市场也曾出现发债企业的违约潮。2018 年 4 月末中国人民银行、银监会、证监会、国家外汇管理局正式印发《关于规范金融机构资产管理业务的指导意见》(银发〔2018〕106 号),金融供给侧改革提上议程,同时政府对债务管控渐严。受此影响,信用风险开始爆发,尤其是上市民营企业的风险集中发酵。2018 年违约主体几乎全部为民营企业且其中 40% 为上市民营企业,主要原因有:①融资环境收缩,金融机构将有限资源集中到中央企业、国有企业,民营企业再融资压力显著增大;②2018 年股票市场大幅调整,股价大跌引发大股东股权质押连续跌破平仓线,上市公司股权质押风险和债券违约

---

① 资料来源:和讯网站。

风险形成联动,导致债券违约。① 受信用风险及违约事件的冲击,市场对民营企业和低等级存续债券兑付的担忧不断加剧,低等级信用利差整体扩大,短期限尤为显著。以中债中短期票据收益率曲线 1 年期为例,收益率自 2018 年 4 月开启上行走势,至 2018 年 6 月 5 日收益率已上行至 10.25%,创 2006 年 12 月 25 日该曲线编制以来历史最高。中债中短期票据与国开债之间的信用利差扩大至 635BP,与历史最高水平的 678BP 仅相差约 43BP,为历史次高。

五、债券收益与收益率曲线

与债券价格对应的、衡量债券投资收益的另一个重要指标是债券收益率。债券收益率与债券价格呈反向变动关系。债券价格越高,债券收益率越低,反之则越高。随着债券价格的波动,债券收益率也会随之不断变化。这里我们介绍两种最常用的债券收益率。

(一) 当期收益率

债券的当期收益率(Current Yield),是指债券的年利息与现行价格的比值,它反映债券在特定年度给投资者带来的现金收益。用公式表示为:

$$R = \frac{C}{P} \tag{9-5}$$

其中,C 为债券的当年利息,P 为债券的现行价格。

例如,某公司债券的面值为 100 元,票面利率为 10%,债券的当前价格为 97 元,则该债券的当期收益率为 $100 \times 10\% / 97 = 10.31\%$。

当期收益率仅仅能反映投资者在特定年度的现金收益,并不能反映投资者持有债券至到期所能获得的总收益。

(二) 到期收益率

到期收益率(Yield to Maturity)能够弥补当期收益率的不足,它是指使得债券持有至到期日的收益现值等于债券价格的市场利率。

例如,某公司债券的当前价格为 113 元,债券面值为 100 元,距离到期日还剩 15 年,票面利率为 12%,每年支付一次利息。该公司债券的到期收益率是多少?

根据公式(9-2),有

$$113 = \frac{12}{1+r} + \frac{12}{(1+r)^2} + \cdots + \frac{12}{(1+r)^{15}} + \frac{100}{(1+r)^{15}}$$

接下来,可以用插值法估算到期收益率 r:

(1) 令 $r = 10\%$,则有

$$\frac{12}{1+10\%} + \frac{12}{(1+10\%)^2} + \cdots + \frac{12}{(1+10\%)^{15}} + \frac{100}{(1+10\%)^{15}} = 115.21 > 113$$

---

① 资料来源:平安证券。

(2) 令 $r = 11\%$，则有

$$\frac{12}{1+11\%} + \frac{12}{(1+11\%)^2} + \cdots + \frac{12}{(1+11\%)^{15}} + \frac{100}{(1+11\%)^{15}} = 107.19 < 113$$

所以有

$$\frac{11\% - 10\%}{107.19 - 115.21} = \frac{10\% - r}{115.21 - 113}$$

得出到期收益率为：

$$r = 10.3\%$$

到期收益率与债券价格呈反向变动关系。当债券价格上升时，到期收益率下降；反之，当债券价格下降时，到期收益率上升。

(三) 收益率曲线

收益率曲线是描述某一时点上一组可交易债券的收益率与其剩余到期期限之间数量关系的一条趋势曲线。具体地说，它是以一组债券的剩余到期期限为横轴，以该组债券的收益率为纵轴，将债券的剩余到期期限与其对应的收益率组成的坐标点拟合而成的曲线。收益率曲线反映了债券市场中的利率期限结构，是债券估值的重要参考资料。

债券的收益率曲线可以表现为四种形态①，如图9-5所示。一是正向型收益率曲线，即收益率曲线向上倾斜（见图9-5a），表明在某一时点上债券的到期期限越长，其收益率越高；二是反向型收益率曲线，即收益率曲线向下倾斜（见图9-5b），表明在某一时点上债券的到期期限越长，收益率越低；三是水平型收益率曲线，即收益率曲线保持水平不变（见图9-5c），表明收益率的高低与到期期限的长短无关；四是波动型收益率曲线，即收益率曲线先向上后向下倾斜，或先向下后向上倾斜（见图9-5d），表明债券收益率随到期期限的延长呈现波浪变动态势。

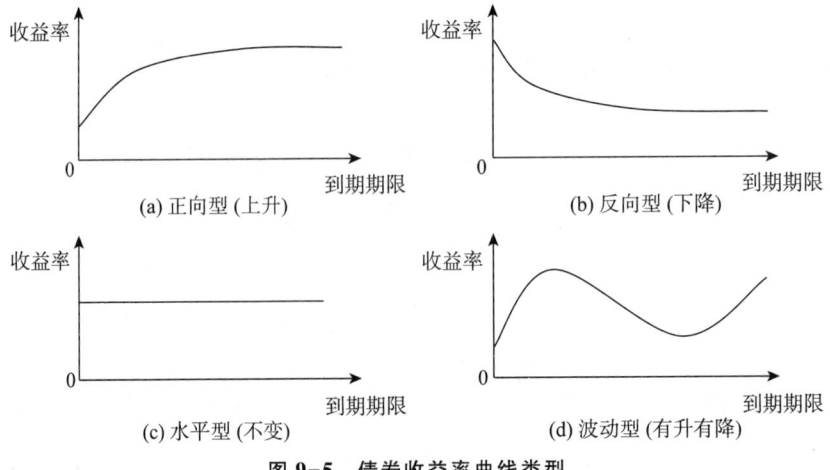

图 9-5 债券收益率曲线类型

---

① 由于债券的收益率有不同的概念（如当期收益率、到期收益率等），因此收益率曲线也会随着收益率概念的不同分为当期收益率曲线和到期收益率曲线等。若没有特别说明，则本节介绍的收益率曲线指到期收益率曲线。

影响债券收益率曲线的因素主要有市场利率、通货膨胀率和社会经济运行状况等。首先,当市场利率上升时,债券价格下跌,债券收益率上升,因此债券收益率曲线将上移;反之,当市场利率下跌时,债券收益率曲线将下移。其次,当通货膨胀率上升时,债券价格下跌,债券收益率上升,收益率曲线将上移;反之,当通货膨胀率下降时,债券价格上升,债券收益率下降,收益率曲线将下移。最后,当社会经济繁荣时,资金从债券市场转移到股票市场和其他投资领域,导致债券价格下跌,债券收益率上升,因此收益率曲线将上移;反之,当社会经济衰退时,投资者将减少其他投资而转向债券投资,导致债券价格上升,债券收益率下降,收益率曲线将下移。

研究和掌握债券收益率曲线的变动趋势具有重要的现实意义。投资者可以通过研究债券收益率曲线的波动来预测债券的发行投标利率,在二级市场上选择债券投资品种或预测债券的价格。图9-6是2021年12月31日的我国国债收益率曲线及企业债(AAA)收益率曲线。从图9-6可以看出:第一,国债和企业债的收益率曲线主要属于正向型收益率曲线;第二,企业债的到期收益率高于同期限国债的到期收益率;第三,企业债收益率曲线的陡峭程度略高于国债收益率曲线,表明不同期限企业债的收益率波动幅度更大。

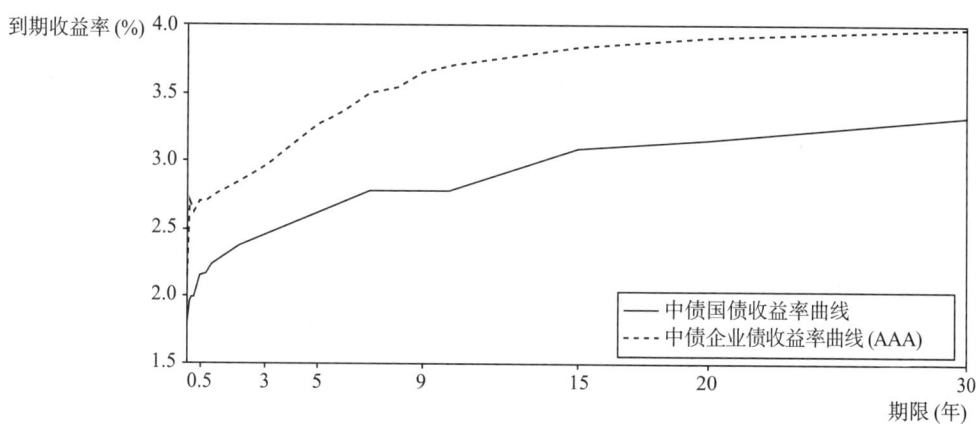

图9-6 2021年12月31日中债国债和中债企业债的收益率曲线

资料来源:www.chinabond.com.cn

那么,如何驾驭债券收益率曲线,并利用其控制投资风险、赚取投资收益呢?下面我们以一个例子进行详细的说明。假设当前有3年期、4年期、5年期的三种国债,票面金额均为100元,息票率分别为3%、4%、5%,半年付息一次,到期还本付息。目前3年期、4年期、5年期的到期收益率分别为3%、4%、5%。甲投资者初始时期持有1 000万元3年期国债和500万元4年期国债的空头。根据对宏观经济的分析,甲投资者预期近期中央银行将调低市场利率,调低后的到期收益率预测分别为1.5%、2.4%和3.2%(见表9-7),调整后的预期收益率曲线如图9-7所示。此时,如果甲投资者不做任何操作,那么其卖空的国债价格将上涨,从而产生投资亏损。为弥补亏损,甲投资者做出决策:买入1 500万元的5年期国债,为之前的投资补上抛空差额。

表 9-7 预期收益率变动后投资决策的盈亏情况

项目		3 年期	4 年期	5 年期
到期收益率（%）	初始	3.00	4.00	5.00
	预期	1.50	2.40	3.20
债券价格（元）	卖出价	100.00	100.00	108.26
	买入价	104.38	106.07	100.00
盈亏（元）	预期	-4.38	-6.07	8.26

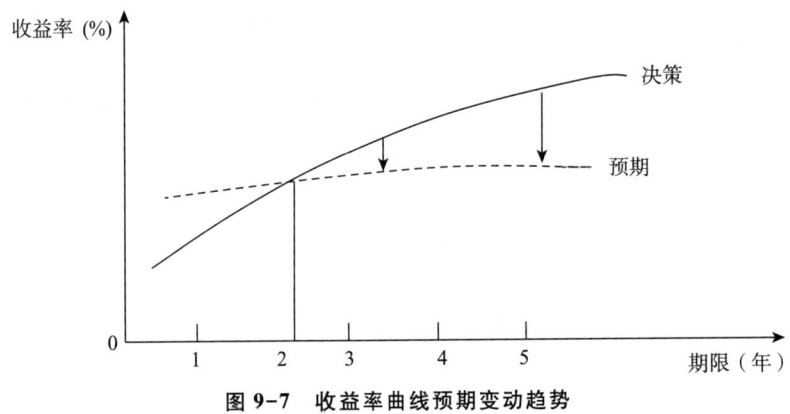

图 9-7 收益率曲线预期变动趋势

（1）当国债的市场表现符合甲投资者的预期时，三种国债的价格分别调整为：

$$P_{3年期} = 100 \times \frac{3\%}{2} \times \left(P/A, \frac{1.5\%}{2}, 6\right) + 100 \times \left(P/F, \frac{1.5\%}{2}, 6\right) = 104.38(元)$$

$$P_{4年期} = 100 \times \frac{4\%}{2} \times \left(P/A, \frac{2.4\%}{2}, 8\right) + 100 \times \left(P/F, \frac{2.4\%}{2}, 8\right) = 106.07(元)$$

$$P_{5年期} = 100 \times \frac{5\%}{2} \times \left(P/A, \frac{3.2\%}{2}, 10\right) + 100 \times \left(P/F, \frac{3.2\%}{2}, 10\right) = 108.26(元)$$

根据甲投资者的交易策略，初始时期持有的空头将发生亏损，但之后持有的多头将获得收益，他最终将获得的总收益为：

总收益 = $10 \times (100 - 104.38) + 5 \times (100 - 106.07) + 15 \times (108.26 - 100) = 49.75$（万元）

（2）假设市场利率调整后，3 年期、4 年期国债的收益率分别小幅上涨为 3.50%、4.30%，而 5 年期国债的收益率则跌至 4.50%（见表 9-8），在这种情况下，实际收益率曲线如图 9-8 所示。

表 9-8 收益率变动后实际的盈亏情况

项目		3 年期	4 年期	5 年期
到期收益率（%）	初始	3.00	4.00	5.00
	收盘	3.50	4.30	4.50

(续表)

项目		3 年期	4 年期	5 年期
债券价格（元）	卖出价	100.00	100.00	102.22
	买入价	98.59	98.91	100.00
盈亏（元）	收盘	1.41	1.09	2.22

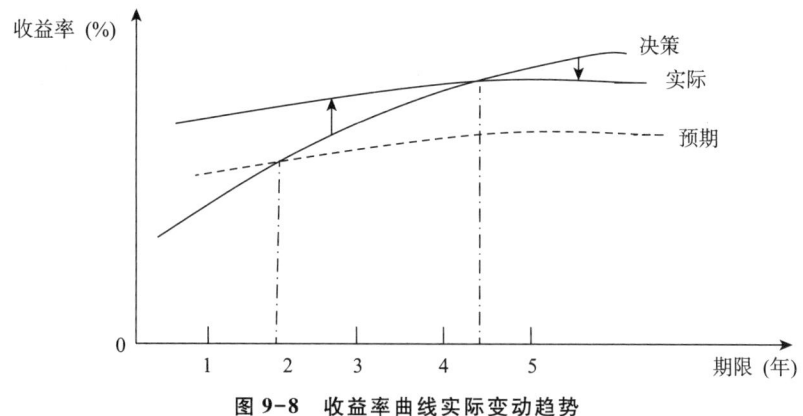

图 9-8　收益率曲线实际变动趋势

此时，三种国债的价格分别调整为：

$$P_{3\text{年期}} = 100 \times \frac{3\%}{2} \times \left(P/A, \frac{3.5\%}{2}, 6\right) + 100 \times \left(P/F, \frac{3.5\%}{2}, 6\right) = 98.59(\text{元})$$

$$P_{4\text{年期}} = 100 \times \frac{4\%}{2} \times \left(P/A, \frac{4.3\%}{2}, 8\right) + 100 \times \left(P/F, \frac{4.3\%}{2}, 8\right) = 98.91(\text{元})$$

$$P_{5\text{年期}} = 100 \times \frac{5\%}{2} \times \left(P/A, \frac{4.5\%}{2}, 10\right) + 100 \times \left(P/F, \frac{4.5\%}{2}, 10\right) = 102.22(\text{元})$$

根据甲投资者的交易策略，初始时期持有的空头将产生收益，之后持有的多头也将获得收益，他最终将获得的总收益为：

总收益 = 10×(100-98.59)+5×(100-98.91)+15×(102.22-100)= 52.85(万元)

第二节　股票投资的估值方法与实践应用

公司投资其他公司的股票，可能是出于财务性投资的目的。例如，作为 A 股市场的参与者，雅戈尔曾在资本市场上叱咤风云，一度被调侃为被服装实业耽搁的"股神"，曾陆续投资中信证券、广博股份、宜科科技（后更名为汉麻产业、联创电子）、宁波银行等几十家公司。雅戈尔在 2020 年半年报中披露的 28.76 亿元净利润中，服装板块、地产业务和投资业务占比分别为 13.73%、40.97% 和 45.30%，可见其地产和股权投资方面的表现甚至比主业服装板块还要亮眼。

公司投资其他公司的股票，也可能是出于战略性投资的目的。例如 2018 年 2 月 8 日，盛大游戏发布公告，宣布和腾讯达成战略合作，腾讯以 30 亿元人民币战略入股盛大游戏,双方将在现有业务上强化深度合作。

无论出于何种目的,投资决策的关键步骤都涉及对公司股票的估值问题。而关于股票的估值,无论在理论或实践上,在国内或国外,都是一个颇有争议的问题。2021年1月,证券分析师对五粮液非常看好,累计共发布20份研报。其中,预测五粮液2021年的最低目标价为337.00元/股,最高目标价达到386.00元/股。然而,五粮液2021年年末的收盘价仅为222.66元/股,远低于最低预测目标价,令人"大跌眼镜"。2021年1月,券商们谨慎看好宁德时代,仅为其发布2份研报,预测宁德时代的目标价为424.12元/股。然而,令人惊讶的是,在"碳达峰、碳中和"目标和国内外新能源车市场需求增长相应带动动力电池需求的驱动下,宁德时代2021年年末的收盘价涨至588元/股,宁德时代也成为2021年最热门的龙头,取代贵州茅台成为公募第一重仓股。如何合理地评估公司股票的价格,寻找其内在的合理价值呢?本节介绍几种常用的股票估值方法,并分析各种方法的优缺点及实践应用,为公司管理层的股票投资决策提供有效的分析工具。

一、股票的种类及主要特征

股票是股份公司为筹集资金而向股东发行的一种有价证券。股东可以凭借所持有的股票享受股利分红和资本利得。按股东的权利和义务,股票可分为普通股和优先股。

(一)普通股

普通股(Common Stock)是最基本的股票。普通股股东是公司的所有者,享受以下主要权利:

1. 经营管理权

在公司中,最高的权力机构是股东大会。普通股股东可以通过参与股东大会来行使管理公司的权利。当董事会提出不利于公司股东利益的建议时,普通股股东可以提出反对意见;当管理层经营不善时,普通股股东可以提出更换CEO;普通股股东还可以直接在股东大会上提出自己的意见和建议供董事会参考。

2. 股利分配权

当公司决定发放股利时,普通股股东享有股利分配权。普通股股东的股利分配权与优先股股东不同,后者享受的股利分配是稳定的,一般不随公司业绩的变化而变化;而普通股股东在公司业绩好的时候可能获得额外的股利分配,在公司业绩差的时候可能得不到任何股利分配。

3. 剩余所有权

公司在解散清算时,应优先偿还债权人的投资,然后是优先股股东的投资,剩余财产则全部归普通股股东所有。如果公司过去累积的未分配利润较多,那么普通股股东不仅能够收回全部投资,还可能得到额外的收益分配;如果公司过去累积的未分配利润较少,那么普通股股东可能无法收回投资。

4. 优先认购权

当公司增发新股时,普通股股东具有优先认购权。一方面,这是为了防止新股东通过购买大量新股取得公司的控制权,从而截取老股东的利益;另一方面,增发新股的发行价有可能低于原来股票的市场价格,这就会将财富由老股东手中转移至新股东手中。赋予老股东优先认购权可以保障其财富免遭损失。

(二)优先股

优先股(Preferred Stock)是一种混合型证券。一方面,优先股具有普通股的某些特征;另一方面,优先股和债券有类似之处。优先股的主要特征是:

1. 优先获得股利

优先股股东享有优先分配股利的权利,但股利一般是固定的,这个特征与普通债券类似。无论公司业绩好坏,优先股股东都能按照固定的比例获得股利。当然,如果公司出现严重的经营困境或财务困境,可能暂时无力支付优先股股利,但当公司经营好转之后,公司应当先支付以前积欠的优先股股利,然后才能向普通股股东发放股利。

2. 优先分配剩余财产

当公司解散清算时,优先股股东对公司剩余财产的分配权优先于普通股股东,但应排在一般债权人之后。当公司剩余的财产无法使优先股股东全额收回投资时,普通股股东将血本无归。

3. 不享有表决权

除对涉及优先股股东权利的问题有表决权外,优先股股东通常不能在股东大会上投票。

二、股票投资估值的主要方法

由于优先股与普通股在权利、义务及特征等方面均存在不同,因此二者的估值方法也存在一定的差异。

(一)优先股估值方法

前面我们提到,优先股股东与普通股股东相比,能够优先获得股利和优先分配剩余财产,但在参与公司经营管理方面则受到一定的限制,无法像普通股股东那样在股东大会上投票。此外,除非公司出现非常严重的经营问题或财务问题,否则公司通常能够支付给优先股股东稳定的现金股利,且一直持续下去。因此,优先股的价值可以借鉴永久性债券的估值模型来衡量,即优先股的价值等于未来各期股利的现值之和,用公式表示为:

$$V_0^P = \sum_{i=1}^{\infty} \frac{D}{(1+k)^i} = \frac{D}{k} \tag{9-6}$$

其中,V_0^P 为优先股的现值,D 为优先股每期支付的股利,k 为优先股股东要求的收益率。

假设MT公司发行有优先股,每年支付3元的股利,优先股股东要求的收益率为12%。那么,MT公司优先股的价值为:

$$V_0^P = \frac{3}{0.12} = 25 \text{（元）}$$

（二）普通股估值方法

由于普通股的特点与优先股相比存在较大的不同,因此其估值方法也有很大的区别。这里介绍三种主要的普通股估值方法:相对估值模型(Relative Valuation Model)、股利折现模型(Dividend Discounted Model)、公司自由现金流量模型(Free Cash Flow to the Firm Model)。

1. 相对估值模型

相对估值模型是一种相对简单的股票估值方法。这种方法选取了与被估值对象有类似经营情况的同行业上市公司作为估值参照物,假定这些上市公司的股票价格是其内在价值的真实反映,并以某些衡量公司盈利能力、资产质量和发展前景的指标(如每股收益、每股净资产等)为中介,计算出被估值对象的内在价值。根据所选择中介指标的不同,相对估值模型还可以有多种不同的表现形式,如市盈率模型、市净率模型、市销率模型、比较市盈率模型(PEG)等,这里主要介绍资本市场上最常用的市盈率模型和市净率模型。

（1）市盈率反映的是企业股票价格与每股收益之间的比例关系,其高低取决于企业及其所处行业的发展前景、未来的收益和风险。市盈率较高,说明投资者愿意为企业的每元盈利支付更高的价格,企业前景较好、增长潜力较强;反之,则说明企业前景较差、增长潜力较弱。市盈率的计算公式为:

$$\text{市盈率} = \frac{\text{每股价格}}{\text{每股收益}} \tag{9-7}$$

其中,每股价格是相应时期的股票平均价格或当期的股票价格。

市盈率模型就是先计算出可比上市公司的平均市盈率[①],并以此作为被估值对象的预测市盈率,然后乘以被估值对象的每股收益,得出其股票的内在价值。

需要说明的是,该方法中涉及的每股收益指的是公司全年的每股收益。由于当年的每股收益一般在下年初披露,而估值发生的时间可能在年初、年中或年末,因此可以直接用上年度的每股收益或过去最近4个季度的每股收益来计算。

用过去最近4个季度的每股收益计算得出的市盈率称为追踪市盈率或滚动市盈率,即

$$\text{追踪市盈率或滚动市盈率} = \frac{\text{每股价格}}{\text{最近4个季度的每股收益总和}} \tag{9-8}$$

（2）市净率模型的原理与市盈率模型基本类似,就是先计算出可比上市公司的平均

[①] 市盈率中的可比上市公司通常指风险相似、成长性相近的同行业上市公司。

市净率①,并以此作为被估值对象的参考市净率,然后乘以被估值对象的每股净资产,得出其股票的内在价值。市净率的计算公式为:

$$市净率 = \frac{每股价格}{每股净资产} \tag{9-9}$$

(3) 市盈率模型和市净率模型的主要估值步骤如下:

第一步,寻找出与被估值对象有相同行业背景和类似经营状况的上市公司,即可比上市公司。

第二步,取得可比上市公司的股票价格及每股收益或每股净资产等数据,并计算出每家上市公司的市盈率或市净率。

第三步,计算出可比上市公司的平均市盈率或平均市净率。

第四步,以可比上市公司的平均市盈率或平均市净率作为被估值对象的市盈率或市净率,乘以被估值对象的每股收益或每股净资产,推算出被估值对象的股票内在价值。

第五步,将计算出来的股票内在价值与股票市场价格相比,若内在价值高于市场价格,则说明股票有升值潜力,可以投资;若内在价值低于市场价格,则说明股票价格被高估,应放弃投资。

下面我们以山西焦煤(000983)为例,采用市盈率模型估算其2021年5月的股票内在价值。根据山西焦煤2020年度的每股收益,选取煤炭行业中与该公司风险和成长性相近的公司作为估值参照物,具体包括晋控煤业(601001)、冀中能源(000937)、上海能源(600508)、平煤股份(601666)、开滦股份(600997)和恒源煤电(600971)等六家上市公司,有关资料如表9-9所示。

表9-9 煤炭行业可比上市公司资料

证券简称	每股收益(元)	月均价(元/股)	市盈率(倍)
晋控煤业(601001)	0.80	7.35	9.25
冀中能源(000937)	0.33	4.02	12.31
上海能源(600508)	0.83	9.74	11.72
平煤股份(601666)	0.70	6.94	9.92
开滦股份(600997)	0.77	7.62	9.85
恒源煤电(600971)	0.64	6.42	9.99
均值	0.68	7.02	10.35

资料来源:CSMAR数据库;计算过程保留两位小数,存在进位误差。

根据表9-9,可以计算出六家煤炭行业可比上市公司的平均市盈率为10.35倍,将其作为山西焦煤合理的市盈率,乘以山西焦煤2020年的每股收益0.54元(更确切为0.537元),可以得出山西焦煤的内在价值为5.56元。与山西焦煤2021年5月的股票平均价6.78元相比,用市盈率法得出的内在价值低于其股票价格(5.56<6.78),表明如果没有其他影响

---

① 市净率中的可比上市公司通常指风险相似、ROE相近的同行业上市公司。

山西焦煤估值的因素,那么公司股票价格被高估了。

通过相对估值模型对山西焦煤的价值分析,我们可以发现该模型的优缺点。

相对估值模型最大的优点就是简单方便。一方面表现为"数据来源简单方便",即估值模型需要的全部数据都可以从公司的财务报表以及股票的市场行情中得到,而且不需要做其他任何的预测和估计;另一方面表现为"方法简单方便",即计算公式只需简单的比值法,不涉及货币时间价值的折现等。

相对估值模型也有很多缺点。第一,没有两家公司的经营业务、经营风险是完全相同的,因此参照物与被估值公司的差异大小将直接影响估值的准确性;第二,选取不同的指标作为中介,将得出不同的估值结果,可能由此做出完全相反的投资决策;第三,相对估值模型的前提假设是市场对可比公司的估值是合理的,即可比公司的市场价格等于其内在价值,但实际上两者往往是不同的,由此得出的被估值公司的内在价值也会存在一定的失真;第四,当公司发生亏损时,某些估值指标(如市盈率)会变成负值,从而使估值结果出现问题。

尽管存在不少的缺点,但由于简单方便、容易理解,相对估值模型在实践中还是得到了广泛的应用。例如,在确定首次公开募股(IPO)的发行价时,就经常采用相对估值模型对拟上市公司进行估价。以浙商银行的 IPO 为例。浙商银行拟于 2019 年 11 月 14 日在上海证券交易所发行 25.50 亿股普通股,其发行价如何确定呢?

我们选取已经上市的与浙商银行同为股份制商业银行的九家上市公司作为参照物,分别是光大银行(601818)、招商银行(600036)、民生银行(600016)、中信银行(601998)、华夏银行(600015)、浦发银行(600000)、平安银行(000001)、兴业银行(601166)、交通银行(601328)。这九家银行在浙商银行上市之日之前的 20 个交易日的股票平均价格和每股收益如表 9-10 所示。

表 9-10 可比国内上市股份制商业银行资料

证券简称	平均价格(元)	每股收益(元)	市盈率(倍)
光大银行(601818)	4.46	0.64	6.95
招商银行(600036)	36.74	3.20	11.46
民生银行(600016)	6.18	1.15	5.37
中信银行(601998)	6.23	0.93	6.72
华夏银行(600015)	7.62	1.36	5.59
浦发银行(600000)	12.73	1.93	6.61
平安银行(000001)	16.67	1.45	11.53
兴业银行(601166)	19.29	2.95	6.54
交通银行(601328)	5.66	1.00	5.67
均值	12.84	1.62	7.91

资料来源:CSMAR 数据库;计算过程保留两位小数,存在进位误差。

用这九家银行的平均股价除以平均每股收益,就得出平均市盈率。九家银行的平均市盈率为7.91倍,将其作为浙商银行的合理市盈率,并乘以浙商银行2018年度的每股收益0.62元,就得出其股票的合理发行价为4.90元。而实际上,浙商银行的发行价为4.94元,与之基本一致。

2. 股利折现模型

投资者购买股票,可以通过两种途径——股利和资本利得——获得收益,因此股票的内在价值应该等于这二者产生的现金流量的折现值。为方便介绍,首先假设投资者持有A股票1年,则A股票的内在价值应表示为:

$$V_0^E = \frac{D_1 + P_1}{1 + r} \tag{9-10}$$

其中,V_0^E为股票的内在价值,D_1为投资者一年后收到的股利,P_1为一年后的股票价格,r为股权资本成本(或投资者要求的收益率)。

同理,投资者持有A股票的时间为2年,此时A股票的内在价值应表示为:

$$V_0^E = \frac{D_1}{1+r} + \frac{D_2}{(1+r)^2} + \frac{P_2}{(1+r)^2} \tag{9-11}$$

以此类推,投资者持有A股票的时间为n年,此时A股票的内在价值应表示为:

$$V_0^E = \sum_{i=1}^{n} \frac{D_i}{(1+r)^i} + \frac{P_n}{(1+r)^n} \tag{9-12}$$

其中,V_0^E为股票的内在价值,D_i为投资者第i年收到的股利,P_n为第n年末的股票价格,r为股权资本成本,n为投资者持有股票的年数。

公式(9-12)就是股利折现模型。根据股利发放的不同增长情况,股利折现模型可以有多种形式。

(1)零增长模型。假设公司未来的股利保持不变且永久地支付,即$D_1 = D_2 = \cdots = D_n = D$。在此前提假设下,股利折现模型可以简化为:

$$V_0^E = \frac{D}{1+r} + \frac{D}{(1+r)^2} + \frac{D}{(1+r)^3} + \cdots$$

$$= \frac{D}{r} \tag{9-13}$$

其中,V_0^E为股票的内在价值,D为固定股利,r为股权资本成本。

零增长模型在实践中多用于对优先股的内在价值进行定价。当然,也可以用于对持续稳定地高比例现金分红的公司进行定价。例如,A公司2019—2021年的股利派发分别为0.48元/股、0.49元/股和0.50元/股,现假定公司未来将股利派发维持在0.50元/股且一直持续下去,投资者要求的收益率为10%。A公司股票的内在价值是多少呢?

$$V_0^E = \frac{D}{r} = \frac{0.5}{0.1} = 5 \text{(元)}$$

(2)固定比率增长模型。假设公司未来股利以一个固定比率g增长且永久地支付,即$D_1 = D_0(1+g)$,$D_2 = D_1(1+g)$,$\cdots$,$D_n = D_{n-1}(1+g)$。这样股利折现模型就转化为:

$$V_0^E = \frac{D_1}{1+r} + \frac{D_2}{(1+r)^2} + \frac{D_3}{(1+r)^3} + \cdots$$

$$= \frac{D_1}{1+r} + \frac{D_1(1+g)}{(1+r)^2} + \frac{D_1(1+g)^2}{(1+r)^3} + \cdots \quad (9-14)$$

当 $r>g$ 时，固定比率增长模型可写为：

$$V_0^E = \frac{D_1}{r-g} = \frac{D_0(1+g)}{r-g} \quad (9-15)$$

其中，V_0^E 为股票的内在价值，g 为股利的固定增长率，D_1 为第一期预计发放的股利，r 为股权资本成本。

零增长模型本质上是固定比率增长模型的特殊形式。当 $g=0$ 时，固定比率增长模型就等于零增长模型。例如，B 公司 2019—2021 年支付的现金股利分别为 0.11 元/股、0.12 元/股和 0.13 元/股，预期未来的股利将以每年 8% 的幅度增长，投资者要求的收益率为 12%。B 公司股票的内在价值是多少呢？

$$V_0^E = \frac{D_0(1+g)}{r-g} = \frac{0.13 \times (1+0.08)}{0.12-0.08} = 3.51 \text{（元）}$$

（3）多阶段增长模型。在现实中，一家公司很难永远保持不变的股利支付或者固定增长的股利支付，其中一个主要原因就是公司的成长大多会经历高速增长阶段，然后才进入相对稳定的发展阶段。当公司处于高速增长阶段时，其盈利往往用于再投资，此时的股利支付可能相对较少；当公司处于稳定发展阶段时，意味着公司未来的投资机会相对较少，此时公司往往派发较高水平的现金股利。当然，公司也可能遭遇困境，但除非出现严重的经营或财务危机，否则公司一般不愿意降低现金股利支付水平，因为这将向投资者传递公司在短期内经营无法得到改善的信号。

多阶段增长模型就是假设公司在不同时期的增长速度不同，其股利支付增长率也不同。当公司处于高速增长阶段时，其股利支付也会保持较高的增长率；当公司处于平稳增长阶段时，其股利支付也会保持较低的增长率，甚至保持零增长。为方便表达，以两阶段增长模型为例，假设在前 m 期公司股利增长率为 g_1，从第 $m+1$ 期起公司股利增长率为 g_2：

$$V_0^E = \frac{D_1}{1+r} + \frac{D_2}{(1+r)^2} + \frac{D_3}{(1+r)^3} + \cdots$$

$$= \frac{D_1}{1+r} + \frac{D_1(1+g_1)}{(1+r)^2} + \frac{D_1(1+g_1)^2}{(1+r)^3} + \cdots + \frac{D_1(1+g_1)^{m-1}}{(1+r)^m} +$$

$$\frac{D_1(1+g_1)^{m-1}(1+g_2)}{(1+r)^{m+1}} + \frac{D_1(1+g_1)^{m-1}(1+g_2)^2}{(1+r)^{m+2}} + \cdots$$

$$= D_1 \times \frac{1 - \left(\frac{1+g_1}{1+r}\right)^m}{r-g_1} + \frac{D_1(1+g_1)^{m-1}(1+g_2)}{(1+r)^m(r-g_2)} \quad (9-16)$$

其中，V_0^E 为股票的内在价值，g_1 为第一阶段的股利增长率，g_2 为第二阶段的股利增长率，

D_1 为第一期预计发放的股利,r 为股权资本成本,m 为第一阶段持续的时间。

例如,C 公司 2019—2021 年发放的现金股利分别为 0.30 元/股、0.36 元/股和 0.58 元/股,现假定公司未来 3 年的现金股利保持 10% 的增长速度,3 年后维持现金股利不变,投资者要求的收益率为 12%。C 公司的内在价值是多少?

根据公式(9-16),C 公司的内在价值可表示为:

$$V_0^E = 0.58 \times (1+0.10) \times \frac{1-\left(\frac{1+0.10}{1+0.12}\right)^3}{0.12-0.10} + \frac{0.58 \times (1+0.10)^3}{(1+0.12)^3 \times 0.12} = 6.26 \text{ (元)}$$

以上讨论了股利折现模型及其三种主要形式,那么,股利折现模型究竟有哪些优缺点呢?在实践中又该如何应用呢?

股利折现模型的优点主要表现为:第一,股利折现模型以投资者未来获得的现金流量作为估值的基础,从概念上看比较直观,容易理解;第二,股利折现模型对股利支付的假设与部分公司(例如基础设施类公司)的现实情况比较相似,用该模型对这类公司进行估值能获得较为可靠的结果;第三,需要估计的变量不多,只要预测未来一期的股利支付情况和以后的股利增长率即可。

股利折现模型也有缺点,主要表现为:第一,从理论上讲,股利政策与公司价值是否相关仍然存在很大的争议(详见第八章)。MM 理论坚持股利支付与公司价值无关,其他理论(如"手中鸟"理论、税差理论、代理成本理论等)则认为股利政策与公司价值相关。如果股利支付与公司价值无关,那么用股利折现模型来预测股权的内在价值也就失去理论基础。第二,股利折现模型只能对支付股利的公司进行估值,而无法用在那些不派发现金股利或现金股利支付率低的公司身上。第三,股利折现模型在使用时只考虑现金股利对股票内在价值的作用,忽略资本利得对股票内在价值的影响,而后者是投资者收益的重要组成部分。第四,股利折现模型的可靠性取决于对公司长期股利政策预测的准确性,而要准确预测公司未来数十年的股利政策难度很大。

考虑到股利折现模型的优缺点,在实践应用中,该模型主要用于对优先股进行估值,或者对股利支付率高且稳定的基础设施类公司的普通股进行估值。此外,在对商业银行等金融公司进行估值时,由于很难确定其自由现金流量,因此在实务中也可以运用股利折现模型对其进行估值。

3. 公司自由现金流量模型

要使用公司自由现金流量模型估计公司价值,首先要搞清楚什么是公司自由现金流量(Free Cash Flow to the Firm,FCFF)[①]。所谓公司自由现金流量,是指公司通过生产经营活动创造的现金,在满足所有维持持续性生产经营所需的固定资产投资和营运资本投资之后的净现金流量。公司自由现金流量越多,说明公司可供投资者分配的现金越多,公

[①] 关于自由现金流量,有两个不同的定义:一是公司自由现金流量(FCFF),是指公司满足固定资产和营运资本投资需求之后的净现金流量;二是股权自由现金流量(FCFE),是指在公司自由现金流量的基础上进一步扣除偿付债权人所需的现金流量。前者是用于对公司价值进行估计,后者则直接用于对公司股权进行估值。在实务操作中,FCFF 的使用更加广泛。

司价值就越高,扣除债权部分后的股权价值也就越高。

如何计算公司自由现金流量呢?根据公司自由现金流量的定义,可以通过将公司的息税前利润扣除税金,再加上折旧与摊销,扣除所需的资本性投资和营运资本投资得到,即

$$\text{FCFF} = \text{息税前利润} \times (1-\text{所得税税率}) + \text{折旧与摊销} - \text{资本性支出} - \text{营运资本支出}$$
$$= \text{息前税后利润} + \text{折旧和摊销} - \text{资本性支出} - \text{营运资本支出} \tag{9-17}$$

下面以新兴铸管为例,计算公司自由现金流量(见表9-11)。2022年,新兴铸管的预测公司自由现金流量如下:

$$\text{FCFF} = 39.21 \times (1-25.00\%) + 12.43 - 0.45 - 25 = 16.39(\text{亿元})$$

表9-11 新兴铸管2022—2026年公司自由现金流量预测　　　　　金额单位:亿元

项目	2022年	2023年	2024年	2025年	2026年
息税前利润(EBIT)	39.21	44.00	49.00	51.68	52.20
所得税税率(%)	25.00	25.00	25.00	25.00	25.00
EBIT×(1−所得税税率)	29.41	33.00	36.75	38.76	39.15
加:折旧与摊销	12.43	13.51	14.24	14.91	15.48
减:营运资本净增加(减少)	0.45	1.68	1.78	1.59	0.47
减:资本性投资	25.00	20.00	20.00	15.00	15.00
公司自由现金流量(FCFF)	16.39	24.83	29.22	37.09	39.16

资料来源:国信证券2022年7月对新兴铸管的研究报告;计算结果保留两位小数,存在进位误差。

明确公司自由现金流量的计算方法之后,公司价值的估计就是对未来公司自由现金流量的折现,即

$$V_0 = \sum_{i=1}^{\infty} \frac{\text{FCFF}_i}{(1+r)^i} \tag{9-18}$$

其中,V_0为公司价值,FCFF_i为公司第i年的公司自由现金流量,r为公司的加权平均资本成本。

与股利折现模型一样,公司自由现金流量模型对公司价值的估计也有三种形式。

(1)零增长模型。假设公司未来的公司自由现金流量保持不变且永久地持续下去,即

$$\text{FCFF}_1 = \text{FCFF}_2 = \cdots = \text{FCFF}_n = \text{FCFF}$$

在此假设前提下,公司自由现金流量模型可以简化为:

$$V_0 = \frac{\text{FCFF}}{1+r} + \frac{\text{FCFF}}{(1+r)^2} + \frac{\text{FCFF}}{(1+r)^3} + \cdots$$
$$= \frac{\text{FCFF}}{r} \tag{9-19}$$

其中,V_0为公司价值,FCFF为固定的公司自由现金流量,r为公司的加权平均资本成本。

(2)固定比率增长模型。假设公司未来的公司自由现金流量以一个固定比率g增

长且永久地持续下去,即 $FCFF_1 = FCFF_0(1+g)$, $FCFF_2 = FCFF_1(1+g)$,$\cdots$,$FCFF_n = FCFF_{n-1}(1+g)$。这样,公司自由现金流量模型就转化为永续增长模型:

$$V_0 = \frac{FCFF_1}{1+r} + \frac{FCFF_2}{(1+r)^2} + \frac{FCFF_3}{(1+r)^3} + \cdots$$

$$= \frac{FCFF_1}{1+r} + \frac{FCFF_1(1+g)}{(1+r)^2} + \frac{FCFF_1(1+g)^2}{(1+r)^3} + \cdots \quad (9-20)$$

当 $r>g$ 时,永续增长模型可写为:

$$V_0 = \frac{FCFF_1}{r-g} \quad (9-21)$$

其中,V_0 为公司价值,$FCFF_1$ 为公司下一年预期的公司自由现金流量,g 为公司自由现金流量的固定增长率,r 为公司的加权平均资本成本。

(3)多阶段增长模型。多阶段增长模型就是假设公司在不同时期的增长速度不同,公司自由现金流量的增长率也不同。以两阶段增长模型为例,假设两阶段的公司自由现金流量增长率分别为 g_1 和 g_2,则:

$$V_0 = \frac{FCFF_1}{1+r} + \frac{FCFF_2}{(1+r)^2} + \frac{FCFF_3}{(1+r)^3} + \cdots$$

$$= \frac{FCFF_1}{1+r} + \frac{FCFF_1(1+g_1)}{(1+r)^2} + \frac{FCFF_1(1+g_1)^2}{(1+r)^3} + \cdots + \frac{FCFF_1(1+g_1)^{m-1}}{(1+r)^m} +$$

$$\frac{FCFF_1(1+g_1)^{m-1}(1+g_2)}{(1+r)^{m+1}} + \frac{FCFF_1(1+g_1)^{m-1}(1+g_2)^2}{(1+r)^{m+2}} + \cdots$$

$$= FCFF_1 \times \frac{1-\left(\frac{1+g_1}{1+r}\right)^m}{r-g_1} + \frac{FCFF_1(1+g_1)^{m-1}(1+g_2)}{(1+r)^m(r-g_2)} \quad (9-22)$$

其中,V_0 为公司价值,g_1 为第一阶段的公司自由现金流量增长率,g_2 为第二阶段(即永续增长阶段)的公司自由现金流量增长率,$FCFF_1$ 为下一年预期的公司自由现金流量,r 为公司的加权平均资本成本,m 为第一阶段持续的时间。

以荣昌生物(688331)为例,假设对荣昌生物2023—2032年各年的公司自由现金流量以及2032年以后公司永续价值的估计结果如表9-12所示,加权平均资本成本为8.49%,则荣昌生物公司价值为:

$V_0 = -3.71 - 2.05 + 2.35 + 6.14 + 9.65 + \cdots + 19.73 + 310.10 = 407.32$(亿元)

表9-12 荣昌生物的公司自由现金流量估计

预测年份	FCFF(亿元)	折现因子($r=8.49\%$)	FCFF现值(亿元)
2023	-4.02	1.08	-3.71
2024	-2.41	1.18	-2.05
2025	3.00	1.28	2.35
2026	8.51	1.39	6.14

(续表)

预测年份	FCFF（亿元）	折现因子（$r=8.49\%$）	FCFF 现值（亿元）
2027	14.50	1.50	9.65
2028	22.69	1.63	13.92
2029	27.79	1.77	15.71
2030	33.57	1.92	17.49
2031	37.46	2.08	17.99
2032	44.57	2.26	19.73
永续价值	700.48	2.26	310.10
企业价值			407.32

资料来源：国信证券 2023 年 3 月对荣昌生物的研究报告；计算过程保留两位小数，可能存在进位误差。

公司自由现金流量模型最大的优点在于弥补了股利折现模型的不足，可以运用该模型对长期不派发现金股利或现金股利不稳定的公司股票进行估值。以美国微软公司为例。微软公司曾经在长达 26 年的时间里没有给股东派发现金股利，由此我们无法利用股利折现模型估计微软公司的股票价值，但可以估算其公司自由现金流量，进而对公司价值和股票价值进行估计。不仅如此，公司自由现金流量模型还可以用于对除银行之外的大部分公司及多元化公司进行估值。

但是，公司自由现金流量模型同样存在不足之处。第一，对于需要不断投资扩张的公司，特别是因投资而导致公司自由现金流量长期为负数的公司而言，公司自由现金流量模型较难准确估算或需要更长的时间才能估算公司价值和股权内在价值。第二，公司自由现金流量模型的一个重要的隐含假设是公司的财务风险保持不变（或公司的财务杠杆保持不变），而事实上，一旦公司的财务风险发生变化，债权人和股权投资者要求的投资收益率（即对应的资本成本）也会相应变化。特别是当公司处于不同生命周期时，公司的财务风险是不同的，其加权平均资本成本通常也不同。然而，公司自由现金流量模型并未考虑公司加权平均资本成本可能发生的变化。第三，公司自由现金流量模型没有考虑到代理成本问题。公司管理层可能会滥用公司自由现金流量，进而影响到公司股权的价值。例如，对于公司自由现金流量相同的两家公司，如果一家公司将公司自由现金流量以股利或者还本付息形式发放给股权投资者和债权人，而另外一家公司将公司自由现金流量投资于 NPV<0 的项目，那么前者的公司价值必然大于后者的公司价值，进而影响到股权价值的比较。

根据公司自由现金流量模型的优缺点，该方法主要适用于公司自由现金流量稳定或平稳增长、公司资本结构稳定且代理成本较低的公司。

（三）估值敏感性的系统分析

前文讨论了各种估值方法，估值结果都是一个具体数值。我们称之为"内在价值"，并将其与现行股价做对比,以判断股票属于"被低估"还是"被高估"。在现实中,一是估值模型中的因素可能会发生变化,与预先设定的"参数"不一致;二是现行股价容易受到市场投资者行为的影响,而投资者的交易决策又受到宏观、中观(行业)、微观等因素以及投资者偏好和心理偏差的影响。例如,公司实际的营业收入、净利润、每股收益、自由现金流、融资成本等会发生变化,与参数值或预测值不同;公司所处行业的发展趋势以及宏观经济环境可能会变化,从而引发公司收入或利润的增长率以及行业市盈率发生变化。换言之,估值结果可能由此发生各种变化,估值结果不应是一个具体的数值,而应是一个区间,或区间内的一系列数值。

以山西焦煤为例,运用市盈率估值法估算其股价,如果预测山西焦煤未来的每股收益可能出现5种结果(0.50元、0.55元、0.60元、0.65元、0.70元),煤炭行业的市盈率可能出现3种结果(8.35倍、10.35倍、12.35倍),那么山西焦煤的估值将出现15种(3×5)可能的结果,最高是8.645元/股,最低是4.175元/股,即估值区间为4.175元/股—8.645元/股。

估值敏感性的系统分析实际上是估值敏感性分析的系统化,其将最好与最坏之间的各种可能都包括其中,测算出各种可能出现的估值结果,为投资者提供更有效和更实用的决策分析方法,在实践中使用较为普遍。

三、股票估值分析步骤

我们已经介绍了三种常用的股票估值模型,并比较分析了各种模型的优缺点。在实际应用中,除了应根据被估值对象的特点来选择合适的估值模型,还应合理地预测股票未来的盈利或现金流。如果对股票未来的盈利和现金流的预测不准确,那么无论用何种估值模型都可能产生错误的估值结果。

为方便起见,我们前面的例子直接借鉴了国内一些券商对上市公司未来盈利和现金流的估值。那么,当你自己独立进行股票估值分析时,应如何合理地预测股票未来的盈利和现金流呢?你可以通过"经济—行业—公司"的步骤来预测公司未来的盈利和现金流,并在此基础上运用合适的估值模型,得出较为合理的估值结果。

(一)经济分析

公司的生产经营活动与其所处的宏观经济环境密不可分,因此对公司未来盈利和现金流的估计应该首先考虑宏观经济环境对公司运营的影响,即经济分析(Economy Analysis)。宏观经济环境包括国家的经济运行情况、对外贸易情况以及财政、货币、税收、产业等各方面的政策。

(1)经济运行情况包括国内生产总值(GDP)的增长速度、增长方式及可持续性,国家的财政收入情况,物价水平,居民的就业率和可支配收入水平等各方面。经济平稳快速增长,为公司创造了稳定发展的外部条件,对所有公司来说都是一个利好的消息;反之,经济运行一旦出现问题,造成经济过热或经济萧条,对所有公司来说都是一个利空的消息。

(2) 对外贸易是指一国与其他国家的产品和服务的进出口交易情况。若本国的进口大于出口,则表现为贸易逆差;若本国的出口大于进口,则表现为贸易顺差。适度的贸易顺差或逆差不会对经济运行产生影响,但过度的贸易逆差则表明消费者更喜欢外国产品而不愿意购买本国产品,本国企业的效益就会受到影响;反之,过度的贸易顺差尽管能带来巨额外汇收入,但同时也可能引起其他国家对本国外贸政策的不满,导致这些国家采取贸易保护等措施,从而影响本国企业产品的出口。

(3) 财政政策主要分为扩张性财政政策和紧缩性财政政策。在扩张性财政政策下,国家通过增发国债,加大对基础设施等固定资产的投资力度,同时通过提高居民收入水平、鼓励居民消费等措施刺激经济增长;在紧缩性财政政策下,国家通过减少财政赤字、优化投资结构等措施,抑制经济过快增长。

(4) 货币政策也可以分为扩张性货币政策和紧缩性货币政策。在经济增长乏力之时,通过扩张性货币政策、降低基准利率、增加货币供应量、适度货币贬值等措施,可以刺激经济增长;反之,在经济增长过热之时,则可以通过紧缩性货币政策来提高基准利率、减少货币供应量、适度货币升值等措施,抑制经济过快增长。

(5) 税收政策是财政政策的重要组成部分。对经济影响较大的税收政策包括公司所得税政策、个人所得税政策和行业出口退税政策等。降低公司所得税税率,将使得公司减少税收的缴纳,增加税后利润,直接提高公司的效益;降低个人所得税税率,将使得居民的可支配收入增加,能够促进居民的消费;提高出口退税率,有助于鼓励企业增加产品出口,从而提高国家的贸易顺差或降低国家的贸易逆差,保证国际贸易平衡。

(6) 产业政策也是国家重要的宏观调控政策之一。国家根据整体经济发展的需要,在不同的发展阶段采取不同的产业政策。例如,为了转变粗放型经济增长模式、保证经济的可持续发展,国家提出节能减排的产业政策,对能耗大、污染严重的产业进行重点整治和改造,鼓励节能型、无污染型产业的发展。

(二) 行业分析

在分析了宏观经济环境对公司经营产生的影响之后,就应该将视线集中到公司所处的行业,进行行业分析(Industry Analysis)。首先,关注行业所处的商业周期(Business Cycle)。根据行业的商业周期性,可以将其分为成长性行业、周期性行业和保险性行业。生物制药、环保产品等行业就属于成长性行业;钢铁、汽车等行业则属于周期性行业;保险性行业的典型代表则是食品饮料行业。当公司所在行业属于周期性行业时,还应进一步分析该行业处于商业周期中的哪一部分,是波峰还是波谷,是处于上升趋势还是处于下降趋势,然后根据行业所处的商业周期位置判断该行业未来的发展趋势。

其次,对与本行业关系密切的上下游行业的发展趋势进行分析和预测。上游行业的发展直接影响本行业的原材料供应量和供应价格;而下游行业的发展则直接影响本行业产品的销售量和销售价格。合理预测上下游行业在未来几年的发展趋势,有助于较为准确地判断本行业未来几年的产品销售情况和主要的成本构成。

再次,比较本行业在国际市场上的发展趋势。随着国际化交易的日益频繁,一个行业特别是生产制造业,不可能关起门在封闭的国内市场上发展,必然要参与国际市场的竞争与合作。不仅如此,行业的产品价格与原材料价格也会受到国际市场价格波动的影响。因此,关注本行业的国际市场动态,对分析预测行业发展趋势也将起到非常重要的作用。

最后,分析本行业内各企业之间的竞争程度。本行业属于自由竞争、垄断竞争、寡头垄断行业,还是垄断行业?行业内有哪些龙头企业,它们在哪些产品上具有优势?哪些产品竞争力较弱?本企业是否掌握对产品的定价权?行业集中度是什么状况?行业未来发展趋势如何?所有这些问题,都需要通过调查和研究才能得出结论,最终为公司的股票估值提供参考。

(三) 公司分析

在进行宏观经济分析和行业分析之后,接下来要做的就是从公司的战略和商业模式着手,即进行公司分析(Company Analysis):研究公司的市场竞争力、产品的市场占有率、产品的定价策略、公司的经营策略和投资策略等各种因素,合理估计公司未来的营业收入、净利润、现金流量、股利支付、资本成本等指标。

第一,通过对公司过去几年的财务报表(包括资产负债表、利润表、现金流量表等)数据进行分析和重构,了解公司主要产品的竞争优劣势,每种产品的市场占有率、销售情况、毛利率等各项指标,公司的投融资政策,以及公司未来的发展规划等。

第二,在综合上述分析的基础上,预测公司未来几年的营业收入和营业成本,并根据所掌握的资料,对其他一些指标(如营业费用、管理费用、财务费用等)做出合理的估计。

第三,编制预测的资产负债表、利润表和现金流量表,并根据相关报表预测公司未来的自由现金流量等数据。

第四,根据资本资产定价模型或其他模型估计股权资本成本,结合公司的资本结构估计公司的加权平均资本成本,用于计算公司未来现金流量的折现值。

第五,在合理预测公司的收入、成本、费用、利润、现金流量等指标的基础上,选择合适的估值模型,估计公司股票的内在价值,与股票的市场价格相比较,得出投资结论。

案例分析 伊利股份的投资估值分析[①]

一、背景介绍

内蒙古伊利实业集团股份有限公司(以下简称"伊利股份")成立于1993年,总部位于内蒙古自治区呼和浩特市,前身是1956年成立的呼和浩特回民区养牛合作小组,所属Wind行业为食品加工与肉类,法定代表人为潘刚,在上海证券交易所上市(股票代码为600887)。

---

① 本节的部分内容参考并引用了丁馨伟、韩昕彤、贺宇轩、黄韩钿、王瑞杰、谢瑾琛等同学的课程小组报告《伊利股份财务报表分析报告》,厦门大学,2022年6月,指导教师为吴育辉教授。特此致谢。

伊利股份位居全球乳业前列,连续八年蝉联亚洲乳业第一,也是中国规模最大、产品品类最全的乳制品企业。伊利股份2021年营业收入为1 105.95亿元人民币,迈入千亿新征程,并设定2025年达成跻身全球乳业前三、2030年力争问鼎全球乳业的战略目标。伊利股份是符合奥运会标准,为2008年北京奥运会提供服务的乳制品企业;也是符合世博会标准,为2010年上海世博会提供服务的乳制品企业。历经三十余年的发展,公司形成以液态奶业务为核心,奶粉、冷饮、奶酪等多种乳制品为支持的产品结构。目前,伊利在亚洲、欧洲、美洲、大洋洲等乳业发达地区构建了一张覆盖全球资源体系、全球创新体系、全球市场体系的骨干大网。

伊利股份的股权结构(见图9-9)较为稳定,公司董事长潘刚自持股以来从未减持公司股份,彰显其对公司长期向好发展的信心。同时,管理层持股合计8.06%,并实施多期员工持股计划以及股权激励政策。管理层人员也较为稳定,核心高管均在各个事业部门积淀多年,具有丰富的行业经验。

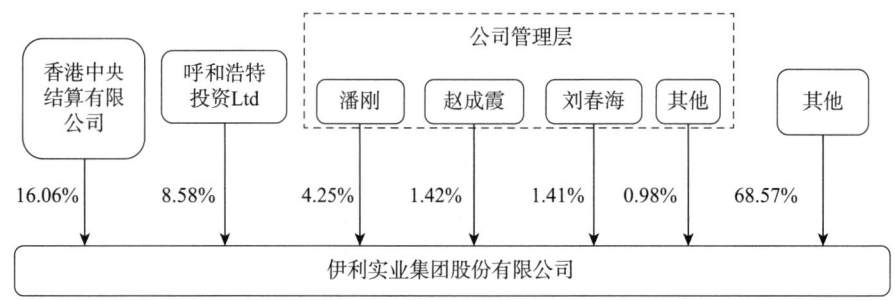

图9-9 2021年年末伊利股份的股权结构

二、案例分析

(一) 宏观因素分析

1. 政治因素

在《中共中央 国务院关于坚持农业农村优先发展做好"三农"工作的若干意见》政策的指引下,全国各地加快推进奶业振兴的步伐,有力地支持奶业提质增效,实现高质量发展。与此同时,随着健康中国战略、乡村振兴战略、减税降费等一系列关注民生、促进消费的政策实施落地,进一步推动了国内需求潜力释放,为国内乳制品消费提供了新的增长动力。乳制品行业保持稳步发展态势,乳品的市场渗透率继续提升。国家发展改革委、工业和信息化部等七部门印发《国产婴幼儿配方乳粉提升行动方案》,就"全面提升国产婴幼儿配方乳粉的品质、竞争力和美誉度"等提出多项举措,对婴幼儿配方乳粉品质提出了更高要求,进一步提振了消费者对国产乳制品的信心。

2. 经济因素

其一,我国经济已由高速增长阶段转向高质量发展阶段。国家统计局的数据显示,2021年前三个季度,我国GDP为823 131亿元,按可比价格计算,同比增长9.8%,两年平均增长 5.2%。分产业看,第一产业增加值为 51 430 亿元,同比增长 7.4%;第二产业增加值为 320 940 亿元,同比增长 10.6%;第三产业增加值为 450 761 亿元,同比增长 9.5%。经初步核算,2021 年中国 GDP 为 1 143 670 亿元,比上年增长 8.1%,两年平均增长 5.1%。我国 GDP 的维稳增长对乳制品行业的发展具有保障作用。其二,居民收入水平提高,消费潜力不断释放。如表 9-13 Panel A 所示,2021 年,全国居民人均可支配收入为 35 128 元,较上年实际增长 9.1%,较 2019 年增长 14.3%,两年平均增长 6.9%。社会消费品零售总额为 440 823 亿元,较上年增长 12.5%,两年平均增速为 3.8%;扣除价格因素,2021 年社会消费品零售总额比上年实际增长 10.7%。居民收入的提升和消费潜力的不断释放有助于扩大乳制品的需求。

表 9-13 宏观因素分析

Panel A:经济因素分析					
	2017 年	2018 年	2019 年	2020 年	2021 年
国内生产总值(GDP)(亿元)	832 036	919 281	990 865	1 015 986	1 143 670
人均可支配收入(元)	25 974	28 228	30 733	32 189	35 128
社会消费品零售总额(亿元)	366 262	380 987	411 649	391 981	440 823
Panel B:社会因素分析					
历次人口普查	第一次	第二次	第三次	第四次	第五次	第六次	第七次
总人口数量(万人)	60 194	72 307	103 188	116 002	129 533	133 972	141 178
奶类消费量		2017 年	2018 年	2019 年	2020 年	2021 年
人均奶类消费量(千克)		12.1	12.2	12.5	13	14.4
Panel C:技术因素分析					
	2017 年	2018 年	2019 年	2020 年	2021 年
全国网上零售额(亿元)	71 751	90 065	106 324	117 601	130 884
冷链物流市场规模(亿元)	2 550	2 886	3 391	4 150	4 773

资料来源:经济因素分析和社会因素分析的数据来自国家统计局与 Wind 数据库,冷链物流市场规模数据来自中国物流与采购联合会冷链物流专业委员会。

3. 社会因素

其一,人口不断增长且少儿人口数量增加,驱动乳制品需求。第七次全国人口普查结果显示,全国人口共 141 178 万人,与 2010 年的 133 972 万人相比,增加 7 206 万人,增长 5.38%,年平均增长率为 0.53%(见表 9-13 Panel B)。结合历次人口普查结果来看,我国人口 2010—2020 年来继续保持低速增长态势。从年龄构成上看,少儿人口数量增加,占比增大。0—14 岁少儿人口数量比 2010 年增加 3 092 万人,占比上升 1.35 个百分点。人口增长,特别是少儿人口的增长能有效驱动乳制品需求。其二,健康观念深入人心,健康消费理念成为主流。随着生活水平和健康意识的提升,我国公众的健康饮食意识也在不断增强。根据《中国居民膳食指南(2016)》,奶类中富含钙、优质蛋白质和 B 族维生素,对降低慢性病发病风险有重要作用,建议每人每天摄入 300 克的液体奶,或者同等的奶制品。2019年达到指南建议标准的居民人口占比为19.5%,而2021年该比例升至30%,由此可见乳制品的居民需求量快速上升;特别是新冠疫情以来,健康话题更深入人心,我国公众人均每日乳制品摄入量从2019年的237毫升/天增至2021年的260毫升/天,按照全年计算,约增加8.4升牛奶。① 人均奶类消费量已经从2017年的12.1千克增至2021年的14.4千克,如表9-13 Panel B所示,但即便如此,国内乳制品消费的天花板还远未达到,未来市场增量除了来自日常乳制品消费习惯的养成,更多的还要寄希望于更好地满足用户的核心需求,比如在产品创新和研发上,营养和功能化的趋势将越来越明显。其三,新冠疫情影响逐渐消退,行业状态已逐步恢复正常。疫情对国内奶牛养殖业和乳制品行业是一次短期冲击。疫情发生之初,上游奶牛养殖业面临种种困难,交通受阻,饲料等无法运入,产出的鲜奶也难以运出,局部区域还出现倒奶现象;春节是中国下游乳制品销售的旺季,但疫情导致终端库存累积,对上游的原奶需求大幅减少,导致乳企更加意识到保持上游供给稳定越来越重要。

4. 技术因素

其一,冷链技术发展为低温奶时期的发展创造了必要条件。冷链物流作为新兴行业,正在蓬勃发展,市场规模呈逐年增长态势,如表9-13 Panel C所示。冷链市场需求增加的同时,各国政府纷纷不断出台政策措施助推冷链物流业的发展。从国际看,全球冷链物流市场规模预期至2026年将飙升达5 851亿美元。已经步入低温奶时期(2015—2025)的乳制品行业对冷链处理技术的需求愈加急切,而冷链技术的发展能有效推动乳制品行业的低温奶时期发展。其二,"互联网+"引发了零售行业的颠覆性创新发展,进而推动了乳制品新零售渠道的蓬勃发展。如表9-13 Panel C所示,2021年,全国网上零售额为130 884亿元,比上年增长11.3%。其中,实物商品网上零售额为108 042亿元,增长12.0%,占社会消费品零售总额的比重为24.5%。在实物商品网上零售额中,吃类、穿类和用类商品分别增长17.8%、8.3%和12.5%。由此可见,零售行业的颠覆性创新发展也为乳制品行业带来了开发新零售渠道的机遇和挑战。

(二)行业因素分析

1. 行业发展情况

中国乳制品行业的发展历史至2023年其实不到四十年。从产品变迁的角度看,我国乳制品行业的发展大体可分为三个阶段:常温奶时期(1979—2005)、风味奶时期(2005—2015)、低温奶时期(2015—2025)。从生命周期的角度看,中国乳制品行业已进入成熟期。乳制品行业初期技术水平很低,主要技术变化自2005年左右开始发生,随着科学信息技术的发展,乳品的生产技术和设备不断创新,包括超高温杀菌生产线、塑料袋牛奶生产线、家用包装杀菌牛奶生产线等。2017年中国牛奶产量开始持续上升,2020年中国牛奶产量为3 440.14万吨,同比2019年增长7.46%。同时,截至2021年,我国规模

---

① 《2021中国奶商指数报告》。

以上乳制品企业数量达到591家。如表9-14所示,从行业各项收益率和增长率指标来看,虽然2020年有所下降,但2021年已恢复并呈现稳步增长态势。

表9-14 原料奶及乳制品加工行业的核心财务指标

项目	2017年	2018年	2019年	2020年	2021年
收益率					
销售毛利率(%)	35.59	35.85	35.06	32.18	27.62
三费/销售收入(%)	28.41	28.33	27.64	25.25	20.32
销售净利率(%)	5.57	5.73	5.69	4.79	6.02
资产获利率					
ROE(%)	11.85	12.99	14.51	12.49	14.89
ROA(%)	6.12	6.47	6.68	5.34	6.41
增长率					
销售收入增长率(%)	10.67	11.07	12.07	8.40	15.91
净利润增长率(%)	-7.94	14.08	10.93	-10.12	49.18
总资产增长率(%)	12.73	4.67	12.15	16.20	26.44
股东权益增长率(%)	5.52	6.46	-1.36	14.39	36.25
资本结构					
资产负债率(%)	49.70	48.98	55.60	56.12	52.83
流动比率	1.15	1.10	0.84	0.84	1.06
速动比率	0.94	0.87	0.62	0.63	0.83
资产管理效率					
总资产周转率(次)	1.08	1.13	1.17	1.12	1.06
固定资产周转率(次)	3.59	3.74	3.71	3.45	3.46
应收账款周转率(次)	18.60	19.87	21.73	23.12	25.09
存货周转率(次)	7.34	7.80	7.74	7.64	8.30

资料来源:Wind数据库。

2. 行业竞争格局

从生命周期角度看,中国乳制品行业已进入成熟期,竞争由"量争"转化为"质争"。目前我国乳制品行业呈现寡头竞争格局,2020年伊利和蒙牛两大巨头市场份额占比合计达到48%,分别为26.4%和21.6%,与第三名——光明拉开数倍差距,CR6[①]达到58.6%。[②]对比美国和日本市场(美国CR5为27.3%,日本CR5为48.0%),中国乳制品市场寡头格局更加明显。[③] 一方面,龙头企业凭借更强的资源优势与规模效益,进一步提升市场份额;另一方面,为寻求新增长,龙头企业(如蒙牛、伊利、飞鹤等)纷纷切入细分市场,与网

---

① CR6指行业内规模前六企业的市场占有率总和;CR5指行业内规模前五企业的市场占有率总和。
② 前瞻产业研究院数据库。
③ 《2022—2027年中国乳制品行业深度调研与投资战略规划分析报告》。

红、中小品牌抢占市场份额,使细分市场的竞争愈演愈烈,加速盈利不佳的中小企业出场。

3. 行业发展前景及趋势预测

乳制品的消费人群较为广泛,而且销售范围正在逐渐下沉至三、四线城市。未来我国乳制品行业市场规模将会逐渐扩大,预计到2027年我国乳制品产量将会达到3 400万吨左右,到2025年市场规模将达到8 100亿元。

(三) 公司因素分析

1. 公司基本财务情况

在国内外经济形势复杂多变的情况下,伊利股份结合自身发展战略,资产规模仍然保持持续增长态势。截至2021年,公司资产总额为1 019.62亿元,较上年增长43.30%,正式步入千亿阶段;负债总额为531.71亿元,较上年增长30.89%(见表9-15)。

表9-15 伊利股份2017—2021年资产负债表　　　　　　　　　　　单位:亿元

项目	2017年	2018年	2019年	2020年	2021年
流动资产:					
货币资金	218.23	110.51	113.25	116.95	317.42
交易性金融资产		0.00	3.90	1.23	0.37
衍生金融资产				2.63	0.61
应收票据及应收账款	9.50	12.82	18.37	17.59	21.07
预付款项	11.92	14.60	11.57	12.90	15.20
其他应收款	2.33	1.55	1.95	1.15	1.26
存货	46.40	55.07	77.15	75.45	89.17
一年内到期的非流动资产			3.03	15.62	22.30
其他流动资产	10.07	50.00	27.83	40.28	34.14
流动资产合计	298.46	244.55	257.06	283.81	501.55
非流动资产:					
可供出售金融资产	6.52	8.31			
其他权益工具投资			11.48	36.30	38.15
其他非流动金融资产			1.42	2.65	6.38
长期股权投资	17.65	19.09	19.61	29.03	42.10
投资性房地产			5.33	5.20	5.08
固定资产	132.56	146.88	182.96	233.43	293.79
在建工程	19.02	26.87	61.65	54.25	37.36

(单位：亿元)（续表）

项目	2017年	2018年	2019年	2020年	2021年
生产性生物资产					17.77
使用权资产					7.18
无形资产	5.14	6.39	14.09	15.36	16.09
商誉	0.11	0.11	5.28	3.62	3.06
长期待摊费用	0.69	0.59	6.79	5.45	4.10
递延所得税资产	5.60	6.09	7.44	12.94	11.84
其他非流动资产	7.25	17.18	31.51	29.52	35.18
非流动资产合计	194.55	231.51	347.55	427.74	518.07
资产总计	**493.00**	**476.06**	**604.61**	**711.54**	**1 019.62**
流动负债：					
短期借款	78.60	15.23	45.60	69.57	125.96
交易性金融负债			0.37		0.00
衍生金融负债				0.32	0.29
应付票据及应付账款	74.69	91.16	108.01	116.36	140.62
预收款项	41.26	44.01	60.20		
合同负债				60.56	78.91
应付职工薪酬	26.04	25.13	24.20	27.13	31.68
应交税费	4.04	3.53	3.97	6.32	4.03
其他应付款	13.51	12.21	38.22	31.37	35.15
一年内到期的非流动负债	0.24	0.33	3.06	8.23	6.68
其他流动负债	0.12	0.10	30.69	27.82	9.64
流动负债合计	**238.50**	**191.71**	**314.32**	**347.68**	**432.96**
非流动负债：					
长期借款	0.00	0.00	4.71	13.75	53.80
应付债券			15.00	37.62	31.88
租赁负债					4.16
长期应付款	0.64	1.34	1.64	0.71	2.08
递延所得税负债			1.06	5.05	4.66	3.75
递延收益（非流动负债）	1.46	1.58	1.15	1.79	3.08
非流动负债合计	**2.11**	**3.98**	**27.55**	**58.53**	**98.75**
负债合计	**240.61**	**195.69**	**341.87**	**406.22**	**531.71**

(单位:亿元) (续表)

项目	2017年	2018年	2019年	2020年	2021年
所有者权益(或股东权益):					
实收资本(或股本)	60.78	60.78	60.96	60.83	64.00
资本公积金	27.66	28.41	8.44	14.17	142.69
减:库存股	2.02	0.97	33.28	17.72	12.51
其他综合收益	−0.71	3.75	9.84	11.15	7.93
盈余公积金	24.23	30.46	32.07	30.48	32.00
未分配利润	141.10	156.73	183.27	204.93	242.98
归属于母公司所有者权益	251.03	279.16	261.31	303.84	477.08
少数股东权益	1.36	1.22	1.43	1.49	10.83
所有者权益合计	**252.40**	**280.37**	**262.74**	**305.33**	**487.91**
负债和所有者权益总计	**493.00**	**476.06**	**604.61**	**711.54**	**1 019.62**

资料来源:Wind 数据库。

相比 2019 年,2020 年的净利润并未明显增加,主要原因是受到新冠疫情的影响,但整体表现与 2019 年持平。2021 年,伊利股份实现营业收入 1 105.95 亿元,较上年增长 14.15%;实现利润总额 101.12 亿元,较上年增长 24.07%;实现净利润 87.32 亿元,较上年增长 23.00%,具体如表 9-16 所示。

表 9-16 伊利股份 2017—2021 年利润表　　　　　　　　单位:亿元

项目	2017年	2018年	2019年	2020年	2021年
一、营业总收入	680.58	795.53	902.23	968.86	1 105.95
营业收入	675.47	789.76	900.09	965.24	1 101.44
其他业务收入	5.11	5.77	2.14	3.62	4.51
二、营业总成本	618.27	727.56	828.26	894.41	1 011.94
营业成本	423.62	491.06	563.92	618.06	764.17
税金及附加	5.12	5.31	5.77	5.47	6.64
销售费用	155.22	197.73	210.70	215.38	193.15
管理费用	33.17	29.80	42.85	48.76	42.27
研发费用	0.00	4.27	4.95	4.87	6.01
财务费用	1.13	−0.60	0.08	1.88	−0.29
其中:利息费用	0.00	1.32	2.72	4.94	8.10
三、其他经营收益	8.84	8.94	8.84	11.14	8.29
公允价值变动净收益	0.00	0.00	0.78	1.71	1.21

(单位：亿元)（续表）

项目	2017年	2018年	2019年	2020年	2021年
投资净收益	1.35	2.61	5.45	6.00	4.61
资产减值损失	−0.51	−0.76	−2.41	−3.39	−4.27
信用减值损失	0.00	0.00	−0.61	0.12	−1.09
其他收益	7.88	7.47	5.88	6.76	8.09
资产处置收益	0.12	−0.38	−0.25	−0.06	−0.26
四、营业利润	71.16	76.91	82.80	85.58	102.30
加：营业外收入	0.86	0.35	0.30	0.49	0.58
减：营业外支出	1.28	1.48	1.16	4.57	1.76
五、利润总额	70.74	75.78	81.94	81.50	101.12
减：所得税	10.71	11.26	12.43	10.51	13.80
六、净利润	60.03	64.52	69.51	70.99	87.32
减：少数股东损益	0.02	0.12	0.17	0.21	0.27
归属于母公司股东的净利润	60.01	64.40	69.34	70.78	87.05
加：其他综合收益	−4.33	4.47	2.63	1.30	−0.87
综合收益总额	55.69	68.99	72.14	72.29	86.45
减：归属于少数股东的综合收益总额	0.02	0.12	0.18	0.20	0.24
归属于母公司普通股东综合收益总额	55.68	68.86	71.96	72.09	86.21
七、每股收益：					
（一）基本每股收益（元）	0.99	1.06	1.15	1.17	1.43
（二）稀释每股收益（元）	0.99	1.06	1.15	1.18	1.43

资料来源：Wind数据库。

注：合计数有进位误差。

伊利股份近五年由经营活动产生的现金流净额充裕，且呈逐年上升态势，2021年经营活动产生的现金流量净额为155.28亿元，较上年增长57.61%，具体见表9-17。分析现金流量结构发现，2021年的现金总流入中经营性现金流入占46.98%，投资性现金流入占0.15%，筹资性现金流入占52.87%，这说明经营活动占有重要地位，筹资活动也是伊利股份现金流入来源的重要方面；2021年的现金总流出中经营性现金流出占44.42%，投资性现金流出占3.34%，筹资性现金流出占52.24%，筹资性现金流出占比高主要是偿还债务而使负债相应减少。

表 9-17　伊利股份 2017—2021 年现金流量表　　　　　　　　　　　单位：亿元

项目	2017年	2018年	2019年	2020年	2021年
经营活动产生的现金流量：					
销售商品、提供劳务收到的现金	756.99	892.70	1 014.62	1 060.24	1 219.68
收到的税费返还	0.02	0.01	0.00	0.00	0.00
收到其他与经营活动有关的现金	14.37	16.33	16.65	20.15	22.01
经营活动现金流入（金融类）	3.76	5.66	0.22	0.55	0.82
经营活动现金流入小计	775.14	914.69	1 031.48	1 080.94	1 242.52
购买商品、接受劳务支付的现金	579.35	702.46	796.80	835.37	911.82
支付给职工以及为职工支付的现金	59.69	72.08	91.09	93.40	110.44
支付的各项税费	46.29	46.68	44.11	40.40	50.75
支付其他与经营活动有关的现金	13.96	14.54	14.93	13.25	14.22
经营活动现金流出（金融类）	5.79	−7.32	0.00	0.00	0.00
经营活动现金流出小计	705.08	828.45	946.93	982.43	1 087.24
经营活动产生的现金流量净额	70.06	86.25	84.55	98.52	155.28
投资活动产生的现金流量：					
收回投资收到的现金	0.15	14.49	8.47	6.15	1.34
取得投资收益收到的现金	0.53	1.16	2.09	8.24	1.88
处置固定资产、无形资产及其他长期资产收回的现金净额	0.73	0.47	0.34	0.22	0.39
处置子公司及其他营业单位收到的现金净额	0.00	0.00	0.02	0.02	0.00
收到其他与投资活动有关的现金	1.39	0.01	0.00	0.00	0.23
投资活动现金流入小计	2.80	16.12	10.92	14.63	3.84
购建固定资产、无形资产及其他长期资产支付的现金	33.51	50.91	92.43	65.22	66.83
投资支付的现金	0.45	16.25	1.53	39.61	9.79
取得子公司及其他营业单位支付的现金净额	0.00	0.00	16.17	0.00	5.18
支付其他与投资活动有关的现金	0.00	2.71	0.79	0.23	0.01
投资活动现金流出小计	33.96	69.86	110.92	105.06	81.81
投资活动产生的现金流量净额	−31.17	−53.74	−99.99	−90.43	−77.97
筹资活动产生的现金流量：					
吸收投资收到的现金	2.18	0.18	2.75	2.48	122.55
其中：子公司吸收少数股东投资收到的现金	0.00	0.18	0.00	0.00	2.08

(单位:亿元)　(续表)

项目	2017年	2018年	2019年	2020年	2021年
取得借款收到的现金	84.60	49.83	165.70	745.57	1 269.38
收到其他与筹资活动有关的现金	0.00	0.00	23.53	0.00	6.36
筹资活动现金流入小计	86.78	50.01	191.98	748.05	1 398.29
偿还债务支付的现金	7.50	113.20	99.37	694.36	1 219.58
分配股利、利润或偿付利息支付的现金	38.45	43.93	44.06	53.10	56.93
其中:子公司支付给少数股东的股利、利润	0.15	0.19	0.14	0.14	0.21
支付其他与筹资活动有关的现金	0.29	0.37	58.71	1.06	2.34
筹资活动现金流出小计	46.25	157.50	202.14	748.51	1 278.84
筹资活动产生的现金流量净额	40.53	-107.49	-10.16	-0.47	119.45
汇率变动对现金的影响	-3.98	3.07	0.62	-3.95	-0.29
现金及现金等价物净增加额	75.45	-71.91	-24.98	3.67	196.47
期初现金及现金等价物余额	132.11	207.56	135.65	110.67	114.34
期末现金及现金等价物余额	207.56	135.65	110.67	114.34	310.80

资料来源:Wind数据库。

注:合计数有进位差。

2. 公司战略布局

（1）争夺原奶市场。乳制品行业的产业链长,涵盖牧草饲料、奶牛养殖、乳制品加工、终端销售等多个环节。新冠疫情造成的原奶供应阻断加剧了乳企对原奶市场的争夺,为稳定上游原奶供给,伊利股份与大型养殖集团进行股权合作或者签订战略合作协议,并且公布规模约50亿元的牧场支持计划,一方面在疫情防控期间全额收购合作牧场原奶,另一方面为部分资金和物资困难的牧场开通绿色融资渠道。

（2）实施绿色转型。伊利股份一直积极响应减碳政策,实施绿色转型,追求低碳生产,继续引领行业主流趋势,成为推动行业转型的主力军。

（3）坚持加大创新研发。伊利股份一直坚持和推动创新战略,经过多年发展,已经建立多个领先的技术研发和产学研合作平台,持续推动行业创新。其中,国家认定企业技术中心、乳品深加工技术国家和地方联合工程研究中心、全国冷冻饮品标准化技术委员会秘书处、国家乳制品加工技术研发专业分中心、国家乳肉检测中心的乳品检测研究室等都属于国家级的研发创新平台。

（四）估值模型的选取及计算

1. 市盈率估值法

首先,考虑公司的业务和产品结构、专业化程度等,并依据公司盈利能力、经营能力、市值等基本指标,在同行业中选取五家较为接近的上市公司作为估值参照。具体选择的上市公司情况及相关指标见表9-18。

表9-18 同行业上市公司估值参照选取及其基本情况(2021年)

股票代码	证券简称	经营能力		盈利能力		市值(亿元)
		存货周转率(次)	总资产周转率(次)	ROA(%)	ROE(%)	
002946.SZ	新乳业	11.75	0.99	5.41	11.80	98.47
02319.HK	蒙牛乳业	9.29	0.99	16.00	14.40	1421.71
600419.SH	天润乳业	5.15	0.70	5.76	7.90	40.34
600429.SH	三元股份	11.49	0.60	3.13	4.86	72.98
600597.SH	光明乳业	7.98	1.33	3.56	8.38	168.33

资料来源:各家上市公司的2021年度财务报告。

其次,计算所选估值参照公司的市盈率。市盈率计算参照公式(9-7),采用估值当月的股票平均价格除以公司上年度的每股收益,具体估计结果见表9-19。然后,采用市盈率模型对伊利股份进行估值。

表9-19 同行业上市公司估值参照的指标计算

股票代码	证券简称	月均价(元/股)	每股收益(元)	市盈率(倍)
002946.SZ	新乳业	11.36	0.36	31.54
02319.HK	蒙牛乳业	39.47	1.27	30.98
600419.SH	天润乳业	12.60	0.56	22.61
600429.SH	三元股份	4.80	0.16	29.28
600597.SH	光明乳业	11.68	0.48	24.33
均值		**15.98**	**0.56**	**27.75**

资料来源:Wind数据库。

最后,市盈率模型将市场价格与当前收益联系在一起,是中国资本市场中最普遍使用的一种相对估值模型。这种模型容易理解,也方便计算,使得股票估值及其比较变得简捷。根据表9-19的资料,可以计算出五家同行业可比上市公司的平均市盈率为27.75倍,将其作为伊利股份合理的市盈率,乘以伊利股份2021年的每股收益1.43元,可以得出伊利股份的内在价值为39.68元。

2. 自由现金流量估值法

绝对估值法下我们采用公司自由现金流量多阶段增长模型对伊利股份进行估值。具体估值步骤如下:

(1)估值设定及指标预测。基于对宏观因素、行业环境、公司状况的分析,在进行估值前做出基础设定(见表9-20)。

表 9-20 估值前的基础设定

估值设定	数值	估值设定	数值
过渡期年数	5 年	过渡期增长率	15.00%
永续期增长率	2.50%	股权资本比重 W_e	85.98%
有效税率 TR	15.00%	债务资本比重 W_d	14.02%
无风险利率 R_f	2.82%	税后债务成本 K_d	2.93%
市场组合收益率 R_m	8.34%	股权资本成本 K_e	8.84%
β 系数	1.09	加权平均资本成本 WACC	8.01%

资料来源：数值设定及计算参照 Wind 数据库、申万宏源和西南证券对伊利股份的深度研究报告测算。

注：预测基准日为 2022 年 5 月 26 日。

第一，β 值反映了证券未来收益率对市场收益率的敏感程度，可通过统计分析同期市场每天的收益情况以及单只股票每天的价格收益计算得出。这里根据申银万国证券研究所的测算数据，将 β 值设定为 1.09。

第二，无风险利率 R_f 为 10 年期国债到期收益率，即 2.82%。市场组合收益率 R_m 根据沪深 300 指数 5 年平均收益率，设定为 8.34%。

第三，利用资本资产定价模型计算股权资本成本：

$$K_e = R_f + \beta(R_m - R_f)$$
$$= 2.82\% + 1.09 \times (8.34\% - 2.82\%)$$
$$= 8.84\%$$

第四，假设所得税有效税率稳定维持在 15%[①]。

第五，计算税后债务资本成本：

$$K_d = \frac{\text{SD} \times \text{TN} + \text{LD} \times \text{TB}}{\text{TD}} \times \text{AF} \times (1 - \text{TR})$$

$$= \frac{269.14 \times 1.50\% + 120.94 \times 4.75\%}{390.08} \times 1.375 \times (1 - 15\%)$$

$$= 2.93\%$$

其中，短期债务（SD）为 269.14 亿元，长期债务（LD）为 120.94 亿元，总债务（TD）为 390.08 亿元，这里的债务是指有息负债；债券调整系数（AF）为 1.375，短期利率（TN）为 1.50%，长期利率（TB）为 4.75%，有效税率（TR）为 15%。

第六，进一步计算加权平均资本成本（WACC）。其中，根据 Wind 统计，2021 年度公司股权资本比重 W_e 为 85.98%，债务资本比重 W_d 为 14.02%。

---

① 按照财政部、国家税务总局相关规定，伊利股份及其位于西部大开发政策适用地区的部分子公司适用 15% 的优惠税率。

$$\text{WACC} = K_e \times W_e + K_d \times W_d$$
$$= 8.84\% \times 85.98\% + 2.93\% \times 14.02\%$$
$$= 8.01\%$$

第七,设定伊利股份预测年数为 3 年,过渡期为 5 年,过渡期增长率为 15%,此后进入永续增长阶段,数值设定参考申万宏源和西南证券对伊利股份的深度研究报告以及 Wind 的相关数据。

在满足基础设定的前提下对伊利股份的利润状况进行预测。其中,营业收入、营业成本按前三年变动比率均值进行预测,其他业务收入、资产减值损失、投资收益则设定为 0,具体的预测情况见表 9-21。从表 9-21 的预测结果可以看出,伊利股份的净利润呈逐年增长态势。

表 9-21 伊利股份 2019—2024 年利润情况预测　　　　　　单位:亿元

项目	2019A	2020A	2021A	2022E	2023E	2024E
营业总收入	902.23	968.86	1 105.95	1 231.11	1 376.04	1 538.04
营业收入	900.09	965.24	1 101.44	1 231.11	1 376.04	1 538.04
其他业务收入	2.14	3.62	4.51	0.00	0.00	0.00
减:营业成本	563.92	618.06	764.17	804.58	899.30	1 005.17
税金及附加	5.77	5.47	6.64	7.42	8.29	9.27
销售费用	210.70	215.38	193.15	215.89	241.30	269.71
管理费用	42.85	48.76	42.27	47.25	52.81	59.03
研发费用	4.95	4.87	6.01	6.72	7.51	8.39
财务费用	0.08	1.88	−0.29	0.73	0.81	0.91
其中:利息费用	2.72	4.94	8.10	6.36	7.11	7.94
资产减值损失	2.41	3.39	4.27	0.00	0.00	0.00
信用减值损失	0.61	−0.12	1.09	0.00	0.00	0.00
加:投资收益	5.45	6.00	4.61	0.00	0.00	0.00
公允价值变动损益	0.78	1.71	1.21	0.00	0.00	0.00
加:其他非经营损益	4.77	2.62	6.65	0.00	0.00	0.00
利润总额	81.94	81.50	101.11	148.52	166.02	185.56
减:所得税	12.43	10.51	13.80	22.28	24.90	27.83
净利润	69.51	70.99	87.32	126.24	141.11	157.73
减:少数股东损益	0.17	0.21	0.27	0.39	0.44	0.49
归属于母公司股东的净利润	69.34	70.78	87.05	125.85	140.67	157.24

注:其他非经营损益=其他收益+资产处置收益+营业外收入−营业外支出;利息费用根据前三年利息费用占比(利息费用/营业收入)均值乘以当期营业收入得到;净利润=利润总额−所得税,所得税=利润总额×15%。忽略进位误差。

（2）计算伊利股份各年的公司自由现金流量。根据公司自由现金流量计算公式(9-17)，可以将公司的息税前利润扣除税金（即息前税后利润），加上折旧与摊销，再扣除所需的资本性支出、营运资本投资（根据前三期均值计算获得预测值）得到公司自由现金流量。表 9-22 展示了伊利股份预测期 2022—2024 年公司自由现金流量的计算过程。以 2022 年为例，伊利股份的预测公司自由现金流量为：

$$FCFF = 126.24 + 5.40 + 25.63 - 5.14 - 74.51 = 77.63（亿元）$$

表 9-22 伊利股份 2022—2024 年公司自由现金流量预测 单位：亿元

	2022E	2023E	2024E
净利润	126.24	141.11	157.73
加：利息费用（税后）	5.40	6.04	6.75
息前税后利润	131.65	147.15	164.48
加：折旧与摊销	25.63	25.63	25.63
减：营运资本净增加量	5.14	-37.58	18.78
减：资本性支出	74.51	74.51	74.51
公司自由现金流量（FCFF）	77.63	135.85	96.82

注：有进位误差。

进一步地，我们根据 5 年过渡期 15% 的增长率计算伊利股份过渡期 2025—2029 年的公司自由现金流量，最终得到伊利股份 2022—2029 年的公司自由现金流预测值，结果如表 9-23 所示。

表 9-23 伊利股份公司自由现金流量估测

预测年份	FCFF（亿元）	折现因子（$r=8.01\%$）	FCFF 现值（亿元）
2022	77.63	1.0801	71.87
2023	135.85	1.1666	116.45
2024	96.82	1.2600	76.84
2025	111.34	1.3609	81.81
2026	128.04	1.4699	87.11
2027	147.25	1.5876	92.75
2028	169.33	1.7147	98.75
2029	194.73	1.8520	105.14
2023 年后的永续价值	3 623.74	1.8520	1 956.61
公司价值			2 687.34

注：计算过程有进位误差，忽略不计。

（3）计算公司价值。根据表 9-20 的设定，伊利股份加权平均资本成本为 8.01%，2030 年起进入永续增长阶段，永续期增长率为 2.50%。如表 9-23 所示，首先根据公式(9-21)计算伊利股份 2030 年之后的永续价值为：

永续价值 = 194.73 × (1 + 2.5%)/(8.01% - 2.5%) = 3 623.74(亿元)

然后,对伊利股份 2022—2029 年预测公司自由现金流量和永续价值进行折现并加总,得到伊利股份公司价值为:

$$V_0 = 71.87 + 116.45 + \cdots + 105.14 + 1\,956.61 = 2\,687.34(亿元)$$

(4)计算股票内在价值。如表 9-24 所示,从伊利股份公司价值中减去非核心资产、净负债、少数股东权益可得伊利股份的股权价值为 2 464.19 亿元,除以总股本 64.00 亿股,最终得到伊利股份股票的内在价值为 38.50 元。

表 9-24　伊利股份股票的内在价值　　　　　　　　　　　　　单位:亿元

公司价值	2 687.34
减:非核心资产	0.68
带息债务(账面价值)	211.64
减:少数股东权益	10.83
股权价值	2 464.19
除:总股本(亿股)	64.00
每股内在价值(元)	**38.50**

(5)估值敏感性的系统分析。考虑到加权平均资本成本(WACC)和永续期增长率(g)对公司自由现金流量模型的估值结果影响较大,且估值过程可能存在设定的主观偏误,为此有必要进一步进行估值敏感性的系统分析。具体而言,在估值选定的加权平均资本成本(WACC = 8.01%)和永续期增长率(g = 2.50%)基础上进行 5 次 ±5% 幅度的调整,根据调整后的加权平均资本成本(WACC)和永续期增长率(g)重新估值,总共获得 121 次估值测算结果(见表 9-25)。

表 9-25　伊利股份估值敏感性的系统分析

WACC	永续增长率(g)										
	1.88%	2.00%	2.13%	2.25%	2.38%	2.50%	2.63%	2.75%	2.88%	3.00%	3.13%
6.01%	56.01	57.54	59.16	60.90	62.75	64.73	66.86	69.16	71.64	74.32	77.24
6.41%	50.36	51.59	52.90	54.28	55.75	57.31	58.98	60.76	62.66	64.71	66.91
6.81%	45.64	46.65	47.71	48.84	50.02	51.28	52.61	54.02	55.52	57.13	58.84
7.21%	41.63	42.47	43.35	44.28	45.26	46.28	47.36	48.51	49.72	51.00	52.36
7.61%	38.19	38.90	39.64	40.41	41.22	42.08	42.97	43.91	44.90	45.94	47.04
8.01%	35.21	35.81	36.44	37.09	37.77	38.50	39.23	40.02	40.84	41.70	42.61
8.41%	32.59	33.11	33.65	34.20	34.79	35.39	36.02	36.68	37.37	38.10	38.85
8.81%	30.29	30.74	31.20	31.68	32.18	32.70	33.23	33.80	34.38	34.99	35.63
9.21%	28.24	28.63	29.03	29.45	29.88	30.33	30.79	31.27	31.77	32.29	32.84
9.61%	26.41	26.75	27.10	27.46	27.84	28.23	28.63	29.05	29.48	29.93	30.40
10.01%	24.76	25.06	25.37	25.69	26.02	26.36	26.71	27.07	27.45	27.84	28.24

对 121 次估值结果进行描述性统计分析(见表 9-26)并发现,伊利股份每股内在价值的平均估值为 41.45 元,标准差为 12.63。若取±1 个标准差,则每股内在价值的估值区间为 28.82—54.08 元;若取±2 个标准差,则每股内在价值的估值区间为 16.19—66.71 元。

表 9-26　伊利股份的估值区间分析

伊利股份	当前价格(元/股)	平均估计价值(元/股)	标准差	频数
	37.10	41.45	12.63	121
估值区间(元)				
±1 个标准差	28.82—54.08 元			
±2 个标准差	16.19—66.71 元			

三、分析结论

我们分别采用市盈率估值法和公司自由现金流量估值法测算伊利股份的股票价值,估值结果表明(见表 9-27),市盈率模型的估计结果约为 39.68 元/股,公司自由现金流量模型的估计结果约为 38.50 元/股。若加权平均资本成本 WACC(WACC=8.01%)上下浮动 5%和永续增长率 g 预设值(g=2.50%)不变,其股权价值应该在 35.39—42.08 元/股的区间(见表 9-25);WACC 和 g 均上下浮动 5%,平均估计价值为 41.45 元/股(见表 9-26);估值价格区间多分布在高于当前价格的区域。

表 9-27　不同估值模型对应的伊利股份股票估值结果

估值模型	2022 年 5 月 26 日市场价格(元/股)	估计价值(元/股)
相对估值:市盈率模型	37.10	39.68
绝对估值:FCFF 模型	37.10	38.50

伊利股份在预测基准日期 2022 年 5 月 26 日的收盘价为 37.10 元/股。由此可知,如果没有其他负面的估值因素,伊利股份目前的股价略低于其内在价值,表明伊利股份的股票价格被一定程度低估了。

本章小结

本章讨论了债券与股票的估值方法与实践应用。首先,介绍债券的基本要素、估值方法及影响估值的主要因素;其次,介绍几种典型的股票估值方法,并进一步探讨不同估值方法的优缺点及其在实践中的应用;最后,以伊利股份为例,运用所介绍的股票估值方法确定伊利股份股票的内在价值。

对于债券,本章主要介绍用现金流量折现模型估计其内在价值,并将该方法应用于固定利率债券、零息债券和永久性债券这三种不同类型债券的估值;接下来,介绍债券价格与利率风险的关系,并通过免疫策略演示投资者如何降低或避免利率风险对债券价格的影响;随后,介绍债券价格与信用风险的关系;最后,演示投资者如何驾驭债券收益率曲线以获得债券投资收益。

对于股票,本章讨论了相对估值模型、股利折现模型、公司自由现金流量模型三种估值方法,并分别介绍了三种方法的优缺点及其在实践中的应用。其中,相对估值模型相对简单,但其准确性依赖于市场价格对股票价值的真实反映,比较适用于对未上市或准备上市公司的估值;股利折现模型以股东未来获得的现金流量作为估值基础,直观明了,但对于不发放股利或股利发放不稳定的公司会产生很大的估值误差,比较适用于股利发放稳定或平稳增长的基础设施类公司;公司自由现金流量模型通过估计公司在生产经营中创造的公司自由现金流量来直接估计公司价值,扣除债权部分后得到公司股票的价值,适用于公司自由现金流量和资本结构稳定的公司,但不适用于投资扩张活动频繁的公司。

除了估值模型,影响股票估值准确性最重要的因素是对未来利润或现金流量的估计。投资者可以通过"经济—行业—公司"的分析步骤来估计公司未来可能产生的利润或现金流量。

专业术语

票面利率(Coupon Interest Rate)
当期收益率(Current Yield)
到期收益率(Yield to Maturity)
债券评级(Bond Rating)
浮动利率债券(Floating-Rate Bonds)
固定利率债券(Fixed-Rate Bonds)
零息债券(Zero Coupon Bonds)
永久性债券(Perpetual Bonds)
可转换债券(Convertible Bonds)
到期期限(Term to Maturity)
免疫策略(Immunization Strategy)

优先股(Preferred Stock)
普通股(Common Stock)
自由现金流量(Free Cash Flow,FCF)
股权自由现金流量(Free Cash Flow to Equity, FCFE)
公司自由现金流量(Free Cash Flow to the Firm,FCFF)
剩余收益(Residual Earnings)
估值敏感性的系统分析(Systematical Analysis for Valuation-Sensitivity)

思考与练习

(一) 单项选择题

1. 当市场利率上升时,在其他因素不变的情况下,债券价格将(   ),到期收益率将(   )。

    a. 下降,上升   b. 下降,下降   c. 上升,下降   d. 上升,上升

2. 当债券的票面利率高于市场利率时,债券应选择何种发行方式?(   )

    a. 平价发行   b. 溢价发行   c. 折价发行   d. 不能确定

3. WYH 公司发行 10 亿元 2 年期的零息债券,债券面值为 100 元,市场利率为 8%,债券的发行价格应该是多少?(　　)
   a. 100 元　　　　b. 85.73 元　　　　c. 84 元　　　　d. 108 元
4. 某公司预期股利将以 5% 的年增长率固定增长,当年支付的股利为每股 1 元,假设投资者的期望收益率为 10%,公司股票的内在价值是多少?(　　)
   a. 19 元　　　　b. 20 元　　　　c. 21 元　　　　d. 22 元
5. 甲投资者购买 35 元的股票,其要求的投资收益率为 20%。1 年后,投资者获得现金股利 5 元,股票价格上涨到 55 元,甲投资者获得多少剩余收益?(　　)
   a. 13 元　　　　b. 18 元　　　　c. 20 元　　　　d. 25 元
6. 普通股股东不具有以下哪项权利?(　　)
   a. 投票表决权　　b. 优先认购权　　c. 收益分配权　　d. 优先偿付权
7. M 公司是新兴行业的领军者,正处于高速扩张的发展阶段,经营活动产生的现金流量主要用于扩大再生产,采取不分红的股利分配政策,对 M 公司应采用哪种估值方法?(　　)
   a. 相对估值模型　　　　　　　　b. 股利折现模型
   c. 剩余收益模型　　　　　　　　d. 公司自由现金流量模型
8. 当市场利率变动时,期限越长的债券,其价格的波动幅度(　　)。
   a. 越小　　　　b. 越大　　　　c. 不变　　　　d. 无法确定
9. VVA 公司当年发放 2 元/股的现金股利,并预计在未来 2 年内股利以 15% 的增长率增长,2 年后股利将保持不变。假设投资者的期望收益率为 10%,VVA 公司股票的内在价值应该是多少?(　　)
   a. 18 元　　　　b. 20 元　　　　c. 26 元　　　　d. 30 元
10. 丙公司 2022 年度的经营活动产生的净现金流量为 20 亿元,投资活动产生的净现金流量为 -15 亿元,其中投资有价证券支付的现金流量为 -3 亿元,融资活动产生的净现金流量为 8 亿元。那么,丙公司 2022 年度的公司自由现金流量是多少?(　　)
    a. 5 亿元　　　　b. 8 亿元　　　　c. 16 亿元　　　　d. 20 亿元
11. 公司自由现金流量模型适用于下列哪个类型企业的估值?(　　)
    a. 处于困境中的企业　　　　　　b. 快速扩张的企业
    c. 稳步发展的成熟企业　　　　　d. 周期性企业
12. 折价发行的债券,随着时间的推移,其债券价格将(　　)。
    a. 增加　　　　b. 减少　　　　c. 不变　　　　d. 无法确定
13. 某公司以面值投资一笔国债,票面利率为 12.22%,单利计息,到期一次还本付息,其到期收益率是多少?(　　)
    a. 9%　　　　b. 10%　　　　c. 11%　　　　d. 12%
14. 标准普尔公司对 A 公司和 B 公司进行信用评级后给出的信用等级标准分别为 AA 和 BBB,则下列表述正确的是(　　)。
    a. A 公司的筹资成本比 B 公司高　　　b. A 公司的筹资能力比 B 公司高
    c. A 公司的筹资风险比 B 公司高　　　d. A 公司的债务负担比 B 公司大

15. 估算公司价值时的折现率,应使用(　　)。
   a. 国债利率　　　　　　　　b. 投资者要求的收益率
   c. 银行贷款利率　　　　　　d. 公司的加权平均资本成本

(二) 简述题

1. 在实践中,市场利率变动如何影响债券价格及债券收益率?
2. 阐述债券价格与信用风险的关系。
3. 比较股利折现模型与公司自由现金流量模型的区别和联系。
4. 如何利用"经济—行业—公司"分析法估计公司未来的利润和现金流量?
5. 比较各种股票估值方法的优缺点及其在实践应用中应注意的问题。

微案例分析

DTY 股份有限公司是一家生产销售合成氨、氮肥、磷肥、复合肥、精细化工产品等的上市公司,预计 2023—2028 年公司的各项指标表现如下表:

单位:元

指标	2023 年	2024 年	2025 年	2026 年	2027 年	2028 年
每股收益	0.62	1.03	1.00	1.10	0.94	0.97
每股股利	0.20	0.20	0.20	0.20	0.20	0.20
每股经营净现金	0.91	2.00	1.32	1.54	1.98	2.13
每股投资净现金	0.76	0.42	1.78	3.10	2.43	2.85

已知:$K_d = 5.81\%$,$\beta = 0.84$,$R_f = 3.87\%$,$R_m = 14.68\%$,$P_0 = 10$ 元/股,总股本 = 17 000 万股,总负债 = 37 550 万元,2022 年年末每股账面净资产为 4.62 元,所得税税率为 15%。

其他相关资料如下:

(1) 假定公司从 2028 年以后每股收益保持不变;

(2) 假定公司的股利支付维持稳定水平;

(3) 假定股票市场中缺少与 DTY 公司相似的可比公司。

根据案例资料,分析以下问题:

1. 哪种估值模型更适合对 DTY 公司的股权进行估值?为什么?

2. 选择合适的估值模型对 DTY 公司股票进行估值,并根据分析,判断是否应该投资 DTY 公司的股票。

附录 战略性财务分析指标体系

附表 1 财务指标的计算公式和含义

类型	序号	财务指标	公式	指标含义
盈利能力	1	毛利率	$\dfrac{营业收入-营业成本}{营业收入}$	毛利与营业收入的比例关系，表示企业每一元营业收入所产生的毛利。指标值越大，营业收入的盈利能力越强
	2	营业利润率	$\dfrac{营业利润}{营业收入}$	营业利润（或息税前利润 EBIT）与营业收入的比例关系，表示每一元营业收入所产生的利润（或利息、所得税和净利润）。指标值越大，营业收入的盈利能力越强
		EBIT 利润率	$\dfrac{EBIT}{营业收入}$	
	3	净利率	$\dfrac{净利润}{营业收入}$	净利润与营业收入的比例关系，表示企业每一元营业收入所产生的净利润。指标值越大，营业收入的盈利能力越强
	4	总资产净利率（ROA）	$\dfrac{净利润}{总资产}$	净利润与总资产的比例关系，表示每一元总资产所产生的净利润。指标值越大，总资产的盈利能力越强
	5	总资产利润率	$\dfrac{EBIT}{总资产}$	息税前利润与总资产的比例关系，表示每一元总资产所产生的利息、所得税和净利润。指标值越大，总资产的基础盈利能力越强
	6	权益资本或净资产收益率（ROE）	$\dfrac{净利润}{权益资本}$	净利润与权益资本的比例关系，表示股东每投入一元权益资本所产生的净利润。指标值越大，股东权益资本的盈利能力越强
	7	投入资本回报率（ROIC）	$\dfrac{EBIT \times (1-T)}{投入资本}$	息前税后利润与投入资本的比例关系，表示每一元投入资本（包括股东的权益资本和付息债务资本）所产生的利息和净利润。指标值越大，投入资本的盈利能力越强

（续表）

类型	序号	财务指标	公式	指标含义
流动性	8	流动比率	$\dfrac{流动资产}{流动负债}$	流动资产与流动负债的比例关系，表示每一元流动负债有多少元流动资产做"抵押"。一方面反映企业流动负债的清偿能力，另一方面反映流动资产的流动性或变现能力
	9	速动比率	$\dfrac{流动资产-存货}{流动负债}$	除存货之外的流动资产与流动负债的比例关系，表示每一元流动负债有多少元变现性更强的流动资产做"抵押"。一方面反映企业流动负债的清偿能力，另一方面反映企业除存货外流动资产的变现能力
	10	现金比率	$\dfrac{货币资金}{流动负债}$	"变现能力最强的流动资产"与流动负债的比例关系，表示企业以现金或银行存款抵偿流动负债的能力
	11	营运资本需求量比率	$\dfrac{流动资产-流动负债}{总资产}$	营运资本需求量与总资产的比例关系，具有双重含义：一方面反映企业流动资产变现能力越强；另一方面是流动资产中变现能力差的存货、应收款、预付款的增加
	12	营运资本比率	$\dfrac{非收息流动资产}{非付息流动负债}$	经营性流动资产（非收息流动资产）与经营性流动负债（非付息流动负债）的比例关系。指标值越小，说明企业运用非付息流动负债来经营的能力越强，企业的资本成本越少，营运资本管理水平越高
负债程度和偿债能力	13	总资产负债率	$\dfrac{总负债}{总资产}$	总负债与总资产的比例关系。指标值越大，说明负债程度越高，反之越低
	14	权益乘数	$\dfrac{总资产}{权益资本}$	总资产与权益资本的比例关系，表示每一元权益资本所支撑的总资产。指标值越大，说明负债比例越高，反之越低
	15	权益长债比	$\dfrac{权益资本}{长期负债}$	权益资本与长期负债的比例关系，表示每一元长期负债对应的权益资本。指标值越大，说明长期负债程度越低，反之越高
	16	基于EBIT的利息保障倍数	$\dfrac{EBIT}{年应付利息}$	当年可用于利息支出的"收入项目"（净利润、利息、所得税）与利息支出的比例关系。指标值越大，说明企业付息能力越强，反之越弱
	17	基于现金流量的利息保障倍数	$\dfrac{经营净现金}{年应付利息}$	当年可用于支付利息的经营净现金与利息支出的比例关系。指标值越大，说明企业付息能力越强，反之越弱

（续表）

类型	序号	财务指标	公式	指标含义
负债程度和偿债能力	18	基于现金资产的利息保障倍数	货币资金/年应付利息	当年可用于支付利息的现金资产（货币资金）与利息支出的比例关系。指标值越大，说明企业付息能力越强，反之越弱
	19	基于EBITDA的本息保障倍数	$\dfrac{EBITDA}{利息支出+当年应还本金}$	当年可用于支付本息的"收入项目"（净利润、利息、所得税、折旧、摊销等）与利息支出和应还本金的比例关系。指标值越大，说明企业还本付息能力越强，反之越弱
	20	基于现金流量的本息保障倍数	$\dfrac{经营现金净额}{利息支出+当年应还本金}$	当年可用于支付本息的经营净现金与利息支出和应还本金的比例关系。指标值越大，说明企业还本付息能力越强，反之越弱
	21	基于现金资产的本息保障倍数	$\dfrac{货币资金}{利息支出+当年应还本金}$	当年可用于支付本息的现金资产（货币资金）与利息支出和应还本金的比例关系。指标值越大，说明企业付息能力越强，反之越弱
资产运营效率	22	总资产周转率	$\dfrac{营业收入}{总资产}$	营业收入与总资产的比例关系，表明总资产的使用效率，即每一元总资产所创造的营业收入。指标值越大，表示资产的使用效率越高，反之越低
		总资产周转天数	$\dfrac{365}{总资产周转率}$	反映总资产需要多长时间才能回收一次。指标值越大，总资产的使用效率越低，反之越高
	23	流动资产周转率	$\dfrac{营业收入}{流动资产}$	营业收入与流动资产的比例关系，表明流动资产的使用效率，即每一元流动资产所创造的营业收入。指标值越大，表示流动资产的使用效率越高，反之越低
		流动资产周转天数	$\dfrac{365}{流动资产周转率}$	反映流动资产需要多长时间才能回收一次。指标值越大，流动资产的使用效率越低，反之越高
	24	存货周转率	$\dfrac{营业成本}{存货}$	营业成本与存货的比例关系，表明存货最终转化为营业成本的时间越长，存货周转速度越慢，存货管理效率越低
		存货周转天数	$\dfrac{365}{存货周转率}$	存货从取得到消耗并最终转化为营业成本所需要的时间（天数）。指标值越大，说明存货转化为营业成本的时间越长，存货周转速度越慢，存货管理效率越低
	25	应收账款周转率	$\dfrac{营业收入}{应收账款}$	营业收入与应收账款的比例关系，表明应收账款转换为现金的次数。指标值越大，说明应收账款所创造的营业收入，或一定时期内企业应收账款转换为现金的时间（天数）。指标值越大，说明应收账款的使用效率越高，反之越低
		应收账款周转天数	$\dfrac{365}{应收账款周转率}$	应收账款收回应收账款所需要的时间（天数）。指标值越大，说明应收账款收回应收账款的时间越长，应收账款回收速度越慢，应收账款管理效率越低

(续表)

类型	序号	财务指标	公式	指标含义
资产运营效率	26	固定资产周转率	$\dfrac{营业收入}{固定资产}$	营业收入与固定资产的比例关系，表明固定资产的使用效率，即每一元固定资产所创造的营业收入。指标值越大，表明固定资产使用效率越高，反之越低
资产运营效率	26	固定资产周转天数	$\dfrac{365}{固定资产周转率}$	固定资产需要多长时间才能回收一次。指标值越大，表明固定资产使用效率越低，反之越高
资产运营效率	27	应付账款周转率	$\dfrac{营业成本}{应付账款}$	营业成本与应付账款的比例关系，表明应付账款使用效率及企业应付账款成本的效率。指标值越大，说明企业应付账款使用效率越高，反之越低
资产运营效率	27	应付账款周转天数	$\dfrac{365}{应付账款周转率}$	应付账款从取得到偿还并转化为营业成本所需要的时间（天数）。指标值越大，付账款转化为营业成本的时间越长，说明企业无偿占用供货商的资金越多，或应付账款管理效率越低
资产运营效率	28	营运资本周转天数	应收账款周转天数 + 存货周转天数 − 应付账款周转天数	反映营运资本管理水平。指标值越大，表明营业收入转化为经营净现金越慢，营运资本管理水平越低
现金创造能力	29	销售创现率	$\dfrac{经营净现金}{营业收入}$	经营净现金与营业收入的比例关系，表明每一元营业收入所带来的经营净现金。指标值越大，营业收入的现金含量越高，反之越低
现金创造能力	30	总资产创现率	$\dfrac{经营净现金}{总资产}$	经营净现金与总资产的比例关系，表明每一元总资产所带来的经营净现金。指标值越大，总资产的"获现能力"越强，反之越弱
现金创造能力	31	投入资本创现率	$\dfrac{经营净现金}{投入资本}$	经营净现金与投入资本的比例关系，表明每一元投入资本（权益资本和付息债务资本）所带来的经营净现金。指标值越大，投入资本的"获现能力"越强，反之越弱
现金创造能力	32	权益资本创现率	$\dfrac{经营净现金}{权益资本}$	经营净现金与权益资本的比例关系，表明每一元权益资本所带来的经营净现金。指标值越大，权益资本的"获现能力"越强，反之越弱
现金创造能力	33	收入现金含量	$\dfrac{销售商品、提供劳务收到的现金}{营业收入}$	销售商品、提供劳务收到的现金与营业收入的比例关系，表明每一元营业收入所带来的销售商品、提供劳务收到的现金。指标值越大，说明营业收入的现金含量越高，反之越低
现金创造能力	34	利润现金含量	$\dfrac{经营净现金}{净利润}$	经营净现金与净利润的比例关系，表明每一元净利润所拥有的经营净现金。指标值越大，说明净利润的现金含量越高，反之越低

(续表)

类型	序号	财务指标	公式	指标含义
现金创造能力	35	获现率	实际经营净现金 / 应得经营净现金 应得经营净现金 = 净利润 + 利息 + 折旧 + 摊销	实际获得的经营净现金与理论应得的经营净现金的比例关系，表明在经营过程中，实际获得经营净现金的能力。指标值越大，说明企业创现能力越强，反之越弱。此外，考虑到应收票据和应付票据具有银行承兑或商业承兑的特征，且国内主要使用银行承兑，应计算调整获现率
		调整获现率	(实际经营净现金 + 应收票据变动额 − 应付票据变动额) / (应得经营净现金 + 资产减值损失 + 处置资产净损失)	营业现金流以反映资产减值净损失等可能造成的影响，应调整获现率
增长能力	36	营业收入增长率	(本期营业收入 − 上期营业收入) / 上期营业收入	反映公司营业收入的增长速度。指标值越大，说明公司当期营业收入增长能力强，反之弱；同时，一定程度反映公司的业务收入处于增长相对快的成长期
	37	营业利润增长率	(本期营业利润 − 上期营业利润) / 上期营业利润	反映公司营业利润的增长速度。指标值越大，说明公司当期营业利润增长能力强，反之弱；同时，一定程度反映公司的销售盈利（营业利润率）处于增长相对快的成长期
	38	净利润增长率	(本期净利润 − 上期净利润) / 上期净利润	反映公司净利润的增长速度。指标值越大，说明公司当期净利润增长能力强，反之弱；一定程度反映公司的销售盈利（销售净利率）增长相对快的成长期
	39	总资产增长率	(本期总资产 − 上期总资产) / 上期总资产	反映公司总资产的增长速度。指标值越大，说明公司当期资产的增长速度快，反之慢；同时，一定程度反映公司资产处于增长较快的成长期。但注意，总资产增长会受负债权益增长的影响
	40	净资产增长率	(本期净资产 − 上期净资产) / 上期净资产	反映公司净资产的增长速度。指标值越大，说明公司当期净资产增长速度快，反之慢；同时，一定程度反映公司净资产处于增长较快的成长期。但注意，净资产（权益）增长受公司增资扩股和分红比例的影响
	41	经营净现金增长率	(本期经营净现金 − 上期经营净现金) / 上期经营净现金	反映公司经营净现金的增长速度。指标值越大，说明公司当期经营净现金较快的增长状态之弱；同时，一定程度反映公司经营净现金增长速度，销售利润率、资产周转速度和经营条件保持不变，不对外进行股权融资的前提下，公司当期留下的净利润（或投入的财务资源）所能实现的下期收入或利润的增长速度
	42	自我可持续增长率	ROE × 留存收益比例	反映在负债比例、分红比例、销售利润率、资产周转速度和经营条件保持不变，不对外进行股权融资的前提下，公司当期留下的净利润（或投入的财务资源）所能实现的下期收入或利润的增长速度

（续表）

类型	序号	财务指标	公式	指标含义
创值能力	43	经济增加值（EVA）	EBIT×(1−T)−WACC×平均投入资本＝(ROIC−WACC)×平均投入资本	在支付利息和股东合适报酬之后的"超额收益"或"剩余收益"。指标值为正，表示股东财富增值，反之损值；指标值越大，表示股东财富增值越多，反之越少
	44	市场增加值（MVA）	实际公式：企业的市场价值－企业的投入资本＝企业有息负债的市场价值＋企业的权益资本的市场价值－企业的投入资本 理论公式：$\dfrac{EVA_1}{WACC-g}$ ＝ $(ROIC-WACC) \times \dfrac{\text{投入资本}}{WACC-g}$	企业（资产）的市场价值与投入资本之差。企业（资产）的市场价值超过投入资本，表明企业创造价值，反之损害价值；指标值越大，表示从资本市场角度看，企业的股东财富增值越多，反之越少
	45	市值与面值比	$\dfrac{\text{股票市场价值}}{\text{净资产账面价值}}$	企业股票市场价值与净资产账面价值的比例关系。股票市场价值超过净资产账面价值，说明投资者愿意支付比净资产账面价值更高的价格购买股票，股票增值；反之，股票贬值。可见，该指标从资本市场投资的角度反映了企业是否为股东创造或增加价值
	46	资本创值率	$\dfrac{EVA}{\text{投入资本}}$	经济增加值与投入资本的比例关系，表示每一元投入资本所创造的经济利润。指标值越大，投入资本创造价值的能力越强，反之越弱
	47	销售创值率	$\dfrac{EVA}{\text{营业收入}}$	经济增加值与营业收入的比例关系，表示每一元营业收入所创造的经济利润。指标值越大，营业收入创造价值的能力越强，反之越弱
	48	资产创值率	$\dfrac{EVA}{\text{总资产}}$	经济增加值与总资产的比例关系，表示每一元总资产所创造的经济利润。指标值越大，总资产创造价值的能力越强，反之越弱
	49	权益创值率	$\dfrac{EVA}{\text{权益资本}}$	经济增加值与权益资本的比例关系，表示每一元权益资本所创造的经济利润。指标值越大，权益资本创造价值的能力越强，反之越弱

（续表）

类型	序号	财务指标	公式	指标含义
资本市场表现	50	每股收益（EPS）	$\dfrac{归属于母公司股东的净利润}{发行在外股份数}$	归属于母公司股东的净利润与发行在外股份数的比例关系，表示每股所拥有的净利润。指标值越大，说明每股的盈利能力越强，反之越弱
	51	每股经营净现金	$\dfrac{经营净现金}{发行在外股份数}$	经营净现金与发行在外股份数的比例关系，表示每股所拥有的经营净现金。指标值越大，说明每股的"变现能力"越强，反之越弱；此外，该指标值超过EPS越多，每股创现能力越强
	52	每股分红（DPS）	$\dfrac{现金股利}{发行在外股份数}$	净利润中用于支付给股东的现金股利与发行在外股份数的比例关系，表明投资者持有企业一份股票所能获得的现金股利。指标值越大，说明投资者从企业分到的净利润越多，反之越少
	53	市盈率（P/E）	$\dfrac{每股价格}{每股收益}$	股价与每股收益（EPS）的倍数关系，表明每一元净利润支撑多少元的股票价格，或投资者愿意以多少元的股票价格购买企业每一元净利润。指标值高低均具有正负面含义，比较复杂，需谨慎解读。一般而言，指标值大可能说明企业前景看好，指标值小可能说明股价被低估，指标值大也可能说明股价被高估，指标值小也可能说明企业前景不好
	54	股价与现金比	$\dfrac{每股价格}{每股经营净现金}$	每股价格与每股经营净现金的倍数关系，表明每一元经营净现金支撑多少元的股价，或投资者愿意以多少元的股价购买企业每一元的经营净现金。一般而言，指标值大可能说明股价被高估，指标值小可能说明股价被低估；但指标值大也可能说明企业前景看好，指标值小也可能说明企业前景不好
	55	股票收益率	$\dfrac{股票期末价格-股票期初价格+每股现金分红}{股票期初价格}$	投资者持有股票的收益（资本利得和股利）与其购买价格的比例关系，说明投资者持股期间的收益越高，反之越低

(续表)

类型	序号	财务指标	公式	指标含义
资本成本	56	权益资本成本 (K_S)	$K_S = \dfrac{D_1}{P_0} + g$ $K_S = R_f + \beta(R_m - R_f)$ $K_S =$ 银行长期贷款利率 + 风险补偿	股东预测期的权益资本收益率，或企业使用股东的权益资本所必须支付的成本，一般有三个计算公式（见左栏）
	57	债务资本成本 (K_D)	$K_D =$ 贷款利率 $\times (1-T)$ $P_0 = \sum\limits_{T=1}^{N} \dfrac{每期利息 (1+K_D)^T}{} + \dfrac{P_N}{(1+K_D)^N}$	债权人预期的债务资本收益率，或企业使用债权人的债务资本所必须支付的成本
	58	优先股资本成本 (K_P)	$K_P = \dfrac{D_P}{P(1-F)}$ $= \dfrac{优先股股利}{优先股发行价 \times (1-发行费用率)}$	优先股股东预期的优先股收益率，或企业使用优先股东的资本所必须支付的成本
	59	加权平均资本成本 (WACC)	$\dfrac{负债价值}{企业总价值} \times K_D(1-T) +$ $\dfrac{权益价值}{企业总价值} \times K_S$ $\dfrac{各类需要支付成本的负债}{投入资本} \times$ $K_D(1-T) + \dfrac{权益资本}{投入资本} \times K_S$	企业使用每元资本（部分债务资本，部分股权资本）所必须支付的平均成本。指标值越大，企业资本成本越高，反之越低。

附表2 总风险、经营风险、财务风险的分解公式

经营风险	财务风险	总风险
经营杠杆 = $\dfrac{\text{EBIT变动率}}{\text{销售收入变动率}}$	财务杠杆 = $\dfrac{\text{净利润变动率}}{\text{EBIT变动率}}$	总杠杆 = $\dfrac{\text{净利润变动率}}{\text{销售收入变动率}}$
$\dfrac{\text{销售量}\times(\text{单价}-\text{单位产品变动成本})}{\text{销售量}\times(\text{单价}-\text{单位产品变动成本})-\text{总固定成本}}$	$\dfrac{\text{销售量}\times(\text{单价}-\text{单位产品变动成本})-\text{总固定成本}}{\text{销售量}\times(\text{单价}-\text{单位产品变动成本})-\text{总固定成本}-\text{利息}}$	$\dfrac{\text{销售量}\times(\text{单价}-\text{单位产品变动成本})}{\text{销售量}\times(\text{单价}-\text{单位产品变动成本})-\text{总固定成本}-\text{利息}}$
$\dfrac{\text{销售收入}-\text{总变动成本}}{\text{销售收入}-\text{总变动成本}-\text{总固定成本}}$	$\dfrac{\text{销售收入}-\text{总变动成本}-\text{总固定成本}}{\text{销售收入}-\text{总变动成本}-\text{总固定成本}-\text{利息}}$	$\dfrac{\text{销售收入}-\text{总变动成本}}{\text{销售收入}-\text{总变动成本}-\text{总固定成本}-\text{利息}}$

附表3 权益资本收益率(ROE)和自我可持续增长率(g)的影响因素的分解公式

方法	ROE分解分析					方法	自我可持续增长率(g)分解分析		
		经营性竞争优势		财务性竞争优势	税赋优势				
一	ROE	营业利润率 $\dfrac{\text{EBIT}}{\text{营业收入}}$	总资产周转率 $\dfrac{\text{营业收入}}{\text{总资产}}$	权益乘数 $\dfrac{\text{总资产}}{\text{权益资本}}$ $\left(1-\dfrac{\text{财务费用}}{\text{EBIT}}\right)$	$1-\text{实际所得税税率}$ $\dfrac{\text{税后利润}}{\text{税前利润}}$	一	自我可持续增长率	g	ROE $\times$ 留存收益比例 $\left(1-\dfrac{\text{分红}}{\text{净利润}}\right)$
二	$\dfrac{\text{税后利润}}{\text{权益资本}}$	净利率 $\dfrac{\text{税后利润}}{\text{营业收入}}$	总资产周转率 $\dfrac{\text{营业收入}}{\text{总资产}}$	权益乘数 $\dfrac{\text{总资产}}{\text{权益资本}}$	—	二	自我可持续增长率	g	$\dfrac{\text{净利润}}{\text{期初权益资本}}$ ROE $\times$ 留存收益比例 $\left(1-\dfrac{\text{分红}}{\text{净利润}}\right)$

附表 4 经济增加值（EVA）的分解公式

投入资本回报率（ROIC）		加权平均资本成本（WACC）	
营业利润率＝EBIT/营业收入		付息债务资本成本 K_D	
投入资本周转率＝营业收入/投入资本		付息负债比例＝付息债务资本/投入资本	
税前 ROIC		权益资本成本 K_S	
1－所得税税率		权益比例＝权益资本/投入资本	
ROIC		WACC	
	ROIC－WACC		
	投入资本		
	EVA＝投入资本×(ROIC－WACC)		

参考文献

中文文献

博克、乔治、王重鸣:《商业模式工具书:创新商业模式的工具、方法及案例演练》,浙江大学全球创业研究中心团队译,人民邮电出版社,2020年版。

布里格姆、埃尔霍尔特:《财务管理:理论与实践(第10版)》,清华大学出版社,2005年版。

陈晓、陈小悦、倪凡:我国上市公司首次股利信号传递效应的实证研究,《经济科学》,1998年第5期。

韩洪灵、王梦婷、赵宇晗、陈汉文:庞氏分红行为的界定、判别与监管——恒大集团分红现象引发的思考,《财会月刊》,2022年第1期。

李常青:《当代股利政策理论发展综述和股利信号理论的实证研究》,中国人民大学出版社,2003年版。

李常青、魏志华、吴世农:半强制分红政策的市场反应研究,《经济研究》,2010年第3期。

刘星、李豫湘、杨秀苔:影响我国股份公司股利决策的因素分析,《管理工程学报》,1997年第1期。

吕长江、王克敏:上市公司股利政策的实证分析,《经济研究》,1999年第12期。

罗斯、威斯特菲尔德、杰富:《公司理财(第6版)》,机械工业出版社,2005年版。

罗艺鑫、詹妮:业绩超预期:效率改善支撑利润增长,华泰证券,2022年发布。

罗艺鑫、詹妮:盈利超预期:疫情反复导致短期承压,华泰证券,2022年发布。

普华永道:聚焦营运效率 重塑零售价值:2016中国零售企业营运资本管理调研[R].[出版者不详],2017年。

王建勇、陈瑞琛:对恒大危机的分析与反思,《财会月刊》,2022年第6期。

王建勇、吴世农、陈韫妍:"巧"避三次危机,恒大未来何去何从,厦门大学工作论文,2020年。

魏刚:我国上市公司股利分配的实证研究,《经济研究》,1998年第6期。

吴世农、陈韫妍、吴育辉等:企业融资模式、金融市场安全性及其变动特征,《中国工业经济》,2021年第8期。

吴世农、卢贤义:我国上市公司财务困境的预测模型研究,《经济研究》,2001年第6期。

吴世农:《投资项目经济效益的评价与决策方法》,江西人民出版社,1992年版。

吴世农:《中国股票市场风险研究》,中国人民大学出版社,2005年版。

希金斯:《财务管理分析(第10版)》,沈艺峰等译,北京大学出版社,2012年版。

姚文韬、张晓英:负可敌国:恒大集团深陷财务困境始末,中国管理案例共享中心,2023年。

张水泉、韩德宗:上海股票市场股利与配股效应的实证研究,《预测》,1997年第3期。

英文文献

Adhikari B K, Agrawal A. Peer influence on payout policies[J]. *Journal of Corporate Finance*, 2018(48):615-637.

Altman E I. A further empirical investigation of the bankruptcy cost question[J]. *Journal of Finance*, 1984(39):

1067-1089.

Altman E I. Financial ratios, discriminant analysis and the prediction of corporate bankruptcy[J]. *Journal of Finance*, 1968(23): 589-609.

Baker M, Wurgler J. A catering theory of dividends[J]. *Journal of Finance*, 2004(59): 1125-1165.

Beaver W H. Financial ratios as predictors of failure[J]. *Journal of Accounting Research*, 1966(4): 71-111.

Bhattacharya S. Imperfect information, dividend policy, and the bird-in-hand fallacy[J]. *Bell Journal of Economics*, 1979(40): 1031-1051.

Brigham E, Ehrhardt M. *Financial Management: Theory and Practice*[M]. Harcourt College Press, 2001.

Carmichael D R. The Auditor's reporting obligation: The meaning and implementation of the fourth standard of reporting (Vol. 1)[R]. American Institute of Certified Public Accountants, 1972.

Copeland T, Weston J. *Financial Theory and Corporate Policy*[M]. Addison Wesley Press, 1983.

DeAngelo H, DeAngelo L. Dividend policy and financial distress: An empirical investigation of troubled NYSE firms[J]. *Journal of Finance*, 1990(45): 1415-1431.

Dimson E, Marsh P, Staunton M. Credit Suisse global investment returns year book 2018[R]. Credit Suisse Research Institute, 2018.

Donaldson G. Corporate debt capacity: A study of corporate debt policy and the determination of corporate debt capacity[D]. Harvard University, 1961.

Durand D. Costs of debt and equity funds for business: Trends and problems of measurement[R]. Conference on Research in Business Finance, NBER, 1952.

Fama E F, French K R. Disappearing dividends: Changing firm characteristics or lower propensity to pay[J]. *Journal of Financial Economics*, 2001(60): 3-43.

Fischer E O, Heinkel R, Zechner J. Dynamic capital structure choice: Theory and tests[J]. *Journal of Finance*, 1989(44): 19-40.

Foster G. *Financial Statement Analysis* (2nd ed)[M]. Englewood Cliffs, NJ: Prentice-Hall, 1986.

Francis J C. *Investments* (4th ed)[M]. New York, NY: McGraw-Hill, 1991.

Gordon M J. 1963. Optimal investment and financing policy[J]. *Journal of Finance*, 2019(18): 264-272.

Grennan J. Dividend payments as a response to peer influence[J]. *Journal of Financial Economics*, 2019(3): 549-570.

Guney Y, Ozkan A, Ozkan N. International evidence on the non-linear impact of leverage on corporate cash holdings[J]. *Journal of Multinational Financial Management*, 2007(13): 45-60.

Hartnett M, Moore K, Leung B, et al. The longest pictures[R]. Bank of America Merrill Lynch, 2012.

Healy P M, Palepu K G. Earning information conveyed by dividend initiation and omission[J]. *Journal of Financial Economics*, 1988(21): 149-175.

Jensen M C. 1986. Agency costs of free cash flow, corporate finance, and takeovers[J]. *The American Economic Review*, 76: 323-329.

Jensen M C, Meckling W H. Theory of the firm: Managerial behavior, agency costs and ownership structure[J]. *Journal of Financial Economics*, 1976(3): 305-360.

Jensen M C. Organization theory and methodology[J]. *The Accounting Review*, 1983(58): 319-339.

Johnson M W, Christensen C M, Kagermann H. Reinventing your business model[J]. *Harvard Business Review*, 2008(12): 50-59.

Leland H E, Pyle D H. Informational asymmetries, financial structure, and financial intermediation[J]. *Journal of Finance*, 1977(32): 371-387.

Lintner J. Dividends, earnings, leverage, stock prices and the supply of capital to corporations[J]. *The Review of Economics and Statistics*, 1962(44): 243-269.

Litzenberger R H, Ramaswamy K. The effect of personal taxes and dividends on capital asset prices[J]. *Journal of Financial Economics*, 1979(7): 163-195.

Michaely R, Thaler R H, Womack K. Price reaction to dividend initiations and omissions: Overractions or drift[J]. *Journal of Finance*, 1995(50): 573-608.

Miller M H. Debt and taxes[J]. *Journal of Finance*, 1977(32): 261-275.

Miller M H, Modigliani F. Dividend policy, growth, and the valuation of shares[J]. *The Journal of Business*, 1961(34): 411-433.

Modigliani F, Miller M H. Corporate income taxes and the cost of capital: A correction[J]. *The American Economic Review*, 1963(53): 433-443.

Modigliani F, Miller M H. The cost of capital, corporation finance and the theory of investment[J]. *The American Economic Review*, 1958(48): 261-297.

Muegge S. Business model discovery by technology entrepreneurs[J]. *Technology Innovation Management Review*, 2012(4): 5-16.

Myers S C. Determinants of corporate borrowing[J]. *Journal of Financial Economics*, 1977(5): 147-175.

Myers S C, Majluf N S. Corporate financing and investment decisions when firms have information that investors do not have[J]. *Journal of Financial Economics*, 1984(13): 187-221.

Myers S C. The capital structure puzzle[J]. *Journal of Finance*, 1984(39): 574-592.

Osterwalder A, Pigneur Y. *Business Model Generation: A Handbook for Visionaries, Game Changers, and Challengers*[M], John Wiley & Sons, 2011.

Osterwalder A, Pigneur Y, Tucci C L. Clarifying business models: Origins, present, and future of the concept[J]. *Communications of the association for Information Systems*, 2005(16): 1-27.

O'Sullivan, and Mary A., 2006, Living with the U. S. Financial System: The Experiences ofRoss S A, Westerfield R W, Jaffe J F. *Corporate Finance*[M]. McGraw-Hill/Irwin, 2004.

O'Sullivan R, Mary A. Living with the U. S. financial system: The experiences of General Electric and Westinghouse Electric in the last century[J]. *The Business History Review*, 2006(80): 621-655.

Ross S A. The determination of financial structure: The incentive-signaling approach[J]. *The Bell Journal of Economics*, 1977(8): 23-40.

Ross S A. The determination of financial structure: The incentive-signalling approach[J]. *The Bell Journal of Economics*, 1977(1): 23-40.

Ross S A, Westerfield R, JordanB. *Essentials of Corporate Finance*[M]. McGraw-Hill/Irwin, 2004.

Rozeff M S. How corporations set their dividend payout ratios. // *The Revolution in Corporate Finance*[M]. Stern and Chew, 1986.

Strebulaev I A. Do tests of capital structure theory mean what they say[J]. *Journal of Finance*, 2007(62): 1747-1787.

Van Horne J C. *Financial Management and Policy*(5th edi)[M]. Prentice, 1977.

Van Horne J, Dipchand C, Hanrahan J. *Financial Management and Policy*[M]. Prentice-Hall Press, 1981.

Warner J B. Bankruptcy costs: Some evidence[J]. *Journal of Finance*, 1977(32): 337-347.

White M J. Bankruptcy costs and the new bankruptcy code[J]. *Journal of Finance*, 1983(38): 477-488.